AS
LEIS
DA
NATUREZA
HUMANA

ROBERT GREENE

AS
LEIS
DA
NATUREZA
HUMANA

Tradução
Angela Tesheiner

Planeta ESTRATÉGIA

Copyright © Robert Greene, 2018
Copyright © Editora Planeta do Brasil, 2021
Copyright © Angela Tesheiner
Todos os direitos reservados.
Título original: *The Laws of Human Nature*

PREPARAÇÃO: Fernanda Guerriero Antunes
REVISÃO: Nine Editorial e Denise Morgado Sagiorato
DIAGRAMAÇÃO: Nine Editorial
CAPA: adaptada do projeto original de
Colin Webber e Paul Buckley

DADOS INTERNACIONAIS DE CATALOGAÇÃO NA PUBLICAÇÃO (CIP)
ANGÉLICA ILACQUA CRB-8/7057

Greene, Robert
  As leis da natureza humana / Robert Greene; tradução de Angela Tesheiner. – São Paulo: Planeta, 2021.
  768 p.

ISBN 978-65-5535-368-6
Título original: The Laws of Human Nature

1. Desenvolvimento pessoal 2. Autocontrole 3. Autoestima 4. Sucesso I. Título II. Tesheiner, Angela

21-1197   CDD 158.1

Índices para catálogo sistemático:
1. Desenvolvimento pessoal

 Ao escolher este livro, você está apoiando o manejo responsável das florestas do mundo

2023
Todos os direitos desta edição reservados à
EDITORA PLANETA DO BRASIL LTDA.
Rua Bela Cintra 986, 4º andar – Consolação
São Paulo – SP CEP 01415-002
www.planetadelivros.com.br
faleconosco@editoraplaneta.com.br

Para minha mãe.

Sumário

Introdução 9
1. Domine o seu lado emocional 23
2. Transforme a autoestima em empatia................................. 61
3. Veja por trás das máscaras das pessoas............................. 101
4. Determine a força de caráter das pessoas......................... 139
5. Torne-se um objeto inatingível de desejo 175
6. Eleve a sua perspectiva 199
7. Diminua a resistência das pessoas confirmando a opinião que elas têm de si mesmas... 227
8. Mude as suas circunstâncias mudando de atitude........... 265
9. Confronte o seu lado sombrio 301
10. Cuidado com o ego frágil 339
11. Conheça os seus limites 377
12. Reconecte-se com o masculino ou o feminino dentro de você..... 415
13. Avance com um senso de propósito 461
14. Resista à pressão descendente do grupo........................... 505
15. Faça-os quererem segui-lo 565
16. Veja a hostilidade por trás da fachada amigável 609
17. Aproveite o momento histórico 665
18. Medite sobre a nossa mortalidade comum 719

Agradecimentos.. 751
Bibliografia selecionada 753
Índice remissivo.. 756

Introdução

> Se encontrar qualquer traço especial de mesquinharia ou estupidez [...], você deve ter cuidado para não deixar que isso o aborreça ou perturbe, e encare-o apenas como um acréscimo ao seu conhecimento – um novo fato a ser considerado ao estudar o caráter da humanidade. A sua atitude em relação a esse traço será igual à de um mineralogista que topa com um espécime bastante característico de mineral.
>
> — *Arthur Schopenhauer*

Durante todo o curso da nossa vida, é inevitável que tenhamos de lidar com uma variedade de pessoas que criam problemas e tornam a nossa trajetória mais complicada e desagradável. Algumas delas são líderes ou chefes; outras são colegas ou amigos. Talvez sejam agressivas ou passivo-agressivas e, em geral, manipulam as nossas emoções com maestria. Muitas vezes, demonstram charme e uma autoconfiança estimulante, têm inúmeras ideias e transbordam entusiasmo; e nós sucumbimos ao seus encantos. Apenas tarde demais, descobrimos que a segurança que manifestam é irracional e que as suas ideias são malconcebidas. No trabalho, talvez sejam aqueles que sabotam as nossas tarefas ou carreira por causa de uma inveja secreta, um deleite em nos derrubar. Ou que revelam, para o nosso horror, estar apenas interessados em si mesmos, utilizando-nos como degraus para concluir seus objetivos.

Nessas situações, é impossível evitar que sejamos pegos de surpresa, pois não esperamos deles comportamentos desse tipo. Muitas vezes, nos será contada uma história falsa para justificar essas ações ou a fim de convenientemente culpar bodes expiatórios, pois esses indivíduos sabem como nos confundir e nos atrair para um drama sob o seu controle. Podemos protestar ou nos zangar, mas, no fim, nos sentimos impotentes e o dano está feito – até que outra pessoa como essas entre em nossa vida e a história se repita.

Em relação a nós mesmos e ao nosso próprio comportamento, costumamos nos sentir confusos e impotentes. Por exemplo, de repente dizemos algo que ofende o nosso chefe ou amigo – não sabemos bem de onde isso veio, mas nos frustramos ao perceber que alguma raiva ou tensão escapou de dentro de nós de uma maneira da qual nos arrependemos. Ou nos lançamos com entusiasmo sobre um projeto ou plano, apenas para nos darmos conta de que era uma tolice e uma terrível perda de tempo. Ou, então, nos apaixonamos por alguém que é exatamente o tipo errado para nós, sabemos disso, porém não conseguimos evitar. E nos fazemos a seguinte pergunta: "O que deu em mim?".

Nessas situações, nos vemos seguindo padrões autodestrutivos de comportamento que parecemos não conseguir controlar, como se abrigássemos um estranho dentro de nós, um demoniozinho que opera de forma independente da nossa vontade e que nos instiga a ir pelo caminho errado. E esse estranho em nosso interior é bem esquisito, ou, pelo menos, mais do que nós pensamos ser.

O que podemos afirmar acerca desses dois fatores – as ações desagradáveis dos outros e o nosso próprio comportamento surpreendente em certas ocasiões – é que, em geral, não fazemos ideia do que os causa. Poderíamos recorrer a algumas explicações simples, como: "essa pessoa é maligna, sociopata" ou "algo deu em mim; eu não era eu mesmo". No entanto, descrições reducionistas não levam a nenhum entendimento, nem impedem que os mesmos padrões sejam repetidos. A verdade é que nós, seres humanos, vivemos na superfície, reagindo emocionalmente ao que as pessoas dizem e fazem. Formamos opiniões muito simplificadas a respeito dos outros e de nós, contentando-nos com a história mais fácil e conveniente que contamos a nós mesmos.

E se, em vez disso, mergulhássemos bem ao fundo, nos aproximando das raízes verdadeiras do que causa o comportamento humano? E se fôssemos capazes de entender por que alguns se tornam invejosos e tentam sabotar o nosso trabalho, ou por que a sua autoconfiança descabida os leva a se imaginarem infalíveis, como deuses? E se de fato compreendêssemos a razão de as pessoas repentinamente se comportarem de modo irracional, revelando um lado muito mais sombrio da sua personalidade, ou o porquê de estarem sempre prontas para oferecer uma racionalização do seu comportamento, ou o motivo de nos voltarmos o tempo todo a líderes que apelam ao que temos de pior? E se pudéssemos julgar o caráter dos outros, evitando as más contratações e os relacionamentos pessoais que nos causam tanto dano emocional?

Se entendêssemos verdadeiramente as raízes do comportamento humano, seria mais difícil para os indivíduos de tipo mais destrutivo continuarem se safando de suas atitudes. Sabendo de antemão que necessitam do nosso interesse para manter o controle não seria tão fácil nos fascinar e iludir. Perceberíamos as suas mentiras, prevendo as suas manobras sujas e manipuladoras. Não nos permitiríamos ser arrastados para os seus dramas. E nós, finalmente, lhes tiraríamos o poder utilizando-nos de nossa habilidade de enxergar as profundezas de seu caráter.

E se conseguíssemos, de maneira semelhante, analisar a nós mesmos e chegar à fonte das nossas emoções mais perturbadoras, bem como ao motivo pelo qual elas guiam o nosso comportamento, por vezes contra os nossos próprios desejos? E se fôssemos capazes de entender por que sentimos tamanha compulsão de querer o que os outros têm, ou por que nos identificamos de modo tão intenso com um grupo a ponto de passarmos a desprezar aqueles que não fazem parte dele? E se descobríssemos o que nos leva a mentir sobre quem somos, ou a afastar pessoas sem termos a intenção de fazê-lo?

Ser capaz de avaliar de maneira mais clara esse estranho interior nos ajudaria a compreender que não se trata de um desconhecido, mas, de fato, de uma parte de nós, e que somos muito mais misteriosos, complexos e interessantes do que pensamos. Com essa consciência, seríamos capazes de romper os padrões negativos da nossa vida, pararíamos de inventar desculpas para nós mesmos e obteríamos maior controle sobre o que fazemos e o que acontece conosco.

Esse tipo de clareza a respeito de nós e dos outros poderia mudar o curso da nossa vida de diversas maneiras, mas primeiro é necessário esclarecer um conceito comum e equivocado: tendemos a pensar no nosso comportamento como algo amplamente consciente e voluntário. Imaginar que não estamos sempre no controle do que fazemos é uma ideia assustadora, *mas é, de fato, a realidade*. Estamos sujeitos a forças profundas que guiam a nossa maneira de agir e que operam abaixo do nível da nossa consciência. Nós vemos seus resultados – nos nossos pensamentos, estados de espírito e ações –, mas conscientemente temos pouco acesso ao que realmente desperta as nossas emoções e compele as nossas ações.

Consideremos a raiva, por exemplo. Em geral, identificamos um indivíduo ou grupo como a causa desse sentimento, porém, se formos honestos e investigarmos a fundo, notaremos que aquilo que o desencadeia tem, por vezes, raízes mais profundas. O gatilho pode ser, talvez, algo ocorrido em nossa infância ou um conjunto específico de circunstâncias. Se prestarmos atenção, poderemos discernir padrões distintos – quando isso ou aquilo acontece, nos enfurecemos. No entanto, no momento que sentimos raiva, não refletimos nem raciocinamos e acabamos apontando o dedo. Podemos dizer que algo parecido com isso vale para muitas das nossas emoções – tipos específicos de eventos provocam autoconfiança súbita, ou insegurança, ou ansiedade, ou atração por uma pessoa em especial, ou necessidade de atenção.

Chamemos o conjunto dessas forças profundas, que nos puxam para lá e para cá, de *natureza humana*; esta brota da programação específica do nosso cérebro, da configuração do nosso sistema nervoso e da maneira como nós, humanos, processamos as emoções. Tudo isso se desenvolveu e emergiu no decorrer de cerca de 5 milhões de anos, que é o tempo da nossa evolução como espécie. Podemos atribuir muitos dos detalhes da nossa natureza à maneira distinta com que evoluímos como animais sociais para garantir a nossa sobrevivência: aprendendo a cooperar com os outros, coordenando as nossas ações com o grupo em um nível elevado, criando novas formas de comunicação e métodos de manter a disciplina de todos. Esse desenvolvimento inicial vive dentro de nós e continua a determinar, mesmo no mundo moderno e sofisticado, o nosso comportamento.

Para citar um exemplo, consideremos a evolução das emoções humanas. A sobrevivência dos nossos primeiros ancestrais dependeu da habilidade de se comunicarem entre si muito antes da invenção da linguagem. Desenvolveram sentimentos novos e complexos – alegria, vergonha, gratidão, ciúme, ressentimento etc. –, cujos sinais eram lidos de imediato no rosto, expressando um estado de espírito com rapidez e eficiência. Tornaram-se extremamente permeáveis às emoções dos indivíduos como uma forma de tornar o grupo mais unido – sentindo alegria ou tristeza como um só – ou de manter a coesão em face dos perigos.

Até hoje, somos altamente suscetíveis aos ânimos e emoções daqueles que nos cercam, o que compele todo tipo de comportamento da nossa parte – imitar aos outros de maneira inconsciente, querer o que eles querem, nos deixar levar por sentimentos virais de fúria ou indignação. Imaginamos que temos livre-arbítrio, sem perceber quão profundamente a nossa suscetibilidade às emoções dos demais membros do grupo afeta o que fazemos e o modo como respondemos.

Podemos apontar para outras forças parecidas que emergiram desse passado profundo e que, de maneira similar, moldam o nosso comportamento diário, como a necessidade que temos de estabelecer continuamente a nossa posição hierárquica e medir a nossa autoestima por meio do nosso *status* (traço que se nota entre todas as culturas de caçadores-coletores, e até entre os chimpanzés); podemos dizer o mesmo sobre nossos instintos tribais, que nos impelem a separar as pessoas entre membros do grupo e forasteiros. A essas qualidades primitivas podemos acrescentar a nossa necessidade de usar máscaras para disfarçar qualquer comportamento que seja desaprovado pela tribo, levando à formação de uma personalidade sombra a partir de todos os desejos sombrios que reprimimos. Os nossos ancestrais entendiam essa sombra e seus perigos, imaginando-a como originária de espíritos e demônios que precisavam ser exorcizados. Nós nos apoiamos num mito diferente: "Algo deu em mim".

Uma vez que essa corrente ou força primordial dentro de nós atinja o nível da consciência, temos de reagir a ela, e a maneira pela qual fazemos isso depende de nosso espírito e circunstâncias individuais, sendo que, em geral, damos explicações superficiais sobre algo que não compreendemos de verdade. A maneira específica como evoluímos gerou um número limitado dessas forças da natureza humana, as quais provocam os comportamentos que já citamos anteriormente – inveja, grandiosidade, irracionalidade, análise míope, conformismo, agressividade e passivo-agressividade etc., mas também empatia e outras formas positivas de comportamento humano.

Por milhares de anos, tem sido o nosso destino tatear nas sombras, pela maior parte do tempo, quando se trata de entender a nós mesmos e nossa própria natureza. Vivemos sob tantas ilusões a respeito do animal humano – imaginando que descendemos magicamente de uma fonte divina, de anjos, em vez de primatas –, que consideramos qualquer sinal da nossa natureza primitiva e das nossas raízes animais algo profundamente doloroso, que deve ser negado e reprimido. Encobrimos impulsos sombrios com todo tipo de desculpas e racionalizações, o que facilita que algumas pessoas demonstrem os comportamentos mais desagradáveis, mas não sejam punidas por isso. Contudo, finalmente chegamos ao ponto de superar a nossa resistência à verdade a respeito de quem somos por meio do enorme peso do conhecimento que acumulamos acerca da natureza humana.

Somos capazes de explorar a vasta literatura sobre psicologia acumulada pelos últimos cem anos, inclusive os trabalhos detalhados a respeito da infância e do impacto do nosso desenvolvimento inicial (Melanie Klein, John Bowlby, Donald Winnicott), assim como as obras que dizem respeito às raízes do narcisismo (Heinz Kohut), aos lados sombrios da nossa personalidade (Carl Jung), às raízes da nossa empatia (Simon Baron--Cohen) e à configuração das nossas emoções (Paul Ekman). Selecionamos os muitos avanços científicos que podem nos ajudar no nosso autoentendimento: estudos quanto ao cérebro (Antonio Damasio, Joseph E. LeDoux), à nossa constituição biológica singular (Edward O. Wilson), ao relacionamento entre corpo e mente (V. S. Ramachandran), aos primatas (Frans de Waal) e aos caçadores-coletores (Jared Diamond), ao nosso comportamento econômico (Daniel Kahneman), e sobre como agimos em grupos (Wilfred Bion, Elliot Aronson).

Também podemos incluir as obras de certos filósofos (Arthur Schopenhauer, Friedrich Nietzsche, José Ortega y Gasset) que têm iluminado tantos aspectos da natureza humana, assim como as ideias de muitos romancistas (George Eliot, Henry James, Ralph Ellison), que, por vezes, são mais sensíveis às sutilezas do nosso comportamento. E, por fim, podemos incluir a vasta e crescente biblioteca de biografias disponíveis na atualidade, revelando a natureza humana em profundidade e em ação.

Este livro é uma tentativa de reunir esse imenso armazém de conhecimento e ideias de diferentes áreas (veja as fontes principais na Bibliografia selecionada), a fim de formar um guia preciso e instrutivo da natureza humana, com base em evidências, não em pontos de vista pessoais ou julgamentos morais. É uma avaliação brutalmente realista da nossa espécie, dissecando quem somos para que sejamos capazes de agir com mais consciência.

Considere *As leis da natureza humana* um tipo de livro-código para decifrar o comportamento das pessoas (ordinário, estranho, destrutivo; a gama completa). Cada capítulo lida com um aspecto específico ou lei da natureza humana – podemos chamá-las leis no sentido de que, sob a influência dessas forças elementares, os seres humanos tendem a reagir de maneiras relativamente previsíveis – e traz a história de algum indivíduo (ou indivíduos) emblemático que a ilustra (de forma negativa ou positiva). Além disso, há ideias e estratégias sobre a maneira de lidar consigo mesmo e com os outros sob a influência da lei abordada, terminando com uma seção a respeito de como transformar essa força humana básica em algo mais positivo e produtivo, de modo que não sejamos mais escravos passivos da natureza humana, mas que a transformemos de maneira ativa.

O leitor talvez se sinta tentado a imaginar que esse conhecimento é um pouco antiquado. Afinal, você pode argumentar: "Somos hoje tão sofisticados e avançados tecnologicamente, tão progressistas e esclarecidos. Fomos muito além das nossas raízes primitivas; estamos no processo de reescrever a nossa natureza". No entanto, a verdade é, de fato, o oposto: nunca fomos tão escravos da natureza humana e do seu potencial destrutivo como somos hoje. E, ao ignorarmos esse fato, brincamos com fogo.

Observe como a permeabilidade das nossas emoções tem se elevado pelas redes sociais, ambiente em que os efeitos virais nos arrastam de maneira contínua e a maioria dos líderes manipuladores é capaz de nos explorar e controlar. Reflita sobre a agressão que é hoje demonstrada abertamente no mundo virtual, em que é tão mais fácil expor o nosso lado sombrio sem repercussões. Note como a nossa propensão para nos comparar aos outros, sentir inveja e buscar *status* chamando atenção apenas se intensificou com a nossa habilidade de nos comunicarmos com tanta rapidez com inúmeras pessoas. E, por fim, pense nas nossas tendências tribais e em como elas agora têm o meio perfeito no qual operar – somos capazes de encontrar um grupo com o qual nos identificamos, reforçar as nossas opiniões tribais em uma câmara de ressonância virtual e demonizar quem não pertença a ele, o que leva à intimidação pela multidão. O potencial para o caos, derivado do lado primitivo da nossa natureza, apenas aumentou.

É simples: a natureza humana é mais forte do que qualquer indivíduo, instituição ou invenção tecnológica. Acaba moldando o que criamos para refletir a si mesma e as suas raízes primitivas. Ela nos move como peões.

Ignore as leis por sua conta e risco. Recusar-se a fazer as pazes com a natureza humana significa simplesmente que você estará condenado a padrões além do seu controle e a sentimentos de confusão e impotência.

As leis da natureza humana foi projetado para imergir o leitor em todos os aspectos do comportamento humano e esclarecer as suas causas originais. Se você permitir que o livro o guie, ele vai mudar de forma radical a sua maneira de perceber as pessoas, bem como toda a sua abordagem para lidar com elas. Também vai alterar de modo radical o jeito como você vê a si mesmo. Essas mudanças de perspectiva ocorrerão em sete etapas.

Em primeiro lugar, as leis funcionarão para transformá-lo num observador mais calmo e estratégico das pessoas, ajudando-o a se libertar de todo o drama emocional que drena a sua energia de forma desnecessária.

Estarmos cercados de gente incita as nossas ansiedades e inseguranças sobre como cada um nos percebe. Uma vez que sintamos essas emoções, se torna muito difícil observar os outros, pois, envoltos pelos nossos próprios sentimentos, avaliamos o que eles dizem e fazem em

Introdução

termos *pessoais*: "Eles gostam de mim ou não?". As leis estudadas nestas páginas vão ajudar o leitor a evitar essa armadilha, revelando que as pessoas estão, em geral, lidando com emoções e questões com raízes profundas, com desejos e desapontamentos sentidos anos ou décadas antes de você as conhecer, até que tenha cruzado o caminho delas em um momento específico e se tornado um alvo conveniente para sua raiva ou frustração. Elas projetam em você certas qualidades que desejam ver e, na maioria dos casos, não o veem como indivíduo.

Isso não deve decepcioná-lo, mas, ao contrário, libertá-lo. Este livro vai lhe ensinar a não mais levar para o lado pessoal os comentários insinuantes, as demonstrações de frieza ou os momentos de irritação. Será cada vez mais fácil reagir não com as emoções, mas com o desejo de entender de onde vêm determinados comportamentos. Você se sentirá muito mais calmo durante o processo e, à medida que esse exercício se consolidar em seu interior, se tornará menos suscetível a moralizar e a julgar os outros; em vez disso, vai aceitar os indivíduos e os seus defeitos como parte da natureza humana. As pessoas vão gostar muito mais de você quando notarem essa atitude tolerante.

Em segundo lugar, as leis farão de você um mestre na interpretação dos sinais que as pessoas emitem o tempo todo, dando a você uma habilidade muito maior para lhes julgar o caráter.

Normalmente, se prestamos atenção ao comportamento dos outros, nos apressamos para encaixar suas ações em certas categorias e tomar conclusões precipitadas, de forma que nos contentamos com o julgamento que se adéqua aos nossos preconceitos. Ou aceitamos as nossas explicações egoístas. As leis o irão livrar desse hábito, deixando claro como é fácil interpretar mal as pessoas e o quanto as primeiras impressões são falsas. Você vai diminuir o passo, desconfiar do seu julgamento inicial e se treinar para *analisar* o que vê.

O leitor pensará em termos de opostos. Por exemplo, quando os indivíduos demonstram abertamente um traço de personalidade, tal como autoconfiança ou hipermasculinidade, quase sempre estão escondendo a realidade oposta. Você vai perceber que os seres humanos atuam o tempo todo para o público, fazendo um espetáculo da sua progressividade ou benevolência apenas para disfarçar melhor a própria sombra.

E os sinais dessa sombra vazam na vida diária. Se alguém agir de forma que lhe pareça não condizer com a personalidade dele, você notará. O que por vezes parece incaracterístico é, na verdade, mais próximo da personalidade real. Se as pessoas são, em essência, preguiçosas ou tolas, elas deixarão pistas disso nos menores detalhes que você será capaz de perceber bem antes que o comportamento delas o prejudique. A habilidade de medir o verdadeiro valor dos outros (o seu grau de lealdade e consciência) é uma das mais importantes que se pode ter e o ajudará a evitar contratações, parcerias e relacionamentos ruins que poderiam tornar a sua vida miserável.

Em terceiro lugar, as leis lhe darão o poder de enfrentar e superar os tipos tóxicos que, de maneira inevitável, cruzam o nosso caminho e tendem a causar danos emocionais de longo prazo.

Quem é agressivo, invejoso e manipulador não costuma se anunciar assim; ao contrário, aprendeu a parecer fascinante em seus encontros iniciais, a usar lisonjas e outros meios para nos desarmar. Quando alguém com essas características nos surpreende com seu comportamento horroroso, nos sentimos traídos, furiosos e impotentes. Essas pessoas criam uma pressão constante, sabendo que, ao fazê-lo, subjugam a nossa mente com a sua presença, tornando duas vezes mais difícil pensarmos direito ou criarmos estratégias.

Os próximos capítulos o ensinarão a identificar esses tipos de antemão, e isso será a sua maior defesa contra eles. Ou você se mantém longe deles ou, prevendo-lhes as ações manipuladoras, não será surpreendido e, desse modo, poderá manter o seu equilíbrio emocional. O leitor saberá como reduzi-los mentalmente às suas dimensões reais e se concentrar nas fraquezas e inseguranças evidentes por trás de toda a arrogância. Não se deixará levar pelo mito em torno deles, e isso vai neutralizar a intimidação da qual dependem. Você vai zombar das mentiras e explicações complicadas que oferecerão para justificar seu comportamento egoísta. A sua habilidade de permanecer calmo vai enfurecê-los e, por vezes, os levará a extrapolar ou cometer algum erro.

Em vez de se sentir subjugado por esses encontros, você talvez venha até a apreciá-los como uma oportunidade de aperfeiçoar as suas habilidades de autodomínio e de se fortalecer. Sobrepujar só um desses tipos lhe dará uma grande dose de confiança de que é capaz de lidar com o pior da natureza humana.

Em quarto lugar, as leis vão lhe ensinar os verdadeiros meios para motivar e influenciar pessoas, tornando o seu caminho na vida muito mais fácil.

Normalmente, quando encontramos resistência aos nossos planos e ideias, não conseguimos deixar de tentar mudar a opinião dos outros de maneira direta, argumentando, pregando ou lisonjeando, o que os deixará ainda mais na defensiva. Esta obra vai lhe ensinar que as pessoas são, por natureza, teimosas e resistentes à influência. Você precisa começar qualquer tentativa diminuindo a resistência delas, sem nunca lhes alimentar as tendências defensivas se esse não for seu objetivo. O leitor será treinado para lhes discernir as inseguranças e nunca as despertar por acidente. Vai pensar em termos do autointeresse *delas* e da auto--opinião que elas precisam ver validada.

Ao entender a permeabilidade das emoções, você compreenderá que o meio mais efetivo de influência é alterar o seu estado de espírito e atitude – os indivíduos respondem à sua energia e conduta muito mais do que às suas palavras –, livrando-se de qualquer ação defensiva da sua parte. Sentir-se relaxado e genuinamente interessado na outra pessoa terá um efeito positivo e hipnótico. Como líder, você vai aprender que o melhor método à sua disposição para mover os outros na sua direção é dar o tom certo por meio da sua atitude, empatia e ética de trabalho.

Em quinto lugar, as leis o farão perceber com que profundidade as forças da natureza humana agem dentro de você, dando-lhe o poder de alterar os seus próprios padrões negativos.

A nossa resposta natural ao ler ou ouvir sobre as características sombrias da natureza humana é excluirmos a nós mesmos. O outro sempre é narcisista, irracional, invejoso, grandioso, agressivo ou passivo--agressivo. Quase sempre vemos a nós mesmos como tendo as melhores intenções. Se perdemos o rumo, é culpa das circunstâncias ou de pessoas que nos forçam a reagir de forma negativa. As leis o farão parar de uma vez por todas com esse processo autoilusório. Somos todos farinha do mesmo saco e compartilhamos as mesmas tendências. Quanto mais cedo nos damos conta disso, maior é o nosso poder para superar esses traços negativos em potencial dentro de nós. Você examinará os seus próprios motivos, olhará para a sua própria sombra e tomará consciência das suas próprias tendências passivo-agressivas, facilitando o processo de identificação desses elementos nos outros.

O leitor também se tornará mais humilde, percebendo que não é superior aos outros da maneira como imaginava. Isso não o fará se sentir culpado ou sobrecarregado pela própria autoconsciência, muito pelo contrário. Você se aceitará como um indivíduo completo, abarcando tanto o bom quanto o mau, abandonando a sua falsa autoimagem de santo; e se sentirá aliviado sem as suas hipocrisias e livre para ser mais você mesmo. As outras pessoas, então, se sentirão atraídas por essa qualidade.

Em sexto lugar, as leis o transformarão num indivíduo com mais empatia, que cria laços mais profundos e satisfatórios com quem está ao seu redor.

Nós, seres humanos, nascemos com um potencial tremendo para entender as pessoas num nível que não é meramente intelectual. Trata-se de um poder desenvolvido pelos nossos primeiros ancestrais, com o qual eles aprenderam a intuir os ânimos e sentimentos dos outros ao se colocarem na perspectiva destes.

As leis o instruirão sobre como elevar esse poder latente ao grau mais alto possível. Você poderá eliminar de forma gradativa o seu monólogo interior incessante e escutar com mais atenção; será, então, treinado para pressupor o ponto de vista dos outros da melhor forma que conseguir e usará a sua imaginação e experiências para que estas o ajudem a se sentir como eles se sentem. Se descreverem algo doloroso, você usará os seus próprios momentos de dor para buscar analogias; será não apenas intuitivo, mas vai analisar as informações que recolher de modo empático, ganhando perspectiva. Além disso, o leitor vai adquirir a habilidade de alternar o tempo todo entre empatia e análise, sempre atualizando o que observa e aumentando o poder de ver o mundo pelos olhos dos outros. Vai notar uma sensação física de conexão entre você e as pessoas que emergirá dessa prática.

Você vai precisar de uma dose de humildade durante esse processo. Nunca se sabe com exatidão o pensamento alheio e é fácil cometer erros, por isso não faça julgamentos apressados, mas se mantenha sempre aberto a aprender mais. O ser humano é mais complexo do que você imagina. O seu objetivo é somente ver melhor o ponto de vista do outro. Avançar nesse processo será como trabalhar um músculo do corpo, que se torna mais forte quanto mais você o exercita.

Cultivar essa empatia trará benefícios inumeráveis. Estamos todos absorvidos em nós mesmos, fechados no nosso próprio mundo. É uma experiência terapêutica e libertadora ser puxado para fora de nós rumo ao mundo do outro. É o que nos atrai para filmes e para qualquer outra forma de ficção, penetrando a mente e a perspectiva daqueles tão diferentes de nós. Essa prática transformará toda a sua maneira de pensar, treinando-o para deixar os preconceitos de lado, viver no presente e adaptar de forma contínua as suas ideias sobre as pessoas. Você vai ver que essa fluidez afetará o modo como abordará os problemas em geral – e se verá considerando outras possibilidades, adotando perspectivas alternativas. Essa é a essência do pensamento criativo.

Por fim, as leis vão alterar a maneira como você vê o seu próprio potencial, fazendo-o tomar consciência de um eu ideal mais elevado dentro de si que você vai querer trazer à tona.

Podemos dizer que temos duas personalidades opostas dentro de nós – uma inferior e uma superior. A inferior tende a ser mais forte, com impulsos que nos arrastam para as reações emocionais e as posturas defensivas, fazendo-nos sentir virtuosos e melhores do que os outros, buscando prazeres imediatos e distrações, sempre tomando o caminho de menor esforço. Ela nos induz a adotar o que as pessoas estão pensando, de maneira que nos perdemos dentro do grupo.

Sentimos os impulsos da personalidade superior quando somos levados a sair de nós mesmos, querendo nos conectar de modo mais profundo com os outros, concentrar a mente no trabalho, pensar em vez de reagir, seguir o nosso caminho na vida e descobrir o que nos torna únicos. A personalidade inferior é o lado mais animal e reativo da nossa natureza, para o qual escorregamos com facilidade. A superior, por sua vez, é o que há de mais verdadeiramente humano na nossa natureza e que nos torna ponderados e autoconscientes. Como o impulso superior é mais fraco, conectar-se a ele requer esforço e intuição.

Trazer à tona esse eu ideal dentro de nós é o que queremos de fato, pois somente ao desenvolvê-lo nos sentimos plenos. Estas páginas o ajudarão a torná-lo mais consciente dos elementos potencialmente positivos e ativos contidos em cada lei.

Conhecendo a nossa propensão à irracionalidade, você vai se tornar mais consciente de como as nossas emoções tingem os nossos pensamentos (Capítulo 1), dando-lhe a habilidade de subtraí-las e se tornar racional de fato. Sabendo como a nossa atitude na vida afeta o que acontece conosco e como a nossa mente tende naturalmente a se fechar por causa do medo (Capítulo 8), você construirá uma atitude expansiva e destemida. Compreender que você tem propensão a se comparar com os outros (Capítulo 10) servirá como estímulo para se sobressair na sociedade por meio do seu trabalho superior, admirar aqueles que realizaram grandes conquistas e se inspirar no exemplo deles a fim de emulá-los. O leitor vai aplicar esses truques em todas as qualidades primordiais, utilizando o seu conhecimento expandido da natureza humana para resistir à forte pressão descendente da sua natureza inferior.

Pense nestas páginas da seguinte maneira: você está prestes a se tornar um aprendiz da natureza humana. Vai desenvolver algumas habilidades – como observar e avaliar o caráter de outros indivíduos como você, e enxergar as suas profundezas –, trabalhar para fazer aflorar o seu eu superior e, por meio da prática, emergir como um mestre dessa arte, capaz de se prevenir daquilo de pior que as pessoas lançarão contra você, transformando-se num indivíduo mais racional, autoconsciente e produtivo.

> O homem só se torna melhor quando é forçado a ver como ele é.
>
> — *Anton Tchekhov*

I

Domine o seu lado emocional

A Lei da Irracionalidade

Você gosta de se imaginar no controle do seu destino, planejando de forma consciente o curso da sua vida da melhor maneira que consegue. No entanto, você não tem compreensão, na maior parte, do quão profundamente as suas emoções o dominam. Elas o fazem se voltar para ideias que lhe confortam o ego, procurando por pistas que confirmem o que já quer acreditar. Suas emoções fazem que você veja o que quer ver, dependendo do seu estado de espírito, e essa desconexão com a realidade é a fonte das decisões ruins e dos padrões negativos que o assombram. A racionalidade é a habilidade de neutralizar esses efeitos emocionais, pensar antes de reagir, abrir a mente para o que está acontecendo de fato, não para o que você está sentindo. Não é algo que surge espontaneamente, mas um poder que precisamos cultivar; ao fazê-lo, atingimos o nosso potencial mais elevado.

A Atena interior

Certo dia, no fim do ano 432 a.C., os cidadãos de Atenas receberam notícias bem perturbadoras: representantes de Esparta haviam chegado à cidade e apresentado novos termos de paz ao conselho governante ateniense. Se Atenas não concordasse com esses termos, Esparta – que era sua arqui-inimiga e, em muitos aspectos, seu extremo oposto – lhe declararia guerra. Atenas liderava uma liga de Estados democráticos na região, enquanto Esparta liderava uma confederação de oligarquias, conhecida como os Peloponesos. Atenas contava com a sua força naval e riqueza – era o poder comercial predominante no Mediterrâneo. Esparta, por sua vez, tinha o apoio de seu Exército, sendo um Estado militar total. Até então, as duas potências haviam evitado ao máximo uma guerra direta porque as consequências seriam devastadoras. Não apenas o lado derrotado perderia influência sobre a região, mas todo o seu modo de vida seria colocado em risco: no caso de Atenas, a sua fortuna e democracia. Agora, entretanto, a guerra parecia inevitável, e uma sensação de desastre iminente se espalhou rápido pela cidade.

Alguns dias mais tarde, a Assembleia Ateniense se reuniu na Colina Pnyx, com vista para a Acrópole, a fim de discutir sobre o ultimato espartano e decidir o que fazer. A Assembleia era aberta a todos os cidadãos do sexo masculino, e naquele dia cerca de 10 mil deles se amontoaram na colina para participar do debate. Os falcões de guerra estavam num estado de grande agitação – Atenas deveria tomar a iniciativa e atacar Esparta primeiro, diziam. Outros os lembravam de que, numa batalha campal, as forças espartanas eram quase invencíveis. Atacar Esparta dessa maneira seria fazer o jogo do inimigo. Os pombos eram todos a favor de aceitar os termos de paz, mas, como muitos indicavam, isso apenas demonstraria temor e encorajaria os espartanos. Só serviria para lhes dar mais tempo para expandir o tamanho do Exército. O debate prosseguiu com as emoções se acirrando, pessoas gritando e nenhuma solução satisfatória em vista.

Então, pelo fim da tarde, a multidão se silenciou de súbito quando uma figura familiar avançou para falar à Assembleia. Era Péricles, o velho estadista da política ateniense, agora com mais de 60 anos, amado por todos e cuja opinião seria valorizada mais do que a de qualquer outro. Apesar do respeito dos atenienses por ele, estes o consideravam um líder muito peculiar – mais filósofo do que político. Na opinião daqueles com idade suficiente para lembrar o início da carreira dele, era de fato surpreendente o quão poderoso e bem-sucedido Péricles havia se tornado. Nada do que ele fazia era comum.

Nos primeiros anos daquela democracia, antes de Péricles entrar em cena, os atenienses haviam preferido um tipo específico de personalidade em seus líderes: homens capazes de oferecer um discurso inspirador e persuasivo, com um toque de dramaticidade, e que, no campo de batalha, assumissem riscos. Era comum promoverem campanhas militares que pudessem liderar, dando-lhes a oportunidade de conquistar glória e atenção. Faziam suas carreiras progredirem representando alguma facção na Assembleia – proprietários de terra, soldados, aristocratas –, esforçando-se ao máximo para promover os interesses desses grupos. A consequência disso foi uma política bastante desagregadora. Os líderes ascendiam e decaíam em ciclos de poucos anos, mas os atenienses não se incomodavam; pelo contrário, desconfiavam de qualquer um que permanecesse por muito tempo no poder.

Péricles, então, entrou para a vida pública em torno de 463 a.C., e a política ateniense jamais seria a mesma. A sua primeira ação foi a mais atípica de todas. Embora viesse de uma ilustre família aristocrática, ele se aliou às crescentes classes média e baixa da cidade – fazendeiros, remadores da marinha e artesãos, que eram o orgulho de Atenas. Ele lutou para aumentar a representação desses grupos na Assembleia e para lhes dar poder maior na democracia. Não era uma pequena facção que agora liderava, mas a maioria dos cidadãos atenienses. Parecia impossível controlar uma multidão tão vasta e ingovernável de homens, com seus interesses díspares, mas Péricles era tão fervoroso a respeito de lhes ampliar o poder que, aos poucos, conquistou sua confiança e apoio.

À medida que a sua influência cresceu, Péricles começou a se afirmar na Assembleia e a alterar a sua política. Ele argumentou contra a expansão do Império democrático de Atenas; temia que os atenienses se estendessem demais e perdessem o controle. Trabalhou pela consolidação do Império e pelo fortalecimento das alianças existentes. Ao guerrear e servir como general, esforçou-se para limitar as campanhas e vencer por meio de manobras estratégicas, com perda mínima de vidas. Para muitos, isso parecia pouco heroico, mas a cidade entrou num período de prosperidade sem precedentes à medida que essas políticas surtiam efeito. Não havia mais guerras desnecessárias para drenar os cofres públicos, e o Império funcionava com mais tranquilidade do que nunca.

O que Péricles fez com o excedente de capital cada vez maior espantou e impressionou os cidadãos: em vez de utilizá-lo para comprar favores políticos, ele iniciou um imenso projeto de construção pública em Atenas. Encomendou templos, teatros e salas de concerto, colocando todos os artesãos atenienses para trabalhar. Para onde quer que se olhasse, a cidade se tornava mais bela e sublime. Ele optou por uma forma de arquitetura que refletia a sua estética pessoal – organizada, altamente geométrica, monumental, mas agradável aos olhos. Sua maior encomenda foi a do Partenon, com a enorme estátua de Atena, de 12 metros de altura. Atena era o espírito-guia de Atenas, a deusa da sabedoria e da inteligência prática, e representava todos os valores que Péricles queria promover. Sozinho, Péricles transformou a aparência e o espírito da cidade, e esta entrou numa era de ouro em todas as artes e ciências.

A qualidade mais estranha de Péricles talvez fosse o seu estilo de discurso, contido e digno. Ele não apelava para os recursos costumeiros da retórica; ao contrário, tentava convencer o público por meio de argumentos incontestáveis. Isso levava as pessoas a escutarem com mais atenção, seguindo o curso interessante da sua lógica. O estilo era convincente e tranquilizador.

Diferentemente de quaisquer outros líderes, Péricles permaneceu no poder ano após ano, década após década, deixando a sua marca em Atenas com o seu modo calmo e reservado. Ele tinha inimigos, isso era inevitável. Permaneceu no poder por tanto tempo que muitos o acusaram de ser um ditador secreto. Suspeitava-se de que ele fosse ateu, um homem que zombava de todas as tradições. Isso explicaria por que era tão peculiar. No entanto, ninguém era capaz de argumentar contra os resultados da sua liderança.

Quando iniciou o seu discurso à Assembleia naquela tarde, portanto, a sua opinião a respeito da guerra contra Esparta era a que pesaria mais, e o silêncio caiu sobre a multidão que aguardava com avidez os seus argumentos.

"Atenienses", começou, "o meu julgamento é o mesmo de sempre: sou contra fazer quaisquer concessões aos Peloponesos, mesmo tendo ciência de que o estado entusiasmado de ânimos em que os indivíduos são persuadidos a embarcar numa guerra não se mantém na hora de entrar em ação, e de que a opinião das pessoas se altera com o decorrer dos acontecimentos". Ele lembrou o público que as diferenças entre atenienses e espartanos deveriam ser acertadas por meio de mediadores neutros. Um precedente perigoso seria estabelecido caso cedessem às exigências unilaterais dos espartanos. Aonde aquilo iria chegar? Sim, uma batalha campal direta contra Esparta seria suicídio. O que ele propunha, em vez disso, era uma forma completamente nova de combate: limitada e defensiva.

Péricles traria para dentro das muralhas de Atenas todos os que viviam na área. "Deixem que os espartanos venham e tentem nos atrair para a batalha", disse ele. "Deixem que destruam as nossas terras. Não morderemos a isca; não lutaremos contra eles em terra. Com o nosso acesso ao mar, manteremos a cidade bem suprida. Vamos usar a nossa força naval para atacar as cidades costeiras deles. À medida que o tempo passar, eles se frustrarão com a falta de batalhas. Tendo que fornecer comida e suprimentos para um Exército permanente, eles acabarão sem dinheiro. Os seus aliados brigarão entre si. A facção guerreira dentro de Esparta será desacreditada, e um acordo por uma paz verdadeira e duradoura será realizado, tudo com perda mínima de vidas e de dinheiro da nossa parte."

"Eu poderia lhes oferecer muitos outros motivos", concluiu ele, "por que vocês deveriam se sentir confiantes quanto à nossa vitória derradeira, desde que se decidam a não aumentar o Império enquanto a guerra estiver em curso, e a não se envolver desnecessariamente em novos perigos. O que temo não é a estratégia do inimigo, mas os nossos próprios erros". A novidade do que ele estava propondo incitou um grande debate. Nem os falcões nem os pombos estavam satisfeitos com o plano, mas, no fim, venceu a reputação de Péricles como um homem sábio, e a sua estratégia foi aprovada. Muitos meses mais tarde, a guerra fatídica começou.

A princípio, nem tudo transcorreu como Péricles imaginara. Os espartanos e seus aliados não se frustraram à medida que a guerra prosseguia, apenas se tornaram mais ousados. Foram os atenienses que se sentiram desencorajados ao ver as suas terras destruídas sem retaliação. Péricles, contudo, acreditava que o seu plano não falharia desde que os atenienses tivessem paciência. No segundo ano da guerra, então, um desastre inesperado mudou tudo: uma praga poderosa invadiu a cidade;

com tantas pessoas concentradas dentro das muralhas, ela se espalhou rápido, matando mais de um terço dos cidadãos e dizimando as fileiras do Exército. O próprio Péricles pegou a doença, e testemunhou, do seu leito de morte, o seu pior pesadelo: tudo o que havia feito por Atenas por tantas décadas pareceu se desfazer num instante, com as pessoas sucumbindo ao delírio coletivamente até que estivesse cada um por si. Se houvesse sobrevivido, é quase certo que teria encontrado uma maneira de acalmar os atenienses e negociar um acordo aceitável de paz com Esparta, ou ajustar a estratégia defensiva de Atenas, mas agora era tarde demais.

Por mais estranho que fosse, os atenienses não lamentaram a morte do seu líder. Eles o culparam pela praga e se queixaram da ineficiência da estratégia que planejara. Não estavam mais dispostos a serem pacientes ou moderados. Péricles havia vivido por tempo demais, e as suas ideias passaram a ser vistas como as reações cansadas de um velho. O amor que nutriam por ele se transformou em ódio. Sem a sua presença, as facções retornaram com sede de vingança. O grupo pró-guerra se tornou popular, alimentando-se da amargura crescente do povo em relação aos espartanos, que haviam utilizado a praga para adiantar as suas posições. Os falcões prometeram que retomariam a iniciativa e que esmagariam os espartanos com uma estratégia ofensiva. Muitos atenienses receberam essas palavras com grande alívio, uma descarga de emoções reprimidas.

À medida que a cidade aos poucos se recuperava da praga, os atenienses conseguiram a vantagem, e os espartanos fizeram um pedido de paz. Querendo derrotar por completo o inimigo, a população de Atenas pressionou, apenas para ver os espartanos se recuperarem e virar o jogo. Assim eles prosseguiram, de um lado para outro, ano após ano. A violência e amargura cresceu em ambos os lados. Em certo ponto, Atenas atacou a ilha de Milos, aliada de Esparta, e, quando esta se rendeu, os atenienses votaram a favor de matar todos os homens e vender as mulheres e crianças como escravas. Nada remotamente semelhante a isso aconteceu durante a administração de Péricles.

Após tantos anos de uma guerra sem fim, em 415 a.C., vários líderes atenienses tiveram uma ideia interessante sobre como dar o golpe fatal. A cidade-Estado de Siracusa era a potência em ascensão na ilha da Sicília. Siracusa era um aliado crucial dos espartanos, lhes fornecendo recursos bastante necessários. Se os atenienses, com a sua vasta força naval, conseguissem lançar uma expedição e tomar o controle de Siracusa, eles obteriam duas vantagens: aumentar o seu império e privar Esparta dos recursos de que precisava para continuar a guerra. A Assembleia votou a favor de enviar 60 navios com um Exército de tamanho proporcional a bordo para atingir esse objetivo.

Um dos comandantes escolhidos para essa expedição, Nícias, tinha grandes dúvidas sobre a sensatez desse plano. Temendo que os atenienses estivessem subestimando a força de Siracusa, ele listou todos os resultados negativos possíveis; apenas uma expedição muito maior conseguiria garantir a vitória. A intenção de Nícias era pulverizar o plano, mas o argumento teve o efeito contrário. Se uma expedição maior era necessária, então era isso que mandariam – 100 navios e o dobro do número de soldados. Os atenienses podiam sentir o gostinho da vitória nessa estratégia, e nada os deteria.

Nos dias que se seguiram, atenienses de todas as idades eram vistos nas ruas traçando mapas da Sicília, sonhando com as riquezas que se derramariam sobre Atenas e com a humilhação final dos espartanos. O dia do lançamento dos navios se transformou num grande feriado e no espetáculo mais imponente que já haviam visto: uma enorme armada enchendo o porto até onde a vista alcançava, navios lindamente decorados, soldados de armaduras reluzentes lotando os conveses. Era uma demonstração deslumbrante da riqueza e do poder de Atenas.

Com o passar dos meses, os atenienses buscaram com desespero notícias da expedição. Em certo ponto, graças puramente ao tamanho da armada, parecia que Atenas havia obtido a vantagem e sitiado Siracusa. No último instante, contudo, reforços chegaram de Esparta, e agora eram os atenienses que estavam na defensiva. Nícias mandou uma carta à Assembleia descrevendo a reviravolta negativa dos acontecimentos. Ele recomendou ou a desistência e o retorno a Atenas, ou o envio de reforços imediatos. Sem querer acreditar na possibilidade de uma derrota, os atenienses votaram a favor de mandar reforços – uma segunda armada de navios quase tão grande quanto a primeira.

Nos meses seguintes, a ansiedade dos atenienses atingiu novos patamares, pois agora as apostas haviam dobrado, e Atenas não podia se dar ao luxo de perder.

Certo dia, um barbeiro de Pireu, uma cidade portuária de Atenas, ouviu de um freguês que a expedição ateniense, com todos os navios e quase todos os homens, havia sido devastada em batalha. O boato chegou rápido até Atenas. Era difícil de acreditar, mas aos poucos o pânico havia se instalado. Uma semana mais tarde, a história foi confirmada e Atenas parecia condenada, sem mais dinheiro, navios ou homens.

Por milagre, os atenienses conseguiram resistir. No entanto, pelos próximos anos, atingidos de forma brutal pelas perdas na Sicília, cambalearam de um golpe atordoante a outro, até que, por fim, em 405 a.C., Atenas sofreu a sua derrocada final e foi forçada a concordar com os termos cruéis de paz impostos por Esparta. Os anos de glória, o grande Império democrático e a era de ouro pericleana haviam acabado daquele momento em diante. O homem que lhes tinha freado as emoções mais perigosas – agressão, ganância, arrogância, egoísmo – saíra de cena havia muito tempo, e a sua sabedoria foi então esquecida.

Interpretação: Ao observar o cenário político no início da sua carreira, Péricles notou o seguinte fenômeno: cada político ateniense acreditava ser racional e ter metas realistas e planos de como atingi-las. Todos trabalhavam de forma árdua por suas facções políticas e tentavam lhes aumentar o poder. Lideravam os exércitos atenienses em batalha e muitas vezes obtinham sucesso. Lutavam para expandir o Império e arrecadar mais dinheiro. E quando as manobras políticas de repente saíam pela culatra, ou quando as guerras acabavam mal, eles tinham justificativas excelentes para o que havia acontecido: sempre podiam culpar a oposição ou, se necessário, os deuses. No entanto, se todos esses homens eram tão racionais assim, por que as suas políticas provocavam tanto caos e autodestruição? Qual era o motivo de Atenas viver em tanta desordem, e por que a própria democracia era tão frágil? Por que havia tanta corrupção e turbulência? A resposta era simples: os seus compatriotas atenienses não eram nada racionais, mas meramente egoístas e astutos. As decisões que tomavam eram guiadas por emoções ignóbeis – fome de poder, atenção, e dinheiro – e, por esses propósitos, eles sabiam ser bem espertos e táticos. No entanto, nenhuma das suas manobras levava a nada que durasse ou que servisse aos interesses gerais da democracia.

O que consumia Péricles, como pensador e figura pública, era como sair dessa armadilha, como ser racional de fato em uma arena dominada pelas emoções. A solução que encontrou foi única na história e devastadoramente poderosa em seus resultados. Deveria servir como um ideal para nós. Na concepção de Péricles, a mente humana precisa adorar alguma coisa, precisa ter a sua atenção direcionada para algo que valorize acima de todo o resto. Para a maioria das pessoas, é o próprio ego; para algumas, é a família, o clã, o deus para quem rezam, ou a nação. Para Péricles seria *nous* – a palavra em grego antigo que significa "mente" ou "inteligência". *Nous* é uma força que permeia o universo, criando significado e ordem. A mente humana é atraída por natureza pela ordem; essa é a fonte da nossa inteligência. O conceito de *nous* que Péricles venerava era encarnado pela figura da deusa Atena.

Atena nasceu literalmente da cabeça de Zeus, e seu nome reflete isso – uma combinação de "deus" (*theos*) e "mente" (*nous*). No entanto, Atena passou a representar uma espécie bastante particular de *nous* – eminentemente prática, feminina e terrena. Ela é a voz que chega aos heróis nos momentos de necessidade, incutindo-lhes um espírito de calma, orientando-lhes a mente em direção à ideia perfeita de vitória e sucesso, e dando-lhes a energia para alcançar esses objetivos. Ser visitado por Atena era a maior bênção de todas, e o espírito dela guiava os grandes generais e os melhores artistas, inventores e comerciantes. Sob a influência de Atena, um homem ou mulher era capaz de ver o mundo com perfeita claridade e encontrar a ação que seria a mais correta naquele momento. O espírito dessa deusa foi invocado para unificar a cidade de Atenas, torná-la próspera e produtiva. Em essência, Atena representava a racionalidade, o maior dom concedido pelos deuses aos mortais, pois só a racionalidade era capaz de fazer um humano agir com a sabedoria divina.

A fim de cultivar a sua Atena interior, Péricles precisou primeiro descobrir uma maneira de dominar as suas próprias emoções, pois elas fazem que nos voltemos para dentro, para longe do *nous*, longe da realidade. Ficamos remoendo a nossa raiva ou inseguranças. Ao olharmos para o mundo e tentarmos resolver os problemas, vemos tudo através da lente dessas emoções; elas obscurecem a nossa visão. Péricles se treinou para nunca reagir de imediato, jamais tomar uma decisão sob a influência de uma emoção forte. Em vez disso, analisava os seus sentimentos. Em geral, quando observava mais de perto as suas inseguranças ou raiva, percebia que estas não eram de todo justificadas, perdendo a significância sob escrutínio. Às vezes ele tinha que se afastar fisicamente do alvoroço da Assembleia e se recolher em casa, onde permanecia sozinho por muitos dias, se acalmando. Lentamente, a voz de Atena chegaria a ele.

Ele decidiu basear todas as suas decisões políticas em um fator – o que servisse de fato ao bem maior de Atenas. O seu objetivo era unificar os cidadãos por meio do amor genuíno pela democracia e da crença na superioridade do modo ateniense. Esse critério o ajudava a evitar as armadilhas do ego, e o impelia a trabalhar para aumentar a participação e o poder das classes média e baixa, mesmo que essa estratégia pudesse com facilidade se voltar contra ele. Era um critério que o inspirava a limitar as guerras, mesmo que isso significasse menos glória pessoal para ele. E, por fim, um critério que o levou à maior decisão de todas: o projeto de obras públicas que transformou Atenas.

Para ajudá-lo nesse processo deliberativo, ele abriu a mente para o maior número de ideias e opções possíveis, até mesmo para as dos seus oponentes. Péricles imaginava todas as consequências possíveis de uma estratégia antes de se comprometer a ela. Com espírito calmo e mente aberta, encontrou políticas que deram origem a uma das verdadeiras eras de ouro da história. Um homem foi capaz de infectar uma cidade inteira com o seu espírito racional. O que aconteceu a Atenas depois que ele saiu de cena fala por si. A expedição à Sicília representou tudo aquilo a que ele sempre se opusera – uma decisão motivada secretamente pelo desejo de conquistar mais terras, uma ambição cega às consequências em potencial.

Entenda: como todo mundo, você se considera racional, mas não é. A racionalidade não é um poder com o qual se nasce, mas, sim, que se adquire por meio de treinamento e prática. A voz de Atena simplesmente representa um poder mais elevado que já existe dentro de você agora, um potencial que talvez você tenha sentido em momentos de calma e concentração, aquela ideia perfeita que lhe vem depois de muito raciocínio. Você não está conectado a esse poder mais elevado no presente porque a sua mente está sobrecarregada com emoções. Assim como Péricles na Assembleia, você está infectado por todo o drama que os outros criaram; está reagindo o tempo todo ao que as pessoas lhe dão, passando por ondas de excitação, insegurança e ansiedade que tornam a concentração mais difícil. A sua atenção é atraída para um lado e para outro; sem o critério racional guiando as suas decisões, você nunca atinge de fato as metas que firmou. A qualquer momento, é possível mudar isso com uma simples decisão – cultivar a sua Atena interior. A racionalidade será, então, o que você valorizará mais e o que lhe servirá como guia.

A sua primeira tarefa é observar essas emoções que infectam de forma contínua as suas ideias e decisões. Aprenda a se questionar: "Por que sinto essa raiva ou ressentimento? De onde vem essa necessidade incessante de atenção?". Sob esse escrutínio, como você não será mais dominado por suas emoções, começará a pensar por si mesmo em vez de reagir ao que os outros lhe derem. As emoções tendem a estreitar a mente, fazendo que nos concentremos em uma ou duas ideias que satisfazem o nosso desejo imediato de poder ou atenção, ideias que, em geral, dão errado. Agora, com o espírito calmo, você será capaz de considerar uma ampla gama de opções e soluções. Vai ponderar por mais tempo antes de agir e reavaliar as suas estratégias. A voz se tornará cada vez mais clara. Quando as pessoas o assediarem com dramas intermináveis e emoções mesquinhas, você se ressentirá dessa distração e aplicará a racionalidade para ignorá-las. Como um atleta que se fortalece o tempo todo por meio de treinamento, a sua mente se tornará mais flexível e adaptável. Com clareza e tranquilidade, será possível ver as respostas e soluções criativas que ninguém mais consegue enxergar.

É como se o seu segundo eu estivesse ao seu lado; um é sensato e racional, mas o outro eu é impelido a fazer algo completamente insensato e, às vezes, muito engraçado; e, de repente, você percebe que tem vontade de fazer aquilo que é divertido, sabe-se lá por quê. Isto é, você quer, desse modo, agir contra a própria vontade; embora você lute contra isso com todas as forças, é o que você quer.

— *Fiódor Dostoiévski,* O adolescente

CHAVES PARA A NATUREZA HUMANA

Sempre que algo dá errado em nossa vida, é natural que busquemos uma explicação. Não encontrar uma razão por que os nossos planos fracassaram, ou por que encontramos uma resistência súbita às nossas ideias, seria profundamente perturbador e intensificaria a nossa dor. No entanto, ao procurar por uma causa, a nossa mente tende a girar em torno dos mesmos tipos de explicação: alguém ou algum grupo me sabotou, talvez por antipatia; grandes forças antagônicas externas, como o governo ou convenções sociais, me atrapalharam; recebi conselhos ruins, ou alguém ocultou informações de mim. Por fim – na pior das hipóteses –, tudo não passou de má sorte e circunstâncias infelizes.

Em geral, essas explicações enfatizam a nossa impotência: "O que eu poderia ter feito de diferente? Como eu poderia ter previsto as ações horríveis de X contra mim?". Essas são perguntas um tanto vagas. Na maior parte das vezes, não conseguimos identificar as ações maliciosas específicas dos outros. Apenas suspeitamos ou imaginamos que elas existam. Esses esclarecimentos tendem a intensificar as nossas emoções – raiva, frustração, depressão –, nas quais então chafurdamos, sentindo pena de nós mesmos. Mais importante ainda, a nossa primeira reação é procurar por uma causa externa. Sim, talvez sejamos responsáveis pelo que aconteceu, mas, em geral, outras pessoas e forças antagônicas causaram o nosso tropeço. Essa reação está impregnada bem a fundo no animal humano. Em tempos antigos, talvez a culpa recaísse sobre os deuses ou espíritos malignos; no presente, escolhemos chamá-los por outros nomes.

A verdade, porém, é muito diferente. Por certo existem indivíduos e forças exteriores maiores que têm um efeito contínuo sobre nós, e há muito que não somos capazes de controlar no mundo. Contudo, em geral, o que nos guia pelo caminho errado logo de início, o que nos leva a tomar decisões ruins e a errar nos cálculos, é a nossa profunda irracionalidade, na medida em que a nossa mente é governada pela emoção. Não conseguimos enxergar isso; é o nosso ponto cego. E, como prova principal deste, analisemos a crise financeira de 2008, que serve como compêndio de todas as variedades de irracionalidade humana.

Após a crise, as explicações mais frequentes para o que aconteceu, oferecidas à mídia, foram as seguintes: desequilíbrios comerciais e outros fatores que levaram ao crédito barato no início da década de 2000, provocando a alavancagem excessiva; a impossibilidade de atribuir um valor preciso aos derivativos altamente complexos que eram comerciados, por isso ninguém avaliava lucros e perdas com exatidão; a existência de uma quadrilha astuta e corrupta de pessoas com informações privilegiadas que tinham incentivos para manipular o sistema a fim de obter lucros de forma rápida; credores gananciosos que pressionaram proprietários desavisados de imóveis a aceitar contratos de hipotecas de alto risco; excesso de regulamentação governamental; supervisão insuficiente por parte do governo; modelos de computadores e sistemas comerciais fora de controle.

Essas justificativas revelam a negação impressionante de uma realidade básica. Nas vésperas da crise financeira de 2008, milhões de pessoas diariamente decidiam investir ou não investir seu dinheiro. A cada ponto dessas transações, compradores e vendedores poderiam ter se afastado das formas mais arriscadas de investimentos, mas decidiram não fazer isso. Muitos alertaram a respeito de uma bolha especulativa. Apenas alguns anos antes, a quebra do gigante de fundos especulativos Long-Term Capital Management demonstrou com exatidão como uma crise maior poderia e iria ocorrer. Se a memória dos indivíduos fosse melhor, eles se lembrariam da bolha de 1987; se lessem livros de história, se recordariam da bolha do mercado de ações e da quebra da Bolsa de 1929. A maioria dos potenciais proprietários de imóveis é capaz de entender os riscos de hipotecas sem investimentos iniciais e de termos de empréstimos com taxas de juro de rápido crescimento.

O que toda a análise ignora é a irracionalidade básica que influenciou milhões de compradores e vendedores por todos os cantos, infectados pela sedução do dinheiro fácil. Isso abalou até o investidor mais instruído. Estudos e especialistas foram trazidos para promulgar ideias nas quais muitos estavam predispostos a acreditar – como o proverbial "desta vez é diferente" e "o preço de moradia nunca cai". Uma onda de otimismo desenfreado se espalhou por massas de pessoas. Vieram, então, o pânico, a crise e o duro confronto com a realidade. Em vez de admitir a orgia de especulação que havia sobrepujado a todos, fazendo indivíduos inteligentes parecerem imbecis, apontou-se o dedo para forças externas, qualquer coisa que desviasse a atenção da verdadeira fonte da loucura. Isso não é algo peculiar da crise de 2008. Explicações similares foram lançadas depois das crises de 1987 e de 1929, da mania das ferrovias na década de 1840 na Inglaterra, e da bolha especulativa da Companhia dos Mares do Sul em 1720, também na Inglaterra. Falou-se de reformar o sistema; aprovaram-se leis para limitar a especulação. E nada disso funcionou.

As bolhas especulativas ocorrem por causa da intensa atração emocional que exercem sobre os indivíduos, sobrepujando qualquer capacidade de raciocínio de uma mente individual. Elas estimulam as nossas tendências naturais à ganância, ao dinheiro fácil e aos resultados rápidos. É difícil ver outras pessoas ganhando dinheiro e não se juntar a elas. Não há nenhuma força reguladora no planeta capaz de controlar a natureza humana. E como não confrontamos a fonte real do problema, as bolhas e crises continuam a se repetir, e continuarão assim enquanto houver otários e aqueles que não leem sobre a história. A recorrência disso espelha a recorrência dos mesmos problemas e erros em nossa própria vida, formando padrões negativos. É difícil aprender a partir da experiência quando não olhamos para dentro, para as causas verdadeiras.

Entenda: o primeiro passo em direção a se tornar racional é compreender a nossa *irracionalidade fundamental*. Há dois fatores que deveriam deixar isso mais palatável ao nosso ego: ninguém é isento do efeito irresistível das emoções sobre a mente, nem mesmo o mais sábio entre nós; e, até certo ponto, a irracionalidade é uma função da estrutura do nosso cérebro e está programada na própria natureza com que processamos as emoções. Ser irracional está quase fora do nosso controle. Para entender isso, devemos analisar a evolução das emoções em si.

Por milhões de anos, os organismos vivos dependiam de instintos aperfeiçoados para a sobrevivência. Numa fração de segundo, um réptil era capaz de pressentir um perigo no ambiente e responder com a fuga instantânea do local. Não havia uma separação entre impulso e ação. Então, de forma gradual, para alguns animais essa sensação evoluiu para algo maior e mais duradouro: sensação de medo. No princípio, esse medo consistia apenas de um nível elevado de excitação com a descarga de certos compostos químicos, alertando o animal de um possível perigo. Com essa excitação e o grau de atenção que vinha com ela, o animal era capaz de responder de várias maneiras, em vez de somente uma; ele poderia se tornar mais sensível ao ambiente e aprender. As chances de sobrevivência eram melhores porque as opções haviam aumentado. Essa sensação de medo duraria apenas alguns segundos ou até menos, pois a velocidade era essencial.

Para os animais sociais, essas excitações e sentimentos assumiram um papel mais profundo e importante: tornaram-se uma forma crucial de comunicação. Sons ferozes ou pelos eriçados demonstravam raiva, afastando um inimigo ou sinalizando um perigo; certas posturas e odores representavam o desejo e a prontidão sexual; posturas e gestos sinalizavam a vontade de brincar; certos chamados dos jovens queriam dizer grande ansiedade e a necessidade do retorno da mãe. Com os primatas, isso se tornou cada vez mais elaborado e complexo. Foi comprovado que os chimpanzés sentem inveja e desejo de vingança, entre outras emoções. Essa evolução ocorreu com o passar de centenas de milhões de anos. Muito mais recentemente, os poderes cognitivos se desenvolveram em animais e humanos, culminando na invenção da linguagem e do pensamento abstrato.

Como já afirmaram muitos neurocientistas, essa evolução teve como consequência um cérebro mamífero mais elevado composto de três porções. A mais antiga, instintiva, é a parte reptiliana do cérebro, que controla todas as respostas automáticas que regulam o corpo. Acima dela está o velho cérebro mamífero ou límbico, governando os sentimentos e emoções; sobre este evoluiu o neocórtex, a fração que controla a cognição e, nos humanos, a linguagem.

As emoções se originam como uma excitação física com o intuito de captar a nossa atenção e fazer que notemos algo ao nosso redor. Começam como reações químicas e sensações que precisamos traduzir em palavras para tentar entender. Contudo, tendo em vista que são processadas numa parte diferente do cérebro em relação à linguagem e ao pensamento, essa tradução muitas vezes é vaga e imprecisa. Por exemplo, sentimos raiva da pessoa X, quando, na verdade, a fonte real dessa emoção talvez seja a inveja; abaixo do nível consciente, nos sentimos inferiores em relação a X e queremos algo que ela tem. No entanto, a inveja não é um sentimento com o qual nos sintamos confortáveis, e por vezes nós a traduzimos como algo mais palatável – raiva, antipatia, ressentimento. Digamos ainda que um dia sintamos uma onda de frustração e impaciência: Y atravessa o nosso caminho no momento errado e nós o atacamos verbalmente, sem nos darmos conta de que essa raiva foi incitada por um ânimo diferente e desproporcional às ações de Y. Ou imaginemos que estamos mesmo com raiva da pessoa Z. Entretanto, a raiva está assentada dentro de nós, causada por alguém do nosso passado que nos magoou de maneira profunda, talvez um dos nossos pais. Nós direcionamos a raiva a Z porque este nos lembra dessa outra pessoa.

Em outras palavras, não temos acesso consciente às origens das nossas emoções e aos ânimos que estas geram. Uma vez que os sentimos, tudo que podemos fazer é tentar decifrá-los, traduzindo-os em linguagem. Contudo, o mais comum é que nos enganemos. Adotamos interpretações que são simples e convenientes para nós, ou permanecemos desnorteados. Não sabemos por que nos sentimos deprimidos, por exemplo. Esse aspecto inconsciente das emoções também significa que é muito difícil para nós aprendermos com elas, para conseguir parar ou evitar o comportamento compulsivo. As crianças que foram abandonadas pelos pais tenderão a criar padrões de abandono mais tarde na vida, sem enxergarem o motivo. (Ver *Pontos de estímulo da primeira infância,* na página 48.)

A função comunicadora das emoções, um fator crítico para os animais sociais, também se torna complicada nos humanos. Nós expressamos raiva se estamos sentindo algo diferente, ou quando a raiva se refere a outra pessoa, mas o nosso interlocutor não vê isso e, portanto, reage como se tivesse sofrido um ataque pessoal, o que pode criar uma cascata de interpretações equivocadas.

As emoções evoluíram por um motivo diferente da cognição. Essas duas formas de relacionamento com o mundo não estão conectadas de maneira homogênea em nosso cérebro. Para os animais, livres do fardo da necessidade de traduzir sensações físicas em linguagem abstrata, as emoções funcionam sem percalços, como deveriam. Para nós, a divisão entre as nossas emoções e a nossa cognição é uma fonte de fricção interna constante, abrangendo um segundo Eu Emocional dentro de nós que opera independentemente da nossa vontade. Os animais sentem medo por pouco tempo; depois ele desaparece. Nós nos atemos aos nossos temores, intensificando-os e fazendo-os durar muito além do momento do perigo, até o ponto de sentirmos ansiedade constante.

Muitos ficariam tentados a imaginar que, de algum modo, conseguimos domar esse Eu Emocional por meio do nosso progresso intelectual e tecnológico; afinal, não parecemos ser tão violentos, extremados ou supersticiosos quanto os nossos ancestrais. Isso, porém, é uma ilusão. O progresso e a tecnologia não nos reprogramaram; apenas alteraram a forma das nossas emoções e o tipo de irracionalidade que estas produzem. Por exemplo, os novos formatos de mídia ampliaram a antiquíssima habilidade dos políticos e de outras pessoas de brincar com as nossas emoções, de maneiras ainda mais sutis e sofisticadas. Anunciantes nos bombardeiam com mensagens subliminares altamente efetivas; a nossa conexão contínua com as redes sociais nos torna vulneráveis a novas formas de efeitos emocionais virais. Não se trata de uma mídia projetada para uma reflexão calma. Com a sua presença constante, temos cada vez menos espaço mental para darmos um passo para trás e pensar. Somos sitiados por emoções e dramas desnecessários, assim como os atenienses na Assembleia, pois a natureza humana não se alterou.

É claro que as palavras *racional* e *irracional* são um pouco capciosas. As pessoas sempre rotulam de "irracionais" aquelas de quem discordam. O que precisamos é de uma definição simples que seja aplicável como um modo de julgar, da maneira mais precisa possível, a diferença entre as duas. O que se segue deve servir como o nosso barômetro: sentimos emoções constantemente, e estas infectam o nosso pensamento o tempo todo, nos desviando em direção a pensamentos que nos agradam e que deleitam o nosso ego. É impossível não termos as nossas inclinações e sentimentos envolvidos de algum modo no que pensamos. Indivíduos racionais têm consciência disso e, por meio de esforço e introspecção, são capazes de, até certo ponto, subtrair as emoções daquilo que pensam, neutralizando o seu efeito. Os irracionais não têm essa consciência, partindo para a ação sem considerar com cuidado as ramificações e consequências.

Podemos observar a diferença nas decisões e ações tomadas pelas pessoas e os resultados que se seguem. Aquelas que são racionais demonstram, com o passar do tempo, que são capazes de concluir um projeto, atingir objetivos, trabalhar de maneira eficiente em equipe e criar algo durável. As irracionais revelam em sua vida padrões negativos – erros que se repetem, conflitos desnecessários que os perseguem aonde quer que vão, sonhos e projetos que nunca são realizados, raiva e desejos de mudança que jamais se traduzem em ações concretas. São indivíduos emocionais e reativos, e não estão cientes disso. Todos são capazes de decisões irracionais, algumas das quais causadas por circunstâncias além do nosso controle. E até os tipos mais emocionais conseguem encontrar grandes ideias ou obter sucesso momentâneo graças à sua ousadia. Por essa razão, é importante julgar se alguém é racional ao longo do tempo ou irracional. Ele consegue manter o sucesso e produzir várias estratégias boas? É capaz de se corrigir e aprender a partir dos fracassos?

É possível notar a diferença entre uma pessoa racional e uma irracional em situações específicas, na hora de calcular as consequências de longo prazo e ver o que importa de fato. Por exemplo: num processo de divórcio envolvendo a custódia de um filho, quem é racional conseguirá deixar de lado a amargura e o preconceito, e pensar no que é melhor para os interesses gerais de longo prazo da criança. Os irracionais se deixarão consumir por uma luta pelo poder contra o cônjuge, permitirão que ressentimentos e desejos de vingança guiem secretamente as suas decisões, provocando uma batalha prolongada e danos emocionais para o filho.

Quando se trata de contratar um assistente ou formar uma parceria, as pessoas racionais utilizarão a competência como barômetro: "Será que este indivíduo consegue fazer o trabalho?". Irracionais caem com facilidade sob o encanto daqueles que são simpáticos, que sabem como alimentar inseguranças, ou que representam pouca ou nenhuma ameaça, e os contratam sem perceber os motivos. Falhas e ineficiência serão as consequências disso, pelas quais os irracionais culparão os outros. Quando se trata de decisões profissionais, quem é racional buscará posições adequadas aos seus objetivos de longo prazo. Os tipos irracionais se decidirão com base em quanto dinheiro obterão de imediato, no que acreditam merecer da vida (às vezes, muito pouco), no quanto poderão relaxar no trabalho e quanta atenção a posição lhes trará. Isso fará sua carreira profissional rumar para becos sem saída.

Em todos os casos, o grau de consciência representa a diferença. Indivíduos racionais conseguem admitir de imediato as suas tendências irracionais e a necessidade de serem vigilantes. Por outro lado, irracionais se tornam bastante emocionais quando são desafiados a respeito das raízes emocionais das suas decisões. São incapazes de introspecção e de aprendizado. Os erros que cometem os colocam cada vez mais numa posição defensiva.

É importante entender que a racionalidade não é um meio de transcender a emoção. O próprio Péricles valorizava as ações ousadas e aventurosas. Ele *amava* o espírito de Atena e a inspiração que ela trazia, e queria que os atenienses amassem a cidade e nutrissem empatia por seus conterrâneos. O que idealizou foi um estado de equilíbrio – um entendimento claro de por que nos sentimos como nos sentimos, com consciência dos nossos impulsos, para que possamos pensar sem sermos influenciados secretamente pelas nossas emoções. Péricles desejava que a energia que vem dos impulsos e das emoções servisse o nosso lado pensante. Essa era a sua visão de racionalidade, e o nosso ideal.

Felizmente, adquirir a racionalidade não é complicado; requer apenas conhecer e utilizar um processo dividido em três fases. Na primeira, precisamos nos tornar conscientes do que chamaremos de *irracionalidade de baixo nível* – função dos ânimos e sentimentos contínuos que vivenciamos na vida, abaixo do nível da consciência. Ao traçarmos planos ou tomarmos decisões, não temos consciência da profundidade com que esses ânimos e sentimentos deturpam o nosso processo de pensar, os quais criam em nosso pensamento evidentes preconceitos tão impregnados em nós que é possível encontrar vestígios deles em todas as culturas e todos os períodos da história. Esses preconceitos, distorcendo a realidade, causam erros e decisões ineficazes que nos atormentam; se tivermos ciência deles, contudo, podemos começar a neutralizar os seus efeitos.

Na segunda fase, devemos entender a natureza do que chamaremos de *irracionalidade de grau elevado*. Isso ocorre quando as nossas emoções se tornam exaltadas, em geral por causa de certas pressões. Ao pensarmos sobre raiva, excitação, ressentimento ou desconfiança que sentimos, tudo é intensificado até chegarmos a um estado reativo – aquilo que vemos ou ouvimos é interpretado através da lente dessa emoção. Nós nos tornamos mais sensíveis e sujeitos a outras reações emocionais. A impaciência e o ressentimento podem se transformar em raiva e profunda desconfiança. São esses estados reativos que levam as pessoas à violência, às obsessões maníacas, à ganância incontrolável ou ao desejo de controlar o outro. Essa forma de irracionalidade é a fonte de problemas mais graves, como crises, conflitos e decisões desastrosas. Entender como esse tipo de irracionalidade funciona nos permite reconhecer o estado reativo assim que este acontece, e recuar antes que façamos algo de que viríamos a nos arrepender.

Na terceira fase, precisamos executar certas estratégias e exercícios que vão fortalecer a parte pensante do cérebro e lhe dar mais poder na eterna luta contra as nossas emoções.

As três etapas seguintes o ajudarão a começar a trilhar o caminho em direção à racionalidade. É aconselhável incorporar todas elas no seu estudo e prática da natureza humana.

Etapa um: reconheça os vieses

As emoções afetam de forma contínua os nossos processos de pensamento e decisões, abaixo do nível da nossa consciência. E a emoção mais comum de todas é o desejo de sentir prazer e de evitar a dor. Os nossos pensamentos revolvem de modo quase inevitável em torno desse desejo; simplesmente recuamos ao considerarmos ideias que nos sejam desagradáveis ou dolorosas. Imaginamos que buscamos a verdade, ou que somos realistas, quando, na realidade, estamos nos apegando a ideias que nos permitem descarregar a tensão que sentimos e que acalmam o nosso ego, fazendo que nos sintamos superiores. Esse *princípio do prazer no pensamento* é a fonte de todos os nossos vieses mentais. Se você acredita que é de algum modo imune a qualquer um dos seguintes vieses, este é apenas um exemplo do princípio do prazer em ação. Em vez de acreditar nisso, seria melhor descobrir como os vieses operam o tempo todo dentro de você, e aprender também a identificar essa irracionalidade nos outros.

Viés de confirmação
Eu examino as evidências e tomo as minhas decisões por meio de processos mais ou menos racionais.

Para crer numa ideia e nos convencermos de que chegamos a ela de maneira racional, buscamos provas que apoiem a nossa opinião. O que poderia ser mais objetivo e científico? Entretanto, por causa do princípio do prazer e da sua influência inconsciente, encontramos provas que confirmam aquilo em que *queremos* acreditar. Isso é conhecido como *viés de confirmação*.

Vemos esse fenômeno em ação nos planos, em especial, daqueles que assumem altos riscos. Elabora-se um projeto que leve a um objetivo desejado positivo. Se as pessoas considerassem de forma igualitária as consequências negativas e positivas possíveis, teriam muita dificuldade em tomar qualquer atitude. É inevitável que elas se desviem em direção às informações que confirmem o resultado desejado positivo, o panorama cor-de-rosa, sem se darem conta disso. Também vemos esse viés em ação quando elas supostamente pedem conselhos. É a maldição da maioria dos consultores. No fim, as pessoas querem ter as suas próprias ideias e preferências confirmadas pela opinião de um especialista. Interpretam o que você diz à luz do que pretendem ouvir; e se o seu conselho vai contra os desejos delas, darão um jeito de desprezar a sua opinião, a sua suposta proficiência. Quanto mais poderoso o indivíduo, mais ele está sujeito a esse tipo de viés de confirmação.

Ao investigar o viés de confirmação no mundo, observe as teorias que soam um pouco boas demais para serem verdade. Estatísticas e estudos são oferecidos para comprová-las; não são muito difíceis de encontrar, uma vez que você esteja convencido da correção do seu argumento. Na internet, estudos apoiam ambos os lados de um argumento. De modo geral, você nunca deve aceitar a validade das ideias dos outros só porque estes forneceram "provas". Em vez disso, examine você mesmo essas provas à fria luz do dia, com o máximo de ceticismo de que for capaz. O seu primeiro impulso deve sempre ser o de encontrar a prova que renega a crença que você e outros mais estimam. Essa é a verdadeira ciência.

Viés de convicção
Acredito tanto nessa ideia. Ela deve ser verdade.

Nós nos atemos a uma ideia que secretamente nos agrada, mas, bem no fundo, talvez tenhamos algumas dúvidas sobre sua veracidade; por isso, fazemos um esforço redobrado para nos convencermos — a fim de acreditarmos nela com grande veemência e contradizermos em alto e bom som qualquer um que nos desafie. Nós nos perguntamos: "Como é possível que a nossa ideia não seja verdadeira quando ela nos enche de tanta energia para defendê-la?". Esse viés é revelado com clareza ainda maior no nosso relacionamento com líderes — se eles manifestam uma opinião com palavras e gestos incendiários, metáforas empolgantes e anedotas divertidas, além de profunda convicção, isso deve significar que examinaram a ideia com cuidado para expressá-la com tanta certeza. Aqueles que, por outro lado, expressam nuances ou cujo tom é mais hesitante revelam fraqueza e falta de autoconfiança. É provável que estejam mentindo, ou assim pensamos. Esse viés nos torna suscetíveis a vendedores e demagogos que demonstram convicção como uma forma de convencer e enganar. Eles sabem que as pessoas têm fome por entretenimento, por isso disfarçam as suas meias-verdades com efeitos dramáticos.

Viés de aparências
Eu entendo as pessoas com quem lido; eu as vejo como elas são.

Nós vemos os outros não como eles são, mas como nos parecem. E essas aparências costumam ser enganosas. Em primeiro lugar, as pessoas se treinam para situações sociais a fim de apresentar uma fachada que seja apropriada e julgada positivamente. Aparentam ser a favor das causas mais nobres, sempre se mostrando trabalhadoras e escrupulosas. Tomamos essas máscaras como realidade. Em segundo lugar, tendemos a nos deixar levar pelo *efeito halo* – quando vemos certas qualidades negativas ou positivas em alguém (inépcia social, inteligência), supomos outras qualidades positivas ou negativas que combinariam com essas. Aqueles de boa aparência, em geral, parecem ser mais dignos de confiança, em especial os políticos. Se um indivíduo é bem-sucedido, nós o imaginamos sendo também ético, escrupuloso e merecedor da sua boa sorte. Isso obscurece o fato de que muitos que obtiveram sucesso o fizeram por meio de ações pouco morais, o que disfarçam com esperteza.

Viés de grupo
As minhas ideias me pertencem. Não dou ouvidos ao grupo. Não sou conformista.

Somos animais sociais por natureza. A sensação de isolamento, de diferença em relação ao grupo, é deprimente e assustadora. Sentimos um alívio tremendo quando encontramos outros que pensam da mesma maneira que nós. De fato, somos motivados a defender ideias e opiniões *porque* elas nos trazem esse alívio. Não temos consciência desse estímulo e, por isso, imaginamos que chegamos a certas ideias inteiramente por conta própria. Observe as pessoas que apoiam um partido ou outro, uma ideologia qualquer – uma ortodoxia ou exatidão notável prevalece, sem que ninguém diga nada ou aplique uma força evidente. Se alguém se posiciona à direita ou à esquerda, as suas opiniões quase sempre seguirão a mesma direção em dezenas de questões, como por mágica, e, no entanto, poucos admitiriam essa influência em outros padrões de pensamento.

Viés da culpa
Eu aprendo a partir da minha experiência e dos meus erros.

Os erros e fracassos produzem a necessidade de dar explicações. Queremos aprender a lição e não repetir a experiência. Na verdade, porém, não gostamos de examinar muito de perto o que fizemos; a nossa introspecção é limitada. A nossa resposta natural é culpar os outros, as circunstâncias ou um lapso momentâneo de julgamento. O motivo para esse viés é que, por vezes, é doloroso demais examinar os nossos erros. Isso nos levaria a questionar o nosso sentimento de superioridade. Cutucaria o nosso ego. Fazemos uma análise superficial, fingindo refletir sobre nossos atos. No entanto, com o passar do tempo, o princípio do prazer emerge e nos esquecemos da pequena parte do erro que atribuímos a nós mesmos. O desejo e a emoção vão nos cegar mais uma vez, e repetiremos exatamente o mesmo erro e passaremos pelo mesmo processo de recriminações leves, seguido pelo esquecimento, até morrermos. Se as pessoas de fato aprendessem com as suas experiências, encontraríamos poucos erros no mundo e carreiras profissionais seguiriam em ascensão perpétua.

Viés de superioridade
Eu sou diferente. Sou mais racional do que os outros, e mais ético também.

Poucos diriam isso a alguém durante uma conversa, pois soaria arrogante. Entretanto, em numerosos estudos e pesquisas de opinião, quando lhes pediam que se comparassem com os outros, as pessoas em geral expressavam uma variante dessa afirmação. É o equivalente a uma ilusão de ótica – não conseguimos enxergar os nossos defeitos e irracionalidades, apenas os de outrem. Assim, por exemplo, acreditamos com facilidade que os que pertencem ao outro partido político não chegam às suas opiniões com base em princípios racionais, ao contrário do que fazem aqueles do nosso lado. No aspecto da ética, poucos de nós admitiriam ter apelado a mentiras ou manipulações no trabalho ou ter utilizado espertza e estratégia para avançar na carreira. Tudo o que conquistamos, ou assim pensamos, vem do talento natural e do trabalho árduo. A outras pessoas, porém, nós nos apressamos a atribuir todo o tipo de táticas maquiavélicas. Isso nos permite justificar o que fazemos, não importando os resultados.

Sentimos um tremendo ímpeto para nos imaginarmos como racionais, decentes e éticos, qualidades bastante promovidas pela cultura. Demonstrar sinais do contrário seria arriscar grande desaprovação. Se tudo isso fosse verdade – se os indivíduos fossem racionais e moralmente superiores –, o mundo estaria permeado de bondade e paz. No entanto, conhecemos a realidade, o que significa que alguns, talvez até todos nós, estão apenas se iludindo. A racionalidade e as qualidades éticas precisam ser conquistadas por meio do esforço e da consciência. Não surgem naturalmente, mas por meio de um processo de amadurecimento.

Etapa dois: cuidado com os fatores inflamatórios

As emoções de baixo nível afetam o nosso pensamento o tempo todo, e se originam dos nossos próprios impulsos – por exemplo, o desejo por pensamentos que ofereçam prazer e conforto. A emoção de alto nível, porém, surge em certos momentos, alcança um tom explosivo e é, em geral, suscitada por algo externo – por alguém que nos provoque, ou por circunstâncias específicas. O nível de excitação é maior e a nossa atenção é capturada por completo. Quanto mais pensamos na emoção, mais forte ela se torna, o que faz que nos concentremos ainda mais nela, e assim por diante. A nossa mente focaliza a emoção, e tudo nos lembra da nossa raiva ou agitação. Nós nos tornamos reativos. Como somos incapazes de tolerar a tensão que isso cria, a emoção de alto nível tende a culminar em alguma ação precipitada com consequências desastrosas. Em meio a um ataque desses, nos sentimos possuídos, como se, por um segundo, o nosso lado límbico assumisse o comando.

É melhor ter consciência desses fatores a fim de impedir que a sua mente foque uma emoção só e evitar uma descarga emocional da qual você sempre acabará se arrependendo. Também é aconselhável estar ciente da irracionalidade de alto nível nos outros, para que você consiga sair do caminho deles ou ajudá-los a voltar para a realidade.

Pontos de estímulo da primeira infância

É na primeira infância que somos mais sensíveis e vulneráveis. O impacto que o relacionamento com os nossos pais tem sobre nós se torna maior quanto mais voltamos no tempo. Podemos dizer o mesmo de qualquer situação poderosa no início da vida. Essas vulnerabilidades e mágoas permanecem enterradas a fundo em nossa mente. Às vezes, tentamos reprimir as memórias dessas influências, se estas são negativas – grandes temores ou humilhações; em outras situações, porém, elas estão associadas a emoções positivas, experiências de amor e atenção que queremos reviver de maneira contínua. Ao longo da vida, uma pessoa ou situação vai despertar uma lembrança desse acontecimento positivo ou negativo e, com isso, a descarga de hormônios e substâncias químicas poderosas associadas a essa lembrança.

Imagine, por exemplo, um jovem cuja mãe era distante e narcisista. Quando bebê ou criança, tomou a frieza dela como abandono, e o abandono significava que ele, de algum modo, não era digno do seu amor. Ou, de maneira semelhante, a chegada de um novo irmão fez a mãe lhe dar muito menos atenção, o que ele também tomou como abandono. Mais tarde, num relacionamento, uma mulher talvez dê sinais de desaprovação de alguma de suas ações ou traços de personalidade, o que faz parte de uma relação saudável. Isso toca num ponto de estímulo – ela lhe notou os defeitos, o que, o rapaz supõe, precede o momento em que a parceira o abandonará. Ele sente uma corrente de emoções, uma sensação de traição iminente, e não vê a raiz disso; está além do seu controle. Ele reage de forma exagerada, faz acusações, se retrai, e tudo isso leva àquilo que temia – o abandono. Reagiu a um reflexo dentro de sua mente, não à realidade. Isso é o pico da irracionalidade.

A maneira de reconhecer isso em si mesmo e nos outros é notar o súbito comportamento infantil em sua intensidade e que faz que a pessoa não pareça ela mesma. É algo que pode estar centrado em qualquer emoção fundamental. Poderia ser o medo – de perder o controle, de fracassar. Nesse caso, a nossa reação é fugir da situação e da presença de outros, como uma criança se colocando em posição fetal. Uma doença súbita, causada pelo medo intenso, nos levará convenientemente a ter que nos retirarmos. Ou poderia ser o amor – a tentativa desesperada de recriar no presente um relacionamento íntimo com um dos pais ou um irmão ou irmã, provocada por alguém que nos lembra vagamente do paraíso perdido. Poderia ainda ser a desconfiança extrema, nascida de uma figura em posição de autoridade que nos desapontou ou nos traiu na primeira infância, em geral, o pai. Isso muitas vezes incita uma súbita atitude rebelde.

O grande perigo aqui é que, ao interpretar mal o presente e reagir a algo no passado, criamos conflito, desapontamentos e desconfiança que apenas fortalecem as mágoas. Sob certos aspectos, somos programados a repetir a experiência passada no presente. A nossa única defesa é estarmos conscientes no momento em que isso acontece. Somos capazes de reconhecer um ponto de estímulo ao sentir emoções excepcionalmente primitivas, mais incontroláveis do que o normal, as quais estimulam temores, a depressão profunda ou o excesso de esperança. As pessoas sob o efeito dessas emoções por vezes demonstrarão um tom de voz ou linguagem corporal bem diferente, como se estivessem revivendo fisicamente um momento do início da vida.

Em meio a um ataque desse tipo, devemos lutar para nos distanciarmos e contemplarmos sua possível fonte – a mágoa na primeira infância – e os padrões aos quais ela nos prendeu. Esse entendimento profundo de nós mesmos e das nossas vulnerabilidades é um passo fundamental para que nos tornemos racionais.

Ganhos e perdas repentinas

Vitórias e sucessos súbitos podem ser bem perigosos. Neurologicamente, substâncias químicas são liberadas no cérebro, dando um choque de excitação e energia, o que nos leva ao desejo de repetir a experiência. Isso pode se tornar o início de uma espécie de vício e comportamento maníaco. Além disso, quando os lucros chegam rápido, tendemos a perder a perspectiva da sabedoria básica de que o verdadeiro sucesso, para durar de verdade, precisa vir por meio do trabalho árduo. Não levamos em conta o papel que a sorte desempenha nos nossos lucros repentinos. Tentamos insistentemente recapturar aquela euforia de ganhar tanto dinheiro ou tanta atenção. Adquirimos sentimentos de grandiosidade. Tornamo-nos bastante resistentes a qualquer um que tente nos alertar – eles não entendem, é o que dizemos a nós mesmos. Como essa situação não é sustentável, vivenciamos a queda inevitável, que é ainda mais dolorosa, levando-nos à depressão, que faz parte do ciclo. Embora os jogadores compulsivos sejam os mais vulneráveis a esse processo, ele se aplica da mesma maneira a empresários durante bolhas especulativas e a pessoas que ganham atenção súbita do público.

Perdas repentinas, ou uma série delas, geram reações igualmente irracionais. Imaginamos estar amaldiçoados pela má sorte e que ela continuará por tempo indeterminado. Tornamo-nos temerosos e hesitantes, o que muitas vezes leva a mais erros ou fracassos. Nos esportes, isso pode induzir ao que é conhecido como o ato de "amarelar", à medida que derrotas e erros anteriores pesam na mente e a sufocam.

A solução aqui é simples: sempre que tiver uma vitória ou derrota atípica, essa é a hora certa de dar um passo para trás e equilibrá-la com algum pessimismo ou otimismo necessário. Tenha cuidado redobrado com a atenção e o sucesso repentinos – não foram construídos de nada duradouro e têm um efeito viciante. E a queda é sempre dolorosa.

Pressão crescente

Em geral, as pessoas ao seu redor parecem equilibradas e no controle da própria vida. No entanto, coloque qualquer uma delas em circunstâncias extenuantes, com pressão crescente, e você verá uma realidade diferente. Cai a máscara fria do autocontrole. Elas terão ataques súbitos de raiva, revelarão uma faceta paranoica e se tornarão hipersensíveis e, por vezes, mesquinhas. Sob tensão ou alguma ameaça, as partes mais primitivas do cérebro são excitadas e acionadas, sobrepujando os poderes de raciocínio. De fato, a tensão e o nervosismo revelam defeitos que o ser humano tem o cuidado de ocultar. Costuma ser aconselhável observar os indivíduos nesses momentos, precisamente para julgar o seu caráter verdadeiro.

Sempre que notar que os níveis de pressão e tensão estão crescendo na sua vida, você deve se monitorar com cautela. Preste atenção a quaisquer sinais de fragilidade ou sensitividade atípicas, suspeitas súbitas e temores desproporcionais às circunstâncias. Observe com o maior distanciamento possível, com tempo e espaço a sós. Você precisa de perspectiva. Nunca imagine que é alguém capaz de aguentar a pressão crescente sem um escape emocional, pois é impossível. Contudo, por meio da reflexão e da autoconsciência, você vai conseguir se impedir de tomar decisões das quais se arrependeria.

Indivíduos inflamatórios

Há pessoas no mundo que, por natureza, tendem a incitar emoções poderosas em quase todos que encontram. Essas emoções se estendem aos extremos do amor, do ódio, da fé e da desconfiança. Alguns exemplos da história incluem o rei Davi da Bíblia, Alcibíades na Atena antiga, Júlio César na Roma antiga, Georges Danton na Revolução Francesa, e Bill Clinton. Esses tipos têm um alto grau de carisma e uma habilidade de expressar de maneira eloquente suas emoções, o que provoca, de forma inevitável, emoções paralelas nos outros. No entanto, alguns desses também são bastante narcisistas; projetam os seus dramas e problemas internos para fora, capturando outros indivíduos no tumulto que geram. Isso leva a sentimentos profundos de atração em algumas pessoas e de rejeição em outras.

É melhor reconhecer esses tipos inflamatórios pela maneira como afetam a todos, não apenas a você. Ninguém consegue se manter indiferente a eles. As pessoas se sentem incapazes de raciocinar ou de manter a distância na presença desses indivíduos, que o fazem pensar neles o tempo todo mesmo quando não estão presentes; têm uma qualidade obsessiva e conseguem levá-lo a ações extremadas, seja como um seguidor devoto ou um inimigo inveterado. Em qualquer um dos extremos da escala – atração ou rejeição –, você tenderá a ser irracional e vai precisar desesperadamente tomar distância. Uma boa estratégia a ser utilizada é olhar além da fachada que esses tipos apresentam. É inevitável que tentem projetar uma imagem grandiosa, uma qualidade mítica e intimidadora; mas, na verdade, são bem humanos, cheios das mesmas inseguranças e fraquezas que todos nós possuímos. Tente reconhecer esses traços e os desmitifique.

O efeito de grupo

Essa é a variedade de alto nível do *viés de grupo*. Quando estamos num grupo de tamanho considerável, nos sentimos diferentes. Observe a si mesmo e a outros num evento esportivo, num espetáculo musical, numa assembleia religiosa ou política. É impossível não se envolver pelas emoções coletivas. O seu coração bate mais rápido. Lágrimas de alegria ou de tristeza lhe vêm com mais facilidade. Estar num grupo não estimula o raciocínio independente, mas, em vez disso, o desejo intenso de participação. Isso também acontece num ambiente de trabalho, em especial se o líder joga com as emoções das pessoas para atiçar desejos competitivos e agressivos, ou uma dinâmica de "nós contra eles". O efeito de grupo não requer necessariamente a presença de outros. Pode ocorrer de forma viral, como quando alguma opinião se espalha pelas redes sociais e nos infecta com o desejo de partilhar esse julgamento – que geralmente é forte, como um ultraje, por exemplo.

Há um aspecto positivo de euforia na estimulação das emoções em grupo. É assim que somos arregimentados para realizar algo pelo bem coletivo. No entanto, se você notar que o apelo é direcionado a emoções mais diabólicas, como o ódio contra outros, o patriotismo fanático, a agressão ou visões de mundo generalizantes, inocule-se e veja além da poderosa atração que esse apelo exerce sobre você. Sempre que possível, evite os ambientes de grupo a fim de manter seu poder de raciocínio, ou de entrar com o máximo de ceticismo.

Tenha consciência dos demagogos que querem explorar o efeito de grupo e estimular surtos de irracionalidade. É inevitável que eles recorram a certos truques. Num ambiente coletivo, começam entusiasmando a multidão, falando de ideias e valores dos quais todos compartilham, criando uma sensação agradável de concordância. Eles se apoiam em palavras vagas mas capciosas, cheias de qualidade emotiva como *justiça* ou *verdade* ou *patriotismo*. Falam de metas nobres e abstratas em vez de solucionar problemas específicos com ações concretas.

Os demagogos da política ou da mídia tentam incitar uma sensação constante de pânico, urgência e ultraje. Precisam manter os níveis emocionais altos. A sua defesa é simples: considere os seus poderes de reação, a sua habilidade de pensar por si mesmo, que é o que você tem de mais precioso. Ressinta-se de qualquer tipo de intrusão, por parte dos outros, na sua mente independente. Quando se sentir na presença de um demagogo, torne-se duas vezes mais cauteloso e analítico.

Uma palavra final sobre a irracionalidade da natureza humana: não imagine que os tipos mais extremos de irracionalidade foram, de modo algum, superados por meio do progresso e do esclarecimento. Por toda a história, observamos ciclos contínuos em que os níveis de irracionalidade sobem e descem. A grande era de ouro de Péricles, com seus filósofos e os primeiros movimentos do espírito científico, foi seguida por uma era de superstição, cultos e intolerância. Esse mesmo fenômeno aconteceu após a Renascença italiana. Que esse ciclo esteja fadado a se repetir de novo e de novo faz parte da natureza humana.

O irracional simplesmente muda de aparência e de métodos. Talvez não tenhamos mais caças às bruxas no sentido literal, mas no século 20, há não muito tempo, testemunhamos os julgamentos espetaculares de Stálin, os interrogatórios de McCarthy no senado norte-americano e as perseguições em massa durante a Revolução Cultural Chinesa. Vários cultos são gerados o tempo todo, inclusive cultos de personalidade e o fetichismo em relação a celebridades. A tecnologia hoje inspira um fervor religioso. Os indivíduos sentem uma necessidade desesperada de acreditar em algo e o encontrarão em qualquer lugar. Pesquisas revelam que um número crescente de pessoas acredita em fantasmas, espíritos e anjos, no século 21.

Enquanto existirem seres humanos, o irracional encontrará as suas vozes e meios de expansão. A racionalidade é algo a ser adquirido pelos indivíduos, não por movimentos de massa ou pelo progresso da tecnologia. Sentir-se superior e longe desse problema é um sinal claro do irracional em operação.

Etapa três: estratégias para trazer o lado racional à tona

A despeito das nossas tendências irracionais consideráveis, dois fatores deveriam dar esperança a todos nós. Em primeiro lugar, o que é mais importante: a existência, por toda a história e em todas as culturas, de pessoas de alta racionalidade, aquelas que tornaram o progresso possível. Servem como modelo para todos nós. Entre elas estão Péricles, o governante Aśoka na Índia antiga, Marco Aurélio na Roma antiga, Marguerite de Valois na França medieval, Leonardo da Vinci, Charles Darwin, Abraham Lincoln, o escritor Anton Tchekhov, a antropóloga Margaret Mead e o empresário Warren Buffett, para listar alguns. Todos eles compartilham de certas qualidades – uma avaliação realista de si mesmos e de suas fraquezas; devoção à verdade e à realidade; uma atitude tolerante em relação às pessoas, e a habilidade de atingir os objetivos que firmam para si.

O segundo fator é que quase todos nós, em algum momento da vida, experimentamos momentos de racionalidade maior. Isso por vezes vem com o que chamaremos de *atitude do criador*. Temos um projeto a realizar, talvez com um prazo de execução. As únicas emoções que podemos nos dar ao luxo de sentir são excitação e energia; as outras apenas tornam impossível nos concentrarmos. Como precisamos conseguir resultados, nos tornamos excepcionalmente pragmáticos. Nós nos concentramos no trabalho – com a mente calma e o ego sem atrapalhar. Se tentassem nos interromper ou infectar com emoções, nós nos ressentiríamos. Esses momentos – tão breves como algumas semanas ou horas – revelam o eu racional que está esperando para emergir. Ele só precisa de um pouco de consciência e prática.

As seguintes estratégias foram desenvolvidas para ajudá-lo a trazer à tona o seu Péricles ou Atena interiores.

Conheça profundamente a si mesmo. O Eu Emocional prospera na ignorância. Mas perde o poder sobre você e pode ser dominado no momento em que o leitor se torna consciente de como o Eu Emocional age e o domina. Portanto, o seu primeiro passo em direção à racionalidade é sempre para dentro. É preciso flagrar o Eu Emocional em ação. Com esse propósito, reflita sobre como você age sob pressão. Que fraquezas específicas surgem nesses momentos – o desejo de agradar, de intimidar ou de controlar, ou níveis profundos de desconfiança? Analise as suas decisões, em especial aquelas que foram ineficientes. Você enxerga um padrão, uma insegurança subjacente que as impeliu? Examine as suas forças, o que o torna diferente das outras pessoas. Isso o ajudará a escolher metas que combinem com os seus interesses de longo prazo e que estejam alinhadas com as suas habilidades. Ao entender e valorizar o que o torna diferente, também será capaz de resistir à atração do viés e do efeito de grupo.

Examine as suas emoções até as suas origens. Você está com raiva. Deixe o sentimento assentar e pense a respeito. Se foi incitado por algo aparentemente trivial ou mesquinho, é um sinal claro de que algo ou alguém mais está por trás dele. Talvez uma emoção mais desconfortável seja a raiz do problema – tal como a inveja ou a paranoia. Você precisa encarar essa possibilidade. Busque abaixo de todos os pontos de estímulo para ver onde eles começaram. Para isso, talvez seja aconselhável utilizar um diário no qual você possa registrar com objetividade implacável as suas autoavaliações. O maior perigo aqui é o seu ego e como ele o faz, de maneira inconsciente, nutrir ilusões sobre si mesmo – as quais talvez sejam reconfortantes no momento, mas, no longo prazo, o tornarão defensivo e incapaz de aprender ou progredir. Descubra uma posição neutra de onde consiga observar as suas ações, com um pouco de distanciamento e até de humor. Logo tudo isso se tornará um hábito natural e, quando o Eu Emocional erguer a cabeça de forma repentina em alguma situação, você o notará de imediato, sendo capaz de recuar e encontrar essa posição neutra.

Aumente o seu tempo de reação. Esse poder é adquirido por meio de prática e repetição. Quando algum acontecimento ou interação pedir uma resposta, você precisa se treinar para recuar. Isso talvez signifique se afastar fisicamente para um local onde possa estar sozinho e não sentir nenhuma pressão para responder. Ou signifique escrever aquele *e-mail* furioso, mas sem o enviar. Considere a questão por um dia ou dois. Não telefone nem se comunique enquanto sentir alguma emoção súbita, em especial o ressentimento. Caso sinta pressa para assumir compromissos, para contratar alguém ou ser contratado, dê um passo para trás e aguarde por um dia. Esfrie a cabeça. Pense nisso como treinamento de resistência – quanto mais você resistir ao ato de reagir, mais espaço mental terá para uma reflexão real, e mais forte a sua mente se tornará.

Aceite as pessoas como fatos. As interações com as pessoas são a fonte principal de agitação emocional, mas não precisa ser assim. O problema é que as julgamos o tempo todo, desejando que fossem algo que não são. Queremos mudá-las, queremos que pensem e ajam de certa maneira, em geral do jeito que nós pensamos e agimos. E como isso não é possível, já que cada um é diferente, nos sentimos frustrados e decepcionados o tempo todo. Em vez disso, veja-as como fenômenos, tão neutros como cometas ou plantas. Simplesmente existem; surgem em todas as variedades, tornando a vida rica e interessante. Trabalhe com o que elas lhe dão, em vez de resistir e tentar mudá-las. Transforme a tarefa de entendê-las num jogo divertido, na montagem de um quebra-cabeça. É tudo parte da comédia humana. Sim, as pessoas são irracionais, mas o mesmo se aplica a você. Torne a sua aceitação da natureza humana a mais radical possível. Isso o acalmará e o ajudará a observar os indivíduos de forma mais desapaixonada, entendendo-os num nível mais profundo. Você vai parar de projetar as suas próprias emoções nos outros. Tudo isso vai lhe dar mais equilíbrio e tranquilidade, mais espaço mental para pensar.

Certamente isso é difícil de fazer com os seres apavorantes que cruzam o nosso caminho – os narcisistas furiosos, os passivo-agressores e outros tipos inflamatórios –, pois são um teste contínuo à nossa racionalidade. Como modelo, considere o autor russo Anton Tchekhov, uma das pessoas mais absolutamente racionais que já viveram. A família de Tchekhov era grande e pobre, e o pai, um alcoólatra, espancava todos os filhos sem piedade, inclusive o jovem Anton. Este se tornou médico e passou a escrever como carreira alternativa, aplicando o seu treinamento na Medicina ao animal humano e tomando como meta entender o que nos faz tão irracionais, infelizes e perigosos. Em suas histórias e peças, ele considerava imensamente terapêutico dedicar-se a seus personagens ao extremo e compreender até mesmo os piores tipos. Dessa forma, era capaz de perdoar qualquer um, até mesmo o próprio pai. A sua abordagem nesses casos era imaginar que cada pessoa tinha um motivo, não importando o quão deturpado, para ter se transformado no que é; uma lógica que faria sentido para ela. Ao seu modo, todos estão lutando para se satisfazerem, mas de maneira irracional. Ao dar um passo para trás e imaginar a história desses indivíduos a partir da perspectiva deles, Tchekhov desmitificou os brutos e os agressores, reduzindo-os às suas dimensões reais. Eles não inspiravam mais ódio, mas pena. Você precisa pensar mais como um escritor ao abordar aqueles com quem lida, até mesmo os piores tipos.

Descubra o equilíbrio ideal entre o pensamento e a emoção. Não somos capazes de separar as emoções dos pensamentos. Os dois estão completamente entrelaçados. No entanto, é inevitável que exista um fator dominante, com algumas pessoas sendo governadas de forma mais nítida pelas emoções do que outras. Estamos procurando pela proporção e equilíbrio adequados, o que nos levará a ações mais eficientes. Os gregos da Antiguidade tinham uma metáfora apropriada para isso: o cavaleiro e o cavalo.

O cavalo é a nossa natureza emocional, que nos impele de forma constante a nos movermos. Esse cavalo tem energia e poder tremendos, mas não tem como ser guiado sem um cavaleiro; é um animal selvagem, sujeito a predadores, e se mete sempre em encrencas. O cavaleiro é o nosso lado pensante. Por meio de treinamento e prática, ele segura as rédeas e guia o cavalo, transformando aquela poderosa energia animal em algo produtivo. Um é inútil sem o outro. Sem o cavaleiro, não há propósito ou movimento direcionado; sem o cavalo, não há energia nem poder. Na maioria das pessoas, o cavalo domina, e o cavaleiro é fraco. Em algumas, o cavaleiro é forte demais, aperta muito as rédeas e tem medo de deixar o animal galopar de vez em quando. O cavalo e o cavaleiro precisam trabalhar juntos. Isso significa ponderar sobre as nossas ações de antemão; trazer o máximo possível de raciocínio para uma situação antes de tomar uma decisão. No entanto, uma vez que tenhamos decidido o que fazer, afrouxamos as rédeas e entramos em ação com ousadia e espírito de aventura. Em vez de sermos escravos dessa energia, nós a canalizamos. Essa é a essência da racionalidade.

Como exemplo desse ideal em ação, tente manter um equilíbrio perfeito entre o ceticismo (cavaleiro) e a curiosidade (cavalo). Dessa forma, você será cético a respeito dos próprios entusiasmos e os dos outros. Você não aceitará sem questionamento as explicações e as "provas" que as pessoas lhe oferecem. Você observará o resultado das ações delas, não o que dizem sobre as próprias motivações. Contudo, se levar isso longe demais, a sua mente se fechará diante de ideias inusitadas, especulações excitantes e da própria curiosidade. Você precisa reter a elasticidade do espírito que tinha quando criança, interessada em tudo, ao mesmo tempo que retém a necessidade pragmática de confirmar e investigar por si mesmo todas as ideias e crenças. As duas conseguem coexistir. É um equilíbrio que todos os gênios possuem.

Ame o racional. É importante não ver o caminho para a racionalidade como algo doloroso e ascético. Na verdade, ela traz poderes imensamente satisfatórios e agradáveis, muito mais profundos do que os prazeres maníacos que o mundo tende a nos oferecer. Você já vivenciou isso quando se viu absorvido por um projeto, o tempo passando rápido, e quando sentiu explosões ocasionais de excitação ao fazer descobertas ou progredir no trabalho. Mas também há outros prazeres. Ser capaz de domar o Eu Emocional proporciona calma e lucidez gerais. Nesse estado mental, você se vê menos consumido por divergências e considerações mesquinhas. As suas ações são mais eficientes, o que também leva a um menor grau de agitação. Você tem a imensa satisfação de se dominar de uma maneira profunda, tem mais espaço mental para ser criativo, sente-se mais no controle.

Sabendo de tudo isso, será mais fácil se motivar a desenvolver esse poder; assim, você está seguindo o caminho de Péricles. Ele visualizava a deusa Atena encarnando todos os poderes práticos da racionalidade; a venerava e amava acima de todos os outros deuses. Talvez não adoremos a deusa como uma divindade, mas podemos apreciar num nível profundo todos os que promovem a racionalidade no nosso mundo, e podemos tentar internalizar o poder deles ao máximo.

"Confie nos seus sentimentos!" – No entanto, sentimentos não são finais ou originais; por trás dos sentimentos estão julgamentos e avaliações que herdamos na forma de [...] inclinações, aversões [...]. A inspiração nascida de um sentimento é avó de um julgamento – e muitas vezes de um julgamento falso! – e, em todo caso, não é filha sua! Confiar nos seus sentimentos significa obedecer mais aos avós e aos avós dos avós do que às deusas que estão em nós: a nossa razão e a nossa experiência.

— Friedrich Nietzsche

2

Transforme a autoestima em empatia

A Lei do Narcisismo

Todos possuímos, por natureza, a ferramenta mais impressionante para nos conectarmos com os indivíduos e adquirir o poder social — a empatia. Quando cultivada e utilizada da maneira adequada, esta nos permite entender os ânimos e a mente dos outros, dando-nos o poder de prever as ações das pessoas e de lhes baixar a resistência pouco a pouco. Esse instrumento, porém, é embotado pelo nosso próprio egocentrismo habitual. Todos somos narcisistas, alguns mais a fundo na escala do que outros. A nossa missão na vida é aceitar esse amor-próprio e aprender a voltar a nossa sensibilidade para fora, para os outros, em vez de para dentro. Devemos reconhecer, ao mesmo tempo, os narcisistas tóxicos entre nós, antes que nos vejamos enredados nos dramas que criam e envenenados pela inveja que sentem.

A ESCALA NARCISISTA

Desde o momento em que nascemos, nós, seres humanos, sentimos uma necessidade infindável de atenção. Somos animais sociais até o âmago. A nossa sobrevivência e a nossa felicidade dependem dos laços que formamos com os outros. Se as pessoas não prestam atenção em nós, não conseguimos nos conectar a elas em nenhum nível. Parte disso é puramente física — precisamos ter gente nos olhando para nos sentirmos vivos. Como quem viveu por longos períodos em isolamento pode testemunhar, sem contato visual, começamos a duvidar da nossa existência e a cair numa depressão profunda. Entretanto, essa necessidade é também intensamente psicológica: por meio da qualidade da atenção que recebemos dos outros, nos sentimos reconhecidos e estimados por quem somos. O nosso senso de amor-próprio depende disso, e é tão importante para o animal humano que as pessoas são capazes de tudo para obter atenção, inclusive cometer crimes ou tentar o suicídio. Olhe por trás de qualquer ação, e verá essa necessidade como uma motivação primordial.

Ao tentar satisfazer a nossa fome de atenção, porém, enfrentamos um problema inevitável: não há um estoque ilimitado de atenção por aí. Na família, temos que competir com os nossos irmãos; na escola, com as outras crianças na nossa classe; no trabalho, com os colegas. Os momentos em que nos sentimos reconhecidos e estimados são breves. As pessoas podem ser bastante indiferentes ao que acontece conosco, pois precisam lidar com os seus próprios problemas. Existem até aqueles que nos são francamente hostis e desrespeitosos. Como lidar com esses momentos em que nos sentimos sozinhos sob o aspecto psicológico, ou mesmo abandonados? Podemos dobrar os esforços para chamar a atenção e sermos notados, mas isso exaure a nossa energia e, muitas vezes, tem o efeito contrário – aqueles que se esforçam demais dão ares de desespero e repelem a atenção desejada. Não podemos simplesmente contar com outros para nos validar constantemente, mas é por isso que ansiamos.

Enfrentando esse dilema a partir da primeira infância, a maioria de nós adota uma solução que funciona muito bem: criamos uma identidade, uma imagem de nós mesmos que nos conforta e nos faz sentir validados *por dentro*. Essa identidade é composta de nossos gostos, opiniões, o modo como vemos o mundo e o que valorizamos. Ao construir essa autoimagem, tendemos a enfatizar as nossas qualidades positivas e a justificar os nossos defeitos. Não podemos ir muito longe nisso, pois, se a nossa autoimagem for distante demais da realidade, as outras pessoas nos mostrarão a discrepância, e passaremos a duvidar de nós mesmos. No entanto, se o fizermos da maneira adequada, poderemos ter, ao fim, uma identidade que seremos capazes de amar e acalentar. A nossa energia se voltará para dentro. *Nós* nos tornaremos o centro da nossa atenção. Quando vivenciamos esses momentos inevitáveis em que nos vemos sozinhos ou pouco apreciados, poderemos nos retrair para essa entidade e confortar a nós mesmos. Ao vivermos momentos de dúvida e depressão, o nosso amor-próprio nos erguerá, nos fará sentir dignos e até superiores aos outros. Essa autoimagem funciona como um termostato, nos ajudando a regular as nossas dúvidas e inseguranças. Não dependemos mais dos outros completamente para obter atenção e reconhecimento. Temos *autoestima*.

Essa ideia talvez pareça estranha. Em geral, consideramos essa autoimagem como algo absolutamente natural, como o ar que respiramos. Ela funciona sobre majoritariamente uma base inconsciente. Não sentimos ou vemos o termostato em operação. A melhor maneira de literalmente visualizar essa dinâmica é observar aqueles que não têm um senso coerente de identidade – aos quais chamaremos de *narcisistas profundos*.

O momento essencial no desenvolvimento da construção de uma identidade que protegemos e amamos ocorre entre os 2 e 5 anos de idade. À medida que nos separamos de forma gradativa da mãe, passarmos a encarar um mundo em que não conseguimos obter uma gratificação imediata. Também nos tornamos conscientes de que estamos sozinhos mas ainda somos dependentes dos nossos pais para sobreviver. A nossa resposta é nos identificarmos com as melhores qualidades deles – a sua força e habilidade para nos tranquilizar – e incorporarmos essas qualidades em nós mesmos. Se os nossos pais nos encorajam nos nossos primeiros esforços de independência, se validam a nossa necessidade de nos sentirmos fortes e reconhecem as nossas qualidades individuais, a nossa autoimagem se enraíza, e aos poucos conseguimos construir algo a partir dela. Os narcisistas profundos têm uma ruptura grave nesse desenvolvimento inicial, e nunca constroem um senso coerente e realista dessa identidade.

As mães ou pais dos narcisistas profundos talvez sejam narcisistas também, absorvidos demais em si mesmos para reconhecer o filho, para lhe encorajar os primeiros esforços de independência. Ou, por outro lado, talvez sejam superprotetores – envolvidos em demasia na vida da criança, sufocando-a com sua atenção, isolando-a dos outros e utilizando o progresso dela como um meio de validar a autoestima deles mesmos. Não deixam ao filho nenhum espaço para estabelecer a sua identidade. Por trás de quase todos os narcisistas, encontramos ou abandono ou superproteção. O resultado é que eles não têm nenhuma identidade na qual se recolher, nenhum fundamento para a autoestima, e dependem por completo da atenção que conseguem obter das pessoas para se sentirem vivos e dignos.

Na infância, se esses narcisistas forem extrovertidos, funcionam razoavelmente bem e até prosperam. Tornam-se mestres em se fazerem notar e monopolizar a atenção; aparentam ser interessantes e cheios de vida. Crianças com essas qualidades dão sinal de sucesso social no futuro; no entanto, sob a superfície, estão se tornando perigosamente viciadas nesses instantes de atenção que estimulam a fim de se sentirem completas e dignas. Se forem introvertidas, vão se retrair para uma vida de fantasia, imaginando para si uma identidade que é bem superior à dos outros. Já que não receberão de ninguém nenhuma validação dessa autoimagem, sendo esta tão irreal, também terão momentos de grande dúvida e até de autoaversão. São deuses ou vermes. Sem uma essência coerente, podem se imaginar como qualquer um, e assim as suas fantasias continuarão a se alterar à medida que experimentam novas personalidades.

O pesadelo dos narcisistas profundos costuma chegar aos 20 ou 30 anos. Não conseguiram desenvolver aquele termostato interno, um senso coeso de identidade para amar e no qual se apoiar. Os extrovertidos precisam chamar atenção constantemente a fim de se sentirem vivos e apreciados. Tornam-se mais dramáticos, exibicionistas e grandiosos, o que acaba sendo cansativo e até patético. Eles precisam mudar de amigos e de cenário para renovar o seu público. Os introvertidos tombam mais fundo na sua identidade imaginária. Desastrados socialmente, mas irradiando superioridade, inclinam-se a alienar as pessoas, aumentando o seu isolamento perigoso. Em ambos os casos, drogas, álcool ou qualquer outra forma de vício se tornam uma muleta necessária para tranquilizá-los nos momentos inevitáveis de dúvida e depressão.

É possível reconhecer os narcisistas profundos pelos seguintes padrões de comportamento: sempre que forem insultados ou desafiados, eles não têm defesa, nada interno para os acalentar ou validar. Em geral, reagem com uma fúria imensa, uma sede de vingança, e cheios de pretensão à justiça. Essa é a única maneira que conhecem de aplacar as suas inseguranças. Em batalhas assim, posicionam-se como a vítima magoada, confundindo os outros e até angariando simpatia. São irritadiços e sensíveis em demasia. Levam quase tudo para o lado pessoal. Talvez se tornem bastante paranoicos e tenham por todos os lados inimigos que possam acusar. Você verá um olhar impaciente ou distante no rosto deles sempre que falar de algo que não os envolve de maneira direta de algum modo. Eles mudam de assunto de imediato para falar de si mesmos, com alguma história ou anedota para disfarçar sua insegurança por trás disso. Tendem a ataques virulentos de inveja caso vejam outros obtendo a atenção que imaginam merecer. É frequente que demonstrem autoconfiança extrema. Isso sempre os ajuda a ganhar atenção, e acoberta muito bem seu enorme vazio interior e seu senso fragmentado de identidade. Contudo, tenha cuidado caso essa autoconfiança algum dia for posta à prova.

No que se refere às pessoas em seu redor, os narcisistas profundos têm um relacionamento atípico que é difícil de entender. Eles tendem a ver os outros tal qual uma extensão de si mesmos, o que é conhecido como *auto-objetos*. As pessoas existem como instrumentos de atenção e validação. O desejo dos narcisistas é controlá-las da mesma maneira como controlam os próprios braços e pernas. Num relacionamento, eles aos poucos farão o parceiro cortar o contato com os amigos, pois não é admissível haver competição pela atenção.

Alguns narcisistas profundos bem talentosos (veja exemplos nas histórias a partir da página 77) conseguem encontrar redenção por meio do trabalho, canalizando as suas energias e conquistando a atenção que desejam graças às suas realizações, embora tendam a permanecer bastante erráticos e voláteis. Para a maioria deles, porém, não é fácil se concentrar no trabalho. Sem o termostato da autoestima, tendem a se preocupar o tempo todo com o que os outros pensam deles. Isso dificulta que realmente foquem sua atenção para fora de si por longos períodos de tempo e lidem com a impaciência e ansiedade que vêm com o trabalho. Esses tipos costumam mudar de emprego e de carreira com muita frequência. Isso acaba sendo uma pá de cal sobre eles – incapazes de atrair o reconhecimento genuíno por causa das suas realizações, são sempre devolvidos à necessidade de estimular a atenção de modo artificial.

Lidar com narcisistas profundos pode ser irritante e frustrante; também é possível que se tornem bem nocivos se chegarmos perto demais. Eles nos enredam nos seus dramas intermináveis e fazem que nos sintamos culpados se não lhes prestamos atenção constante. Os relacionamentos com eles não são nada satisfatórios, e ter um como parceiro ou cônjuge pode ser mortal. No fim, tudo precisa girar em torno deles. A melhor solução nesses casos é sair do caminho deles, uma vez que os tenhamos identificados como narcisistas profundos.

Há uma variedade desse tipo, porém, que é mais perigosa e tóxica por causa dos níveis de poder que ele ou ela conseguem alcançar – o chamado *líder narcisista*. (Esse tipo existe há muito tempo. Na Bíblia, Absalão foi talvez o primeiro exemplo registrado, mas encontramos referências frequentes a outros na literatura antiga, como Alcibíades, Cícero e o imperador Nero, para citar alguns.) Quase todos os tipos ditatoriais e diretores executivos tirânicos se encaixam nessa categoria. Em geral, eles têm mais ambição do que a maioria dos narcisistas profundos e, por algum tempo, conseguem canalizar essa energia no trabalho. Cheios de autoconfiança narcisista, chamam atenção e conquistam seguidores. Dizem e fazem o que outras pessoas não se atrevem a dizer ou fazer, o que parece admirável e autêntico. Talvez tenham uma visão para algum produto inovador e conseguem, já que irradiam tanta autoconfiança, encontrar pessoas capazes de ajudá-los a concretizar essa visão. São especialistas em usar os outros.

Caso obtenham sucesso, um impulso terrível é acionado – mais pessoas são atraídas pela sua liderança, o que apenas infla as suas tendências grandiosas. Se alguém se atreve a desafiá-los, esses líderes são mais sujeitos do que outros a partir para aquela profunda raiva narcisista. São hipersensíveis e gostam de criar dramas constantes como um meio de justificar o próprio poder; são os únicos capazes de solucionar os problemas que criam. Isso também lhes dá mais oportunidades de ser o centro das atenções. O local de trabalho nunca é estável sob a direção deles.

Às vezes, tornam-se empresários, pessoas que fundam um negócio graças ao seu carisma e à habilidade de atrair seguidores. Podem também ter talento criativo. Contudo, para muitos desses líderes, a própria instabilidade e o caos interior acabam sendo espelhados na empresa ou no grupo que lideram. Não conseguem construir uma estrutura ou organização coerente. Tudo precisa passar por eles, e têm que controlar a todos, os seus auto-objetos. Dirão que isso é uma virtude – como ser autêntico e espontâneo –, quando, na verdade, lhes falta a habilidade de se concentrar e criar algo sólido. Eles tendem a incinerar e destruir o que criam.

Imaginemos o narcisismo como uma maneira de medir o nível de autoabsorção, de alto a baixo, como se fosse uma escala. Em determinado ponto, digamos que abaixo do marco médio na escala, as pessoas entram no reino do narcisismo profundo. Uma vez que tenham atingido esse ponto na escala, é muito difícil para elas se reerguerem, pois lhes falta a ferramenta da autoestima. O narcisista profundo se torna completamente absorto em si mesmo, quase sempre abaixo do marco médio. Se por um momento conseguir interagir com quem está ao seu redor, algum comentário ou ação lhe despertará as inseguranças e ele despencará para as profundezas. As outras pessoas são instrumentos, a realidade é apenas um reflexo das suas necessidades e a atenção constante é a sua única forma de sobrevivência.

Acima desse marco médio, em que a maioria de nós reside, está o que chamaremos de *narcisista funcional*. Também somos dados à autoabsorção, mas o que nos impede de cair nas profundezas de nós mesmos é um senso coerente de identidade que podemos amar e com o qual podemos contar. (É irônico que a palavra *narcisismo* tenha passado a significar amor pela própria identidade, quando, na verdade, os piores narcisistas não têm uma identidade coesa para amar, o que é a raiz do problema.) Isso cria alguma flexibilidade interna. Podemos ter momentos mais profundos de narcisismo, flutuando abaixo do marco médio, em especial quando estamos deprimidos ou somos desafiados na vida, mas é inevitável que voltemos a nos erguer. Sem se sentirem inseguros ou magoados o tempo todo, sem precisar sempre capturar a atenção dos outros, os narcisistas funcionais são capazes de voltar o foco para fora, para o trabalho e para a construção de relacionamentos com as pessoas. A nossa tarefa, como estudantes da natureza humana, é tripla. Em primeiro lugar, precisamos entender bem o fenômeno do narcisista profundo. Embora sejam minoria, alguns deles infligem uma quantidade extraordinária de danos ao mundo. Precisamos ser capazes de distinguir os tipos tóxicos que criam drama e tentam nos transformar em objetos que sirvam aos seus propósitos. Eles conseguem nos atrair com a sua energia incomum, mas, se nos deixamos envolver, nos desembaraçarmos deles pode se tornar um pesadelo. Eles são mestres em virar o jogo e fazer os outros se sentirem culpados. Os líderes narcisistas são os mais perigosos de todos, e precisamos resistir à sua atração e enxergar além da fachada de criatividade aparente. Saber como lidar com os narcisistas profundos em nossa vida é uma arte importante para todos nós.

Em segundo lugar, devemos ser honestos sobre a nossa natureza e não a negar. Somos todos narcisistas. Numa conversa, todos nós nos sentimos ávidos para falar, contar a nossa história, dar a nossa opinião. Gostamos de pessoas que compartilham as nossas ideias – elas refletem o nosso bom gosto. Se, por acaso, somos assertivos, vemos a assertividade como uma qualidade positiva porque é nossa, enquanto aqueles mais tímidos a considerarão antipática, valorizando as qualidades introspectivas. Somos todos sujeitos a lisonjas por causa do nosso amor-próprio. Os moralizadores que tentam se separar e denunciar os narcisistas do mundo de hoje muitas vezes são os maiores narcisistas de todos. Eles amam ouvir a própria voz enquanto pregam e fazem acusações. *Estamos todos na escala de autoabsorção.* Criar uma identidade que sejamos capazes de amar é um desenvolvimento saudável, e não deveria haver nenhum estigma atrelado a isso. Sem a autoestima interior, cairíamos no narcisismo profundo. No entanto, o nosso objetivo deveria ser ir além do narcisismo funcional; para isso, precisamos primeiro ser honestos com nós mesmos. Tentar negar a nossa natureza egocêntrica, tentar fingir que somos, de algum modo, mais altruístas do que os demais, torna nossa transformação impossível.

Em terceiro lugar – e o que é da maior importância –, precisamos começar a nos transformar em *narcisistas saudáveis*. Os narcisistas saudáveis têm um senso ainda mais forte e flexível de identidades. Eles tendem a pairar mais perto do topo da escala, recuperam-se mais rápido de quaisquer mágoas ou insultos, não precisam de tanta validação quanto os outros e percebem, em algum ponto da vida, que têm limites e defeitos. Conseguem rir desses defeitos e não levar ofensas leves para o lado pessoal. De muitas maneiras, ao aceitar o quadro integral de si mesmos, o seu amor-próprio se torna mais real e completo. A partir dessa posição interior mais forte, os narcisistas saudáveis voltam a atenção para fora com mais frequência e facilidade. Essa atenção corre em uma de duas direções, e às vezes em ambas. Na primeira, eles são capazes de direcionar o foco e amor no trabalho, se tornando grandes artistas, criadores e inventores. Como o foco externo no trabalho é mais intenso, tendem a ter sucesso nas suas empreitadas, o que lhes dá a atenção e validação necessárias. Eles têm momentos de dúvida e insegurança, e os artistas são notórios pela sua fragilidade, mas o trabalho funciona como uma descarga contínua da autoabsorção excessiva.

A outra direção que os narcisistas saudáveis tomam é rumo às pessoas, desenvolvendo poderes empáticos. Imagine a empatia como o reino no topo extremo da escala e além dela; a absorção completa nos outros. Graças à nossa própria natureza, nós, como seres humanos, temos habilidades tremendas para entender os outros de dentro para fora. Na nossa infância, nos sentíamos ligados por completo à mãe, e conseguíamos lhe perceber cada ânimo e ler cada uma das suas emoções de forma pré-verbal. Diferentemente de qualquer outro animal ou primata, também tínhamos a habilidade de estender isso além da mãe para os que cuidavam de nós e para aqueles ao nosso redor.

Essa é a forma física da empatia que sentimos até hoje em relação aos nossos amigos mais íntimos, ao cônjuge ou ao parceiro. Também temos uma habilidade natural para assumir a perspectiva dos outros, para pensar como se estivéssemos dentro da mente deles. Esses poderes permanecem majoritariamente dormentes por causa da nossa autoabsorção. No entanto, quando chegamos aos 20 anos ou mais, nos sentimos mais autoconfiantes e começamos a voltar o nosso foco para fora, para as pessoas, e a redescobrir esses poderes. Quem pratica essa empatia costuma se tornar um exímio observador social nas artes ou nas ciências, um terapeuta ou um líder do mais alto grau.

A necessidade de desenvolver essa empatia é maior do que nunca. Vários estudos têm indicado um aumento gradual nos níveis de autoabsorção e narcisismo nos jovens desde o fim da década de 1970, com um pico muito mais elevado desde 2000. Muito disso é atribuível à tecnologia e à internet. As pessoas simplesmente passam menos tempo em interações sociais e mais tempo se socializando *on-line*, o que torna cada vez mais difícil desenvolver a empatia e aprimorar as habilidades sociais. Como qualquer habilidade, a empatia surge por meio da qualidade da atenção. Se a sua atenção é interrompida o tempo todo pela necessidade de checar o seu celular, você não está de fato conquistando terreno em relação aos sentimentos ou perspectivas dos outros. Você se retrai de forma constante em si mesmo, esvoaçando pela superfície das interações sociais, nunca se envolvendo de verdade. Até numa multidão, você se mantém, em essência, sozinho. As pessoas surgem para servir uma função – não para criar laços, mas para apaziguar as suas inseguranças.

O nosso cérebro foi construído para a interação social contínua, cuja complexidade é um dos principais fatores que levaram ao aumento drástico da nossa inteligência como espécie. Em certo ponto, nos envolvermos menos com os outros tem um efeito líquido negativo sobre o próprio cérebro e atrofia o nosso músculo social. Para piorar tudo, a nossa cultura tende a enfatizar o valor supremo do indivíduo e dos direitos individuais, encorajando um egocentrismo ainda maior. Encontramos cada vez mais pessoas que não conseguem imaginar que os outros tenham uma perspectiva diferente, que não sejamos todos exatamente iguais naquilo que desejamos ou pensamos.

Você deve tentar ir contra esses desenvolvimentos e criar uma energia empática. Cada lado da escala tem o seu impulso peculiar. O narcisismo profundo tende a afundá-lo mais, à medida que a sua conexão com a realidade diminui e você perde a capacidade de realmente desenvolver o seu trabalho ou os seus relacionamentos. A empatia faz o oposto. À medida que você volta a sua atenção cada vez mais para fora, vai receber um retorno constante e positivo. As pessoas vão querer estar perto de você com mais frequência. O seu músculo empático vai se desenvolver; o seu trabalho vai melhorar. Sem procurar, você vai conquistar a atenção com a qual todos os seres humanos progridem. A empatia cria o seu próprio ímpeto positivo para cima.

O que se segue são os quatro componentes pertencentes ao conjunto de capacidades empáticas.

A atitude empática. A empatia é, acima de tudo, um estado mental, uma maneira diferente de se relacionar com os outros. O maior perigo que você enfrenta é a sua suposição geral de que entende de fato as pessoas e que as consegue julgar e categorizar com rapidez. Em vez disso, precisa começar com a suposição de que é um ignorante e tem vieses naturais que o farão formar um conceito sobre os outros de maneira incorreta. Aqueles ao seu redor apresentam uma máscara que é adequada aos propósitos deles. Você confunde a máscara com a realidade, deixa de lado a tendência aos julgamentos instantâneos. Abra a mente para ver as pessoas sob uma nova luz. Não pressuponha que vocês são semelhantes ou que elas compartilham os seus valores. Cada indivíduo que encontrar é um país desconhecido, com uma química psicológica muito específica a ser explorada com cuidado. Você está mais do que pronto para se surpreender pelo que descobrir. Esse espírito aberto e flexível é similar à energia criativa – uma disposição de considerar mais possibilidades e opções. Na verdade, desenvolver a empatia também vai melhorar os seus poderes criativos.

O melhor lugar para começar essa mudança de atitude é nas suas muitas conversas diárias. Tente reverter o impulso normal de falar e de dar a sua opinião, desejando, em vez disso, ouvir o ponto de vista do outro. Você tem uma curiosidade fantástica nesse aspecto. Interrompa o seu incessante monólogo interior ao máximo. Dê atenção integral ao outro. O que importa aqui é a qualidade da sua atenção, de modo que no decorrer da conversa você seja capaz de espelhar para o seu interlocutor o que ele disse, ou o que não foi dito, mas que você percebeu mesmo assim. Isso terá um tremendo efeito sedutor.

Como parte dessa atitude, você dá a outras pessoas o mesmo nível de indulgência que oferece a si mesmo. Por exemplo, todos temos a tendência de fazer o seguinte: ao errarmos, atribuímos a falha às circunstâncias que nos levaram a cometê-la. No entanto, quando isso acontece com os outros, vemos o erro como uma falha de caráter, algo que lhes fluiu da personalidade imperfeita. Isso é conhecido como o *viés de atribuição*, e é preciso lutar contra ele. Com uma atitude empática, você considera primeiro as circunstâncias que teriam feito a pessoa agir daquela maneira, dando-lhe o mesmo benefício da dúvida que você dá a si mesmo.

Por fim, adotar essa atitude depende da qualidade do seu amor-próprio. Se você se sentir terrivelmente superior aos outros, ou dominado por inseguranças, os seus momentos de empatia e de concentração nas pessoas será superficial. O que você precisa é de uma aceitação integral da sua personalidade, incluindo os defeitos, que você vê com nitidez, mas até ama e aprecia. Você não é perfeito, não é um anjo. Tem a mesma natureza dos outros. Com essa atitude, será capaz de rir de si mesmo e ignorar as ofensas. A partir de uma posição de força e flexibilidade interiores genuínas, conseguirá direcionar a sua atenção para fora.

Empatia visceral. A empatia é um instrumento da sintonia emocional. Temos dificuldade em ler ou entender os pensamentos dos outros, mas os sentimentos e ânimos são muito mais fáceis de captar. Todos somos sujeitos a perceber as emoções de outra pessoa. Os limites físicos entre nós e os outros são muito mais permeáveis do que imaginamos. As pessoas afetam os nossos ânimos o tempo todo. O que você deve fazer é transformar essa resposta fisiológica em conhecimento. Preste bastante atenção aos ânimos alheios, indicados pela linguagem corporal e pelos tons de voz. Ao falarem, os indivíduos demonstram um tom de sentimento que está ou não em sincronia com o que dizem. Esse tom talvez seja de autoconfiança, insegurança, autopreservação, arrogância, frustração, júbilo, e se manifesta de forma física na voz, nos gestos e na postura. A cada encontro, você deve tentar detectar isso antes mesmo de prestar atenção ao que dizem. Esses dados serão registrados em você de forma visceral, na sua própria reação física aos outros. Um tom defensivo da parte deles tenderá a criar um sentimento semelhante em você.

Um elemento fundamental que o leitor deve tentar compreender são as intenções das pessoas. Há quase sempre uma emoção por trás de qualquer intenção, e, além das palavras, você deve se sintonizar com o que o seu interlocutor quer, com os seus objetivos, que também serão registrados de maneira física em você, caso preste bastante atenção. Por exemplo, alguém que você conhece demonstra um interesse súbito e incomum na sua vida, lhe dá o tipo de atenção que você nunca recebeu antes. Seria isso uma tentativa verdadeira de conexão ou uma distração, uma maneira de amansá-lo para que consiga usá-lo para os próprios propósitos? Em vez de se concentrar nas palavras dele, que demonstram interesse e entusiasmo, volte o foco para o tom geral do sentimento que estiver captando. Quão atento ele está ao que você diz? Ele mantém contato visual de forma consistente? Você tem a sensação de que, apesar de o estar escutando, ele está absorvido em si mesmo? Se você for o objeto de uma atenção súbita, mas isso não parecer confiável, é provável que a pessoa queira lhe pedir algo, usá-lo ou manipulá-lo de algum modo.

Esse tipo de empatia depende, na maior parte, de neurônios espelhos – aqueles neurônios que disparam no cérebro quando vemos alguém fazer algo (apanhar um objeto, por exemplo), como se fôssemos nós mesmos realizando essa ação. Isso nos permite nos imaginar na situação dos outros e sentirmos como devem se sentir. Há estudos que revelaram que as pessoas que tiram notas altas em testes de empatia são, em geral, mímicos excelentes. Quando alguém sorri ou se encolhe de dor, elas tendem a imitar a expressão de forma inconsciente, o que lhes dá uma impressão do que o outro está sentindo. Quando vemos alguém sorrindo e de bom humor, acabamos contagiados por essa ação. Você pode utilizar esse poder de maneira consciente para tentar penetrar as emoções dos outros, seja imitando de forma literal as expressões faciais ou invocando lembranças de experiências similares que despertaram essas emoções. Antes que Alex Haley começasse a escrever *Negras raízes*, ele passou algum tempo no interior escuro de um navio, tentando recriar o horror claustrofóbico vivenciado pelos escravos. Uma conexão visceral aos sentimentos destes lhe permitiu se inscrever naquele mundo.

Além disso, espelhar as pessoas em qualquer nível produzirá uma resposta empática nelas. Isso talvez ocorra num aspecto físico, o que é conhecido como o *efeito camaleão*. Aqueles que se conectam de forma física e emocional numa conversa tendem a imitar os gestos e a postura um do outro, com ambos cruzando as pernas, por exemplo. Até certo ponto, você pode fazer isso conscientemente a fim de induzir uma conexão, imitando alguém de maneira deliberada. De modo semelhante, sorrir e assentir com a cabeça enquanto seu interlocutor fala vai aprofundar a conexão. Melhor do que isso, você será capaz de entrar no espírito dele, absorvendo seu estado de humor profundamente, refletindo-o para aquele com quem está interagindo. Criará uma sensação de afinidade. O ser humano anseia em segredo por essa afinidade emocional na vida diária, pois é tão raro que a obtenha. Ela tem um efeito hipnótico e apela ao narcisismo das pessoas à medida que você se torna o espelho delas.

Ao praticar esse tipo de empatia, tenha em mente que você precisa manter um grau de distanciamento. Não se envolva por completo nas emoções de outros, pois tornaria difícil analisar o que captar e poderia levar a uma perda de controle que não é saudável. Ademais, fazer isso com muita intensidade pode produzir um efeito horripilante. O balançar de cabeça, os sorrisos e o espelhamento em instantes selecionados precisam ser sutis, quase impossíveis de detectar.

Empatia analítica. A razão pela qual o leitor é capaz de entender os seus amigos ou parceiro de maneira tão profunda é que você tem bastante informação sobre os gostos deles, seus valores e histórico familiar. Todos tivemos a experiência de pensar que conhecíamos alguém, mas, com o passar do tempo, necessitamos ajustar a nossa impressão original depois de obtermos mais informações. Desse modo, embora a empatia física seja extremamente poderosa, precisa ser suplementada pela empatia analítica. Isso se torna especialmente útil com aqueles aos quais nos sentimos resistentes e com quem temos dificuldade de nos identificar – seja porque são muito diferentes de nós ou porque há algo neles que nos repele. Nesses casos, é natural que recorramos a julgá-los e colocá-los em categorias. Há pessoas por aí que não valem o esforço – idiotas supremos ou verdadeiros psicopatas. Entretanto, em se tratando da maioria dos outros que consideramos difíceis de entender, nós os deveríamos encarar como um desafio excelente e um modo de aperfeiçoar as nossas capacidades. Como disse Abraham Lincoln: "Eu não gosto daquele homem. Preciso conhecê-lo melhor". A empatia analítica brota, na maior parte do tempo, de conversas e da coleta de informações que lhes permitirá entrar no espírito dos outros. Algumas informações são mais valiosas que outras. Por exemplo, você quer compreender os valores das pessoas – valores que são, em geral, estabelecidos nos primeiros anos de vida. Os indivíduos muitas vezes desenvolvem conceitos sobre o que consideram ser forte, sensível, generoso e fraco com base nos pais e no relacionamento que tinham com eles. Uma mulher verá um homem chorando como sinal de sensibilidade e se sentirá atraída por isso, enquanto outra entenderá o gesto como fraco e repulsivo. Se não compreender os valores dos outros nesse nível, ou se projetar neles os seus próprios valores, você interpretará errado as reações deles, gerando conflitos desnecessários.

O seu objetivo, portanto, é juntar o máximo de informações possível sobre os primeiros anos de vida daqueles que estiver estudando, e sobre o relacionamento que tinham com os pais e irmãos. Saiba que a relação que eles têm com a família no presente dirá muito sobre o passado. Tente observar como reagem diante de figuras em posição de autoridade. Isso o ajudará a ver até que ponto são rebeldes ou submissos. O gosto deles em parceiros também diz muito.

Caso se mostrem relutantes a falar, tente fazer perguntas vagas, ou comece com uma admissão sincera da sua parte a fim de estabelecer confiança. Em geral, as pessoas adoram falar sobre si mesmas e sobre o próprio passado, e é bem fácil fazê-las se abrir. Procure por pontos de estímulo (ver Capítulo 1) que indiquem sinais de sensibilidade extrema. Se vierem de uma cultura diferente, é ainda mais importante entender essa cultura a partir da experiência delas. A sua meta, em geral, é descobrir o que as tornam únicas. O leitor está procurando precisamente pelo que é diferente de você e dos outros que conhece.

A habilidade empática. Tornar-se empático envolve um processo, como tudo o mais. A fim de garantir que esteja mesmo fazendo progresso e aperfeiçoando a sua habilidade de entender as pessoas num nível mais profundo, você precisa de *feedback*. Este pode vir de uma destas formas: direta ou indireta. Na forma direta, você pergunta às pessoas sobre o que pensam e sentem para saber se adivinhou certo ou não. Isso deve ser feito com discrição e com base num nível de confiança, mas pode ser uma medida bem precisa da sua habilidade. Há também a forma indireta – você sente uma afinidade maior e nota como certas técnicas funcionaram para você.

Para treinar essa habilidade, tenha vários fatores em mente: quanto maior o número de pessoas com quem você interagir pessoalmente, melhor se tornará nisso. E quanto maior for a variedade delas, mais versátil a sua habilidade será. Além disso, mantenha um senso de fluidez. As suas ideias sobre os outros nunca devem se consolidar num julgamento. Ao encontrar alguém, mantenha a sua atenção ativa para ver como seu interlocutor muda no decorrer da conversa e o efeito que você exerce sobre ele. Viva aquele momento. Tente ver as pessoas interagindo com outras além de você – os indivíduos muitas vezes são diferentes dependendo de com quem estão envolvidos. Procure se concentrar não em categorias, mas no tom do sentimento e no ânimo em mutação contínua que um indivíduo evoca em você. À medida que se tornar melhor nisso, vai descobrir cada vez mais pistas que os outros oferecem sobre a sua psicologia. Você vai perceber mais. Misture constantemente o visceral com o analítico.

Ver melhoras no seu nível de habilidade o deixará entusiasmado e motivado a ir mais longe. Em geral, você notará que a jornada da vida se tornará mais fácil à medida que evitar conflitos e desentendimentos desnecessários.

> O princípio mais profundo da Natureza Humana é o desejo de ser apreciado.
>
> — *William James*

Quatro exemplos de tipos narcisistas

1. O narcisista com controle completo. Ao conhecer Josef Stálin (1879-1953) na parte inicial da sua administração como primeiro-ministro da União Soviética, a maioria das pessoas o considerou surpreendentemente simpático. Embora fosse mais velho do que quase todos os seus subordinados, ele encorajava qualquer um a tratá-lo pela forma familiar de "você" em russo. Era completamente acessível até aos funcionários mais jovens. Ao escutar o que alguém dizia, ele o fazia com tanta intensidade e interesse, os olhos penetrando o interlocutor. Parecia capaz de captar os seus pensamentos e dúvidas mais profundas. No entanto, a sua maior qualidade era fazer as pessoas se sentirem importantes e parte do círculo interno dos revolucionários. Ele passava o braço em torno do seu interlocutor e o acompanhava até o escritório dele, sempre terminando o encontro com um comentário pessoal. Como um jovem escreveu mais tarde, aqueles que o viam "ansiavam por vê-lo de novo", pois "ele criava uma sensação de que havia agora um laço que os unira para sempre". Às vezes, tornava-se um pouco distante, o que levava os seus seguidores à loucura. Então, aquele ânimo passaria, e eles voltavam a se deleitar com a afeição dele.

Parte do charme de Stálin estava no fato de que ele era o epítome da revolução. Era um homem do povo, tosco e um pouco rude, mas alguém com quem o russo típico era capaz de se identificar. E, acima de tudo, conseguia ser bem divertido. Adorava cantar e contar piadas obscenas. Com essas qualidades, não era de admirar que, aos poucos, acumulasse poder e assumisse o controle total da maquinaria soviética. No entanto, à medida que os anos passaram e o seu poder cresceu, outro lado do seu caráter aflorou de forma gradativa. A cordialidade aparente não era tão simples quanto parecia. Talvez o primeiro sinal significativo disso entre os membros do círculo interno tenha sido o destino de Serguei Kirov, poderoso membro do Politburo e, desde o suicídio da esposa de Stálin em 1932, seu melhor amigo e confidente.

Kirov era um homem um tanto simples e entusiástico que fazia amigos com facilidade e sabia como confortar Stálin. Contudo, começou a se tornar um pouco popular demais. Em 1934, diversos líderes regionais o abordaram com uma oferta: cansados do modo brutal com que Stálin tratava os camponeses, pretendiam instigar um golpe de Estado e queriam torná-lo o novo primeiro-ministro. Kirov, porém, permaneceu leal e revelou o plano a Stálin. Este lhe agradeceu profusamente, mas algo mudou nas suas maneiras em relação a seu subalterno a partir de então, adotando uma frieza que nunca existira antes.

Kirov entendeu a situação que havia criado, pois revelara a Stálin que este não era tão popular quanto imaginara, e que uma pessoa em particular era mais estimada do que ele. Pressentindo o perigo em que estava agora, tentou de tudo para acalmar as inseguranças de seu superior; em aparições públicas, mencionava o nome dele mais do que nunca; as suas expressões de elogio se tornaram mais excessivas. Isso apenas pareceu deixar Stálin ainda mais desconfiado, como se Kirov estivesse se esforçando demais para encobrir a verdade. Antes, havia sido um sinal de como os dois eram próximos que Kirov se atrevesse a rir de Stálin, mas agora este por certo veria essas piadas sob uma luz diferente. Kirov se sentia aprisionado e impotente.

Em dezembro de 1934, um atirador solitário assassinou Kirov em frente ao seu escritório. Embora ninguém conseguisse implicar Stálin de forma direta, parecia quase certo que a morte tivera a sua aprovação tácita. Nos anos após o assassinato, muitos de seus amigos íntimos foram presos, um após o outro, causando a grande purgação dentro do partido durante o fim da década de 1930, em que centenas de milhares perderam a vida. Quase todos os seus principais subordinados apanhados pela purgação foram torturados para que confessassem, e, depois disso, Stálin ouvia com avidez quando os torturadores lhe contavam do comportamento desesperado dos que um dia haviam sido seus amigos. Ria dos relatos de como alguns se ajoelhavam e, chorando, suplicavam por uma audiência com ele para lhe pedir perdão pelos pecados e que os deixasse viver. Parecia saborear essa prova de humilhação.

O que aconteceu com ele? O que mudou esse homem que havia sido tão simpático? Aos seus amigos mais íntimos, ainda demonstrava afeição inalterada, mas, num instante, era capaz de se voltar contra eles e sentenciá-los à morte. Outros traços estranhos se tornaram evidentes.

Por fora, Stálin era modesto ao extremo; era o proletariado encarnado. Se alguém sugerisse que lhe pagassem algum tributo público, reagia com raiva – um homem não deveria ser o centro de tanta atenção, dizia. No entanto, aos poucos o seu nome e imagem começaram a aparecer em tudo. O jornal *Pravda* publicava histórias sobre o que ele fazia, quase o endeusando. Numa parada militar, aviões voaram em formação soletrando o nome *Stálin*. Este negava qualquer envolvimento nesse culto crescente em torno de si, mas não fazia nada para impedi-lo.

Era cada vez mais comum que falasse de si mesmo na terceira pessoa, como se houvesse se tornado uma força revolucionária impessoal, e, como tal, fosse infalível. Caso pronunciasse errado uma palavra num discurso, cada um que discursasse a seguir tinha que a pronunciar da mesma maneira. "Se eu dissesse a palavra certa", confessou um dos seus principais comandados, "Stálin sentiria que eu o estava corrigindo". E isso poderia se provar um ato suicida.

Quando pareceu certo que Hitler se preparava para invadir a União Soviética, Stálin começou a supervisionar cada detalhe do esforço de guerra. Ele repreendia os seus subalternos o tempo todo por abrandarem os seus esforços: "Eu sou o único lidando com todos esses problemas [...]. Estou aqui *sozinho*", queixou-se certa vez. Logo muitos dos seus generais passaram a se sentir num dilema: se dissessem o que pensavam, ele se sentiria horrivelmente ofendido, mas se acatassem a opinião de Stálin, este respondia com um ataque de raiva. "De que adianta falar com vocês?", berrou ele, um dia, a um grupo de generais. "Não importa o que eu digo, vocês respondem: 'Sim, camarada Stálin; é claro, camarada Stálin [...], sábia decisão, camarada Stálin'." Nessa fúria por se sentir sozinho no esforço de guerra, ele despediu os generais mais competentes e experientes. Agora supervisionava todos os detalhes do esforço de guerra, até mesmo o tamanho e formato das baionetas.

Logo se tornou uma questão de vida ou morte para os comandados de Stálin conseguir ler com precisão os ânimos e caprichos do líder. Era crucial nunca o deixar ansioso, o que o tornava perigosamente imprevisível. Era preciso fitá-lo nos olhos para não dar a impressão de estarem escondendo algo, mas alguém que o olhasse por tempo demais poderia deixá-lo nervoso e constrangido, uma mescla muito arriscada. Era preciso tomar notas quando Stálin falava, mas sem escrever tudo, o que despertaria suspeitas. Alguns que eram francos com ele se deram bem, enquanto outros acabaram na prisão. Talvez a resposta fosse saber quando acrescentar um toque de franqueza, mas acatar o que ele dizia na maior parte do tempo. Entendê-lo se tornou uma ciência arcana sobre a qual eles discutiam entre si.

O pior destino de todos era ser convidado para jantar e assistir a um filme no fim da noite na casa dele. Era impossível recusar um convite desses, que se tornou cada vez mais frequente após a guerra. Por fora, era tudo como antes – uma fraternidade calorosa e íntima de revolucionários. Por dentro, porém, era puro terror. Durante as sessões de bebedeira que duravam a noite inteira (Stálin mandava diluir bastante a sua própria bebida), ele mantinha um olhar vigilante em todos os seus principais subalternos. Ele os forçava a beber cada vez mais até perderem o controle. Em segredo, deliciava-se com os esforços deles para não dizer ou fazer nada que os incriminasse.

A pior parte vinha ao fim da noite, quando Stálin ligava o gramofone, colocava alguma música e mandava os homens dançarem. Ele obrigava Nikita Khrushchov, o futuro primeiro-ministro, a dançar o *hopak*, uma dança altamente extenuante que inclui muitos agachamentos e chutes. Era comum que Khrushchov passasse mal. Aos outros Stálin ordenava que dançassem juntos músicas lentas enquanto ele sorria e dava enormes risadas ante a visão de homens adultos dançando como casais. Era a forma derradeira de controle: o manipulador de marionetes lhes coreografando todos os movimentos.

Interpretação: O grande enigma que Josef Stálin e o seu tipo representam é como indivíduos profundamente narcisistas também conseguem ser tão fascinantes e, por meio do seu encanto, obter influência. Como é possível que sejam capazes de se conectar com os outros quando é tão evidente que são obcecados por si mesmos? De que maneira hipnotizam as pessoas? A resposta está no início das suas carreiras, antes de se tornarem paranoicos e cruéis.

Pessoas como ele, em geral, têm mais ambição e energia do que o narcisista profundo típico. Suas inseguranças também tendem a ser ainda maiores, e a única maneira pela qual conseguem aplacá-las e satisfazer suas aspirações é obtendo dos outros mais do que a parcela habitual de atenção e validação – o que só conseguem, de verdade, ao assegurarem para si o poder social na política ou nos negócios. No início da vida, encontram os melhores métodos para fazer isso. Assim como a maioria dos narcisistas profundos, são hipersensíveis a tudo aquilo que interpretem como ofensa, e examinam muito bem os sentimentos e pensamentos alheios para verificar se há qualquer sinal de desrespeito. No entanto, o que descobrem é que é possível direcionar essa sensibilidade às outras pessoas, com o intuito de avaliar os desejos e inseguranças *delas*. São capazes de escutar aos outros com imensa atenção e conseguem simular empatia. A diferença é que, por dentro, são impelidos não pela necessidade de se conectar, mas, sim, de controlar e manipular. Eles escutam e sondam seu interlocutor com o objetivo de encontrar nele uma fraqueza que possam utilizar.

A atenção que demonstram não é completamente falsa, ou isso não daria certo. Num momento, encontram-se tão próximos de alguém que poderiam passar o braço em torno dos seus ombros; após isso, porém, controlam esse sentimento e impedem que se transforme em algo real ou mais profundo. Se não o fizerem, arriscam perder o controle das próprias emoções e se sujeitam à possibilidade de serem magoados. Eles o atraem com demonstrações de atenção e afeto, depois o seduzem mais para perto com a frieza inevitável que se segue. Será que você fez ou disse algo errado? O que fazer para reaver a estima deles? O esquema é sutil – como um olhar que dura um segundo ou dois –, mas tem efeito. É o vaivém clássico da coquete, que faz você querer vivenciar de novo o afeto que sentiu uma vez. Em combinação com os níveis altos e atípicos de autoconfiança demonstrada por esse tipo, o efeito sedutor sobre as pessoas é devastador e atrai seguidores. Os narcisistas de controle completo estimulam o seu desejo de se aproximar mais deles, mas se mantêm distantes.

Tudo tem a ver com controle: eles monitoram as próprias emoções, bem como as suas reações. Em certo ponto, à medida que se sentem mais seguros do próprio poder, passam a se ressentir do fato de que precisaram utilizar o jogo do charme para alcançar seu intento. Por que deveriam prestar atenção aos outros, quando o correto seria o inverso? Assim, é inevitável que se voltem contra os antigos amigos, revelando sentimentos que estavam sempre sob a superfície, como a inveja e o ódio. Controlam quem está por dentro e quem está por fora, quem vive e quem morre. Ao criar dilemas nos quais nada do que você diz ou faz é capaz de agradar – ou fazendo isso parecer arbitrário –, eles o aterrorizam com essa insegurança e, agora, exercem poder sobre as *suas* emoções.

Em determinado momento, tornam-se microgestores. Em quem mais poderiam confiar? As pessoas se transformam em seres autômatos, incapazes de tomar decisões, por isso eles precisam supervisionar tudo. Se atingirem esses extremos, acabarão destruindo a si mesmos, pois é impossível livrar o animal humano do livre-arbítrio. Os indivíduos se rebelam, mesmo os mais intimidados. Nos últimos dias de Stálin, ele sofreu um derrame, mas nenhum dos seus subordinados se atreveu a ajudá-lo ou a chamar um médico. Morreu por causa da negligência deles, visto que haviam passado tanto a temê-lo como a detestá-lo.

É quase inevitável que o leitor encontre alguém assim: chefes e diretores executivos, figuras políticas e líderes de cultos, por exemplo. Representam perigo quando primeiro se utilizam do charme que lhes é característico, mas você conseguirá enxergar através dessa fachada ao empregar a sua empatia visceral. O interesse que demonstram por você nunca é profundo e duradouro, seguido de forma inevitável por uma retração coquete. Se você não se deixar distrair pela tentativa superficial de charme, vai perceber essa frieza e o grau ao qual a atenção acaba sempre fluindo para esses narcisistas.

Se examinar o passado deles, vai notar que não têm nenhum relacionamento profundo e íntimo no qual expõem vulnerabilidade. Procure por sinais de uma infância conturbada. O pai de Stálin, por exemplo, o espancava sem piedade e sua mãe era fria e não lhe demonstrava afeição. Escute bem os que perceberam a verdadeira natureza desses tipos e tentaram avisar as outras pessoas, como o fez Vladimir Lenin, predecessor de Stálin, que do seu leito de morte tentou alertar os outros sobre quem este realmente era, mas ninguém lhe deu ouvidos. Note as expressões aterrorizadas dos que servem a esses tipos todos os dias. Se você suspeitar que está lidando com alguém assim, mantenha distância. Eles são como tigres – uma vez que tenham chegado perto, você não conseguirá escapar e será, então, devorado.

2. O narcisista teatral. Em 1627, a priora do Convento da Ordem de Santa Úrsula em Loudun, na França, deu as boas-vindas à nova irmã Jeanne de Belciel (1602-1665). Jeanne era uma criatura estranha. De estatura minúscula, tinha um rosto belo e angelical, mas um brilho malicioso no olhar. No convento em que vivera antes, havia feito muitas inimigas graças ao seu sarcasmo constante. No entanto, para a surpresa da priora, ao ser transferida para a nova casa, pareceu passar por uma transformação: agia como um anjo absoluto, oferecendo-se para ajudar em todas as tarefas diárias. Além disso, ao receber alguns livros sobre Santa Teresa e misticismo, aprofundou-se no assunto. Passava longas horas discutindo questões espirituais com a priora e, em poucos meses, tornou-se a especialista no convento em teologia mística. Era vista meditando e rezando por horas, mais do que qualquer outra irmã. No mesmo ano, a priora foi transferida para outro convento. Muito impressionada com o comportamento de Jeanne e ignorando o conselho daquelas que não a viam com bons olhos, ela a recomendou como sua substituta. De repente, com apenas 25 anos, Jeanne agora se via como líder das freiras da Ordem de Santa Úrsula em Loudun.

Diversos meses mais tarde, as irmãs de Loudun passaram a ouvir histórias muito estranhas sobre Jeanne a respeito de uma série de sonhos que ela tivera – os quais se tornaram cada vez mais eróticos e violentos –, nos quais o pároco local, Urbain Grandier, a havia visitado e atacado fisicamente. Antes disso, a atual priora o convidara para se tornar diretor do Convento da Ordem, ao que ele recusara com polidez. Os habitantes de Loudun consideravam-no um sedutor galante de moças. Será que Jeanne estava apenas se entregando às suas próprias fantasias? Ela era tão pia que era difícil de acreditar que estivesse inventando tudo aquilo, e os sonhos pareciam muito reais e extraordinariamente detalhados. Logo após começar a relatá-los a outras pessoas, diversas irmãs afirmaram ter sonhos similares. Certo dia, após ouvir uma dessas freiras, o confessor do convento, Canon Mignon, que como muitos outros detestava Grandier, viu na ocasião uma oportunidade para se livrar dele. Chamou, então, alguns exorcistas e logo quase todas as irmãs descreveram visitas noturnas de Grandier. Na visão desses estava tudo claro: as freiras haviam sido possuídas por demônios sob o controle de Grandier.

Para a edificação dos cidadãos, Mignon e seus aliados abriram o exorcismo ao público, que veio de longe a fim de testemunhar as cenas de grande entretenimento. As freiras rolavam no chão, se contorcendo, expondo as pernas, gritando obscenidades intermináveis. E Jeanne, de todas as irmãs, parecia ser a mais possuída. As suas contorções eram mais violentas, e os demônios que falavam por ela eram mais estridentes em seus juramentos satânicos. Era uma das possessões mais fortes já vistas, e o público clamava para assistir ao exorcismo dela mais do que o das outras. Agora estava evidente para os exorcistas que Grandier, embora este jamais houvesse posto o pé no convento ou se encontrado com Jeanne, de algum modo enfeitiçara e corrompera as boas irmãs de Loudun. Logo ele foi preso e acusado de feitiçaria.

Com base nessas evidências, Grandier foi condenado à morte. Depois de muita tortura, queimaram-no na fogueira em 18 de agosto de 1634, diante de uma multidão enorme. Em pouco tempo, a situação toda se acalmou e as freiras foram livradas de súbito dos demônios – todas, menos Jeanne. Os demônios não apenas se recusavam a deixá-la, mas ganhavam mais poder sobre ela. Os jesuítas, ao receber notícias da possessão notória, decidiram assumir o controle da situação e enviaram o padre Jean-Joseph Surin para exorcizá-la de uma vez por todas. Este a considerava um espécime fascinante: era plenamente versada em assuntos relacionados à demonologia e estava nitidamente desolada com o que acontecera. No entanto, ela não parecia resistir com força suficiente aos demônios que a habitavam; talvez houvesse sucumbido à influência deles.

Disso não havia dúvida: Jeanne havia se afeiçoado de maneira especial a Surin e o mantinha no convento por horas em discussões espirituais.

Ela começou a rezar e meditar com mais energia, e livrou-se de todas as luxúrias possíveis: dormia no chão duro e derramava uma poção emética de artemísia sobre a comida. Relatava a Surin o seu progresso e lhe confessou "que havia chegado tão perto de Deus que dele recebera [...] um beijo na boca".

Com o auxílio de Surin, diversos demônios fugiram do corpo dela. E então veio o primeiro milagre de Jeanne: o nome *José* podia ser lido com clareza na palma de sua mão esquerda. Quando este sumiu após vários dias, foi substituído pelo de Jesus, e depois o de Maria, e tantos outros a seguir. Era um estigma, um sinal da verdadeira graça de Deus. Jeanne adoeceu gravemente e, parecendo estar à beira da morte, descreveu ter sido visitada por um jovem anjo lindo com longos cabelos loiros esvoaçantes. Na sequência, o próprio São José lhe veio e lhe tocou o flanco, onde sentiu imensa dor, e a ungiu com óleo aromático. Ela se recuperou, e o óleo deixou uma marca na sua camisola no formato de cinco gotas nítidas. Os demônios haviam partido agora, para o grande alívio de Surin. A história tinha terminado, mas Jeanne o surpreendeu com um pedido estranho: ela queria viajar pela Europa, mostrando esses milagres para todos. Sentia que era o seu dever fazê-lo. Era um pedido estranhamente contraditório em relação ao caráter modesto de Jeanne, e um tanto quanto mundano, mas ele concordou em acompanhá-la.

Em Paris, multidões enormes encheram as ruas ao redor do hotel em que estava hospedada, querendo captar um vislumbre dela. Jeanne conheceu o cardeal Richelieu, que se mostrou bastante emocionado e beijou-lhe a camisola perfumada, agora uma relíquia santa. Ela mostrou o seu estigma ao rei e à rainha da França, e a viagem prosseguiu. Conheceu grandes aristocratas e pessoas ilustres da época. Em certa cidade, todos os dias multidões de 7 mil pessoas entravam no convento em que estava hospedada. A demanda para ouvir a história de Jeanne era tão intensa que ela decidiu lançar um panfleto impresso em que descrevia em grande detalhe a sua possessão, os seus pensamentos mais íntimos e o milagre ocorrido.

Ao morrer, em 1665, a cabeça de Jeanne dos Anjos, como era conhecida agora, foi decapitada, mumificada e colocada numa caixa de ouro e prata com janelas de cristal. Permaneceu exposta junto à camisola ungida para aqueles que a queriam ver, no Convento da Ordem de Santa Úrsula em Loudun, até desaparecer durante a Revolução Francesa.

Interpretação: Nos primeiros anos, Jeanne de Belciel demonstrou um apetite insaciável por atenção. Exauriu os pais, que por fim se livraram dela, mandando-a para um convento em Poitiers, onde ela passou a atormentar as freiras com seu sarcasmo e incrível ar de superioridade. Ao ser transferida para Loudun, deu a impressão de ter se decidido por uma abordagem diferente para conquistar o reconhecimento de que necessitava desesperadamente. Após receber livros sobre espiritualidade, resolveu se tornar melhor do que todas as outras em conhecimento e comportamento pio. E fez disso um grande espetáculo, conseguindo a boa opinião da priora. No entanto, ao se tornar líder do convento, Jeanne começou a se sentir entediada, e a atenção que recebia lhe parecia inadequada. Os sonhos com Grandier eram um misto de invenção e autossugestão. Assim que os exorcistas chegaram, ela recebeu um livro sobre demonologia, que leu com avidez. Conhecendo, então, os vários detalhes da possessão pelo demônio, representou todos os traços mais dramáticos, que seriam interpretados pelos exorcistas como sinais puros de possessão. Tornou-se a estrela do espetáculo público. Quando possuída, ia muito além de todas as outras em termos de degradação e comportamento obsceno.

A execução horripilante de Grandier afetou profundamente as outras freiras, que por certo se sentiram culpadas pelo papel que desempenharam na morte de um homem inocente; Jeanne, por sua vez, considerou a súbita falta de atenção insuportável, e intensificou a situação ao se recusar a liberar os demônios. Ela se tornou mestra em sentir a fraqueza e os desejos ocultos das pessoas em redor – primeiro da priora, depois dos exorcistas, e agora do padre Surin. Queria tanto ser aquele que a redimiria que acabou por acreditar no mais simples dos milagres. Quanto ao estigma, alguns especularam mais tarde que ela gravou aqueles nomes com ácido ou que os traçou com amido colorido. Era estranho que aparecessem somente na mão esquerda, local de fácil escrita para ela. Sabe-se que, em casos de histeria extrema, a pele se torna particularmente sensível, e uma unha seria capaz de realizar o truque. Graças à sua longa experiência criando remédios à base de ervas, ela mesma poderia ter aplicado gotas perfumadas no local e, uma vez que as pessoas acreditassem no estigma, duvidar de sua unção não teria sido tarefa fácil.

Surin não acreditava ser necessária uma viagem daquelas, e, àquela altura, Jeanne já não conseguia disfarçar o seu verdadeiro apetite por atenção. Anos mais tarde, ela escreveu uma autobiografia em que admitiu que a sua personalidade tinha um lado completamente teatral, afirmando que interpretava um papel o tempo todo, porém sustentando que o milagre final fora sincero e real. Muitas das irmãs que lidavam com ela no dia a dia enxergaram por trás dessa fachada e a descreviam como uma excelente atriz, viciada em atenção e fama.

Um dos estranhos paradoxos sobre o narcisismo profundo é que, muitas vezes, ele não é notado por outros até que o comportamento se torne extremado demais para se ignorar. O motivo disso é simples: os narcisistas profundos são mestres do disfarce. Conseguem logo perceber que, se revelassem a sua verdadeira identidade – a necessidade de atenção constante e de se sentirem superiores –, repeliriam as pessoas. Eles utilizam a falta de uma identidade coerente como vantagem, são capazes de interpretar muitos papéis e disfarçam a necessidade de atenção por meio de vários dispositivos dramáticos. E podem ir mais longe do que qualquer um em termos de se mostrarem morais e altruístas. Nunca fazem doações ou apoiam a causa certa simplesmente – *fazem disso um espetáculo*. Quem quer duvidar da sinceridade dessa demonstração de moralidade? Ou, então, seguem na direção oposta, deleitando-se na condição de vítima, como alguém sofrendo nas mãos dos outros ou negligenciado pelo mundo. É fácil se deixar capturar pelo drama do momento, apenas para sofrer mais tarde quando esses tipos o consumirem com as suas necessidades ou o usarem para os próprios propósitos. Eles jogam com a *sua* empatia.

A sua única solução é ver por trás do truque, reconhecê-los pelo fato de que o holofote parece estar sempre sobre eles. Note como são sempre superiores em sua suposta bondade, sofrimento ou esqualidez.

Veja o drama contínuo e a qualidade teatral dos seus gestos. Tudo o que fazem ou dizem é para o consumo público. Não se transforme em dano colateral do drama deles.

3. O casal narcisista. Em 1862, muitos dias antes de Leon Tolstói, então com 32 anos, se casar com Sofia Behrs (na época, com apenas 18 anos), ele decidiu de forma repentina que não haveria mais segredos entre os dois. Como parte disso, entregou-lhe os seus diários e, para a sua surpresa, o que ela leu a fez chorar e a enfureceu. Naquelas páginas, Tolstói registrara seus muitos casos amorosos, inclusive a paixão que persistia por uma camponesa que vivia por perto, com quem tivera um filho. Também havia escrito sobre os bordéis que frequentava, a gonorreia que contraíra e o hábito constante de jogar. Sua esposa sentiu, ao mesmo tempo, ciúme e desgosto intensos. Por que a fez ler aquilo? Ela o acusou de ter dúvidas sobre o casamento, de não a amar de verdade. Espantado com essa reação, ele a incriminou do mesmo. Queria compartilhar com Sofia os seus velhos hábitos, de forma que ela entendesse que os estava abandonando de bom grado em prol de uma vida nova com a parceira. Por que lhe censurava a tentativa de honestidade? Era evidente que não o amava tanto quanto ele havia imaginado. Por que era tão doloroso para ela dizer adeus aos familiares antes do casamento? Amava-os mais do que a ele? O casal conseguiu se reconciliar e o matrimônio foi realizado, mas um padrão se estabeleceu, e assim continuaria por 48 anos.

Para Sofia, apesar das discussões frequentes, o casamento acabou se assentando num ritmo relativamente confortável e ela se tornou a assistente mais confiável de Trótski. Além de dar à luz oito filhos em doze anos, cinco dos quais sobreviveram, copiou, com muito cuidado, os livros do marido, inclusive *Guerra e Paz* e *Anna Kariênina*, e administrava boa parte dos negócios relacionados à publicação de suas obras. Tudo parecia estar indo bem o bastante – ele era um homem rico, graças tanto às propriedades que herdara da família quanto às vendas de livros. Tinha uma família grande que o amava. Era famoso. No entanto, de repente, aos 50 anos de idade, passou a se sentir imensamente infeliz e envergonhado dos trabalhos que havia escrito. Não sabia mais quem era. Passava por uma crise espiritual profunda, e sentia que a Igreja Ortodoxa era rígida e dogmática demais para ajudá-lo. A sua vida precisava mudar. Não escreveria mais nenhum romance, e viveria, a partir de então, como um camponês. Doaria todas as suas propriedades e renunciaria a todos os direitos dos seus livros. E pediu à família que se juntasse a ele nessa nova vida devotada a ajudar os outros e a questões espirituais.

Para a sua consternação, a família, a começar por Sofia, reagiu com raiva. Ele estava lhes pedindo para desistir do seu estilo de vida, confortos e da futura herança dos filhos. Sofia não sentia a necessidade de uma mudança drástica no estilo de vida deles, e se ressentiu das acusações de que ela era, de algum modo, diabólica e materialista por resistir à proposta. Brigaram e brigaram, e nenhum dos dois arredava o pé. Agora, quando olhava para a esposa, via apenas alguém que o usava para ter fama e dinheiro. Era evidente que foi por isso que ela se casara com ele. E quando Sofia olhava para Tolstói, via um supremo hipócrita. Embora tivesse desistido dos direitos às suas propriedades, continuava a viver como um aristocrata e lhe pedia dinheiro para sustentar os hábitos. Vestia-se de camponês, mas, caso adoecesse, viajava de trem até o sul, num vagão particular de luxo, a fim de convalescer num casarão. E continuava engravidando-a, apesar do novo voto de celibato.

Tolstói ansiava por uma vida simples e espiritual, e Sofia agora era o principal obstáculo para isso. Considerando opressiva a presença dela na casa, ele lhe escreveu uma carta que terminava dizendo: "Você atribui o que aconteceu a tudo menos a um fator, que você é a causa inconsciente e não propositada do meu sofrimento. Uma luta até a morte transcorre entre nós". Inspirado pela amargura crescente que sentia pelo materialismo da esposa, Tolstói escreveu a novela *A Sonata a Kreutzer*, nitidamente baseada no casamento deles e descrevendo-a da pior maneira. Sofia passou a se sentir como se estivesse enlouquecendo. Por fim, em 1894, ela explodiu. Imitando um personagem de uma das histórias de Tolstói, decidiu cometer suicídio caminhando na neve e congelando até a morte. Um membro da família a encontrou e a levou de volta para casa. A mulher repetiu a tentativa duas outras vezes, e os resultados foram os mesmos.

Então, o padrão se tornou mais nítido e violento. Tolstói a provocava; ela fazia algo desesperado; Tolstói sentia remorsos por sua frieza e lhe implorava perdão. Ele cedia em algumas questões, por exemplo, permitindo à família manter os direitos autorais dos seus primeiros livros. Então, algum novo comportamento da parte dela o levaria a se arrepender disso. Sofia tentava o tempo todo jogar os filhos contra o pai. Sabia do conteúdo de todos os diários dele, e se o marido os escondia ela os encontrava de algum modo e os lia em segredo. Observava todos os seus movimentos. Ele a repreendia violentamente por se intrometer, às vezes adoecendo no processo, o que a levava a se arrepender das suas ações. O que os mantinha juntos? Cada um desejava a aceitação e o amor do outro, mas parecia impossível esperar por isso àquela altura.

Depois de anos sofrendo, ao fim de outubro de 1910, Tolstói decidiu dar um basta naquela situação: no meio da noite, determinado a deixar Sofia definitivamente, fugiu de casa com um amigo médico que o acompanhava. Tremeu durante todo o trajeto, aterrorizado com a ideia de ser surpreendido e alcançado pela esposa, mas por fim embarcou num trem e escapou dela. Ao receber a notícia, Sofia tentou o suicídio mais uma vez, se jogando num lago próximo, apenas para ser resgatada bem a tempo. Escreveu a Tolstói uma carta, lhe implorando que voltasse. Sim, ela mudaria de atitude. Renunciaria a todos os luxos e se tornaria mais espiritual, amando-o incondicionalmente. Não era capaz de viver sem ele.

Para Tolstói, o gostinho de liberdade durou pouco. Os jornais se encheram de relatos sobre como fugira da esposa. Onde quer que o trem parasse, repórteres, fãs devotados e curiosos o abordavam. Ele não aguentou as condições do trem, que viajava lotado, e do frio congelante. Em pouco tempo, ficou mortalmente enfermo e teve que ser carregado para o chalé do chefe de uma das estações, junto aos trilhos do trem, numa aldeia remota. Na cama, tornou-se evidente que estava morrendo. Soube que Sofia havia chegado à cidade, mas não conseguia suportar a ideia de vê-la. A família a manteve do lado de fora, enquanto ela continuava a espiá-lo pela janela ao passo que ele morria. Por fim, quando perdeu a consciência, permitiram que a esposa entrasse. Sofia se ajoelhou ao lado do marido, beijou-o várias vezes na testa, e lhe sussurrou ao ouvido: "Perdoe-me. Por favor, me perdoe". O homem morreu pouco tempo depois. Um mês mais tarde, um visitante à casa de Tolstói relatou ter ouvido as seguintes palavras de Sofia: "O que aconteceu comigo? O que deu em mim? Como pude fazer isso? [...] Você sabe que eu o matei".

Interpretação: Leon Tolstói demonstrava todos os sinais de ser um narcisista profundo. A mãe havia morrido quando ele tinha 2 anos, deixando um vazio gigante no filho, que este nunca conseguiu preencher, embora tentasse fazê-lo com os seus inúmeros casos amorosos. Na juventude, comportava-se de forma imprudente, como se isso, de algum modo, pudesse fazê-lo se sentir vivo e completo. Tinha um desgosto contínuo por si mesmo e não conseguia entender bem quem era. Derramou essa incerteza nos romances que escreveu, assumindo papéis diferentes nos personagens que criava. E, ao chegar aos 50 anos, caiu por fim numa crise profunda em relação à sua identidade fragmentada. A própria Sofia tinha notas altas na escala de autoabsorção. Contudo, ao observarmos as pessoas, tendemos a enfatizar excessivamente os traços individuais delas e não olhar para o quadro mais complexo, de como cada lado de um relacionamento molda o outro de forma contínua. Um relacionamento tem vida e personalidade próprias, e também pode ser profundamente narcisista, acentuando ou até invocando as tendências narcisistas de ambos os lados.

O que torna um relacionamento narcisista em geral é a falta de empatia, que faz os parceiros recuarem cada vez mais para as próprias posições defensivas. No caso dos Tolstói, isso começou logo a princípio, com a leitura do diário dele. Cada lado tinha valores divergentes pelos quais enxergavam o outro. Para Sofia, criada numa casa convencional, aquele era o ato de um homem que por certo se arrependia de lhe propor casamento; para Tolstói, o artista iconoclasta, a reação dela significava que a esposa era incapaz de lhe ver a alma, de tentar entender o desejo dele por uma nova vida de casado. Eles se interpretaram errado, e acabaram em posições enrijecidas que duraram 48 anos.

A crise espiritual de Tolstói representou o epítome dessa dinâmica narcisista. Quem dera que, naquele momento, cada um deles tivesse tentado ver essa ação pelos olhos do outro. Tolstói teria sido capaz de prever com clareza a reação da esposa. Ela havia passado a vida toda em conforto relativo, o que a ajudou a suportar as gravidezes frequentes e a criar tantos filhos. Sofia nunca havia sido muito espiritual. A conexão entre os dois havia sido sempre mais pelo aspecto físico. Por que o marido deveria esperar que ela mudasse de repente? As exigências dele eram quase sádicas. Tolstói poderia ter simplesmente explicado o seu lado sem exigir que Sofia o seguisse, expressando até o entendimento da posição e das necessidades dela. Isso teria revelado uma verdadeira espiritualidade por parte dele. E ela, em vez de se concentrar apenas na hipocrisia do marido, poderia ter visto um homem visivelmente infeliz consigo mesmo, alguém que nunca se sentira amado o bastante desde a infância, e que passava por uma legítima crise pessoal. Poderia ter lhe oferecido amor e apoio em relação a essa nova vida, ao mesmo tempo recusando com gentileza o convite de segui-lo em todo o resto.

Utilizar-se da empatia tem o efeito contrário ao narcisismo mútuo. Quando uma das partes a utiliza, isso tende a acalmar o outro, instando-o a ser empático também. É difícil permanecer numa posição defensiva quando a outra pessoa enxerga e expressa o seu lado da questão e entra no seu espírito. Esse ato instiga a fazer o mesmo. Em segredo, desejamos abandonar a nossa posição de resistência. É exaustivo nos manter sempre desconfiados e na defensiva.

A chave para empregar a empatia em um relacionamento é entender o sistema de valores daquele com quem se está, que é, inevitavelmente, diferente do seu. O que o outro interpreta como sinais de amor ou atenção ou generosidade tende a divergir da sua maneira de pensar. Esses sistemas de valores são formados em grande parte na primeira infância, e não são criados conscientemente pelos seres humanos. Ter em mente o sistema de valores da outra pessoa lhe permitirá captar o espírito e a perspectiva dela, bem no momento em que você normalmente se colocaria na defensiva. Desse modo, é possível convencer até os narcisistas profundos a se soltarem, já que esse tipo de atenção é tão raro. Meça todos os seus relacionamentos pela escala do narcisismo. Não é um indivíduo ou outro que precisa mudar, mas a dinâmica em si.

4. O narcisista saudável, leitor de ânimos. Em outubro de 1915, o grande explorador inglês Sir Ernest Henry Shackleton (1874--1922) deu ordens para que a tripulação abandonasse o navio *Endurance*, preso havia oito meses a uma banquisa na Antártica, e no qual a água começava a entrar. Para Shackleton, isso significava, essencialmente, desistir do seu grande sonho de liderar os seus homens na primeira travessia por terra do continente antártico. Era para ser o apogeu da sua ilustre carreira como explorador, mas agora uma responsabilidade muito maior lhe pesava na mente – levar, de algum modo, 27 homens de volta para casa. A vida de cada um deles dependia das decisões diárias de Shackleton.

Para atingir esse objetivo, ele enfrentou muitos obstáculos: o inverno impiedoso que se aproximava, as correntezas que poderiam levar o bloco de gelo flutuante sobre o qual acampariam a qualquer direção, os dias sem nenhuma luz que se seguiriam, o suprimento de comida em declínio, a falta de qualquer contato por rádio ou de um navio para transportá-los. No entanto, o maior perigo de todos, aquele que mais o aterrorizava, era o estado de espírito da tripulação. Bastaria alguns descontentes para espalhar o ressentimento e a negatividade; logo, os homens não trabalhariam com tanto afinco; passariam a ignorá-lo e a perder a fé na sua liderança. Uma vez que isso acontecesse, seria cada um por si, e, naquele clima, isso significaria, sem dúvida, desastres e mortes. Shackleton precisaria monitorar os ânimos do grupo ainda mais de perto do que as mudanças climáticas.

A primeira ação necessária era se antecipar ao problema e contagiar a tripulação com o ânimo apropriado. Tudo partia do líder. Ele teria que ocultar todas as suas dúvidas e temores. Na primeira manhã na banquisa, levantou-se antes de todos e preparou uma quantidade abundante de chá quente. Ao servir a bebida pessoalmente aos homens,

Shackleton percebeu que estes o observavam em busca de sinais de como deveriam se sentir a respeito do problema que enfrentavam, por isso manteve os ânimos para cima, oferecendo algum humor sobre o novo lar deles e a escuridão que se aproximava. Não era a hora certa para discutir sobre como sair daquela encrenca. Isso os teria deixado nervosos demais. Shackleton não verbalizou o seu otimismo sobre as chances que tinham, mas fez a tripulação perceber esse otimismo nas suas maneiras e linguagem corporal, mesmo que precisasse fingir.

Todos sabiam que estariam presos ali durante o inverno que se aproximava. O que precisavam era de distrações, algo com o que ocupar a mente e manter o espírito elevado. Com esse propósito, todos os dias Shackleton escrevia uma lista de tarefas estabelecendo quem faria o quê. Ele tentava variar o máximo possível, alternando os homens em diversos grupos e garantindo que eles nunca executassem a mesma tarefa com muita frequência. Todos os dias havia um objetivo simples a ser atingido – pinguins ou focas para caçar, mais materiais do navio para carregar para as tendas, a construção de um acampamento melhor. À noite, eles se sentavam em torno da fogueira, sentindo que haviam realizado algo que tornaria a vida deles mais fácil.

Com o passar dos dias, Shackleton desenvolveu uma sintonia cada vez mais apurada das alterações nos ânimos da tripulação. Ao redor da fogueira, ia até cada um dos homens para conversar. Com os cientistas ele discutia ciência; com os tipos mais interessados em arte, falava dos seus poetas e compositores prediletos. Entrava no mesmo estado de espírito deles e prestava atenção especial a quaisquer problemas que estivessem tendo. O cozinheiro parecia aflito com o fato de ter que matar o gato de estimação; não tinham mais comida para alimentá-lo. Shackleton se ofereceu para fazê-lo no lugar. Era evidente que o médico de bordo estava tendo dificuldades com o trabalho árduo; à noite, comia devagar e suspirava com o cansaço; seus ânimos declinavam a cada dia. Sem deixá-lo sentir que estava fugindo do trabalho, Shackleton mudou a lista de tarefas para lhe designar obrigações mais leves, mas de igual importância.

E logo reconheceu alguns elos fracos no grupo. O primeiro era Frank Hurley, o fotógrafo do navio. Apresentava-se bem na sua função e nunca se queixava de cumprir outras tarefas, mas era um homem que precisava se sentir importante. Tinha um quê de esnobismo. Assim, nos primeiros dias na banquisa, Shackleton fez questão de lhe pedir opinião sobre todos os assuntos significativos, como o armazenamento de comida, e de lhe fazer elogios e às suas ideias. Além disso, determinou que Hurley dormiria na sua tenda, o que o fez se sentir mais importante do que os outros, e também tornou mais fácil para Shackleton ficar de olho nele. Huberht Hudson, o navegador, se revelou ser muito egocêntrico e péssimo em escutar os outros. Precisava de atenção constante. Shackleton conversou com ele mais do que com qualquer um, e também o colocou na sua própria tenda. Quando havia outros que suspeitasse de apresentarem um descontentamento latente, espalhava-os em tendas diferentes, diluindo o poder de influência deles.

À medida que o inverno se intensificava, ele dobrou a atenção. Em certos momentos, sentia o tédio dos homens na maneira como andavam, em como falavam cada vez menos entre si. Para combater isso, organizou eventos esportivos no gelo durante os dias sem sol, e entretenimento à noite – música, brincadeiras, histórias. Todos os feriados eram obedecidos à risca, com uma grande festa. De algum modo, os dias intermináveis à deriva se enchiam de pontos altos, e logo começou a notar algo impressionante: a tripulação se mostrava alegre de fato, e até parecia apreciar os desafios da vida na banquisa à deriva.

Em determinado momento, o bloco de gelo em que estavam se tornou perigosamente pequeno, e Shackleton deu ordens para que a tripulação embarcasse nos três pequenos botes salva-vidas que haviam resgatado do *Endurance*. Precisavam rumar para terra. Ele manteve os botes unidos e, desafiando as águas turbulentas, todos conseguiram chegar à terra próxima da Ilha Elefante, onde encontraram um trecho estreito de praia. Ao examinar o local naquele dia, tornou-se evidente que as condições lá eram, em certos aspectos, piores do que haviam sido na banquisa. Corriam contra o tempo. Naquele mesmo dia, Shackleton ordenou que um dos botes fosse preparado para uma tentativa de risco extremo de alcançar a área mais acessível e habitada na região – a ilha chamada Geórgia do Sul, cerca de 1.290 quilômetros a nordeste. As chances de atracarem lá eram ínfimas, mas os homens não sobreviveriam por muito tempo na Ilha Elefante, por causa da exposição ao mar e da falta de animais com os quais se alimentar.

Shackleton teve que escolher com cuidado os cinco outros homens, além de si mesmo, que iriam a essa viagem. Um deles, Harry McNeish, era uma escolha muito estranha. Tratava-se do carpinteiro do navio e membro mais velho da tripulação, com 57 anos. Era ranzinza e não apreciava trabalhos árduos. A jornada seria extremamente difícil dentro do pequeno bote, mas Shackleton tinha muito receio de deixá-lo para trás. Ele encarregou McNeish de preparar o bote para a viagem, tarefa que o faria se sentir pessoalmente responsável pela segurança do bote; além disso, durante a viagem, teria a mente ocupada o tempo todo com a manutenção da navegabilidade da embarcação.

Em determinado momento, Shackleton notou que os ânimos de McNeish se deterioravam, e que este parou de remar de repente. Shackleton pressentiu o perigo – caso gritasse com McNeish e lhe ordenasse prosseguir com sua tarefa, era provável que este se tornasse ainda mais recalcitrante, e com tão poucos homens aglomerados por tantas semanas e com tão pouca comida a situação se tornaria insustentável. Improvisando de imediato, parou o bote e deu ordens para que leite quente fosse servido a todos. Disse que estavam cansados, inclusive ele, e que precisavam levantar os ânimos. McNeish foi poupado do embaraço de ser exposto e, pelo resto da jornada, Shackleton repetiu esse truque quantas vezes foram necessárias.

A alguns quilômetros do destino, uma tempestade súbita os forçou para trás. Enquanto procuravam desesperadamente por outro jeito de chegar à ilha, um pequeno pássaro pairou sobre eles, tentando pousar no barco. Shackleton se esforçou para manter a compostura mas, de repente, perdeu a paciência, levantando-se e imprecando contra a ave, balançando violentamente os braços na direção dela. Quase de imediato, sentiu-se envergonhado e voltou a se sentar. Por quinze meses ele abafara todas as suas frustrações pelo bem da tripulação e para manter os ânimos. Havia estabelecido o tom de conduta. Agora não era hora de dar para trás. Minutos mais tarde, fez uma piada zombando de si mesmo, e prometeu mentalmente nunca repetir aquela atitude, não importando a pressão.

Depois de uma viagem por algumas das piores condições oceânicas do mundo, o minúsculo bote chegou enfim à Geórgia do Sul e, muitos meses mais tarde, com a ajuda de baleeiros que trabalhavam lá, todos os tripulantes que restavam na Ilha Elefante foram resgatados. Considerando as probabilidades contrárias a eles, o clima, o terreno impossível, os botes minúsculos e os recursos escassos, essa é uma das histórias de sobrevivência mais impressionantes conhecidas. Aos poucos a notícia se espalhou sobre o papel que a liderança de Shackleton desempenhara nisso tudo. Como o explorador Sir Edmund Hillary resumiria mais tarde: "Para uma liderança científica, dê-me Scott; para uma viagem rápida e eficiente, Amundsen; mas quando estiver numa situação sem esperanças, quando parecer não haver nenhuma saída, ajoelhe-se e reze por Shackleton".

Interpretação: Quando Shackleton se viu responsável pela vida de tantos homens em circunstâncias tão desesperadas, percebeu o que representaria a diferença entre a vida e a morte: a atitude da tripulação. Isso não é algo visível. Raramente se discute ou analisa o tema em livros. Não há manuais de treinamento sobre o assunto. No entanto, era o fator mais importante de todos. Uma leve depressão nos seus ânimos, algumas rachaduras na união, e se tornaria difícil demais tomar as decisões certas sob tamanha pressão. Uma tentativa de sair da banquisa, motivada pela impaciência e pela intimidação de alguns, causaria a morte. Em essência, Shackleton foi lançado de volta à sua condição mais elementar e primordial do animal humano – um grupo em perigo, em que uns dependem dos outros para sobreviver. Foi em circunstâncias assim que os nossos ancestrais mais distantes desenvolveram habilidades sociais superiores, como a de interpretar os ânimos e a mente dos outros, e de cooperar. E o próprio Shackleton, nos meses sem sol na banquisa, descobriria essas habilidades empáticas antigas que estão dormentes em todos nós, porque necessitava delas.

A maneira como Shackleton realizou essa tarefa serve de modelo para todos nós. Em primeiro lugar, ele entendeu o papel fundamental que a sua própria atitude desempenharia nisso. O líder contagia o grupo com a sua conduta. Muito disso ocorre no nível não verbal, à medida que as pessoas percebem a linguagem corporal e o tom de voz dele. Shackleton se imbuiu com um ar de otimismo e autoconfiança completos, e observou como isso contagiou o espírito dos homens.

Em segundo lugar, ele teve que dividir a atenção de forma quase igual entre os indivíduos e o grupo. Deste último, monitorava os níveis de conversa nas refeições, a quantidade de imprecações que ouvia durante o trabalho, a rapidez com que os espíritos se elevavam quando algum entretenimento começava. E lia o estado emocional de cada homem em particular, com base no tom de voz, na rapidez com que comia, na lentidão com que se levantava da cama. Caso notasse algum ânimo em especial, tentava prever o que os homens fariam, colocando-se no mesmo estado de espírito. Shackleton procurava por sinais de frustração ou insegurança nas palavras ou gestos dos tripulantes. Precisava tratar cada um de maneira diferente, dependendo da sua psicologia específica. Também tinha de ajustar as suas interpretações o tempo todo, pois os ânimos se alteravam com rapidez.

Em terceiro lugar, ao detectar quaisquer quedas nos ânimos ou negatividade, ele precisava ser gentil. Broncas só deixariam os homens envergonhados e se sentindo expostos, o que levaria a efeitos contagiosos mais tarde. Era melhor conversar com eles, entrar no mesmo estado de espírito, e descobrir maneiras indiretas de ou elevar os ânimos ou isolar os homens sem que isso fosse notado. Com a prática, Shackleton percebeu que se tornava cada vez melhor naquilo. Com um olhar rápido de manhã, quase conseguia prever como os homens agiriam durante todo o dia. Alguns membros da tripulação acreditavam que ele tinha poderes psíquicos.

Entenda: o que nos faz desenvolver esses poderes empáticos é a necessidade. Caso sintamos que a nossa sobrevivência depende de medirmos bem os ânimos e opiniões dos outros, encontraremos o foco necessário e teremos acesso a esses poderes. Em geral, não sentimos a necessidade disso. Imaginamos que entendemos muito bem as pessoas com quem lidamos. A vida pode ser hostil, e temos muitas outras tarefas a cumprir. Somos preguiçosos e preferimos confiar em julgamentos pré-prontos. No entanto, *essa é sim* uma questão de vida ou morte, e o nosso sucesso *depende* do desenvolvimento dessas habilidades. Apenas não temos consciência disso, pois não vemos a conexão entre os nossos problemas e o modo como estamos sempre interpretando errado os ânimos e intenções dos outros, nem as incontáveis oportunidades desperdiçadas que se acumulam por causa disso.

O primeiro passo, portanto, é o mais importante: compreender que você tem uma ferramenta social impressionante que não está cultivando. A melhor maneira de ver isso é experimentá-la. Interrompa o seu incessante monólogo interior e preste mais atenção ao redor. Sintonize-se com as alterações de ânimos dos indivíduos e do grupo. Obtenha uma leitura da psicologia específica de cada um e do que a motiva. Tente ver a partir da perspectiva da outra pessoa, compreender o mundo e o sistema de valores dela. De repente, você vai tomar consciência de um mundo inteiro de comportamento não verbal que você nunca soube que existia, como se os seus olhos agora fossem capazes de ver a luz ultravioleta. Uma vez que perceba esse poder, vai *sentir* a sua importância e despertar para novas possibilidades sociais.

> Eu não pergunto ao indivíduo ferido como ele se sente [...]. Eu mesmo me torno a pessoa ferida.
>
> — *Walt Whitman*

3
Veja por trás das máscaras das pessoas

A Lei da Dramatização

As pessoas tendem a usar a máscara que as mostra da melhor maneira possível – humildes, autoconfiantes, aplicadas. Elas dizem as coisas certas, sorriem, e parecem interessadas nas nossas ideias. Aprendem a esconder as inseguranças e a inveja. Se tomamos essas aparências como realidade, nunca conheceremos os seus verdadeiros sentimentos, e, de vez em quando, seremos pegos de surpresa se, de súbito, demonstrarem resistência, hostilidade e ações manipuladoras. Felizmente, a máscara tem rachaduras. Os indivíduos deixam vazar os seus sentimentos e desejos inconscientes o tempo todo, em sinais não verbais que não conseguem controlar por completo – expressões faciais, inflexões vocais, tensão no corpo e gestos nervosos. Você precisa dominar essa linguagem, transformando-se num leitor habilidoso de homens e mulheres. Armado com esse conhecimento, vai conseguir tomar medidas defensivas. Por outro lado, como é pelas aparências que os outros vão julgá-lo, você precisa aprender como apresentar a melhor fachada e desempenhar o seu papel com eficiência máxima.

A SEGUNDA LINGUAGEM

Em certa manhã de agosto de 1919, Milton Erickson, então com 17 anos de idade, futuro pioneiro da hipnoterapia e um dos psicólogos mais influentes do século 20, acordou e descobriu, de súbito, que partes do seu corpo estavam paralisadas. Nos dias que se seguiram, a paralisia se espalhou. Ele foi logo diagnosticado como tendo poliomielite, que era quase epidêmica na época. Deitado na cama, ouviu a mãe no aposento ao lado discutindo o caso dele com dois especialistas que a família chamara. Supondo que Erickson estava dormindo, um dos médicos disse a ela: "O rapaz estará morto pela manhã". A mãe entrou no quarto dele, nitidamente tentando disfarçar a tristeza, sem saber que o filho havia escutado a conversa. Erickson ficou lhe pedindo que movesse a cômoda junto à cama mais para lá, mais para cá. Ela imaginou que ele estivesse delirando, mas o rapaz tinha seus motivos para aquilo: queria distraí-la da sua angústia, e queria o espelho numa posição específica. Se começasse a perder a consciência, se concentraria no pôr do sol que veria ali refletido, atendo-se àquela imagem pelo maior tempo que conseguisse. O sol sempre retornava; talvez ele também voltasse, provando o engano dos médicos. Em poucas horas, Erickson entrou em coma.

Erickson recobrou a consciência três dias mais tarde. De algum modo, havia ludibriado a morte, mas agora a paralisia se espalhara por completo. Nem mesmo os lábios podia mover. Não gesticulava nem se comunicava com os outros de maneira nenhuma. As únicas partes do corpo que ainda respondiam ao seu comando eram os globos oculares, o que lhe permitia observar o espaço estreito do quarto. Em quarentena dentro da casa da fazenda na zona rural de Wisconsin, onde ele cresceu, só contava com a companhia das sete irmãs, do irmão, dos pais e de uma enfermeira particular. Para alguém com a mente tão ativa, o tédio era agonizante. Um dia, porém, ao ouvir as irmãs falarem entre si, tomou consciência de algo que nunca havia notado antes. Enquanto conversavam, o rosto delas se contorcia com todo tipo de movimentos, e o tom de voz parecia ter vida própria. Uma irmã dizia à outra: "Sim, essa é uma boa ideia", contudo seu tom era monótono e seu sorriso, falso. Pareciam dizer: "Na verdade, não acho que seja uma boa ideia de forma nenhuma". De algum modo, um *sim* poderia de fato significar não.

Agora ele prestava atenção nisso. Era um jogo estimulante. No decorrer do dia seguinte, contou 16 formas de *não* que ouviu, indicando vários graus de veemência, todos acompanhados de expressões faciais diferentes. Em determinado momento, notou que uma das irmãs dizia sim para algo ao mesmo tempo que sacudia a cabeça em sinal negativo. Era bem sutil, mas ele percebeu. Se as pessoas diziam sim quando sentiam que não, isso era aparente nas caretas e na linguagem corporal. Em outra ocasião, Erickson observou de esguelha, com muita atenção, quando uma das irmãs ofereceu à outra uma maçã, mas a tensão no rosto e a rigidez nos braços da primeira indicavam que ela só estava sendo educada e claramente queria guardar a fruta para si. O sinal não foi captado pela segunda irmã, mas para ele era evidente.

Incapaz de participar de conversas, ele via a sua mente ser absorvida por completo pela observação das pessoas e dos gestos de mão, das sobrancelhas erguidas, do tom de voz e da maneira como cruzavam os braços de repente. Notou, por exemplo, a frequência com que as veias no pescoço das irmãs começavam a pulsar quando se inclinavam sobre ele, indicando o nervosismo que sentiam na presença dele. Os padrões de respiração enquanto falavam o fascinavam, e o rapaz descobriu que certos ritmos indicavam tédio e, em geral, eram seguidos por um bocejo. Os cabelos pareciam desempenhar um papel importante entre as irmãs. Um repuxar das mechas bem deliberado para trás significava impaciência, como quem diz: "Estou farta disso. Agora, por favor, cale-se". Contudo, um repuxar mais rápido e inconsciente talvez significasse atenção extasiada.

Por estar confinado à cama, a audição de Erickson se aprimorou. Agora conseguia captar conversas no aposento adjacente, onde as pessoas não tentavam fingir amabilidade na frente dele. Logo percebeu um padrão peculiar – era raro que todos fossem diretos em conversações. Uma irmã passava vários minutos fazendo rodeios, deixando pistas para as outras do que ela queria de fato – como tomar emprestado uma peça de roupa ou ouvir um pedido de desculpas. O desejo oculto era indicado com clareza pelo seu tom de voz, que dava ênfase a certas palavras. A esperança dela era que as outras perceberiam isso e ofereceriam o que ela desejava, mas muitas vezes as pistas eram ignoradas, e a moça era forçada a dizer diretamente o que queria. Todas as conversações se encaixavam nesse padrão recorrente. Logo se tornou um jogo para Erickson adivinhar, no menor número de segundos possível, ao que a irmã estava aludindo.

Era como se, em meio à paralisia, ele houvesse se tornado, de súbito, consciente de um segundo canal de comunicação humana, uma segunda linguagem, em que as pessoas expressavam algo do fundo de si mesmas, por vezes sem se darem conta disso. O que aconteceria se ele conseguisse, de algum modo, dominar a complexidade dessa linguagem? Como isso alteraria sua percepção das pessoas? E se ele conseguisse estender os poderes de leitura aos gestos quase invisíveis que os indivíduos fazem com os lábios, à maneira de respirarem, ao nível de tensão nas mãos?

Certo dia, muitos meses mais tarde, sentado à janela numa poltrona reclinável especial que a família havia projetado para ele, Erickson ouvia o irmão e as irmãs brincando do lado de fora. (Ele havia recobrado os movimentos dos lábios e era capaz de falar, mas o corpo permanecia paralisado.) Queria desesperadamente se juntar a eles. Como se houvesse se esquecido da paralisia por um momento, na sua mente ele começou a se levantar e, por um breve segundo, sentiu um espasmo muscular na perna, a primeira vez que sentia qualquer movimento no corpo. Os médicos tinham dito à mãe de Erickson que este jamais andaria de novo, mas já haviam se enganado antes. Com base naquele simples espasmo, o rapaz decidiu realizar um experimento. Concentrou-se intensamente num músculo específico da perna, lembrando-se das sensações que tivera antes da paralisia, querendo muito ser capaz de movê-la, e imaginando que ela funcionava de novo. A enfermeira massageava aquela área e, aos poucos, com sucesso intermitente, Erickson sentiu um espasmo e, então, algum movimento leve retornando ao músculo. Por meio desse processo agonizantemente lento, ele se ensinou a se levantar, depois a dar alguns passos, depois a andar pelo quarto, depois pela casa, aumentando as distâncias.

De algum modo, ao recorrer à força de vontade e à imaginação, Erickson foi capaz de alterar as suas condições físicas e recobrar todos os movimentos. Era óbvio para ele que a mente e o corpo operavam em conjunto, de maneiras que pouco compreendemos. Querendo explorar isso mais a fundo, decidiu seguir carreira em medicina e psicologia, e, no fim da década de 1920, começou a praticar psiquiatria em vários hospitais. Rapidamente desenvolveu um método que era seu e o absoluto oposto do dos outros profissionais. Quase todos os psiquiatras concentravam-se, em geral, nas palavras, convencendo os pacientes a falar, em especial a detalhar a primeira infância. Dessa forma, tinham esperança de obter acesso ao inconsciente deles. Erickson, em vez disso, se concentrou mais na presença física das pessoas como uma entrada à vida mental e ao inconsciente de cada uma. As palavras eram muitas vezes um disfarce, uma forma de encobrir o que estava acontecendo de verdade. Deixando os pacientes bem confortáveis, detectava sinais de tensão oculta e de desejos insatisfeitos que transpareciam no rosto, na voz e na postura. Enquanto fazia isso, explorava em maior profundidade o mundo da comunicação não verbal.

O seu lema era "observar, observar, observar". Com esse propósito, mantinha um caderno, anotando as suas observações. Um elemento que o fascinava em especial era a maneira de andar do ser humano, talvez um reflexo das próprias dificuldades em reaprender a usar as pernas. Ele observava as pessoas caminhando em qualquer parte da cidade. Prestava atenção ao peso do passo – havia o andar enfático daqueles que eram persistentes e cheios de determinação; o passo leve dos que se mostravam mais indecisos; o andar fluido e relaxado de quem parecia bem preguiçoso; o andar distraído do indivíduo perdido em pensamentos. Observava de perto o balançar exagerado dos quadris ou o andar empertigado de cabeça erguida, indicando um nível alto de autoconfiança – a passada masculina exagerada, o arrastar despreocupado dos pés do adolescente rebelde. Erickson tomava nota das mudanças súbitas na forma de andar das pessoas quando estas se mostravam entusiasmadas ou nervosas. Tudo isso lhe fornecia informações infinitas sobre os ânimos e a autoconfiança delas.

Erickson posicionou a sua escrivaninha num canto do escritório, de forma que os pacientes caminhassem até ele, e notava mudanças na forma de andar entre antes e depois da sessão. Escrutinava o modo como se sentavam, o nível de tensão nas mãos ao segurarem os braços da poltrona, o quanto o encaravam ao falar, e, numa questão de poucos segundos, sem que palavras fossem trocadas, obtinha uma leitura aprofundada das inseguranças e rigidez do paciente, mapeadas com clareza na linguagem corporal deste.

Em determinada época da sua carreira, Erickson trabalhou numa ala para pacientes com distúrbios mentais. Numa situação específica, os psicólogos de lá estavam perplexos com o caso deles em particular – um ex-empresário que fizera fortuna e depois perdera tudo por causa da Grande Depressão. O homem apenas chorava e movia as mãos o tempo todo para a frente e para trás, a partir do peito. Ninguém entendia a raiz daquele tique nem sabia como ajudá-lo. Conseguir que ele falasse não era fácil e não levava a lugar algum. Erickson, porém, assim que o viu, compreendeu a natureza do problema. Por meio daquele gesto, o homem expressava literalmente os esforços fúteis de progredir, na vida dele, e o desespero que isso lhe produzia. Erickson foi até ele e disse: "A sua vida teve muitos altos e baixos". Ao dizer isso, o movimento dos braços passou a ser para cima e para baixo. O homem mostrou interesse nesse novo movimento, e este então se tornou o seu tique.

Trabalhando com um terapeuta ocupacional no local, Erickson colocou blocos de lixa em cada uma das mãos do homem e posicionou um pedaço de lenha diante dele. Logo o homem se encantou com o ato de lixar madeira e com o cheiro desta enquanto a polia. Ele parou de chorar e passou a ter aulas de marcenaria, esculpindo jogos sofisticados de xadrez e vendendo-os. Concentrando-se somente na linguagem corporal e alterando o movimento físico do homem, Erickson conseguiu alterar a posição travada da mente do paciente e curá-lo.

Uma categoria que o fascinava era a diferença na comunicação não verbal entre homens e mulheres, e como isso refletia uma maneira diferente de pensar. Tinha uma sensibilidade especial para os maneirismos das mulheres, talvez como reflexo dos meses que passou observando de perto as irmãs. Dissecava cada nuance da linguagem corporal delas. Certa vez, uma bela jovem veio até ele, dizendo que havia consultado vários psiquiatras, mas nenhum tinha dado muito certo. Será que ele seria diferente? Enquanto ela falava um pouco mais, nunca discutindo a natureza do problema, Erickson a viu apanhar um fiapo da própria manga. Ele escutava e assentia com a cabeça, depois fazia algumas perguntas de pouco interesse.

De repente, de forma inesperada, disse em tom bem confiante que era não só o psiquiatra certo, mas o único psiquiatra para ela. Surpreendida pela atitude arrogante dele, a mulher lhe perguntou por que se sentia assim, e ele lhe disse que precisava lhe fazer mais uma pergunta para que ela entendesse.

"Há quanto tempo veste roupas de mulher?", indagou ele.

"Como o senhor percebeu?", perguntou o homem, atônito.

Erickson explicou que havia notado a maneira como ele apanhara o fiapo, sem fazer um longo e natural passeio em torno da região do busto. Ele vira aquele movimento vezes demais para ser enganado por qualquer outro gesto. Além disso, o modo assertivo de discutir a sua necessidade de testar Erickson primeiro, expressada num ritmo vocal com forte *staccato*, era, sem dúvida, masculino. Todos os outros psiquiatras se deixaram levar pela aparência extremamente feminina do jovem e pela voz que ele modificara com cuidado, mas o corpo não mente.

Em outra ocasião, Erickson entrou no escritório e viu uma nova paciente esperando por ele, a qual afirmou que o havia procurado porque tinha fobia de voar. Ele a interrompeu e, sem explicar nada, lhe pediu que saísse do escritório e entrasse de novo. A moça demonstrou irritação, mas obedeceu, e Erickson lhe observou com atenção a maneira de andar, assim como a postura ao se sentar na cadeira. Em seguida, lhe pediu que explicasse o problema.

"O meu marido vai me levar para o ex-terior em setembro e eu tenho um medo mortal de aviões."

"Minha senhora", replicou Erickson, "quando um paciente procura um psiquiatra, não deve reter informações. Eu sei algo sobre a senhora. Vou lhe fazer uma pergunta desagradável [...]. O seu marido sabe do seu caso extraconjugal?".

"Não", ela respondeu com assombro. "Mas como o senhor sabe?"

"A sua linguagem corporal me revelou."

Ele explicou como ela cruzara as pernas numa posição muito apertada, com um pé completamente ao redor do outro tornozelo. Na experiência dele, todas as mulheres casadas que tinham casos extraconjugais travavam o corpo de maneira similar. E aquela moça havia claramente dito "ex-terior" em vez de "exterior", num tom hesitante, como se sentisse vergonha de si mesma. E a maneira de andar indicava que se sentia aprisionada em relacionamentos complicados. Em sessões subsequentes, ela levou o amante, que também era casado. Erickson pediu para ver a esposa do amante, que, após comparecer ao consultório, sentou-se com a mesma posição travada, com um pé ao redor do tornozelo da outra perna.

"Você está tendo um caso", ele disse a ela.

"Estou. O meu marido lhe contou?"

"Não, deduzi a partir da sua linguagem corporal. Agora eu sei por que o seu marido sofre de dores de cabeça crônicas."

Em breve, Erickson passou a tratar todos eles e a ajudá-los a sair das suas posições travadas e dolorosas.

Com o passar dos anos, os seus poderes de observação se estenderam a elementos de comunicação não verbal que eram quase imperceptíveis. Conseguia determinar o estado de espírito das pessoas a partir do padrão da respiração e, ao espelhar esses padrões, era capaz de levar o paciente a um transe hipnótico e criar uma sensação de afinidade profunda. Conseguia interpretar falas subliminares e subvocais quando uma palavra ou nome era enunciado de maneira quase imperceptível, sem que som algum fosse emitido, de forma quase invisível. É assim que quiromantes, videntes e alguns mágicos ganham a vida. Erickson sabia quando a secretária estava menstruada pelo ritmo pesado como datilografava. Conseguia adivinhar o histórico profissional dos outros pela qualidade das mãos, pelo peso dos passos, pela maneira como inclinavam a cabeça e pelas inflexões vocais. Para os pacientes e amigos, era como se Erickson tivesse poderes psíquicos, mas eles simplesmente não sabiam o quanto e com que afinco ele havia estudado isso, ganhando domínio dessa segunda linguagem.

Interpretação: Para Milton Erickson, a paralisia súbita lhe abriu os olhos não apenas para uma forma diferente de comunicação, mas também para um modo diferente de se relacionar com as pessoas. Quando ouvia as irmãs e captava novas informações a partir dos seus rostos e vozes, ele não registrava isso somente com os sentidos, mas também se sentia vivenciando parte do que lhes passava pela mente. Precisava imaginar por que haviam dito sim quando na verdade queriam dizer não, e, ao fazer isso, tinha que sentir por algum tempo parte dos desejos contraditórios delas. Tinha que lhes ver a tensão no pescoço e registrá-la de forma física como uma tensão dentro de si mesmo, a fim de entender por que elas se mostravam desconfortáveis em sua presença. O que ele descobriu é que não é possível praticar a comunicação não verbal apenas por meio de pensamentos e traduzindo-os em palavras, mas que esta deve ser sentida de maneira física ao se lidar com as expressões faciais ou posições travadas dos outros. Trata-se de uma forma diferente de conhecimento, que se conecta com o lado animal da nossa natureza e envolve os nossos neurônios espelhos.

Para dominar essa linguagem, Erickson teve que relaxar e controlar a necessidade constante de interpretar com palavras e categorizar o que via. Precisou encolher o ego – pensar menos no que ele queria dizer e, em vez disso, direcionar a atenção para fora, para a outra pessoa, entrando em sintonia com seus ânimos em mutação, refletidos na linguagem corporal. Como acabou por descobrir, tamanha atenção o mudou, tornando-o mais sensível aos sinais que os indivíduos emitiam de maneira contínua e transformando-o num ator social habilidoso, capaz de se conectar com a vida interior dos demais e de desenvolver uma afinidade maior.

À medida que Erickson progredia nessa autotransformação, notou que a maioria das pessoas seguia na direção oposta – a cada ano, mais absorvidas em si mesmas e menos observadoras. Ele gostava de acumular anedotas do trabalho que demonstravam isso. Por exemplo, certa vez pediu a um grupo de médicos, estagiários no hospital em que trabalhava, para observar em silêncio uma mulher idosa deitada sob as cobertas de uma cama até que vissem algo que indicaria um diagnóstico possível que explicasse por que ela estava confinada ao leito. Eles a observaram por três horas sem sucesso, sem que notassem o fato óbvio de que ambas as pernas lhe haviam sido amputadas. E muitos dos que assistiam às suas palestras públicas perguntavam por que ele nunca utilizava aquele estranho ponteiro de madeira que carregava ao fazer as suas apresentações, sem notar o evidente manquejar e a necessidade de uma bengala. Na opinião de Erickson, as dificuldades da vida fazem-nos nos voltar para dentro, sem nenhum espaço mental de sobra para observações simples; a segunda linguagem, portanto, na maior parte, passa-nos despercebida.

Entenda: somos os animais sociais proeminentes no planeta, dependendo da nossa habilidade de nos comunicarmos com os outros para a nossa sobrevivência e sucesso. Estima-se que mais de 65% de todas as comunicações humanas sejam não verbais, mas as pessoas captam e internalizam apenas cerca de 5% delas. Em vez disso, quase toda a nossa atenção social é absorvida pelo que os outros dizem, o que na maioria das vezes não serve para ocultar o que estamos de fato pensando e sentindo. As pistas não verbais nos revelam o que se tenta enfatizar com palavras e o subtexto da mensagem, as nuances da comunicação. Essas pistas nos contam o que se está escondendo, os desejos reais, as emoções e os ânimos, e ignorar essas informações é o mesmo que operar às cegas, convidar os mal-entendidos e perder oportunidades incontáveis de influenciar as pessoas ao não notar os sinais do que elas querem e necessitam de verdade.

A sua tarefa é simples: em primeiro lugar, reconheça o seu próprio estado de autoabsorção e como observa pouco. Com esse entendimento, vai se sentir motivado a desenvolver as suas habilidades de observação. Em segundo lugar, como fez Erickson, é necessário entender a natureza diferente dessa forma de comunicação. Isso requer abrir os sentidos e se relacionar mais com as pessoas no nível físico, absorvendo-lhes a energia física, e não apenas as palavras delas. Registre a expressão facial de cada um, de forma que essa impressão permaneça com você e se comunique. À medida que aumentar o seu vocabulário nessa linguagem, será capaz de tecer correlações entre gestos e possíveis emoções. Quanto mais a sua sensibilidade aumentar, cada vez mais notará o que antes lhe passava despercebido. E o que é de igual importância: vai descobrir um modo novo e mais profundo de se relacionar com os outros, graças aos poderes sociais aprimorados que isso vai lhe oferecer.

> Você sempre será a presa ou o brinquedo dos demônios e dos tolos do mundo, se espera vê-los por aí com chifres ou tinindo os seus sinos. E seria bom ter em mente que, nas interações com outros, as pessoas são como a lua: mostram-lhe apenas uma de suas faces. Cada homem tem um talento inato para [...] criar uma máscara a partir da sua fisionomia, de forma a sempre parecer que são de fato o que fingem ser [...] e a consequência disso é extremamente ilusó-

ria. Ele veste a máscara sempre que tem como objetivo conquistar, com elogios a si mesmo, a opinião favorável de alguém; e você pode prestar tanta atenção à máscara como se fosse feita de cera ou papelão.

— *Arthur Schopenhauer*

CHAVES PARA A NATUREZA HUMANA

Nós, seres humanos, somos atores excelentes. Aprendemos, desde tenra idade, a conseguir o que queremos dos nossos pais ao exibir certas expressões que inspiram simpatia ou afeição. Criamos a habilidade de ocultar deles e dos nossos irmãos o que estamos pensando ou sentindo exatamente, a fim de nos protegermos em momentos vulneráveis. Nós passamos a ser especialistas em lisonjear aqueles que consideramos importantes conquistar – colegas populares ou professores – e a nos encaixar num grupo, vestindo as mesmas roupas e usando a mesma linguagem. À medida que crescemos e lutamos para construir uma carreira, criamos a fachada apropriada com o intuito de sermos contratados e nos encaixarmos numa cultura de grupo. Se nos tornamos um executivo ou um professor ou um barista, temos de representar bem o papel.

Pense em uma pessoa que nunca desenvolve essas habilidades de atuação, cujo rosto franze sempre que ela não gosta do que você diz, ou que não consegue suprimir um bocejo quando você não a entretém, que sempre diz o que pensa, que segue completamente as próprias ideias e estilo, que age da mesma forma não importando se está falando com o chefe ou com uma criança. Você terá, então, imaginado alguém que seria abandonado, ridicularizado e odiado.

Somos todos atores tão bons que nem temos consciência disso. Nós nos imaginamos quase sempre sinceros nos nossos encontros sociais, o que qualquer bom ator dirá ser o segredo por trás de uma atuação convincente. Nós subestimamos essas habilidades, mas, para vê-las em ação, tente observar a si mesmo ao interagir com membros diferentes da família e com o seu chefe e colegas de trabalho. Você perceberá que altera de maneira sutil o que diz, o tom de voz, os maneirismos, toda a sua linguagem corporal, a fim de satisfazer cada indivíduo e situação. Para as pessoas que estiver tentando impressionar, você veste uma face bem diferente daquela que usa com os que lhe são familiares e com quem pode baixar a guarda. Você faz isso quase sem pensar.

Com o decorrer dos séculos, vários autores e pensadores, examinando os humanos a partir de uma perspectiva exterior, se impressionaram com a qualidade teatral da vida social. A citação mais famosa que expressa isso vem de Shakespeare: "O mundo é um palco,/ os homens e as mulheres, meros artistas;/ que entram nele e saem,/ Muitos papéis cada um tem no seu tempo". Se, por tradição, o teatro e os atores são representados pela imagem de máscaras, escritores como Shakespeare sugerem que todos nós sempre usamos máscaras. Alguns, porém, são melhores atores do que outros nessa tarefa. Tipos vilanescos como Iago, na peça *Otelo,* são capazes de ocultar as suas intenções hostis por trás de um sorriso amigável e benigno. Outros agem com mais autoconfiança e vanglória – e muitas vezes se tornam líderes. As pessoas com habilidades superiores de atuação navegam melhor os nossos complexos ambientes sociais e progridem.

Embora sejamos todos atores excelentes, ao mesmo tempo, secretamente sentimos essa necessidade de atuar e de desempenhar um papel como se fosse um fardo. Somos o animal social de maior sucesso no planeta. Por centenas de milhares de anos, os nossos ancestrais caçadores-coletores sobreviveram apenas se comunicando entre si por meio de sinais não verbais. Essa comunicação, desenvolvida por tanto tempo, antes da invenção da linguagem, fez o rosto humano se tornar tão expressivo, e os gestos tão complexos. Ela é nutrida bem fundo dentro de nós. Temos um desejo constante de comunicar os nossos sentimentos, mas, ao mesmo tempo, a necessidade de escondê-los em prol do funcionamento social adequado. Com essas forças opostas em batalha dentro de nós, não controlamos por completo o que comunicamos. Os nossos sentimentos verdadeiros vazam de maneira contínua na forma de gestos, tons de voz, expressões faciais e postura. Não somos treinados, contudo, para prestar atenção aos sinais não verbais dos outros. Por puro hábito, fixamos nossa atenção nas palavras que as pessoas dizem, pensando no que falaremos a seguir. Isso significa que estamos usando apenas uma porcentagem pequena das habilidades sociais latentes que todos nós possuímos.

Imagine, por exemplo, as conversas que teve com pessoas com quem se encontrou em tempos recentes. Ao prestar atenção bem detalhada aos sinais não verbais que emitem, você consegue lhes captar os ânimos e espelhar esses ânimos de volta para elas, fazendo-as relaxarem na sua presença. À medida que a conversa avança, você capta sinais de que elas estão respondendo aos seus gestos e espelhando-os, o que lhe dá a permissão para ir mais adiante e aprofundar o encanto. Dessa maneira, é possível criar um senso de afinidade e conquistar um aliado valioso. Por outro lado, imagine aqueles que quase de imediato revelam sinais de hostilidade contra você. O leitor é capaz de ver por trás dos sorrisos tensos e falsos, captar os instantes de irritação que lhes passam pelo rosto, e os sinais de desconforto sutil na sua presença. Registrando todos esses sinais no momento em que acontecem, poderá se desligar de forma educada da interação e se manter cauteloso, procurando por outros indícios de intenções hostis. É provável que tenha se poupado de uma batalha desnecessária ou de um ato odioso de sabotagem.

A sua tarefa como estudante da natureza humana é dupla: em primeiro lugar, precisa entender e aceitar a qualidade teatral da vida. Não moralize nem proteste contra a dramatização e o uso de máscaras que são tão essenciais para um funcionamento social sem entraves. De fato, a sua meta é desempenhar o seu papel no palco da vida com habilidade suprema, atraindo a atenção, dominando o espaço sob os holofotes e tornando-se um herói ou heroína simpáticos. Em segundo lugar, não seja ingênuo ao confundir as aparências dos outros com a realidade. Não se deixe cegar pelas habilidades de atuação do ser humano. Transforme-se num mestre decodificador dos verdadeiros sentimentos das pessoas, aprimorando as suas habilidades de observação e praticando-as o máximo possível na vida diária.

E assim, com esses propósitos, há três outros aspectos dessa lei em particular: entender *como* observar as pessoas; aprender alguns preceitos básicos para decodificar a comunicação não verbal, e dominar a arte do que é conhecido como *gestão de impressão*, desempenhando o seu papel com o efeito máximo.

Habilidades de observação

Quando crianças, éramos quase todos grandes observadores do outro. Como éramos pequenos e fracos, a nossa sobrevivência dependia da decodificação dos sorrisos e tons de voz de quem estivesse ao nosso redor. Muitas vezes nos impressionávamos com o modo peculiar de os adultos caminharem, com os seus sorrisos exagerados e maneirismos dissimulados. Nós os imitávamos por diversão. Percebíamos que alguém era ameaçador a partir de algo em sua linguagem corporal. É por isso que as crianças são o terror dos mentirosos inveterados, trapaceiros, mágicos e dos que fingem ser algo que não são. Elas veem bem rápido por trás das máscaras. Aos poucos, a partir dos 5 anos, essa sensibilidade é perdida à medida que começamos a voltar o foco para o interior e nos tornar mais preocupados com o modo como os outros nos veem.

O leitor precisa compreender que não se trata de uma questão de adquirir habilidades que você não possui, mas, sim, de redescobrir aquelas que já tinha na primeira infância. Isso significa uma reversão gradual dos processos de autoabsorção e a reconquista da visão voltada para fora e da curiosidade que tinha quando pequeno.

Como com qualquer habilidade, isso requer paciência. O que você está fazendo é reprogramar o cérebro aos poucos por meio da prática, mapeando novas conexões neurais. Não queira se sobrecarregar no início com informações demais; é preciso avançar a passos curtos, ver progressos pequenos, mas diários. Numa conversa casual com alguém, dê a si mesmo a meta de observar uma ou duas expressões faciais que pareçam ir contra o que ele está dizendo, ou que indiquem alguma informação adicional. Esteja atento a microexpressões, vislumbres rápidos de tensão no rosto ou sorrisos forçados (a próxima seção falará mais sobre isso). Uma vez que tiver sucesso nesse exercício simples com um indivíduo, tente com mais alguém, sempre se concentrando no rosto. Ao começar a ter facilidade em notar esses sinais no rosto, tente fazer observações similares sobre a voz de uma pessoa, notando quaisquer mudanças no timbre ou no ritmo da fala. A voz revela bastante sobre o nível de autoconfiança e contentamento de alguém. Mais tarde, passe para os elementos da linguagem corporal, tais como postura, gestos de mão, o posicionamento das pernas. Mantenha esses exercícios simples, com objetivos fáceis. Anote as suas observações, em especial quaisquer padrões que venha a perceber.

Durante essa prática, você deve se manter relaxado e aberto ao que vê, sem se afobar para interpretar as suas observações com palavras. Precisa se envolver na conversação, falando menos e tentando fazer a outra pessoa falar mais. Tente espelhá-la, oferecendo comentários que pontuem o que ela diz e que demonstrem que você a está escutando. Isso a fará relaxar e querer conversar mais, deixando escapar mais alguns indícios não verbais. No entanto, a sua observação de alguém nunca deve ser óbvia. Quando as pessoas se sentem escrutinizadas, elas travam e tentam controlar as próprias expressões. O excesso de contato visual direto trairá as suas intenções. Você precisa parecer natural e atencioso, utilizando apenas olhares periféricos para captar quaisquer alterações no rosto, na voz ou no corpo.

Ao observar qualquer um por algum tempo, você precisa estabelecer os parâmetros das expressões e ânimos dele. Certas pessoas são naturalmente quietas e reservadas, e as suas expressões faciais revelam isso. Outras são mais animadas e energéticas, e há aquelas que estão sempre com um olhar nervoso. Com a consciência da conduta típica de um indivíduo, você pode prestar atenção maior aos desvios – por exemplo, uma animação súbita em alguém que costuma ser reservado, ou um olhar relaxado daquela pessoa que normalmente é nervosa. Uma vez que você conheça os parâmetros de uma pessoa, será bem mais fácil discernir os sinais de dissimulação e nervosismo dela. Marco Antônio, da antiga Roma, era tipicamente jovial, sempre sorria, dava risada e brincava com os outros. Foi quando ele se tornou, de súbito, silencioso e triste nas reuniões após o assassinato de Júlio César que o rival de Antônio, Otávio (que mais tarde se chamaria, Augusto), compreendeu que estava planejando algo e tinha intenções hostis.

Em relação ao parâmetro de expressões, tente observar a mesma pessoa em situações variadas, notando como os sinais não verbais se alteram ao falar com o cônjuge, com o chefe, com um empregado.

Em outro exercício, observe aqueles que estão prestes a fazer algo excitante – uma viagem para um local fascinante, um encontro romântico com alguém que andavam paquerando, ou qualquer evento para o qual há grandes expectativas. Perceba os olhares de expectativa, os olhos que se abrem mais e permanecem assim, o rosto corado e animado, um leve sorriso nos lábios ao pensarem no que está por vir. Compare isso com a tensão exibida por quem está prestes a fazer uma prova ou ir para uma entrevista de emprego. Você estará aumentando o seu vocabulário em relação à correlação entre emoções e expressões faciais.

Preste bastante atenção a quaisquer sinais dúbios que captar: alguém que professe adorar a sua ideia, mas cujo rosto demonstra tensão e cujo tom de voz soa artificial; ou que lhe dê os parabéns pela sua promoção, mas cujo sorriso é forçado e cuja expressão se mostra entristecida. Esses sinais dúbios são muito comuns. Também podem envolver partes diferentes do corpo. No romance *Os embaixadores*, de Henry James, o narrador percebe que uma mulher que o visita lhe sorri durante a maior parte da conversa, mas segura a sombrinha com muito mais força. Apenas ao notar isso ele compreende o ânimo real dela – desconforto. Diante de sinais dúbios, você precisa ter ciência de que uma parte maior da comunicação não verbal envolve o escape de emoções negativas, e deve dar peso maior aos sinais negativos como indicadores dos sentimentos verdadeiros da pessoa. A certa altura, o leitor poderá então lhe perguntar por que sente tanta tristeza ou antipatia.

Para levar a prática mais adiante, tente um exercício diferente. Sente-se num café ou outro espaço público e, sem o fardo de ter que manter uma conversa, observe as pessoas ao redor. Escute-lhes as conversas em busca de sinais vocais. Perceba a maneira como andam e a linguagem corporal como um todo. Se possível, faça anotações. À medida que se tornar melhor nessa prática, tente adivinhar a profissão de cada uma a partir dos sinais que captar, ou algo sobre a personalidade delas com base na linguagem corporal. Será um jogo agradável.

O leitor será capaz de dividir a sua atenção com mais facilidade – escutando bem o que os outros dizem, mas também prestando atenção cuidadosa aos sinais não verbais. Você também vai se tornar ciente de sinais que não havia notado antes, expandindo de forma contínua o seu vocabulário. Lembre-se de que tudo que o ser humano faz representa algum tipo de sinal; não há nenhum gesto que não comunique algo. Preste atenção aos silêncios das pessoas, às roupas que vestem, à disposição dos objetos sobre a mesa delas, aos padrões de respiração, à tensão em certos músculos (em particular, do pescoço), ao subtexto das conversas – o que não é dito ou é deixado implícito. Todas essas descobertas o entusiasmarão e o impelirão a ir adiante.

Ao praticar essa habilidade, você precisa ter consciência de alguns erros comuns que talvez venha a cometer. As palavras expressam informações diretas. Podemos discutir sobre o que alguém quer dizer quando afirma algo, mas as interpretações são bem limitadas. Os sinais não verbais são muito mais ambíguos e indiretos, e nenhum dicionário explica o que isso ou aquilo significa. Tudo depende do indivíduo e do contexto. Se não tiver cuidado, vai vislumbrar sinais, mas os interpretará com rapidez de um modo que se adéque ao seu próprio viés emocional sobre as pessoas, o que tornará as suas observações não apenas inúteis, mas também perigosas. Se estiver observando alguém por quem sinta uma antipatia natural, ou que o lembre de uma pessoa desagradável que conheceu no passado, tenderá a ver quase qualquer sinal como antipático ou hostil. E fará o contrário quando se tratar daqueles de quem goste. Nesses exercícios, esforce-se para suprimir as suas preferências pessoais e preconceitos sobre os outros.

Relacionado a isso está o que é conhecido como o *erro de Otelo*. Na peça *Otelo*, de Shakespeare, o personagem principal – que leva o nome da obra – presume que Desdêmona, sua esposa, é culpada de adultério com base no nervosismo dela ao ser questionada sobre as evidências. Na verdade, Desdêmona é inocente, mas a natureza agressiva e paranoica de Otelo e as suas perguntas intimidadoras a desestabilizam, o que ele interpreta como um sinal de culpa. Nesses casos, captamos certos sinais emocionais de outras pessoas – nervosismo, por exemplo – e presumimos que eles se originam de certa fonte. Nós nos agarramos à primeira explicação que se encaixa no que vemos. No entanto, o nervosismo poderia ter várias explicações, como uma reação temporária ao nosso questionamento ou às circunstâncias em geral. O erro não está na observação, mas na decodificação.

Em 1894, Alfred Dreyfus, um oficial do Exército francês, foi preso injustamente por divulgar segredos aos alemães. Dreyfus era judeu, e muitos franceses na época nutriam sentimentos antissemitas. Na sua primeira aparição diante do público para ser questionado, ele respondeu num tom calmo e eficiente que isso era parte do seu treinamento como burocrata e também o resultado do esforço de conter o próprio nervosismo. A maioria do público supôs que um homem inocente protestaria em voz alta. O comportamento dele foi visto como sinal de culpa.

Tenha em mente que indivíduos de culturas diferentes consideram formas diferentes de atitude como aceitáveis. Isso é conhecido como *regras de comportamento*. Em algumas culturas, as pessoas são condicionadas a sorrir menos ou tocar mais. Ou a linguagem envolve mais ênfase na tonalidade vocal. Sempre leve em consideração o histórico cultural e interprete os sinais oferecidos de maneira adequada.

Como parte da sua prática, tente observar a si mesmo também. Note quando e com que frequência você tende a forçar um sorriso, ou como o seu corpo denota nervosismo – na sua voz, no tamborilar de dedos, ao brincar com o cabelo, no tremor dos lábios, e assim por diante. Ao tomar consciência precisa do seu comportamento não verbal, você se tornará mais sensível e alerta aos sinais dados por outros e será mais capaz de imaginar as emoções que combinam com cada sinal. Além disso, ganhará um controle maior sobre o seu comportamento não verbal, algo muito valioso para desempenhar o papel social correto (veja a última seção deste capítulo).

Por fim, ao desenvolver essas habilidades de observação, você vai notar uma mudança física em si mesmo e nos seus relacionamentos com as pessoas, tornando-se cada vez mais sensível à mudança de ânimos dos outros e prevendo-os ao sentir por dentro algo do que eles sentem. Essas habilidades, se levadas bem adiante, quase farão parecer que você tem poderes psíquicos, como aconteceu com Milton Erickson.

Chaves de decodificação

Lembre-se de que as pessoas em geral procuram apresentar a melhor fachada possível ao mundo. Isso implica camuflar possíveis sentimentos de antagonismo, desejos de poder ou superioridade, tentativas de obter favores e inseguranças. Elas utilizam as palavras para esconder os seus sentimentos e distrair os outros da realidade, jogando com a fixação verbal deles. Também usam certas expressões faciais que são fáceis de simular, presumidas como amabilidade. A sua tarefa é olhar além dessas distrações e se tornar ciente desses sinais que elas deixam escapar de forma automática, revelando algo da verdadeira emoção por trás da máscara. As três categorias dos sinais mais importantes a se observar e identificar são *desprezo/afeição, dominância/submissão* e *fraude*.

Sinais de desprezo/afeição. Imagine a seguinte situação: alguém num grupo não gosta de você, seja por inveja ou falta de confiança, mas, naquele ambiente, ele não tem como expressar isso de forma aberta sem causar má impressão: a de não trabalhar bem em equipe. Assim, ele sorri para você, puxa conversa e aparenta até apoiar as suas ideias. Às vezes, você talvez sinta que algo não está certo, mas os sinais são sutis, até que os esquece quando presta atenção na fachada apresentada por ele. E de repente, sem nenhum aviso, essa pessoa bloqueia o seu caminho ou demonstra uma atitude desagradável. A máscara caiu. O preço que você paga não vem apenas em forma de dificuldades no trabalho ou na vida pessoal, mas também de custo emocional, que pode ter um efeito duradouro.

Entenda: as ações hostis e de oposição dos outros nunca se manifestam sem razão. Sempre há sinais antes que qualquer ação seja realizada. É um esforço muito grande suprimir por completo emoções tão fortes. O problema não é apenas não estarmos prestando atenção, mas não gostarmos da ideia de conflito ou desacordo. Preferimos evitar pensar nisso e presumimos que as pessoas estão do nosso lado, ou que pelo menos sejam neutras. Com maior frequência, *sentimos* que algo não está bem com o outro, mas ignoramos essa sensação. Precisamos aprender a confiar nessas respostas intuitivas e procurar por esses sinais que deveriam provocar um exame mais minucioso das evidências.

O ser humano dá indicações claras em sua linguagem corporal do desprezo ou hostilidade em ação, incluindo o estreitamento súbito dos olhos diante de algo que você diz, o olhar raivoso, o franzimento dos lábios até que estes quase desapareçam, o pescoço rígido, o torso ou pés que se voltam para o outro lado enquanto você ainda está falando, os braços cruzados quando você tenta explicar o seu ponto de vista, e uma tensão generalizada do corpo. O problema é que você não costuma ver esses sinais a menos que o desprazer desse indivíduo tenha se tornado forte demais para ser ocultado. Treine-se para procurar pelas microexpressões e outros sinais mais sutis que as pessoas emitem.

A microexpressão é uma descoberta recente entre psicólogos que têm conseguido documentar a sua existência em filme. Dura menos de um segundo e há duas variedades dela: a primeira surge quando as pessoas têm ciência de um sentimento negativo e tentam suprimi-lo, mas este escapa por uma fração de segundo; a outra surge quando não estamos cientes da hostilidade alheia, mas, ainda assim, ela transparece em lampejos no rosto ou no corpo. Essas expressões serão um olhar momentâneo de raiva, o retesamento dos músculos faciais, o franzimento dos lábios, o início de uma carranca ou careta ou de um olhar de desdém, com os olhos voltados para baixo. Conscientes desse fenômeno, podemos procurar por essas expressões. Você se surpreenderá com a frequência com que ocorrem, pois é quase impossível controlar por completo os músculos faciais e reprimir os sinais a tempo. Relaxe e preste atenção, evitando ser óbvio nessa busca, porém captando-as pelo canto do olho. Uma vez que começar a notá-las, vai ter mais facilidade em descobri-las.

Têm igual eloquência os sinais sutis, mas que duram vários segundos, revelando tensão e frieza. Por exemplo, ao se aproximar pela primeira vez de alguém que nutre pensamentos negativos ao seu respeito, se você o surpreender chegando até ele em ângulo, verá com clareza o desprazer diante de sua abordagem antes que ele tenha tempo de vestir uma máscara afável. Essa pessoa não está feliz em vê-lo, e isso transparece por um segundo ou dois. Ou, então, você expressa uma opinião forte e os olhos dela começam a girar, o que ela tenta disfarçar logo com um sorriso.

O silêncio súbito também revela muito. Você disse algo que provocou uma pontada de inveja ou desprezo, e o seu interlocutor não consegue fazer nada além de se calar e se remoer. Talvez ele tente esconder isso com um sorriso enquanto, por dentro, está furioso. Ao contrário da simples timidez ou da falta do que dizer, você detectará sinais nítidos de irritação. Nesse caso, é melhor observar essa reação algumas vezes antes de chegar a qualquer conclusão.

As pessoas muitas vezes se entregarão com um sinal dúbio, fazendo um comentário positivo para distraí-lo, acompanhado de linguagem corporal claramente negativa, por exemplo. Isso oferece a elas alívio para a tensão de sempre terem que ser afáveis. Elas apostam no fato de que você tenderá a se concentrar nas palavras e ignorar a careta ou o meio sorriso. Preste atenção também à configuração contrária: alguém que diz algo sarcástico e penetrante, direcionado a você, mas com um sorriso e um tom jocoso, como sinal de que é tudo feito de forma bem-humorada. Seria falta de educação não tomar o comentário nesse sentido. No entanto, se isso ocorrer várias vezes, preste atenção às palavras, e não à linguagem corporal. É uma maneira reprimida de expressar hostilidade. Tome nota daqueles que o elogiam ou bajulam sem nenhum brilho nos olhos. Isso talvez seja um sinal de inveja oculta.

No romance *A cartuxa de Parma*, de Stendhal, o conde Mosca recebe uma carta anônima criada para despertar o seu ciúme em relação à amante, por quem ele está desesperadamente apaixonado. Ao pensar em quem a teria enviado, recorda-se de uma conversa que teve naquele mesmo dia com o príncipe de Parma, o qual lhe falara sobre como os prazeres do poder não se comparam aos prazeres do amor. Ao dizer isso, o conde lhe detectou um brilho bem malicioso nos olhos, acompanhado de um sorriso ambíguo. As palavras eram sobre o amor em geral, mas o olhar estava direcionado a ele. A partir disso, o conde deduz corretamente que o príncipe enviara a carta; este não conseguira contar de todo o prazer venenoso pelo que havia feito, e o sentimento lhe escapara. Essa é uma variante de sinal dúbio. As pessoas dizem algo relativamente forte sobre um assunto geral, mas com olhares sutis elas apontam para você.

Um indicador excelente para decodificar o antagonismo é comparar a linguagem corporal dos seus interlocutores em relação a você e em relação aos outros. Você talvez detecte que eles são bem mais amigáveis e calorosos com outras pessoas, para então pôr uma máscara bem-educada e vesti-la na sua frente. Numa conversa, não conseguem evitar que breves lampejos de impaciência e irritação transpareçam nos olhos, mas apenas quando é você quem fala. Mantenha em mente também que eles tenderão a extravasar mais dos seus verdadeiros sentimentos, e por certo aqueles de hostilidade, quando estão bêbados, sonolentos, frustrados, furiosos ou sob pressão. Mais tarde, tentarão encontrar desculpas para isso, como se estivessem fora de si naquele momento, mas o fato é que estavam sendo verdadeiros mais do que em qualquer outra circunstância.

Ao observar esses sinais, um dos melhores métodos é estabelecer testes, até mesmo armadilhas, para os outros. Mestre nessa arte foi o rei Luís XIV, que se situava no topo de uma corte em Versalhes repleta de membros da nobreza que fervilhavam de hostilidade e ressentimento contra ele e contra a autoridade absoluta que tentava impor. Contudo, na esfera civilizada de Versalhes, todos precisavam ser atores perfeitos e esconder o que sentiam, em especial pelo rei. Luís XIV tinha, porém, maneiras de testá-los. Surgia de súbito na presença dos súditos, sem aviso, e lhes examinava o rosto para ver as suas expressões imediatas. Solicitava que um nobre se mudasse com a família para o Palácio de Versalhes, sabendo que isso seria custoso e desagradável. Observava com cuidado quaisquer sinais de aborrecimento no rosto ou na voz. Dizia algo negativo sobre outro cortesão, um aliado do súdito, e lhe notava a reação imediata. Sinais suficientes de desconforto representavam uma hostilidade secreta.

Se o leitor suspeita que alguém sente inveja de você, fale-lhe sobre as boas notícias recentes que recebeu sem parecer se gabar. Procure por microexpressões de desapontamento no rosto dessa pessoa. Use testes similares para investigar se há raiva ou ressentimentos ocultos, extraindo as respostas que ela não consegue suprimir tão rápido. Em geral, os outros vão querer vê-lo mais, ou menos, ou serão indiferentes. Eles podem flutuar entre esses três estados, mas tenderão a se direcionar para um. E revelarão qual estado é esse na rapidez com que respondem aos seus e-mails ou mensagens, na linguagem corporal que exibem assim que o veem e no tom geral que demonstram na sua presença.

O valor de detectar logo a hostilidade ou sentimentos negativos possíveis é que isso aumenta as suas opções estratégicas e o espaço de manobra. Você poderá criar uma armadilha para as pessoas, provocando-

-lhes de forma intencional a hostilidade e levando-as a realizar uma ação agressiva que lhes criará embaraços no longo prazo. Ou poderá se esforçar ainda mais para neutralizar o desprezo que sentem por você, e até mesmo conquistá-las por meio de uma estratégia ofensiva cheia de charme. Ou simplesmente se distancie – não as contrate, despeça--as, recuse-se a interagir com elas. No fim, você deixará o seu caminho mais tranquilo ao evitar batalhas-surpresas e atos de sabotagem.

No outro lado da moeda, em geral, temos menos necessidade de esconder as nossas emoções positivas dos outros, mas, mesmo assim, não costumamos gostar de emitir sinais óbvios de alegria ou atração, em especial em situações de trabalho, ou até na paquera. Muitas vezes, as pessoas preferem exibir uma fachada social de indiferença, por isso há grande valor na capacidade de detectar traços de que os outros estão caindo sob o seu encanto.

Segundo uma pesquisa conduzida por psicólogos como Paul Ekman, E. H. Hess e outros, a respeito de sinais faciais, indivíduos que sentem emoções positivas por você exibirão nitidamente relaxamento nos músculos da face, em especial nas linhas da testa e na área em torno da boca; os lábios parecerão mais expostos e toda a área ao redor dos olhos se ampliará. Essas são expressões involuntárias de conforto e abertura. Se os sentimentos são mais intensos, como os de se apaixonar, o sangue corre para o rosto, animando todos os traços. Como parte desse estado excitado, as pupilas se dilatam, uma resposta automática em que os olhos deixam entrar mais luz. É um sinal certo de que alguém se sente confortável e gosta do que vê. Junto com a dilatação, as sobrancelhas se erguem, tornando os olhos ainda maiores. Não costumamos prestar atenção às pupilas dos olhos porque olhar intensamente nos olhos de outro tem uma conotação bastante sexual. Precisamos nos treinar para examinar de relance as pupilas quando notamos qualquer arregalar dos olhos.

Ao desenvolver as suas habilidades nesse campo, aprenda a distinguir entre os sorrisos falsos e genuínos. Ao tentar ocultar os sentimentos negativos, costumamos apelar ao sorriso falso, pois é fácil de dar, e as pessoas não costumam prestar atenção às sutilezas dos sorrisos. Como a variedade genuína é menos comum, você tem que saber como reconhecê-la. O sorriso genuíno afeta os músculos ao redor dos olhos e os arregala, muitas vezes revelando os pés de galinha em suas laterais. Também tende a puxar as maçãs do rosto para cima. Não há sorriso genuíno sem uma mudança evidente nos olhos e na face. Alguns tentam criar a impressão da variedade genuína ao alargar o sorriso, o que também altera os olhos de forma parcial; por isso, além dos sinais físicos, você tem de examinar o contexto. O sorriso genuíno é espontâneo e costuma surgir a partir de alguma ação ou de palavras que extraem uma resposta súbita. Avalie: ele parece não estar relacionado às circunstâncias, ou ser justificado pelo que foi dito? Trata-se de uma situação em que alguém está se esforçando para impressionar ou tem metas estratégicas em mente? O momento do sorriso parece ligeiramente descompassado? Talvez a indicação mais clara das emoções positivas venha da voz. O ser humano tem muito mais facilidade para controlar o rosto, sendo possível se olhar no espelho com esse propósito. Entretanto, a menos que se trate de um ator profissional, a voz é bem difícil de modular de forma consciente. Quando as pessoas estão interessadas e entusiasmadas para falar com você, a tonalidade da voz delas sobe, o que representa excitação emocional. Mesmo que se sintam nervosas, o tom de voz se manterá caloroso e natural, ao contrário da animação simulada de um vendedor, em que se detecta uma qualidade quase ronronante na voz, a qual alguns comparam a um sorriso vocal. Você também notará a ausência de tensão e de hesitação. No decorrer de uma conversa, haverá um nível equânime de brincadeiras, com o ritmo se acelerando, o que significa um entendimento mútuo cada vez maior. Uma voz animada e feliz tende a nos contagiar com esse espírito e gerar uma resposta similar. Para reconhecer basta sentir, mas muitas vezes ignoramos essas sensações e nos concentramos, ao contrário, nas palavras amigáveis ou no discurso do vendedor.

Por fim, monitorar os sinais não verbais é essencial na sua tentativa de influenciar e seduzir alguém e é a melhor maneira de medir o quanto as pessoas estão sob o seu encanto. Quando começam a se sentir confortáveis na sua presença, elas se posicionam mais perto de você ou se inclinam na sua direção, com os braços descruzados e sem revelar nenhuma tensão. Se o leitor estiver discursando ou contando uma história, acenos frequentes de cabeça, olhares atentos e sorrisos genuínos indicarão que seus interlocutores concordam com o que está sendo dito e estão perdendo a resistência. Eles trocam mais olhares entre si. Talvez o melhor sinal de todos, o mais excitante, seja a sincronia, quando aquele com quem conversamos espelha a nossa postura de forma inconsciente. As pernas se cruzam na mesma direção, a cabeça se inclina de modo similar, um sorriso induz outro. No nível mais profundo de sincronia, como descobriu Milton Erickson, você verá os padrões de respiração seguindo o mesmo ritmo, o que às vezes leva à sincronia completa de um beijo.

Você também pode se treinar não apenas para monitorar essas mudanças que demonstram a sua influência, mas para induzi-las também ao demonstrar sinais positivos. Comece a se aproximar aos poucos ou a se inclinar mais para perto, revelando sinais sutis de abertura. Acene com a cabeça e sorria enquanto o seu interlocutor fala. Espelhe o comportamento e os padrões de respiração dele. À medida que fizer isso, observe se há contágio emocional, avançando apenas ao detectar o desmoronamento gradual da resistência.

Com sedutores especialistas, que utilizam todos os sinais positivos para dar a impressão de estarem se apaixonando apenas para colocá-lo mais profundamente sob o controle deles, tenha em mente que muito poucos revelam tanta emoção com naturalidade logo de início. Se o seu suposto efeito sobre eles parece um pouco apressado demais e talvez forçado, diga para irem mais devagar e lhes examine o rosto em busca de microexpressões de frustração.

Sinais de dominância/submissão. Como o animal social mais complexo do planeta, nós, seres humanos, formamos hierarquias complicadas com base em posição, dinheiro e poder. Temos consciência delas, mas não gostamos de abordar de forma explícita as posições relativas de poder e, em geral, nos sentimos desconfortáveis quando os outros falam sobre a sua superioridade. Em vez disso, sinais de dominância ou fraqueza são expressados com maior frequência por meio de comunicação não verbal, estilo de comunicação herdado dos primatas, em especial dos chimpanzés, que utilizam sinais complexos para denotar o local de um indivíduo na hierarquia social. Tenha em mente que a sensação de ocupar um lugar social superior dá às pessoas uma autoconfiança radiante na linguagem corporal. Alguns sentem essa autoconfiança antes de chegar ao poder, o que se torna uma profecia que cumpre a si própria à medida que outros se sentem atraídos por eles. Os ambiciosos podem tentar simular esses sinais, mas isso tem que ser bem-feito. A autoconfiança falsa é bem irritante.

Geralmente, ela surge com uma sensação maior de relaxamento que se reflete com clareza no rosto, e com mais liberdade de movimentos. Aqueles que são poderosos sentem que têm a permissão para olhar mais para os outros ao redor, decidindo fazer contato visual com quem bem entenderem. As pálpebras permanecem mais fechadas, um sinal de seriedade e competência; caso se sintam entediados ou aborrecidos, eles o demonstram com mais liberdade e franqueza. Costumam sorrir menos, pois sorrisos frequentes são um sinal de insegurança geral, e se sentem no direito de tocar os outros, com tapinhas amistosos nas costas ou no braço. Numa reunião, tendem a ocupar mais espaço e criar uma distância maior entre si; em pé, posicionam-se com altivez, fazendo gestos relaxados e confortáveis. O que é mais importante, os demais se sentem compelidos a lhes imitar o estilo e os maneirismos. O líder tende a impor uma forma de comunicação não verbal ao grupo de maneiras bem sutis. Você notará que as pessoas lhe imitam não apenas as ideias, mas também a calma e a energia mais frenética.

Há várias maneiras de os machos alfa sinalizarem a sua posição superior na hierarquia, tais como: falar mais rápido do que os outros e se sentir no direito de interromper e controlar o fluxo da conversa; dar um aperto de mão excessivamente vigoroso, quase esmagador; assumir uma postura mais alta e uma passada deliberada ao caminhar, em geral fazendo os subordinados andarem atrás dele. Observe os chimpanzés no zoológico e verá que o macho alfa adota comportamentos similares.

As mulheres em posições de liderança, por sua vez, costumam ter uma expressão calma e confiante; calorosa, mas eficiente. Talvez o melhor exemplo disso seja a atual chanceler da Alemanha, Angela Merkel, cujo sorriso é ainda menos frequente que o dos políticos do sexo masculino, em sua maioria, porém tem um significado especial quando ocorre: nunca parece falso. Ela escuta os outros com um olhar de absorção completa, o rosto notadamente imóvel, tem um jeito de fazer seus interlocutores falarem pela maior parte do tempo, mas sempre parece estar no controle do curso da conversa. Merkel não precisa interromper para se impor; quando quer atacar alguém, é com olhares de tédio, frieza ou desdém, nunca proferindo palavras enfurecidas. Certa ocasião, o presidente russo Vladimir Putin tentou intimidá-la levando o cachorro de estimação dele para uma reunião, sabendo que Merkel um dia fora mordida por um cão e tinha medo desse animal. A tensão dela foi visível, mas a chanceler logo se recompôs e olhou com calma nos olhos de Putin, colocando-se numa posição superior ao não reagir ao estratagema, fazendo-o parecer bastante infantil e mesquinho em comparação a ela. O estilo de Merkel não inclui toda a pose corporal do macho alfa; é mais tranquilo e, mesmo assim, extremamente poderoso à sua própria maneira.

À medida que as mulheres atingirem mais posições de liderança, essa forma menos impertinente de autoridade talvez comece a alterar a nossa percepção de alguns dos sinais de dominância há tanto tempo associados com o poder.

Vale a pena observar, em busca de sinais de dominância (ou da ausência deles), indivíduos em posições superiores no seu grupo. Líderes que demonstram tensão e hesitação nos seus sinais não verbais são, em geral, inseguros quanto ao poder e se sentem ameaçados. Ansiedade e falta de confiança em si mesmos costumam ser traços fáceis de detectar. Esses líderes falam de maneira mais hesitante, com longas pausas, elevando a voz em tonalidade e permanecendo assim. Tendem a desviar o olhar e controlar os movimentos dos olhos, embora pisquem com mais frequência; dão sorrisos forçados e soltam risos nervosos. Em vez de se sentirem no direito de tocar os outros, tendem a tocar a si mesmos, o que é conhecido como comportamento pacificador. Põem a mão no próprio cabelo, no pescoço, na testa, numa tentativa de acalmar os nervos. Aqueles que tentam esconder as suas inseguranças falam um pouco alto demais numa conversa, olhando em volta com nervosismo, os olhos bem abertos, ou falam de forma animada, mãos e corpo parados de forma atípica, o que sempre representa ansiedade. É inevitável que deixem escapar sinais dúbios, e você precisa prestar maior atenção aos que se referem a uma insegurança latente.

Nicolas Sarkozy, presidente da França (2007-2012), gostava de marcar presença por meio da linguagem corporal. Dava tapinhas nas costas das pessoas, guiava-as para onde deveriam se colocar, encarava-as com um olhar fixo, interrompia o que estavam dizendo, numa tentativa de dominar o ambiente de maneira geral. Durante uma reunião em meio à crise europeia, a chanceler Merkel viu sua atitude dominadora de sempre, mas não deixou de notar que o tempo todo Sarkozy sacudia o pé de um jeito nervoso. O estilo demasiadamente assertivo era, talvez, sua maneira de distrair os outros, para que não lhe notassem as inseguranças. Isso era uma informação valiosa que Merkel poderia utilizar.

As ações do ser humano por vezes contêm sinais de dominância e submissão. Por exemplo, as pessoas muitas vezes chegam atrasadas para indicar a sua superioridade, real ou imaginada. Elas não têm a obrigação de serem pontuais. Além disso, padrões de conversa revelam a posição relativa que imaginam ocupar. Aqueles que se sentem dominantes tendem a falar mais e interromper os outros com frequência, como um meio de se afirmarem. Quando uma discussão se torna pessoal, recorrem ao que é conhecido como pontuação – encontram uma ação do interlocutor que deu início a tudo, mesmo que seja evidente que essa é parte do padrão do relacionamento. Afirmam a sua interpretação de quem é o culpado por meio do tom de voz e de olhares penetrantes. Se o leitor observar um casal com distanciamento, notará frequentemente que um ocupa a posição dominante. Se conversar com os dois, o dominante fará contato visual com você, mas não com o parceiro, e parecerá ouvir apenas parcialmente o que este diz. Os sorrisos também são um sinal sutil para indicar a superioridade, em especial pelo que chamaremos de sorriso estreito, o qual vem em resposta a algo que alguém disse e que retesa os músculos faciais, indicando ironia e desdém por quem veem como inferior, mas que lhes dá a aparência de ser amigável.

Um meio não verbal definitivo, mas bastante sutil de estabelecer a dominância num relacionamento, ocorre por meio do *sintoma*. Um parceiro passa a ter dores de cabeça ou alguma doença repentina, ou começa a beber, ou entra num padrão negativo geral de comportamento, forçando o outro a jogar pelas regras, cuidando das fraquezas do primeiro. Esse uso deliberado da simpatia para ganhar poder é extremamente eficiente.

Por fim, use o conhecimento que você colhe dessas pistas como uma arma valiosa para medir os níveis de confiança das pessoas e agir de forma apropriada. Jogue com as inseguranças não verbais de líderes e obtenha poder com isso, mas tenha em mente que muitas vezes é melhor evitar a proximidade com esses tipos, pois eles tendem a piorar com o tempo e talvez o arrastem também. Com os que não são líderes, mas que tentam se afirmar como tal, a sua resposta deve depender do tipo de personalidade deles. Se forem astros em ascensão, cheios de autoconfiança e senso de destino, pode ser sábio e tentar ascender com eles. Você os identificará pela energia positiva que os rodeia. Por outro lado, se forem apenas déspotas arrogantes e mesquinhos, esforce-se para evitá-los, pois são mestres em fazer os outros lhes tecerem elogios sem lhes dar nada em troca.

Sinais de fraude. Os seres humanos são bastante ingênuos por natureza. Nós *queremos* acreditar em certas coisas – que é possível obter algo sem dar nada em troca; que é fácil reconquistar ou rejuvenescer a saúde graças a algum truque novo, talvez até mesmo enganar a morte; que as pessoas em essência são, na maioria, boas e confiáveis. É por causa dessa propensão que os fraudadores e manipuladores prosperam. Seria de um benefício imenso para o futuro da nossa espécie se fôssemos todos menos ingênuos, mas não é possível mudar a nossa natureza. Em vez disso, o melhor que podemos fazer é aprender a reconhecer certos sinais reveladores de uma tentativa de fraude e manter o ceticismo à medida que examinamos melhor as evidências.

O sinal mais claro e comum surge no momento em que os indivíduos assumem uma fachada de animação excessiva. Se sorriem muito, se mostram mais do que amigáveis e são até bastante divertidos, é difícil não nos sentirmos atraídos e não baixar um pouco a nossa resistência à influência deles. Quando Lyndon Johnson tentava passar a perna num companheiro de senado, ele fazia um esforço a mais em relação à própria presença física, encurralando o outro senador no vestiário, contando algumas piadas picantes, tocando-lhe o braço, parecendo muito sincero e dando os maiores sorrisos de que era capaz. De maneira similar, quando as pessoas tentam encobrir algo, tendem a se tornar mais veementes, zelosas e faladoras. Jogam com o viés de convicção (veja o Capítulo 1) – se eu negar ou disser algo com tanto entusiasmo, fazendo-me de vítima, é difícil duvidar de mim. Tendemos a confundir a convicção forte com a verdade. Sendo que, quando os outros tentam explicar as suas ideias com energia tão exagerada, ou se defendem com um nível intenso de negação, isso é precisamente o que deve deixá-lo desconfiado.

Em ambos os casos – na ocultação ou na propaganda sedutora –, o fraudador se esforça para distraí-lo da verdade. Embora um rosto e gestos animados possam resultar da pura exuberância e da amabilidade genuína, se partem de alguém que você não conhece bem ou que talvez tenha algo a esconder, mantenha-se alerta. Em seguida, procure por sinais não verbais que confirmem as suas suspeitas.

Com esses fraudadores, você muitas vezes notará que uma parte do rosto ou do corpo é mais expressiva para atrair a sua atenção: com frequência, a área em torno da boca, com largos sorrisos e expressões mutáveis (mais fácil de manipular para criar um efeito animado), mas também gestos exagerados com as mãos e os braços. O que importa é detectar uma tensão e ansiedade em outras partes do corpo, pois é impossível para os fraudadores controlar todos os músculos. Quando dão um grande sorriso, os olhos permanecem tensos e com pouco movimento, ou o resto do corpo se mantém imóvel de maneira atípica; ou, se os olhos tentam enganá-lo a fim de conquistar a sua simpatia, a boca treme de leve. Esses são sinais de um comportamento forçado, do esforço excessivo para controlar uma parte específica do corpo.

Às vezes, fraudadores bem espertos tentarão criar a impressão contrária. Se estão encobrindo um delito, escondem a culpa por trás de um exterior sério e extremamente competente, o rosto se tornando estranhamente imóvel. Em vez de negações em voz alta, oferecem uma explicação bastante plausível da sequência de acontecimentos, até mesmo discutindo as "evidências" que confirmam isso. O quadro que pintam da realidade é quase impecável. Se estiverem tentando obter o seu dinheiro ou apoio, eles se farão passar por profissionais de altíssima competência, a ponto de serem um pouco entediantes, inundando-o com muitos números e estatísticas. Os estelionatários muitas vezes empregam essa fachada. O grande estelionatário Victor Lustig deixava as vítimas bocejando de cansaço com a sua tagarelice profissional, dando a impressão de ser um burocrata ou o especialista enfadonho em títulos e valores mobiliários. Bernie Madoff parecia tão sem graça que ninguém poderia suspeitar do audacioso crime de estelionato que conseguiu cometer.

Essa forma de fraude é mais difícil de perceber porque há menos nela para se notar. No entanto, mais uma vez você deve procurar por impressões forçadas. A realidade nunca é tão conveniente e impecável, mas confusa. Os acontecimentos reais envolvem intrusões e acidentes súbitos e aleatórios, e é raro que as peças do quebra-cabeça se encaixem com perfeição. Foi isso que deu errado com o encobrimento do caso Watergate e das suspeitas levantadas. Quando a explicação ou a isca são um pouco astutas ou profissionais demais, seja cético. Vendo isso por outro ângulo, como um personagem no romance *O idiota*, de Dostoiévski, aconselha: "Quando mentir, se você incluir com habilidade algo que não seja de todo ordinário, algo excêntrico, algo, sabe como é, que nunca ou raramente acontece, isso tornará a mentira muito mais plausível".

Em geral, quando suspeitar que uma pessoa está tentando distraí-lo da verdade, não a confronte logo de início, mas a encoraje, demonstrando interesse no que ela está dizendo ou fazendo. Você quer que o seu interlocutor fale mais, revele mais sinais de tensão e artifício. No momento certo, surpreenda-o com uma pergunta ou comentário com o intuito de deixá-lo desconfortável, revelando que sabe o que ele quer. Preste atenção às microexpressões e à linguagem corporal emitidas nesses momentos. Se for um fraudador de fato, muitas vezes congelará como resposta ao absorver isso, e então tentará mascarar rápido a ansiedade latente. Essa era a estratégia favorita do detetive Columbo na série de televisão de mesmo nome. Ao encarar criminosos que tentavam subverter provas de forma a parecer que outro havia cometido determinado crime, Columbo fingia ser perfeitamente amigável e inofensivo, mas de súbito fazia uma pergunta desconfortável e prestava atenção redobrada ao rosto e ao corpo do indivíduo.

Até quando se trata dos fraudadores mais experientes, uma das melhores maneiras de desmascará-los é perceber a ênfase que dão às palavras por meio de sinais não verbais, notada pela elevação da tonalidade vocal e do tom assertivo, dos gestos rigorosos com as mãos, do erguer das sobrancelhas e do arregalar dos olhos. Também podemos nos inclinar para a frente ou nos erguer na ponta dos pés, comportamento adotado quando nos sentimos repletos de emoção e tentamos acrescentar um ponto de exclamação ao que dizemos – e isso os fraudadores também não conseguem imitar. A ênfase que inserem na voz e no corpo não se correlaciona de forma exata ao que dizem, não se encaixa bem no contexto do momento, ou chega um pouco tarde demais. Batem na mesa com o punho quando não deveriam sentir emoção, mas um pouco mais cedo, como se essa ação acontecesse a partir de um sinal, um efeito criado. Essas são rachaduras no verniz da realidade que tentam projetar.

Por fim, em se tratando de fraude, tenha em mente que sempre há uma escala envolvida, no fundo da qual há as variedades mais inofensivas, as mentirinhas bem-intencionadas. Estas incluem todas as formas de bajulação da vida diária: "Você está com uma cara ótima hoje"; "Eu adorei o seu roteiro". Incluem ainda não revelar a alguém exatamente o que você fez naquele dia ou ocultar partes de informações, porque é um aborrecimento ser totalmente transparente e não ter nenhuma privacidade. Essas pequenas formas de fraude são detectáveis se prestarmos atenção, como ao notarmos a sinceridade de um sorriso. No entanto, é melhor apenas ignorar essa extremidade inferior. A sociedade polida e civilizada depende da habilidade de dizer coisas que não são sempre sinceras. Tornar-se consciente o tempo todo dessa sub-região da fraude causaria danos demais em termos sociais. Guarde a sua atenção para aquelas situações em que os riscos são altos e as pessoas talvez estejam tentando lhe tirar algo valioso.

A ARTE DE GERENCIAR IMPRESSÕES

Em geral, a expressão *fazer papel de* tem conotações negativas. Nós a contrastamos com autenticidade. Imaginamos que uma pessoa autêntica de verdade não precisa representar um papel na vida, pode apenas ser ela mesma. Esse conceito tem valor em amizades e em nossos relacionamentos íntimos, em que, com sorte, podemos deixar de lado as máscaras que usamos e nos sentir confortáveis expondo as nossas qualidades únicas. Entretanto, na vida profissional, isso é muito mais complicado. Quando se trata de um trabalho ou papel específico na sociedade, temos expectativas sobre o que é profissional. Nós nos sentiríamos desconfortáveis se o piloto do avião em que viajamos começasse a agir como um vendedor de carros, ou se um mecânico se comportasse como um terapeuta, ou se um professor agisse como um músico de *rock*. Se essas pessoas forem elas mesmas por completo, deixando cair as máscaras e se recusando a desempenhar os seus papéis, nós lhes questionaríamos a competência.

Um político ou uma figura pública que entendemos como mais autêntico do que outros projeta melhor essa qualidade, de modo geral. Sabe que parecer humilde, ou discutir a vida pessoal, ou contar uma anedota que revela alguma vulnerabilidade terá um efeito "autêntico". Não o vemos como é na privacidade da sua casa. No dia a dia na esfera pública usa-se uma máscara, e às vezes alguns utilizam a máscara da "autenticidade". Até o *hipster* ou o rebelde desempenham um papel, com as poses e tatuagens típicas. Eles não têm a liberdade de vestir um terno de repente, pois os outros em seu círculo lhes começariam a questionar sua sinceridade, que depende de exibir a aparência correta. O ser humano passa a ter mais liberdade para incluir no papel que desempenha mais das suas qualidades pessoais uma vez que tenha se estabelecido, e a sua competência não esteja mais em questão. No entanto, há sempre limites para isso.

De forma consciente ou inconsciente, a maioria de nós adere ao que é esperado do nosso papel porque compreendemos que o nosso sucesso social depende disso. Alguns talvez se recusem a participar desse jogo, mas no fim acabam marginalizados e forçados a representar o papel do forasteiro, com opções limitadas e liberdade decrescente à medida que envelhecem. Em geral, é melhor apenas aceitar essa dinâmica e extrair algum prazer dela. Você não só está ciente da aparência adequada que precisa ter, mas sabe como moldá-la para obter o melhor efeito possível dela. E pode, então, se transformar num excelente ator no palco da vida e desfrutar do seu momento sob os holofotes.

O que se segue são algumas instruções básicas da arte de gerenciar impressões.

Domine os sinais não verbais. Em certas situações, quando os outros querem decifrar quem somos, prestam atenção maior aos sinais não verbais que emitimos. Isso pode ocorrer numa entrevista de emprego, na reunião de um grupo ou numa aparição pública. Cientes disso, os atores sociais inteligentes saberão, até certo ponto, como controlar esses sinais e emitir conscientemente aqueles que são adequados e positivos. Eles sabem como parecer afáveis, dar sorrisos genuínos, usar uma linguagem corporal receptiva e espelhar as pessoas com que estão lidando. Conhecem os sinais de dominância e irradiam autoconfiança. Têm a consciência de que certos olhares são mais expressivos do que palavras para transmitir desdém ou atração. De modo geral, você precisa ter ciência do seu estilo não verbal para conseguir alterar certos aspectos de forma consciente, a fim de obter um efeito melhor.

Seja um ator que segue o Método. No Método de Interpretação para o Ator, você se treina a fim de ser capaz de manifestar as emoções apropriadas quando quiser. Sente-se triste quando o papel pede por isso, relembrando as suas próprias experiências que causaram essas emoções, ou, se necessário, simplesmente imaginando-as. A finalidade é estar no controle. Na vida real, não é possível nos treinarmos a esse ponto, mas se não tivermos nenhum controle, se sempre expressarmos quaisquer emoções que sentimos, emitiremos sinais sutis de fraqueza e falta geral de autocontrole. Aprenda a se colocar de forma consciente no estado emocional correto ao imaginar como e por que você sentiria a emoção adequada à ocasião ou ao papel que estiver prestes a fazer. Entregue-se ao sentimento para que o seu rosto e corpo se tornem animados de modo natural. Às vezes, ao se fazer sorrir ou franzir a testa, sentirá algumas das emoções que combinam com essas expressões. É igualmente importante que você se treine para voltar a uma expressão mais neutra num momento natural, com cuidado para não ir longe demais com a dramatização.

Adapte-se ao seu público. Embora você se adéque a certos parâmetros estabelecidos pelo papel que desempenha, é preciso ser flexível. Bill Clinton, um mestre da dramatização, nunca perdia de vista que, como presidente, tinha de projetar autoconfiança e poder, mas, ao falar com um grupo de funcionários automotivos, ajustava o sotaque e as palavras para se adequar a eles, e fazia o mesmo com um grupo de executivos. Conheça o seu público e molde os seus sinais não verbais ao estilo e gosto dos seus interlocutores.

Crie a primeira impressão apropriada. Já foi demonstrado o quanto as pessoas tendem a julgar com base nas primeiras impressões, bem como as dificuldades que elas têm em rever esses julgamentos. Sabendo disso, preste atenção redobrada à sua primeira aparição diante de um indivíduo ou grupo. Em geral, é melhor suavizar os sinais não verbais e apresentar uma fachada mais neutra. Excitação demais dá sinais de insegurança e talvez deixe os outros desconfiados. Sorrir de maneira relaxada, porém, e olhar as pessoas nos olhos, nesses primeiros encontros, pode fazer maravilhas para lhes baixar a resistência natural.

Empregue efeitos dramáticos. Isso envolve dominar a arte da presença/ausência. Se estiver presente demais, se as pessoas o veem com frequência excessiva ou conseguem prever com exatidão o que vai fazer a seguir, logo se sentirão entediadas com você. Saiba como se ausentar de forma seletiva, regular quando e com que frequência aparece diante dos outros, fazendo que eles o queiram ver mais, não menos. Cubra-se de algum mistério, demonstrando algumas qualidades sutilmente contraditórias. Ninguém precisa saber tudo sobre você. Aprenda a reter informações. De modo geral, torne as suas aparições e comportamento menos previsíveis.

Projete qualidades virtuosas. Não importa em que período histórico estejamos vivendo, certos traços são sempre vistos como positivos; saiba como emulá-los. Por exemplo, a aparência de virtuosidade nunca sai de moda. O que compõe a maneira de parecer virtuoso hoje com certeza é diferente da do século 16, mas a essência é a mesma – incorpora-se o que é considerado bom e acima de qualquer censura. No mundo moderno, isso quer dizer se mostrar progressista, extremamente tolerante e de mente aberta. Você vai querer ser visto fazendo doações generosas a certas causas e as apoiando nas redes sociais. Projetar sinceridade e honestidade sempre causa uma boa impressão. Algumas confissões públicas de fraquezas e vulnerabilidades trarão os resultados desejados. Por algum motivo, as pessoas entendem sinais de humildade como autênticos, mesmo que elas possam muito bem os estar simulando. Aprenda a baixar a cabeça de vez em quando e parecer humilde. Se há um trabalho sujo a ser feito, arrume outros para fazê-lo. As suas mãos devem permanecer limpas. Nunca adote abertamente o papel do líder maquiavélico – isso só funciona na televisão. Empregue os sinais apropriados de dominância para fazer os outros o imaginarem poderoso, mesmo antes de você atingir *esse status*. Pareça *destinado* ao sucesso, um efeito místico que sempre dá certo.

O mestre desse jogo só pode ser o imperador Augusto (63 a.C.-14 d.C.) da Roma antiga, que entendia o valor de ter um bom inimigo, um vilão com quem se comparar. Com esse propósito, ele usou Marco Antônio, seu rival inicial pelo poder, como o contraste perfeito. Augusto se aliou pessoalmente com tudo que era tradicional na sociedade romana, até mesmo situando a sua residência junto ao local onde se supunha que a cidade havia sido fundada. Enquanto Antônio estava no Egito, namorando a rainha Cleópatra e se entregando a uma vida de luxúria, Augusto podia apontar o tempo todo para as diferenças entre eles, posando como a personificação dos valores romanos, os quais Antônio havia repudiado. Ao se tornar o líder supremo de Roma, encenou um espetáculo de humildade, devolvendo o poder ao Senado e ao povo. Ele falava latim com um linguajar mais popular e vivia de maneira simples, tal qual um homem do povo. E por tudo isso era reverenciado. É claro que era tudo fingimento. Na verdade, passava a maior parte do tempo num palacete fora de Roma, tinha muitas amantes, que vinham de lugares tão exóticos quanto o Egito, e, embora desse a impressão de ceder o poder, agarrou-se às verdadeiras rédeas do controle: as forças militares. Obcecado pelo teatro, Augusto era um mestre em produzir espetáculos e usar máscaras. Ele deve ter percebido isso, pois estas foram as suas últimas palavras no leito de morte: "Desempenhei bem o meu papel na farsa da vida?".

Compreenda o seguinte: a palavra *personalidade* vem de *persona*, que em latim significa "máscara". Em público, todos usamos máscaras, e isso tem uma função positiva. Se demonstrássemos exatamente quem somos e falássemos o que pensamos com sinceridade, ofenderíamos quase todos e revelaríamos qualidades que é melhor esconder. Ter uma *persona*, desempenhar bem um papel, nos protege de sermos observados com muita atenção, e de todas as inseguranças que isso traria à tona. De fato, quanto melhor desempenhar o seu papel, mais poder você acumulará, e, com poder, terá a liberdade de expressar mais das suas peculiaridades. Se levar isso longe o bastante, a *persona* que apresentar coincidirá com muitas das suas características únicas, mas sempre ampliadas a fim de criar efeito.

> "Parece que você viu nela muito do que era invisível para mim."/ "Não invisível, mas despercebido, Watson. Você não sabia pelo que procurar, por isso deixou de notar tudo que era importante. Não tenho como fazê-lo compreender a importância das mangas da roupa, ou como as unhas do polegar são sugestivas, ou as grandes questões que dependem de um cadarço de bota."
>
> — *Sir Arthur Conan Doyle,* Um caso de identidade

4
Determine a força de caráter das pessoas
A Lei do Comportamento Compulsivo

Ao escolher pessoas com quem trabalhar e se associar, não se mesmerize pela reputação delas ou se deixe levar pela imagem superficial que tentam projetar. Em vez disso, treine-se para olhar mais a fundo dentro de cada uma e lhes ver o caráter. O caráter dos indivíduos é formado nos anos iniciais e por seus hábitos diários. É o que os compele a repetir certas ações na vida e a cair em padrões negativos. Observe com atenção esses padrões e se lembre de que o ser humano nunca faz algo apenas uma vez. É inevitável que repita o seu comportamento. Meça a força relativa do caráter das pessoas por como elas lidam com adversidades, pela habilidade com que se adaptam e trabalham com os outros, pela paciência e capacidade de aprender. Gravite sempre em torno dos que emitem sinais de força, e evite os muitos tipos tóxicos existentes. Conheça bem o seu próprio caráter de forma a romper os seus padrões compulsivos e tomar o controle sobre o seu destino.

O PADRÃO

Para os tios, tias e avós que o viram crescer em Houston, no Texas, Howard Hughes Jr. (1905-1976) era um menino tímido e desajeitado. A mãe quase morreu no parto e, como consequência, não poderia engravidar de novo, por isso se devotou por completo ao filho. Com um temor constante de que ele adoeceria, vigiava-lhe todos os movimentos e fez o possível para protegê-lo. A criança venerava o pai,

Howard Sênior, que em 1909 havia fundado a fábrica de ferramentas Sharp-Hughes Tool Company, com a qual logo faria fortuna. Este não permanecia muito em casa, sempre viajando a negócios, de forma que o jovem Howard passava um bom tempo com a mãe. Aos parentes, ele parecia nervoso e hipersensível, mas, ao crescer, tornou-se bem polido e afável, totalmente devotado à família.

Então, em 1922, a mãe morreu de forma repentina, aos 39 anos de idade. O pai nunca se recobrou da morte precoce da esposa, e faleceu dois anos mais tarde. Então, aos 19 anos, o rapaz se viu sozinho no mundo, tendo perdido as duas pessoas que haviam sido os seus companheiros mais próximos e que lhe tinham direcionado cada fase da vida. Os parentes dele decidiram que teriam de preencher aquele espaço e lhe dar o direcionamento de que precisava. No entanto, nos meses que se seguiram à morte de Howard Sênior, logo se confrontaram com um Howard Hughes Jr. que jamais viram ou suspeitaram que existia. Aquele indivíduo afável de súbito se tornou bastante abusivo. Antes obediente, era agora um rebelde radical. Não permaneceria na faculdade, como lhe fora aconselhado, e não seguiria nenhuma recomendação. Quanto mais insistissem, mais agressivo se tornava.

Herdando a fortuna da família, podia agora se tornar independente, e planejava levar isso o mais longe possível. De imediato, lutou para comprar todas as ações da Sharp-Hughes Tool Company que estavam na posse dos parentes e obter o controle total do negócio altamente lucrativo. Segundo a legislação do Texas, ele poderia solicitar ao tribunal que o declarasse como adulto caso conseguisse se provar competente o bastante para desempenhar esse papel. Hughes fez amizade com um juiz local e em pouco tempo obteve a declaração que queria. Agora, seria capaz de mandar na própria vida e na fábrica de ferramentas sem nenhuma interferência. A família se sentiu ofendida com tudo isso, e logo ambas as partes cortaram quase todo o contato entre si para sempre. O que havia transformado o doce menino que conheciam nesse rapaz rebelde e hiperagressivo? Era um mistério que nunca desvendariam.

Depois de declarar a sua independência, Howard se mudou para Los Angeles, Califórnia, determinado a seguir as suas duas mais novas paixões – produzir filmes e pilotar aviões. Ele tinha dinheiro para se satisfazer em relação a esses interesses, e em 1927 decidiu combiná-los, produzindo um filme épico de alto orçamento chamado *Anjos do inferno*, sobre pilotos durante a Segunda Guerra Mundial. Recrutou um diretor e uma equipe de roteiristas, mas se desentendeu com o primeiro e o despediu. Empregou, então, Luther Reed, um homem que também tinha grande interesse em aviação e se identificava mais com o projeto, mas logo este pediu demissão, cansado da interferência constante de Hughes. As últimas palavras que lhe disse foram: "Se sabe tanto assim, por que você mesmo não dirige?". Hughes seguiu o conselho e se nomeou diretor.

O orçamento começou a subir à medida que ele se esforçava para conseguir o máximo de realismo. Meses, anos transcorreram enquanto passava por centenas de membros de equipe e dublês de pilotagem, três dos quais morreram em acidentes com fogo. Após batalhas intermináveis, acabou despedindo quase todos os chefes de departamento e dirigindo a produção sozinho. Preocupava-se excessivamente com cada tomada, cada ângulo, cada *storyboard*. Por fim, *Anjos do inferno* estreou em 1930 e foi um sucesso estrondoso. A história era uma bagunça, mas as sequências de voo e ação deliciaram o público. Nascia então a lenda de Howard Hughes. Era um jovem intrépido e independente que se rebelara contra o sistema e produzira um grande sucesso. Um rude individualista que fez tudo sozinho.

O filme custou a quantia colossal de 3,8 milhões de dólares para ser realizado, e perdeu quase 2 milhões de dólares, mas ninguém prestou atenção a isso. O próprio Hughes era humilde e alegava ter aprendido a lição sobre a produção: "Fazer *Anjos do inferno* sozinho foi o meu maior erro [...]. Tentar realizar o trabalho de 12 homens foi idiotice da minha parte. Aprendi, pela experiência amarga, que ninguém sabe tudo". Durante a década de 1930, a lenda de Hughes pareceu apenas crescer à medida que pilotava aviões para quebrar vários recordes mundiais de velocidade, correndo riscos mortais em diversas ocasiões. A partir da empresa do pai, criou um novo negócio chamado Hughes Aircraft, que tinha esperanças de transformar na maior fábrica de aviões do mundo. Na época, isso exigia obter grandes contratos militares para produzir aviões, e quando os Estados Unidos entraram na

Segunda Guerra Mundial ele armou uma grande estratégia para conseguir um contrato assim.

Em 1942, vários oficiais do Departamento de Defesa, impressionados com as proezas dele na aviação, com a atenção meticulosa a detalhes que revelava em entrevistas e com seus esforços incansáveis para influenciar pessoas, decidiram premiar a Hughes Aircraft com uma concessão de 18 milhões de dólares para fabricar três enormes aviões de transporte, chamados Hércules, que seriam utilizados para levar soldados e suprimentos a várias frentes de guerra. Denominados barcos voadores, deveriam ter asas com envergadura maior do que um estádio de futebol e a cabine tão alta quanto um prédio de três andares. Se a empresa fizesse um bom trabalho, entregando-os no prazo e se mantendo abaixo do orçamento, o Departamento de Defesa faria muito mais encomendas e Hughes poderia dominar o mercado de aeronaves de transporte.

Menos de um ano mais tarde, mais boas notícias. Impressionados com o *design* belo e elegante da pequena aeronave D-2 de Hughes, a Força Aérea encomendou 100 aviões para reconhecimento aéreo por 43 milhões de dólares, a serem reconfigurados nas linhas do D-2. No entanto, logo se espalhou o boato de que havia problemas na Hughes Aircraft, que começara como uma espécie de passatempo, pois Hughes colocara nela vários amigos de Hollywood e companheiros de aviação em posições de alto nível. E à medida que crescia, também aumentava o número de departamentos, mas existia pouca comunicação entre eles. Tudo precisava passar pelo próprio Hughes. Ele tinha que ser consultado sobre a mais ínfima das decisões. Frustrados com toda essa interferência no trabalho, vários engenheiros de primeira linha se demitiram.

Hughes enxergou o problema e contratou um administrador geral para ajudar com o projeto Hércules e fortalecer os negócios, mas o administrador geral se demitiu depois de dois meses. Hughes lhe prometera carta branca na reestruturação da empresa, porém após apenas alguns dias ele começou a vetar suas decisões e enfraquecer a sua autoridade. Ao fim do verão de 1943, 6 milhões dos 9 milhões de dólares alocados para a produção do primeiro Hércules já haviam sido gastos, e a aeronave não estava nem perto de ser concluída. Os oficiais do Departamento de Defesa que apoiaram Hughes para o trabalho entraram em pânico.

A encomenda dos aviões de reconhecimento aéreo era crucial para o esforço de guerra. Será que o caos interno e os atrasos com o Hércules representavam problemas para a encomenda mais importante também? Hughes os ludibriara com o seu charme e campanha pública?

No início de 1944, a fabricação dos aviões de reconhecimento estava irremediavelmente atrasada. Os militares agora insistiam para que um novo administrador geral fosse contratado a fim de que resgatasse pelo menos parte do projeto. Felizmente, um dos melhores homens para o trabalho estava disponível na época: Charles Perelle, o "garoto prodígio" da produção de aeronaves. Este não queria o emprego, pois sabia, como todos da área, do caos reinante dentro da Hughes Aircraft. Agora o próprio Hughes, desesperado, partiu para a ofensiva usando todo o seu charme. Insistiu que havia se dado conta dos erros que cometera. Precisava das habilidades de Perelle. Ele não era o que Perelle esperava – mostrou-se de todo humilde e pareceu ser vítima de executivos inescrupulosos dentro do próprio negócio. Sabia os detalhes técnicos da produção de um avião, o que o impressionou. Hughes prometeu dar a ele a autoridade de que precisava. A despeito do seu próprio bom senso, Perelle aceitou o emprego.

Depois de apenas algumas semanas, porém, o administrador se arrependeu da decisão. Os aviões estavam bem mais atrasados do que fora levado a acreditar. Tudo o que via cheirava a falta de profissionalismo, até os desenhos malfeitos das aeronaves. E se pôs a trabalhar, cortando gastos desnecessários e simplificando os departamentos, mas ninguém lhe respeitava a autoridade. Todos sabiam quem comandava de fato a empresa, pois Hughes continuava a neutralizar as reformas de Perelle. À medida que o projeto se atrasava mais e a pressão aumentava, Hughes desapareceu de cena, tendo aparentemente um esgotamento nervoso. Ao fim da guerra, nenhum avião de reconhecimento havia sido fabricado, e a Força Aérea cancelou o contrato. O próprio Perelle, arrasado pela experiência, se demitiu em dezembro daquele ano.

Hughes, tentando salvar algo dos anos de guerra, apontava para a fabricação completa de um dos barcos voadores, mais tarde conhecido como o Spruce Goose ("ganso de abeto"). Era uma maravilha, ele alegava, uma peça brilhante de engenharia numa escala colossal.

Para provar que aqueles que duvidavam dele estavam errados, decidiu realizar pessoalmente um voo de teste. Ao sobrevoar o oceano, porém, tornou-se dolorosamente claro que o avião não tinha nem de longe a potência suficiente para o seu enorme peso; depois de 1,6 quilômetro, pousou com cuidado na água e precisou ser rebocado. O avião jamais voltaria a voar e seria armazenado num hangar com o custo de 1 milhão de dólares por ano, pois Hughes se recusava a desmontá-lo para aproveitar as peças.

Em 1948, o proprietário da RKO Pictures, Floyd Odlum, quis vendê-la. A RKO era um dos estúdios mais lucrativos e prestigiados de Hollywood, e Hughes ansiava por retornar à luz dos holofotes, se estabelecendo na indústria cinematográfica. Comprou as ações de Odlum e obteve a participação majoritária. Dentro da RKO, houve pânico. Os executivos de lá conheciam sua reputação como alguém que se intrometia em tudo. A empresa havia acabado de criar um novo regime, encabeçado por Dore Schary, que a transformaria no estúdio mais impetuoso para novos diretores. Schary decidiu se demitir antes de ser humilhado, mas concordou em conhecer Hughes primeiro, em grande parte por curiosidade.

Hughes foi puro charme. Segurou a mão de Schary, olhou-o direto nos olhos e disse: "Eu não quero ter nada a ver com a direção do estúdio. Você vai ser deixado em paz". Surpreso por essa demonstração de sinceridade e por sua proposta ter sido aprovada, acabou voltando atrás, e pelas primeiras semanas tudo foi como Hughes havia prometido. No entanto, logo vieram os telefonemas. Hughes queria que ele substituísse uma atriz no filme mais recente em produção. Percebendo o erro que cometera, Schary se demitiu de imediato, levando consigo muitos membros da sua própria equipe.

Hughes começou a preencher as posições com aqueles que lhe obedeciam às ordens, contratando atores e atrizes de quem gostava. Comprou um roteiro chamado *Estradas do inferno* e planejou transformá-lo na versão de 1949 de *Anjos do inferno*. John Wayne seria o ator principal, e o grande Josef von Sternberg ocuparia o cargo de diretor. Após poucas semanas, Sternberg não aguentava mais os telefonemas de Hughes e pediu demissão. Hughes assumiu o controle. Numa repetição completa do ocorrido em *Anjos do inferno*, o filme levou quase três anos para ser produzido, em grande parte por causa das filmagens aéreas, e o orçamento subiu para 4 milhões de dólares. Foram tantas as cenas filmadas que ele não conseguia decidir como montar o filme, levando seis anos para finalizá-lo – e, a essa altura, as cenas com os aviões já estavam completamente ultrapassadas e Wayne parecia bem mais velho. O filme logo caiu na obscuridade total. Em pouco tempo, o estúdio – que fora tão ativo – tinha prejuízos substanciais e, em 1955, tendo acionistas furiosos com o seu mau gerenciamento, Hughes vendeu a RKO para a General Tire Company.

Na década de 1950 e no início da de 1960, as Forças Armadas norte-americanas decidiram adaptar parte da sua filosofia de combate aos novos tempos. Para guerrear em lugares como o Vietnã, era preciso usar helicópteros, inclusive um helicóptero leve de observação para ajudar em atividades de reconhecimento. O Exército buscou potenciais fabricantes e, em 1961, selecionou dois dos que haviam enviado as melhores propostas, rejeitando o projeto da segunda empresa de aeronaves de Hughes, que ele criara a partir da Hughes Tool (a versão original da Hughes Aircraft era agora comandada de maneira completamente independente do próprio dono). Mas ele se recusou a aceitar essa derrota. A sua equipe de publicidade iniciou uma enorme campanha de influência, cortejando os oficiais do Exército com comes e bebes, do mesmo jeito que havia feito vinte anos antes com os aviões de reconhecimento aéreo, gastando dinheiro em abundância. A campanha foi um sucesso, e o projeto passou a concorrer com os outros dois. O Exército decidiu que a empresa que oferecesse o melhor preço ganharia.

O que Hughes ofereceu surpreendeu os militares – o valor era tão baixo que parecia impossível obter qualquer lucro com a fabricação dos helicópteros. A estratégia dele era perder dinheiro na produção inicial a fim de vencer o leilão, conseguir o contrato e, então, aumentar o preço em encomendas subsequentes. Em 1965, o Exército finalmente cedeu o contrato a Hughes, uma façanha inacreditável para uma empresa que havia tido tão pouco sucesso na produção de aeronaves. Se os helicópteros fossem bem-feitos e entregues no prazo, o Exército poderia, com sorte, encomendar milhares deles, e Hughes usaria isso como um trampolim para a produção de helicópteros comerciais, um negócio em expansão.

À medida que a Guerra do Vietnã se acirrava, o Exército com certeza aumentaria a sua encomenda e Hughes receberia uma fortuna, mas, enquanto aguardavam a entrega dos primeiros helicópteros, os que tinham cedido aquele contrato entraram em pânico: a empresa encontrava-se atrasada em relação ao prazo combinado, e uma investigação foi iniciada para descobrir o que acontecia. Para o horror dos militares, não parecia existir nenhuma linha de produção organizada. A fábrica era pequena demais para um projeto daquele tamanho. Os detalhes estavam todos errados – os desenhos não eram profissionais, as ferramentas eram inadequadas e havia pouquíssimos trabalhadores capacitados no local. Era como se não tivessem experiência em projetar aviões e tentassem descobrir como fazê-lo à medida que o trabalho avançava. Era exatamente a mesma situação dos aviões de reconhecimento aéreo, de que apenas alguns militares ainda se recordavam. Estava claro que Hughes não aprendera nenhuma lição com o fiasco anterior.

Como previsto, os helicópteros foram entregues apenas de pouco em pouco. Desesperados, os oficiais do Exército decidiram realizar um novo leilão para uma encomenda muito maior dos 2.200 helicópteros de que necessitavam, na esperança de que alguém mais experiente surgisse com um preço menor e forçasse Hughes para fora da jogada. Este entrou em pânico. Perder a concorrência seguinte seria a sua ruína. A empresa contava com a possibilidade de aumentar o preço para a nova encomenda a fim de se recuperar das perdas enormes sofridas com a produção inicial. Era essa a aposta que ele havia feito. Se tentasse oferecer um preço baixo para os helicópteros adicionais, não obteria nenhum lucro, e se a sua oferta não fosse baixa o bastante, alguém mais ofereceria um preço menor, que foi o que acabou acontecendo. Ao fim de tudo, a perda para Hughes pelos helicópteros que fabricou foi de astronômicos 90 milhões de dólares, cujo efeito na empresa foi devastador.

Em 1976, Howard Hughes morreu num avião que partiu de Acapulco para Houston, e a necrópsia realizada em seu corpo revelou ao público o que lhe aconteceu na última década de sua vida. Por anos, ele fora viciado em analgésicos e narcóticos. Havia vivido em quartos de hotel selados hermeticamente, com um medo mortal da mais ínfima possibilidade de contaminação por germes. À época da sua morte, pesava meros 42 quilos. Vivera em isolamento quase completo, servido por uns poucos assistentes, tentando desesperadamente manter tudo isso em segredo. Foi derradeira ironia que o homem cujo maior temor havia sido a perda de controle terminasse em seus últimos dias à mercê total de um punhado de assistentes e executivos, que supervisionavam a sua lenta morte por drogas e que arrebataram dele o controle essencial da empresa.

Interpretação: O padrão da vida de Howard Hughes foi estabelecido bem cedo. A mãe tinha uma natureza ansiosa e, depois de descobrir que não poderia mais engravidar, direcionou grande parte da sua intranquilidade para o único filho vivo. Ela o sufocava com atenção constante, tornando-se a sua companheira mais próxima, quase nunca o perdendo de vista. O pai, por sua vez, nutria expectativas tremendas de que o garoto desse continuidade ao nome da família. Os dois decidiam tudo que a criança fazia – o que vestia, o que comia, e quem eram os seus amigos (embora estes fossem poucos). Eles o passavam de uma escola a outra, procurando o ambiente perfeito para o filho, que dava sinais de ser hipersensível e ter dificuldades de se dar bem com os outros. Era de todo dependente dos pais para tudo e, graças a um medo horrível de desapontá-los, tornou-se polido e obediente ao extremo.

A verdade, porém, era que se ressentia de forma amarga dessa dependência total. Quando os pais morreram, o caráter verdadeiro de Hughes conseguiu finalmente emergir de baixo dos sorrisos e da obediência. Ele não nutria nenhum afeto pelos parentes. Preferia encarar o futuro sozinho a deixar que tivessem a menor autoridade sobre si. Precisava do controle absoluto, mesmo aos 19 anos, do próprio destino; se não fosse assim, suas velhas ansiedades da infância voltariam. E, com o dinheiro que herdou, tinha o poder para realizar o sonho da independência total. O amor pela aviação refletia esse traço de caráter. Apenas no ar, sozinho e no comando, vivenciava a euforia do controle e o alívio das ansiedades. Voava bem acima das massas, a quem detestava em segredo. Era capaz de enfrentar a morte, o que fez muitas vezes, porque seria uma morte sob o seu próprio poder.

O caráter de Hughes despontou com nitidez ainda maior no estilo de liderança que desenvolveu em Hollywood e nos seus outros empreendimentos. Se roteiristas, diretores ou executivos sugerissem ideias, encarava isso como um desafio pessoal à sua autoridade. Isso despertava as velhas ansiedades sobre se sentir impotente e dependente dos outros. Para combater esse sentimento, tinha que manter o controle de todos os aspectos dos negócios, supervisionando até a grafia e a gramática do menor anúncio publicitário. Criou uma estrutura bem solta dentro das empresas, fazendo todos os executivos brigarem entre si para obter a sua atenção. Melhor ter algum caos interno, desde que tudo passasse por ele.

O paradoxo disso era que, ao tentar obter esse controle total, Hughes tendia a perdê-lo; é impossível para um único homem se manter no comando de tudo, e assim surgiam todos os tipos de imprevisto. Quando os projetos se desmantelavam e a pressão se intensificava, ele desaparecia de cena, ou adoecia de forma bem conveniente. Essa necessidade de controlar tudo em redor se estendia até às mulheres com que namorou – examinando-lhes cada ação, e contratando investigadores particulares para segui-las.

O problema que Howard Hughes apresentava a todos os que decidiam trabalhar ao seu lado em alguma capacidade era que ele construiu com cuidado uma imagem pública que ocultava as fraquezas óbvias do seu caráter. Em vez de um microgerenciador irracional, apresentava-se como o individualista rude e como o perfeito norte-americano independente. O que mais causava danos era a sua habilidade de se caracterizar como um empresário de sucesso liderando um império de bilhões de dólares. Na verdade, havia herdado do pai uma fábrica de ferramentas bastante lucrativa. Com o passar dos anos, as únicas partes desse império que rendiam lucros substanciais eram a fábrica de ferramentas e uma versão inicial da Hughes Aircraft, que ele criou a partir dessa fábrica. Por muitos motivos, essas duas empresas eram gerenciadas de forma completamente independente de Hughes; ele não contribuía em nada para as suas operações. As muitas outras que comandou pessoalmente – a divisão posterior de aviação, os empreendimentos cinematográficos, os hotéis e imóveis em Las Vegas – tiveram prejuízos substanciais que, por sorte, foram cobertos pelas outras duas.

Na verdade, Hughes era um péssimo empresário, e o padrão de fracassos que revelava isso era evidente para qualquer um ver. No entanto, esse é um ponto cego da natureza humana: estamos mal equipados para medir o caráter das pessoas com quem lidamos. A imagem pública e a reputação que as precedem nos mesmerizam com facilidade. Somos cativados pelas aparências. Se os indivíduos se cercam de algum mito encantador, como fez Hughes, *querem* acreditar nesse mito. Em vez de determinar o caráter de alguém – a habilidade de trabalhar com outros, de cumprir promessas, de se manter forte em circunstâncias adversas –, decidimos fazer contratações com base em um currículo reluzente, no charme e inteligência. Contudo, até mesmo um traço positivo como inteligência não tem mérito nenhum se alguém tiver um caráter fraco ou dúbio. Portanto, por causa do nosso ponto cego, sofremos sob o líder irresoluto, o chefe microgerenciador, o sócio conivente. Essa é a raiz de tragédias intermináveis na história, o nosso padrão como espécie.

A todo custo, você precisa alterar a sua perspectiva. Treine-se para ignorar a fachada que os outros apresentam, o mito que os cerca, e, em vez disso, busque a fundo por sinais do caráter deles. Isso será observável nos padrões que revelaram no passado, na qualidade das suas decisões, em como decidem solucionar problemas, como delegam autoridade e trabalham em equipe, e inúmeros outros sinais. Uma pessoa de caráter forte é como ouro – rara, mas inestimável. Ela se adapta, aprende e se aprimora. Já que o seu sucesso depende daqueles com quem e para quem trabalhar, torne o caráter deles o objeto principal da sua atenção. Você se poupará da miséria que seria descobrir isso tarde demais.

Caráter é destino.

— *Heráclito*

Chaves para a natureza humana

Por milhares de anos, nós, seres humanos, acreditamos no destino: algum tipo de força – espíritos, divindades, ou Deus – nos compeliu a agir de certa maneira. Ao nascermos, a nossa vida inteira foi definida de antemão; estamos fadados ao sucesso ou ao fracasso. Vemos o mundo de modo bem diferente agora. Acreditamos que, na maior parte, temos o controle do que nos acontece, que criamos o nosso próprio destino. De vez em quando, porém, acomete-nos uma sensação passageira que se aproxima do que os nossos ancestrais devem ter sentido. Talvez um relacionamento pessoal não dê certo ou a nossa carreira profissional encontre um obstáculo, e essas dificuldades são estranhamente similares ao que já vivemos no passado. Ou percebemos que a nossa maneira de trabalhar num projeto precisa de algum aprimoramento; poderíamos fazer melhor. Tentamos alterar os nossos métodos, apenas para nos flagrar fazendo tudo exatamente igual, obtendo quase os mesmos resultados. Talvez sintamos, por um momento, que algum tipo de força maligna, alguma maldição, nos compele a reviver as mesmas situações.

Muitas vezes notamos esse fenômeno com maior clareza nas ações alheias, em especial de quem nos é mais próximo. Por exemplo, presenciamos amigos se apaixonarem o tempo todo pela pessoa errada ou afastar de forma inconsciente a pessoa certa. Nós nos afligimos com algum comportamento tolo deles, como um investimento imprudente ou uma má escolha profissional, apenas para vê-los repetir a mesma tolice alguns anos mais tarde, uma vez que tenham se esquecido da lição que aprenderam. Ou conhecemos um indivíduo que sempre ofende a pessoa errada no momento errado, criando hostilidade aonde quer que vá. Ou alguém que desmorona sob pressão, sempre da mesma maneira, mas que culpa os outros ou a má sorte pelo que acontece. E, é claro, conhecemos os viciados que abandonam o vício, apenas para ter uma recaída ou encontrar outra forma de dependência. Observamos padrões que eles não enxergam, pois ninguém gosta de acreditar que está sob algum tipo de compulsão além do seu controle. É um pensamento perturbador demais.

Se formos honestos com nós mesmos, precisamos admitir que há alguma verdade no conceito de destino. Somos propensos a repetir decisões e métodos de lidar com os problemas. Existe um padrão na nossa vida, visível principalmente nos nossos erros e fracassos. No entanto, há um modo diferente de olhar para esse conceito: não são espíritos ou divindades que nos controlam, mas o nosso *caráter*. A etimologia da palavra *kharaktēr*, do grego antigo, se refere a um instrumento de gravação ou impressão. Caráter, portanto, é algo gravado ou impresso tão profundamente dentro de nós que nos compele a agir de certas maneiras, além de nossa consciência e controle. Podemos conceber esse caráter como tendo três componentes essenciais, em camadas sobrepostas, que lhe dão profundidade.

A primeira camada, e também a mais profunda, está ligada à genética, ao modo específico de programação do nosso cérebro, nos predispondo a certos ânimos e preferências. O componente genético torna certas pessoas propensas à depressão, por exemplo; faz uns serem introvertidos e outros extrovertidos. Pode até levar alguns a se tornarem particularmente gananciosos – por atenção ou privilégio ou possessões. A psicanalista Melanie Klein, que estudou crianças, acreditava que o tipo ávido e ganancioso delas veio ao mundo predisposto a esse traço de caráter. Talvez existam também outros fatores genéticos que nos predisponham à hostilidade ou à ansiedade ou à franqueza.

A segunda camada, formada acima dessa, vem dos nossos primeiros anos e do tipo específico de apego que formamos com a nossa mãe e com os que cuidavam de nós. Nesses primeiros três ou quatro anos, o nosso cérebro é bastante maleável. Vivenciamos as emoções com muito mais intensidade, criando traços de lembranças bem mais profundos do que quaisquer outros que virão a seguir. É nesse período da vida que somos mais suscetíveis à influência alheia, e a marca desses anos é profunda.

John Bowlby, antropólogo e psicanalista, estudou os padrões de conexão entre mães e filhos, e sugeriu quatro esquemas básicos: *livre/autônomo*, *evitativo*, *protetor-ambivalente* e *desorganizado*. A marca livre/autônomo vem de mães que deram aos filhos a liberdade para se descobrirem e que se mantiveram sensíveis às necessidades deles, mas que também os protegiam. As evitativas costumam ser distantes, às vezes hostis, e até mesmo rejeitam suas crianças, as quais são marcadas por um sentimento de abandono e pela ideia de que precisam sempre sobreviver por conta própria. As mães protetoras-ambivalentes não são consistentes na atenção que oferecem – às vezes sufocam e se envolvem demais, outras vezes se retraem por causa dos próprios problemas ou ansiedades. Talvez façam os filhos se sentirem como se tivessem de tomar conta da pessoa que deveria cuidar deles. As desorganizadas, por sua vez, emitem sinais bastante conflitantes a eles, refletindo o seu próprio caos interior e, possivelmente, traumas emocionais anteriores. Nada do que os filhos fazem está certo, e eles podem desenvolver intensos problemas emocionais.

Existem, é claro, muitas gradações dentro de cada tipo, além de combinações deles, mas em cada caso a qualidade do apego que tivemos nos nossos primeiros anos vai criar tendências profundas em nós, em especial na maneira como utilizamos os relacionamentos para lidar com a tensão ou modulá-la. Por exemplo, filhos de um pai evitativo tenderão a evitar qualquer tipo de situação emocional negativa e se protegerão contra sentimentos de dependência. Talvez tenham dificuldades para se comprometer a um relacionamento, ou afastarão as pessoas sem se darem conta disso. Os filhos do tipo protetor sofrerão uma ansiedade enorme em seus relacionamentos e sentirão muitas emoções conflitantes. Sempre serão ambivalentes em relação aos outros, e isso estabelecerá padrões evidentes no decorrer da vida, em que eles se aproximarão das pessoas e depois recuarão de forma inconsciente.

Em geral, desde esses anos iniciais, os indivíduos exibirão um tom específico de caráter – hostil e agressivo, seguro e confiante, ansioso e evitativo, carente e protetor. Essas duas camadas são tão profundas que não temos uma consciência real da existência delas e do comportamento que compelem, a menos que façamos um grande esforço para nos autoexaminarmos.

Acima dessas, uma terceira camada se formará a partir dos nossos hábitos e experiências à medida que envelhecemos. Com base nas primeiras duas camadas, tenderemos a nos apoiar em certas estratégias para lidar com a tensão, buscar prazer, ou lidar com os outros. Essas estratégias agora se tornam hábitos que se estabelecem na nossa juventude. Haverá modificações na natureza específica do nosso caráter dependendo daqueles com quem lidamos – amigos, professores, parceiros românticos – e de como respondemos a eles. No entanto, em geral, essas três camadas estabelecerão certos padrões evidentes. Tomaremos uma decisão em particular. Isso é registrado neurologicamente no nosso cérebro. Somos compelidos a repeti-la porque o caminho para ela já está traçado. Torna-se um hábito, e o nosso caráter é formado de milhares desses hábitos, os mais antigos tendo sido determinados antes que tivéssemos consciência deles.

Há também uma quarta camada, desenvolvida muitas vezes no fim da infância e na adolescência à medida que nos tornamos cientes de nossas falhas de caráter. O ser humano faz o possível para encobri-las. Caso sinta que, no fundo, é tímido e ansioso, percebe que esse não é um traço socialmente aceitável. Aprende a disfarçá-lo com uma fachada. Compensa-se tentando parecer extrovertido ou despreocupado, ou até mesmo dominador. Isso torna ainda mais difícil determinarmos a natureza do caráter de alguém assim.

Alguns traços de caráter são positivos e refletem uma força interior. Por exemplo, há pessoas com propensão para serem generosas e francas, empáticas e adaptáveis sob pressão. No entanto, essas qualidades mais fortes e flexíveis muitas vezes requerem consciência e prática para se tornarem de fato hábitos com os quais elas podem contar. À medida que envelhecemos, a vida tende a nos enfraquecer. Torna-se mais difícil manter a nossa empatia (veja o Capítulo 2). Se formos reflexivamente generosos e francos com todos que encontrarmos, acabaremos metidos em muitos problemas. A autoconfiança sem autoconsciência e controle pode se transformar em soberba. Sem um esforço consciente, esses traços fortes tenderão a se exaurir e se transformar em fraquezas. O que isso significa é que as partes mais fracas do nosso caráter são as que criam hábitos e comportamentos compulsivos, pois não exigem esforço ou prática para serem mantidas.

Por fim, podemos desenvolver traços conflitantes de caráter, talvez por causa de uma diferença entre as nossas predisposições genéticas e das nossas primeiras influências, ou dos pais que nos imprimiram valores diferentes. É possível nos sentirmos tanto idealistas como materialistas, ambos os lados lutando dentro de nós. A lei permanece a mesma. O caráter em conflito, que se desenvolve nos primeiros anos de vida, vai apenas revelar um tipo diferente de padrão, com decisões que tendem a refletir a ambivalência de uma pessoa, ou que pendem de um lado a outro.

Como estudante da natureza humana, a sua tarefa é dupla: em primeiro lugar, entenda o seu próprio caráter, examinando ao máximo os elementos do passado que o formaram, e os padrões, na maioria negativos, que você vê se repetindo na sua vida. É impossível se livrar desse carimbo que constitui o seu caráter. Ele é profundo demais. No entanto, por meio da consciência, é possível aprender a mitigar ou deter certos padrões negativos. Trabalhe para transformar os aspectos fracos e negativos do seu caráter em forças reais, tentando criar novos hábitos e padrões que combinem com eles por meio da prática, moldando de forma ativa o seu caráter e o destino que o acompanha. (Para entender mais sobre isso, ver a última seção deste capítulo.)

Em segundo lugar, você deve desenvolver a sua habilidade de ler o caráter das pessoas com quem lida. Para fazer isso, vai precisar considerar o caráter como um valor primordial na hora de escolher aquele com quem ou para quem trabalhar, ou um parceiro íntimo. Isso significa dar mais valor ao caráter do que ao charme, inteligência ou reputação. Observar o caráter dos outros – que se nota em suas ações e padrões – é uma habilidade social absolutamente crucial. Vai ajudá-lo a evitar aqueles tipos de decisões que representariam anos de miséria – escolher um líder incompetente, um sócio suspeito, um assistente ardiloso, ou o tipo de cônjuge incompatível que envenenaria a sua vida. Contudo, ela deve ser desenvolvida de maneira consciente, pois os seres humanos em geral são ineptos quando se trata desse tipo de avaliação.

O motivo básico da nossa ineptidão é que tendemos a basear o nosso julgamento naquilo que é mais aparente. Entretanto, como foi dito antes, as pessoas muitas vezes tentam ocultar as suas fraquezas ao apresentá-las como algo positivo. Nós as vemos cheias de autoconfiança, apenas para descobrir, mais tarde, que são arrogantes e incapazes de escutar os outros. Dão a impressão de serem francas e sinceras, mas, com o tempo, notamos que são grosseiras e incapazes de levar em consideração os sentimentos alheios. Ou parecem prudentes e ponderadas, mas após algum tempo se mostram tímidas em sua essência, com medo da menor crítica. As pessoas são bem adeptas a criar essas ilusões de ótica, e nos deixamos enganar por elas. De forma semelhante, há aqueles que nos encantam e lisonjeiam, e nós, cegos pelo nosso desejo de gostar deles, deixamos de os enxergar mais a fundo e ver as falhas de caráter.

Em relação a isso, quando analisamos os indivíduos, muitas vezes lhes vemos apenas a reputação, o mito que os cerca, a posição que ocupam. Passamos a acreditar que alguém de sucesso precisa, por natureza, ser generoso, inteligente e bom, merecedor de tudo o que conquistou. No entanto, há pessoas de sucesso de todos os tipos. Algumas são boas em usar os outros para chegar aonde chegaram, mascarando a própria incompetência. Há aquelas completamente manipuladoras. As bem-sucedidas têm tantas falhas de caráter quanto todas as demais. Além disso, tendemos a acreditar que quem adere a uma dada religião ou sistema de crença política ou código moral deve ter o caráter apropriado. Contudo, o nosso caráter é levado para a posição que ocupamos ou para a religião que praticamos. É possível ser um liberal progressista ou um cristão devotado e, mesmo assim, no fundo ser um tirano intolerante.

O primeiro passo, portanto, ao estudar o caráter, é ter consciência dessas ilusões e fachadas, e nos treinarmos para enxergar além delas. Precisamos examinar a todos em busca de sinais da sua verdadeira índole, não importando como aparentam ou a posição que ocupam. Com isso bem firme em mente, poderemos trabalhar nos vários componentes fundamentais dessa habilidade: reconhecer certos sinais que as pessoas emitem em determinadas situações e que revelam com clareza o seu caráter; entender algumas categorias gerais nas quais se encaixam (caráter forte em oposição ao caráter fraco, por exemplo), e, por fim, ter consciência de certos tipos que, com frequência, são os mais tóxicos e deveriam ser evitados sempre que possível.

Sinais do caráter

O indicador mais significativo do caráter de alguém vem de suas ações no decorrer do tempo. Apesar do que os indivíduos dizem sobre as lições que aprenderam (veja o caso de Howard Hughes) e sobre como mudaram com o passar dos anos, é inevitável que você note as mesmas ações e decisões se repetindo no curso da vida deles. Nessas decisões é que a pessoa revela o próprio caráter. Você precisa tomar nota de quaisquer formas relevantes de comportamento — desaparecer quando há tensão em demasia, não completar uma parte importante do trabalho, tornar-se subitamente agressivo quando desafiado, ou, pelo contrário, encarar surpreendentemente bem a situação ao receber mais responsabilidade. Com isso em mente, pesquise um pouco o passado de quem estiver analisando. Examine outras ações que se encaixem nesse padrão, agora em retrospecto. Preste bastante atenção ao que esse indivíduo faz no presente. Veja as ações dele não como incidentes isolados, mas como partes de um padrão compulsivo. Se você ignorar o padrão, a culpa é toda sua.

Tenha sempre em mente o corolário principal dessa lei: as pessoas nunca fazem algo apenas uma vez. Elas talvez tentem se desculpar, dizer que perderam a cabeça naquele momento, mas tenha certeza de que vão repetir seja qual for a bobagem que cometeram em outra ocasião, compelidas por seu caráter e por seus hábitos. Na verdade, muitas vezes vão repetir ações que contradizem completamente seus próprios interesses, revelando a natureza compulsiva das suas fraquezas.

Cássio Severo foi um infame advogado-orador que prosperou à época do imperador romano Augusto. Após chamar atenção com os seus discursos incandescentes, que atacavam os romanos de alto escalão por seu estilo extravagante de vida, ele conquistou um séquito. Tinha um estilo bombástico, mas cheio de humor, que agradava o público. Encorajado pela atenção que recebia, começou a insultar outros oficiais, sempre erguendo o tom dos ataques. As autoridades o avisaram para parar. A novidade havia passado e as multidões diminuíam, mas isso só o convenceu a se esforçar mais.

Por fim, as autoridades perderam a paciência – em 7 d.C., deram ordens para que os livros de Severo fossem queimados e para que este fosse banido à ilha de Creta. Para o horror das autoridades romanas, em Creta ele simplesmente continuou a sua campanha insolente, enviando a Roma cópias dos seus discursos mais recentes. Preveniram-no mais uma vez. Severo não apenas ignorou o aviso, mas começou a criticar e insultar os oficiais locais de Creta, que queriam que ele fosse executado. Em 24 d.C., o Senado tomou a decisão sábia de bani-lo para o rochedo despovoado de Sérifos, no meio do mar Egeu. Lá ele passaria os últimos oito anos de sua vida, e podemos imaginá-lo ainda formulando mais discursos ofensivos que ninguém jamais ouviria.

É difícil para nós acreditarmos que as pessoas não conseguem controlar tendências tão autodestrutivas, e queremos lhes dar o benefício da dúvida, como os romanos fizeram. Entretanto, precisamos nos lembrar das palavras sábias da Bíblia: "Como o cão volta ao seu vômito, assim o insensato repete a sua insensatez". É possível enxergar sinais eloquentes do caráter das pessoas no modo como lidam com as questões diárias. Se elas se atrasarem para terminar tarefas simples, vão se atrasar em projetos maiores. Se se irritarem por causa de pequenas inconveniências, tenderão a desmoronar sob problemas maiores. Caso se esquecerem de pequenos assuntos e não prestarem atenção aos detalhes, farão o mesmo com os assuntos mais importantes. Observe como tratam os funcionários nas situações diárias e note se há discrepâncias entre a imagem que apresentam e a atitude que demonstram em relação aos subordinados.

Em 1969, Jeb Magruder foi a San Clemente, na Califórnia, para concorrer a uma vaga de emprego na administração de Nixon. O encarregado de conduzir a entrevista era Bob Haldeman, chefe de gabinete, um homem bem sério, completamente devotado à causa de Nixon e que impressionou Magruder com a sua honestidade, perspicácia e inteligência. Entretanto, nesse mesmo dia, quando os dois se prepararam para fazer um passeio pela cidade, Haldeman se enfureceu de repente – não havia nenhum carro de golfe disponível. Ele repreendeu os responsáveis pelos carros, e a sua atitude foi ofensiva e rude. Estava quase histérico. Magruder deveria ter visto esse incidente como um sinal de que aquele indivíduo não era o que aparentava ser, que tinha problemas em relação a controle e também um temperamento cruel, mas, encantado pela aura de poder em San Clemente e querendo o emprego, decidiu ignorar isso, apenas para se arrepender muito mais tarde.

Na vida diária, as pessoas muitas vezes conseguem disfarçar as falhas de caráter, mas, em momentos de tensão ou crise, estas, de súbito, se tornam bem aparentes. O ser humano, quando sob tensão, perde o autocontrole habitual. Revela as suas inseguranças a respeito da própria reputação, o medo do fracasso e a falta de adaptabilidade interior. Por outro lado, alguns enfrentam a situação e revelam força nesse tipo de cenário. Não há nenhum jeito de saber até que as circunstâncias se compliquem, mas você precisa prestar atenção redobrada.

De forma análoga, a maneira como os indivíduos lidam com o poder e a responsabilidade lhe dirá muito sobre eles. Conforme Lincoln disse: "Se você quiser testar o caráter de um homem, dê-lhe poder". No caminho para o poder, as pessoas tendem a desempenhar o papel de seguidoras, a se mostrar respeitosas, a se alinhar com as diretrizes do grupo, a fazer o que for preciso para chegar ao topo. Uma vez lá, há menos restrições, e elas com frequência revelarão algo sobre si mesmas que você não havia notado. Algumas permanecem fiéis aos valores que tinham antes de atingir uma posição elevada – permanecem respeitosas e empáticas. Por outro lado, a maioria se sente no direito de, de repente, tratar os outros de forma diferente quando está por cima.

Foi isso que aconteceu com Lyndon Johnson ao obter uma posição de segurança definitiva no Senado norte-americano, como líder majoritário. Cansado dos anos que passou bancando o perfeito cortesão, ele agora se deliciava com o poder que tinha para transtornar ou humilhar aqueles que o haviam desafiado no passado. Caminhava em direção a um desses senadores e fazia questão de falar apenas com o assistente deste. Ou se levantava e deixava o aposento quando um senador de quem não gostava proferia um discurso importante, fazendo os outros senadores o seguirem. Em geral, há sempre sinais desses péssimos traços de caráter no passado, se você prestar bastante atenção (Johnson os revelara nos primórdios da sua carreira política), mas, o que é mais importante, você precisa perceber o que as pessoas manifestam uma vez que estão no poder. Tantas vezes pensamos que é o poder que as muda, quando, na realidade, este simplesmente revela mais sobre quem elas são.

A maneira como os indivíduos escolhem um cônjuge ou parceiro diz muito sobre eles mesmos. Alguns procuram por alguém que consigam dominar e controlar, talvez uma pessoa mais jovem, menos inteligente ou não tão bem-sucedida. Outros, um parceiro que possam resgatar de uma situação ruim, para que ajam como salvadores, que é também uma forma de controle. No entanto, há quem procure por aquele que faça o papel de mamãe ou papai. Querem mais mimos. É raro que essas escolhas sejam intelectuais, pois refletem os anos iniciais e os sistemas de apego do ser humano. Elas surpreendem às vezes, como quando selecionam aquele que parece muito diferente e visivelmente incompatível, mas existe sempre uma lógica interna para tanto. Por exemplo, quem tem um medo terrível de ser abandonado por aquele que ama, refletindo ansiedades da infância, seleciona um parceiro bastante inferior em aparência e inteligência, sabendo que este se agarrará ao relacionamento não importa o que aconteça.

Outro campo a se examinar é como o ser humano se comporta quando está distante do trabalho. Num jogo ou esporte, talvez manifeste uma natureza competitiva que não consegue desligar. Teme ser superado em qualquer aspecto, até quando está dirigindo. Precisa estar na frente, liderando. É possível canalizar isso de maneira funcional no trabalho, mas, nas horas de folga, camadas profundas de inseguranças são reveladas. Observe como as pessoas reagem ao perder um jogo. Elas o fazem de maneira graciosa? A linguagem corporal mostrará muito a esse respeito. Tentam fazer o que podem para driblar ou quebrar as regras? Estão tentando escapar do trabalho e relaxar, ou se afirmar até em momentos assim?

Em geral, pode-se dividir os indivíduos entre introvertidos e extrovertidos, e isso desempenha um grande papel no caráter que eles desenvolvem. Os extrovertidos são, na maioria, governados por critérios externos. A questão que os domina é: "O que os outros pensam de mim?". Tendem a gostar do que as outras pessoas gostam, e os grupos aos quais pertencem com frequência determinam as opiniões que defendem. São abertos a sugestões e novas ideias, mas só se estas forem populares na cultura ou afirmadas por alguma autoridade que respeitem. Os extrovertidos valorizam fatores externos – boas roupas, refeições excelentes, divertimento concreto compartilhado com outros. Estão em busca de sensações novas e diferentes, e têm bom faro para tendências. Não apenas se sentem confortáveis com o barulho e a agitação, mas visam esses elementos a de forma ativa. Se forem ousados, adoram aventuras físicas. Se não forem tão ousados, se encantam por confortos materiais. De todo modo, anseiam por estímulo e pela atenção alheia.

Os introvertidos são mais sensíveis e se cansam com facilidade diante de atividades externas em excesso. Gostam de conservar as suas energias, passar o tempo sozinhos ou com um ou dois amigos íntimos. Ao contrário dos extrovertidos, que são fascinados por fatos e estatísticas pelo seu próprio mérito, os introvertidos se interessam pelas próprias opiniões e sentimentos. Teorizam e criam as suas próprias ideias. Caso produzam alguma coisa, não a promovem; acham o esforço desagradável. O que criam deveria se vender por si só. Gostam de manter uma parte da vida separada dos demais, de ter segredos. As opiniões dos introvertidos não vêm do que os outros pensam ou de alguma autoridade, mas dos seus critérios interiores, ou pelo menos é o que imaginam. Quanto maior a multidão, mais perdidos e solitários se sentem. Talvez pareçam desastrados e desconfiados, desconfortáveis com a atenção. Tendem também a ser mais pessimistas e preocupados do que o extrovertido típico. Expressam a sua ousadia por meio de ideias originais e da criatividade.

Você talvez note tendências para ambas as direções nos outros e em você mesmo, mas, em geral, as pessoas se inclinam para a direção A ou B. É importante medir isso nos indivíduos por um motivo simples: os introvertidos e extrovertidos, por natureza, não se entendem. Para o extrovertido, o introvertido não se diverte, é teimoso, até mesmo antissocial; já o introvertido acredita que o extrovertido é superficial, frívolo, e se preocupa demais com a opinião alheia. Ser de um tipo ou outro é, em geral, consequência da genética, e fará duas pessoas verem a mesma coisa sob uma luz totalmente diferente. Quando perceber que está lidando com alguém de uma variedade diversa da sua, você terá que reavaliar o caráter dele sem lhe impingir as suas próprias preferências. Além disso, às vezes é possível que introvertidos e extrovertidos consigam trabalhar bem juntos, em especial se tiverem uma mistura de ambas as qualidades e se complementarem, mas, na maior parte das vezes, esses tipos não se dão bem e são propensos a desentendimentos constantes. Tenha em mente que, em geral, existem mais extrovertidos do que introvertidos no mundo.

Por fim, é crucial avaliar a força relativa do caráter das pessoas. Pense nisso desta forma: essa força vem de bem do fundo da essência de alguém. Pode se originar de uma mistura de certos fatores – genética, pais seguros, bons mentores no decorrer da vida e aprimoramento constante (veja a seção final deste capítulo). Qualquer que seja a causa, essa força não é algo que transparece na forma de arrogância ou agressão, mas que se manifesta como flexibilidade e adaptabilidade em geral. Um caráter forte tem uma qualidade de tensão como uma boa peça de metal – consegue ceder e curvar, mas retém o formato e nunca quebra.

A força emana de uma sensação de segurança pessoal e autoestima, permitindo que pessoas assim aceitem críticas e aprendam a partir das suas experiências. Isso significa que não desistem com facilidade, já que querem aprender a melhorar. São rigorosamente persistentes. Aqueles de caráter forte são abertos a novas ideias e maneiras de cumprir tarefas sem comprometer os princípios básicos aos quais aderem. Na adversidade, retêm a presença de espírito, lidam com o caos e o imprevisível sem sucumbir à ansiedade, cumprem as promessas feitas, têm paciência, conseguem organizar bastante material e terminam o que começam. Sem se sentirem inseguros o tempo todo sobre a sua situação, são capazes também de subordinar os interesses pessoais ao bem do grupo, sabendo que o que funcionar melhor para a equipe deixará a vida de todos melhor e mais fácil no fim.

Indivíduos de caráter fraco começam da posição oposta. Com facilidade se sentem oprimidos pelas circunstâncias, o que torna difícil contar com eles. São esquivos e evasivos. O pior de tudo é que não lhes é possível ensinar, pois aprender dos outros implica receber críticas. Isso significa que você enfrentará impasses o tempo todo ao lidar com eles. Parecem dar ouvidos às suas instruções, mas vão simplesmente retornar ao que imaginam ser o melhor.

Somos todos uma mistura de qualidades fortes e fracas, mas alguns pendem nitidamente para uma dessas direções. Na medida do possível, você vai querer trabalhar e se associar àqueles de caráter forte e evitar os de caráter fraco. Essa tem sido a base para quase todas as decisões de investimento de Warren Buffett, que olha para além dos números, para os diretores executivos com quem está lidando, cuja adaptabilidade, confiabilidade e autossuficiência é o que ele quer avaliar. Quem dera nós empregássemos essas medidas para decidir quem contratamos, as parcerias que formamos e até os políticos que elegemos.

Embora em relacionamentos íntimos certamente haja outros fatores que guiarão as nossas predileções, a força de caráter também deveria ser considerada. Foi isso que, em grande parte, levou Franklin Roosevelt a escolher Eleanor como esposa. Sendo um jovem belo e rico, ele poderia ter se casado com moças muitas mais bonitas, mas admirava a disposição de Eleanor de viver novas experiências e a sua determinação impressionante. Pensando num futuro longínquo, compreendeu que o valor do caráter dela importava mais do que todo o resto. E essa acabou sendo uma escolha muito sábia.

Ao avaliar a força ou fraqueza de caráter, observe como os indivíduos lidam com a responsabilidade e com momentos de tensão. Observe os padrões: o que completaram ou conquistaram de fato? Você também pode testar as pessoas. Por exemplo, uma piada bem-humorada à custa delas pode ser bastante reveladora. Elas respondem de forma graciosa, sem deixar que as inseguranças venham à tona facilmente, ou os olhos brilham de ressentimento ou raiva? Para medir a confiabilidade de um membro da equipe, passe-lhe informações estratégicas ou compartilhe com ele algum boato. Ele transmite logo a informação para outros? Apressa-se para pegar uma das suas ideias e passar adiante como se fosse dele? Critique-o de maneira direta. Ele leva isso em consideração e tenta aprender e melhorar, ou mostra sinais claros de ressentimento? Dê-lhe uma tarefa sem fim determinado com menos direcionamento que o usual e monitore a maneira como organiza o tempo e pensamentos. Desafie-o com uma tarefa difícil ou com uma maneira diferente de realizar algo, e veja como responde, como lida com a ansiedade.

Lembre-se: o caráter fraco vai neutralizar todas as outras qualidades boas que uma pessoa tenha. Por exemplo, aqueles de grande inteligência mas de caráter fraco podem oferecer boas ideias e até fazer um bom trabalho, porém desmoronarão sob pressão, ou não reagirão bem às críticas, ou colocarão os próprios interesses acima de tudo, ou a sua arrogância e qualidades irritantes levarão outros em redor a se demitirem, prejudicando o ambiente geral. Há riscos ocultos ao trabalhar com eles ou contratá-los. Alguém menos charmoso e inteligente, mas de caráter forte, se provará mais confiável e produtivo no longo prazo. Possuidores de força real são tão raros quanto ouro; se você os encontrar, deve reagir como se tivesse descoberto um tesouro.

Tipos tóxicos

Embora o caráter de cada um seja tão único quanto uma impressão digital, é possível notar, no decorrer da história, certos tipos que se repetem e que são especialmente destrutivos. Ao contrário daqueles de caráter cujo aspecto maligno ou manipulador é tão óbvio que você consegue identificar a quilômetros de distância, estes são mais ardilosos. Muitas vezes eles o seduzirão com uma aparência que promove as fraquezas como algo positivo. Apenas com o tempo você percebe a natureza tóxica por baixo da aparência, frequentemente quando é tarde demais. A sua melhor defesa é estar armado com conhecimento, notar os sinais logo de início, e não se envolver, ou se desligar deles assim que possível.

O hiperperfeccionista. Você é atraído para o círculo dele por causa do empenho com que ele trabalha, da dedicação para oferecer o melhor de si em seja lá o que for que produza. Trabalha por muito mais horas do que o empregado mais humilde. Sim, ele talvez exploda e grite com os subalternos por não fazerem o trabalho direito, mas porque quer manter os padrões mais elevados, e isso deveria ser algo bom. Entretanto, se você tiver a má sorte de concordar em trabalhar com ou para esse tipo, logo descobrirá a verdade. Ele não consegue delegar tarefas; precisa supervisionar tudo. Importa-se menos com altos padrões e dedicação ao grupo do que com poder e controle.

Indivíduos dessa natureza muitas vezes têm problemas de dependência derivados do histórico familiar, como Howard Hughes. Qualquer sensação de que talvez tenham que depender de alguém para alguma coisa reabre velhas feridas e ansiedades. Não conseguem confiar em ninguém. Quando não estão de olho em cada um ao redor, imaginam que todos se tornam negligentes. A necessidade compulsiva de microgerenciar leva os outros a se sentirem ressentidos e, em segredo, refratários, que é bem o que o hiperperfeccionista mais teme. Você perceberá que o grupo que este lidera não é bem organizado, pois tudo precisa passar por ele. Isso leva ao caos e a brigas políticas internas à medida que os cortesãos lutam para se aproximar do rei, que controla tudo. Os hiperperfeccionistas com frequência têm problemas de saúde, pois trabalham até a exaustão total. Gostam de culpar os outros por tudo que acontece de errado – ninguém se empenha o bastante. Têm padrões de sucesso inicial seguidos de fadiga e fracassos espetaculares. É melhor reconhecer esse tipo antes de se envolver com ele em qualquer nível. Ele não se satisfaz com nada que você faz e o consumirá aos poucos com as suas ansiedades, jeito abusivo e desejo de controle.

O rebelde implacável. À primeira vista, essas pessoas parecem bem excitantes. Detestam a autoridade e amam os desfavorecidos. Quase todos nós nos sentimos secretamente atraídos por essa atitude, que desperta o adolescente dentro de nós, o desejo de levantar o nariz para o professor. O rebelde implacável não reconhece regras ou precedentes; seguir convenções é para os fracos e maçantes. Muitas vezes tem um senso de humor mordaz, que talvez acabe se voltando contra você, mas isso é parte da sua autenticidade, da necessidade de vexar todos, ou assim você pensa. Entretanto, ao associar-se a alguém assim de forma mais íntima, verá que é algo que não ele consegue controlar; é uma compulsão de se sentir superior, não uma qualidade moral mais elevada.

Na infância, é provável que um dos pais ou uma figura paternal o tenha desapontado. Passou a desconfiar e detestar todos os que estão no poder. No fim, não consegue aceitar nenhuma crítica, pois isso tem cheiro de autoridade. Não aceita que lhe digam o que deve fazer; tudo deve ser nos seus próprios termos. Se encontrar alguém assim, você será considerado um opressor e receberá a carga do seu humor cruel. As pessoas desse tipo obtêm atenção graças à pose rebelde e logo se tornam viciadas nisso. Por fim, só se importam com o poder – ninguém deve estar acima delas, e qualquer um que se atreva pagará o preço. Observe a história pregressa delas – tenderão a se separar dos outros após brigas muito feias, agravadas por insultos. Não se deixe levar pelo fascínio da pose rebelde. Esses tipos estão presos eternamente na adolescência, e tentar trabalhar com eles será tão produtivo quanto digladiar com um adolescente mal-humorado.

O personalizador. Essas pessoas parecem ser tão sensíveis e ponderadas, uma qualidade rara e agradável. Talvez tenhamos a impressão de que estão um pouco tristes, mas indivíduos sensíveis têm uma vida difícil. Por vezes, você se sente atraído por essa aura delas, e quer ajudá-las. Além disso, aparentam ser bem inteligentes, respeitosas e boas parceiras de trabalho. Mais tarde, nota-se que essa sensibilidade só corre mesmo numa única direção – para dentro. São propensas a levar *tudo* que os outros dizem para o lado pessoal. Tendem a remoer os acontecimentos por dias, muito tempo depois de você esquecer algum comentário inócuo que elas tomaram como um insulto pessoal. Quando crianças, eram corroídas pela sensação de nunca receberem o suficiente dos pais – amor, atenção, objetos materiais. Ao crescerem, tudo as lembra daquilo que não receberam. Passam a vida inteira ressentidas e querem que os outros lhes deem coisas sem que tenham de pedir. Mantêm-se em guarda. Será que está prestando atenção nelas? Será que as respeita? Será que lhes dá aquilo por que pagaram? Sendo um tanto irritáveis e melindrosas, é inevitável que afastem os outros, o que as torna ainda mais sensíveis. Em certo ponto, começam a ter um ar de desapontamento perpétuo.

Na vida delas há um padrão de muitas desavenças com os demais, mas elas se veem como a parte ofendida. Nunca insulte sem querer esse tipo, pois ele tem boa memória e passa anos se vingando. Se conseguir reconhecê-lo logo de início, é melhor evitá-lo, pois ele o fará se sentir culpado por alguma coisa.

O ímã de dramas. Indivíduos assim o atraem com a sua presença excitante. Têm uma energia incomum e histórias a contar. Os traços do rosto são animados e seu senso de humor é bem inteligente. É divertido estar perto deles, até que o drama complique tudo. Quando crianças, aprenderam que a única maneira de obter amor e atenção duradouros era emaranhar os pais em seus problemas e encrencas, que precisavam ser grandes o suficiente para mantê-los emocionalmente envolvidos com o passar do tempo. Isso se tornou um hábito, a maneira de eles se sentirem vivos e queridos. A maior parte dos seres humanos se recolhe diante de qualquer tipo de confronto, mas os ímãs de dramas anseiam por ele. À medida que você os conhecer melhor, vai ouvir mais histórias de discussões e batalhas na vida deles, mas eles conseguem sempre se posicionar como vítimas.

Entenda que a maior necessidade deles é fisgá-lo de qualquer forma possível. Eles o envolverão em seu drama até o ponto em que você se sentirá culpado por se desligar deles. É melhor reconhecê-los o mais cedo possível, antes de ser capturado e arrastado para o fundo. Examine o passado deles em busca de evidências do padrão e fuja correndo se suspeitar que estiver lidando com alguém assim.

O grande falastrão. Você se impressiona com as ideias dele, com os projetos em que está pensando. Precisa de ajuda, de apoiadores, e você sente simpatia por ele, mas recue por um momento e lhe examine o histórico em busca de sinais de conquistas passadas ou qualquer coisa tangível. O leitor talvez esteja lidando com um tipo que não é perigoso de uma forma óbvia, mas que pode se provar enlouquecedor e desperdiçar o seu tempo valioso. Em essência, são pessoas ambivalentes: por um lado, têm um medo secreto do esforço e da responsabilidade necessários para traduzir as ideias em ação; em contrapartida, anseiam por atenção e poder. Essas duas facetas guerreiam dentro delas, mas é inevitável que a parte ansiosa vença, fazendo-as fugirem na última hora. Inventam algum motivo para se afastarem, depois que você se comprometeu com o projeto. Elas mesmas nunca terminam nada. No fim, tendem a culpar os outros pela não realização dos seus planos – a sociedade, forças antagônicas nebulosas ou a má sorte. Ou tentam encontrar um otário que faça todo o trabalho duro de dar vida à ideia vaga que tiveram, mas que levará toda a culpa se tudo der errado.

Muitas vezes esses indivíduos tiveram pais inconsistentes, voltando-se contra os filhos por causa do menor delito. Como consequência, o objetivo de vida deles é evitar situações em que sejam vulneráveis a críticas e julgamentos. Lidam com isso aprendendo a falar bem e a impressionar os outros com histórias, mas escapulindo quando são chamados a prestar contas, sempre oferecendo uma desculpa. Examine com cuidado o passado deles em busca de sinais assim e, se parecerem ser desse tipo, divirta-se com as histórias, mas não vá mais longe do que isso.

O sexualizador. Parece estar carregado de energia sexual, de uma forma desinibida e deleitável. Tem uma tendência a misturar o trabalho com prazer, borrar os limites costumeiros de quando é apropriado utilizar essa energia, e você talvez imagine que isso seja saudável e natural. Contudo, na realidade, é algo compulsivo e parte de um lugar sombrio. Na primeira infância, é provável que pessoas assim tenham sido vítimas de algum tipo de abuso sexual. Pode ter sido algo diretamente físico ou mais psicológico, que um dos pais expressou por meio de olhares ou toques sutis mas inapropriados.

Um padrão se estabeleceu bem a fundo e não pode ser controlado – e elas tendem a ver todos os relacionamentos como potencialmente sexuais. O sexo se torna um meio de autovalidação e, quando jovens, conseguem levar uma vida excitante e promíscua, pois encontram outros que caem no seu encanto. Entretanto, à medida que envelhecem, quaisquer períodos longos sem essa validação podem levar à depressão e ao suicídio, por isso se tornam mais desesperadas. Caso ocupem posições de liderança, utilizarão o poder para conseguir o que querem, tudo sob o disfarce de serem naturais e desinibidas. Quanto mais velhas se tornarem, mais patético e assustador será esse comportamento. Você não tem como ajudá-las ou salvá-las dessa compulsão, só pode salvar a si mesmo, não se envolvendo com elas em nenhum nível.

O príncipe mimado. Esses indivíduos o atrairão com o seu ar majestático. São calmos e imbuídos de uma leve impressão de superioridade. É agradável encontrar alguém que pareça tão autoconfiante e destinado a usar uma coroa. Aos poucos, você talvez se flagre fazendo favores para ele, trabalhando de forma ainda mais árdua sem receber, e sem entender bem como ou por quê. De algum modo, essas pessoas expressam a necessidade de que cuidem delas, e são insuperáveis em fazer os outros as mimarem. Na infância, os pais cediam a todos os seus caprichos e as protegiam de qualquer tipo de intrusão agressiva do mundo exterior. Há também algumas crianças que incitam esse comportamento nos genitores ao agir como se fossem particularmente indefesas. Seja qual for o motivo, quando adultos, o seu maior desejo é replicar os mimos da infância. Isso permanece sendo o seu paraíso perdido. Você notará com frequência que, quando não conseguem o que querem, elas reagem com um comportamento semelhante ao de bebês, fazendo beicinho, ou com acessos de birra.

Com certeza esse é o padrão para todos os relacionamentos íntimos de quem tem essas características, e, a menos que você tenha uma necessidade profunda de mimar os outros, vai achar o relacionamento enlouquecedor. Esses indivíduos não estão equipados para lidar com os aspectos desagradáveis da vida adulta, então ou manipulam o parceiro para que passe a mimá-los, ou recorrem à bebida e às drogas para se acalmarem. Se você se sentir culpado por não os ajudar, significa que foi fisgado e deveria, em vez disso, tentar cuidar de si mesmo.

O simpático. Você nunca conheceu ninguém tão simpático e respeitoso, e quase não consegue acreditar em quão encantadora e obsequiosa essa pessoa é. Então, aos poucos, você começa a ter algumas dúvidas, mas nada que consiga localizar de fato. Talvez ela não compareça como prometido, ou não faça o trabalho tão bem. É sutil. Quanto mais o tempo passa, porém, mais parece que ela o está sabotando ou falando de você pelas costas. Esse tipo é o cortesão perfeito, e desenvolveu a sua simpatia não por um afeto genuíno por outros seres humanos, mas como um mecanismo de defesa. Talvez tenha tido pais cruéis e disciplinadores que lhe inspecionavam as ações. Sorrisos e uma fachada cortês eram a sua maneira de rebater qualquer forma de hostilidade, e isso se torna o seu padrão para a vida toda. É provável que também tenha recorrido a mentiras para lidar com os pais, e, em geral, são mentirosos talentosos e com muita prática.

Assim como quando eram crianças, por trás dos sorrisos e lisonjas está um enorme ressentimento pelo papel que precisam representar. Em segredo, elas têm vontade de roubar ou prejudicar aqueles a quem servem ou deferem. Você precisa se manter atento em relação àqueles que exercerem, de forma ativa, tanto charme e polidez, além do ponto que seria natural, pois podem se revelar bastante passivo-agressivos, atingindo-o bem quando você baixar a guarda.

O salvador. O leitor não consegue acreditar na sua boa sorte – conheceu alguém que o vai salvar das suas dificuldades e problemas. De algum modo, ele reconheceu a sua necessidade de auxílio e aqui está, com livros para ler, estratégias a empregar, a comida certa para ingerir. No início, tudo é bem sedutor, mas as suas dúvidas começarão no momento que você quiser afirmar a sua independência e agir por conta própria.

Na infância, esse tipo muitas vezes teve de se tornar aquele que tomava conta da mãe, pai, ou dos irmãos. A mãe, por exemplo, fez das próprias necessidades a preocupação primordial da família. Essas crianças compensam a falta de cuidado que receberam com a sensação de poder que extraem do relacionamento invertido. Isso estabelece um padrão: obtêm a maior satisfação ao resgatar outros, ao serem cuidadores e salvadores. Elas têm um faro para os que precisam de salvação. No entanto, é possível detectar o aspecto compulsivo desse comportamento a partir da necessidade de controlar você. Se estiverem dispostas a deixar que você se ponha de pé sozinho depois de alguma ajuda inicial, essas pessoas são nobres de fato. Caso contrário, o que lhes importa é o poder que são capazes de exercer. De todo modo, é sempre melhor cultivar a autossuficiência e dizer aos salvadores que salvem a si mesmos.

O moralizador simplista. Ele comunica um senso de indignação sobre esse ou aquele exemplo de injustiça, e é bastante eloquente. Com tanta convicção, encontra seguidores, inclusive você. Entretanto, às vezes o leitor detecta rachaduras no verniz de virtuosidade. Ele não trata os funcionários tão bem; é condescendente com o cônjuge; talvez tenha uma vida secreta ou um vício do qual você capta alguns vislumbres. Quando criança, muitas vezes foi levado a se sentir culpado pelos fortes impulsos e desejos por prazer que sentia, pelos quais foi punido e tentou reprimir. Por causa disso, desenvolveu uma espécie de autoaversão, portanto projeta qualidades negativas nos outros ou olha com inveja aos que não são tão reprimidos. Não gosta de ver as pessoas se divertindo. Em vez de expressar a sua inveja, prefere julgar e condenar. Você notará na versão adulta uma ausência total de nuance. Os indivíduos são bons ou maus, não há meio-termo. O moralizador simplista está, na verdade, em guerra com a natureza humana, incapaz de aceitar os nossos traços imperfeitos. A moralidade dele é tão simplista e compulsiva quanto o álcool ou o jogo e não requer nenhum sacrifício da parte dele, apenas uma grande quantidade de palavras grandiloquentes. Prospera numa cultura de correção política.

Na verdade, em segredo, ele se sente atraído por aquilo que condena, e por isso é inevitável que mantenha um lado secreto. Com certeza você será alvo da inquisição dele em algum momento, se chegar perto demais. Perceba logo de início a falta de empatia da outra parte e mantenha distância.

(Veja mais tipos tóxicos nos capítulos sobre inveja, 10; grandiosidade, 11, e agressão, 16.)

O CARÁTER SUPERIOR

A lei é simples e inexorável: você tem um caráter estabelecido. Foi formado a partir de elementos que precedem a sua percepção consciente. Bem no fundo, esse caráter o compele a repetir certas ações, estratégias e decisões. O cérebro está estruturado para facilitar isso: uma vez que pense e execute uma ação específica, um caminho neural será formado, levando-o a repetir essa ação de novo e de novo. E, em relação a essa lei, é possível seguir numa de duas direções, cada uma determinando mais ou menos o curso da sua vida.

A primeira direção são a ignorância e a negação. Você não nota os padrões na sua vida; não aceita a ideia de que os primeiros anos da sua existência deixaram uma impressão profunda e duradoura que o compele a se comportar de certas maneiras. Imagina que o seu caráter é totalmente maleável, e que é capaz de recriá-lo sozinho à vontade. Você seria capaz de seguir o mesmo caminho em direção ao poder e à fama que outra pessoa seguiu, embora ela tenha vindo de circunstância bem diferentes. O conceito de um caráter estabelecido talvez pareça uma prisão, e muitos querem secretamente ser livrados de si mesmos, por meio de drogas, álcool ou videogames. O resultado dessa negação é simples: o comportamento compulsivo e os padrões se tornam cada vez mais enraizados. Você não consegue ir na contramão do seu caráter ou desejar que este desapareça. É poderoso demais.

Esse foi precisamente o problema para Howard Hughes, que se imaginava como um grande empresário, fundador de um império que superaria o do pai, mas, por causa da sua natureza, não era um bom gerenciador de pessoas. A sua força real era mais técnica – tinha um grande talento para *design* e para os aspectos de engenharia da produção de aviões. Se tivesse sabido e aceitado isso, teria conseguido construir uma carreira brilhante como o visionário por trás da própria empresa de aeronaves e deixado as operações diárias para alguém que fosse competente de fato. Contudo, vivia com uma imagem de si mesmo que não se correlacionava com o seu caráter. Isso levou a um padrão de fracassos e a uma vida miserável.

A outra direção é mais difícil de seguir, porém é o único caminho para o poder verdadeiro e a formação de um caráter superior. Funciona da seguinte forma: examine-se da maneira mais detalhada possível. Procure pelas camadas mais profundas do seu caráter, determinando se você é introvertido ou extrovertido, se tende a ser governado por altos níveis de ansiedade e sensibilidade, ou de hostilidade e fúria, ou por uma necessidade profunda de se relacionar com os outros. Procure pelas suas inclinações primordiais – aqueles assuntos e atividades pelos quais se sente atraído por natureza. Estude a qualidade das ligações que formou com os seus pais, observando os seus relacionamentos atuais como a melhor evidência disso. Examine com honestidade rigorosa os seus próprios erros e os padrões que criam obstáculos contínuos ao seu aprimoramento. Conheça as suas limitações – aquelas situações nas quais não dá o melhor de si. E tome ciência das forças naturais do seu caráter que sobreviveram à adolescência.

Agora, com essa consciência, você não é mais prisioneiro do seu caráter, compelido a repetir de forma interminável as mesmas estratégias e erros. Ao se ver caindo em um dos seus padrões típicos, conseguirá se pegar em flagrante e recuar. Talvez não seja capaz de eliminar de todo esses padrões, mas, com a prática, vai conseguir mitigar os seus efeitos. Sabendo das suas limitações, não tentará realizar tarefas para as quais não tem nenhuma capacidade ou inclinação. Ao contrário, vai escolher trajetórias profissionais que combinem com você e que se entrelacem com o seu caráter. De modo geral, aceitará e acolherá o seu caráter. O seu desejo não será o de se tornar outra pessoa, mas de ser mais completamente si mesmo, compreendendo o seu potencial verdadeiro. Verá o seu caráter como a argila com a qual pode trabalhar, transformando aos poucos as suas maiores fraquezas em forças. Não fugirá das suas falhas; em vez disso, as verá como uma fonte real de poder.

Estude a carreira da atriz Joan Crawford (1908-1977). Os primeiros anos de sua vida pareciam marcá-la como alguém com pouquíssima probabilidade de sucesso: nunca conheceu o pai, que abandonou a família logo após o nascimento dela; cresceu na pobreza; a mãe a detestava e batia nela o tempo todo; quando criança, aprendeu que o padrasto, que ela adorava, não era o seu pai de verdade e, pouco tempo depois, este também abandonou a família. A infância de Crawford foi uma série interminável de punições, traições e abandonos, que lhe deixaram cicatrizes para toda a vida. Ao começar a carreira como atriz cinematográfica quando ainda bem jovem, ela examinou a si mesma e as suas falhas com objetividade implacável: era hipersensível e frágil; sentia tanta dor e tristeza que não conseguia descartar ou disfarçar; queria desesperadamente ser amada; sentia a necessidade constante de uma figura paterna.

Tais inseguranças poderiam, com facilidade, representar a morte de alguém num lugar tão impiedoso quanto Hollywood. Em vez disso, por meio de muita introspecção e esforço, conseguiu transformar essas mesmas fraquezas nos pilares de uma carreira muito bem-sucedida. Decidiu, por exemplo, infundir os próprios sentimentos de tristeza e traição em todos os diferentes papéis que representou, fazendo mulheres de todo o mundo se identificarem com ela; era diferente de tantas outras atrizes, tão superficiais e que fingiam ser alegres. Crawford direcionou seu desejo desesperado de ser amada à própria câmera, e o público sentia isso. Os diretores dos seus filmes se tornaram figuras paternas a quem ela adorava e tratava com respeito extremado. E a sua qualidade mais significativa, a hipersensibilidade, voltou-se para fora em vez de para dentro. Desenvolveu uma espécie de antena que captava com precisão intensa do que os diretores com quem trabalhava gostavam ou não gostavam. Sem olhar para eles ou ouvir uma palavra do que diziam, percebia quando estavam descontentes com a sua atuação, fazia as perguntas certas e incorporava rápido as críticas deles. Ela era o sonho de qualquer diretor. Aliando tudo isso à sua ardente força de vontade, Crawford construiu uma carreira que durou mais de quarenta anos, algo inédito para uma atriz em Hollywood.

Essa é a alquimia que o leitor precisa utilizar em si mesmo. Se você for um hiperperfeccionista que gosta de controlar tudo, redirecione essa energia para algum trabalho produtivo em vez empregá-la nas pessoas. Os seus padrões elevados e a atenção a detalhes serão traços positivos, se os canalizar da forma correta. Se for do tipo simpático, isso quer dizer que desenvolveu as habilidades de cortesia e charme verdadeiro. Caso consiga ver a fonte desses traços, será capaz de controlar o seu aspecto compulsivo e defensivo e utilizá-los como uma habilidade social genuína que lhe dará grande poder. Sendo muito sensível e propenso a levar tudo para o lado pessoal, precisa se esforçar para redirecionar isso a uma empatia ativa (veja o Capítulo 2), e transformar essa falha numa virtude a ser usada para propósitos sociais positivos. Se tiver um caráter rebelde, você tem uma antipatia natural por convenções e pelas maneiras usuais de cumprir tarefas. Canalize isso em algum tipo de trabalho inovador, em vez de insultar e alienar os outros de forma compulsiva. Para cada fraqueza há uma força correspondente.

Por fim, refine e cultive aqueles traços que fazem parte de um caráter forte: adaptabilidade sob pressão, atenção a detalhes, habilidade de concluir tarefas e trabalhar em equipe, e tolerância quanto às diferenças dos outros. A única maneira de obter êxito é rever os seus hábitos, que são parte da lenta formação do seu caráter. Por exemplo, treine-se para não reagir de imediato, colocando-se repetidas vezes em situações tensas ou adversas, a fim de se acostumar a elas. Em execuções diárias tediosas, cultive uma paciência maior e mais atenta a detalhes. Assuma de forma deliberada atividades que estejam ligeiramente acima do seu nível. Para completá-las, terá de trabalhar de forma mais árdua, o que o ajudará a estabelecer maior disciplina e hábitos de trabalho melhores. Treine-se para pensar o tempo todo no que é melhor para a equipe. Além disso, busque pessoas que exibam um caráter forte e se associe a elas sempre que possível. Dessa maneira, você conseguirá assimilar a energia e os hábitos delas. E a fim de desenvolver alguma flexibilidade de caráter, o que é sempre um sinal de força, reorganize-se de vez em quando, tentando alguma nova estratégia ou maneira de pensar, fazendo o oposto daquilo que costuma fazer.

Com esse trabalho, o leitor não será mais escravo do caráter criado nos primeiros anos da sua vida e do comportamento compulsivo ao qual ele leva. Além disso, passará a ser capaz de moldar, de forma deliberada, o seu próprio caráter e o destino que o acompanha.

> Em tudo, é um erro pensar que se pode realizar uma ação ou se comportar de certa maneira uma vez e nunca mais. (O erro daqueles que dizem: "Vamos trabalhar duro e poupar cada centavo até chegarmos aos 30 anos, e então nos divertiremos". Aos 30, terão uma tendência à avareza e ao trabalho árduo, e nunca mais se divertirão [...].) O que uma pessoa faz, ela fará de novo, e de fato é provável que já o tenha feito no passado distante. O aspecto agonizante da vida é que são as nossas próprias decisões que nos jogam nessa rotina, sob as rodas que nos atropelam. (A verdade é que, mesmo antes de tomar essas decisões, nos encaminhávamos nessa direção.) Uma decisão, uma ação, são presságios infalíveis do que faremos em outra ocasião, não por causa de algum motivo vago, místico ou astrológico, mas porque resultam de uma reação automática que se repetirá.
>
> — *Cesare Pavese*

5

Torne-se um objeto inatingível de desejo

A Lei da Cobiça

A ausência e a presença têm sobre nós efeitos primitivos. A presença excessiva sufoca; um grau de ausência desperta o nosso interesse. Somos marcados pelo desejo constante de possuir o que não temos – o objeto projetado pelas nossas fantasias. Aprenda a criar algum mistério ao seu redor, a utilizar a ausência estratégica para fazer as pessoas desejarem o seu retorno, quererem possuí-lo. Provoque-as com aquilo de que mais sentem falta na vida, o que estão proibidas de ter, e elas vão enlouquecer de desejo. A grama é sempre mais verde do outro lado da cerca. Supere essa fraqueza em si mesmo ao aceitar as suas circunstâncias, o seu destino.

O OBJETO DO DESEJO

Em 1895, Gabrielle Chanel, então com 11 anos, se sentou ao lado da cama da mãe por muitos dias e a viu morrer de tuberculose lentamente, aos 33 anos de idade. A vida daquela garota tinha sido difícil, mas agora só iria piorar. Ela e os irmãos haviam crescido na pobreza, enviados da residência de um parente para a de outro. O pai era um vendedor ambulante que detestava qualquer tipo de compromisso ou responsabilidade, e quase nunca estava em casa. A mãe, que com frequência acompanhava o marido em suas viagens, era a única energia reconfortante que as crianças tinham na vida.

Como temia, poucos dias após a morte da mãe, o pai apareceu e colocou Gabrielle e as suas duas irmãs num convento no centro da França. Ele prometeu voltar para buscá-las em breve, mas elas jamais o veriam de novo. As freiras do convento, que viviam num antigo mosteiro medieval, acolhiam todo tipo de meninas, a maioria delas órfãs, a fim de cuidar delas. Impunham uma disciplina severa. Dentro dos muros sombrios do mosteiro, pouco decorado, as garotas levavam uma vida de austeridade e prática espiritual. Cada uma tinha apenas dois vestidos para usar, ambos parecidos e sem formato específico. O luxo era proibido. A única música permitida era sacra. A comida era simples ao extremo. Em seus primeiros meses lá, Gabrielle tentou se acostumar àquele novo mundo, mas se sentia terrivelmente inquieta.

Certo dia, descobriu uma série de livros de romance que, de algum modo, foram contrabandeados para dentro do convento, e logo eles se tornaram a sua única salvação. Haviam sido escritos por Pierre Decourcelle, e quase todos envolviam uma história semelhante à de Cinderela – uma jovem que cresceu na pobreza, abandonada e desprezada, de repente se vê levada para um mundo de riqueza por meio de alguma reviravolta inteligente da narrativa. Gabrielle se identificava com as protagonistas, e adorava em particular as descrições intermináveis dos vestidos das heroínas. O mundo dos palácios e mansões no campo lhe parecia tão distante, mas, naqueles momentos em que divagava de romance em romance, conseguia se sentir como parte da história, e isso lhe dava um desejo irresistível de torná-los realidade, mesmo que lhe fosse proibido querer tais coisas e lhe parecesse impossível obtê-las algum dia.

Aos 18 anos, ela deixou o convento para entrar num internato, também dirigido por freiras, onde foi treinada para uma carreira de costureira. A escola se situava numa cidade pequena, e, ao explorá-la, Gabrielle logo descobriu uma nova paixão: o teatro, do qual adorava todos os aspectos – os figurinos, os cenários, os atores maquiados. Era um mundo de transformação, em que alguém era capaz de se tornar qualquer um. Agora, tudo que ela queria era ser atriz e ficar famosa. Adotou o nome Coco e tentou de tudo – atuar, cantar e dançar. Tinha muita energia e carisma, mas logo percebeu que lhe faltava o talento para o tipo de sucesso que desejava.

Resignando-se a esse fato, descobriu um novo sonho. Muitas das atrizes que não conseguiam se sustentar com aquele trabalho haviam se tornado cortesãs sustentadas por amantes ricos. Essas mulheres tinham vastos guarda-roupas, iam aonde queriam ir e, embora condenadas pela boa sociedade, não se viam presas a nenhum marido déspota. Felizmente, um dos jovens que gostavam de vê-la no palco, Etienne Balsan, a convidou para uma estada na mansão de campo que ele possuía ali perto. Ele havia herdado uma fortuna da família e levava uma vida de puro lazer. Gabrielle, agora conhecida como Coco por todos, aceitou a oferta.

A mansão estava cheia de cortesãos que iam e vinham de todos os cantos da Europa. Alguns eram famosos, todos belos e cosmopolitas. Era uma vida relativamente simples centrada em cavalgadas pelo campo e, à noite, festas luxuosas. As diferenças de classe ficavam evidentes. Sempre que aristocratas ou pessoas importantes visitavam a mansão, as mulheres como Coco tinham que comer com os criados e sumir de vista.

Sem nada para fazer e se sentindo inquieta mais uma vez, começou a analisar a si mesma e o futuro à sua frente. Suas ambições eram grandes, mas estava sempre buscando por algo além do seu alcance, sonhando com um futuro simplesmente impossível. A princípio, foram os palácios dos romances, depois a grande vida no palco; tornar-se uma nova Sarah Bernhardt. Agora, o seu intento mais recente era igualmente absurdo. As grandes cortesãs eram todas mulheres belas e voluptuosas. Coco, por sua vez, se parecia mais com um rapaz; não tinha curvas nem uma beleza clássica. Sua presença e energia encantavam os homens, mas isso não duraria por muito tempo. Ela sempre queria o que os outros tinham, imaginando que havia ali um tesouro escondido. Até quando se tratava de outras mulheres e seus namorados e maridos, seu maior desejo era lhes roubar os homens, o que fez em diversas ocasiões. Entretanto, sempre que conseguia o que queria, inclusive o namorado ou a vida numa mansão no campo, era inevitável que se sentisse desapontada pela realidade. O que poderia finalmente satisfazê-la era um mistério.

Certo dia, sem pensar bem no que estava fazendo, ela entrou no quarto de Balsan e lhe surrupiou algumas das roupas. Começou a vestir trajes inteiramente inventados por ela – as camisas de colarinho aberto dele, casacos de *tweed*, combinados com algumas das roupas dela, tudo completado com um chapéu masculino de palha. Ao vestir essas roupas, notou duas coisas: ela foi tomada por uma sensação incrível de liberdade ao deixar para trás os espartilhos, os vestidos apertados e os enfeites complexos de cabelos que as mulheres usavam; e se deleitou com o novo tipo de atenção que recebia. As outras cortesãs agora a observavam com inveja evidente. Estavam fascinadas por esse estilo andrógino. As novas roupas lhe caíam bem, e ninguém nunca tinha visto uma mulher daquela maneira. O próprio Balsan se mostrou encantado. Ele a apresentou ao seu alfaiate, que, sob as instruções de Coco, criou para ela uma roupa personalizada de montaria com calças. Ela aprendeu sozinha a cavalgar, mas sem utilizar a sela lateral que as outras mulheres usavam. Sempre teve um quê atlético em seu caráter e, em poucos meses, se tornou uma cavaleira exímia. Agora era vista por todos os lugares com o seu estranho traje de montaria.

Ao ir adiante com essa nova identidade, finalmente a natureza dos seus anseios vagos se tornou clara: desejava o poder e a liberdade que os homens possuíam, que se refletiam nas roupas menos constritivas que vestiam. E percebeu que as outras mulheres e cortesãs na mansão se identificavam com isso. Era algo que pairava no ar, um desejo reprimido que ela captara. Em poucas semanas, várias das cortesãs começaram a visitá-la em seu quarto e provar os chapéus que Coco havia decorado com fitas e penas. Comparados com os chapéus complexos que as mulheres precisavam prender à cabeça com grampos, esses eram simples e fáceis de usar. As cortesãs agora passeavam pela cidade com os chapéus de Chanel na cabeça, e logo outras mulheres da região lhes perguntavam onde os poderiam comprar. Balsan ofereceu a Coco o apartamento dele em Paris, no qual ela poderia fazer mais chapéus e talvez até criar o próprio negócio – oferta que aceitou de bom grado.

Logo, outro homem entrou na vida dela – um inglês rico chamado Arthur Capel, que se encantou com a originalidade da aparência dela e com as suas grandes ambições. Os dois se tornaram amantes. Capel passou a enviar as amigas, damas da aristocracia, ao ateliê de Coco e, em pouco tempo, os chapéus que esta criava se tornaram uma mania. Além dos chapéus, ela começou a vender as roupas que projetava, todas com o mesmo aspecto andrógino que a moça vestia, feitas com o tecido de jérsei mais barato, mas que parecia oferecer um tipo de liberdade de movimentos tão diferente dos estilos prevalecentes. Capel a encorajou a abrir uma loja na cidade litorânea de Deauville, onde todos os parisienses elegantes passavam o verão. Foi a ideia perfeita: ali, naquele lugar relativamente pequeno, lotado de curiosos e das mulheres mais elegantes, Coco gerou uma sensação.

Ela chocou os habitantes locais ao nadar no mar. As mulheres não faziam isso, e os trajes de banho para estas eram quase inexistentes, por isso Coco criou o seu próprio modelo, base do mesmo tecido de jérsei. Em poucas semanas, as mulheres lhe visitaram a loja, querendo comprá-los. Ela perambulava por Deauville vestindo os seus trajes característicos – andróginos, com liberdade de movimento, e só um pouquinho provocantes na maneira como se moldavam ao corpo. Coco se tornou o assunto da cidade. As mulheres se mostravam desesperadas para descobrir onde ela conseguira aquele vestuário. Continuando a improvisar com peças masculinas para elaborar novos visuais, pegou um dos suéteres de Capel e o abriu, acrescentou alguns botões e criou a versão moderna do cardigã feminino. Essa se tornou a nova moda. Ela cortou o cabelo bem curto, sabendo que o corte combinaria melhor com o formato do seu rosto, o que de repente se tornou a nova tendência. Sentindo a força do momento, Coco deu as suas roupas, sem cobrar, a mulheres belas e bem conectadas, todas exibindo um corte de cabelo semelhante ao dela. Frequentando as festas mais almejadas e vestindo roupas de Chanel, elas espalharam o desejo por esse novo estilo muito além de Deauville, até a própria cidade de Paris.

Em 1920, Coco havia se tornado uma das principais estilistas de moda do mundo, e a maior criadora de tendências da época. As roupas que criava passaram a representar um novo tipo de mulher – confiante, provocadora e sempre um pouquinho rebelde. Embora fossem baratas de produzir e ainda feitas de jérsei, ela vendeu alguns dos seus vestidos por preços altíssimos, e as mulheres ricas estavam mais do que dispostas a pagar pela oportunidade de compartilhar do toque místico de Chanel. No entanto, logo o sentimento de inquietação lhe retornou. Ela queria algo mais, algo maior, a maneira mais rápida de alcançar mulheres de todas as classes. A fim de realizar esse sonho, optou por uma estratégia extraordinária – ela criaria e lançaria o seu próprio perfume.

Na época, era incomum para um ateliê de moda produzir o seu próprio perfume, e inédito que algum desse a isso tanta ênfase. Chanel, contudo, tinha um plano. Esse perfume seria tão característico quanto as roupas que fazia, mas mais etéreo, algo literalmente no ar que excitaria homens e mulheres, contagiando-os com o desejo de possuí-lo. Para tanto, partiu na direção oposta de todos os outros perfumes já existentes, que eram associados a algo natural, de aroma floral. Em vez disso, criaria o que não fosse identificável como uma flor em particular. Queria que cheirasse como "um buquê de flores abstratas"; agradável, mas completamente original. Mais do que qualquer perfume, teria um cheiro diferente em cada mulher. Para ir ainda mais longe, ela decidiu lhe dar um nome incomum. Os títulos dos perfumes da época eram bem poéticos e românticos. Em vez disso, ela o batizou com o próprio nome, atrelando um simples número, Chanel Nº 5, como se fosse uma fórmula científica. Coco embalou-o numa garrafa elegante e modernista e acrescentou ao rótulo o novo logotipo das duas letras C entrelaçadas. Era diferente de todo o resto que existia.

Para lançar seu produto, optou por uma campanha subliminar. Começou a vaporizá-lo por todos os cantos da loja dela em Paris. O aroma preenchia o ar. As mulheres lhe perguntavam o que era, e Coco fingia não saber. Depois introduziu garrafas daquele conteúdo, sem o rótulo, nas sacolas das clientes mais ricas e bem conectadas. Logo as mulheres começaram a falar desse novo perfume estranho, bem assombroso e impossível de identificar como qualquer flor conhecida. A notícia de uma nova criação de Chanel começou a se espalhar como chamas por uma floresta, e as mulheres em pouco tempo vieram à loja implorando para comprá-lo, e ela agora o colocara de maneira discreta nas prateleiras. Nas primeiras semanas, foi impossível estocar o suficiente para todas. Nada semelhante jamais havia acontecido na indústria, e aquele viria a se tornar o perfume mais bem-sucedido da história, rendendo à Chanel uma fortuna.

Nas duas décadas seguintes, o ateliê de Chanel reinou supremo no mundo da moda, mas, no período da Segunda Guerra Mundial, Coco flertou com o nazismo, permanecendo em Paris durante a ocupação nacional-socialista e tomando o lado dos ocupantes de maneira visível. Ela fechou a loja no início da guerra e, ao fim desta, foi amplamente execrada pelos franceses por causa das suas posições políticas. Ciente e talvez envergonhada disso, fugiu para a Suíça, onde permaneceria em exílio autoimposto. Em 1953, porém, sentiu a necessidade não apenas de um retorno, mas de algo ainda maior. Embora estivesse então com 70 anos, repugnava as tendências mais recentes da moda, que lhe pareciam ter retornado às velhas restrições e minúcias das roupas femininas que ela havia se esforçado para destruir. Talvez isso sinalizasse também uma volta a um papel mais subserviente da mulher. Para Chanel, esse seria o desafio derradeiro – depois de catorze anos fora da indústria, havia sido esquecida quase por completo. Ninguém pensava mais nela como alguém que definia tendências. Teria de começar quase do zero.

A sua primeira ação foi encorajar boatos de que estava planejando um retorno, mas não deu nenhuma entrevista. Queria estimular a conversa e a excitação, porém se cercando de mistério. A nova coleção estreou em 1954, e uma multidão encheu a loja para assistir ao desfile, a maioria por curiosidade. Quase de imediato houve uma sensação de desapontamento. As roupas eram praticamente um rearranjo dos estilos da década de 1930 com alguns novos detalhes. As modelos eram todas sósias de Chanel e lhe imitavam a maneira de andar. Na opinião do público, Coco dava a impressão de ser uma mulher irremediavelmente presa a um passado que nunca retornaria. Os trajes pareciam ultrapassados e a imprensa a ridicularizou, trazendo à baila, ao mesmo tempo, o envolvimento dela com os nazistas durante a guerra.

Para quase todos os estilistas, isso teria sido um golpe devastador, mas Chanel pareceu não se abalar nem um pouco. Como sempre, tinha um plano e sabia o que estava fazendo. Havia decidido, bem antes da estreia em Paris, que os Estados Unidos eram o alvo dessa nova linha de roupas. As mulheres norte-americanas refletiam melhor a sensibilidade dela – atléticas, com gosto pela liberdade de movimentos e silhuetas descomplicadas, eminentemente pragmáticas. E tinham mais dinheiro para gastar do que quaisquer outras no mundo. E, de fato, a nova coleção foi uma sensação nos Estados Unidos. Logo os franceses amenizaram as críticas. Um ano após o seu retorno, Chanel havia se restabelecido como a *designer* mais importante do mundo, e a moda agora voltava aos formatos mais simples e clássicos que ela promovera. Jacqueline Kennedy adotou as roupas de Chanel em diversas aparições públicas, o que foi considerado o símbolo mais evidente do poder que esta reconquistara.

Ao recuperar o seu lugar no topo, ela revelou outra prática contrária aos tempos e à indústria. A pirataria era um grande problema no mundo da moda, pois falsificações de *designs* famosos surgiam por todo o lugar após um desfile. Os estilistas protegiam com cuidado os seus segredos e lutavam nos tribunais contra toda forma de imitação. Chanel fez o oposto. Deu as boas-vindas a todas as pessoas em seus desfiles e permitia que tirassem fotografias. Sabia que isso apenas encorajaria os muitos que ganhavam a vida a partir da confecção de versões baratas das roupas dela, mas era isso que queria. Coco até convidou mulheres ricas para que trouxessem as suas próprias costureiras, a fim de que estas fizessem esboços dos *designs* e deles criassem réplicas. Mais do que ganhar dinheiro, o que ela queria era espalhar a sua moda por todo o planeta, para sentir a si mesma e ao seu trabalho como o objeto de desejo de mulheres de todas as classes e nações. Seria a derradeira vingança da menina que havia crescido ignorada, sem amor e abandonada. Vestiria milhões de mulheres; o visual de Chanel e a sua marca seriam vistos por todos os lugares – como ocorreu de fato alguns anos após o seu retorno.

Interpretação: O momento em que Chanel provou as roupas de Etienne Balsan, despertando-lhe um novo tipo de atenção, fez algo se ativar em seu cérebro e que lhe mudaria para sempre o curso da vida. Antes disso, ela estava sempre cobiçando algo transgressivo que lhe estimulasse as fantasias. Não era socialmente aceitável para uma menina órfã e pobre ter planos de se misturar às classes superiores. Atriz e cortesã não eram papéis adequados a se almejar, em particular por uma mulher criada num convento.

Agora, ao cavalgar em torno da mansão de campo vestindo calças e chapéu de palha, *ela* se tornou, de repente, o objeto que as outras pessoas cobiçavam. E estas se sentiam atraídas pelo aspecto transgressor das roupas, da zombaria deliberada em relação aos papéis de gênero. Em vez de se trancar num mundo imaginário cheio de sonhos e fantasias, poderia ser quem estimulava essas fantasias nos outros. Só o que precisava era reverter a sua perspectiva – pensar no público primeiro e criar estratégias sobre como brincar com a imaginação deste. Os objetos que havia desejado desde a infância eram todos um pouco vagos, elusivos e tabu – o que os tornava fascinantes. Essa é a natureza dos desejos humanos. Ela só teve que reverter isso e incorporar esses elementos nos objetos que criava.

Foi assim que Coco produziu essa mágica: em primeiro lugar, ela cercou o que fazia e a si mesma com uma aura de mistério. Jamais falava da infância pobre. Criou incontáveis histórias contraditórias sobre o próprio passado. Ninguém sabia nada de concreto a seu respeito. Chanel controlava com cuidado o seu número de aparições públicas, e sabia o valor de desaparecer por algum tempo. Nunca revelava a fórmula do seu perfume ou o seu processo criativo em geral. O logotipo estranhamente cativante que criou foi concebido para estimular interpretações. Tudo isso abria um espaço interminável para que o público imaginasse e especulasse a respeito do mito de Coco. Em segundo lugar, sempre associava os seus *designs* com algo vagamente transgressor. As roupas tinham um claro aspecto masculino, mas permaneciam bem femininas. Davam às mulheres a sensação de estarem cruzando alguma fronteira dos gêneros – perdendo as restrições de maneira tanto física quanto psicológica. Os trajes também se ajustavam mais ao corpo, combinando a liberdade de movimentos com o sexo. Não eram as roupas de uma mãe. Adotar o visual completo de Chanel era fazer uma declaração sobre juventude e modernidade. Uma vez que isso se estabeleceu, tornou-se difícil para as jovens resistirem ao chamado.

Por fim, desde o princípio ela fez questão de que as suas roupas fossem vistas em todos os lugares. Observar outras mulheres trajando aquelas roupas estimulava os desejos competitivos de ter o mesmo e não ser deixada de fora. Coco se lembrava da intensidade com que havia desejado homens comprometidos. Estes eram desejáveis porque alguém mais os desejava. Tais impulsos competitivos são poderosos em todos nós, e certamente o são entre as mulheres.

Na realidade, os primeiros chapéus de palha que ela criou não eram nada além de objetos comuns que qualquer um poderia comprar numa loja de departamentos. As primeiras roupas que produziu eram feitas dos materiais mais baratos. O perfume era uma mistura de flores comuns, como jasmim, e substâncias químicas; nada de exótico ou especial. Foi pura magia psicológica que os transformou em objetos que estimulavam desejos tão intensos de possuí-los.

Entenda: assim como Chanel, você precisa reverter a sua perspectiva. Em vez de se concentrar no que quer e cobiça no mundo, treine para se concentrar nos outros, nos desejos que estão reprimidos e nas fantasias que não estão satisfeitas. Veja como eles percebem a sua pessoa e os objetos que você produz, como se estivesse olhando para si e para o seu trabalho pelo lado de fora. Isso lhe dará o poder quase ilimitado de moldar as percepções das pessoas sobre esses objetos e entusiasmá-las. Os indivíduos não querem a verdade e a honestidade, não importa o quanto escutemos essa bobagem sendo repetida de modo incessante. Eles querem ter a imaginação estimulada e serem levados além das suas circunstâncias banais. Querem fantasia e objetos de desejo para cobiçar e tentar conquistar. Crie um ar de mistério ao seu redor e em torno do seu trabalho. Associe-o a algo novo, desconhecido, exótico, progressista e tabu. Não defina a sua mensagem, mas deixe-a vaga. Crie uma ilusão de ubiquidade – faça o seu objeto ser visto em todos os lugares e desejado pelos outros. Então, deixe que a cobiça, tão latente em todos os seres humanos, faça o resto, iniciando uma reação em cadeia de desejo.

> Finalmente, tenho o que eu queria. Estou feliz? Na verdade, não. Então o que me falta? A minha alma não tem mais aquela atividade estimulante conferida pelo desejo [...]. Ah, não deveríamos nos iludir – o prazer não está na satisfação, mas na busca.
>
> — *Pierre-Augustin Caron de Beaumarchais*

Chaves para a natureza humana

Por natureza, os seres humanos não se contentam facilmente com as suas circunstâncias. Por alguma força perversa dentro de nós, no momento que possuímos algo ou conseguimos o que queremos, a nossa mente divaga em direção a algo novo e diferente, imaginando que poderíamos ter algo melhor. Chamemos isso de *síndrome da grama mais verde*, o equivalente psicológico de uma ilusão de ótica – se nos aproximarmos demais da grama (do novo objeto) vemos que, de fato, não é tão verde assim.

Essa síndrome tem raízes muito profundas na nossa natureza. O exemplo mais antigo registrado é encontrado no Antigo Testamento, na história do êxodo do Egito. Escolhido por Deus para conduzir os hebreus à Terra Prometida, Moisés os guiou pelo deserto, por onde vagaram por quarenta anos. No Egito, os hebreus haviam servido como escravos e levado uma vida muito árdua. Ao sofrer as dificuldades da viagem pelo deserto, porém, de repente se tornaram nostálgicos em relação à vida anterior. Como corriam o risco de morrer de fome, Deus os proveu com o maná do céu, mas os hebreus só o conseguiam comparar de forma desfavorável a carnes, melões e pepinos deliciosos que haviam comido no Egito. Sem se entusiasmar o bastante pelos outros milagres de Deus (a divisão do Mar Vermelho, por exemplo), decidiram forjar e venerar um bezerro de ouro, mas, quando Moisés os puniu por isso, logo perderam o interesse nesse novo ídolo.

Todo o tempo reclamavam e se lamuriavam, dando a Moisés dores de cabeça constantes. Os homens desejavam as mulheres estrangeiras; o povo continuava a procurar por um novo culto para seguir. Até Deus se irritou tanto com o descontentamento interminável que barrou aquela geração inteira, inclusive Moisés, de algum dia entrar na Terra Prometida. No entanto, depois que a geração seguinte se estabeleceu na terra de leite e mel, os queixumes continuaram inalterados. O que quer que tivessem, eles sonhavam com algo melhor além do horizonte.

Mais perto, podemos observar essa síndrome em ação na nossa vida cotidiana. Olhamos o tempo todo para outras pessoas que parecem estar numa situação melhor do que a nossa – os pais as amavam mais, têm carreiras mais excitantes, uma vida mais fácil. Talvez estejamos num relacionamento perfeitamente satisfatório, mas a nossa mente continua a vagar na direção de alguém novo, que não tenha os defeitos bem reais do nosso parceiro, ou assim pensamos. Sonhamos com a ideia de sermos tirados da nossa vida tediosa ao viajar para algum lugar de cultura exótica e onde se é mais feliz do que na cidade suja em que vivemos. No momento que conseguimos um emprego, imaginamos algo melhor. No aspecto político, o nosso governo é corrupto e necessitamos de mudanças reais, talvez de uma revolução. Nessa revolução, fantasiamos uma verdadeira utopia que substitui o mundo imperfeito no qual vivemos. Não pensamos na vasta maioria das revoluções da história em que os resultados foram apenas mais do mesmo, ou algo ainda pior.

Em todos esses casos, se nos aproximássemos daqueles que invejamos, da família supostamente feliz, do outro homem ou mulher que cobiçamos, dos nativos exóticos da cultura que desejamos conhecer, daquele emprego melhor, daquela utopia, veríamos a ilusão. E, muitas vezes, quando partimos em busca desses desejos, percebemos isso com desapontamento, mas não mudamos a nossa atitude. É inevitável que sejamos seduzidos pelo próximo objeto cintilando ao longe, pelo próximo culto exótico ou por um esquema para enriquecer rápido.

Um dos exemplos mais impressionantes dessa síndrome está na impressão que temos da nossa infância à medida que esta recua no passado. A maioria de nós recorda uma época dourada de brincadeiras e excitação. Ao envelhecermos, esta se torna ainda mais dourada na nossa lembrança. É claro, esquecemos convenientemente as ansiedades, as inseguranças e as mágoas que nos atormentaram naquele período e que, com toda probabilidade, consumia mais do nosso espaço mental do que os prazeres momentâneos de que nos lembramos hoje. Entretanto, como a nossa juventude é um objeto que se torna cada vez mais distante à medida que envelhecemos, somos capazes de idealizá--la e vê-la ainda mais verde que antes.

Essa síndrome é explicável por três qualidades do cérebro humano. A primeira é conhecida como *indução*, a maneira como algo positivo gera uma imagem contrastante negativa em nossa mente. Isso é mais óbvio no nosso sistema visual. Quando vemos alguma cor – o vermelho ou o preto, por exemplo –, esta tende a intensificar a nossa percepção da cor oposta ao nosso redor – nesse caso, o verde ou o branco. Ao observarmos um objeto vermelho, muitas vezes enxergamos um halo verde que se forma em redor. Em geral, a mente funciona por meio de contrastes. Somos capazes de formular conceitos sobre algo ao tomarmos consciência do seu oposto. O cérebro está sempre concebendo esses contrastes.

O que isso significa é que, sempre que virmos ou imaginarmos algo, a nossa mente não consegue deixar de ver ou imaginar o oposto. Se somos proibidos pela nossa cultura de entreter um pensamento específico ou um desejo em particular, esse tabu de imediato nos fará pensar naquilo que é proibido. Cada "não" incita um "sim" correspondente. (Foi a criminalização da pornografia na era vitoriana que criou a primeira indústria pornográfica.) Não conseguimos controlar essa oscilação da mente entre os contrastes. Isso nos predispõe a pensar e, em seguida, desejar precisamente aquilo que não temos.

Em segundo lugar, a complacência seria um traço evolucionário perigoso para um animal consciente como o ser humano. Se os nossos primeiros ancestrais tivessem tido a predisposição a se sentirem contentes com as circunstâncias vigentes, não teriam sido sensíveis o bastante aos possíveis perigos que espreitavam por ambientes que aparentavam ser tão seguros. Nós sobrevivemos e prosperamos graças à nossa vigilância consciente contínua, que nos predispõe a contemplar e imaginar as possibilidades negativas em qualquer circunstância. Não vivemos mais nas savanas ou nas florestas apinhadas de predadores e perigos naturais nos ameaçando a vida, mas o nosso cérebro está programado como se estivéssemos. Somos propensos, portanto, a um viés negativo contínuo, que muitas vezes é expressado de forma consciente por meio de reclamações e lamentações.

Por fim, o que é real e o que é imaginado são percebidos de maneira similar pelo cérebro. Isso foi demonstrado por vários experimentos, nos quais os entrevistados que imaginavam algo produziram no cérebro uma elétrica e química notadamente semelhante àquela produzida quando vivenciavam de fato o que haviam imaginando – tudo isso foi demonstrado por meio de imagens produzidas por ressonância magnética funcional (fMRI, do inglês *Functional Magnetic Ressonance Imaging*). A realidade é bem difícil e cheia de limitações e problemas. Todos morreremos. A cada dia nos tornamos mais velhos e menos fortes. Obter o sucesso requer sacrifício e trabalho árduo. Entretanto, na nossa imaginação, podemos viajar além dessas limitações e entreter todo tipo de possibilidades. A nossa imaginação é, em essência, ilimitada. E o que imaginamos tem quase a força do que vivenciamos de verdade. Assim, nos tornamos criaturas propensas a imaginar o tempo todo algo melhor do que as nossas circunstâncias atuais e a sentir algum prazer com a fuga da realidade que a nossa imaginação nos fornece.

Tudo isso torna a "síndrome da grama mais verde" inevitável na nossa estrutura psicológica. Não deveríamos ter moralismos ou queixas sobre esse possível defeito da natureza humana. É parte da vida mental de cada um de nós, e tem muitos benefícios. É a fonte da nossa habilidade de pensar em novas possibilidades e inovar. É o que transformou a nossa imaginação num instrumento tão poderoso. E, por outro lado, é o material com o qual somos capazes de comover, entusiasmar e seduzir.

Saber como manipular a cobiça natural dos indivíduos é uma arte atemporal da qual dependemos para todas as formas de persuasão. O problema que enfrentamos hoje não é que as pessoas tenham parado de cobiçar de repente, mas justamente o contrário: estamos perdendo a nossa conexão com essa arte e com o poder associado a ela.

Vemos sinais disso na nossa cultura. Vivemos numa época de bombardeio e saturação. Os publicitários nos cobrem de mensagens e com a presença das suas marcas, nos direcionando para um lado ou para outro a fim de clicar e comprar. Os filmes nos golpeiam a mente, nos atacando os sentidos. Os políticos são mestres em despertar e explorar o nosso descontentamento a respeito das circunstâncias atuais, mas não têm nenhum senso de como incitar a nossa imaginação em relação ao futuro. Em todos esses casos, a sutileza é sacrificada, e tudo isso tem um efeito geral de endurecer a nossa imaginação, que, em segredo, anseia por algo mais.

Também vemos sinais nos relacionamentos pessoais. Cada vez mais as pessoas passam a acreditar que os outros as deveriam desejar apenas por quem são. Isso significa revelar o máximo que conseguem sobre si mesmas, expondo tudo de que gostam e desgostam, e se tornando tão familiares quanto possível. Por não deixarem nenhum espaço para a imaginação ou a fantasia, quando aquele que desejam perde o interesse nelas, vão à internet reclamar que os homens são superficiais ou que as mulheres não valem nada. Cada vez mais absorvidos em nós mesmos (veja o Capítulo 2), temos dificuldade em entrar na psicologia do outro, de imaginar o que quer de nós em vez de o que queremos dele.

Entenda: talvez apontemos para tudo isso como um sinal de que os seres humanos estão se tornando mais honestos e verdadeiros, mas a nossa natureza não muda em poucas gerações. Os indivíduos se tornaram mais óbvios e diretos não por causa de algum profundo chamado moral, mas pela autoabsorção crescente e preguiça geral. Nenhum esforço é necessário em ser apenas você mesmo ou em destruir a mensagem de alguém. E a carência de esforço resulta somente na ausência de qualquer efeito na psicologia do outro. Significa que o interesse das pessoas em você é minúsculo. A atenção delas logo passará adiante, e você não entenderá o motivo disso. Não engula o moralismo fácil da atualidade, que encoraja ser honesto à custa de ser desejável. Siga na direção oposta. Com tão poucos por aí que entendem a arte de ser desejável, o leitor terá oportunidades incontáveis de brilhar e explorar as fantasias reprimidas dos outros.

Estratégias para estimular o desejo

A chave para essa lei funcionar a seu favor é objetificar a si mesmo e o que produz. Em geral, você está trancado nos seus próprios sonhos e pensamentos. Imagina que as pessoas deveriam amá-lo e respeitá-lo por quem você é. Acredita que o que faz teria, por sua própria natureza, de excitar os demais. Afinal, investiu tanto esforço e tem grandes esperanças de sucesso. Entretanto, os outros não veem nada disso. Para eles, você é só um indivíduo entre tantos e, como tal, inspira curiosidade e excitação, ou indiferença e até hostilidade. Projetam em você as próprias fantasias e preconceitos. Uma vez que tenha se tornado público, o seu trabalho também é um objeto completamente divorciado das suas esperanças e sonhos; inspira emoções que são fracas ou fortes. Se conseguir ver a si mesmo e aquilo que produz como algo que as pessoas percebem à maneira delas, terá o poder de lhes alterar as percepções e criar objetos de desejo.

O que se segue são as três estratégias principais para criar esses objetos.

Saiba como e quando se retirar. Essa é a essência da arte. Você tem uma presença que as pessoas veem e interpretam. Se for óbvio demais, se puder ser lido e entendido com facilidade, se demonstrar as suas necessidades de forma muito visível, então elas começarão, de maneira inconsciente, a nutrir um quê de desrespeito por você; com o passar do tempo, porém, perderão o interesse. A sua presença deve ter um toque de frieza, como se você sentisse que estaria bem sem mais ninguém: sinal de que se considera digno de respeito, o que aumenta de forma inconsciente o seu valor aos olhos dos demais. Isso fará que queiram lhe seguir. Esse traço de frieza é a primeira forma de ausência que o leitor deve praticar. Acrescente a isso um pouco de vacuidade e ambiguidade sobre quem você é. As suas opiniões, valores e gostos nunca devem ser muito óbvios para os outros. Isso lhes dará espaço para ver em você o que quiserem. Os astros do cinema são peritos nisso: transformam seu rosto e sua presença em telas em branco, nas quais os espectadores projetam as próprias fantasias. Crie um ar de mistério e atraia interpretações.

Uma vez que sinta que conquistou a imaginação das pessoas, que conseguiu fisgá-las, use a ausência física e se retire. Não se mostre tão disponível. Um dia ou uma semana podem passar sem a sua presença. Crie uma sensação de vazio dentro dos outros, um toque de dor. Você ocupará porções crescentes do espaço mental deles nesses períodos de ausência, e passarão a querer mais de você, não menos.

O músico Michael Jackson desempenhou esse jogo com perfeição no nível social. Profundamente ciente dos perigos de saturar o mercado com a sua música e aparições públicas, ele deixou um bom tempo passar entre o lançamento de cada um dos seus álbuns, mantendo o público sedento por mais. Administrava com cuidado a frequência das suas entrevistas e apresentações, e nunca falava sobre o significado das suas letras ou disseminava qualquer mensagem evidente. De vez em quando, fazia seu agente publicitário vazar para a imprensa alguma história nova acerca dele – por exemplo, o uso de câmaras hiperbáricas como um modo de manter a juventude eterna. Jackson não confirmava nem negava essas histórias, e a imprensa enlouquecia. Era alguém que incitava boatos, mas nada de concreto. Por meio dessa indefinição estratégica, ele se fez um objeto de desejo contínuo – tanto de conhecê-lo melhor como de possuir a sua música.

Com o trabalho que produz, você pode criar efeitos semelhantes de cobiça. Sempre deixe a sua apresentação e mensagem relativamente em aberto. As pessoas verão no seu trabalho diversas interpretações. Nunca defina com exatidão como deveriam vê-lo ou utilizá-lo. É por isso que a obra dos grandes dramaturgos como Shakespeare e Tchekhov tem durado por tantos séculos, sempre tão viçosa e excitante; cada geração lê nas suas peças o que quer. Esses autores descreveram elementos atemporais da natureza humana, mas sem julgar ou direcionar o público para o que deveria sentir ou pensar. Tome isso como modelo para seja o que for que produzir.

Tenha em mente o seguinte: quanto mais ativa a nossa imaginação se torna, maior é o prazer que derivamos dela. Quando éramos crianças, se recebêssemos um jogo com regras e instruções explícitas, perdíamos rápido o interesse. Contudo, se o jogo fosse algo que inventássemos ou que tivesse uma estrutura solta, nos permitindo injetar as nossas próprias ideias e fantasias, conseguíamos manter a atenção por muito mais tempo. Ao vermos uma pintura abstrata que evoca sonhos ou fantasias ou um filme que não é fácil de interpretar, ou ao ouvirmos uma piada ou propaganda que é ambígua, *nós* fazemos o trabalho de interpretar, e sentimos a excitação de poder exercitar a nossa imaginação dessa maneira. Por meio do seu trabalho, você deve estimular esse prazer nas pessoas ao grau mais elevado.

Crie rivalidades do desejo. O desejo humano nunca é um fenômeno individual. Somos criaturas sociais, e o que queremos quase sempre reflete o que outras pessoas querem. Isso tem origem na nossa infância, ao vermos a atenção que os nossos pais nos davam (o primeiro objeto que cobiçamos) como um jogo de soma zero. Se os nossos irmãos recebiam muitos cuidados, haveria menos para nós. Tínhamos que competir com eles e com outros para obter atenção e afeto. Quando os nossos irmãos e amigos recebiam algo – um presente ou favor –, isso incitava um desejo competitivo de ter a mesma coisa. Se algum objeto ou pessoa não fosse desejado por outros, tendíamos a vê-los com indiferença ou desgosto – deveria haver algo de errado com eles.

Isso se torna um padrão para a vida inteira, e em alguns ele é mais visível. Nos relacionamentos, esses indivíduos só se interessam por homens ou mulheres comprometidos, desejados de maneira evidente por uma terceira pessoa. Almejam roubar esse objeto amado e triunfar, numa dinâmica cujas raízes, com certeza, estão na infância. Se outros estão ganhando dinheiro graças a algum novo artifício, eles não querem só participar, mas dominar o mercado. Há aqueles, porém, em que esse padrão é mais sutil. Veem alguém de posse de algo que parece excitante, e o desejo que sentem não é o de roubar, mas de compartilhar e participar da experiência. Em qualquer uma dessas direções, indivíduos ou objetos desejados por outros têm maior valor.

Aprenda a explorar isso. Se conseguir de algum modo criar a impressão de que outros estão interessados em você ou no seu trabalho, vai atrair as pessoas para si sem ter de dizer uma palavra ou se impor. Elas irão até você. Empenhe-se para se cercar de uma aura social, ou pelo menos dar essa ilusão.

É possível criar esse efeito de diversas maneiras. Consiga que o seu objeto seja visto ou ouvido em todos os lugares, encorajando até mesmo a pirataria se necessário, como fez Chanel. Não intervenha de forma direta. Isso vai incitar de modo inevitável algum tipo de atração viral. Você pode acelerar esse processo alimentando boatos ou histórias sobre o objeto por canais variados. As pessoas começarão a falar, e o boca a boca propagará o efeito. Mesmo a controvérsia ou os comentários negativos servirão, às vezes melhor do que elogios, dando ao seu objeto um toque provocador e transgressivo. De qualquer forma, o ser humano é atraído pelo negativo. O seu silêncio ou visível falta de direcionamento da mensagem permitirá que as pessoas espalhem as suas próprias histórias e interpretações. O leitor também pode conseguir que personalidades importantes e formadoras de opinião falem a respeito do seu objeto, atiçando o interesse. O que você está oferecendo, estes dirão, é novo, revolucionário, algo inédito, do qual nunca se ouviu falar antes. Comercialize o futuro, as tendências. A certa altura, muitos sentirão atração e não vão querer ser deixados de fora, o que atrairá ainda mais pessoas. O único problema desse jogo é que, no mundo de hoje, você vai enfrentar muita competição por esses efeitos virais, e o público é incrivelmente volúvel. Seja um mestre não apenas em iniciar essas reações em cadeia, mas em revigorá-las ou criar novas.

Como indivíduo, deixe claro que é desejado, que tem um passado – não tão intenso a ponto de inspirar desconfiança, mas o bastante para sinalizar que outros o acharam cobiçável. É importante ser indireto quanto a isso. Você quer que eles ouçam histórias sobre o seu passado. Quer que vejam literalmente a atenção que recebe de homens ou mulheres, tudo isso sem dizer uma palavra. Qualquer ostentação ou sinal explícito vai neutralizar o efeito.

Em qualquer situação de negociação, sempre se empenhe para introduzir uma terceira ou quarta parte para competir pelos seus serviços, criando uma rivalidade de desejo. Isso aumentará de imediato o seu valor não apenas em termos de uma guerra de propostas, mas também no fato de que as pessoas verão que outros o querem.

Utilize a indução. Talvez pensemos que vivemos numa época de grande liberdade em comparação com o passado, mas, na verdade, hoje o mundo é mais regulamentado do que nunca. Todos os nossos movimentos são rastreados digitalmente. Há inúmeras leis governando todos os aspectos do comportamento humano. O politicamente correto, que sempre existiu, é mais intenso por termos nos tornado tão visíveis nas redes sociais. Quase todos nós nos sentimos incomodados ou esmagados por todas essas restrições aos nossos movimentos físicos e mentais. Ansiamos pelo que é transgressivo e que está além dos limites que nos são estabelecidos. É fácil nos atrair em direção àquele "não" ou "sim" reprimido.

Você deve associar o seu objeto com algo um pouco ilícito, não convencional, ou avançado em termos políticos. Chanel fez isso com o seu visual nitidamente andrógino e o desdém pelos papéis de gênero.

A luta de gerações é sempre o material perfeito. O que você oferece é um contraste ousado à tediosa geração anterior. John F. Kennedy o fez ao se posicionar contra a década de 1950 e a era Eisenhower – um período de conformidade embrutecida. Em contraste, votar em Kennedy significava juventude, vigor e masculinidade perdida. Em essência, ele instigava o ressentimento secreto quanto à figura paterna e o desejo transgressivo de se livrar dela. Esse desejo está sempre presente de forma tácita entre os jovens, e sempre tem um elemento de tabu ligado a ele.

Um desejo ilícito que quase todo mundo compartilha é o voyeurismo. Espiar a vida particular dos outros viola os rígidos tabus sociais sobre a privacidade, mas todos sentem vontade de ver o que acontece por trás das portas das pessoas. O teatro e o cinema contam com esses desejos voyeurísticos, formas de arte que nos colocam dentro dos quartos alheios para vivenciarmos isso quase como se as estivéssemos espiando literalmente. No seu trabalho, experimente dar a impressão de que está revelando segredos que, na verdade, não deveria compartilhar. Alguns se mostrarão ultrajados, mas todos ficarão curiosos. Podem ser segredos a respeito de você mesmo e sobre como conseguiu fazer o que fez, ou segredos de outras pessoas ou o que acontece por trás das portas fechadas de indivíduos poderosos e as leis pelas quais estes operam.

De qualquer modo, ofereça algo novo, desconhecido e exótico, ou, pelo menos, apresentado como tal. O contraste com o que já existe, com o que é tão convencional a ponto de dar sono, criará uma corrente de cobiça.

Por fim, provoque pessoas com o prospecto de agarrar o inatingível ou o impossível. A vida é cheia de todo tipo de limitações e dificuldades irritantes. Tornar-se rico e bem-sucedido requer grande esforço. Estamos trancados dentro do nosso próprio caráter (veja o Capítulo 4) e não conseguimos ser mais ninguém. Não temos como recobrar a juventude perdida ou a saúde que se foi com ela. Cada dia nos leva mais para perto da morte, a limitação derradeira. O seu objeto, porém, oferece a fantasia de um caminho rápido para a riqueza e o sucesso, de um meio de recobrar a juventude perdida, de se tornar um novo alguém e até de derrotar a própria morte. As pessoas se agarrarão com voracidade a essas ofertas porque são consideradas impossíveis. Pela lei da indução, podemos imaginar todos esses atalhos e fantasias (assim como o fazemos com um unicórnio), o que nos deixa com o desejo de alcançá-los, e imaginá-los é quase o mesmo que vivenciá-los.

Lembre-se: não é a posse, mas o desejo que, em segredo, impele os outros. É inevitável que possuir algo gere algum desapontamento e incite o desejo pela busca de algo novo. Você está atacando a necessidade humana de ter fantasias e os prazeres de tentar realizá-las. Nesse sentido, os seus esforços devem ser renovados de forma contínua. Uma vez que as pessoas o possuam ou consigam o que querem, imediatamente o seu valor e o respeito por você começarão a decair. Continue a se ausentar, surpreendendo e estimulando a caçada. Enquanto fizer isso, o poder será seu.

O DESEJO SUPREMO

O nosso caminho deve sempre seguir em direção a uma consciência maior da nossa natureza. Precisamos ver dentro de nós mesmos a "síndrome da grama mais verde" em funcionamento, e a maneira como esta nos impele a realizar certas ações. Temos que ser capazes de distinguir entre o que é positivo e produtivo nas nossas tendências gananciosas, e o que é negativo e contraprodutivo. No lado positivo, sentir-se inquieto e descontente pode nos motivar a buscar algo melhor e a não nos conformarmos com o que possuímos. Considerarmos outras possibilidades amplia a nossa imaginação e não só as circunstâncias que enfrentamos. Ao envelhecermos, tendemos a nos tornar mais complacentes, e revigorar a inquietude da nossa primeira infância nos mantém jovens e com a mente ativa.

Essa inquietude, porém, deve permanecer sob controle consciente. Muitas vezes, o nosso descontentamento é apenas crônico; o nosso desejo por mudanças é vago e um reflexo do nosso tédio. Isso leva a um desperdício de tempo precioso. Estamos infelizes com a maneira como a nossa carreira está progredindo e por isso fazemos uma grande mudança, o que requer aprender novas habilidades e adquirir novos contatos. Apreciamos a novidade disso tudo. No entanto, muitos anos mais tarde, voltamos a sentir a pontada de descontentamento. Esse novo caminho também não é o certo. Teria sido melhor pensar mais a fundo sobre isso, localizando os aspectos da nossa carreira anterior que não nos agradavam, e tentar uma mudança mais delicada, escolhendo uma linha de trabalho relacionada à anterior, mas que exige uma adaptação das nossas habilidades.

Em termos de relacionamentos, podemos passar a vida procurando pelo homem ou mulher perfeitos, e acabar sozinhos. Não há ninguém perfeito. Em vez disso, é melhor se reconciliar com os defeitos do outro e aceitá-lo, ou mesmo ver certo charme nas suas fraquezas. Acalmando os nossos desejos de cobiça, aprenderemos a arte do compromisso e a fazer um relacionamento dar certo, o que nunca ocorre com facilidade ou naturalidade.

Em vez de perseguir de modo constante as últimas tendências e moldar os nossos desejos naquilo que outros consideram excitante, deveríamos empregar o nosso tempo conhecendo melhor os nossos próprios gostos e desejos, de forma a distinguir o que queremos ou necessitamos de verdade daquilo que foi fabricado por publicitários ou por efeitos virais.

A vida é curta e temos uma quantidade limitada de energia. Levados pelos nossos desejos gananciosos, desperdiçaríamos tempo demais em buscas e mudanças fúteis. Em geral, não espere por algo melhor, mas, em vez disso, faça o melhor com o que você já tem.

Pense nisso desta forma: você está inserido num ambiente que consiste das pessoas que conhece e dos locais que frequenta. Essa é a sua realidade, para longe da qual sua mente é atraída de forma contínua, por causa da natureza humana. Você sonha com viagens para locais exóticos, mas, se for para lá, vai apenas arrastar consigo o seu estado de espírito descontente. Procura por entretenimento que lhe forneça novas fantasias para consumir. Lê livros cheios de ideias que não têm nenhuma relação com a sua vida cotidiana, repletas de especulações vazias a respeito de elementos que existem apenas de forma parcial. E nada desse tumulto e desejo incessante pelo que está por vir leva a algo satisfatório – apenas desperta mais quimeras para perseguir. No fim, você não consegue escapar de si mesmo.

Por outro lado, a realidade o chama. Absorver a mente no que está mais próximo, em vez de naquilo que está mais distante, traz uma sensação bem diferente. Com as pessoas do seu círculo, você sempre consegue se conectar num nível mais profundo. Há muito a descobrir sobre aqueles com quem se lida, e isso tem o potencial de ser uma fonte de fascinação interminável. Conecte-se de modo mais intenso com o seu ambiente. O local em que vive tem uma história imensa na qual você poderia imergir. Conhecer melhor o seu ambiente lhe fornecerá muitas oportunidades de poder. Em você mesmo, há cantos misteriosos que você nunca compreende totalmente. Ao tentar se conhecer melhor, domine a sua própria natureza, em vez de se manter escravo dela. E o seu trabalho tem possibilidades infindas de aprimoramento e inovação, desafios incontáveis para sua imaginação. Esses são os elementos mais próximos de você e que compõem o seu mundo real, não virtual.

No fim, cobice um relacionamento mais profundo com a realidade, o que lhe trará calma, foco e poderes práticos para alterar o que é possível alterar.

> É aconselhável fazer que todos que conhece – sejam estes homens ou mulheres – sintam de vez em quando que você poderia muito bem lhes dispensar a companhia. Isso consolidará as amizades. Não, com a maioria das pessoas, não há nenhum mal em adicionar um grão ocasional de desdém à maneira como as trata; isso as fará valorizarem a sua amizade ainda mais [...]. Entretanto, se pensarmos de fato muito bem de alguém, deveríamos ocultar isso dele como se fosse um crime. Não é muito gratificante, mas é o correto. Ora, um cão não tolera ser tratado com excessos de gentileza, quanto mais um homem!
>
> — *Arthur Schopenhauer*

6
Eleve a sua perspectiva
A Lei da Miopia

Faz parte do lado animal da sua natureza se impressionar tanto com o que vê e ouve no presente – as notícias e tendências mais recentes, as opiniões e ações das pessoas ao seu redor, seja o que for que pareça mais dramático. Isso é o que o faz se deixar enganar por esquemas sedutores que prometem resultados rápidos e dinheiro fácil. É isso também que o faz reagir de maneira exagerada às circunstâncias atuais, tornando-se excessivamente eufórico ou apavorado à medida que os acontecimentos se voltam numa direção ou em outra. Aprenda a medir as pessoas pela estreiteza ou amplitude da visão delas; evite se envolver com aqueles que não conseguem enxergar as consequências das suas ações, que demonstram sempre uma atitude reativa. Eles o contagiarão com essa energia. Mantenha os olhos nas tendências mais fortes que governam os acontecimentos, naquilo que não é visível de imediato. Nunca perca de vista as suas metas de longo prazo. Com uma perspectiva elevada, terá paciência e lucidez para atingir qualquer objetivo.

Momentos de loucura

Por todo o verão e início do outono de 1719, o inglês John Blunt (1665-1733), um dos principais diretores da Companhia dos Mares do Sul, acompanhou as notícias mais recentes de Paris com ansiedade crescente. Os franceses estavam em meio a uma expansão econômica espetacular, alimentada em especial pelo sucesso da Companhia do

Mississippi, uma empresa fundada pelo escocês exilado John Law com o intuito de explorar as riquezas dos territórios da Louisiana controlados pela França. Law vendeu ações de seu negócio, e, à medida que os preços continuavam a subir, franceses de todas as classes resgatavam as ações e se tornavam fabulosamente detentores de muito dinheiro. A própria palavra *milionário* foi cunhada nesses meses para se referir a esses novos ricos.

Essas notícias encheram Blunt de raiva e inveja. Ele era um cidadão inglês leal. Com o sucesso da Companhia do Mississippi, Paris atraía capital de investimentos de toda a Europa; se continuasse assim, a França logo se tornaria a capital financeira do mundo, superando Amsterdã e Londres. Esse poder recém-fundado dos franceses por certo seria um desastre para a Inglaterra, a sua arqui-inimiga, ainda mais se outra guerra eclodisse entre os dois países.

Em termos pessoais, Blunt era um homem de grandes ambições. Filho de um sapateiro humilde, desde cedo na vida, almejara ascender às camadas mais elevadas da sociedade inglesa. O modo de chegar lá, ele acreditava, seria a revolução financeira que se espalhava pela Europa, centrada na popularidade cada vez maior de corporações de capital coletivo como a de Law e como a Companhia dos Mares do Sul. Ao contrário da fortuna acumulada por meio do método tradicional da propriedade de terras, que era caro de administrar e sujeito a impostos altíssimos, obter dinheiro com a compra de ações era relativamente fácil, e os lucros eram livres de impostos – investimentos vistos como a última moda em Londres. Blunt tinha planos de transformar a Companhia dos Mares do Sul na maior e mais próspera empresa de capital coletivo da Europa, porém John Law se antecipara com uma iniciativa ousada, e com o apoio total do governo francês. Blunt teria simplesmente que pensar em algo maior e melhor, para o próprio bem e pelo futuro da Inglaterra.

A Companhia dos Mares do Sul havia sido formada em 1710 como uma iniciativa que cuidaria e gerenciaria parte dos enormes débitos do governo inglês, em troca do monopólio sobre todo o comércio da Inglaterra na América do Sul. Com o passar dos anos, a empresa não realizou quase nenhum comércio, mas serviu de banco informal para o governo. Como seu líder, Blunt formou relacionamentos com os ingleses mais ricos e poderosos, em particular o próprio rei Jorge I (1660--1727), que se tornou um dos maiores investidores e que foi nomeado governador da companhia. O lema de Blunt para a vida havia sempre sido: "Pense grande"; e isso lhe serviu bem. Assim, esforçando-se para encontrar uma maneira de sobrepujar os franceses, concebeu afinal, em outubro de 1719, um esquema digno do seu lema e que, ele tinha certeza, mudaria o curso da história.

O maior problema que o governo inglês, encabeçado pelo rei, enfrentava eram as dívidas imensas que contraíra no decorrer de trinta anos durante as guerras travadas contra a França e a Espanha, todas financiadas por meio de empréstimos. A proposta de Blunt era simples e bem espantosa: a Companhia dos Mares do Sul pagaria ao governo uma boa taxa a fim de assumir por completo a dívida, no valor de colossais 31 milhões de libras. (Em troca, a empresa receberia um pagamento de juros anuais sobre a dívida.) Essa dívida de 31 milhões de libras seria, então, privatizada e vendida como se fosse uma mercadoria, como ações da Companhia dos Mares do Sul – uma ação valendo 100 libras da dívida. Aqueles que emprestassem dinheiro ao governo poderiam converter os comprovantes desse débito em ações equivalentes da Companhia dos Mares do Sul. As ações que sobrassem seriam vendidas ao público.

O preço inicial de uma ação seria 100 libras. Como com qualquer ação, o preço subiria e cairia, mas, neste caso, se tudo desse certo, o preço só subiria. A Companhia dos Mares do Sul tinha um nome intrigante e mantinha a possibilidade de começar a comerciar com a vasta fortuna da América do Sul. Era também dever patriótico dos credores ingleses participarem do esquema, já que estariam ajudando a cancelar a dívida, e teriam o potencial de lucrar muito mais dessa forma do que com os pagamentos de juros anuais que o governo lhes pagaria. Caso o preço das ações subisse, como era quase certo que aconteceria, os compradores as resgatariam com lucro, e a empresa seria capaz de pagar ótimos dividendos. Como por magia, a dívida seria transformada em fortuna. Essa era a solução para todos os problemas do governo, e asseguraria a Blunt fama duradoura.

O rei Jorge, em novembro de 1719, ao ouvir pela primeira vez a respeito da proposta de Blunt, se mostrou bem confuso. Não conseguia entender como um negativo tão grande (a dívida) poderia ser transformado de maneira instantânea num positivo. Além disso, esse novo jargão das finanças lhe era de todo incompreensível. Contudo, Blunt falava com tanta convicção que o rei se viu contagiado com seu entusiasmo. Afinal, ele estava prometendo resolver os dois maiores problemas de Jorge com uma única manobra, e era difícil resistir a esse prospecto.

Jorge era bastante impopular, um dos reis ingleses menos aceitos de todos os tempos. Não era de todo culpa dele: não era inglês de nascimento, mas alemão. O seu título anterior havia sido Duque de Brunswick e Eleitor de Hanover. Quando a rainha Ana da Inglaterra morreu, em 1714, Jorge era seu parente vivo protestante mais próximo. No entanto, no momento que ascendeu ao trono, os seus novos súditos não o apreciaram muito. Falava inglês com um sotaque horrível, tinha maneiras rudes e se mostrava sempre ávido por mais dinheiro. Apesar da idade avançada, cortejava o tempo todo mulheres que não a esposa, nenhuma das quais muito atraentes. Nos primeiros anos do seu reinado, houve várias tentativas de golpe, e o público teria celebrado a mudança caso um tivesse sido bem-sucedido.

Jorge estava desesperado para provar aos novos súditos que era capaz de ser um grande rei, do seu próprio jeito. O que odiava mais do que tudo eram as dívidas esmagadoras que o governo havia contraído antes que ele subisse ao trono. E tinha uma reação quase alérgica a qualquer tipo de dívida, como se o sangue lhe estivesse sendo sugado.

Agora lá estava Blunt, oferecendo-lhe a oportunidade de cancelar as dívidas e levar a prosperidade à Inglaterra, fortalecendo a monarquia no processo. Era quase bom demais para ser verdade, e ele deu o seu apoio integral à ideia. Delegou ao ministro das finanças, John Aislabie, a tarefa de apresentar aquela sugestão ao parlamento em janeiro de 1720, que teria de aprová-la na forma de um projeto de lei. Quase de imediato, a proposta de Blunt despertou oposição ferrenha entre muitos membros do parlamento, alguns dos quais a consideraram ridícula. Contudo, nas semanas que se seguiram ao discurso de Aislabie, os opositores do projeto de lei viram com horror o apoio ao lado deles murchar aos poucos. Ações antecipadas do empreendimento tinham sido praticamente dadas aos ingleses mais ricos e poderosos, inclusive a membros proeminentes do parlamento, que, pressentindo o lucro pessoal certo que obteriam, agora resolveram aprovar a proposta.

Quando autorizada em abril daquele ano, o próprio rei Jorge visitou a sede da Companhia dos Mares do Sul e depositou 100 mil libras por ações no novo empreendimento. Queria demonstrar a sua confiança nele, mas esse passo nem era necessário, pois o suspense sobre a passagem do projeto de lei havia fascinado o público, e o interesse nas ações da Companhia dos Mares do Sul já alcançava um estado de excitação febril. O centro da atividade era uma área de Londres conhecida como Exchange Alley ("alameda do câmbio", em inglês), onde quase todas as ações eram vendidas. Agora, a rua estreita e as outras em redor estavam atravancadas com o tráfego que se intensificava a cada dia.

A princípio, foram na maioria os ricos e influentes que chegaram em suas carruagens sofisticadas para comprar as ações, entre eles artistas e intelectuais – inclusive John Gay, Alexander Pope e Jonathan Swift. Em seguida, Sir Isaac Newton sentiu a força da corrente e investiu boa parte das suas economias, 7 mil libras. Algumas semanas mais tarde, porém, passou a ter dúvidas. O preço subia, mas o que sobe com certeza pode cair, e ele vendeu as ações, dobrando o investimento inicial.

Logo, boatos começaram a circular de que a empresa estava prestes a iniciar o comércio com a América do Sul, onde todos os tipos de riqueza jaziam enterrados nas montanhas. Isso só pôs mais lenha na fogueira, e pessoas de todas as classes convergiram para Londres a fim de comprar ações da Companhia dos Mares do Sul. Blunt, dizia-se, era um alquimista financeiro que havia descoberto o segredo de transformar dívidas em riquezas. Na zona rural, os fazendeiros tiraram de debaixo da cama as moedas que economizaram a vida toda, e enviaram os filhos e sobrinhos para comprar o máximo de ações possível. A febre se espalhou por entre as mulheres de todas as classes, que, em geral, não mexiam com essas coisas. Agora, atrizes se misturavam com duquesas na Exchange Alley. Todo o tempo, o preço aumentava, para mais de 300 libras, logo chegando a 400 libras.

Como havia acontecido na França, a Inglaterra agora vivia uma expansão financeira espetacular. Em 28 de maio, o rei celebrou o seu sexagésimo aniversário e, para alguém famoso pela frugalidade, foi a festa mais opulenta que já se havia visto, com enormes banheiras cheias de vinho tinto e champanhe. Na comemoração, uma mulher se gabava da nova fortuna conquistada ostentando um vestido incrustado de joias no valor de mais de 5 mil libras. Em todos os cantos de Londres, os ricos demoliam mansões e as substituíam por casas ainda maiores e majestosas. Criados domésticos e carregadores de bagagem se demitiam dos seus empregos e compravam carruagens caras, contratando os seus próprios criados e carregadores. Uma jovem atriz fez fortuna tão grande que resolveu se aposentar, alugando um teatro inteiro para se despedir dos fãs devotados. Uma dama da aristocracia se viu estupefata certa noite na ópera ao presenciar sua antiga criada ocupando agora um camarote mais caro do que o dela. Jonathan Swift escreveu numa carta a um amigo: "Perguntei a alguns que vieram de Londres qual é a religião de lá. Disseram-me que são as ações da Mares do Sul. 'Qual é a política da Inglaterra?' A resposta é a mesma. 'O que se comercia?' Ainda a Mares do Sul. 'E como são os negócios?' Nada além da Mares do Sul". Em meio a essa onda febril de compra e venda, lá estava John Blunt bombeando o fluxo, fazendo todo o possível para estimular o interesse nas ações da Mares do Sul e manter o custo ascendente. Ele vendeu as ações em várias assinaturas, oferecendo termos generosos de pagamento, às vezes pedindo apenas um adiantamento de 20% para ingressar. A cada 400 libras em investimentos, passaria a dever 300 libras. Queria manter a procura e fazer as pessoas sentirem que estariam perdendo a sua única oportunidade de enriquecer. Logo o preço superou 500 libras e continuou a subir. A 15 de junho, ele havia estabelecido o preço da assinatura ao valor astronômico de mil libras, com apenas 10% de entrada e parcelas de 10% espalhadas por mais de quatro anos. Poucos conseguiam resistir a esses termos. Naquele mesmo mês, o rei Jorge nomeou Blunt cavaleiro. Agora um baronete, Sir John Blunt se posicionou no topo da sociedade inglesa. Sim, era muito pouco atraente e um tanto quanto pomposo, no entanto tornou tantas pessoas tão ricas que agora era a celebridade mais apreciada da Inglaterra.

Eleve a sua perspectiva

À medida que os ricos e poderosos se preparavam para deixar Londres para os meses de verão, o ânimo estava positivamente eufórico. Blunt afetava um ar despreocupado e autoconfiante, mas, por dentro, começava a se sentir ansioso, até mesmo apavorado. Havia tantos elementos que deixara de prever. Sem querer, inspirara um movimento precipitado de novas iniciativas especulativas, algumas envolvendo ideais legítimas e outras obviamente absurdas, como o desenvolvimento de uma roda de movimento perpétuo. As pessoas agora sentiam a febre e jogavam parte do seu dinheiro nessas novas empresas de capital coletivo. Cada 1 libra que ia para uma delas era 1 libra a menos que a população tinha para gastar na Companhia dos Mares do Sul, e isso era um problema crescente, já que existia uma quantidade limitada de dinheiro na Inglaterra e havia limites para o quão longe ele conseguiria ir oferecendo crédito. De forma análoga, começava-se a pôr dinheiro em terras como um investimento seguro para o futuro, muitas vezes vendendo-se as ações da Mares do Sul com esse propósito. O próprio Blunt fazia isso, sem que o público soubesse.

O mais perturbador era que os franceses tinham perdido a fé no empreendimento no Mississippi e estavam retirando o seu dinheiro; o capital havia se tornado escasso, e a economia francesa agora sofria uma depressão súbita. Isso com certeza afetaria os ânimos em Londres. Antes que as pessoas voltassem das férias de verão, Blunt precisava agir.

Trabalhando com o parlamento, ele conseguiu aprovar o Ato da Bolha Financeira de 1720, que bania todos os investimentos de capital coletivo não autorizados pela Carta Real. Isso daria fim à especulação desenfreada. Entretanto, essa solução gerou consequências que ele não previu. Milhares investiram as suas economias nesses novos negócios e, como estes agora haviam sido criminalizados, não era possível recuperar o dinheiro. O único recurso que sobrara era vender as ações da Mares do Sul. Muitos dos que utilizaram crédito para comprar ações da Mares do Sul se viram enfrentando parcelas que não eram mais capazes de pagar, as quais tentaram vender também. O preço das ações da Mares do Sul começou a cair. Naquele mês de agosto, multidões se formaram fora da sede da Mares do Sul à medida que as pessoas se sentiam desesperadas para vender.

Perto do fim de agosto, Blunt também entrou em desespero. Decidiu lançar a quarta assinatura de dinheiro, de novo a mil libras. Agora, os termos eram mais generosos do que nunca e, ainda por cima, ele prometia um dividendo de Natal espantosamente alto de 30%, a ser seguido por um dividendo anual de 50%. Alguns foram atraídos de volta para o esquema pela proposta sedutora, inclusive o próprio Sir Isaac Newton. Outros, porém, como se estivessem acordando de um sonho, começaram a se indagar sobre o fenômeno todo: como uma empresa que não havia comercializado nada ainda com a América do Sul, cujo único bem tangível eram os juros que o governo pagava sobre a sua dívida, era capaz de oferecer dividendos tão altos? Agora o que tinha parecido alquimia ou magia se revelava um verdadeiro trote sobre o público. No início de setembro, a liquidação se transformou em pânico, à medida que quase todos corriam para converter as ações em papel em algo real, em moedas ou metal de algum tipo.

Com o pânico crescente para recuperar o dinheiro, o Banco da Inglaterra por pouco não foi arruinado – a moeda quase se esgotou. Estava claro agora, naquele país, que a festa tinha acabado. Muitos haviam perdido as suas fortunas e economias da vida toda na derrocada repentina. O próprio Isaac Newton teve um prejuízo de cerca de 20 mil libras, e a partir daí a mera menção de finanças ou banco o deixava doente. As pessoas tentavam vender o que conseguiam. Logo, houve uma onda de suicídios, inclusive do sobrinho de Sir John Blunt, Charles, que cortou a garganta após descobrir a natureza precisa das suas perdas.

O próprio Blunt era perseguido nas ruas e quase foi morto por um assassino. Teve que escapar rápido de Londres. Passou o resto da vida na cidade de Bath, sobrevivendo graças aos fundos bem modestos que lhe sobraram depois que o parlamento lhe tomou quase todo o dinheiro que havia ganhado por meio do esquema da Mares do Sul. Talvez no isolamento ele tenha conseguido contemplar a ironia de tudo aquilo – de fato, mudara o curso da história e assegurara fama para todo o sempre, como o homem que concebeu um dos esquemas mais absurdos e destrutivos já imaginados no mundo dos negócios.

Interpretação: John Blunt era um empresário pragmático e obstinado com um único objetivo: fazer uma fortuna duradoura para si e para a família. No verão de 1719, porém, esse homem bastante realista foi tomado por um tipo de febre. Quando começou a ler sobre o que estava acontecendo em Paris, sentiu-se atingido por todo o drama. Eram histórias vívidas sobre franceses ordinários ganhando fortunas de maneira repentina. Ele nunca antes havia pensado que investimentos em empresas de capital coletivo poderiam render resultados tão rápidos, mas as evidências da França eram irrefutáveis. Queria levar uma sorte similar à Inglaterra e, ao criar o seu plano, é natural que tenha imitado muitos dos aspectos do esquema de Law, apenas aumentando as dimensões deste.

O que impressiona aqui, porém, é que uma pergunta bem óbvia nunca lhe passou pela cabeça. O esquema dependeria do crescimento do preço das ações. Se aqueles que converteram os documentos da dívida do governo em ações tivessem de pagar 200 libras por ação em vez de 100, receberiam menos ações, o que deixaria mais ações para a Mares do Sul vender ao público e fazer um bom lucro. Se estas fossem compradas a 200 libras, elas agora valeriam mais se o preço continuasse a aumentar e fossem vendidas em algum momento. Ver o preço subir convenceria mais credores a converter as suas ações, mais pessoas as comprariam e todos ganhariam. Contudo, como o preço poderia continuar subindo se não era baseado em bens reais, conforme ocorre no comércio? Se começasse a cair (o que era inevitável), o pânico se instalaria, já que se perderia a fé no esquema, dando início a uma reação em cadeia com a venda das ações. Ele não previu isso?

A resposta é simples: a perspectiva temporal de Blunt havia se encolhido ao ponto em que ele perdeu a habilidade de ver meses no futuro e considerar as consequências. Mesmerizado pelos acontecimentos na França e imaginando toda a riqueza e poder que estava prestes a obter, só conseguia se concentrar no presente, garantindo que o esquema tivesse um lançamento bem-sucedido. O êxito inicial serviu apenas para fazê-lo imaginar que aquela tendência continuaria por um longo tempo. À medida que progredia, por certo entendeu que precisava fazer o preço subir ainda mais rápido, e a única solução era atrair mais investidores por meio de termos generosos de crédito. Isso tornaria o esquema ainda mais precário, uma solução que incorria em vários perigos novos. O Ato da Bolha Financeira e os dividendos generosos acarretaram riscos imediatos ainda maiores, mas a essa altura a perspectiva temporal de Blunt havia encolhido para uma questão de dias. Se ele apenas conseguisse manter o navio flutuando por mais uma semana, encontraria uma nova solução. Por fim, o tempo se esgotou.

Quando as pessoas perdem a conexão entre as suas ações e as consequências, elas deixam de ter noção da realidade, e quanto mais isso prossegue, mais dá a impressão de se estar louco. A loucura que dominou Blunt logo contagiou o rei, o parlamento e, por fim, toda uma nação de cidadãos famosos por seu bom senso. Uma vez que os ingleses viram os seus compatriotas ganhando grandes quantias de dinheiro, tornou-se um fato — o esquema tinha que ser um sucesso. Eles também perderam a habilidade de pensar com alguns meses de antecipação. Veja o que aconteceu com Sir Isaac Newton, um modelo de racionalidade que, no princípio, foi contagiado pela febre, mas cuja mente lógica, depois de uma semana, enxergou os buracos no esquema; por isso, ele vendeu as ações que possuía. Observou, então, outros obtendo somas ainda maiores de dinheiro do que as suas míseras 14 mil libras, e isso o aborreceu. Em agosto, voltou a investir, mesmo sendo absolutamente o pior momento para tanto. O próprio Sir Isaac Newton perdera a habilidade de pensar além do dia seguinte. Como um banqueiro holandês comentou sobre a cena na Exchange Alley: "[Parecia que] nada menos do que todos os lunáticos haviam escapado do hospício de uma vez só". Entenda: nós, seres humanos, tendemos a viver no momento. É a parte animal da nossa natureza. Respondemos primeiro e acima de tudo ao que vemos e ouvimos, ao que é mais dramático num acontecimento. Entretanto, não somos apenas animais atrelados ao presente. A realidade humana engloba o passado — cada acontecimento está conectado a algo que ocorreu antes numa cadeia infinita de causalidade histórica. Qualquer problema atual tem raízes profundas no passado. Também engloba o futuro. O que quer que façamos tem consequências que se estendem longe nos anos que estão por vir.

Quando limitamos os nossos pensamentos àquilo que os nossos sentidos nos informam, ao que é imediato, descendemos ao puro nível animal em que os nossos poderes de raciocínio são neutralizados. Não temos mais ciência de como e por que tudo acontece. Imaginamos que algum esquema bem-sucedido que durou alguns meses só vai melhorar. Não consideramos mais as consequências possíveis de algo que colocamos em movimento. Reagimos ao que é dado no momento, com base em apenas pequenas peças do quebra-cabeça. É natural que as nossas ações levem, portanto, a consequências não intencionadas, ou mesmo a desastres como a quebra da Companhia dos Mares do Sul ou à crise mais recente de 2008.

Para complicar a questão, estamos cercados por outras pessoas que estão sempre reagindo, nos atraindo cada vez mais para o presente. Os vendedores e demagogos exploram essa fraqueza da natureza humana para nos enganar com o prospecto de ganhos fáceis e gratificação instantânea. O nosso único antídoto é nos treinar para nos afastarmos continuamente da urgência imediata dos acontecimentos e elevar a nossa perspectiva. Em vez de reagir apenas, devemos recuar e estudar o contexto mais amplo. Consideraremos as várias ramificações possíveis de qualquer ação que realizarmos. Manteremos em mente as nossas metas de longo prazo. Muitas vezes, ao elevar a nossa perspectiva, decidiremos que é melhor não fazer nada, não reagir, e deixar o tempo passar e ver que este revela. (Se Blunt tivesse aguardado apenas alguns meses, teria visto o esquema de Law fracassar, e a Inglaterra teria sido poupada da ruína que se seguiu.) A sanidade e o equilíbrio não nos vêm naturalmente. São poderes que adquirimos com grande esforço, e representam o ápice da sabedoria humana.

> Sei calcular o movimento dos corpos celestes, mas não a loucura das pessoas.
>
> — *Sir Isaac Newton*

Chaves para a natureza humana

Quase todos nós já vivenciamos algo semelhante aos seguintes cenários: alguém de quem precisamos ou dependemos não nos presta a devida atenção, sem retornar os nossos telefonemas. Frustrados, expressamos os nossos sentimentos a essa pessoa, ou dobramos os esforços para obter uma resposta. Ou encontramos um problema, um projeto que não está indo bem, e escolhemos uma estratégia e realizamos as ações apropriadas. Ou um novo alguém surge em nossa vida e, cativados por seu charme e energia estimulante, o tornamos nosso amigo.

Então, semanas se passam e somos forçados a reavaliar o que aconteceu e como reagimos. Novas informações vêm à tona. Aquele indivíduo que não nos respondeu estava inundado de trabalho. Se tivéssemos aguardado e não sido tão impacientes, teríamos evitado alienar um aliado valioso. Aquele problema que tentamos solucionar não era tão urgente assim, e nós o tornamos pior ao precipitar um resultado. Precisávamos saber mais antes de agir. E aquele novo amigo se revela não sendo tão simpático; na verdade, o tempo prova que este é um sociopata destrutivo de cuja amizade levaremos anos para nos curar. Um pouco mais de distância teria nos deixado ver os sinais de perigo antes que fosse tarde demais. Olhando para a nossa vida pregressa, tendemos a ser impacientes e a reagir de forma exagerada; notamos padrões de comportamento por longos períodos de tempo que escapam à nossa atenção quando ocorrem, mas que mais tarde se tornam mais claro para nós.

O que isso significa é que, no presente momento, carecemos de perspectiva. Com a passagem do tempo, obtemos mais informações e enxergamos mais da verdade; o que estava invisível para nós agora se torna visível em retrospecto. O tempo é o maior professor de todos, o revelador da realidade.

Podemos comparar isso ao seguinte fenômeno visual: ao sopé de uma montanha, numa densa floresta, não temos a capacidade de nos localizar ou de mapear os nossos arredores. Vemos apenas o que está diante dos nossos olhos. Se começarmos a nos mover para a lateral da montanha, conseguiremos enxergar mais dos arredores e de como eles se relacionam a outras partes da paisagem. Quanto mais alto escalarmos, melhor entenderemos que o que pensávamos quando estávamos mais abaixo não era bem correto, mas baseado numa perspectiva levemente distorcida. No topo da montanha, temos uma visão panorâmica da cena e claridade perfeita sobre o relevo da Terra.

Para nós, seres humanos presos ao momento presente, é como se vivêssemos ao sopé da montanha. Aquilo que é mais aparente aos nossos olhos – as outras pessoas e a floresta em redor – nos dá uma visão limitada e distorcida da realidade. A passagem do tempo é como uma escalada lenta da montanha. As emoções que sentimos no presente já não são tão fortes; conseguimos nos afastar e ver os acontecimentos com mais clareza. Quanto mais subimos com a passagem do tempo, mais informações acrescentamos ao quadro. O que vemos três meses depois do fato não é tão preciso quanto o que saberemos um ano mais tarde.

Pareceria, portanto, que a sabedoria tende a nos chegar quando é tarde demais, na maior parte das vezes em retrospecto. Entretanto, há uma maneira de fato de fabricarmos o efeito do tempo, de nos dar uma visão expandida do momento presente. Chamaremos isso de *perspectiva hipermetrope*, o que requer o seguinte processo.

Em primeiro lugar, ao enfrentar um problema, conflito ou alguma oportunidade excitante, devemos nos treinar para nos afastarmos do calor do momento, nos empenhar para acalmar a nossa excitação e temor; tomar distância.

Em seguida, começaremos a aprofundar e ampliar a nossa perspectiva. Ao considerar a natureza daquilo que estamos enfrentando, não devemos nos agarrar a uma explicação imediata, mas, em vez disso, ir mais a fundo e considerar outras possibilidades, outras motivações possíveis para as pessoas envolvidas. Precisamos nos forçar a estudar o contexto geral do acontecimento, não apenas o que nos captura de imediato a atenção. Imaginaremos da melhor forma que conseguirmos as consequências negativas das várias estratégias que estivermos contemplando. Consideraremos como o problema ou a oportunidade aparente poderia evoluir com o passar do tempo, como outros contratempos ou questões não aparentes no momento talvez se revelem de repente maiores do que aqueles com os quais estamos lidando agora.

Devemos focar nossas metas de longo prazo e realinhar as nossas prioridades no presente de acordo com elas.

Em outras palavras, esse processo envolve *distância* do presente, um estudo *mais profundo* da fonte dos problemas, uma perspectiva *mais ampla* do contexto geral da situação, um exame do futuro *mais distante* – inclusive das consequências das nossas ações e das nossas próprias prioridades de longo prazo.

Ao passarmos por esse processo, certas opções e explicações começarão a parecer mais lógicas e realistas do que outras que nos fascinaram anteriormente. Acrescentaremos a isso as lições que aprendemos com o passar dos anos sobre os nossos próprios padrões de comportamento. Dessa maneira, embora não consigamos recriar o efeito total que o tempo tem sobre o nosso pensamento, é possível produzir algo próximo. Na maior parte das vezes, o passar dos meses nos dá ainda mais informações e revela opções melhores para escolhermos. Estaremos fabricando esse efeito no presente ao ampliar o que levamos em consideração e abrindo a nossa mente. Estaremos escalando a montanha. Essa perspectiva elevada nos acalmará e tornará mais fácil mantermos a nossa presença de espírito à medida que os acontecimentos se desenrolarem.

Embora isso seja um ideal, devemos admitir que essa perspectiva é rara entre os seres humanos. Ela parece exigir um esforço além das nossas capacidades. O motivo disso é simples: o raciocínio de curto prazo está programado no nosso sistema; fomos construídos para responder ao que é imediato e a buscar a gratificação instantânea. Para os nossos primeiros ancestrais, era importante notar o que tinha o potencial de ser perigoso, ou o que oferecia uma oportunidade como alimento. O cérebro humano, ao evoluir, foi projetado não para examinar o quadro geral e o contexto de um acontecimento, mas para se concentrar nos aspectos mais dramáticos. Essa qualidade funcionava bem num ambiente relativamente simples e em meio à organização social descomplicada da tribo. Contudo, não é adequada ao mundo complexo em que vivemos hoje. Ela nos faz perceber mais o que estimula os nossos sentidos e emoções, e deixa passar despercebido muito do quadro mais amplo.

Isso tem um impacto decisivo no modo como vemos a dor ou o prazer potenciais envolvidos numa situação. O nosso cérebro está programado para nos fazer notar o que no ambiente em redor poderia nos ferir no presente, mas não a prestar muita atenção nos outros perigos mais abstratos que assomam no futuro. É por isso que tendemos a dar muito mais atenção a algo como o terrorismo (dor imediata), que com certeza merece o nosso escrutínio, do que ao aquecimento global (dor distante), que representa, de fato, a ameaça maior, pois coloca a própria sobrevivência do planeta em risco. No entanto, esse perigo parece abstrato no presente. Quando não for mais abstrato, talvez seja tarde demais. Tendemos também a nos agarrar ao que nos oferece prazer agora, mesmo sabendo das consequências negativas de longo prazo. Por essa razão, as pessoas continuam a fumar, beber, usar drogas, ou a se envolver em qualquer comportamento autodestrutivo em que os danos não sejam imediatos ou dramáticos.

Num mundo complexo, com uma miríade de perigos assomando no futuro, as nossas tendências de curto prazo representam uma ameaça constante ao nosso bem-estar. E à medida que a nossa capacidade de concentração diminui por causa da tecnologia, essa ameaça se torna cada vez maior. Em muitos aspectos, somos definidos pelo nosso relacionamento com o tempo. Quando apenas reagimos ao que vemos e ouvimos, quando oscilamos da excitação e exuberância para o medo e o pânico a cada nova notícia dramática, e engendramos as nossas ações para obter o maior prazer possível no instante atual sem nenhuma preocupação com consequências futuras, podemos dizer que estamos cedendo à nossa natureza animal, ao que é mais primitivo e potencialmente destrutivo na nossa estrutura neurológica.

Quando lutamos para ir contra a corrente, para considerar com maior profundidade as consequências do que fazemos e a natureza das nossas prioridades de longo prazo, estamos nos empenhando para compreender o nosso verdadeiro potencial humano como animal pensante. E assim como o pensamento de curto prazo é contagioso, um indivíduo que incorpore a sabedoria da perspectiva hipermetrope é capaz de ter um efeito positivo imenso nas pessoas em redor. Eles nos tornam conscientes do quadro mais amplo e revelam uma atitude que reconhecemos como superior. Queremos imitá-los.

Por toda a história existiram diversos ícones dessa sabedoria para nos inspirar e guiar: José no Antigo Testamento, que enxergava o coração dos homens e lhes previa o futuro; Sócrates na Grécia antiga, que nos ensinou a ser menos tolos e considerar as consequências no nosso raciocínio; o brilhante estrategista Zhuge Liang na China antiga, que era capaz de prever cada movimento do inimigo; líderes como a rainha Elizabete I e Abraham Lincoln, famosos pelo sucesso das suas estratégias de longo prazo; o cientista Charles Darwin, que, muito paciente e presciente, expôs finalmente os efeitos do longo tempo na evolução de todos os seres vivos, e Warren Buffett, o investidor de maior sucesso da história, cujo poder é baseado na sua perspectiva hipermetrope.

Se possível, evite o contato profundo com aqueles cuja perspectiva temporal é estreita, que cultivam uma atitude reativa, e se esforce para se associar com quem tem uma consciência expandida do tempo.

QUATRO SINAIS DE MIOPIA E ESTRATÉGIAS PARA SUPERÁ-LOS

A maioria de nós imagina que aplicamos alguma forma de raciocínio de longo prazo; afinal, temos metas e planos. Contudo, estamos enganando a nós mesmos. É possível ver isso com clareza ao falarmos com outras pessoas sobre os planos e estratégias que *elas* têm para o futuro próximo e mais distante: muitas vezes, nos espantamos com a imprecisão e falta de raciocínio profundo que elas tendem a conferir a esses planos. São mais esperanças e desejos, os quais, frágeis e na urgência dos acontecimentos imediatos, sob a pressão e a necessidade de reagir, são atropelados com facilidade. Na maior parte do tempo, improvisamos e reagimos a tudo com informações insuficientes. Basicamente, vivemos num estado de negação sobre isso porque é difícil ter perspectiva a respeito do nosso próprio processo de tomada de decisões.

A melhor maneira de superar isso é reconhecer os sinais evidentes do pensamento míope na nossa vida. Assim como com a maioria dos elementos da natureza humana, a chave é a consciência. Apenas ao enxergar esses sinais seremos capazes de combatê-los. O que se segue são as quatro manifestações mais comuns do pensamento míope.

1. Consequências não intencionadas. A história está repleta de exemplos incontáveis desse fenômeno. Na Roma antiga, um grupo de homens leais à República temia que Júlio César tornasse a sua ditadura permanente e estabelecesse uma monarquia. Em 44 a.C., eles resolveram assassiná-lo, restaurando assim a República. No caos e vácuo de poder decorrentes, o sobrinho-neto de César, Otávio, rapidamente ascendeu, assumiu o poder e deu fim permanente à República, estabelecendo uma monarquia na prática. Após a morte de César, descobriu-se que ele nunca tivera a intenção de criar um sistema monárquico. Os conspiradores causaram exatamente aquilo que haviam tentado evitar.

Na Índia do século 19, sob o domínio colonial britânico, as autoridades decidiram que havia cobras venenosas demais nas ruas de Déli, situação que tornava desconfortável a vida dos residentes britânicos e suas famílias. A fim de resolver isso, ofereceram uma recompensa a cada cobra morta que os moradores lhes trouxessem. Logo, empreendedores indianos começaram a procriar aqueles répteis a fim de lucrar com as recompensas. Quando soube disso, o governo cancelou o programa, e os procriadores, ressentidos e furiosos, decidiram soltar as cobras nas ruas, triplicando assim a sua população em comparação com o período anterior ao programa do governo.

Outros exemplos notórios incluiriam a Décima Oitava Emenda, que, em 1920, estabeleceu a Lei Seca nos Estados Unidos, elaborada para deter a expansão do alcoolismo, mas que acabou aumentando o consumo de bebidas alcoólicas numa proporção considerável; e o ataque de surpresa a Pearl Harbor pelos japoneses em 1941, concebido para dizimar a força naval norte-americana num único golpe e pôr o país de joelhos. Em vez disso, a ação abalou o público norte-americano e o convenceu a deixar a posição de isolacionismo profundo, garantindo a mobilização total de um número bem superior de combatentes e de recursos para não apenas derrotar os japoneses, mas também obliterar as suas forças militares para sempre. O próprio sucesso do ataque assegurou o oposto do resultado almejado.

É possível encontrar exemplos menos dramáticos disso na nossa vida cotidiana. Tentamos controlar um adolescente rebelde impingindo-lhe algumas restrições ao seu comportamento, apenas para torná-lo ainda mais incontrolável. Tentamos alegrar uma pessoa deprimida fazendo-a perceber que a vida dela não é tão ruim e que o sol está brilhando, somente para descobrir que a depressão dela piorou ainda mais, pois, agora, ela se culpa pela maneira como se sente, insignificante, e acredita estar mais sozinha em sua infelicidade. Uma esposa, na tentativa de convencer o marido a se abrir mais com ela e com a esperança de estabelecer mais intimidade, pergunta ao parceiro o que ele está pensando, o que aconteceu durante o dia, e assim por diante. Ele interpreta essa atitude como uma intrusão e se fecha mais, o que deixa a esposa desconfiada e mais curiosa, fazendo-o ficar ainda mais na defensiva.

A fonte dessa síndrome antiquíssima é relativamente simples: alarmados por algo no presente, apelamos para uma solução sem pensar bem sobre o contexto, as raízes do problema, as possíveis consequências não intencionadas que podem se seguir. Como, em geral, reagimos em vez de pensar, as nossas ações são baseadas em informações insuficientes – César não tinha planos de começar uma monarquia; os pobres de Déli detestavam os governantes coloniais e não apreciariam a perda súbita de dinheiro; os norte-americanos se disporiam a ir à guerra se fossem atacados. Quando operamos com uma perspectiva tão distorcida, o resultado é uma série de efeitos perversos. Em todos esses casos, um simples movimento parcial em direção ao topo da montanha teria tornado claras as consequências negativas possíveis que são tão evidentes para nós em retrospecto: por exemplo, é óbvio que oferecer uma recompensa por cobras mortas levaria os residentes pobres a procriá-las.

Sempre, nesses casos, o raciocínio do ser humano é notavelmente simples e preguiçoso: mate César e a República retornará; a ação A leva ao resultado B. Uma variação disso, bem comum no mundo moderno, é acreditar que, se as pessoas têm boas intenções, isso resultará em boas conclusões. Se um político é honesto e tem bons propósitos, produzirá os fins desejados. Na verdade, as boas intenções muitas vezes levam ao que é conhecido como *efeito cobra*, pois aqueles com o mais nobre intento são frequentemente cegos a sentimentos de superioridade moral e não levam em consideração as motivações complexas e, muitas vezes, malévolas dos outros.

No mundo de hoje, o raciocínio que não contempla as consequências é uma verdadeira praga que só vem piorando com a velocidade das informações e a facilidade de acesso a elas, o que dá aos indivíduos a ilusão de que estão bem informados e que consideraram a fundo as questões. Pense nas guerras autodestrutivas como a invasão do Iraque em 2003, as tentativas de fechar o governo norte-americano para o ganho político de curto prazo, o número cada vez maior de bolhas financeiras de ações de empresas tecnológicas e do mercado imobiliário. Relacionada a isso está uma desconexão gradual da própria história, à medida que o ser humano tende a ver os acontecimentos atuais como se fossem isolados no tempo.

Entenda: qualquer fenômeno no mundo é, por natureza, complexo. As pessoas com quem você lida são igualmente complexas. Qualquer ação dá início a uma cadeia ilimitada de reações. Nunca é tão simples quanto A leva a B; B levará a C, a D, e assim por diante. Outros atores serão atraídos para o drama, e é difícil prever as suas motivações e respostas. Não será possível para você mapear essas cadeias ou ter uma noção completa dos resultados. Contudo, ao tornar o seu raciocínio mais focado nas consequências, conseguirá pelo menos se tornar ciente dos efeitos negativos mais óbvios que se seguirão, e isso muitas vezes representa a diferença entre o sucesso e o desastre. Aprofunde o seu pensamento, imagine vários graus de permutações, o mais longe que a sua mente conseguir alcançar.

Muitas vezes, esse processo o convencerá da sabedoria de não fazer nada e aguardar. Quem sabe quais teriam sido os resultados históricos se os conspiradores houvessem refletido a respeito disso e decidido esperar até que César morresse em batalha ou de causas naturais?

Enquanto esse modo de pensar é importante para os indivíduos, talvez seja até mais crucial para as grandes organizações, em que há muito em jogo para diversas pessoas. Em qualquer grupo ou equipe, encarregue pelo menos alguém de analisar todas as consequências possíveis de uma estratégia ou linha de ação, de preferência aquele com uma disposição cética e prudente. É impossível ir longe demais nesse processo, e o tempo e dinheiro gastos serão bem recompensados se você evitar catástrofes em potencial e desenvolver planos mais sólidos.

2. Inferno tático. Você se vê enredado em diversos conflitos e batalhas. Sente que não está chegando a lugar algum, mas pensa que já investiu tanto tempo e energia que seria um tremendo desperdício desistir. Você já se esqueceu das suas metas de longo prazo, daquilo pelo que estava lutando de fato. Ao contrário, tornou-se uma questão de satisfazer o seu ego e provar que está certo. Muitas vezes, vemos essa dinâmica em brigas conjugais: não se trata mais de reparar o relacionamento, mas de impor o próprio ponto de vista. Às vezes, ao ser apanhado por essas batalhas, você se sente mesquinho e na defensiva, o seu espírito sendo tragado para baixo. Esse é um sinal quase certo de que caiu no inferno tático. A nossa mente está programada para o raciocínio estratégico – calcular várias ocasiões de antemão em direção aos nossos objetivos. No inferno tático, nunca erguemos a nossa perspectiva o suficiente para pensar dessa forma. Reagimos aos movimentos dessa ou daquela pessoa, enredado nos dramas e emoções delas, andando em círculos.

A única solução é um recuo temporário ou permanente acerca dessas batalhas, em especial se elas estiverem ocorrendo em frentes diversas. É preciso algum distanciamento e perspectiva. Tranquilize o seu ego. Lembre-se de que vencer uma discussão ou provar o seu ponto de vista não leva a nada no longo prazo. Vença por meio das ações, não das palavras. Comece a reconsiderar as suas metas de longo prazo. Crie uma escala de valores e prioridades na vida, lembrando-se do que importa de verdade para você. Se decidir que uma batalha específica é realmente importante, você agora conseguirá, com um senso maior de distanciamento, conceber uma resposta mais estratégica.

Na maior parte das vezes, o leitor compreenderá que certas batalhas não valem a pena. São uma perda de tempo e energia valiosos, que deveriam estar junto ao topo da sua escala de valores. É sempre melhor se afastar de uma batalha circular, não importando o quanto se sinta pessoalmente envolvido nela. A sua energia e espírito são considerações importantes. Sentir-se mesquinho e frustrado pode ter consequências que repercutirão na sua habilidade de pensar de forma estratégica e atingir os seus objetivos. Passar pelo processo delineado na seção "Chaves para a natureza humana" vai elevar naturalmente a sua perspectiva e colocar a sua mente no plano estratégico. E tanto na vida como na guerra, os estrategistas sempre prevalecerão sobre os táticos.

3. A febre do papel do telégrafo. Nos dias que precederam a quebra da Bolsa de Wall Street em 1929, muitas pessoas haviam se tornado viciadas em aplicações do mercado de ações, e esse vício tinha um componente físico – o som do papel do telégrafo que registrava eletronicamente cada alteração no preço das ações. Ouvir aqueles cliques indicava que algo estava acontecendo, alguém estava comercializando e fazendo fortuna. Muitos se sentiam atraídos pelo ruído em si, considerando-o o batimento cardíaco de Wall Street. Não temos mais o papel do telégrafo. Em vez disso, muitos de nós se viciaram no ciclo de notícias minuto a minuto, nas principais tendências no Twitter, que vêm muitas vezes acompanhadas por um som de alerta que tem o seu próprio efeito narcótico. Nós nos sentimos conectados ao verdadeiro fluxo da vida, aos acontecimentos assim que se alteram em tempo real, e a outras pessoas que acompanham os mesmos relatos instantâneos.

Essa necessidade de saber de imediato tem um ímpeto inerente. Uma vez que esperamos receber alguma notícia de forma rápida, nunca conseguimos voltar ao ritmo lento de apenas um ano atrás. Na realidade, sentimos a necessidade de ter mais informações de maneira mais veloz. Essa impaciência tende a vazar para outros aspectos da vida – dirigir um carro, ler um livro, acompanhar um filme. A nossa capacidade de concentração decresce, assim como a nossa tolerância com quaisquer obstáculos no nosso caminho.

Todos somos capazes de reconhecer os sinais dessa impaciência nervosa, mas o que não reconhecemos é o efeito de distorção que ela tem sobre o nosso raciocínio. As tendências do momento – nos negócios ou na política – estão inseridas em tendências mais amplas que se desenrolam no decorrer de semanas e meses. Esses períodos mais longos de tempo tendem a revelar as fraquezas e forças relativas de um investimento, de uma ideia estratégica, de um time esportivo ou de um candidato político, que por vezes são o contrário do que vemos nas microtendências do momento. Em isolamento, uma pesquisa ou preço de ação não nos diz muito sobre essas forças e fraquezas. Eles nos dão a impressão enganadora de que o que é revelado no presente apenas se tornará mais acentuado com o tempo. É normal querer se manter atualizado em relação às últimas notícias, mas basear qualquer tipo de decisão nesses retratos instantâneos é correr o risco de interpretar mal o quadro mais amplo.

Além disso, o ser humano tende a reagir, às vezes com exagero, a qualquer alteração negativa ou positiva no presente, e isso torna duas vezes mais difícil não ser levado pelo pânico ou pela exuberância.

Considere o que Abraham Lincoln teve de encarar numa era muito menos tecnológica. Na eclosão da Guerra Civil, ele analisou o quadro mais amplo – pelas estimativas dele, o norte venceria porque tinha mais homens e mais recursos nos quais se apoiar. O único perigo era o tempo. Lincoln precisaria de tempo para que o Exército da União se desenvolvesse como uma força de combate; ele também precisava de tempo a fim de encontrar os generais certos para executar os seus planos de batalha como desejava. Entretanto, se tempo demais passasse e não houvesse nenhuma grande vitória, a opinião pública talvez se voltasse contra o esforço de guerra, e uma vez que o norte se dividisse, o trabalho de Lincoln se tornaria impossível. Precisava de paciência, mas também de vitórias no campo de batalha.

No primeiro ano da guerra, o norte sofreu uma grande derrota em Bull Run e, de repente, quase todos passaram a questionar a competência do presidente. Agora até nortenhos sensatos, como o famoso editor Horace Greeley, encorajavam o presidente a negociar a paz. Outros o instavam a pôr tudo que o norte tinha num golpe imediato para esmagar o sul, apesar de o Exército não estar pronto para isso.

Assim prosseguiu a situação, com a pressão aumentando de forma contínua à medida que o norte não conseguia uma única vitória sólida. Até que, por fim, o general Ulysses S. Grant deu fim ao sítio de Vicksburg em 1863, seguido da vitória em Gettysburg sob o comando do general George Meade. Agora Lincoln era, de repente, aclamado como um gênio. Contudo, seis meses mais tarde, com Grant estagnado na sua perseguição ao Exército Confederado sob o comando do general Robert E. Lee, e com as fatalidades aumentando, o senso de pânico retornou. Outra vez Greeley encorajou uma negociação com o sul. A reeleição de Lincoln naquele ano parecia fadada ao fracasso.

Ele havia se tornado imensamente impopular. A guerra estava levando tempo demais. Sentindo o peso disso, ao fim de agosto de 1864, Lincoln esboçou afinal uma carta com os termos de paz que ofereceria ao sul, mas naquela mesma noite se sentiu envergonhado de ter perdido a sua determinação e escondeu a mensagem numa gaveta. A maré precisava virar, sentia ele, e o sul seria esmagado. Apenas uma semana mais tarde, o general William Tecumseh Sherman marchou sobre Atlanta e todas as dúvidas a respeito de Lincoln desapareceram de súbito para sempre.

Por meio do raciocínio de longo prazo, Lincoln havia medido de forma correta as forças e fraquezas relativas dos dois lados e previsto como a guerra transcorreria. Todos os outros se viram enredados pelos relatos diários do progresso da guerra. Alguns queriam negociar, outros pretendiam acelerar o esforço de forma repentina, mas tudo isso baseado em oscilações momentâneas da sorte. Um homem mais fraco teria cedido a essas pressões e a guerra teria acabado de maneira bem diferente. A escritora Harriet Beecher Stowe, que visitou Lincoln em 1864, mais tarde escreveu sobre ele: "Cercado por todo tipo de alegações conflitantes, por traidores, por homens tímidos e apáticos, por homens dos Estados da Fronteira e dos Estados Livres, por abolicionistas radicais e conservadores, ele escutava a todos, pesava as palavras, aguardava, observava, cedia agora aqui e agora lá, mas, no fundo, mantinha um único propósito inflexível e honesto, e por ele guiou o navio nacional". Lincoln fornece um modelo para todos nós e o antídoto para a febre. Em primeiro lugar, e acima de tudo, devemos desenvolver a paciência, que é como um músculo que requer treinamento e repetição para se fortalecer. Lincoln era um homem de paciência suprema. Quando enfrentamos qualquer tipo de problema ou obstáculo, devemos seguir o exemplo dele e nos esforçar para desacelerar e recuar, aguardar um dia ou dois antes de agir. Em segundo lugar, diante de questões importantes, devemos ter uma noção clara das nossas metas de longo prazo e de como alcançá-las. Parte disso implica avaliar as forças e fraquezas relativas dos lados envolvidos. Essa clareza nos permitirá aguentar as constantes reações emocionais exageradas das pessoas em redor. Por fim, é importante ter fé de que o tempo acabará por provar que estamos certos e manter a nossa determinação.

4. Perdido em trivialidades. Você se sente sobrecarregado pela complexidade do seu trabalho, com a necessidade de estar a par de todos os detalhes e tendências globais de forma a controlar tudo melhor, mas está se afogando em informações. É difícil ver a floresta se só notamos cada árvore. Esse é um sinal claro de que você perdeu a noção das suas prioridades – quais fatos são mais importantes, que problemas ou detalhes exigem mais atenção.

O ícone dessa síndrome tem que ser o rei Felipe II da Espanha (1527--1598). Ele tinha um apetite prodigioso por burocracia e por se manter a par de todas as facetas do governo espanhol. Isso lhe dava a sensação de estar no controle, mas, na realidade, acabou por levá-lo a perder o controle. Preocupava-se com a instalação dos banheiros no novo palácio em Escorial e a distância precisa destes à cozinha; passou dias contemplando a maneira exata como certos membros do clero deveriam ser chamados e remunerados. Contudo, às vezes deixava de prestar a atenção adequada a relatos importantes sobre espiões e questões de segurança nacional. Ao estudar narrativas intermináveis a respeito da situação do Exército turco, passou a crer que este demonstrava sinais de grande fraqueza, e decidiu contra eles entrar em guerra. De algum modo, cometeu um erro de cálculo. A guerra duraria dezoito anos, não teria nenhuma resolução definitiva e custaria uma fortuna à Espanha.

Um processo semelhante ocorreu em relação à Inglaterra. O rei tinha que ler cada relatório individual sobre a situação da Marinha inglesa, o apoio do povo à rainha Elizabete, cada ínfimo detalhe das finanças e defesas litorâneas do país. Com base em anos desses estudos, ele decidiu, em 1588, enviar a sua armada contra a Inglaterra, certo de que, tendo tornado a armada grande o suficiente, a Espanha prevaleceria. No entanto, não havia prestado atenção o bastante aos relatórios climáticos, o fator mais crítico de todos – pois tempestades marítimas representariam a destruição da armada. Ele também deixou de compreender que a situação já teria se alterado quando finalmente tivesse compilado e assimilado informações suficientes sobre os turcos ou os ingleses. Por essa razão, embora se mostrasse focado ao extremo nos detalhes, nunca estava bem a par de nada. Com o passar dos anos, Felipe forçou tanto a mente com as leituras que passou a sofrer de dores de cabeça frequentes e episódios de tontura. O seu raciocínio foi prejudicado por certo, e ele tomou decisões que acabaram levando diretamente ao declínio irreversível do Império Espanhol.

Em certos aspectos, é provável que você seja mais parecido com o rei Felipe II do que gostaria de imaginar. Na sua vida, é bem possível que preste atenção a certos detalhes que lhe parecem ser de importância imediata, ao mesmo tempo que ignora os relatórios climáticos que condenarão o seu projeto. Como Felipe, você tende a absorver informações sem considerar as suas prioridades, o que vai importar de fato no fim. Entretanto, o cérebro tem limitações. Assimilar informações demais leva à fadiga mental, à confusão e aos sentimentos de impotência. Tudo começa a parecer igualmente importante – a instalação dos banheiros e uma possível guerra com os turcos. O que você precisa é de um sistema de filtragem mental com base numa escala de prioridades e nas suas metas de longo prazo. Saber o que quer realizar ao fim de tudo o ajudará a separar o essencial do não essencial. Não é preciso saber todos os detalhes. Às vezes, é necessário delegar – deixe que os seus subordinados tratem da coleta de informações. Lembre-se de que o controle maior sobre os acontecimentos virá de avaliações realistas da situação, que é precisamente o mais difícil de fazer quando o cérebro se encontra afogado em trivialidades.

O SER HUMANO HIPERMETROPE

A maioria de nós vive dentro de uma perspectiva temporal relativamente estreita. Em geral, associamos a passagem do tempo a algo negativo – o envelhecimento e a aproximação da morte. Por instinto, evitamos refletir com muita profundidade sobre o futuro e o passado, pois isso nos lembra da passagem do tempo. Em relação ao futuro, talvez tentemos pensar a respeito dos nossos planos para daqui a um ou dois anos, mas o nosso pensamento se assemelha mais a um devaneio, um desejo, do que a uma análise profunda. Em relação ao passado, talvez tenhamos algumas lembranças doces ou dolorosas da infância e de anos posteriores, mas, de maneira geral, o passado nos desconcerta.

Mudamos tanto com o passar de cada ano que a pessoa que éramos cinco, dez, vinte anos atrás talvez nos pareça um estranho. Não temos mesmo uma noção coesa de quem somos, uma sensação de conexão entre as versões de 5 anos e de 35 anos de nós mesmos.

Sem querer ir muito longe em nenhuma dessas direções, vivemos em grande parte no presente. Reagimos ao que vemos e ouvimos e ao que os outros estão reagindo. Vivemos para os prazeres imediatos a fim de nos distrairmos da passagem do tempo e nos sentirmos mais vivos. Contudo, pagamos o preço por tudo isso. Reprimir a ideia da morte e do envelhecimento cria uma ansiedade subjacente contínua. Não estamos em paz com a realidade. Reagir o tempo todo aos acontecimentos no presente nos coloca numa montanha-russa – subimos e descemos com cada alteração da sorte. Isso só aumenta a nossa ansiedade, à medida que a vida parece passar tão rápido na pressa imediata dos acontecimentos.

A sua tarefa como estudante da natureza humana, e como alguém que almeja alcançar o grande potencial do animal humano, é ampliar o seu relacionamento com o tempo ao máximo possível, e desacelerá-lo. Isso significa não encarar a passagem dele como uma inimiga, mas como uma grande aliada. Cada estágio da vida tem as suas vantagens – as da juventude são mais óbvias, mas com a idade vem maior perspectiva. Envelhecer não deve assustá-lo. A morte também é sua amiga (veja o Capítulo 18). Ela o motiva a aproveitar cada momento; lhe dá uma noção de urgência. O tempo é o seu melhor professor e mestre. Isso o afeta de maneira profunda no presente. O entendimento de que daqui a um ano o problema que estiver enfrentando dificilmente terá tanta importância o ajudará a baixar a ansiedade e ajustar as prioridades. Sabendo que o tempo revelará as fraquezas dos seus planos, você se tornará mais cuidadoso e ponderado a respeito deles.

Em relação ao futuro, o leitor pensará mais a fundo sobre as suas metas de longo prazo. Elas não serão sonhos vagos, mas objetivos concretos, e você mapeará um caminho para alcançá-los. Em relação ao passado, sentirá uma conexão profunda com a sua infância. Sim, você muda de maneira constante, mas essas mudanças estão na superfície e criam a ilusão de uma mudança real. Na verdade, o seu caráter foi estabelecido nos seus primeiros anos de vida (veja o Capítulo 4), junto com as suas inclinações a certas atividades, aquilo de que gosta e de que não gosta. À medida que envelhecer, esse caráter só se tornará mais aparente. Sentir-se conectado de forma orgânica a quem você era no passado lhe dará um forte senso de identidade. Você saberá do que gosta e do que não gosta, saberá quem é. Isso o ajudará a manter o amor-próprio, que é tão crucial para não cair no narcisismo profundo e para ajudá-lo a desenvolver a empatia (veja o Capítulo 2). Além disso, prestará maior atenção aos erros e lições do passado que aqueles que estão presos ao presente tendem a reprimir.

Como todos os outros, vai saborear o presente e os prazeres passageiros. Você não é um monge. Vai se conectar às tendências do momento e ao fluxo atual da vida. No entanto, extrairá um prazer ainda maior ao atingir as suas metas de longo prazo e superar as adversidades. Esse relacionamento expandido com o tempo terá um efeito definitivo em você. Ele o deixará mais calmo, mais realista, em maior sintonia com aquilo que importa. Também o transformará num estrategista superior em relação à vida, capaz de resistir às inevitáveis reações exageradas dos outros ao que acontece no presente e de ver mais longe no futuro, um poder potencial que nós, seres humanos, apenas começamos a explorar.

Os anos ensinam muito o que os dias não sabem.

— *Ralph Waldo Emerson*

7
Diminua a resistência das pessoas confirmando a opinião que elas têm de si mesmas

A Lei da Atitude Defensiva

A vida é difícil e os seres humanos são competitivos. É claro que precisamos cuidar dos nossos próprios interesses. Também queremos sentir que somos independentes, que fazemos o que queremos. É por isso que quando outras pessoas tentam nos persuadir ou mudar o jeito que somos, nos tornamos defensivos e resistentes. Ceder desafia a nossa necessidade de nos sentirmos autônomos. Por essa razão, para conseguir que os outros deixem a posição defensiva, você precisa sempre fazer parecer que o que eles estão fazendo é da vontade deles. Criar um sentimento de cordialidade mútua ajuda a suavizar a resistência dos indivíduos e faz que eles queiram ajudar. Nunca ataque os outros por suas crenças ou os faça sentir inseguros sobre a própria inteligência ou bondade – isso só os deixará ainda mais na defensiva e tornará a sua tarefa impossível. Faça-os sentir que, ao fazer o que você quer, eles estarão sendo nobres e altruístas – a isca definitiva. Aprenda a domar a sua própria natureza teimosa e liberte a mente das suas posições defensivas e fechadas, desatando os seus poderes criativos.

O JOGO DE INFLUÊNCIA

Em dezembro de 1948, o senador Tom Connally, do Texas, recebeu uma visita do recém-eleito segundo senador do Estado, Lyndon

Baines Johnson (1908-1973). Johnson havia servido anteriormente como congressista democrata na Câmara dos Representantes por doze anos, e conquistara a reputação de ter altas ambições e pouca paciência para alcançá-las. Ele às vezes era insolente, dogmático e até um pouco impositivo.

Connally sabia disso tudo, mas estava disposto a julgar Johnson por si mesmo. Estudou o jovem de perto (Connally era 31 anos mais velho). Ele havia se encontrado com Johnson antes e o achara bem astuto. Entretanto, depois da troca de algumas cortesias, Johnson revelou os seus verdadeiros motivos: tinha esperanças de obter uma posição em um dos três comitês mais prestigiados do Senado – Apropriações, Finanças ou Relações Exteriores. Connally servia em dois deles como membro sênior. Johnson dava a impressão de estar sugerindo que Connally, como seu conterrâneo texano, poderia ajudá-lo a conseguir o que queria. Connally teve a sensação de que Johnson com certeza não entendia como o sistema senatorial funcionava, e decidiu colocá-lo em seu lugar na mesma hora.

Agindo como se estivesse fazendo a Johnson um grande favor, ele se ofereceu para ajudá-lo a obter uma posição no Comitê da Agricultura, sabendo muito bem que Johnson veria isso como um insulto – era um dos comitês menos cobiçados. Enfiando a faca ainda mais fundo, Connally disse que havia acompanhado a campanha senatorial de Johnson e que o ouvira exclamar inúmeras vezes que este era amigo dos fazendeiros. Aqui estava a oportunidade de prová-lo. O Comitê da Agricultura seria o encaixe perfeito. Johnson não conseguiu esconder o seu desprazer e, desconfortável, se remexeu na cadeira. "E mais tarde, Lyndon", concluiu Connally, "depois de algum tempo no Senado, você poderá entrar no Comitê de Relações Exteriores ou no de Finanças, e prestar um serviço público *de verdade*". E com "algum tempo" Connally queria dizer uns bons doze ou vinte anos, o que costumava levar para qualquer senador reunir influência o suficiente. Era a chamada senioridade, e era assim que o jogo funcionava. O próprio Connally levou quase vinte anos para conquistar aquelas posições confortáveis nos comitês.

Nas semanas seguintes, a notícia se espalhou rápido por entre os senadores de que Johnson era alguém em quem deveriam permanecer de olho, com o potencial para agir de forma precipitada. Assim, foi uma surpresa agradável quando muitos deles o encontraram pela primeira vez, depois que tomou posse do cargo. Ele não era nada do que haviam imaginado. Era o retrato da polidez, muito respeitoso, ia visitá-los com frequência nos seus gabinetes, se anunciava à secretária no escritório externo e ali aguardava com paciência até ser chamado, às vezes por uma hora. Não demonstrava se aborrecer com isso – ocupava-se lendo ou tomando notas. Uma vez que lhe deixassem entrar, indagava ao senador sobre a esposa e a família ou seu time esportivo favorito – evidentemente, fizera a lição de casa referente ao senador em questão. Conseguia ser bem autodepreciativo. Muitas vezes se apresentava como "Lyndon Vitória Esmagadora", pois todos sabiam que ele tinha conquistado a sua vaga no Senado com uma margem ínfima de votos.

Na maior parte das vezes, porém, queria conversar sobre trabalho e pedir conselhos. Fazia uma pergunta ou duas acerca de algum projeto de lei ou detalhe dos procedimentos senatoriais, e escutava com uma concentração que era impressionante e encantadora, quase como a de uma criança. Os grandes olhos castanhos permaneciam fixos no senador em questão, e, com o queixo apoiado na mão, acenava de vez em quando com a cabeça e às vezes fazia alguma outra pergunta. Os senadores percebiam que ele prestava bastante atenção porque invariavelmente seguia conforme os conselhos que recebia, ou repetia as mesmas palavras que ouvira para alguém mais, sempre creditando o senador que lhes dissera. Johnson deixava os gabinetes com um agradecimento educado pelo tempo e ensinamentos inestimáveis que lhe haviam dado. Esse não era o jovem espirituoso e precipitado de quem haviam ouvido falar tanto, e o contraste lhe dava crédito.

Os senadores o viam principalmente no plenário do Senado e, em comparação com os outros membros da instituição, ele comparecia a todas as sessões e se sentava quase sempre na própria cadeira. Fazia anotações abundantes. Queria aprender tudo sobre os procedimentos senatoriais – uma tarefa tediosa, mas que parecia fasciná-lo. Estava longe, porém, de ser um simplório. Quando os senadores o encontravam no corredor ou no vestiário, sempre tinha uma boa piada para contar, ou alguma anedota divertida. Ele havia passado a juventude na pobreza na região rural e, embora tivesse recebido uma boa educação, o seu linguajar mantinha algo do tom e do humor mordaz do fazendeiro texano e do operário migrante. Os senadores o consideravam divertido. Até mesmo Tom Connally teve de admitir que o havia interpretado mal, de algum modo.

Em especial os senadores mais idosos, na época apelidados de Velhos Touros, passaram a apreciar Lyndon Johnson. Embora tivessem posições de grande autoridade com base na senioridade, por vezes se sentiam inseguros a respeito da própria idade (alguns já tinha mais de 80 anos), saúde e capacidades mentais. Contudo, lá estava Johnson, visitando-lhes os gabinetes com frequência, determinado a lhes assimilar a sabedoria.

Havia um senador democrata específico, também de mais idade, que gostava muito de Johnson – Richard Russell, da Geórgia. Ele era onze anos mais velho do que Johnson, mas trabalhava no Senado desde 1933 e havia se tornado um dos membros mais poderosos. Eles se conheciam bem porque Johnson requisitara e recebera uma posição no Comitê dos Serviços Militares, em que Russell era o segundo em senioridade. Russell encontrava Johnson no vestiário, nos corredores, no plenário do Senado; parecia estar em todos os lugares. E, embora Johnson visitasse Russell em seu gabinete quase todos os dias, Russell passou a lhe apreciar a presença. Johnson era focado no trabalho, assim como Russell, e cheio de perguntas sobre procedimentos obscuros do Senado. Ele começou a chamar Russell de "o Velho Mestre", e muitas vezes dizia: "Bom, essa é mais uma lição do 'Velho Mestre'. Vou me lembrar disso". Russell era um dos poucos senadores que haviam permanecido solteiros. Nunca admitia se sentir solitário, mas passava a maior parte do tempo no seu gabinete no Senado, até mesmo aos domingos. Como Johnson com frequência permanecia no gabinete de Russell até a noite debatendo alguma questão, às vezes convidava Russell para jantar em sua casa, dizendo-lhe que a esposa, Lady Bird, era uma cozinheira excelente, com um talento especial para pratos sulistas. As primeiras vezes, Russell recusou com polidez, mas afinal cedeu e logo se tornou um frequentador regular da casa dos Johnson. Lady Bird era encantadora e ele logo se afeiçoou a ela.

Aos poucos, o relacionamento entre Russell e Johnson se intensificou. Russell era fã de beisebol e, para o seu deleite, Johnson confessou ter uma fraqueza pelo esporte também. Agora iam juntos aos jogos noturnos dos Washington Senators. Não passava um dia sem que não se encontrassem, pois os dois muitas vezes eram os únicos senadores trabalhando em seus gabinetes nos fins de semana. Demonstravam ter tantos interesses em comum, inclusive a Guerra Civil, e pensavam de forma análoga sobre muitas questões importantes para os democratas sulistas, como a oposição ao projeto de lei dos direitos civis.

Logo Russell seria ouvido elogiando o jovem senador por ser "um rapaz batalhador" com capacidade igual à dele de realizar os trabalhos difíceis. Johnson era o único senador júnior ao qual Russell se referiu como "discípulo" em toda a sua longa carreira. No entanto, a amizade ia mais fundo do que isso. Depois de comparecer a uma caçada que Johnson organizou no Texas, Russell lhe escreveu: "Desde que cheguei em casa, tenho me perguntado se acordaria e descobriria que estive apenas sonhando que viajei para o Texas. Tudo foi tão perfeito que é difícil compreender que poderia acontecer na vida real".

Em 1950, a Guerra da Coreia eclodiu e o Comitê dos Serviços Militares foi pressionado a fim de constituir um subcomitê para investigar a prontidão das Forças Armadas para a guerra, formado durante a Segunda Guerra Mundial e liderado por Harry Truman. Foi por meio dessa liderança que Truman se tornou famoso e ascendeu ao poder. O atual presidente do Comitê dos Serviços Militares era o senador Millard Tydings, de Maryland, que, com certeza, assumiria a presidência do subcomitê, já que seria uma grande plataforma publicitária.

Johnson abordou Tydings com uma proposta: este enfrentaria uma campanha de reeleição naquele ano, e Johnson se ofereceu para liderar o subcomitê apenas até a data da eleição, permitindo que Tydings se concentrasse em vencer. Então, ele se retiraria e deixaria Tydings tomar a presidência. Tydings, querendo proteger os poderes que havia acumulado, recusou a oferta. Contudo, Dick Russell se reuniu com ele em seguida e lhe disse algo que o fez mudar de ideia. Johnson foi nomeado presidente do subcomitê, uma façanha espantosa para um senador que só estava no cargo havia um ano e meio, e viria a manter a posição de liderança por bastante tempo, pois Tydings perdeu a reeleição.

Como presidente, Johnson recebeu de repente exposição pública nacional, e os jornalistas cobrindo o Senado perceberam que ele era perito em lidar com a imprensa. Guardava com cuidado as descobertas do subcomitê, não permitindo nenhum vazamento aos repórteres. Cercava o trabalho de um tremendo mistério e drama, dando a impressão de que o comitê estava encontrando algo realmente podre nas Forças Armadas. Distribuía informações e relatos a grupos selecionados de jornalistas poderosos que haviam escrito artigos que ele aprovara. Os outros jornalistas tinham de lutar por quaisquer migalhas de notícias que ele se dignasse a oferecer.

O senador júnior começou a fascinar a imprensa – ele era rígido, mas se mostrava simpático à função dos jornalistas. E o que era mais importante, sabia como lhes dar uma boa história. Logo alguns deles passaram a descrevê-lo como um ardente patriota, uma força política do futuro a ser reconhecida. Agora Russell poderia defender a elevação de Johnson de forma apropriada – o senador do Texas havia feito um ótimo trabalho e por fim conquistara para o Senado alguma publicidade positiva.

Em maio e junho de 1951, Johnson e Russell trabalharam juntos na retirada do general MacArthur da Coreia. Russell teve então a oportunidade de observar em primeira mão a equipe de Johnson, e se surpreendeu com quão eficiente era, maior e mais bem organizada do que a sua própria. Isso o fez se sentir fora de sintonia com o tempo. Johnson, porém, ao lhe perceber os pensamentos, começou a ajudá-lo a montar a sua própria equipe moderna. Deu-lhe acesso completo aos times legal e de relações públicas que desenvolvera, mostrando a Russell quão úteis podiam ser. À medida que Johnson trabalha com ele nisso, o laço entre os dois se estreitou ainda mais. Certo dia, Russell disse a um repórter: "Esse Lyndon Johnson poderia ser presidente, e seria muito bom". O repórter se sentiu embasbacado. Era tão inusitado que Russell elogiasse alguém dessa forma.

Num dia de primavera em 1951, o senador Hubert Humphrey, de Minnesota, aguardava o metrô para ir ao Capitólio quando Lyndon

Johnson o abordou de repente e lhe sugeriu que fizessem a viagem juntos e conversassem. Essas palavras soaram como música aos ouvidos de Humphrey; ele mal conseguia acreditar que a oferta de Johnson fosse sincera. Humphrey havia se juntado ao Senado na mesma época que Johnson, e fora considerado um astro maior, um liberal carismático que poderia se tornar presidente algum dia. Humphrey, porém, tinha um problema que obstruíra por completo a sua ascensão ao topo: acreditava com tanta tenacidade nas causas liberais que havia alienado quase todos os outros. Em seu primeiro discurso no Senado, Humphrey criticou a instituição pelo ritmo lento para realizar mudanças e pela atmosfera de conforto. Em pouco tempo veio a retribuição – foi relegado aos piores comitês. Os projetos de lei que apresentava não iam a lugar nenhum. Quando se dirigia ao vestiário do Senado, era ignorado por quase todos. À medida que esse ostracismo piorava, Humphrey se sentia cada vez mais deprimido e desanimado. Às vezes, no caminho para casa, ele parava o carro e chorava. A sua carreira tinha tomado um rumo errado.

No vagão do metrô, Johnson o elogiou de maneira efusiva. Ele lhe disse: "Hubert, não faz ideia da experiência maravilhosa que é para mim ir à câmara do Senado com você. Há tantos aspectos pelos quais eu o invejo. Você é articulado e tem muito conhecimento". Sentindo-se aliviado ao ouvir isso, Humphrey se surpreendeu então com a veemência das críticas de Johnson que se seguiram: "Mas que diabos, Hubert?! Você passa tanto tempo fazendo discursos que não sobra tempo para mais nada". Humphrey precisava ser mais pragmático, se encaixar melhor. Quando se separaram afinal, Johnson convidou Humphrey para dar uma passada pelo seu gabinete um dia para beberem. Este logo se tornou um visitante regular, e o senador sulista, tão repudiado pelos liberais do norte por ser o queridinho do conservador Russell, o fascinava.

Em primeiro lugar, Johnson era imensamente divertido. Tudo que dizia era acompanhado de alguma anedota popular, muitas vezes de natureza obscena, mas que sempre ensinava alguma lição travessa. Sentado em seu gabinete, servindo bebidas de forma generosa, ele instigava ataques de riso que reverberavam pelos corredores. Era difícil resistir a um homem que o deixava de bom humor. Johnson tinha uma presença inacreditável. Como escreveu Humphrey mais tarde: "Ele se aproximava como uma onda gigantesca varrendo todo o lugar. Atravessava as paredes. Entrava pela porta e preenchia todo o aposento". Em segundo lugar, Johnson tinha informações tão inestimáveis a compartilhar. Ele ensinou a Humphrey todos os detalhes dos procedimentos do Senado e o conhecimento sobre as fraquezas psicológicas de vários senadores que havia acumulado por meio da sua observação atenta. Ele se tornara o maior contador de votos na história do Senado, capaz de prever os resultados de quase qualquer votação no plenário com precisão espantosa. E compartilhou com Humphrey esse método de contagem de votos.

Por fim, ensinou a Humphrey que este conseguiria ter mais poder ao fazer acordos, ser mais pragmático e menos idealista. Dividia com ele histórias sobre Franklin Delano Roosevelt (FDR), o herói de Humphrey. Quando Johnson estava na Câmara dos Representantes, ele se tornara amigo íntimo do presidente. FDR, segundo Johnson, era um político perfeito que sabia como obter resultados ao recuar de maneira tática e até cedendo. O subtexto ali era que Johnson era, em segredo, um liberal que também idolatrava FDR e que queria tanto quanto Humphrey aprovar o projeto de lei dos direitos civis. Estavam ambos do mesmo lado, lutando pelas mesmas causas nobres.

Trabalhando com Johnson, não havia nenhum limite para o quanto Humphrey conseguiria subir no Senado e além. Como Johnson adivinhara com correção, Humphrey tinha ambições presidenciais. O próprio Johnson nunca conseguiria se tornar presidente, ou pelo menos foi o que disse a Humphrey, pois a nação não estava pronta para um presidente sulista. No entanto, poderia ajudá-lo a chegar lá. Juntos, formariam um time imbatível.

O que selou o acordo para Humphrey, porém, foi o modo como Johnson passou a tornar a vida dele mais fácil dentro do Senado. Johnson conversou com os colegas democratas sulistas sobre a inteligência e o senso de humor do colega, sobre como eles o haviam interpretado mal. Depois de lhes suavizar os ânimos dessa maneira, reapresentou Humphrey a esses senadores, que o consideraram simpático. O mais importante era que Johnson conseguiu que Russell mudasse de ideia – e este era capaz de mover montanhas. Agora que compartilhava de bebidas com os senadores mais poderosos, a solidão de Humphrey desaparecera. Ele se sentia compelido a retribuir o favor e a convencer muitos liberais do norte a mudarem de ideia a respeito de Johnson, cuja influência agora começava a se espalhar como um gás invisível.

Em 1952, os republicanos arrebataram o poder com a eleição de Dwight D. Eisenhower como presidente, e tomando controle do Senado e da Câmara. Uma das baixas da eleição foi Ernest McFarland, do Arizona, o ex-líder democrata no Senado. Agora que a posição de liderança estava vaga, a luta para substituí-lo começava.

Johnson sugeriu que o próprio Russell ocupasse a posição, mas Russell recusou. Teria poder maior trabalhando por trás das cenas. Em vez disso, disse a Johnson que *ele* deveria ser o próximo líder, e Russell era capaz de tornar isso uma realidade. Johnson, fingindo surpresa, respondeu que pensaria na oferta, mas apenas se Russell continuasse a ser "o Velho Mestre" e aconselhasse Johnson a cada passo do caminho. Não precisou dizer mais nada. Em poucas semanas, Russell havia em essência ajudado a lhe assegurar a posição, e foi uma façanha impressionante. Aos 44 anos, Johnson era de longe o líder mais jovem na história de qualquer um dos partidos.

Várias semanas após assumir o novo cargo, Johnson abordou Russell com um pedido bem incomum. As posições nos comitês principais por décadas haviam sido definidas com base na senioridade. Entretanto, o que isso significava era que o presidente do comitê muitas vezes não estava à altura do trabalho. As ideias de homens com 70 ou 80 anos de idade estão enraizadas no passado, e eles não tinham estômago para a grande luta. Os republicanos, agora no controle total, planejavam desfazer algumas das maiores conquistas de FDR com o New Deal e na política externa. Seriam dois anos muito árduos até as eleições intercalares.

Johnson queria o poder como líder dos democratas no Senado a fim de alterar a paisagem dos comitês. Não estava defendendo nada radical. Modificaria alguns comitês e presidências aqui e ali, introduzindo sangue novo, como o senador recém-eleito John Kennedy e Hubert Humphrey, que ele tinha a intenção de ver no Comitê de Relações Exteriores. Esses jovens dariam ao partido uma nova cara diante do público, e incutiriam energia no combate contra os republicanos. Russell viu a sabedoria disso, e deu a Johnson a sua aprovação tácita, mas também o lembrou: "Você está lidando com o fator mais sensível no Senado [...]. Está brincando com dinamite". Johnson entrou em contato com outros senadores mais idosos. Alguns foram fáceis de convencer, como Robert Byrd, que nutria um grande carinho pelo novo líder. Os liberais endossaram as mudanças graças ao trabalho de Humphrey, que agora tinha um poder tremendo com a ligação entre Johnson e os nortenhos. Outros se mostraram bem mais recalcitrantes. Johnson, porém, não desistiria da luta. Com aqueles que continuavam a resistir, ele intensificou os esforços. Tornou-se implacável. Passava horas no gabinete às portas fechadas, falando consigo mesmo, ensaiando os seus argumentos e os contra-argumentos dos senadores teimosos até ter certeza de ter encontrado a abordagem perfeita. A alguns, defendia o pragmatismo puro, a necessidade de derrotar os republicanos não importando o quanto custasse; a outros, recordava os anos gloriosos de FDR. Aos senadores sulistas, deixava claro que tornar o partido mais poderoso e unificado facilitaria o trabalho de Johnson, e que, como conterrâneo sulista, ele lhes seria o aliado derradeiro nas batalhas que se seguiriam.

Servia-lhes bebidas sem parar no seu gabinete, utilizando todo o seu arsenal de sagacidade e simpatia. Telefonava-lhes a todas as horas do dia. Se um senador continuasse a resistir, ligava para ele de novo à noite. Nunca argumentava com veemência ou tentava forçar a questão. Johnson via o lado deles. Oferecia inúmeros *quid pro quos*. Por fim, com um senador após o outro se rendendo, conseguiu que os últimos que ainda se opunham desistissem. De algum modo, Johnson era agora alguém a se temer; se não cedessem e continuassem como um dos poucos a resistir, ele com certeza lhes tornaria a vida miserável pelos anos seguintes.

Quando isso afinal veio a público, os republicanos e a imprensa se mostraram espantados com o que Lyndon Johnson havia conseguido. Nas poucas semanas desde que assumira o posto de liderança, ganhara poderes sem precedentes. Ele, não o sistema de senioridade, controlava as indicações aos comitês. Johnson era agora sem dúvida o "Mestre do Senado", sendo o lema entre os seus colegas: "Deixe que Lyndon faça isso". O elenco mais improvável de personagens havia sido atraído para a sua esfera de influência – de Dick Russell a Hubert Humphrey. Entretanto, a pessoa mais surpresa de todas deve ter sido o próprio senador Tom Connally. Em quarto curtos anos, Johnson não apenas ascendera ao topo, mas obtivera o controle dos democratas no Senado por meio de uma campanha lenta e constante para acumular influência, superando em muito o poder que Connally conquistara em mais de vinte anos de serviço.

Interpretação: Desde o início da sua carreira política, Johnson tinha uma única ambição – tornar-se um dia o presidente dos Estados Unidos. Para chegar lá, precisava elevar a sua proeminência de maneira relativamente rápida. Quanto mais jovem chegasse a cargos de liderança, mais tempo teria para propagar o próprio nome e ganhar influência dentro do Partido Democrata. Eleito para a Câmara dos Representantes aos 38 anos, parecia estar na trajetória certa para conseguir o que queria, mas lá a sua carreira empacou. O lugar era grande e complexo demais, e ele não era bom em lidar com grupos extensos. Não era um orador público que despertasse entusiasmo. Seu encanto funcionava melhor em situações cara a cara. Sentia-se frustrado e inquieto. Chegando afinal ao Senado aos 40 anos, levou com ele a sua impaciência, ilustrada pelo encontro com Connally. Contudo, pouco antes de tomar posse do cargo, visitou o plenário do Senado e teve uma epifania: o lugar era muito menor; era mais como um clube confortável para cavalheiros. Ali ele teria a oportunidade de lidar com os outros senadores um a um e, aos poucos, conquistar o poder ao acumular influência.

Para isso, porém, precisou se transformar. Era agressivo por natureza; teria que domar essa tendência, desacelerar e recuar. Seria necessário parar de falar tanto e de entrar em debates acalorados. Deixaria os outros falarem, para que se sentissem como os astros do espetáculo. Pararia de pensar em si mesmo; em vez disso, se concentraria por completo nos colegas senadores enquanto estes falavam e falavam.

Assumiria uma fachada inofensiva de senador júnior aprendendo como tudo funcionava, o estudante sério e um tanto sem graça de procedimentos e legislação. Por trás dessa máscara, observava as pessoas sem dar mostras de ambição ou agressividade. Dessa maneira, conseguiu aos poucos obter conhecimentos sobre como funcionava o Senado – a contagem dos votos, como os projetos de lei eram de fato aprovados – e discernimento acerca dos vários senadores, suas inseguranças e fraquezas mais profundas. A certa altura, esse entendimento profundo da instituição se traduziria numa mercadoria que ele trocaria por influência e favores.

Depois de vários meses dessa campanha, ele foi capaz de alterar a reputação que tinha na Câmara. Não o consideravam mais uma ameaça e, quando os senadores baixaram a guarda, Johnson conseguiu intensificar a campanha.

Voltou a atenção à conquista de aliados fundamentais. Sempre acreditara que conseguiria mover montanhas se contasse com um aliado essencial no topo da hierarquia, ou bem próximo do topo. Logo de início, identificou o senador Russell como o alvo perfeito – solitário, um homem que acreditava numa causa sem ter nenhum discípulo, e bastante poderoso. O apreço de Johnson por Russell era genuíno, e ele estava sempre em busca de figuras paternas, mas a sua atenção e abordagem eram bem estratégicas. Assegurou-se de que seria indicado para o Comitê de Serviços Militares, em que teria maior acesso a Russell. Os encontros constantes no corredor e no vestiário eram raramente acidentais. Sem tornar isso óbvio, Johnson aumentou aos poucos as horas que passavam juntos. Johnson nunca gostara de beisebol e não tinha nenhum interesse na Guerra Civil, mas aprendeu rápido a cultivar o entusiasmo pelos dois temas. Ele espelhava os valores conservadores e a ética de trabalho de Russell e fez o senador solitário sentir que tinha não apenas um amigo, mas um filho e discípulo que o venerava.

Johnson tinha o cuidado de nunca pedir favores. Em vez disso, realizava favores para Russell de maneira discreta, ajudando-o a modernizar a equipe deste. Quando Johnson queria algo afinal, como a presidência do subcomitê, insinuava o seu desejo em vez de expressá-lo de forma direta. Russell passou a vê-lo como uma extensão das suas próprias ambições políticas e, àquela altura, faria quase tudo pelo acólito.

Em poucos anos, correu a notícia de que Johnson era perito em contar votos e que tinha informações privilegiadas sobre vários senadores, o tipo de conhecimento que seria útil ao extremo na hora de tentar aprovar um projeto de lei. Agora os senadores se dirigiam a ele em busca dessas informações, as quais ele compartilhava, com o entendimento de que em algum ponto obteria favores em troca. Aos poucos, a influência dele se espalhou, mas Johnson compreendeu que o seu desejo de ter o domínio dentro do partido e do Senado tinha um grande obstáculo: os liberais nortenhos.

Mais uma vez, Johnson escolheu o alvo perfeito – o senador Humphrey. Johnson viu nele um homem solitário, carente de validação, mas que também era tremendamente ambicioso. O caminho para o coração de Humphrey era triplo: fazer este se sentir apreciado, confirmar-lhe a crença de que tinha potencial para a presidência do país e dar-lhe ferramentas práticas para realizar as suas ambições. Como havia procedido com Russell, Johnson deu a Humphrey a impressão de estar secretamente ao lado dele, espelhando os valores mais profundos de Humphrey ao compartilhar da sua veneração por FDR. Depois de vários meses dessa campanha, Humphrey faria quase qualquer coisa por Johnson. Agora, com uma cabeça de ponte estabelecida entre os liberais nortenhos, Johnson expandiria a sua influência para todos os cantos do Senado.

Quando uma vaga no cargo de liderança se abriu, Johnson já havia estabelecido enorme credibilidade como alguém que retribuía favores, fazia o que tinha de ser feito e tinha aliados bem poderosos. O seu desejo de controlar as indicações aos comitês representava uma alteração radical no sistema, mas, com muito cuidado, ele expressou a ideia como uma forma de aprimorar o Partido Democrata e ajudar senadores individuais em suas várias batalhas contra os republicanos. Era do interesse deles entregar o poder a Lyndon Johnson. Passo a passo, adquiriu a influência necessária sem se mostrar agressivo ou mesmo fazer ameaças. Quando aqueles no partido compreenderam o que havia acontecido, já era tarde demais – ele obtivera o controle completo do tabuleiro de xadrez, como o "Mestre do Senado".

Entenda: a influência sobre as pessoas e o poder que advém disso são obtidos da forma oposta da que você talvez imagine. Em geral, tentamos seduzir os outros com as nossas próprias ideias, exibindo-nos sob a melhor luz possível. Fazemos alarde das nossas conquistas passadas e grandes promessas acerca de nós mesmos. Pedimos favores, acreditando que a honestidade é a melhor política, mas o que deixamos de entender é que estamos concentrando toda a atenção em nós mesmos. Num mundo em que o ser humano está cada vez mais absorto em si próprio, o efeito de todas essas ações é fazer os indivíduos reagirem se voltando ainda mais para dentro, pensando mais nos próprios interesses do que nos nossos.

Como a história de Johnson comprova, a via mestra para a influência e o poder é seguir na direção contrária: ponha o foco nos outros. Deixe que eles falem, que sejam os astros do espetáculo. As opiniões e valores deles são dignos de serem emulados; as causas que apoiam são as mais nobres. Esse tipo de atenção é tão raro nesse mundo, e as pessoas estão tão famintas por ela, que lhes oferecer essa validação lhes baixará as defesas e lhes abrirá a mente para quaisquer ideias que você queira insinuar.

A sua primeira ação, portanto, deve sempre ser recuar e assumir uma posição inferior em relação ao outro. Faça isso de modo sutil. Peça-lhe conselhos. O ser humano morre de vontade de demonstrar a sua sabedoria e experiência. Uma vez que você sinta que uma pessoa está viciada na sua atenção, poderá iniciar um ciclo de favores ao lhe fazer uma pequena delicadeza, algo que lhe poupe tempo ou esforço. Ela vai querer retribuir de imediato, e o fará sem se sentir manipulada ou coagida. Uma vez que lhe faça favores, ela continuará a trabalhar para o seu benefício, julgando-o digno disso; deixando de ajudá-lo significaria questionar a opinião original dela, além da própria inteligência, algo que relutamos em fazer. Trabalhando lentamente desse modo dentro de um grupo, você expandirá a sua influência sem demonstrar agressividade ou mesmo deliberação, o disfarce perfeito para as suas ambições.

Diminua a resistência das pessoas confirmando a opinião que elas têm de si mesmas

> O verdadeiro espírito da conversação consiste mais em extrair a esperteza dos outros do que em mostrar muito dela em si mesmo; aquele que vai embora satisfeito consigo mesmo e com a sua própria sagacidade também se sente satisfeito com você. A maioria dos homens [...] busca menos ser instruída, ou mesmo entretida, do que ser elogiada e aplaudida.
>
> — *Jean de La Bruyère*

Chaves para a natureza humana

Desde cedo na vida, nós, seres humanos, desenvolvemos um aspecto defensivo e autoprotetor da nossa personalidade. Começa na primeira infância, quando cultivamos um senso de espaço físico pessoal que os outros não devem violar. Isso se expande mais tarde para uma sensação de dignidade – ninguém deveria nos coagir ou manipular para que façamos o que não queremos. Deveríamos ser livres para escolher o que desejamos. Esses são desenvolvimentos necessários no nosso crescimento como humanos socializados.

Ao crescermos, porém, essas qualidades defensivas muitas vezes se solidificam em algo muito mais rígido, e por um bom motivo. Somos julgados e avaliados o tempo todo – somos competentes o bastante, bons o bastante, trabalhamos bem em equipe? Nunca nos livramos por completo desse escrutínio. Um único fracasso notável na nossa vida, e o exame minucioso dos outros se transformará em julgamentos negativos que poderiam nos prejudicar por muito tempo. Além disso, temos a sensação de que as pessoas estão sempre tentando tomar algo de nós – o nosso tempo, o nosso dinheiro, as nossas ideias, o nosso trabalho. Diante de tudo isso, é natural que nos tornemos defensivos e absortos em nós mesmos; temos que cuidar dos nossos próprios interesses, já que ninguém mais fará isso por nós. Construímos muros ao nosso redor para manter do lado de fora os intrusos e aqueles que querem algo de nós.

Quando chegamos aos 20 anos, todos os nossos sistemas de defesa estão desenvolvidos, mas, em certas circunstâncias, os nossos muros internos acabam desmoronando. Por exemplo, durante uma noite de farra com os amigos, talvez depois de beber um pouco, sentimos uma ligação com eles e que estes não nos julgam. A nossa mente se solta e, de repente, ideias novas e muito interessantes nos ocorrem, e nos vemos dispostos a fazer coisas que não faríamos normalmente. Em outro exemplo, talvez compareçamos a uma manifestação pública e escutemos um orador inspirado defendendo uma causa. Sentindo-nos em acordo com centenas de outras pessoas, capturados pelo espírito de grupo, recebemos de repente o chamado para agir e trabalhar pela causa – algo a que normalmente resistiríamos.

O exemplo mais revelador, porém, ocorre quando nos apaixonamos e o sentimento é mútuo. O parceiro aprecia e reflete para nós as nossas qualidades mais positivas, e nos sentimos dignos de sermos amados. Sob esse encanto, deixamos de lado o nosso ego e a nossa teimosia habitual; damos ao outro um poder incomum sobre a nossa força de vontade.

O que esses momentos têm em comum é que nos sentimos seguros por dentro – não julgados, mas aceitos pelos amigos, pelo grupo, pelo ser amado. Vemos um reflexo de nós mesmos nos outros. Podemos relaxar. Bem no âmago, nos sentimos validados. Sem precisar nos voltar para dentro e manter uma atitude defensiva, conseguimos direcionar a nossa mente para fora, para além do ego – para uma causa, uma ideia ou para a felicidade alheia.

Entenda: criar esse sentimento de validação é a chave de ouro que destrancará as defesas das pessoas. E não somos capazes de sobreviver e prosperar neste mundo tão competitivo sem possuir esse poder.

Nós nos vemos o tempo todo em situações em que precisamos tirar os indivíduos das suas posições de resistência. Precisamos da ajuda deles, ou da habilidade de lhes alterar o comportamento negativo. Se nos agitarmos, improvisando no momento, tentado implorar, bajular ou mesmo fazê-los se sentirem culpados, é mais do que provável que os deixaremos ainda mais na defensiva. Caso consigamos de algum modo obter o que queríamos com esses métodos, o apoio deles será frágil, com uma onda subjacente de ressentimento. Tomamos algo deles – tempo, dinheiro, ideias –, e eles se fecharão contra influências futuras. E se passarmos longos períodos de tempo nos chocando de forma

Diminua a resistência das pessoas confirmando a opinião que elas têm de si mesmas

contínua contra as resistências de alguém sem chegar a lugar nenhum, enfrentaremos uma dinâmica muito perigosa na vida – frustração crescente diante da indiferença aparente dos outros. Isso contagia de maneira sutil a nossa atitude. Quando nos encontrarmos na situação de precisar influenciar pessoas, elas perceberão a nossa carência e insegurança. Faremos esforços demasiados para agradar. Pareceremos um pouco desesperados, derrotados antes mesmo de começar. Isso pode se tornar uma dinâmica negativa autorrealizada que nos manterá marginalizados, sem nunca tomar ciência da fonte do problema.

Antes que seja tarde demais, precisamos reverter essa dinâmica, como fez Johnson aos 40 anos. Temos de descobrir o poder que seremos capazes de possuir ao darmos às pessoas a validação que desejam e ao lhes baixarmos a guarda. E a chave para conseguir fazer isso de maneira realista e estratégica é entender plenamente uma lei fundamental da natureza humana.

A lei é a seguinte: o ser humano tem uma percepção de si mesmo que chamaremos de *auto-opinião*, a qual pode ser correta ou não – não faz diferença. O que importa é como as pessoas percebem o próprio caráter e valor. E há três qualidades na auto-opinião de cada um que são quase universais: "sou autônomo, agindo de vontade própria"; "sou inteligente ao meu próprio modo", e "sou, em essência, bom e honrado".

Quando se trata da primeira qualidade universal ("sou autônomo, agindo de vontade própria"), se nos juntarmos a um grupo, ou acreditarmos em algo, ou comprarmos um produto, é porque *decidimos* fazê-lo. A verdade é que talvez tenhamos sido manipulados ou tenhamos sucumbido à pressão dos outros, mas diremos a nós mesmos que não foi o caso. Se nos sentirmos conscientemente coagidos – como ao ter que obedecer a um chefe –, dizemos a nós mesmos que escolhemos obedecer, senão nos ressentiremos de maneira profunda por termos sido forçados e manipulados. Neste último caso, podemos até sorrir e obedecer, mas encontraremos um meio discreto de nos rebelarmos. Em outras palavras, sentimos a necessidade de expressar e afirmar o tempo todo o nosso livre-arbítrio.

Com a segunda qualidade universal ("sou inteligente ao meu próprio modo"), talvez saibamos que não estamos no mesmo nível de um

Einstein, mas, no nosso campo, à nossa própria maneira, somos inteligentes. Um encanador se deleita com o seu conhecimento superior sobre o funcionamento interno de uma casa e com as suas habilidades manuais, que são uma forma de inteligência. Ele também pensa que as suas opiniões políticas vieram de um sólido senso comum, outro sinal de inteligência, ou assim ele pensa. As pessoas em geral nunca se sentem confortáveis com a ideia de que talvez sejam ingênuas ou menos do que inteligentes. Se elas tiverem que admitir que não são espertas da forma convencional, vão pelo menos pensar que são mais espertas do que outros.

Com a terceira qualidade universal ("sou, em essência, bom e honrado"), gostamos de nos ver como apoiadores das causas certas. Tratamos bem as pessoas, trabalhamos bem em equipe; se formos o chefe e gostarmos de impor disciplina aos subalternos, chamamos isso de "amor severo". Estamos agindo para o bem dos outros.

Além dessas qualidades universais, notamos que o ser humano tem auto-opiniões mais personalizadas que servem para regular as suas inseguranças específicas. Por exemplo, "sou um espírito livre, único" ou "sou bem autossuficiente e não preciso da ajuda de ninguém" ou "tenho boa aparência e posso contar com isso" ou "sou rebelde e desprezo todo tipo de autoridade". Implícito nessas diversas auto-opiniões está um sentimento de superioridade nessa área em particular: "sou rebelde, e você é menos rebelde do que eu". Muitos desses tipos de auto-opinião estão relacionados a questões do desenvolvimento na primeira infância. Por exemplo, o tipo rebelde teve uma figura paterna que o desapontou; ou talvez tenha sido vítima de valentões, e não consegue tolerar qualquer sentimento de inferioridade. Ele precisa desprezar a autoridade de todas as espécies. O tipo autossuficiente pode ter tido uma mãe muito distante, ser assombrado por uma noção de abandono e ter criado uma autoimagem de independência resistente.

A nossa auto-opinião é primordial: determina muito do nosso pensamento e dos nossos valores. Não entretemos ideias que se choquem com a nossa auto-opinião. Digamos que nos vemos como especialmente fortes e autossuficientes. Nós então *gravitaremos* em direção a ideias e filosofias que são realistas, rígidas e inexoráveis em relação à fraqueza dos outros. Se, nessa hipótese, também somos cristãos, *reinterpretaremos* as doutrinas religiosas cristãs de forma que combinem com a nossa autoimagem severa, encontrando elementos dentro do cristianismo que enfatizem a autossuficiência, o amor severo e a necessidade de destruir os nossos inimigos. De maneira geral, escolheremos fazer parte de grupos que validem os nossos sentimentos de sermos nobres e inteligentes. Talvez imaginemos que temos ideias e valores específicos que sejam independentes, mas, na verdade, eles dependem da nossa auto-opinião.

Ao tentar convencer as pessoas de algo, uma de três coisas vai acontecer. Na primeira, você talvez desafie sem querer um aspecto específico da auto-opinião delas. Numa discussão que poderia se transformar numa briga, você as fará se sentirem estúpidas, ou elas terão a impressão de ter sofrido lavagem cerebral ou de que não são tão boas assim. Mesmo sendo sutil nos seus argumentos, a insinuação é que você sabe mais do que elas. Se isso acontecer, você as deixará ainda mais resistentes e na defensiva, e elas subirão muros dos quais *nunca mais* descerão.

Na segunda, o leitor deixa a auto-opinião delas numa posição neutra – sem a desafiar nem confirmar. Isso muitas vezes acontece se você tentar ser calmo e razoável na sua abordagem, evitando quaisquer radicalismos emocionais. Nessa hipótese, as pessoas se mantêm resistentes e desconfiadas, mas pelo menos a situação não foi agravada, e há algum espaço para manobrá-las com argumentos racionais.

Na terceira, você age de forma a confirmar a auto-opinião delas. Nesse caso, estará realizando uma das maiores necessidades emocionais do ser humano. Talvez imaginemos que somos independentes, inteligentes, honrados e autossuficientes, mas apenas os outros podem nos confirmar isso de verdade. E num mundo hostil e competitivo em que somos todos propensos a duvidar de nós mesmos, quase nunca recebemos essa validação que desejamos. Quando a oferecer às pessoas, obterá o efeito mágico ocorrido quando você mesmo estava bêbado, numa manifestação pública, ou apaixonado. Você fará os indivíduos relaxarem. Sem mais se sentirem consumidos pelas suas inseguranças, eles serão capazes de direcionar a atenção para fora. A mente deles se abrirá, tornando-os suscetíveis à sugestão e à insinuação. Se decidirem ajudá-lo, sentirão que o fazem de livre e espontânea vontade.

A sua tarefa é simples: incutir nas pessoas um sentimento de segurança interior. Espelhe os valores delas; mostre que as aprecia e respeita. Faça-as sentir que você lhes valoriza a sabedoria e experiência. Gere uma atmosfera de cordialidade mútua. Faça-as rir com você, infundindo uma sensação de camaradagem. Tudo isso funcionará melhor se os sentimentos não forem fingidos por completo. Ao exercitar a sua empatia, ao buscar entender a perspectiva delas (veja o Capítulo 2 para saber mais sobre isso), é provável que você sinta de modo genuíno pelo menos parte dessas emoções. Pratique isso com frequência, e confirmar a auto-opinião alheia se tornará a sua posição habitual – você conseguirá que quase todos aqueles com que se encontre se soltem.

Uma advertência: a maioria de nós tem auto-opinião relativamente elevada, mas alguns têm uma opinião depreciativa de si mesmos. Estes pensam: *Não mereço ter coisas boas. Não sou muito bom. Tenho problemas e defeitos demais.* Como costumam esperar que coisas ruins lhes aconteçam, por vezes se sentem aliviados e justificados quando algo de fato ocorre. Dessa forma, a auto-opinião depreciativa serve para lhes acalmar as inseguranças sobre obter sucesso na vida. Se o seu alvo tem uma auto-opinião depreciativa, a mesma regra é aplicável: se insistir que ele conseguirá melhorar de vida com facilidade caso siga os seus conselhos, isso entrará em conflito com a crença dele de que o mundo está contra si e que não merece mesmo nada de bom; desprezará, então, as suas ideias e resistirá a você. Em vez disso, trabalhe por dentro da auto-opinião dele, com empatia pelas injustiças que ele lhe diz sofrer e pelas dificuldades que vem passando. Em seguida, com essa pessoa se sentindo validada e espelhada, você terá alguma liberdade para fazer correções cuidadosas e até mesmo aplicar um pouco de psicologia reversa (veja a seção a seguir).

Por fim, o maior obstáculo que você vai enfrentar no desenvolvimento desses poderes vem de um preconceito cultural contra a própria ideia de influência: "Por que não podemos todos ser apenas honestos e transparentes uns com os outros, e simplesmente pedir por aquilo que queremos? Por que não deixar as pessoas serem o que são e não tentar mudá-las? Ser estratégico é feio e manipulador". Em primeiro lugar, quando alguém lhe diz essas coisas, é bom ficar atento. Os humanos não conseguem tolerar o sentimento de impotência. Precisamos ter influência ou nos sentimos miseráveis. Os que pregam a honestidade não são diferentes, mas, como acreditam nas próprias qualidades angelicais, não conseguem ajustar essa auto-opinião com a necessidade de ter influência. Desse modo, tornam-se muitas vezes passivo-agressivos, mostrando-se amuados e fazendo os outros se sentirem culpados como um meio de conseguirem o que querem. Nunca leve ninguém que diz essas coisas a sério.

Em segundo lugar, os seres humanos não conseguem deixar de tentar influenciar os outros. Tudo que dizemos ou fazemos é examinado e interpretado em busca de pistas quanto às nossas intenções. Por que estamos em silêncio? Talvez seja porque estejamos aborrecidos e queiramos deixar isso claro. Ou estejamos escutando de verdade como um meio de tentar impressionar com a nossa polidez. Não importa o que façamos, os outros lerão os nossos atos como tentativas de influência, e não estarão errados nisso. Como animais sociais, não conseguimos deixar de jogar constantemente esse jogo, seja de forma consciente ou não.

A maioria das pessoas não quer despender o esforço necessário para pensar nos outros e descobrir uma estratégia a fim de lhes penetrar as defesas. São preguiçosas. Querem apenas ser elas mesmas, falar com honestidade, ou não fazer nada, e justificar isso para si mesmas como se fosse o resultado de alguma grande escolha moral.

Já que o jogo é inevitável, é melhor ser habilidoso do que viver na negação ou apenas improvisando a cada momento. No final, ser bom em influenciar é, na verdade, mais benéfico em termos sociais do que a postura moralista. Com esse poder, somos capazes de influenciar pessoas que têm ideias perigosas ou antissociais. Para nos tornarmos proficientes em persuasão, vamos precisar mergulhar na perspectiva dos outros, exercitando a nossa empatia. Talvez tenhamos que tolerar o preconceito cultural e assentir com a cabeça, concordando com a necessidade da honestidade total, mas por dentro devemos compreender que isso é bobagem, e praticar o que for necessário para o nosso bem-estar.

Cinco estratégias para se tornar um mestre da persuasão

As cinco estratégias seguintes – tiradas de exemplos de grandes influenciadores da história – foram elaboradas para ajudá-lo a se concentrar mais a fundo nos seus alvos e criar o tipo de efeito emocional que o ajudará a baixar a resistência das pessoas. Seria sensato colocar todas as cinco em prática.

1. Transforme-se num ouvinte atento. No fluxo normal de uma conversa, a nossa atenção se divide. Ouvimos partes do que estão nos dizendo, a fim de acompanhar a conversa e mantê-la em andamento. Ao mesmo tempo, estamos planejando o que dizer a seguir, alguma história excitante que temos para contar. Ou talvez estejamos até perdidos em devaneios sobre algo irrelevante. O motivo disso é simples: nos interessamos mais por nossos próprios pensamentos, sentimentos e experiências do que pelos da outra pessoa. Se esse não fosse o caso, seria relativamente fácil ouvir com atenção total. A instrução habitual é falar menos e escutar mais, mas isso é um conselho sem significado enquanto preferirmos o nosso próprio monólogo interno. A única solução é, de algum modo, se *motivar* a reverter essa dinâmica.

Pense nisso desta forma: você conhece os seus próprios pensamentos muito bem. Você raramente se surpreende. A sua mente tende a circular de forma obsessiva em torno dos mesmos assuntos. Contudo, cada indivíduo que encontra representa um território desconhecido cheio de surpresas. Imagine por um momento que você poderia entrar na mente das pessoas, e que viagem fantástica isso seria. Aquelas que parecem quietas e tediosas muitas vezes têm a vida interior mais estranha para se explorar. Até mesmo com broncos e simplórios você consegue se educar quanto às origens e à natureza dos defeitos deles. Transformar-se num ouvinte atento não apenas será mais divertido à medida que você abrir a sua mente à mente dos outros, mas também lhe fornecerá as lições mais inestimáveis sobre a psicologia humana.

Uma vez que você se sinta motivado a escutar, o resto é relativamente simples. Não torne óbvio o seu propósito estratégico por trás dessa atenção. O seu interlocutor precisa sentir que está tendo uma troca animada, mesmo que, no fim, ele tenha falado por 80% do tempo. Com esse intuito, não o bombardeie com perguntas que lhe deem a impressão de estar sendo entrevistado. Ao contrário, preste atenção nos sinais não verbais. Você verá os olhos da pessoa se iluminar quando certos assuntos são mencionados – guie a conversa nessa direção. Ela passa a tagarelar sem perceber. Quase todos gostam de falar sobre a própria infância, a família, os prós e os contras do trabalho, ou alguma causa que lhes é importante. Uma pergunta ou comentário ocasional serve para interagir com algo que tenham dito.

Você se absorverá profundamente no que lhe é dito, mas precisa se sentir relaxado ao fazê-lo, e dar sinais claros disso. Mostre que está prestando atenção ao manter o contato visual relativamente constante e acenando com a cabeça enquanto escuta. A melhor maneira de sinalizar isso é dizer algo de vez em quando que espelhe o assunto, mas nas suas próprias palavras e filtrado pela sua experiência. No fim, quanto mais alguém falar, mais revelará das suas inseguranças e desejos não satisfeitos.

A sua meta é fazer o seu interlocutor sair desse encontro se sentindo melhor sobre si mesmo. Deixe-o ser o astro do espetáculo. Você extraiu dele o aspecto mais sagaz e divertido da personalidade, pelo que ele o apreciará e aguardará com deleite o próximo encontro. Ele relaxará cada vez mais na sua presença, e você terá mais liberdade para plantar ideias e lhe influenciar o comportamento.

2. Contagie as pessoas com o estado de espírito adequado.
Como animais sociais, somos suscetíveis ao extremo aos ânimos alheios. Isso nos dá o poder de incutir de forma sutil nas pessoas o estado de espírito apropriado a fim de influenciá-las. Se estiver relaxado e prevendo uma experiência agradável, isso se comunicará aos outros e produzirá neles um efeito de espelhamento. Uma das melhores atitudes a adaptar com esse propósito é a de indulgência total. Não julgue os indivíduos; aceite-os como são.

No romance *Os embaixadores*, o autor Henry James pinta o retrato desse ideal na forma de Marie de Vionnet, uma francesa de meia-idade com maneiras impecáveis que, de forma sorrateira, utiliza um norte-americano chamado Lambert Strether para ajudá-la a ter um caso de amor. Desde o primeiro momento em que a vê, Strether se sente cativado. Ela lhe parece um "misto de lucidez e mistério". A moça escuta com atenção ao que ele diz e, sem responder, lhe dá a sensação de entendê-lo por completo, envolvendo-o em sua empatia. Ela age desde o princípio como se tivessem se tornado bons amigos, mas demonstra isso com as próprias maneiras, não em nada do que diga. Lambert lhe chama o espírito indulgente de "uma bela brandura consciente" que tem poder hipnótico sobre ele. Muito antes de Marie lhe pedir ajuda, o rapaz já estava de todo sob o seu encanto e faria tudo por ela. Essa atitude replica a figura da mãe ideal – incondicional em seu amor. Não é expressada tanto em palavras quanto em olhares e na linguagem corporal. Funciona de igual forma em homens e mulheres, e tem um efeito hipnótico sobre quase todos.

Uma variação disso é contagiar as pessoas com uma sensação calorosa de afinidade por meio do riso e de prazeres compartilhados. Lyndon Johnson era mestre nisso. É claro, ele utilizava bebidas alcoólicas, que fluíam com abundância no seu gabinete, sem que os seus alvos soubessem que diluía bastante a própria bebida a fim de manter o controle. As suas piadas obscenas e anedotas picantes criavam a atmosfera confortável de um clube masculino. Era difícil resistir ao ânimo que ele impunha. Johnson também utilizava bastante o contato físico, muitas vezes passando o braço em torno do ombro de um homem, tocando-lhe com frequência o braço. Muitos estudos sobre sinais não verbais demonstraram o poder incrível que um simples toque nas mãos ou braços de uma pessoa tem em qualquer interação, levando-a a pensar de maneira positiva a seu respeito sem que se dê conta da fonte dessa boa opinião. Esses tapinhas gentis estabelecem uma sensação de afinidade visceral, desde que você não mantenha o contato visual, o que daria ao toque uma conotação sexual.

Tenha em mente que as suas expectativas sobre os outros são comunicadas a eles de modo não verbal. Foi demonstrado, por exemplo, que os professores que têm expectativas mais elevadas dos alunos conseguem, sem dizer nada, ter um efeito positivo no trabalho e nas notas deles. Ao se sentir especialmente entusiasmado para encontrar alguém, você transmite isso a ele ou ela de uma forma poderosa. Se há uma pessoa a quem você pretende pedir um favor, tente imaginá-la sob a melhor luz – generosa e terna –, se for possível. Alguns alegam ter obtido grandes resultados simplesmente ao imaginar que o outro é bonito ou tem boa aparência.

3. Confirme a auto-opinião delas. Lembre-se das qualidades universais das opiniões pessoais daqueles que têm auto-opinião elevada. Veja como abordar cada uma delas.

Autonomia – Nenhuma tentativa de influência vai funcionar se os indivíduos sentirem que estão sendo coagidos ou manipulados de algum modo. Eles precisam *decidir* fazer aquilo que você quer que façam, ou têm de ao menos imaginar que foi decisão deles. Quanto melhor você criar essa impressão, maiores serão as suas chances de sucesso.

No romance *Tom Sawyer*, o protagonista homônimo de 12 anos de idade é retratado como um garoto de esperteza extrema, criado pela tia, com uma sensibilidade fantástica a respeito da natureza humana. Apesar da sua inteligência, Tom está sempre se metendo em confusão. O segundo capítulo do livro começa com o menino sendo punido por se envolver numa briga. Em vez de passar a tarde quente de sábado no verão brincando com os amigos e nadando no rio, ele tem que caiar uma cerca enorme na frente da casa. Ao começar o trabalho, o amigo Ben Rogers se aproxima, comendo uma maçã que parece deliciosa. Ben é tão travesso quanto Tom e, ao ver este realizando uma tarefa tediosa, decide provocá-lo, perguntando-lhe se pretende ir nadar naquela tarde, sabendo muito bem que Tom não tinha permissão.

Tom finge um interesse profundo na tarefa. Agora, mostrando-se curioso, Ben lhe pergunta se o amigo está mesmo mais interessado em pintar a cerca do que em se divertir. Tom lhe responde afinal, ainda mantendo o olhar firme no trabalho. Diz que a tia não daria uma tarefa daquelas a qualquer um; é a primeira visão que as pessoas têm da casa ao passar. Aquele é um trabalho muito importante que não surgirá de novo por muitos anos. No passado, ele e os amigos haviam pintado algo nas cercas e sido punidos por isso; agora, ele podia pintar com liberdade. Era um desafio, um teste das habilidades dele. E sim, estava se divertindo. Nadar era algo que ele poderia fazer em qualquer fim de semana, mas aquilo não.

Ben lhe pergunta se pode pintar um pouco, para entender do que Tom está falando. Após muitas súplicas, o garoto acaba cedendo, mas só depois de conseguir um pedaço da maçã. Logo outros meninos aparecem e Tom lhes vende a tarefa da mesma maneira, acumulando alguns pedaços de frutas e brinquedos. Uma hora mais tarde, nós o vemos deitado à sombra enquanto todo um grupo de amigos acaba o trabalho para ele. Tom empregou um aspecto básico da psicologia para conseguir o que queria. Em primeiro lugar, sem dizer nada, fez Ben reinterpretar aquela situação por meio da absorção no trabalho e da linguagem corporal: pintar a cerca deve ser algo interessante. Em segundo lugar, ele descreveu a tarefa como um teste de habilidades e inteligência, uma oportunidade rara, algo que atrairia qualquer menino competitivo. E por fim, como bem sabia, uma vez que os garotos da vizinhança vissem o que estavam fazendo, iam querer se juntar a eles, o que se tornaria uma atividade de grupo. Ninguém quer ser deixado de fora. Tom poderia ter implorado a dezenas de amigos que lhe ajudassem e não teria conseguido nada. Em vez disso, descreveu o que fazia de tal forma que eles *quiseram* executar também. Foram eles que o abordaram, implorando pelo trabalho.

As suas tentativas de influência devem sempre seguir uma lógica similar: como conseguir que outros percebam o favor que você quer pedir como algo que eles desejam? Descrever o favor como algo agradável, como uma oportunidade rara, e algo que outras pessoas queiram fazer terá, em geral, o efeito apropriado.

Outra variação disso é apelar de modo direto aos instintos competitivos das pessoas. Em 1948, o diretor Billy Wilder estava escolhendo o elenco para o seu próximo filme, *A mundana*, que se passava em Berlim logo após a guerra. Um dos personagens principais era uma mulher chamada Erika von Shluetow, uma cantora alemã de cabaré com laços suspeitos com vários nazistas. Wilder sabia que Marlene Dietrich seria a atriz perfeita para o papel, mas esta havia expressado em público o desprezo intenso que sentia por tudo ligado aos nazistas, e trabalhara de forma árdua por várias causas das Forças Aliadas. Quando lhe ofereceram pela primeira vez o papel, ela o considerou repugnante demais, e esse foi o fim da discussão.

Diminua a resistência das pessoas confirmando a opinião que elas têm de si mesmas

Wilder não protestou nem implorou, o que teria sido fútil, dada a notória teimosia de Dietrich. Em vez disso, disse a ela que havia encontrado duas atrizes norte-americanas perfeitas para ocupar a vaga, mas que queria a opinião dela sobre qual seria a melhor. Será que ela poderia ver as audições? Sentindo-se mal por ter recusado algo ao velho amigo Wilder, Dietrich naturalmente concordou. No entanto, com muita esperteza, ele fizera testes com duas atrizes bem conhecidas que sabia que seriam péssimas naquele filme, ridicularizando a figura da sensual cantora de cabaré alemã. O truque funcionou à perfeição. Dietrich, muito competitiva, mostrou-se horrorizada com as atuações das duas e se ofereceu de imediato para fazer o papel.

Por fim, ao dar presentes ou recompensas às pessoas como um meio possível de conquistá-las para o seu lado, é sempre melhor oferecer algo pequeno do que algo grande. Presentes grandes deixam evidente que você está tentando lhes comprar a lealdade, o que ofenderá o senso de independência delas. Algumas talvez aceitem grandes presentes por necessidade, mas, mais tarde, se sentirão ressentidas ou desconfiadas. Presentes menores têm um efeito melhor – o ser humano se convence de que os merece e que não está sendo comprado ou subornado. Na realidade, essas recompensas menores, espalhadas por um longo tempo, ligarão os outros a você de forma bem mais intensa do que qualquer presente luxuoso.

Inteligência – Quando discorda de alguém e impõe a sua opinião contrária, você implica que sabe mais do que ele, que considerou a questão de forma mais racional. É natural que as pessoas, ao serem desafiadas dessa maneira, se tornem mais atreladas às próprias opiniões. O leitor conseguirá evitar isso ao se mostrar mais neutro, como se essa ideia oposta fosse apenas algo que você está contemplando, e que talvez esteja enganado. Melhor do que isso, poderia ir ainda mais longe: examine o ponto de vista *delas* e concorde. (Vencer discussões raramente vale a pena.) Tendo lhes lisonjeado a inteligência, você agora tem espaço para lhes alterar a opinião de forma gentil, ou para lhes pedir ajuda, já que lhes baixou as defesas.

No século 19, o romancista e primeiro-ministro britânico Benjamin Disraeli concebeu um meio ainda mais inteligente ao escrever:

"Se deseja conquistar o coração de um homem, deixe que ele o refute". Você conseguirá fazer isso começando a discordar de seu alvo a respeito de um assunto, sendo até um pouco veemente, e depois aos poucos passando a ver o ponto de vista dele, confirmando, desse modo, não apenas a inteligência como os poderes de influência dele. Ele se sentirá um tantinho superior a você, que é precisamente o que você quer. E agora será duas vezes mais vulnerável ao seu contra-ataque. Você será capaz de criar um efeito semelhante ao pedir às pessoas que o aconselhem. A implicação é o respeito que demonstra ter pela sabedoria e experiência delas.

Em 1782, o dramaturgo francês Pierre-Augustin Caron de Beaumarchais pôs os toques finais na sua obra-prima *As bodas de Fígaro*. Era necessária a aprovação do rei Luís XVI, que, ao ler o manuscrito, se mostrou furioso. Aquela peça levaria a uma revolução. "Esse homem zomba de tudo que deve ser respeitado num governo", ele disse. Depois de muita pressão, porém, concordou com uma apresentação privada no teatro de Versalhes. O público da aristocracia adorou. O rei permitiu mais apresentações, mas ordenou que os censores confiscassem o roteiro e alterassem as piores passagens antes que estas fossem apresentadas à plateia.

Para contornar esse problema, Beaumarchais convocou um tribunal de acadêmicos, intelectuais, cortesãos e ministros do governo para analisar a peça com ele. Um homem que participou da reunião escreveu: "O sr. Beaumarchais anunciou que aceitaria sem reservas todos os cortes e alterações que os cavalheiros e até as damas presentes julgassem apropriados [...]. Todos queriam acrescentar algo seu [...]. O sr. Breteuil sugeriu um gracejo, Beaumarchais o aceitou e lhe agradeceu [...]. 'Vai salvar o quarto ato.' A sra. Matignon contribuiu com a cor do laço do jovem pajem. A cor foi adotada e entrou em voga". Beaumarchais era, na realidade, um cortesão muito astuto. Ao permitir que outros fizessem até as menores alterações na sua obra-prima, ele lhes lisonjeava imensamente o ego e a inteligência. É claro que quanto às mudanças maiores pedidas depois pelos censores de Luís, Beaumarchais não cedeu. Àquela altura, já havia conquistado os membros do seu próprio tribunal, que o defenderam com fervor, e Luís teve de recuar. Baixar as defesas das pessoas dessa maneira em questões que não são importantes lhe dará uma grande liberdade para movê-las na direção que deseja e fazê-las ceder aos seus desejos nas questões mais importantes.

Bondade – Nos nossos pensamentos cotidianos, nos confortamos o tempo todo quanto à natureza moral das nossas ações. Se somos chefes, tratamos bem os funcionários, ou, pelo menos, os apoiamos e lhes pagamos bem. Ajudamos as causas certas. Em geral, não gostamos de nos ver como egoístas e centrados demais nos nossos próprios interesses. De forma igualmente importante, queremos que os outros nos vejam sob essa luz. Examine as redes sociais e veja como as pessoas tornam público o seu apoio às melhores causas. Poucos doam para a caridade de forma anônima – querem ter os seus nomes propagandeados em alto e bom som.

Você nunca deve lançar dúvidas, nem mesmo sem querer, sobre essa auto-opinião virtuosa. Para fazer uso positivo desse traço humano, descreva o que está pedindo como parte de uma causa maior da qual os indivíduos poderiam participar. Eles não estarão apenas comprando roupas, mas ajudando o meio ambiente ou o mercado de empregos local. Ao realizar essas ações, as pessoas se sentirão melhores acerca de si mesmas. Seja sutil. Se tentar conseguir candidatos para um emprego, deixe que outros espalhem a mensagem sobre a causa, que deve parecer pró-social e popular. Incentive-os a quererem se juntar ao grupo, em vez de ter que pedir que o façam. Preste grande atenção às palavras e aos rótulos que usar. É melhor, por exemplo, chamar alguém de membro da equipe do que de empregado.

Para se colocar na posição inferior, você poderia cometer uma gafe relativamente inofensiva, até mesmo ofender as pessoas de forma mais pronunciada, e lhes pedir desculpas em seguida. Ao fazer isso, deixará implícita a superioridade moral delas, uma posição que o ser humano adora ocupar. Agora todos estarão vulneráveis à sugestão.

Por fim, se precisar de um favor de alguém, não o lembre do que você fez por ele no passado, tentando estimular um sentimento de gratidão. A gratidão é rara porque tendemos a pensar em nossa impotência e dependência em relação a outros. Gostamos de nos sentir independentes. Em vez disso, lembre a pessoa das boas coisas que ela fez por você no passado. Isso ajudará a confirmar a auto-opinião dela: "Sim, sou generoso". E uma vez que tenha sido lembrada disso, ela vai querer manter essa imagem e realizar outra boa ação. Um efeito similar ocorre ao perdoar de repente os seus inimigos e estabelecer uma reconciliação. No tumulto emocional que isso cria, eles se sentem obrigados a estarem à altura da opinião elevada que você demonstrou ter deles agora, e se mostrarão mais motivados a provarem o seu valor.

4. Tranquilize-lhes as inseguranças. Todos têm inseguranças específicas – sobre a própria aparência, poderes criativos, masculinidade, situação de poder, originalidade, popularidade etc. A sua tarefa é investigá-las por meio das muitas conversas que tiver com as pessoas.

Uma vez que as tiver identificado, você precisa ter o máximo de cuidado para não as despertar. O ser humano desenvolve uma sensibilidade para quaisquer palavras ou linguagem corporal que projete dúvidas sobre a sua aparência física ou popularidade, ou seja lá qual for o aspecto que o deixa inseguro. Tenha ciência disso e mantenha-se em guarda. Em segundo lugar, a melhor estratégia é elogiar e lisonjear os indivíduos por essas qualidades sobre as quais eles sentem maior insegurança. Todos nós desejamos isso, até quando, de algum modo, percebemos a motivação daqueles que nos elogiam. Isso se deve ao fato de vivermos num mundo complicado em que somos julgados o tempo todo, e o triunfo de ontem é muitas vezes seguido pelo fracasso do amanhã. Nunca nos sentimos seguros de fato. Se a lisonja é feita do jeito certo, sentimos que o lisonjeador nos aprecia, e tendemos a gostar de pessoas que nos apreciam.

A chave para a lisonja bem-sucedida é torná-la estratégica. Se eu sei que sou um péssimo jogador de basquete, qualquer elogio referente à minha habilidade na quadra soará falso. Entretanto, se me sinto *incerto* a respeito das minhas habilidades, se imagino que talvez eu não seja tão ruim, qualquer adulação nesse sentido pode fazer maravilhas. Examine quais são as qualidades das quais as pessoas se sentem incertas e lhes ofereça encorajamento. Lorde Chesterfield aconselhou o filho em uma de suas cartas (publicadas mais tarde em 1774): "O cardeal Richelieu, que era indubitavelmente o estadista mais hábil de sua época [...] tinha a vaidade fútil de que o considerassem o melhor poeta, também: invejava a reputação do grande Corneille. Aqueles que, portanto, o lisonjeavam com habilidade lhe falavam pouco sobre a sua capacidade em questões de Estado, ou o mencionavam de passagem, e como se lhes ocorresse de forma natural. No entanto, o incenso que lhe ofereciam, cujo aroma por certo o faria voltar o rosto a favor deles, era como [...] poeta".

Se os seus alvos são poderosos e bem maquiavélicos, talvez se sintam um pouco inseguros sobre as suas qualidades morais. É possível que o tiro saia pela culatra se você os elogiar por suas manipulações sagazes, mas uma apreciação óbvia da sua bondade seria muito transparente, pois eles se conhecem bem demais. Em vez disso, alguma lisonja estratégica sobre como você se beneficiou de algum conselho deles e como as críticas que lhe ofereceram ajudaram a aprimorar o seu desempenho apelarão à auto-opinião deles de serem rígidos mas justos, com um bom coração por baixo do exterior rude.

É sempre melhor elogiar as pessoas pelos seus esforços do que pelo talento. Ao enaltecê-las pelo talento, há uma leve condenação implícita, como se tivessem apenas a sorte de terem nascido com uma habilidade natural. Em vez disso, todos gostam de sentir que mereceram a sua boa fortuna por meio do trabalho árduo, e é aí que você deve mirar os seus elogios.

Com os nossos pares, há mais espaço para elogios. Com os superiores, é melhor apenas concordar com as suas opiniões e validar a sua sabedoria. Lisonjear o chefe é óbvio demais.

Nunca acompanhe o elogio com um pedido de auxílio, ou seja lá o que for que você precisar fazer. A lisonja é uma armadilha e requer a passagem de algum tempo. Não se mostre adulador demais nos primeiros dois encontros. É melhor demonstrar alguma frieza, que lhe dará a oportunidade de se tornar mais caloroso depois. Após alguns dias, você terá passado a gostar dessa pessoa, e então algumas palavras lisonjeiras lhes mirando as inseguranças vão começar a lhe derreter a resistência. Se possível, consiga que uma terceira parte transmita o seu cumprimento, como se esta houvesse apenas ouvido o seu comentário por acidente. Nunca exagere nos elogios ou use absolutos.

Uma maneira inteligente de disfarçar as suas intenções é misturar alguma pequena crítica sobre o indivíduo ou o trabalho dele, nada que lhe desperte as inseguranças, mas o bastante para dar ao seu elogio um tom mais realista: "Adorei o seu roteiro, embora eu ache que o segundo ato precise ser retrabalhado um pouco". Não diga: "O seu livro mais recente é tão melhor do que o anterior". Tenha cuidado quando as pessoas lhe pedem a sua opinião a respeito do trabalho ou algo relacionado ao caráter ou aparência delas. O ser humano não quer a verdade, mas que você ofereça apoio e confirmação da forma mais realista possível. Satisfaça-se em fornecer isso aos outros.

Pareça o mais sincero possível. Seria melhor escolher qualidades para elogiar que você admira de fato, se conseguir. De todo jeito, o que denuncia as pessoas são os sinais não verbais – elogios acompanhados de uma linguagem corporal rígida, ou de um sorriso falso, ou de um olhar de relance para outro lado. Tente sentir parte das emoções que está expressando de forma que quaisquer exageros não sejam muito óbvios. Tenha em mente que o seu alvo precisa ter uma auto-opinião relativamente elevada. Se for baixa, a lisonja não se harmonizará com o modo como elas se sentem sobre si mesmas e soará falsa, enquanto para aqueles de auto-opinião elevada o elogio parecerá bem natural.

5. Utilize a resistência e teimosia dos outros. Alguns são especialmente resistentes a qualquer tipo de influência. Na maioria, têm níveis mais profundos de insegurança e auto-opinião baixa. Isso talvez se manifeste como uma atitude rebelde. Sentem-se como se o mundo todo estivesse contra eles. Precisam reafirmar a sua vontade a todo custo e resistir a qualquer tipo de mudança. Farão o contrário do que os outros lhes sugerem. Buscarão conselhos para um problema ou sintoma específico, apenas para encontrar dezenas de motivos pelos quais os conselhos oferecidos não lhes funcionarão. O melhor a fazer é jogar uma partida de judô mental com essas pessoas. No judô, você não se contrapõe aos movimentos do adversário com um golpe seu, mas encoraja a energia agressiva (resistência) dele a fim de fazê-lo cair por conta própria. Aqui estão algumas maneiras de pôr isso em prática na vida cotidiana.

Diminua a resistência das pessoas confirmando a opinião que elas têm de si mesmas

Use as emoções das pessoas. No livro *Change* (*Mudança*), os autores terapeutas (Paul Watzlawick, John H. Weakland e Richard Fisch) discutem o caso de um adolescente rebelde, suspenso da escola pelo diretor por ter sido flagrado traficando drogas. Ele ainda tinha que fazer a lição de casa, mas estava proibido de ir ao *campus*. Isso provocaria um grande prejuízo ao seu negócio de venda de drogas, e o rapaz ardia com uma sede de vingança.

A mãe consultou um terapeuta, que lhe disse o seguinte: "Explique ao seu filho que o diretor acredita que apenas os alunos que frequentam as aulas pessoalmente se sairão bem. Na cabeça dele, ao manter o garoto longe da escola, estará garantindo que este seja reprovado, e ele se sentirá desconfortável caso o rapaz conclua melhor seus estudos em casa. Nem será bom tentar com muito afinco neste semestre. Não provaria que o diretor está certo, conquistando assim a boa opinião dele". É claro que esse conselho foi concebido para jogar com as emoções do estudante. Agora não havia nada que este desejasse mais do que embaraçar o diretor, e assim ele se debruçou sobre as tarefas de casa com grande energia, que era bem o que o terapeuta pretendia. Em essência, a ideia não é se contrapor às emoções fortes das pessoas, mas se mover com elas e encontrar uma maneira de canalizá-las numa direção produtiva.

Utilize a linguagem delas. O terapeuta Milton Erickson (veja o Capítulo 3) descreveu o seguinte caso que havia tratado: um marido lhe pediu aconselhamento, embora parecesse bastante determinado a fazer o que pretendia de qualquer forma. Ele e a esposa vinham de famílias bem religiosas e tinham se casado em grande parte para agradar os pais; os dois também eram muito religiosos. A lua de mel, porém, havia sido um desastre. O sexo lhes pareceu constrangedor, e não se sentiam apaixonados. O marido decidiu que aquilo não era culpa de ninguém, mas que deveriam obter "um divórcio amigável". Erickson concordou de imediato e sugeriu a maneira exata de chegar a esse "divórcio amigável": instruiu o marido a reservar um quarto num hotel, onde o casal deveria ter uma última noite "amigável" juntos antes do divórcio. Deveriam também tomar uma última taça "amigável" de champanhe, trocar um último beijo "amigável" entre eles, e assim por diante. Essas instruções virtualmente garantiram a sedução da esposa pelo marido. Como Erickson havia esperado, os conselhos foram seguidos, os dois passaram uma noite excitante juntos e, felizes, decidiram permanecer casados.

Erickson intuiu que o marido não queria de fato o divórcio e que os dois se sentiram constrangidos por causa do histórico religioso. Ambos nutriam inseguranças profundas a respeito dos seus desejos físicos, mas resistiam a qualquer tipo de mudança. Erickson utilizou a linguagem do marido e o desejo dele de obter o divórcio, mas encontrou uma maneira de lhe redirecionar de maneira sutil a energia para algo bem diferente. Quando você usa as palavras das pessoas contra elas, isso tem um efeito hipnótico. Como poderiam não seguir as suas sugestões quando são expressadas exatamente com os mesmos termos que empregaram?

Faça uso da rigidez delas. O filho de um penhorista certa vez abordou Hakuin, o grande mestre Zen do século 18, com o seguinte problema: ele queria convencer o pai a praticar o budismo, mas o velho fingia estar ocupado demais com a contabilidade para ter tempo para um único cântico ou prece. Hakuin conhecia o penhorista – era um avaro inveterado que só estava usando isso como desculpa para evitar a religião, que considerava uma perda de tempo. Hakuin aconselhou o rapaz a contar ao pai que o próprio mestre Zen compraria dele cada prece e cântico que fizesse todos os dias. Era um acordo de negócios apenas.

É claro que o penhorista se mostrou muito feliz com aquilo – faria o filho se calar e ganharia dinheiro no processo. Todos os dias ele apresentava a Hakuin a conta pelas suas preces, e este lhe pagava a devida soma. Alguns dias mais tarde, admitiu a Hakuin que se encantara por completo com os cânticos, sentindo-se tão melhor, e não precisava mais ser pago. Logo ele se tornou um doador bem generoso do templo de Hakuin.

A rigidez dos indivíduos em se opor a algo tem raízes em um medo profundo de mudanças e da incerteza que estas gerariam. Precisam ter tudo nos termos deles e se sentir no controle. Você cairá nesse jogo se tentar encorajar mudanças com todos os seus conselhos – isso os dará algo ao que reagir e com que justificar a própria rigidez. As pessoas se tornam teimosas. Pare de lutar contra elas e use a verdadeira natureza desse comportamento rígido para causar uma mudança sutil que levará a algo maior. Sozinhas, elas descobrirão algo novo (como o poder da prece budista) e, por si mesmas, talvez levem isso mais adiante, movidas pela sua manobra de judô.

Tenha em mente o seguinte: muitas vezes as pessoas não farão o que os outros lhes pedem para fazer, simplesmente porque querem afirmar a própria vontade. Se você concordar com entusiasmo com a rebelião delas e lhes disser para continuar a agir da mesma maneira, isso significa que agora estarão seguindo o seu conselho, que é algo que lhes desagrada. Elas talvez se rebelem de novo e afirmem a própria vontade indo na direção contrária, que era o que você pretendia desde o início – a essência da psicologia reversa.

A mente flexível – Autoestratégias

Você se frustra quando resistem às suas boas ideias por pura teimosia, mas tem pouca consciência de como o mesmo problema – a sua própria teimosia – o aflige e limita os seus poderes criativos.

Quando crianças, a nossa mente tinha uma flexibilidade impressionante. Éramos capazes de aprender a uma velocidade que supera em muito as nossas capacidades como adultos. Podemos atribuir grande parte da fonte desse poder aos nossos sentimentos de fraqueza e vulnerabilidade. Percebendo a nossa inferioridade em relação aos que eram mais velhos do que nós, sentíamo-nos bastante motivados a aprender. Também tínhamos uma curiosidade e fome genuínas por novas informações. Estávamos abertos à influência de pais, colegas e professores.

Na adolescência, muitos de nós tivemos a experiência de nos encantar com uma grande obra ou escritor. Nós nos vimos fascinados pelos pensamentos novos do livro e, por estarmos tão abertos a influências, esses primeiros encontros com ideias excitantes deixaram marcas profundas em nossa mente e se tornaram parte do nosso processo de pensar, nos afetando décadas depois de as termos absorvido. Essas influências enriqueceram a nossa paisagem mental, e, na verdade, a nossa inteligência depende da habilidade de absorver as lições daqueles que são mais velhos e sábios do que nós.

Assim como o corpo se enrijece com a idade, porém, o mesmo ocorre com a mente. E assim como o nosso senso de fraqueza e vulnerabilidade motivou o nosso desejo de aprender, agora o nosso senso insinuante de superioridade nos fecha aos poucos às novas ideias e influências. Alguns talvez defendam que todos nos tornamos mais céticos no mundo moderno, mas, na verdade, há um perigo muito maior que nos aflige como indivíduos e que surge com o fechamento cada vez maior da mente ao envelhecermos. E isso parece afligir a nossa cultura em geral.

Vamos definir o estado ideal da mente como aquele que retém a flexibilidade da juventude e os poderes de raciocínio do adulto. Essa mente está aberta à influência de outros. E assim como você emprega estratégias para derreter a resistência das pessoas, precisa fazer isso também consigo mesmo, se esforçando para amaciar os seus rígidos padrões mentais.

Para alcançar esse ideal, adote o princípio básico da filosofia socrática. O jovem Querefonte, um dos primeiros admiradores de Sócrates, frustrado porque nem todos os atenienses veneravam seu mestre como ele fazia, visitou o Oráculo de Delfos e perguntou: "Existe um homem mais sábio do que Sócrates em toda Atenas?". O oráculo respondeu que não.

Querefonte se sentiu vindicado na sua admiração a Sócrates e correu para contar ao mentor a boa notícia. Sócrates, porém, sendo um homem humilde, não se alegrou ao ouvir isso e decidiu provar que o oráculo estava enganado. Visitou muitas pessoas, cada uma eminente na sua própria área – política, artes, negócios –, e lhes fez muitas perguntas. Quando se atinham ao conhecimento da própria área, elas soavam bem inteligentes. No entanto, depois passavam a discorrer sobre todo tipo de assuntos sobre os quais era evidente que não sabiam nada. A respeito desses temas, elas apenas recitavam a sabedoria convencional. Não haviam considerado a fundo nenhuma daquelas ideias.

Por fim, Sócrates teve de admitir que o oráculo estava mesmo correto – ele era mais sábio do que todos os outros porque tinha consciência da própria ignorância. Repetidas vezes, examinava e reexaminava as suas ideias, encontrando incongruências e emoções infantis alojadas dentro delas. O seu lema havia se tornado: "A vida não reexaminada não vale a pena ser vivida". O encanto de Sócrates, que o tornava tão diabolicamente fascinante aos jovens de Atenas, era a suprema abertura da mente. Em essência, assumia a posição mais frágil e vulnerável da criança ignorante, sempre fazendo perguntas.

Pense nisso da seguinte forma: gostamos de zombar das ideias supersticiosas e irracionais nas quais a maioria de nós acreditava no século 17. Imagine como as pessoas do século 25 zombarão das nossas, as quais são condicionadas pelos preconceitos incutidos em nós pelos nossos pais, pela nossa cultura e pelo período histórico em que vivemos. São limitadas ainda mais pela rigidez cada vez maior da mente. Um pouco mais de humildade sobre o que sabemos nos tornaria todos mais curiosos e interessados numa gama mais ampla de ideias.

Em se tratando das suas ideias e opiniões, encare-as como brinquedos ou blocos de construção com os quais está brincando. Alguns você guarda, outros você derruba, mas o seu espírito permanece flexível e brincalhão.

Para levar isso mais adiante, adote uma estratégia promulgada por Friedrich Nietzsche: "Aquele que quiser de verdade *conhecer* algo novo (seja uma pessoa, um acontecimento, um livro) faria bem em contemplá-lo com todo o amor possível e desviar rápido os olhos de tudo nele que encontrar de desfavorável, repelente, falso, e expulsar mesmo esses elementos da mente. Assim, por exemplo, permite ao autor de um livro a mais longa dianteira, e então, como alguém assistindo a uma corrida, deseja com o coração acelerado que ele atinja o seu objetivo. Pois, com esse procedimento, penetra-se no coração da coisa nova, a ponto de movê-la de fato: e é precisamente isso que conhecer algo significa. Se alguém chega a esse ponto, a razão pode ter as suas reservas mais tarde; essa superestimação, a suspensão temporária do pêndulo crítico, era apenas um *artifício* para atrair para fora a alma da coisa". Mesmo em textos que sejam contrários às suas próprias ideias, há muitas vezes algo que soa verdadeiro, que representa a "alma da coisa". Abrir-se para essa influência dessa maneira deveria se tornar parte dos seus hábitos mentais, permitindo-lhe entender melhor as coisas, até mesmo para criticá-las da maneira adequada. Às vezes, porém, essa "alma" o comoverá também e ganhará alguma influência, enriquecendo a sua mente no processo.

De vez em quando, é bom largar o seu conjunto mais profundo de regras e restrições. Bassui, o grande mestre Zen do século 14, pregou à porta do templo uma lista de 31 regras às quais os monges deveriam obedecer, ou seriam expulsos. Muitas delas se referiam ao consumo de bebidas alcoólicas, que era estritamente proibido. Certa noite, para o desconcerto total dos monges de mentalidade literal, ele apareceu para um debate completamente bêbado. E jamais se desculpou ou repetiu o ato, mas a lição era simples: as regras eram apenas diretrizes e, para demonstrar a nossa liberdade, precisamos violá-las de vez em quando.

Por fim, no que se refere à sua própria auto-opinião, tente manter uma distância irônica dela. Tome consciência da sua existência e de como ela opera dentro de você. Aceite o fato de que não é tão livre e autônomo como gostaria de acreditar. Você se adapta às opiniões dos grupos aos quais pertence; compra produtos por causa de influências subliminares; é manipulável. Entenda também que não é tão bom quanto a imagem idealizada da sua auto-opinião. Como todos os outros, é bastante absorto em si mesmo e obcecado com os próprios interesses. Com essa consciência, não sentirá a necessidade de ser validado pelas pessoas. Em vez disso, você se esforçará para se tornar independente de verdade e para se preocupar com o bem alheio, e não permanecer atrelado à ilusão da sua auto-opinião.

> Havia algo terrivelmente sedutor no exercício da influência. Nenhuma outra atividade era comparável. Projetar a própria alma numa forma graciosa, e deixá-la descansar ali por um momento; ouvir as suas próprias opiniões intelectuais ecoadas de volta com toda a melodia adicional da paixão e da juventude; transmitir o próprio temperamento para o outro como um fluido sutil ou um estranho perfume: havia nisso uma euforia real – talvez a euforia mais satisfatória que nos restou numa era tão limitada e vulgar como a nossa, uma era carnal em excesso em seus prazeres, e comum em excesso em suas metas.
>
> — *Oscar Wilde,* O retrato de Dorian Gray

8
Mude as suas circunstâncias mudando de atitude
A Lei da Autossabotagem

Cada um de nós tem um modo particular de observar o mundo, de interpretar os acontecimentos e as ações dos indivíduos em redor. Essa é a nossa atitude, que determina muito do que nos acontece na vida. Se a nossa atitude é, em essência, temerosa, vemos o lado negativo em cada circunstância. Impedimo-nos de correr riscos. Culpamos outros por erros e deixamos de aprender com eles. Se nos sentimos hostis e desconfiados, fazemos as pessoas sentirem essas mesmas emoções na nossa presença. Sabotamos a nossa carreira e os nossos relacionamentos ao criar, de modo inconsciente, as circunstâncias que mais tememos. A atitude humana, porém, é maleável. Ao tornar a nossa atitude mais positiva, aberta e tolerante em relação aos demais, conseguiremos incitar uma dinâmica diferente – seremos capazes de aprender a partir da adversidade, criar oportunidades do nada e atrair as pessoas para nós. Devemos explorar os limites da nossa força de vontade e ver quão longe ela nos leva.

A LIBERDADE DERRADEIRA

Quando criança, Anton Tchekhov (1860-1904) – futuro autor renomado – enfrentava todas as manhãs uma sensação de pavor: será que o pai o espancaria naquele dia, ou será que o pouparia de algum modo? Sem aviso, e às vezes sem nenhum motivo aparente, o pai, Pavel

Yegorovich, o golpeava com força muitas vezes, com uma bengala ou chicote ou com as costas da mão. O que era ainda mais desconcertante era que não lhe batia por malícia ou raiva aparente. Ele dizia a Anton que o fazia por amor. Era a vontade de Deus que as crianças fossem surradas, a fim de lhes incutir a humildade. Era assim que Pavel havia sido criado, e vejam que bom homem havia se tornado. Ao fim de cada surra, o jovem Anton tinha de beijar a mão do pai e lhe pedir perdão. Pelo menos ele não enfrentava sozinho aquele suplício – os quatro irmãos e a irmã também recebiam o mesmo tratamento.

Não eram apenas as surras que ele passou a temer. Às tardes, ele ouvia os passos do pai se aproximando da decrépita casa de madeira e tremia de medo. Na maior parte das vezes, o homem vinha para casa àquela hora para pedir ao menino Anton que o substituísse na sua mercearia, na cidadezinha de Taganrog, na Rússia, onde a família vivia. Pela maior parte do ano, a loja era insuportável de tão fria. Enquanto tomava conta dela, Anton tentava fazer a lição de casa, mas os dedos logo se tornavam dormentes e a tinta para a caneta congelava dentro do pote. Na bagunça do local, que cheirava a carne estragada, ele tinha de ouvir as piadas vulgares dos camponeses ucranianos que trabalhavam por lá, e testemunhar o comportamento obsceno dos vários bêbados da cidade, que entravam para comprar doses de vodca. Em meio a tudo isso, precisava se assegurar de que cada copeque fosse contabilizado, ou levaria uma surra a mais do pai. Muitas vezes Anton era deixado lá por horas enquanto Pavel se embebedava em algum outro lugar.

A mãe tentava intervir, mas sua alma gentil não era páreo para o marido. O menino era jovem demais para trabalhar, ela dizia. Precisava de tempo para os estudos. Permanecer na loja gelada estava lhe arruinando a saúde. O pai respondia aos berros que Anton era preguiçoso por natureza, e apenas o trabalho árduo o tornaria um cidadão respeitável.

Não havia como escapar da presença do pai. Aos domingos, o único dia em que a loja fechava, ele acordava os filhos às quatro ou cinco da manhã para ensaiar as canções do coro da igreja, do qual era regente. Em casa, após a missa, eles repetiam o serviço sozinhos, um ritual após o outro, até voltarem para a missa do meio-dia. Quando esta terminava, estavam todos exaustos demais para brincar.

Nos momentos que tinha para si, Anton perambulava pela cidade. Taganrog era um lugar sinistro para se crescer. As fachadas de quase todas as casas estavam apodrecendo e desmoronando, como se já fossem ruínas antigas. As estradas não eram pavimentadas e, quando a neve derretia, se via lama por todos os lados, com fossas gigantes capazes de engolir uma criança até o pescoço. Não havia luzes nas ruas. Prisioneiros eram encarregados de encontrar cães sem dono nas ruas e espancá-los até a morte. O único local silencioso e seguro eram os cemitérios em redor, e Anton os visitava com frequência.

Nessas caminhadas, ele divagava sobre si mesmo e o mundo. Seria ele tão imprestável a ponto de merecer as surras quase diárias do pai? Talvez. Entretanto, Pavel era uma contradição ambulante – preguiçoso, bêbado e bem desonesto com os fregueses, apesar do seu zelo religioso. E os cidadãos de Taganrog eram ridículos e hipócritas em igual medida. Anton os observava no cemitério, tentando agir de forma pia nos funerais, mas sussurrando animados entre si a respeito dos bolos deliciosos que comeriam mais tarde na casa da viúva, como se fosse para isso que tivessem comparecido.

O único recurso de Anton diante da dor e do tédio que sentia constantemente era rir de tudo aquilo. Ele se tornou o palhaço da família, imitando os habitantes de Taganrog e inventando histórias sobre a vida privada de cada um. Às vezes o seu humor se tornava agressivo. Aplicava trotes cruéis nas outras crianças da vizinhança. Quando a mãe o enviava ao mercado, ele muitas vezes atormentava a ave viva – um pato ou uma galinha – que levava para casa num saco. Estava se tornando travesso e bem preguiçoso.

Então, em 1875, tudo mudou para a família Tchekhov. Os dois irmãos mais velhos de Anton, Alexander e Nikolai, estavam fartos do pai. Decidiram se mudar juntos para Moscou – Alexander para tentar obter um diploma universitário e Nikolai para se tornar um artista. Esse desprezo à sua autoridade enfureceu Pavel, mas este não tinha como detê-los. Na mesma época, ele teve que enfrentar finalmente a péssima gestão da mercearia – as dívidas haviam se acumulado com o passar dos anos, e agora era hora de pagá-las. Ante o prospecto da falência e de uma sentença quase certa na prisão civil, o homem fugiu da cidade às escondidas certa noite, sem contar à esposa, e escapou para Moscou, com a intenção de morar com os filhos.

A mãe foi forçada a vender os bens da família para pagar as dívidas. Um pensionista que vivia com eles se ofereceu para ajudá-la no caso contra os credores, mas, para a grande surpresa dela, usou as suas conexões com o tribunal para defraudar os Tchekhov e lhes tirar a casa. Sem um centavo, ela foi forçada a partir para Moscou com os outros filhos. Apenas Anton permaneceu para acabar os estudos e obter o diploma. Ele ficou encarregado de vender todos os pertences restantes da família e enviar o dinheiro a Moscou o mais rápido possível. O ex-pensionista, agora dono da casa, deu a Anton o canto de um aposento para morar, e assim, aos 16 anos, sem nenhum dinheiro próprio e sem família para olhar por ele, Anton foi subtamente deixado em Taganrog, tendo que cuidar de si mesmo.

Anton nunca havia estado sozinho de verdade antes. A família era tudo na sua vida, para o bem ou para o mal. Agora era como se o chão desaparecesse de sob os seus pés. Não tinha ninguém a quem pedir ajuda. Ele culpava o pai por aquele destino miserável, por estar preso em Taganrog. Um dia se sentia furioso e amargurado; no outro, deprimido. Contudo, logo se tornou evidente que não tinha tempo para esses sentimentos. Não possuía dinheiro nem recursos, mas, de algum modo, precisava sobreviver. Obteve emprego como tutor junto ao maior número de famílias possível. Quando estas saíam de férias, ele muitas vezes passava fome por dias. O seu único casaco estava esfarrapado; não tinha galochas para as chuvas pesadas. Sentia vergonha ao entrar na casa dos outros, tremendo e com os pés encharcados. No entanto, pelo menos agora era capaz de se sustentar.

Decidiu se tornar médico. Sua mentalidade era científica, e médicos faziam um bom dinheiro. Para entrar na escola de Medicina, teria de estudar muito mais. Frequentando a biblioteca local, o único lugar onde conseguia trabalhar em paz e silêncio, sentia a mente voar para muito além de Taganrog. Entre os livros, não se sentia tão aprisionado. À noite, voltava ao seu canto do quarto para escrever histórias e dormir. Não tinha nenhuma privacidade, mas conseguia manter o seu canto limpo e arrumado, livre da desordem habitual da casa dos Tchekhov.

Ele havia finalmente começado a se assentar, e novos pensamentos e emoções lhe vieram. O trabalho não era mais algo que o apavorava; ele adorava ter a mente absorta nos estudos, e ensinar fazia-o se sentir digno e orgulhoso – ele *era* capaz de tomar conta de si mesmo. Chegavam cartas da família – Alexander esbravejando e se queixando sobre como o pai havia tornado a vida de todos miserável de novo; Mikhail, o filho mais novo, se sentindo insignificante e inútil. Anton escreveu de volta a Alexander: "Esqueça a obsessão com o nosso pai e comece a tomar conta de si mesmo". A Mikhail escreveu: "Por que você se refere a si mesmo como o meu 'irmãozinho inútil e insignificante'? Sabe onde você deveria tomar consciência da sua insignificância? Diante de Deus, talvez [...], mas não diante de outras pessoas. Entre elas, você deveria ter ciência do seu valor". Até Anton se surpreendeu com o novo tom das cartas que escrevia.

Certo dia, vários meses depois de ter sido abandonado, vagava pelas ruas de Taganrog e foi acometido de repente por um senso enorme e esmagador de empatia e amor pelos pais. De onde isso havia vindo? Ele nunca sentira aquilo antes. Nos dias que levaram até aquele momento, Anton vinha pensando muito em Pavel. Era mesmo o culpado de todos os problemas deles? Seu avô, Yegor Mikhailovich, nascera um servo, sendo a servidão uma forma de escravidão por contrato. Os Tchekhov haviam sido servos por muitas gerações. Yegor finalmente conseguira comprar a liberdade da família, e estabeleceu os três filhos em áreas diferentes de trabalho, sendo Pavel escolhido para ser o comerciante da família. Este, porém, não conseguiu se adequar à função. Tinha um temperamento artístico, poderia ter sido um pintor ou músico talentoso. Sentia-se amargurado com o seu destino – uma mercearia e seis filhos. O pai o espancara, por isso ele espancava os filhos. Embora não fosse mais um servo, Pavel ainda se curvava e beijava a mão de todas as autoridades locais e proprietários de terras. No fundo do coração, permanecia um servo.

Anton compreendeu que ele e os irmãos estavam caindo no mesmo padrão – amargurados, sentindo-se insignificantes por dentro e querendo descontar a raiva nos outros. Agora que estava sozinho e cuidando de si mesmo, Anton ansiava por ser livre no sentido mais verdadeiro da palavra. Queria ser livre do passado, livre do pai. E ali, ao caminhar pelas ruas de Taganrog, a resposta lhe veio dessas novas emoções repentinas. Ao entender Pavel, ele era capaz de aceitá-lo e até de amá-lo. Não era um tirano monumental, mas um velho impotente. Com um pouco de distância, Anton sentia compaixão por ele e lhe perdoou as surras. Não se deixaria enredar em todos aqueles sentimentos negativos que o pai inspirava. E conseguia também valorizar afinal a mãe generosa, sem culpá-la por ser tão fraca. Com a mente vazia de rancores e pensamentos obsessivos sobre a infância perdida, era como se um grande peso lhe fosse retirado de repente.

Anton fez uma promessa a si mesmo: nada mais de se curvar e se desculpar às pessoas; nada mais de reclamar e culpar os outros; nada mais de viver em desordem e desperdiçar o tempo. A resposta para tudo estava em trabalhar e amar, amar e trabalhar. Ele tinha que espalhar essa mensagem à família e salvá-la. Precisava compartilhá-la com a humanidade por meio das suas histórias e peças.

Por fim, em 1879, Anton se mudou para Moscou para estar com a família e frequentar a escola de Medicina, e o que viu lá o deixou desolado. Os Tchekhov e alguns pensionistas viviam todos apinhados num único quarto no porão de um cortiço, no meio da zona do meretrício. O quarto tinha pouca ventilação e quase nenhuma luz. O pior de tudo eram os ânimos do grupo. A mãe estava abatida por causa das ansiedades constantes sobre dinheiro e a existência ali no subsolo. O pai bebia ainda mais e realizava trabalhos ocasionais que eram um enorme retrocesso para um homem que havia sido dono do seu próprio negócio. E continuava a bater nos filhos.

Os irmãos mais novos de Anton já não estavam na escola (a família não conseguia pagar pela educação deles) e se sentiam completamente inúteis. Mikhail, em especial, estava mais deprimido do que nunca. Alexander conseguira emprego como escritor para revistas, mas sentia que merecia muito mais e começou a beber em abundância. Colocava a culpa de seus problemas no pai por tê-lo seguido até Moscou e lhe assediado todos os movimentos. Nikolai, o artista, dormia até tarde, trabalhava de forma esporádica e passava a maior parte do tempo na taberna local. A família inteira estava decaindo num ritmo alarmante, e a vizinhança em que viviam só tornava tudo pior.

O pai e Alexander haviam se mudado daquela casa fazia pouco. Anton decidiu que precisava mudar-se para o quarto apertado e se tornar o catalisador da mudança. Ele não pregaria nem criticaria, mas estabeleceria o exemplo apropriado. O que importava era manter a família unida e elevar o seu estado de espírito. À mãe e à irmã sobrecarregadas, Anton anunciou que se responsabilizaria pelo trabalho doméstico. Vendo Anton limpando e passando a ferro, os irmãos concordaram em dividir as tarefas. Ele economizou com a bolsa de estudos para a escola de Medicina e conseguiu mais dinheiro do pai e de Alexander. Com esse valor, ele colocou Mikhail, Ivan e Maria de volta na escola. Encontrou para o pai um emprego melhor. Com o salário do pai e as próprias economias, foi capaz de levar a família inteira para morar num apartamento bem maior com uma vista.

Ele se empenhou para melhorar todos os aspectos da vida deles. Convenceu os irmãos e a irmã a ler livros que ele tinha escolhido, e até tarde da noite eles debatiam e argumentavam as últimas descobertas da ciência e questões filosóficas. Aos poucos, todos formaram laços muito mais profundos entre si, e começaram a se referir a ele como Papa Antosha, o chefe da família. As reclamações e a atitude autopiedosa que Anton encontrara a princípio haviam desaparecido na maior parte. Os dois irmãos mais jovens agora falavam com animação das suas carreiras futuras.

O maior projeto de Anton era reformar Alexander, a quem considerava o membro mais talentoso e mais problemático da família. Certa vez, este chegou em casa completamente bêbado, começou a insultar a mãe e a irmã, e ameaçou esmurrar o rosto de Anton. A família havia se resignado com esses ataques de raiva, mas Anton não os toleraria. Disse a Alexander no dia seguinte que, se ele gritasse com qualquer outro membro da família, seria proibido de retornar àquela casa e repudiado como irmão. Alexander deveria tratar a mãe e a irmã com respeito e não culpar o pai por ele mesmo ter se tornado um bêbado mulherengo. Deveria ter alguma dignidade – se vestir bem e tomar conta de si mesmo. Esse era o novo código da família.

Alexander se desculpou e o seu comportamento melhorou, mas era uma batalha contínua que exigia toda a paciência e amor de Anton, pois o traço autodestrutivo dos Tchekhov estava profundamente enraizado. Foi o que levou Nikolai à morte precoce por causa do alcoolismo; sem atenção constante, Alexander poderia muito bem seguir o mesmo caminho. Aos poucos, Anton ajudou-o a parar de beber e o auxiliou na carreira jornalística. Alexander, por fim, se assentou numa vida tranquila e satisfatória.

Em algum ponto em 1884, Anton começou a cuspir sangue, e era aparente que estava sofrendo os sintomas preliminares de tuberculose. Ele se recusou a se submeter a um exame por um colega médico. Preferiu não saber e continuar escrevendo e praticando Medicina sem se preocupar com o futuro. Entretanto, ao se tornar cada vez mais famoso por suas peças e contos, começou a sentir uma nova espécie de desconforto – a inveja e as críticas mesquinhas de colegas escritores. Estes formavam vários grupos políticos e se atacavam uns aos outros sem parar, inclusive ao próprio Anton, que se recusava a se aliar a qualquer causa revolucionária. Tudo isso o fez se sentir cada vez mais desencantado com o mundo literário. O ânimo elevado que havia criado com tanto cuidado em Taganrog estava se dissipando. Tornou-se deprimido e considerou a hipótese de parar completamente de escrever.

Então, ao fim de 1889, ele pensou numa maneira de se livrar da depressão crescente. Desde a época em que vivera em Taganrog, os membros mais pobres e abjetos da sociedade o fascinavam. Ele gostava de escrever sobre os vilões e vigaristas, e lhes penetrar a mente. Os membros mais inferiores da sociedade eram os prisioneiros, que viviam em condições medonhas. E a prisão mais notória da Rússia se situava na ilha Sacalina, logo ao norte do Japão, abrigando cinco colônias penais com centenas de milhares de presos e as suas famílias. Era como um Estado obscuro – ninguém na Rússia fazia a menor ideia do que acontecia de fato por lá. Isso talvez fosse a resposta para a miséria atual de Anton. Ele realizaria a viagem árdua pela Sibéria até a ilha, entrevistaria os criminosos mais embrutecidos e escreveria um livro detalhado sobre as condições de lá. Longe do pretensioso mundo literário, ele se conectaria com algo mais real e reacenderia o estado de espírito generoso que criara em Taganrog.

Os amigos e a família tentaram dissuadi-lo. A saúde dele havia piorado; a viagem poderia matá-lo. No entanto, quanto mais tentavam persuadi-lo a não ir, mais certeza ele sentia de que essa era a única forma de se salvar.

Após o trajeto de três meses, ele chegou enfim à ilha, em julho de 1890, e mergulhou de imediato no novo mundo. A sua tarefa era entrevistar todos os prisioneiros que conseguisse, inclusive os assassinos mais cruéis, de cuja vida investigou cada aspecto. Testemunhou as horríveis sessões de tortura dos prisioneiros e acompanhou condenados quando iam trabalhar nas minas locais, acorrentados a carrinhos de mão. Aqueles que completavam as suas sentenças muitas vezes tinham de permanecer na ilha em campos de trabalho, de forma que Sacalina estava repleta de esposas aguardando para se juntar aos maridos nesses campos. Essas mulheres e as suas filhas recorriam à prostituição para sobreviverem. Tudo era projetado para degradar o espírito dos indivíduos e drená-los de toda a dignidade. Isso lembrou Anton da dinâmica da sua família, numa dimensão muito maior.

Aquele era decerto o nível mais baixo do inferno que ele poderia ter visitado, e isso o afetou de maneira profunda. Desejou retornar logo a Moscou e escrever sobre o que vira. O seu senso de proporção fora restaurado. Tinha finalmente se livrado dos pensamentos e preocupações mesquinhas que lhe haviam pesado na mente. Agora conseguiria sair de si mesmo e se sentir generoso outra vez. O livro que escreveu, *A ilha de Sacalina*, capturou a atenção do público e levou a reformas substanciais nas condições do local.

Em 1897, a saúde de Anton havia se deteriorado, e ele começou a tossir sangue com regularidade. Não conseguia mais disfarçar a tuberculose do mundo em geral. O médico que o tratou aconselhou-o a se aposentar de todo trabalho e sair de Moscou para sempre. Precisava de descanso. Talvez viver num sanatório lhe estendesse a vida por alguns anos. Anton não queria nada disso; viveria como se nada houvesse mudado.

Um culto começara a se formar em torno de Tchekhov, composto por jovens artistas e fãs devotados às suas peças, todas as quais o haviam tornado um dos escritores russos mais famosos. Eles iam visitá-lo em grandes números e, embora fosse evidente que Anton estivesse enfermo, este irradiava uma calma que espantava a quase todos. De onde vinha isso? Havia nascido assim?

Parecia se absorver por completo nas histórias e problemas dos outros. Ninguém nunca o ouvia falar sobre a doença.

No inverno de 1904, tendo a sua condição piorado, ele teve o desejo repentino de passear no campo de trenó. Ouvir os sinos do trenó e respirar o ar gelado sempre havia sido um de seus maiores prazeres, e precisava senti-lo mais uma vez. A experiência o deixou tão animado que ele não se importou mais com as consequências, que foram terríveis. Morreu alguns meses mais tarde.

Interpretação: No momento em que a mãe o deixou sozinho em Taganrog, o jovem Anton Tchekhov se sentiu encurralado, como se tivesse sido atirado na prisão. Além de estudar, seria forçado a trabalhar ao máximo. Estava encalhado naquela cidadezinha irremediavelmente maçante, sem nenhum sistema de apoio, vivendo no canto de um quartinho. Pensamentos amargurados sobre o seu destino e a infância que nunca teve o atormentavam nos poucos momentos livres. Contudo, no decorrer das semanas, notou algo muito estranho – na verdade, ele gostava do trabalho de tutor, mesmo que o pagamento fosse mísero e que tivesse de correr o tempo todo pela cidade. O pai sempre o chamara de preguiçoso, e Anton havia acreditado nele, mas agora não tinha tanta certeza. Cada dia representava um desafio para encontrar mais trabalho e pôr comida na mesa. Estava tendo sucesso nisso. Não era nenhum verme imprestável que precisava de uma surra. Além disso, o trabalho era uma maneira de sair de si mesmo e imergir a mente nos problemas dos alunos.

Os livros que lia o levaram para bem longe de Taganrog e o encheram de pensamentos interessantes que lhe permaneceram na mente por dias inteiros. A própria Taganrog não era tão ruim. Cada loja, cada casa, continha os personagens mais peculiares, fornecendo-lhe material infindo para as suas histórias. E aquele canto do quarto – aquele era o seu reino. Longe de se sentir aprisionado, agora estava livre. O que havia mudado de fato? Por certo não as circunstâncias, ou Taganrog, ou o canto do quarto. O que mudara era a atitude dele, que o abriu a novas experiências e possibilidades. Uma vez que passou a se sentir assim, quis levar aquilo mais adiante. O maior obstáculo restante a esse senso de liberdade era o pai. Não importava o quanto tentasse, não conseguia se livrar da profunda amargura. Era como se ainda sentisse as surras e escutasse as críticas contundentes.

Como um último recurso, ele tentou analisar Pavel como se fosse o personagem de uma história. Isso o levou a pensar no avô e em todas as gerações dos Tchekhov. Ao considerar a natureza errática do pai e a sua imaginação fértil, conseguiu entender como *ele* deveria ter se sentido aprisionado pelas circunstâncias, e por que este se voltou para a bebida e passou a tiranizar a família. Era um homem impotente, mais vítima do que opressor. Esse entendimento acerca dele lançou as bases para a corrente súbita de amor incondicional que sentiu um dia pelos pais. Resplandecendo com aquelas novas emoções, libertou-se por completo dos ressentimentos e da raiva. As emoções negativas do passado haviam afinal sido deixadas para trás. A mente poderia se abrir por inteiro. A sensação foi tão arrebatadora que ele teve que a compartilhar com os irmãos e liberá-los também.

O que levara Tchekhov àquele ponto foi a crise que enfrentou quando foi abandonado tão jovem. Ele vivenciou outra dessas crises uns trinta anos mais tarde, quando se viu deprimido ante a mesquinharia dos colegas escritores. A solução foi reproduzir o que aconteceu em Taganrog, mas em reverso – seria ele a abandonar os outros e se forçar a estar sozinho e vulnerável. Dessa maneira, ele conseguiria reviver a liberdade e empatia que sentira em Taganrog. A sentença de morte precoce por tuberculose foi a última crise. Abandonaria o medo da morte e os sentimentos amargos que resultavam de ter a vida encurtada, continuando a viver ao máximo. Essa liberdade final e derradeira lhe deu um brilho que quase todos que o encontraram nesse período conseguiam sentir.

Entenda: a história de Anton Tchekhov é, na verdade, um paradigma para aquilo que todos enfrentamos na vida. Levamos conosco os traumas e mágoas da primeira infância. Na nossa vida social, ao envelhecermos, acumulamos desapontamentos e insultos. Somos também muitas vezes perseguidos por um senso de insignificância, de não merecer de fato o que há de bom na vida. Todos temos momentos de grande dúvida sobre nós mesmos. Essas emoções podem levar a pensamentos obsessivos que nos dominam a mente; fazem-nos abreviarmos as nossas experiências como uma forma de administrar a ansiedade e os desapontamentos. Fazem que nos voltemos à bebida ou a qualquer hábito que atenue a dor. Sem perceber, assumimos uma atitude negativa e temerosa quanto à vida. Isso se torna a nossa prisão autoimposta. No entanto, não precisa ser assim. A liberdade que Tchekhov vivenciou partiu de uma escolha, uma maneira diferente de olhar o mundo, uma mudança de atitude. Todos nós podemos seguir esse caminho.

Essa liberdade, em essência, vem da adoção de um espírito generoso — em relação aos outros e a nós mesmos. Aceitando as pessoas, entendendo-as e, se possível, até as amando por sua natureza humana, seremos capazes de livrar a nossa mente de emoções obsessivas e mesquinhas. Conseguiremos parar de reagir ao que dizem ou fazem. Estabeleceremos alguma distância e pararemos de levar tudo para o lado pessoal. Abriremos espaço mental para buscas mais elevadas. Quando nos sentimos generosos em relação aos outros, estes se sentem atraídos a nós e querem copiar o nosso ânimo. Quando nos sentimos generosos em relação a nós mesmos, não temos mais a necessidade de fazer vênias e entrar no jogo da humildade simulada enquanto, lá no fundo, nos ressentimos da nossa falta de sucesso. Por meio do nosso trabalho e conseguindo por conta própria aquilo de que precisamos, sem depender de outros, poderemos nos orgulhar e realizar o nosso potencial como seres humanos. Pararemos de reproduzir as emoções negativas ao nosso redor. Ao sentirmos o poder revigorante dessa nova atitude, vamos querer levá-la o mais longe possível.

Anos mais tarde, numa carta a um amigo, Tchekhov tentou resumir a experiência em Taganrog, referindo-se a si na terceira pessoa: "Escreva sobre como esse jovem espremeu o escravo de si mesmo gota a gota, e como, numa bela manhã, ele desperta para ver que o sangue que lhe corre nas veias não é mais o sangue de um escravo, mas o de um ser humano de verdade".

A maior descoberta da minha geração é o fato de que os seres humanos são capazes de alterar a própria vida ao alterar a sua atitude mental.

— *William James*

Chaves para a natureza humana

Nós, seres humanos, gostamos de imaginar que temos um conhecimento objetivo do mundo. Tomamos como certo que o que percebemos no dia a dia é a realidade – sendo esta mais ou menos a mesma para todos. Contudo, isso é uma ilusão. Não há duas pessoas que vejam ou vivenciem o mundo da mesma maneira. O que percebemos é a nossa versão pessoal da realidade, da nossa própria criação. Compreender isso é um passo crucial para o nosso entendimento da natureza humana.

Imagine a seguinte situação: um jovem norte-americano precisa passar um ano estudando em Paris. É um pouco tímido e cauteloso, propenso a sentimentos de depressão e baixa autoestima, mas está sinceramente entusiasmado pela oportunidade. Ao chegar lá, descobre que é difícil falar o idioma local, e os erros que comete e a atitude um tanto negligente dos parisienses lhe dificultam ainda mais o aprendizado. Tem a impressão de que as pessoas não são nada amigáveis. O clima é úmido e sombrio. A comida é muito pesada. Até a Catedral de Notre Dame parece desapontadora, a área em torno tão apinhada de turistas. Embora tenha alguns momentos prazerosos, em geral se sente alienado e infeliz. Conclui que Paris é uma cidade supervalorizada e um lugar bem desagradável.

Agora imagine a mesma situação, mas com uma jovem moça mais extrovertida e que tem um espírito aventureiro. Ela não se incomoda com os erros de francês que comete, nem com um comentário sarcástico ocasional de um parisiense; aprender o idioma é um desafio agradável. Outras pessoas lhe consideram a atitude cativante. Ela faz amigos com mais facilidade e, com mais contatos, o seu conhecimento de francês melhora. O clima lhe parece romântico e bem apropriado ao lugar. Para ela, a cidade representa aventuras intermináveis, e acha isso encantador.

Nesse caso, duas pessoas veem e julgam a mesma cidade de maneiras opostas. Como uma questão de realidade objetiva, o clima de Paris não tem qualidades nem positivas nem negativas. As nuvens simplesmente passam. A amabilidade ou hostilidade dos parisienses é um julgamento subjetivo – depende de quem você encontra e como essas pessoas se comparam com aquelas de onde você veio. A Catedral de Notre Dame é apenas uma aglomeração de pedras entalhadas. O mundo simplesmente existe do jeito que é – objetos ou acontecimentos não são bons ou ruins, certos ou errados, feios ou bonitos. Somos nós, com as nossas perspectivas particulares, que damos cor às coisas e aos indivíduos, ou que a subtraímos. Nós nos concentramos na bela arquitetura gótica ou nos turistas irritantes. Nós, com a nossa atitude mental, podemos levar os outros a nos responderem de maneira amigável ou hostil, dependendo da nossa ansiedade ou franqueza. Moldamos muito da realidade que percebemos, a partir dos nossos ânimos e emoções.

Entenda: cada um de nós vê o mundo por uma lente particular que colore e molda as nossas percepções. Digamos que essa lente é a nossa *atitude*. O grande psicólogo suíço Carl Jung a definiu da seguinte forma: "Atitude é uma prontidão da psique para agir ou reagir de determinada maneira [...]. Ter uma atitude significa estar pronto para algo definido, mesmo que esse algo seja inconsciente; pois ter uma atitude é sinônimo de uma orientação *a priori* para algo definido". Isso significa o seguinte: no curso de um dia, a nossa mente responde a milhares de estímulos no nosso ambiente. Dependendo da programação do nosso cérebro e da nossa estrutura psicológica, certos estímulos – nuvens no céu, multidões de pessoas – levam a descargas e respostas mais fortes. Quanto mais forte a resposta, mais prestamos atenção. Alguns de nós são mais sensíveis a estímulos que outros ignorariam em grande parte. Se temos consciência de sermos propensos a sentimentos de tristeza, seja qual for o motivo, é mais provável que captemos os sinais que promovem esse sentimento. Se temos uma natureza desconfiada, somos mais sensíveis a expressões faciais que emitem qualquer tipo de negatividade possível e exageramos o que percebemos. Essa é a "prontidão da psique para [...] reagir de determinada maneira". Nunca temos consciência desse processo. Apenas sofremos os efeitos posteriores dessas sensibilidades e descargas dos neurônios; elas se acrescentam ao nosso ânimo geral e histórico emocional que talvez chamemos de depressão, hostilidade, insegurança, entusiasmo ou ousadia. Experimentamos muitos ânimos diferentes, mas, no geral, nos sentimos capazes de dizer que temos uma forma particular de ver e interpretar o mundo, dominada por uma ou várias emoções, como a hostilidade e o ressentimento. Essa é a nossa atitude. Aqueles que, na maior parte do tempo, têm uma atitude depressiva conseguem sentir momentos de alegria, mas estão mais predispostos a sentirem tristeza; eles esperam senti-la nos encontros cotidianos.

Jung ilustra essa ideia da seguinte forma: imagine que, numa caminhada, as pessoas encontrem um riacho que precisa ser atravessado a fim de prosseguirem com o trajeto. Alguém, sem pensar muito, atravessa aos saltos, pisando numa pedra ou duas, sem se preocupar nem um pouco com a possibilidade de cair. Adora o puro prazer físico de saltar e não se importa se cair. Outra pessoa também se entusiasma, mas isso tem menos a ver com a euforia física do que com o desafio mental que o riacho representa. Ela calcula de forma rápida o modo mais eficiente de atravessar e se sentirá satisfeita ao descobrir. Um terceiro indivíduo, de natureza cautelosa, leva mais tempo para considerar a questão. Não sente nenhum prazer na travessia; irrita-se com a presença do obstáculo, mas quer continuar a caminhada e dá o melhor de si para atravessar de maneira segura. Uma quarta pessoa simplesmente volta para casa. Não vê nenhuma necessidade de atravessar, e racionaliza os próprios medos dizendo que a caminhada já foi longa o suficiente.

Ninguém vê ou escuta apenas a água correndo por sobre as rochas. A nossa mente não percebe só o que existe. Cada um vê e responde ao mesmo riacho de uma forma diferente segundo a sua atitude específica – ousada, temerosa etc.

A atitude que levamos conosco por toda a vida tem várias raízes: em primeiro lugar, viemos ao mundo com determinadas inclinações genéticas – à hostilidade, à cobiça, à empatia ou à bondade. Notamos essas diferenças, por exemplo, no caso de Tchekhov e seus irmãos, todos os quais tinham que responder às mesmas punições físicas aplicadas pelo pai. Numa idade bem precoce, Anton revelou uma atitude mais irônica, predisposta a rir do mundo e vê-lo com algum distanciamento. Isso tornou mais fácil para ele reavaliar Pavel depois que se viu sozinho. Os irmãos careciam dessa habilidade de se distanciarem e foram enredados mais facilmente na brutalidade do pai. Isso talvez indique algo de diferente na maneira como o cérebro de Anton estava programado. Algumas crianças são mais gananciosas do que outras – demonstram desde cedo uma necessidade maior de obter atenção e tendem a ver sempre o que está faltando, o que não conseguem obter dos outros.

Em segundo lugar, as nossas primeiras experiências e sistemas de apego (veja o Capítulo 4) desempenham um grande papel na moldagem dessa atitude. Nós internalizamos as vozes das figuras materna e paterna. Caso sejam muito autoritárias e críticas, tenderemos a ser mais severos com nós mesmos do que com os outros, e teremos uma disposição crítica em relação a tudo que vemos. De igual importância são as experiências que temos fora da família, ao crescermos. Quando amamos ou admiramos alguém, tendemos a internalizar uma parte da sua presença, e moldamos a forma como vemos o mundo de um jeito positivo. Isso ocorre com professores, mentores ou colegas. As experiências negativas ou traumáticas têm um efeito constritivo – fecham a nossa mente para tudo que possa nos levar a reviver a dor original. A nossa atitude é moldada de modo constante pelo que nos acontece, mas vestígios da nossa atitude inicial sempre permanecem. Não importa o quanto tenha progredido, Tchekhov continuava suscetível aos sentimentos de depressão e autodepreciação.

O que precisamos entender sobre a atitude não é apenas como esta colore as nossas percepções, mas também como determina de forma ativa o que acontece na nossa vida – a nossa saúde, os nossos relacionamentos com as pessoas e o nosso sucesso. A nossa atitude tem uma dinâmica autorrealizável.

Considere mais uma vez a hipótese do jovem em Paris. Sentindo-se um pouco tenso e inseguro, ele reage de forma defensiva aos erros que comete ao aprender o idioma. Isso lhe dificulta o aprendizado, o que, por sua vez, torna mais difícil para ele conhecer pessoas, o que o faz se sentir mais isolado. Quanto mais a sua energia baixa com a depressão, mais esse ciclo se perpetua. As inseguranças também podem afastar os outros. A maneira como pensamos sobre os indivíduos tende a ter um efeito similar sobre eles. Se nos sentimos hostis e críticos, nos inclinamos a inspirar emoções críticas nas pessoas. A atitude do jovem o predispõe a trancá-lo nessa dinâmica negativa.

A atitude da moça, por outro lado, incita uma dinâmica positiva. Ela é capaz de aprender o idioma e conhecer pessoas, e tudo isso lhe eleva os ânimos e níveis de energia, o que a torna mais atraente e interessante para os outros, e assim por diante.

Embora as atitudes existam em muitas variedades e combinações, em geral é possível categorizá-las como negativas e estreitas ou positivas e expansivas. Aqueles com uma atitude negativa tendem a operar a partir de uma posição básica de medo em relação à vida; querem, de forma inconsciente, limitar o que veem e vivenciam para ter mais controle. Os de atitude positiva têm uma abordagem bem menos temerosa, mostrando-se abertos a novas experiências, ideias e emoções. Se a atitude é como a nossa lente para ver o mundo, a atitude negativa vai estreitar a abertura dessa lente, e a variedade positiva a expande o máximo possível. Podemos oscilar entre esses dois polos, mas, em geral, tendemos a ver o mundo por uma lente mais fechada ou mais aberta.

A sua tarefa como estudante da natureza humana é dupla: em primeiro lugar, tome ciência da sua própria atitude e de como ela distorce as suas percepções. É difícil observar isso no dia a dia porque é algo muito próximo de você, mas há maneiras de vislumbrá-la em ação. Você conseguirá ver isso no modo como julga as pessoas quando estas não estiverem na sua presença. Você se apressa para se concentrar nas qualidades negativas e opiniões ruins, ou é mais generoso e clemente no que diz a respeito aos defeitos delas? Verá sinais definitivos da sua atitude no modo como encara adversidades e resistência. Você se esquece rápido ou ignora quaisquer erros da sua parte? Culpa instintivamente os outros por qualquer coisa ruim que lhe aconteça? Tem pavor de qualquer tipo de mudança? Tende a manter rotinas e evitar tudo que seja inesperado ou incomum? Você se irrita quando alguém desafia as suas ideias e hipóteses?

O leitor também notará sinais disso no modo como os outros respondem a você, em especial em maneiras não verbais. Você nota que se mostram nervosos ou com uma posição defensiva na sua presença?

Você tende a atrair indivíduos que desempenham um papel maternal ou paternal na sua vida?

Uma vez que tenha uma boa noção da formação da sua atitude, da sua tendência negativa ou positiva, você terá um poder bem maior para alterá-la, para movê-la numa direção mais positiva.

Em segundo lugar, você precisa não apenas ter ciência do papel da sua atitude, mas também acreditar no poder supremo deste para alterar as suas circunstâncias. Você não é um peão num jogo controlado por outros; é um jogador ativo que move as peças à vontade e até reescreve as regras. Encare a sua saúde como dependente, em larga medida, da sua atitude. Ao se sentir entusiasmado e aberto a aventuras, conseguirá explorar reservas de energia que nem sabia que possuía. A mente e o corpo são uma coisa só, e os seus pensamentos afetam as suas respostas físicas. O ser humano consegue se recuperar muito mais rápido de uma doença por meio do puro desejo e força de vontade. Você não nasceu com uma inteligência fixa e limitações inerentes. Veja o seu cérebro como um órgão milagroso construído para o aprendizado e aprimoramento contínuos, inclusive na velhice. As ricas conexões neurais nele, os seus poderes criativos, são algo que você desenvolve na mesma medida em que se abrir a novas experiências e ideias. Encare os problemas e fracassos como meios de aprender e se fortalecer. Com persistência, será capaz de superar tudo. Encare a maneira pela qual os outros o tratam como algo que flui, em grande parte, da sua própria atitude, algo que você é capaz de controlar.

Não tenha medo de exagerar o papel da força de vontade. É um exagero com um propósito. Levará a uma dinâmica positiva autorrealizável, e é com isso que você deve se importar. Veja essa moldagem da sua atitude como a criação mais importante da sua vida, e nunca a deixe ao acaso.

A ATITUDE CONSTRITIVA (NEGATIVA)

A vida é inerentemente caótica e imprevisível. O animal humano, porém, não reage bem às incertezas. As pessoas que se sentem especialmente frágeis e vulneráveis tendem a adotar uma atitude em relação à vida que estreita aquilo que vivenciam de forma a reduzir a possibilidade de eventos inesperados. Essa atitude negativa constritiva muitas vezes tem origem na primeira infância. Algumas crianças recebem pouco conforto ou apoio ao enfrentar um mundo assustador, desenvolvendo diversas estratégias psicológicas para restringir o que precisam ver e vivenciar. Constroem defesas complexas para afastar outros pontos de vista e tornam-se cada vez mais absorvidas em si mesmas. Na maioria das situações, passam a esperar que coisas ruins aconteçam, e os seus objetivos na vida giram em torno de prever e neutralizar as más experiências a fim de controlá-las melhor. À medida que elas crescem, essa atitude fica mais arraigada e estreita, tornando qualquer tipo de crescimento psicológico quase impossível.

Atitudes desse tipo têm uma dinâmica de autossabotagem. Indivíduos assim fazem que outros sintam a mesma emoção negativa que lhes domina a atitude, o que os ajuda a confirmar as suas crenças negativas sobre as pessoas. Não veem o papel que as próprias ações desempenham, ou como, com frequência, são elas mesmas as instigadoras da resposta negativa. Veem apenas o que os persegue, ou a má sorte que os oprime. Ao afastarem os outros, duplicam a dificuldade de ter qualquer sucesso na vida, e a sua atitude se torna ainda pior no isolamento. Acabam presos num círculo vicioso.

A seguir estão as cinco formas mais comuns de atitude constritiva. As emoções negativas têm um poder vinculante – uma pessoa que se zanga tem maior tendência também a sentir desconfiança, inseguranças profundas, ressentimentos etc. E, desse modo, muitas vezes encontramos combinações dessas várias atitudes negativas, cada uma alimentando e acentuando a outra. O seu objetivo é reconhecer os vários sinais dessas atitudes que existem em você em forma latente e enfraquecida, e arrancá-las pela raiz; ver como operam numa versão mais forte em outras pessoas, entendendo melhor a perspectiva de vida delas, e aprender a lidar com aqueles que têm essas atitudes.

A atitude hostil. Algumas crianças exibem uma atitude hostil já nos primeiros anos de vida, interpretando o desmame e a separação natural em relação aos pais como ações hostis. Outras precisam lidar com um pai que gosta de puni-las e infligir dor. Em ambos os casos, a criança vê um mundo que lhes parece carregado de hostilidade, e a resposta dela é buscar controlá-lo, tornando-se fonte da hostilidade. Pelo menos assim esta não será tão repentina e aleatória. Ao crescer, torna-se adepta de estimular a raiva e a frustração nos outros, o que justifica a sua atitude original: "Olha só, as pessoas estão contra mim, sou desprezada, e sem motivo nenhum". Num relacionamento, um marido com uma atitude hostil acusará a esposa de não o amar de verdade. Se esta protestar e assumir uma atitude defensiva, ele verá isso como um sinal de que ela precisa tentar se esforçar mais para distinguir a verdade. Caso se mostre intimidada e se cale, ele vê isso como sinal de que estava mesmo certo. Confusa, é bem possível que ela comece a sentir alguma hostilidade, confirmando a opinião dele. As pessoas com essa atitude têm muitos outros truques sutis na manga para provocar a hostilidade que, em segredo, desejam sentir direcionada contra elas – retirando a sua cooperação num projeto no momento mais inconveniente, chegando tarde o tempo todo, realizando um trabalho malfeito, dando de propósito uma primeira impressão desfavorável. Entretanto, nunca enxergam o próprio papel no que instigou a reação.

A hostilidade permeia tudo que fazem – o modo como discutem e provocam (elas estão sempre certas); o tom maldoso das suas piadas; a voracidade com que exigem atenção; o prazer que sentem ao criticar os outros e os ver fracassar. Você as reconhecerá pela maneira como se enfurecem com facilidade nessas situações. A vida delas, pelo modo como descrevem, é repleta de batalhas, traições, perseguições, mas não acreditam que nada disso se origine delas mesmas. Em essência, projetam os próprios sentimentos hostis nos outros e estão preparadas para vê-los em quase qualquer ação supostamente inocente. A meta delas é se sentirem perseguidas e desejar alguma forma de vingança. Esses tipos costumam ter problemas profissionais, já que a raiva e a hostilidade afloram com frequência. Isso lhes dá algo do que reclamar e uma base na qual culpar o mundo por estar contra eles.

Se você notar sinais dessa atitude em si mesmo, essa autoconsciência é um passo importante para conseguir se livrar dela. Tente um experimento simples: aborde pessoas que estiver encontrando pela primeira vez, ou que conhece apenas de vista, com vários pensamentos positivos: *Eu gosto delas. Elas me parecem inteligentes* etc. Não verbalize nada disso, mas faça o máximo para sentir essas emoções. Se responderem com algo hostil ou defensivo, então talvez o mundo esteja mesmo contra você. O mais provável é que você não veja nada que, nem de longe, poderia ser interpretado como negativo. Na verdade, enxergará o oposto. É evidente, portanto, que a fonte de qualquer resposta hostil é você.

Ao lidar com os extremos desse tipo, esforce-se ao máximo para não responder com o antagonismo que esperam. Mantenha a neutralidade. Isso os deixará confusos e interromperá por algum tempo o jogo que estão jogando. Eles se alimentam da sua hostilidade, por isso não lhes dê nenhum combustível.

A atitude ansiosa. Esses tipos preveem todos os obstáculos e dificuldades em qualquer situação que enfrentem. Das pessoas, costumam esperar alguma espécie de crítica ou até traição. Tudo isso estimula níveis incomuns de ansiedade anterior ao fato. O que temem, na verdade, é perder o controle da situação, adotando como solução limitar aonde vão e o que tentam realizar. Num relacionamento, vão dominar de forma sutil os rituais e hábitos domésticos; parecerão sensíveis e exigirão atenção mais cuidadosa. Isso dissuadirá as pessoas de criticá-los. Tudo precisa ser nos termos deles. No trabalho, serão microgerenciadores e perfeccionistas ferozes, por fim sabotando a si mesmos ao tentar se manter no controle de elementos demais. Uma vez fora da sua zona de conforto – o lar ou o relacionamento que dominam –, tornam-se extraordinariamente irritáveis.

Às vezes, conseguem disfarçar a sua necessidade de controle como uma forma de amor e preocupação. Quando Franklin Roosevelt contraiu poliomielite em 1921, aos 39 anos, a mãe, Sara, fez todo o possível para lhe restringir a vida e mantê-lo num dos quartos da casa. Ele teria que desistir da vida política e se render aos cuidados dela. A esposa de Franklin, Eleanor, o conhecia melhor. O que ele queria, aquilo de que necessitava, era retornar aos poucos a algo que se assemelhasse à sua vida antiga. Aquilo se transformou numa batalha entre mãe e nora, vencida afinal por Eleanor. A mãe foi capaz de disfarçar a atitude ansiosa e a necessidade de dominar o filho por meio do amor aparente, transformando-o num inválido impotente.

Outro disfarce, similar a esse tipo de amor, é tentar agradar e lisonjear as pessoas a fim de desarmar qualquer possível ação imprevisível ou inamistosa. (Veja o Capítulo 4, "o simpático", um dos "tipos tóxicos".)

Se você notar essas tendências em si mesmo, o melhor antídoto é despejar a energia no trabalho. Concentrar a sua atenção em algo externo, num projeto de algum tipo, terá um efeito calmante. Ao refrear as suas tendências perfeccionistas, você conseguirá canalizar a necessidade de controle em algo produtivo. Em relação às pessoas, tente se abrir lentamente aos hábitos e ritmos de produção delas, em vez dos seus. Isso lhes mostrará que não tem nada a temer ao afrouxar o controle. Coloque-se de forma deliberada em circunstâncias que o apavoram, descobrindo que os seus medos são bem exagerados. Você estará aos poucos introduzindo certo caos na sua vida excessivamente organizada.

Ao lidar com indivíduos com essa atitude, tente não se deixar contagiar pela ansiedade deles; em vez disso, tente suprir a influência tranquilizadora que lhes faltou na primeira infância. Se projetar calma, o seu modo de agir terá um efeito maior do que as suas palavras.

A atitude evitativa. As pessoas com essa atitude veem o mundo pela lente das próprias inseguranças, em geral em relação a dúvidas sobre a sua competência e inteligência. Talvez, quando crianças, alguém lhes tenha feito sentir culpadas e desconfortáveis em relação a quaisquer esforços para se sobressair e se destacar entre os irmãos; ou fez que se sentissem mal sobre qualquer tipo de erro ou comportamento possível. O que passaram a temer mais era o julgamento dos pais. Ao crescer, o objetivo principal na vida delas se torna evitar qualquer responsabilidade ou desafio em que a sua autoestima poderia entrar em risco e pelo qual poderiam ser julgadas. Se não se esforçarem demais, não conseguirão fracassar nem serão criticadas.

Para executar essa estratégia, elas procurarão constantemente por rotas de fuga, de maneira consciente ou não. Encontrarão o motivo perfeito para abandonar um emprego logo e mudar de carreira, ou romper um relacionamento. Em meio a algum projeto de alto risco, serão acometidas de uma doença repentina que as obrigará a se retirarem. São propensas a toda espécie de doenças psicossomáticas. Ou se tornam alcoólatras, viciadas em algum tipo de droga, sofrendo recaídas sempre no momento mais conveniente, mas colocando a culpa na "doença" ou no modo deficiente como foram criadas, que seria o que as levou ao vício. Se não fosse pela bebida, poderiam ter sido grandes autores ou empresários, dizem esses tipos. Outras estratégias incluem perder tempo e começar algo tarde demais, sempre com alguma desculpa pronta para isso ter acontecido. Assim não podem ser culpadas pelos resultados medíocres.

Têm dificuldade para se comprometer com qualquer coisa, por um bom motivo. Se permanecerem num emprego ou num relacionamento, os seus defeitos se tornam aparentes demais aos outros. É melhor escapar no momento certo e manter a ilusão – para si mesmas e para os outros – da sua possível grandeza, se ao menos... Embora sejam motivadas pelo grande temor de fracassar e pelas críticas que se seguiriam, também têm um medo secreto do sucesso – pois com o sucesso vêm as responsabilidades e a necessidade de se manter à altura dele. O sucesso poderia também lhes despertar os temores a respeito de se destacar e se sobressair.

É fácil reconhecer esses indivíduos por suas carreiras irregulares e relacionamentos pessoais de curta duração. Talvez tentem disfarçar a fonte dos problemas aparentando virtuosidade – desdenham o sucesso e as pessoas que precisam provar a si mesmas. Muitas vezes se apresentarão como nobres idealistas, propagando ideias que nunca se efetivarão, mas que acrescentarão a aura virtuosa que desejam projetar. Ter que concretizar os ideais os exporia às críticas e ao fracasso, por isso optam por aqueles que são elevados e irrealistas demais para a época em que vivem. Não seja enganado pela fachada moralista que apresentam. Observe-lhes as ações, a falta de realizações, os grandes projetos que nunca começam, sempre com uma boa desculpa.

Se você notar traços dessa atitude em si mesmo, uma boa estratégia é assumir um projeto de dimensões minúsculas, levando-o até o fim e aceitando o prospecto de fracasso. Se fracassar, já terá suavizado o golpe porque previu que aconteceria, e a experiência não vai doer tanto quanto tinha imaginado. A sua autoestima aumentará porque você finalmente tentou algo e levou o projeto até a sua conclusão. Uma vez que tenha reduzido esse medo, progredir será fácil. Você vai querer tentar de novo (e, se for bem-sucedido, melhor ainda). De um jeito ou de outro, você vence.

Quando encontrar outros com essa atitude, tenha muito cuidado ao formar parcerias com eles. São peritos em desaparecer no momento mais errado, em deixar que você faça todo o trabalho árduo e leve a culpa se este fracassar. A todo custo, evite a tentação de ajudá-los ou resgatá-los da própria negatividade. São bons demais no jogo da evasão.

A atitude depressiva. Quando pequenos, esses tipos não se sentiam amados ou respeitados pelos pais. Para crianças indefesas, é difícil imaginar que os genitores estejam errados ou sejam inadequados na maneira como as criam; mesmo que não sejam amadas, ainda são dependentes deles. Assim, a defesa que encontram é, com frequência, internalizar o julgamento negativo e imaginar que, de fato, não são dignas de amor, que há algo de errado com elas. Dessa forma, conseguem manter a ilusão de que os pais são fortes e competentes. Tudo isso ocorre de maneira bem inconsciente, mas o sentimento de ser insignificante as assombrará pela vida inteira. Bem no fundo, sentirão vergonha de quem são e não saberão bem por que se sentem assim.

Ao se tornarem adultas, pressentirão o abandono, as perdas e a tristeza nas suas experiências, e verão sinais de elementos potencialmente depressivos ao redor. Na realidade, se sentem atraídas pelo que há de mais melancólico, pelo lado sombrio da vida. Se conseguirem fabricar parte da depressão que sentem dessa forma, esta pelo menos lhes estará sob controle. Sentem-se consoladas pelo pensamento de que o mundo é um lugar desolador. Uma estratégia que empregam é se retirarem temporariamente da vida e das pessoas. Isso lhes alimentará a depressão e a transformará em algo que conseguem administrar até certo ponto, ao contrário de experiências traumáticas impostas a elas.

Um exemplo excelente desse tipo foi o talentoso compositor e regente alemão Hans von Bülow (1830-1894), que, em 1855, se apaixonou por Cosima Liszt (1837-1930), a filha carismática do compositor Franz Liszt. Ela se sentiu atraída pelo ar de tristeza de Von Bülow, nutrindo por ele grande simpatia. O rapaz morava com a mãe hostil e dominadora, e Cosima queria resgatá-lo e transformá-lo num grande compositor. Casaram-se logo. Com o passar do tempo, a moça percebeu que o marido se sentia bem inferior em relação à inteligência e à força de vontade dela, e logo passou a questioná-la sobre seu amor por ele. Com frequência se afastava dela durante os períodos de depressão. Quando a esposa engravidou, ele foi acometido de uma doença misteriosa e repentina que o impedia de estar com Cosima. De súbito, tornava-se bem insensível.

Sentindo-se desprezada e negligenciada, Cosima iniciou um caso amoroso com o famoso compositor Richard Wagner, que era amigo e colega de Von Bülow. Ela teve a sensação de que o marido havia, de maneira inconsciente, encorajado o romance. Quando o deixou para viver com Wagner, Von Bülow a bombardeou com cartas, culpando-se pelo que aconteceu; ele não era digno do amor dela. Prosseguia falando sobre como a carreira sofrera uma guinada para pior, sobre as suas diversas doenças e tendências suicidas. Embora criticasse a si mesmo, ela não conseguia deixar de se sentir culpada e deprimida por ter sido em parte responsável. Contar-lhe todas as suas angústias parecia ser o modo sutil que o ex-marido encontrou para magoá-la. "Uma espada se retorcendo no meu coração", assim ela se referia a cada carta. E as mensagens continuavam a chegar, ano após ano, até que ele se casou de novo e repetiu o mesmo padrão com a nova esposa.

Indivíduos desse tipo muitas vezes têm uma necessidade secreta de ferir os outros, encorajando comportamentos como a traição ou críticas que lhes alimentem a depressão. Também sabotarão a si mesmos se obtiverem qualquer tipo de sucesso, sentindo lá no fundo que não o merecem. Desenvolverão obstáculos no trabalho, ou interpretarão as críticas como um sinal de que não devem prosseguir naquela carreira. Os tipos depressivos muitas vezes atraem pessoas para si, por causa da sua natureza sensível; estimulam nelas o desejo de ajudá-los. No entanto, como Von Bülow, começarão a criticar e magoar aqueles que lhes querem bem, e se afastarão de novo. Esse vaivém causa confusão, mas, uma vez que se tenha caído no encanto deles, é difícil se desconectar sem sentir culpa. Esses tipos têm o dom de fazer os outros se deprimirem na presença deles. Isso lhes dá o combustível do qual se alimentar.

A maioria de nós tem tendências e momentos depressivos. A melhor maneira de lidar com eles é ter consciência de que são necessários – são a forma de nosso corpo e mente nos compelir a desacelerar, baixar a nossa energia e nos retirar. Os ciclos depressivos podem servir a propósitos positivos. A solução é compreender a sua utilidade e qualidade temporária. A depressão que sente hoje não permanecerá com você na semana que vem, e você é capaz de esperar que ela passe. Se possível, encontre maneiras de elevar o seu nível de energia, que ajudarão a erguê-lo fisicamente do seu estado de espírito. A melhor forma de lidar com a depressão recorrente é canalizar a sua energia no trabalho, em especial nas artes. Você está acostumado a se retirar e se isolar; empregue esse tempo para acessar o seu inconsciente. Exteriorize a sua sensibilidade incomum e os seus sentimentos sombrios no próprio trabalho.

Nunca tente animar pessoas depressivas pregando-lhes sobre as maravilhas da vida. Em vez disso, é melhor concordar com as suas opiniões melancólicas a respeito do mundo e, ao mesmo tempo, atraí-las de forma sutil a experiências que lhes elevem os ânimos e a energia sem nenhum apelo direto.

A atitude ressentida. Quando crianças, esses tipos nunca sentiram que recebiam amor e afeto suficientes dos pais – sempre queriam mais atenção. Eles carregam consigo esse senso de insatisfação e desapontamento por toda a vida. Jamais conseguem todo o reconhecimento que merecem. São especialistas em examinar o rosto das pessoas em busca de sinais de possível desrespeito ou desdém. Veem tudo em relação a si mesmos; se alguém tem mais do que eles, é um sinal de injustiça, uma afronta pessoal. Quando sentem essa falta de respeito e reconhecimento, não explodem enfurecidos. Em geral, são cautelosos e gostam de controlar as próprias emoções. Em vez disso, a mágoa cresce dentro deles, o senso de injustiça tornando-se mais forte quanto mais refletem sobre isso. Não esquecem com facilidade. Em algum ponto, eles se vingarão, planejando um ato perverso de sabotagem ou por meio de uma atitude passivo-agressiva.

Por viverem com a sensação constante de terem sido injustiçados, tendem a projetar isso no mundo, vendo opressores por todos os lados. Dessa maneira, muitas vezes se tornam o líder dos que se sentem insatisfeitos e oprimidos. Caso obtenham o poder, talvez sejam bem cruéis e vingativos, ao terem afinal a capacidade de descarregar os seus ressentimentos em várias vítimas. Em geral, demonstram um ar de arrogância; estão acima dos outros mesmo que ninguém reconheça isso. Andam com a cabeça um pouco elevada demais; com frequência, exibem um leve sorriso sarcástico ou um olhar de desdém. Ao envelhecerem, tenderão a provocar batalhas por trivialidades, incapazes de conter por completo os ressentimentos que acumularam com o tempo. A atitude amarga afastará muitas pessoas, o que os levará a congregar com outros de mesma atitude, como uma forma de comunidade.

O imperador romano Tibério (42 a.C.-37 d.C.) talvez seja o exemplo mais clássico desse tipo, cujo tutor lhe notou algo de errado quando ainda era menino. "Ele é um jarro moldado com sangue e bile", o tutor escreveu certa vez a um amigo. O escritor Suetônio, que conhecia Tibério, o descreveu da seguinte forma: "Ele anda com a cabeça erguida e orgulhosa [...]. Estava quase sempre calado, nunca dizendo uma palavra a não ser de vez em quando [...]. E até quando falava, ele o fazia com relutância extrema, fazendo sempre, ao mesmo tempo, gestos desdenhosos com os dedos". O imperador Augusto, padrasto de Tibério, tinha que se desculpar o tempo todo ao Senado pelas "maneiras desagradáveis, cheias de arrogância" do enteado. Tibério detestava a mãe – ela nunca o havia amado o bastante. E jamais se sentiu apreciado por Augusto, ou pelos soldados, ou pelo povo romano. Quando se tornou imperador, se vingou de maneira lenta e metódica daqueles que imaginava que o tinham desprezado, e essa vingança foi por vezes fria e cruel.

Ao envelhecer, tornou-se ainda mais impopular. Tinha uma legião de inimigos. Sentindo o ódio dos súditos, retirou-se para a ilha de Capri, onde passou os últimos onze anos do seu reinado, evitando Roma quase por completo. Sabia-se que ele repetia a outros, nos últimos anos de vida: "Depois de mim, que o fogo destrua a Terra!". Quando morreu, Roma explodiu em celebrações, com as multidões expressando os seus sentimentos com a famosa frase "Tibério ao [rio] Tibre!".

Se você perceber tendências ao ressentimento dentro de si, o melhor antídoto é aprender a esquecer as mágoas e desapontamentos da vida. É melhor explodir de raiva imediatamente, mesmo que isso seja irracional, do que sofrer com insultos que provavelmente exagerou ou apenas imaginou. As pessoas em geral são indiferentes ao seu destino, não tão antagônicas quanto pensa. Muito poucas das ações delas são de fato direcionadas a você. Pare de ver tudo em termos pessoais. Respeito é algo que precisa ser merecido por meio das suas conquistas, não dado apenas pelo fato de você ser humano. Rompa o ciclo do ressentimento ao se tornar mais generoso em relação aos outros e à natureza humana.

Ao lidar com esses tipos, você precisa ter cautela suprema. Embora possam sorrir e parecer agradáveis, estão na verdade analisando-o em busca de qualquer insulto possível. Você os reconhecerá pelo histórico de batalhas passadas e rompimentos súbitos com as pessoas, assim como a facilidade com que julgam os outros. Você talvez tente lhes conquistar aos poucos a confiança e lhes diminuir as suspeitas; mas esteja ciente de que quanto mais tempo passar junto deles, mais combustível lhes dará para algo de que virão a se ressentir, e a resposta deles pode ser bem cruel. É melhor os evitar se possível.

A ATITUDE EXPANSIVA (POSITIVA)

Cerca de cinquenta anos atrás, muitos especialistas médicos começaram a pensar na saúde de uma forma nova e revolucionária. Em vez de se concentrarem em problemas específicos, como a digestão ou doenças de pele ou na condição do coração, eles decidiram que era melhor analisar o ser humano como um todo. Se os indivíduos melhorassem a sua dieta e praticassem mais exercícios, o efeito seria benéfico em todos os órgãos, pois o corpo é um todo interconectado.

Isso nos parece óbvio agora, mas essa maneira orgânica de pensar tem grande aplicação na nossa saúde psicológica também. Hoje, mais do que nunca, as pessoas se concentram nos seus problemas específicos – a depressão, a falta de motivação, as inadequações sociais, o tédio.

Entretanto, o que governa todos esses problemas aparentemente individuais é a nossa atitude, a forma como encaramos o mundo todos os dias. É o jeito como vemos e interpretamos os acontecimentos. Melhore a sua atitude geral e tudo mais se elevará também – os poderes criativos, a habilidade de lidar com a tensão, os níveis de autoconfiança, os relacionamentos com os demais. Essas ideias foram divulgadas pela primeira vez na década de 1890 pelo grande psicólogo norte-americano William James, mas permanecem como uma revolução esperando para acontecer.

O que uma atitude constritiva e negativa faz é estreitar a riqueza da vida à custa dos nossos poderes criativos, do nosso senso de plenitude, dos nossos prazeres sociais e da nossa energia vital. Sem desperdiçar nem mais um dia sob essas condições, o seu objetivo é escapar, expandir o que você vê e o que vivencia. Aumente a abertura da lente o máximo que conseguir. Aqui está o caminho a seguir.

Como encarar o mundo. Veja a si mesmo como um explorador. Com o dom da consciência, você está diante de um universo vasto e desconhecido que os seres humanos mal começaram a investigar. A maioria das pessoas prefere se agarrar a certas ideias e princípios, muitos deles adotados no início da vida. Elas têm um medo secreto daquilo que é incerto e pouco familiar; substituem a curiosidade pela convicção. Ao chegarem aos 30 anos, agem como se já soubessem tudo que precisam saber.

Como um explorador, você deixará toda essa certeza para trás. Partirá numa busca contínua por novas ideias e maneiras de pensar. Não verá nenhum limite para onde a sua mente pode viajar, e não se preocupará se de repente parecer inconsistente ou desenvolver pensamentos que contradizem de forma direta o que acreditava alguns meses antes. As ideias são algo com que se deve brincar; caso se apegue por muito tempo a elas, tornam-se algo morto. Retorne ao seu espírito e curiosidade da infância, antes de você ter um ego e ser mais importante estar certo do que se conectar com o mundo. Explore todas as formas de conhecimento, de todas as culturas e épocas da história. Queira ser desafiado.

Ao abrir a mente desse jeito, você libertará poderes criativos não realizados, e dará a si mesmo um grande prazer mental. Como parte disso, esteja aberto à exploração de perspectivas que partam do seu próprio inconsciente, reveladas em seus sonhos, em momentos de fadiga e nos desejos reprimidos que lhe escaparem em determinados momentos. Ali, você não tem nada a temer ou reprimir. O inconsciente é apenas mais um reino para você explorar com liberdade.

Como encarar as adversidades. É inevitável que a nossa vida envolva obstáculos, frustrações, dores e separações. O modo como lidamos com esses momentos na nossa primeira infância desempenha um grande papel no desenvolvimento da nossa atitude geral em relação à vida. Para muitas pessoas, esses momentos difíceis as inspiram a restringir o que elas veem e vivenciam. Passam a vida tentando evitar qualquer tipo de adversidade, mesmo que isso signifique nunca se desafiar de verdade nem obter muito sucesso profissional. Em vez de aprender a partir das experiências negativas, elas as querem reprimir. O seu objetivo é se mover na direção oposta, encarar todos os obstáculos como experiências de aprendizado, como meios de se fortalecer. Dessa maneira, você acolherá a própria vida.

Em 1928, a atriz Joan Crawford tinha uma carreira de sucesso razoável em Hollywood, mas começou a se sentir cada vez mais frustrada com os papéis limitados que recebia. Ela via que outras atrizes menos talentosas a estavam superando. Talvez o problema fosse não ser assertiva o bastante. Decidiu que precisava expressar a sua opinião a um dos chefes de produção mais poderosos do estúdio da MGM, Irving Thalberg. Mal sabia ela, Thalberg via esse tipo de atitude como insolência e era vingativo por natureza. Por isso, ele a colocou no elenco de um faroeste, sabendo que isso era a última coisa que a moça queria e que esse destino era um beco sem saída para muitas atrizes.

Joan aprendeu a lição e, pretendendo acolher esse destino, decidiu se apaixonar pelo gênero. Tornou-se especialista em andar a cavalo. Leu bastante sobre o Velho Oeste e se fascinou com o seu folclore. Se esse era o caminho necessário para avançar, ela se transformaria na atriz principal de faroestes. No mínimo, aquilo serviria para expandir as suas habilidades de atuação. Essa passou a ser a sua atitude por toda a vida em relação ao trabalho e aos desafios colossais que uma atriz enfrentava em Hollywood, em que as carreiras em geral costumavam durar pouco. Cada empecilho era uma oportunidade de crescer e se desenvolver.

Em 1946, Malcolm Little (mais tarde conhecido como Malcolm X), então com 20 anos, serviu uma sentença de oito a dez anos de cadeia por roubo. Em geral, a prisão tem o efeito de endurecer o criminoso e lhe estreitar a visão já estreita do mundo. Em vez disso, Malcolm reavaliou a própria vida. Começou a passar tempo na biblioteca da prisão e se apaixonou pelos livros e pelo aprendizado. Na visão dele, aquele ambiente lhe deu as melhores ferramentas possíveis para se transformar e mudar a sua atitude em relação à vida. Com tanto tempo nas mãos, estudou e obteve um diploma. Desenvolveu a disciplina que sempre lhe faltara. Treinou-se para se tornar um orador talentoso. Acolheu a experiência sem nenhuma amargura e emergiu mais forte do que nunca. Em liberdade, encarou qualquer dificuldade, grande ou pequena, como um meio de se testar e se fortalecer.

Embora a dor e as adversidades estejam normalmente além do seu controle, você tem o poder de determinar a sua resposta e o destino que vem a partir dela.

Como ver a si mesmo. À medida que envelhecemos, tendemos a estabelecer limites ao quão longe conseguimos ir na vida. Com o passar dos anos, internalizamos as críticas e dúvidas dos outros. Ao aceitar o que pensamos ser os limites da nossa inteligência e poderes criativos, criamos uma dinâmica de autorrealização. Aqueles se tornam os nossos limites. Você não precisa ser tão humilde e modesto neste mundo. Essa humildade não é uma virtude, mas um valor que as pessoas promovem para mantê-lo por baixo. Seja o que for que estiver fazendo agora, você é de fato capaz de muito mais, e, ao pensar assim, criará uma dinâmica bem diferente.

Em tempos antigos, muitos grandes líderes – como Alexandre, o Grande, e Júlio César – se imaginavam descendentes de deuses e parcialmente divinos. Essa autocrença se traduzia num nível elevado de autoconfiança que outras pessoas reconheciam e das quais se alimentavam. Isso se tornava uma profecia autorrealizada. Você não precisa entreter pensamentos tão grandiosos assim, mas sentir que está destinado a algo grande e importante lhe dará um grau de flexibilidade quando os outros se opuserem ou resistirem a você. Não internalize as dúvidas que surgem desses momentos. Tenha um espírito audaz e continue a tentar novas atividades, até mesmo a correr riscos, confiante na sua habilidade de se recuperar dos fracassos e se sentindo destinado ao sucesso.

Quando Tchekhov teve a epifania sobre a liberdade derradeira que conseguiria criar para si mesmo, ele passou pelo que o psicólogo norte-americano Abraham Maslow chamou de "experiência de pico". Há momentos em que você é elevado acima da rotina diária e percebe que há algo maior e mais sublime na vida, aquilo que estava lhe faltando. No caso de Tchekhov, a experiência de pico foi incitada por uma crise, pela solidão, e isso lhe causou sensação de aceitação completa das pessoas e do mundo em redor. Esses momentos podem surgir ao se exercitar além dos seus limites; ou ao superar grandes obstáculos, ao escalar uma montanha, ao viajar para uma cultura bem diferente, criar os laços profundos que resultam de qualquer forma de amor. Você deve partir de maneira deliberada em busca dessas ocasiões e estimulá-las se for capaz. Elas têm o efeito, como aconteceu com Tchekhov, de alterar a sua atitude para sempre; expandem os seus pensamentos sobre as suas possibilidades e a própria vida, e essas lembranças são algo ao qual você sempre retornará para obter a inspiração suprema.

Em geral, essa maneira de olhar para si mesmo vai contra a atitude indiferente e irônica que muitos gostam de ter no mundo pós-moderno – nunca ambiciosa demais, jamais muito positiva sobre as coisas ou a vida; sempre fingindo uma humildade impassível e bem falsa. Esses tipos veem a atitude positiva e expansiva como ingênua e otimista em excesso, contudo sua atitude indiferente é, na verdade, uma máscara astuta para lhes encobrir os grandes temores – de se embaraçar, fracassar, demonstrar emoções demais. Assim como com todas as tendências na cultura, a atitude indiferente acabará desaparecendo, um remanescente do início do século 21. Ao se mover na direção oposta, você será muito mais progressista.

Como encarar a sua energia e saúde. Embora sejamos todos mortais e sujeitos a doenças além do nosso controle, devemos reconhecer o papel que a força de vontade desempenha na nossa saúde. Todos nós já sentimos isso em algum grau. Quando nos apaixonamos ou nos entusiasmamos com o nosso trabalho, temos de repente mais energia e nos recobramos mais rápido de qualquer doença. Ao contrário, se estamos deprimidos ou enfrentando níveis incomuns de tensão, nos tornamos presas de todo tipo de enfermidades. Em geral, você consegue se esforçar com segurança muito além daquilo que imagina serem as suas limitações físicas quando se sente entusiasmado e desafiado por um projeto ou empreitada. As pessoas envelhecem de modo prematuro ao aceitar os limites físicos do que conseguem realizar, num ciclo autorrealizado. Aqueles que envelhecem bem continuam a se envolver em atividades físicas, apenas moderadamente ajustadas. Você tem fontes abundantes de energia e saúde para aproveitar.

Como encarar as outras pessoas. Em primeiro lugar, tente se livrar da tendência natural a tomar o que os outros dizem e fazem como algo direcionado pessoalmente a você, em especial se o que eles falam ou fazem é desagradável. Mesmo quando o criticarem ou agirem contra os seus interesses, na maior parte das vezes isso é resultado de alguma dor profunda anterior que estão revivendo; você se tornou o alvo conveniente das frustrações e ressentimentos que eles vêm acumulando por anos. Estão projetando os próprios sentimentos negativos. Se você conseguir ver os indivíduos dessa forma, terá mais facilidade para não reagir ou se aborrecer, ou se enredar em alguma batalha mesquinha. Se o outro é mesmo malicioso, ao não ficar abalado, você se colocará numa posição melhor para planejar a reação apropriada e se poupará do acúmulo de mágoas e amarguras.

Encare os seres humanos como fatos da natureza. As pessoas existem em todas as variedades, como flores e rochas. Há tolos, santos, sociopatas, egomaníacos e nobres guerreiros; há os sensíveis e os insensíveis. Todos desempenham um papel na nossa ecologia social. Isso não significa que não devemos lutar para mudar o comportamento daninho daqueles que nos são próximos ou que estão na nossa esfera de influência; mas não temos como reverter a engenharia da natureza humana. E, mesmo que conseguíssemos de algum modo fazer isso, o resultado seria muito pior do que o que temos. Aceite a diversidade e o fato de que os indivíduos são o que são. O fato de eles serem diferentes de você não deveria ser um desafio ao seu ego ou à sua autoestima, mas algo a aceitar e acolher.

Dessa posição mais neutra, entenda as pessoas com quem lida num nível mais profundo, como Tchekhov fez com o pai. Quanto mais fizer isso, mais tolerante você tenderá a se tornar em relação aos outros e à natureza humana em geral. O seu espírito aberto e generoso deixará as suas interações sociais muito mais tranquilas, e os indivíduos se sentirão atraídos por você.

Por fim, pense no conceito moderno de atitude em termos do conceito antigo de *alma*, encontrado em quase todas as culturas indígenas e civilizações pré-modernas. Originalmente, ele se referia a *forças espirituais* externas que permeiam o universo e que estão contidas no ser humano individual na forma da alma. A alma não é a mente ou o corpo, mas o espírito geral que encarnamos, a nossa maneira de vivenciar o mundo. É o que torna uma pessoa um indivíduo, e o seu conceito estava relacionado às primeiras ideias de personalidade, sob o qual a alma de alguém poderia ter profundidades. Alguns possuíam um grau maior dessa força espiritual, tinham mais alma; outros tinham uma personalidade que carecia dessa força e que era um pouco desalmada.

Isso tem grande relevância em relação à nossa ideia de atitude. Na nossa concepção moderna da alma, substituímos a força espiritual externa pela própria vida, ou pelo que descrevemos como *força vital*. A vida é inerentemente complexa e imprevisível, com poderes muito além de tudo que seríamos capazes de compreender ou controlar por completo. Essa força vital se reflete na natureza e na sociedade humana pela diversidade impressionante que encontramos em ambos os campos.

Por um lado, há aqueles cujo objetivo na vida é inibir e controlar essa força vital, levando-os a estratégias autodestrutivas; precisam limitar os pensamentos e se manter fiéis a ideias que já perderam a relevância. Têm de limitar o que vivenciam. Tudo se refere a eles e às suas necessidades mesquinhas e problemas pessoais. Muitas vezes se tornam obcecados com uma meta específica que lhes domina todos os pensamentos – como obter dinheiro ou atenção. Tudo isso os deixa mortos por dentro à medida que se fecham à riqueza da vida e à variedade da experiência humana. Por esse caminho, dirigem-se para o aspecto desalmado, uma carência interna de profundidade e flexibilidade.

A sua meta deve ser se mover sempre na direção oposta. Descubra a curiosidade que tinha na infância. Tudo e todos serão uma fonte de fascinação para você. Mantenha-se aprendendo, expandindo de forma contínua o que você sabe e vivencia. Sinta-se generoso e tolerante em relação às pessoas, mesmo aos seus inimigos e àqueles que estão aprisionados na condição desalmada. Não se escravize à amargura ou rancor. Em vez de culpar os outros ou as circunstâncias, veja o papel que a sua própria atitude e suas ações desempenharam em qualquer fracasso. Adapte-se às circunstâncias ao contrário de se queixar sobre elas. Aceite e acolha a incerteza e o inesperado como qualidades valiosas. Dessa maneira, a sua alma se expandirá para os contornos da própria vida e se preencherá com essa força vital.

Aprenda a avaliar aqueles com quem lida pela profundidade da alma deles, e, se possível, associe-se o mais que conseguir aos da variedade expansiva.

> É por isso que as mesmas circunstâncias ou acontecimentos externos não afetam duas pessoas do mesmo jeito; mesmo em ambientes perfeitamente semelhantes, cada um vive num mundo próprio [...]. O mundo em que um homem vive se molda muito pela maneira como ele o observa, e assim se mostra diferente para homens diferentes; para um é árido, tedioso e superficial; para outro é rico, interessante e cheio de significado. Ao ouvir sobre eventos interessantes que ocorreram no decorrer da experiência de um homem, muitas pessoas desejarão que algo semelhante lhes aconteça na vida também, esquecendo por completo que deveriam invejar, na verdade, a aptidão mental que emprestou a esses eventos a significância que possuem quando os descreve.
>
> — *Arthur Schopenhauer*

9
Confronte o seu lado sombrio
A Lei da Repressão

Os indivíduos raramente são o que aparentam ser. É inevitável que, por baixo do exterior educado e afável, exista um lado nebuloso e sombrio formado por inseguranças e pelos impulsos agressivos e egoístas que eles reprimem e ocultam, com cuidado, da percepção pública. Esse lado sombrio se revela em comportamentos que podem espantá-lo e prejudicá-lo. Aprenda a reconhecer os sinais da Sombra antes que se tornem tóxicos. Veja os traços evidentes das pessoas — tenacidade, virtude etc. — como disfarces da qualidade contrária. Você deve tomar consciência do seu próprio lado sombrio. Ao ter ciência dele, conseguirá controlar e canalizar as energias criativas que se escondem no seu inconsciente. Ao integrar o lado sombrio à sua personalidade, você será um ser humano mais completo e irradiará uma autenticidade que atrairá os outros a você.

O LADO SOMBRIO

Em 5 de novembro de 1968, o republicano Richard Nixon conseguiu o que foi talvez a maior reviravolta da história da política norte-americana, derrotando por poucos votos o rival democrata, Hubert Humphrey, para se tornar o 37º presidente dos Estados Unidos. Apenas oito anos antes, de forma devastadora, ele havia sido derrotado na sua primeira campanha à presidência por John F. Kennedy. A eleição foi extremamente apertada, mas estava claro que algumas manobras eleitorais em Illinois, orquestradas pela maquinaria do Partido

Democrata em Chicago, desempenharam um papel naquele fiasco. Dois anos mais tarde, ele perdeu feio na campanha para governador da Califórnia. Amargurado pela maneira como a imprensa o havia acossado e provocado durante toda a campanha, dirigiu-se à mídia no dia seguinte à derrota e concluiu dizendo: "Pensem só em tudo que estarão perdendo. Vocês não terão Nixon mais para abusar, pois esta, cavalheiros, é a minha última entrevista coletiva". A resposta a essas palavras foi esmagadoramente negativa. Foi acusado de chafurdar na autopiedade. A emissora ABC News apresentou um especial de meia hora chamado "O obituário político de Richard Nixon". Um artigo da revista *Time* sobre ele concluía: "A não ser por um milagre, Richard Nixon não tem nenhuma chance de ser eleito para qualquer cargo político de novo". Sob todos os aspectos, a carreira política dele deveria ter terminado em 1962. Entretanto, sua vida fora uma série interminável de crises e obstáculos que só o haviam tornado mais determinado. Quando jovem, o seu sonho tinha sido frequentar uma escola da Ivy League[1], o caminho para obter o poder nos Estados Unidos. Richard era ambicioso ao extremo. A família, porém, era relativamente pobre e não poderia pagar por esse nível de educação. Ele superou essa barreira aparentemente intransponível ao se transformar num estudante fenomenal, ganhando o apelido "Iron Butt" ("CDF") por seus hábitos de trabalho inumanos, e conquistou uma bolsa de estudos para a Escola de Direito da Universidade Duke, uma das melhores do país. Para manter a bolsa, precisava se conservar no topo da classe, o que conseguiu fazer ao trabalhar com um nível de esforço que poucos seriam capazes de aguentar.

Após vários anos no Senado norte-americano, Nixon foi escolhido por Dwight D. Eisenhower, em 1952, para concorrer como vice-presidente na campanha pelo Partido Republicano, mas logo este se arrependeu. Nixon mantivera em segredo do Partido Republicano um fundo que supostamente utilizava para propósitos pessoais. Na verdade, era

---

[1] A Ivy League é uma associação desportiva formada por oito universidades situadas no nordeste dos Estados Unidos: as universidades de Brown, Columbia, Cornell, Dartmouth, Harvard, Pensilvânia, Princeton e Yale. Essas escolas de elite são altamente prestigiadas por sua excelência acadêmica e por seus exigentes critérios de seleção de alunos. (N. T.)

inocente das acusações, mas Eisenhower não se sentia confortável com o colega, e essa foi a desculpa para se livrar dele. Era quase certo que cortar relações com Nixon dessa maneira lhe arruinaria a carreira política. Mais uma vez, Nixon enfrentou o desafio, aparecendo na televisão ao vivo e fazendo o discurso da sua vida, defendendo-se contra as incriminações. Foi tão efetivo que o público exigiu que Eisenhower o mantivesse na cédula. Acabou servindo como vice-presidente por oito anos.

As derrotas esmagadoras de 1960 e 1962, então, novamente seriam o meio de fortalecê-lo e ressuscitar-lhe a carreira. Ele era como um gato com sete vidas; nada seria capaz de matá-lo. Por alguns anos se manteve discreto, depois voltou ao ataque na eleição de 1968. Agora era o "novo Nixon", mais relaxado e afável, um homem que gostava de boliche e de piadas bobas. E, tendo aprendido todas as lições a partir das suas várias derrotas, realizou uma das campanhas mais elegantes e inteligentes da história moderna, fazendo todos os inimigos e céticos engolirem as próprias palavras quando derrotou Humphrey.

Ao se tornar presidente, pareceu ter atingido o ápice do poder. Entretanto, na mente dele, ainda havia muitos desafios a serem superados, talvez os maiores de todos. Seus inimigos liberais o viam como um animal político, que recorreria a qualquer tipo de trapaça a fim de vencer uma eleição. Para as elites da costa leste, que o detestavam, ele era o caipira de Whittier, na Califórnia, e a sua ambição dava demais na vista. Nixon estava determinado a provar que estavam errados. Não era o que pensavam que fosse. Era, no fundo, um idealista, não um político implacável. A mãe que adorava, Hannah, era uma *quaker* devota que lhe havia incutido a importância de tratar a todos de forma igual e promover a paz no mundo. Nixon queria criar um legado como um dos maiores presidentes da história. Pelo bem da mãe, que morreu alguns meses antes, naquele ano, encarnaria os ideais dos *quakers* e mostraria aos seus detratores o quanto tinham se enganado sobre ele.

Os ídolos políticos de Nixon eram homens como o presidente francês Charles de Gaulle, com quem se encontrara e a quem admirava muito. De Gaulle criara uma identidade que irradiava autoridade e amor pelo próprio país. Nixon faria o mesmo. Nos seus diários, passou a referir a si próprio como "RN" – a versão de si como um líder mundial. RN seria forte, resoluto, compassivo, mas bem masculino. Os Estados Unidos que ele lideraria estavam rachados por protestos antiguerras, rebeliões nas cidades, uma taxa crescente de criminalidade. Ele daria fim à guerra e trabalharia para obter a paz mundial; em casa, traria prosperidade a todos os norte-americanos, defenderia a lei e a ordem, e incutiria um senso de decência que o país havia perdido. Conseguindo isso, tomaria o seu lugar entre os presidentes que reverenciava – Abraham Lincoln e Woodrow Wilson –, tudo isso por meio da sua força de vontade, como sempre fizera.

Nos primeiros meses, Nixon se moveu rápido. Reuniu um gabinete de primeira linha, que incluía o brilhante Henry Kissinger como conselheiro de segurança nacional. Para a sua equipe pessoal, preferiu jovens bem apessoados que lhe seriam fiéis ao extremo e que serviriam como ferramentas para concretizar as suas grandes ambições para os Estados Unidos. Esse grupo incluía Bob Haldeman, chefe da Casa Civil; John Ehrlichman, responsável pela política interna; John Dean, consultor da Casa Branca, e Charles Colson, um dos assessores da Casa Branca.

Nixon não queria intelectuais em torno dele; queria intermediários. Contudo, não era ingênuo. Entendia que, na política, a lealdade era efêmera. Assim, logo no início da sua administração, instalou em toda a Casa Branca um sistema secreto de gravação ativada por voz do qual apenas algumas pessoas selecionadas sabiam. Dessa forma, era capaz de vigiar a equipe e descobrir antecipadamente quaisquer traidores ou informantes que pudesse haver entre eles. As gravações lhe forneciam provas que mais tarde poderia usar se alguém tentasse deturpar qualquer conversa com ele. E o melhor de tudo era que, uma vez que a sua presidência houvesse terminado, as fitas editadas poderiam ser utilizadas para demonstrar a sua grandeza como líder, a maneira clara e racional com que havia tomado as suas decisões. As gravações assegurariam o seu legado.

Os primeiros anos se passaram, e Nixon trabalhou arduamente para executar o seu plano. Era um presidente ativo. Assinou projetos de lei para proteger o meio ambiente, a saúde dos operários e os direitos dos consumidores. Na frente internacional, lutou para desacelerar a guerra no Vietnã, com sucesso limitado. No entanto, logo estabeleceu a base para a sua primeira visita à União Soviética e para a sua celebrada viagem à China, e sancionou um acordo com os soviéticos para limitar a proliferação de armas nucleares. Isso era só o início do que ele realizaria.

Entretanto, apesar da tranquilidade relativa desses primeiros anos, algo de estranho começou a se agitar dentro Richard Nixon. Não conseguia se livrar dos sentimentos de ansiedade, algo a que havia sido propenso a vida toda, e que começou a despontar nas reuniões com a sua equipe pessoal (às portas fechadas, tarde da noite) enquanto saboreavam algumas bebidas. Nixon compartilhava com eles histórias sobre o seu passado pitoresco e, no processo, relembrava alguma velha mágoa política; a amargura, então, emergia.

Nixon era obcecado pelo caso de Alger Hiss, membro importante da equipe do Departamento de Estado que, em 1948, foi acusado de ser um espião comunista. Bem-vestido e elegante, era o queridinho dos liberais. Sendo na época um congressista júnior pelo Estado da Califórnia, Nixon suspeitou que Hiss fosse um impostor. Enquanto outros congressistas decidiram deixá-lo em paz, Nixon, representando o Comitê de Atividades Antiamericanas, continuou a investigar. Numa entrevista com ele, quando o lembrou da lei contra o perjúrio, Hiss respondeu: "Estou familiarizado com a lei. Frequentei a Escola de Direito de Harvard. Creio que a sua foi Whittier?" (uma referência à faculdade inferior que Nixon havia frequentado na graduação).

Implacável na sua perseguição, Nixon conseguiu que ele fosse indiciado por perjúrio, e Hiss foi para a cadeia. A vitória o tornou famoso, mas, como explicou aos membros da sua equipe, lhe valeu a fúria eterna das elites da costa leste, que o viam como o arrivista bajulador de Whittier. Na década de 1950, essas elites, muitas delas formadas em Harvard, mantiveram Nixon e a esposa Pat discretamente fora dos seus círculos sociais, limitando dele os contatos políticos. Os aliados que essas elites mantinham na imprensa o ridicularizavam sem piedade, por qualquer declaração incorreta ou possível ofensa. Claro, Nixon não era nenhum anjo. Gostava de vencer, mas a hipocrisia daqueles liberais o irritava – Bobby Kennedy era o rei dos truques sujos na política, mas qual repórter publicava isso?

Divagando cada vez mais fundo por essas histórias, noite após noite com os membros da equipe, Nixon os lembrava de que esse passado ainda estava bem vivo. Os velhos inimigos ainda se voltavam contra ele. Daniel Schorr, correspondente da emissora CBS, parecia odiá-lo com uma intensidade incomum. Os seus relatos do Vietnã sempre conseguiam focalizar os piores aspectos da guerra e causar uma má impressão de si. Havia Katharine Graham, proprietária do *Washington Post*, um jornal que parecia ter uma hostilidade pessoal contra ele, que datava de muitos anos. Ela era a decana da sociedade de Georgetown – bairro histórico de Washington –, que desdenhara de Nixon e Pat por anos. O pior de todos era Larry O'Brien, agora presidente do Partido Democrata, que, como um dos conselheiros principais da administração de Kennedy, conseguira que o serviço da receita federal fizesse a auditoria dos bens de Nixon. Na opinião deste, O'Brien era o gênio maligno da política, um homem que faria de tudo para impedir a sua reeleição em 1972.

Nixon tinha inimigos por todos os lados e estes eram incansáveis – plantando histórias negativas na imprensa, obtendo vazamentos embaraçosos de dentro da burocracia, espiando-o, prontos para dar o bote ao menor indício de escândalo. Ele perguntava à equipe: "E o que estamos fazendo do nosso lado?". Se não tomassem nenhuma atitude para responder a isso, seriam os únicos culpados. O legado de Nixon, as suas ambições estavam em jogo. Começaram a se acumular histórias sobre demonstrações antiguerra e vazamentos a respeito dos esforços da administração acerca da Guerra do Vietnã, o que fez Nixon arder de raiva e frustração, e a conversa com a equipe se acalorou em ambos os lados. Certa vez, quando Colson sugeriu que se vingassem de alguns adversários particularmente irritantes, Nixon comentou: "Um dia nós os pegaremos. Nós os colocaremos no chão, bem onde queremos. E aí fincaremos neles os calcanhares, pisaremos com força e torceremos os pés. Certo, Chuck, certo?".

Ao ser informado de que muitos da equipe do Escritório de Estatísticas Trabalhistas eram judeus, Nixon sentiu que provavelmente era por isso que algumas das informações econômicas vindas de lá eram ruins. "O governo está cheio de judeus", disse ele a Haldeman. "A maioria dos judeus é desleal." Eram o sustentáculo da classe dominante da costa leste que trabalhava com tanto fervor contra ele. Em outra ocasião, ele pediu a Haldeman: *"Por favor*, me traga os nomes dos judeus, você sabe, dos grandes doadores judeus dos democratas [...]. Poderíamos, por favor, investigar alguns desses sacanas?". Conseguir que passassem por uma auditoria era uma boa ideia. Ele tinha outras sugestões brutais sobre como prejudicar Katharine Graham e humilhar Daniel Schorr.

Nixon também começou a se sentir cada vez mais ansioso em relação à sua imagem pública, tão crucial para o seu legado. Atazanava a equipe, e até mesmo Henry Kissinger, para que promovessem à imprensa o seu estilo forte de liderança. Em entrevistas, tinham de se referir a ele como o sr. da Paz, e Kissinger não deveria receber tanto crédito. Nixon queria saber o que as elites dos partidos em Georgetown diziam a seu respeito. Estavam finalmente mudando de ideia, em algum aspecto, sobre Richard Nixon?

Apesar do seu nervosismo, tornou-se evidente em 1972 que os acontecimentos se alinhavam ao seu favor. O seu adversário democrata na campanha à reeleição seria o senador George McGovern, um liberal inflexível. Nixon era o líder nas pesquisas, mas queria muito mais. Tencionava uma vitória com maioria absoluta dos votos e aprovação do público. Certo de que homens como O'Brien tinham alguns truques na manga, ele começou a insistir para que Haldeman fizesse alguma espionagem e encontrasse algo de podre no lado dos democratas. Queria que Haldeman reunisse um time de "capangas" para fazer o trabalho sujo necessário com o máximo de eficiência, deixando os detalhes a cargo dele.

Para o seu desgosto, em junho daquele ano, Nixon leu no *Washington Post* sobre uma invasão malsucedida no Hotel Watergate, em que um grupo de homens havia tentado instalar grampos nos escritórios de Larry O'Brien. Isso levou à prisão de três homens – James McCord, E. Howard Hunt e G. Gordon Liddy – que tinham laços com o comitê pela reeleição do presidente Nixon. A invasão foi tão malfeita que ele suspeitou que fosse tudo uma cilada montada pelos democratas. Aquele não era o time eficiente de capangas que havia defendido.

Alguns dias mais tarde, em 23 de junho, Nixon discutiu a invasão com Haldeman. O FBI estava investigando o caso; alguns dos homens presos eram ex-agentes da CIA. Haldeman propôs que talvez fosse possível conseguir que o alto escalão da CIA pressionasse o FBI para que este abandonasse a investigação. Nixon aprovou e lhe disse: "Não vou me envolver muito nisso". Ouviu como resposta: "Não, senhor. Não queremos que o senhor se envolva". No entanto, Nixon acrescentou: "Jogue com dureza. É assim que eles jogam, e é assim que vamos jogar". Colocou o seu consultor, John Dean, a cargo da investigação interna, com instruções claras para obstruir o FBI e encobrir quaisquer conexões com a Casa Branca. De todo jeito, Nixon nunca ordenara diretamente a invasão. Watergate era uma ninharia, nada que lhe manchasse a reputação. Seria esquecido, assim como todos os atos sujos da política que nunca foram descobertos ou registrados nos livros de história.

E, de fato, ele estava correto, por hora – o público prestou pouca atenção à invasão. Nixon conquistou uma das vitórias mais estrondosas da história eleitoral. Venceu em todos os Estados, com exceção de Massachusetts e do Distrito de Columbia, obtendo até mesmo uma alta porcentagem de votos dos democratas. Agora tinha mais quatro anos para solidificar o seu legado, e nada para detê-lo. O seu índice de popularidade nunca estivera tão alto.

Watergate, porém, continuava a voltar à tona e não o deixava em paz. Em janeiro de 1973, o Senado decidiu iniciar uma investigação. Em março, McCord confessou, incriminando vários membros da equipe da Casa Branca pela ordem de invasão do hotel. Hunt começou a pedir dinheiro para não revelar o que sabia. O jeito de sair dessa confusão era simples e claro – contratar um advogado externo para fazer uma apuração interna da invasão, com a cooperação total de Nixon e da sua equipe, e esclarecer todos os detalhes. A reputação de Nixon sofreria, alguns iriam para a prisão, mas isso o manteria vivo politicamente, e ele era mestre em retornar do fundo do poço.

Nixon, porém, não conseguia dar esse passo. Haveria muitos danos imediatos. A ideia de confessar o que sabia e o que ordenara lhe dava um medo mortal. Em reuniões com Dean, continuava a discutir o encobrimento dos fatos, sugerindo até onde poderiam obter dinheiro para silenciar Hunt. Dean o advertiu para não se envolver tanto, mas Nixon parecia estranhamente fascinado com a confusão crescente que gerara, e incapaz de se afastar.

Em pouco tempo ele foi forçado a demitir Haldeman e Ehrlichman, pois ambos tinham sido implicados a fundo na invasão. Foi um suplício conseguir que ele os demitisse em pessoa e começou a chorar quando teve que dar a notícia a Ehrlichman. Entretanto, era como se nada que fizesse pudesse deter o impulso da investigação Watergate, que se aproximava cada vez mais de Nixon, fazendo-o se sentir como um rato encurralado.

Em 19 de julho de 1973, ele recebeu a pior notícia de todas: o comitê do Senado que investigava o caso Watergate havia descoberto o sistema secreto de gravação instalado na Casa Branca, e exigiu que as fitas lhe fossem entregues como prova. Tudo que Nixon conseguia pensar era no embaraço intenso que se seguiria caso os áudios se tornassem públicos, pois o transformariam em alvo de chacota no mundo inteiro. Pense no linguajar que ele havia usado e nas várias coisas desagradáveis que defendera. A sua imagem, o seu legado, todos os ideais que lutara para realizar, tudo seria arruinado num único golpe. Nixon pensou na mãe e na família – nunca o haviam ouvido falar do modo como se expressara na privacidade do próprio escritório. Era como se fosse outra pessoa naquelas fitas. Alexander Haig, que era agora o seu chefe da Casa Civil, disse a Nixon que este precisava desmontar o sistema de gravação e dar fim naquelas provas imediatamente, antes de receber uma intimação oficial.

Nixon se mostrou paralisado: destruir as fitas seria uma admissão de culpa; talvez elas o exonerassem, já que provariam que ele nunca ordenou diretamente a invasão do hotel. Contudo, a ideia de isso vir a público o apavorava. Ele hesitou entre uma decisão e outra, mas no fim optou por não dar cabo delas. Invocando privilégio executivo, resistiria à instrução de entregá-las.

Por fim, com a pressão aumentando, em abril de 1974, Nixon decidiu liberar transcrições editadas na forma de um livro de 1.200 páginas e torcer pelo melhor. O público ficou horrorizado com o que leu. Sim, muitos o haviam considerado traiçoeiro e ardiloso, mas a linguagem forte, os palavrões, o tom por vezes histérico e paranoico das conversas, bem como a total falta de remorso ou hesitação ao ordenar várias atividades ilegais, revelaram um lado de Nixon de que nunca suspeitaram. Até os membros da família dele se mostraram chocados. Em se tratando do caso Watergate, ele parecia muito fraco e indeciso, nada semelhante à imagem inspirada em De Gaulle que queria projetar. Em nenhum momento demonstrou o menor interesse em descobrir a verdade e punir os culpados. Onde estava o defensor da lei e da ordem?

Em 24 de julho veio o golpe final: a Suprema Corte deu ordens para que Nixon entregasse as próprias gravações, entre as quais estaria a conversa registrada em 23 de junho de 1972, em que ele havia aprovado a utilização da CIA para suprimir a investigação do FBI. Essa era a prova irrefutável do envolvimento dele no encobrimento dos fatos desde o princípio. Nixon estava perdido e, embora isso fosse contra tudo em que acreditava, no início de agosto decidiu renunciar.

Na manhã seguinte ao dia em que fez ao país o seu discurso de renúncia, Nixon se dirigiu à equipe uma vez mais e, lutando para controlar as emoções, concluiu: "Nunca desanimem, nunca sejam mesquinhos; lembrem-se sempre de que outros talvez os odeiem, mas aqueles que os odeiam não vencerão a menos que vocês os odeiem, e aí vocês destruirão a si mesmos". Junto com a família, entrou no helicóptero que o levaria para o exílio político.

Interpretação: Para quem trabalhou junto a Richard Nixon, o homem era um enigma. Segundo o seu principal redator de discursos, Ray Price, havia dois Nixons: um luminoso, o outro sombrio. O primeiro era "excepcionalmente atencioso e carinhoso, sentimental, generoso de espírito, bondoso"; o segundo era "furioso, vingativo, temperamental, mesquinho". Contudo, talvez o observador mais perspicaz de Nixon, o que chegou mais perto de solucionar o enigma, foi Henry Kissinger, que fez questão de estudá-lo de perto de forma a conseguir gerenciá-lo, e até manipulá-lo, para os seus próprios propósitos. E segundo ele, a chave para Nixon e a sua personalidade dividida deveria estar de algum modo na infância dele. "Você consegue imaginar", observou Kissinger certa vez, "como esse homem teria sido se alguém o tivesse amado?".

Quando bebê, Nixon se mostrou excepcionalmente carente. Era notório que chorava o tempo todo; muito esforço era necessário para acalentá-lo, e ele estava sempre aos soluços. Queria mais atenção, que cuidassem mais dele, e era bem manipulador se não conseguisse o que pretendia. Os pais não gostavam desse aspecto do filho. Tendo crescido na era dos pioneiros do sul da Califórnia, preferiam ter uma criança estoica e autossuficiente. O pai de Nixon era frio e fisicamente abusivo. A mãe era mais carinhosa, mas com períodos frequentes de depressão e bastante temperamental. Ela tinha que lidar com os fracassos dos negócios do marido e com os dois irmãos doentes de Richard, os quais morreram ainda jovens. Muitas vezes ela precisou deixá-lo sozinho por meses enquanto cuidava dos irmãos, o que Richard deve ter interpretado como uma espécie de abandono.

Ao lidar com pais difíceis, a sua personalidade foi formada. Buscando superar e disfarçar as suas vulnerabilidades, ele criou uma identidade que lhe servia bem, primeiro com a família e mais tarde com o público. Para moldá-la, acentuou as próprias forças e desenvolveu novas. Tornou-se supremamente obstinado, adaptável, impetuoso, decisivo, racional, alguém que não se devia provocar, em especial em debates. (Segundo Kissinger: "Não havia nada que ele temesse mais do que a ideia de que o considerassem fraco".) Entretanto, a criança interior, frágil e vulnerável, não desaparece por milagre. Se as suas necessidades nunca são atendidas ou enfrentadas, a sua presença se entranha no inconsciente, nas sombras da personalidade, aguardando o momento de emergir de maneiras inesperadas. Ela se torna o lado sombrio.

Sempre que Nixon sentia tensão ou níveis incomuns de ansiedade, esse lado sombrio surgia de lá do fundo na forma de fortes inseguranças ("ninguém me aprecia"), suspeitas (inimigos por todos os lados), explosões repentinas e acessos de birra e desejos poderosos de manipular e prejudicar aqueles que, no seu entendimento, o haviam ofendido.

Nixon reprimiu e negou essa faceta de si com veemência, até o fim, nas suas últimas palavras à equipe. Era frequente que dissesse aos outros que nunca chorava nem guardava rancores nem se importava com o que pensassem dele – o oposto da verdade. Por boa parte do tempo, interpretou bem o papel de RN. No entanto, quando a Sombra se agitava, comportamentos estranhos emergiam, dando àqueles que o viam com regularidade a impressão de que estavam de fato lidando com dois Nixons. Para Kissinger, era como se a criança não amada voltasse à vida.

O lado sombrio de Nixon se tornou tangível na forma das gravações. Sabia que tudo que dizia estava sendo gravado, mas, mesmo assim, nunca se continha ou filtrava o que estava dizendo. Insultava amigos íntimos pelas costas, permitia-se acessos enlouquecidos de paranoia e fantasias vingativas, hesitava diante das decisões mais simples. Era um homem que temia muito o menor vazamento interno, e que suspeitava de traição de quase todos em redor, mas que, mesmo assim, confiou o seu destino às gravações que, na crença dele, jamais viriam a público sem serem editadas. Até quando surgiu a possibilidade de elas se tornarem públicas e foi aconselhado a destruí-las, ele as manteve, mesmerizado por esse outro Nixon que emergira. Era como se, em segredo, desejasse a própria punição, a criança e o lado sombrio se vingando por terem sido negligenciados de maneira tão profunda.

Entenda: a história de Nixon está mais próxima de você e da sua realidade do que imagina. Como Nixon, você construiu uma identidade pública que acentua os seus pontos fortes e esconde as suas fraquezas. Tal qual ele, reprimiu os traços socialmente menos aceitáveis que possuía por natureza quando criança. Você se tornou gentil e agradável, mas, da mesma maneira que Nixon, tem um lado sombrio, cuja existência odeia admitir ou examinar. Este contém as suas inseguranças mais profundas, os desejos secretos de prejudicar pessoas, até aquelas que lhe são próximas, as fantasias de vingança, as suspeitas acerca dos outros, a fome por mais atenção e poder. Esse lado sinistro assombra os seus sonhos. Ele lhe escapa em momentos de depressão inexplicável, ansiedade incomum, ânimos delicados, carência repentina e pensamentos desconfiados. É expresso em comentários precipitados dos quais você se arrepende mais tarde.

E às vezes, como aconteceu com Nixon, esse lado sombrio causa um comportamento destrutivo. Você tenderá a culpar as circunstâncias ou os outros por esses ânimos, mas eles continuarão a ocorrer, pois não está consciente da fonte deles. A depressão e a ansiedade resultam da sua recusa em aceitar o seu eu completo, sempre interpretando um papel. Manter o controle sobre essa faceta sombria exige grande energia, mas, às vezes, o comportamento desagradável lhe escapa como uma forma de descarga da tensão interior.

A sua tarefa como estudante da natureza humana é reconhecer e examinar o lado sombrio do seu caráter. Submetido a um escrutínio consciente, ele perde o seu poder destrutivo. Se o leitor aprender a detectar os sinais da existência dele em si mesmo (veja as seções seguintes para obter auxílio nessa tarefa), será capaz de canalizar essa energia mais sombria numa atividade produtiva. Poderá transformar a sua carência e vulnerabilidade em empatia. Poderá canalizar os impulsos agressivos em causas dignas e no seu trabalho. Conseguirá admitir as suas ambições, o desejo de poder, sem agir de forma tão culpada e furtiva, monitorando a sua tendência à desconfiança e a maneira como projeta as suas emoções negativas nos outros. Verá que os impulsos egoístas e prejudiciais moram dentro de si mesmo; que não é tão forte ou angelical quanto imagina. Com essa consciência, virão equilíbrio e maior tolerância em relação aos outros.

Talvez pareça que apenas aqueles que projetam fortaleza e virtude contínuas obtêm o sucesso, mas esse não é o caso de jeito nenhum. Ao representar um papel até esse ponto, ao se esforçar para estar à altura de ideais que não são reais, você emitirá uma noção de falsidade que as pessoas perceberão. Considere grandes figuras públicas como Abraham Lincoln e Winston Churchill, que possuíam a habilidade de examinar os próprios defeitos e erros, e de rir de si mesmos. Soavam autenticamente humanos, e aí estava a fonte do seu charme. A tragédia de Nixon foi ter imenso talento político e inteligência, mas não a habilidade de olhar para dentro de si e avaliar os aspectos mais sombrios do seu caráter. É a tragédia que todos nós enfrentamos na medida em que permanecemos num estado de profunda negação.

Esse desejo de cometer uma loucura permanece conosco por toda a nossa vida. Quem não teve, ao se ver com alguém à beira de um abismo ou no topo de uma torre, o impulso repentino de jogar o outro de lá? E como é que magoamos aqueles que amamos embora saibamos que o remorso se seguirá? Todo nosso ser não é nada além de uma luta contra as forças sombrias dentro de nós mesmos. Viver é guerrear com ogros no coração e na alma. Escrever é pôr a si mesmo em julgamento.

— *Henrik Ibsen*

Chaves para a natureza humana

Se pensarmos sobre as pessoas que conhecemos e com quem temos contato frequente, teríamos que concordar que elas são, em geral, bem simpáticas e agradáveis. Pela maior parte do tempo, mostram-se felizes na nossa presença, são relativamente sinceras e autoconfiantes, responsáveis em termos sociais, capazes de trabalhar em equipe, de tomar conta de si mesmas e de tratar bem os outros. Entretanto, de vez em quando vislumbramos nesses amigos, conhecidos e colegas comportamentos que parecem contradizer o que costumamos ver.

Isso ocorre de várias maneiras: de forma repentina, fazem um comentário crítico, até cruel, sobre nós, ou expressam uma avaliação bem severa do nosso trabalho ou personalidade. É isso o que sentem de fato e se esforçavam para esconder? Por um momento, não são tão simpáticos. Ou ouvimos falar de como tratam mal a família ou os funcionários às portas fechadas. Ou, de repente, eles têm um caso de amor com o homem ou mulher mais improvável, e isso leva a consequências ruins. Ou investem dinheiro em algum esquema financeiro absurdo e arriscado. Ou fazem algo impulsivo que lhes coloca a carreira em jogo. Ou os flagramos em alguma mentira ou ato manipulador. Também notamos esses momentos de rebeldia, ou de comportamento contra a própria reputação, em figuras públicas e celebridades, que depois oferecem longas desculpas pelos ânimos estranhos que lhes acometeram.

O lado sombrio do caráter é então aflorado, o que o psicólogo suíço Carl Jung chamou de Sombra, a qual consiste de todas as qualidades que as pessoas tentam negar sobre si mesmas e reprimir. Essa repressão é tão profunda e eficiente que os seres humanos não costumam ter consciência da própria Sombra; ela opera de maneira inconsciente. Segundo Jung, essa Sombra tem uma densidade, dependendo da profundidade do nível de repressão e do número de traços que estão sendo escondidos. De Nixon, diríamos que ele tinha uma Sombra especialmente densa. Quando vivenciamos esses momentos em que as pessoas revelam o seu lado sombrio, lhes vemos algo surgir no rosto; a voz e a linguagem corporal se alteram – é quase como se outro alguém nos confrontasse, os traços da criança magoada se tornando visíveis de súbito. Nós *sentimos* quando a Sombra delas desperta e emerge.

A Sombra jaz enterrada bem dentro de nós, mas é perturbada e se torna ativa nos momentos de tensão, ou quando mágoas e inseguranças profundas são provocadas. Também tende a emergir mais à medida que envelhecemos. Na juventude, tudo nos excita, inclusive os vários papéis sociais que precisamos representar. Mais tarde, porém, nos cansamos das máscaras que temos usado, e a Sombra se revela com mais frequência.

Como raramente a vemos, aqueles com que lidamos nos são um pouco estranhos. É como se notássemos apenas uma imagem achatada e bidimensional dos outros – o agradável lado social. Enxergar os contornos da Sombra das pessoas faz que elas ganhem vida em três dimensões. Essa habilidade de observar o ser humano em profundidade é um passo crucial no conhecimento da nossa natureza para que sejamos capazes de prever o comportamento dos indivíduos em momentos de tensão, lhes entender os motivos ocultos, mas sem nos deixarmos levar pelas suas tendências autodestrutivas.

A Sombra é criada na nossa primeira infância e resulta das duas forças conflitantes que sentimos. Em primeiro lugar, viemos a este mundo repletos de energia e intensidade. Não entendíamos a diferença entre o comportamento aceitável e o inaceitável; apenas vivenciávamos os impulsos naturais, alguns dos quais eram agressivos. Queríamos monopolizar a atenção dos nossos pais e receber muito mais dela do que os nossos irmãos. Vivenciávamos momentos de grande afeição, mas também desgostos e ódios poderosos, até em relação aos nossos genitores, por não atenderem às nossas necessidades. Queríamos nos sentir superiores de alguma forma – em aparência, força, ou inteligência – e apreciados por isso. Às vezes, éramos incrivelmente egoístas se nos negassem o que queríamos, e nos tornávamos ardilosos e manipuladores para obtê-lo. Sentíamos até algum prazer ao magoar os outros, ou ao fantasiar sobre vinganças. Experimentávamos e expressávamos a gama total de emoções. Não éramos os anjos inocentes que as pessoas imaginam que as crianças são.

Ao mesmo tempo, por muitos anos, éramos de todo vulneráveis e dependentes dos nossos pais para sobreviver, os quais observávamos, com olhos de águia, notando-lhes no rosto cada sinal de aprovação e desaprovação. Eles nos repreendiam por ter energia demais e desejavam que ficássemos quietos. Às vezes, nos achavam teimosos e egoístas. Sentiam que outras pessoas os julgavam pelo nosso comportamento, por isso queriam que fôssemos gentis, que disfarçássemos a verdade na frente delas, que agíssemos como anjinhos. Eles nos instavam a ser cooperativos e a brincar de maneira justa, mesmo que às vezes nossa intenção fosse nos comportar de forma diferente. E nos encorajavam a amenizar as nossas necessidades, a nos encaixarmos melhor naquilo que eles precisavam na vida extenuante deles. Desencorajavam os nossos acessos de birra e qualquer forma de desobediência.

Ao crescermos, essas pressões de apresentar uma fachada específica passaram a vir de outras direções – colegas e professores. Não havia problema em demonstrar um pouco de ambição, mas não demais, ou nos considerariam antissociais. Podíamos exibir autoconfiança, porém não em excesso, ou daríamos a impressão de estarmos afirmando a nossa superioridade. A necessidade de se encaixar no grupo se tornou uma motivação primordial, e assim aprendemos a ocultar e restringir o lado sombrio da nossa personalidade. Internalizamos todos os ideais da nossa cultura – ser agradável, ter valores pró-sociais. Muito disso é essencial para o funcionamento regular da vida social, mas, no processo, uma grande parte da nossa natureza foi enterrada nas profundezas. (É claro que há aqueles que nunca aprenderam a controlar esses impulsos mais sombrios e que os acabam expressando na vida real – os criminosos em nosso meio, por exemplo, mas mesmo estes se empenham para parecer simpáticos por boa parte do tempo e justificam o seu comportamento.)

A maioria de nós consegue se tornar um animal social positivo, mas a um preço. Acabamos por sentir falta da intensidade que vivenciamos na infância, todas as emoções, e até a criatividade que vinha dessa energia mais impetuosa. Em segredo, desejamos recapturá-la de algum modo. Somos atraídos em direção ao que é visivelmente proibido – em termos sexuais ou sociais. Talvez recorramos à bebida ou às drogas ou a qualquer estimulante, pois nossos sentidos estão entorpecidos; a nossa mente nos parece restrita demais pelas convenções. Se, ao longo do caminho, acumularmos muitas mágoas e ressentimentos, que nos esforçamos para esconder dos outros, a Sombra se tornará mais densa. Se vivenciarmos o sucesso, nos viciaremos na atenção positiva; nos inevitáveis momentos de desânimo, quando o efeito dessa atenção passar, a Sombra então será perturbada e ativada.

Ocultar esse lado sombrio requer energia; é exaustivo apresentar sempre uma fachada tão simpática e autoconfiante, por isso a Sombra quer libertar parte da tensão interna e renascer. Como disse uma vez o poeta Horácio: *"Naturam expellas furca, tamen usque recurret"* ("Você pode varrer a Natureza com uma forquilha, ela sempre voltará"). Você precisa se tornar capaz de reconhecer esses momentos de escape nos outros e interpretá-los, vendo os contornos da Sombra que se revela naquele instante. O que se segue são alguns dos sinais mais evidentes desse escape.

Comportamento contraditório. Esse sinal, o mais eloquente de todos, consiste de ações que contrariam a fachada cuidadosamente construída que o ser humano apresenta. Por exemplo, uma pessoa que prega a moralidade é repentinamente flagrada numa situação comprometedora. Ou alguém com ares de durão revela inseguranças e histeria no momento errado. Ou um indivíduo que prega o amor livre e o comportamento tolerante se torna subitamente dominador e autoritário. O comportamento estranho e contraditório é uma expressão direta da Sombra. (Veja mais sobre esses sinais e como interpretá-los na página 323.)

Explosões emocionais. Uma pessoa perde de repente o autocontrole e expressa, de forma severa, ressentimentos profundos ou diz algo mordaz e ofensivo. Após essa descarga, ela talvez culpe a tensão; talvez diga que não sente de verdade o que expressou, quando, a realidade é o oposto – a Sombra falou. Considere o que ela disse em termos literais. Num nível menos intenso, o ser humano pode de súbito se tornar excepcionalmente sensível e irritadiço. De algum modo, parte dos seus medos e inseguranças mais profundos foram ativados, e isso o torna hipervigilante a qualquer insulto possível e predisposto a explosões menores.

Negação veemente. Segundo Freud, a única maneira de algo desagradável ou desconfortável no nosso inconsciente chegar à mente consciente é pela negação ativa. Expressamos o oposto absoluto do que está enterrado bem no interior. Esse poderia ser o caso de alguém que condena de maneira fulminante a homossexualidade, quando na verdade sente o oposto. Nixon expressava essas negações com frequência, como quando disse aos outros, nos termos mais categóricos, que nunca chorava ou guardava rancores ou cedia a fraquezas ou se importava com o que as pessoas pensavam dele. Você precisa reinterpretar as negações como expressões positivas dos desejos da Sombra.

Comportamento "acidental". Os indivíduos talvez falem de abandonar algum vício, ou de não trabalharem demais, ou de manterem distância de um relacionamento autodestrutivo. Depois recaem no comportamento que disseram que tentariam evitar, jogando a culpa numa doença incontrolável ou dependência. Isso lhes alivia a consciência por terem cedido ao lado sombrio; simplesmente não tinham como evitá-lo. Ignore as justificativas e veja a Sombra agindo e escapando. Lembre-se também de que, quando as pessoas estão bêbadas e se comportam de maneira diferente, muitas vezes não é o álcool que se manifesta, mas a Sombra.

Superidealização. Isso serve como um dos acobertamentos mais potentes da Sombra. Digamos que acreditamos em alguma causa, como a importância da transparência nas nossas ações, em especial na política. Ou que admiramos e seguimos o líder dessa causa. Ou que decidimos que algum tipo novo de investimento financeiro – títulos garantidos por hipotecas, por exemplo – representa o caminho mais recente e mais sofisticado para a riqueza. Nessas situações, vamos muito além do que o simples entusiasmo. Somos movidos por uma convicção poderosa. Fazemos vista grossa para quaisquer defeitos, inconsistências ou possíveis desvantagens. Vemos tudo em branco e preto – a nossa causa é moral, moderna e progressista; o outro lado, que inclui os indecisos, é maligno e reacionário.

Agora nos sentimos no direito de fazer tudo pela causa – mentir, trapacear, manipular, espionar, falsificar dados científicos, obter vingança. O que o líder fizer pode ser legitimado. No caso do investimento, nos sentimos justificados ao assumir o que normalmente seriam considerados riscos elevados, pois desta vez a ferramenta financeira é nova e diferente, não sujeita às regras costumeiras. Podemos ser tão gananciosos quanto quisermos sem nos preocuparmos com as consequências.

Tendemos a nos deslumbrar com a intensidade das convicções dos indivíduos e interpretar o comportamento excessivo apenas como zelo extremado. No entanto, deveríamos ver isso sob uma luz diferente. Ao superidealizar uma causa, pessoa ou objeto, o ser humano dá rédea solta à Sombra. Essa é a sua motivação inconsciente. A intimidação, as manipulações, a ganância que se revela pelo bem da causa ou do produto deveriam ser interpretadas em termos literais, a convicção exagerada acobertando a expressão das emoções reprimidas.

Em relação a isso, as pessoas empregam em discussões as suas convicções profundas, como uma maneira perfeita de disfarçar o desejo de ameaçar e intimidar. Apresentam estatísticas e anedotas (que sempre se consegue encontrar) para reforçar o seu argumento, depois passam a insultar ou impugnar a nossa integridade. É só uma troca de ideias, dizem elas. Preste atenção no tom ameaçador, e não se deixe enganar. Os intelectuais conseguem ser mais sutis. Eles nos dominarão com uma linguagem obscura e ideias que não conseguimos decodificar, de modo a nos sentirmos inferiores pela nossa ignorância. Em todos os casos, traduza isso como a agressão reprimida encontrando um modo de escapar.

Projeção. Esse é de longe o meio mais comum de lidar com a Sombra, pois oferece um escape quase diário. Por não conseguirmos admitir a nós mesmos certos desejos – por sexo, dinheiro, poder, superioridade em alguma área –, nós os projetamos nos outros. Às vezes apenas imaginamos e projetamos essas qualidades a partir do nada, a fim de julgar e condenar as pessoas; outras, encontramos aqueles que expressam, de alguma forma, esses desejos que são tabu, e nós os exageramos a fim de justificar o nosso ódio ou desdém.

Por exemplo, durante uma briga, acusamos o outro de ter desejos autoritários. Na realidade, ele só está se defendendo. Somos nós que temos o desejo secreto de dominar, mas, se o vemos primeiro no interlocutor, podemos expressar o nosso desejo reprimido na forma de uma crítica e justificar a nossa resposta autoritária. Digamos que tenhamos reprimido logo de início os impulsos assertivos e espontâneos que são tão naturais à criança. De modo inconsciente, queremos recuperar essas qualidades, mas não somos capazes de superar os nossos tabus internos. Procuramos por aqueles que são menos inibidos, mais assertivos e abertos em relação à própria ambição. Exageramos essas tendências. Agora podemos desdenhá-las e, ao pensar nelas, expressar o que não podemos admitir a nós ou sobre nós mesmos.

Richard Wagner, grande compositor alemão do século 19, expressava com frequência opiniões antissemitas. Ele culpava os judeus pela ruína da música ocidental com os seus gostos ecléticos, sentimentalismo e ênfase no brilhantismo técnico. Ansiava por uma música alemã mais pura, que ele criaria. A maior parte dos argumentos pelos quais culpava os judeus em relação à música era absoluta invenção. No entanto, o estranho era que Wagner tinha muitas das qualidades que ele dizia detestar nos judeus. Os seus gostos eram bem ecléticos. Tinha tendências sentimentais. Muitos dos pianistas e regentes com quem trabalhava eram judeus, por causa da proficiência técnica destes.

Lembre-se: por trás de qualquer ódio veemente há muitas vezes uma inveja secreta e bem intragável da pessoa odiada. É apenas por meio desse ódio que ela consegue um modo de escapar do inconsciente.

Considere-se um detetive no que se refere a juntar as peças da Sombra de alguém. Por meio dos diversos sinais que captar, conseguirá preencher os contornos dos seus desejos e impulsos reprimidos. Isso lhe permitirá prever escapes futuros e comportamentos estranhos ligados à Sombra. Com certeza, esse comportamento ocorre mais de uma vez, e tenderá a ressurgir em áreas diferentes. Se, por exemplo, você compreender tendências à intimidação na forma como alguém debate, também as verá em outras atividades.

Você talvez imagine que o conceito de Sombra é um tanto antiquado. Afinal, vivemos hoje numa cultura muito mais racional e orientada para a ciência. As pessoas são mais transparentes e autoconscientes do que nunca, diríamos. Somos bem menos reprimidos do que os nossos ancestrais, que tinham de lidar com todo tipo de pressão da religião organizada. A verdade, porém, talvez seja bem o oposto. Em muitos aspectos, estamos mais divididos do que nunca entre o nosso consciente, a identidade social e a Sombra inconsciente. Nossa cultura impõe códigos poderosos de correção aos quais devemos obedecer, ou enfrentaremos a condenação que é hoje tão comum nas redes sociais. Espera-se que estejamos à altura de ideais de abnegação, que nos são impossíveis porque não somos anjos. Tudo isso enterra o lado sombrio das nossas personalidades ainda mais.

Encontramos sinais disso na maneira intensa e discreta com que somos atraídos pelo lado sombrio da nossa cultura. Nós nos deliciamos ao assistir séries de televisão em que vários personagens maquiavélicos manipulam, enganam e estabelecem o seu domínio. Consumimos histórias dos noticiários sobre os que foram flagrados agindo de certa maneira e nos divertimos com a condenação que se segue. Assassinos em série e líderes de cultos diabólicos nos fascinam. Sempre nos tornamos moralistas e falamos de como desprezamos esses vilões, mas a verdade é que a cultura nos alimenta constantemente com essas figuras porque estamos famintos por expressões do lado sombrio. Tudo isso fornece um grau de escape dessa tensão que sentimos ao ter de representar o papel de anjos e parecer tão corretos.

Essas são formas relativamente inofensivas de escape, mas há algumas mais perigosas, em especial no âmbito da política. Nós nos vemos cada vez mais atraídos por líderes que dão vazão a esse lado sombrio, que expressam a hostilidade e o ressentimento que todos sentimos lá no fundo. Eles dizem o que não ousaríamos dizer. Na segurança do grupo e na defesa de alguma causa, temos licença para projetar e descarregar convenientemente o nosso rancor em vários bodes expiatórios. Ao idealizar o líder e a causa, estamos livres para agir de maneiras ante as quais, como indivíduos, normalmente hesitaríamos. Esses demagogos são peritos em exagerar as ameaças que enfrentamos, pintando tudo em branco e preto. Eles incitam os temores, inseguranças e desejos de vingança que estão enterrados, aguardando para explodir a qualquer momento numa situação de grupo. Encontraremos cada vez mais desses líderes ao vivenciarmos períodos maiores de repressão e tensão interior.

O escritor Robert Louis Stevenson descreveu essa dinâmica no romance *O médico e o monstro*, publicado em 1886. O personagem principal, dr. Jekyll, é um médico/cientista rico e respeitado, de maneiras impecáveis, um paradigma de bondade da nossa cultura. Ele inventa uma poção que o transforma no sr. Hyde, a encarnação da sua Sombra, que passa a assassinar e estuprar e se permitir os prazeres sensuais mais selvagens. A ideia de Stevenson era que quanto mais morais e civilizados nos tornamos por fora, mais potencialmente perigosa é a Sombra, que negamos com tanto ardor. Como o personagem dr. Jekyll descreve: "O meu demônio tem vivido enjaulado há muito tempo, e saiu urrando". A solução não é mais repressão e correção. Nunca seremos capazes de alterar a natureza humana por meio da amabilidade impelida. O forcado não funciona. A solução também não é buscar escape para a nossa Sombra no ambiente de grupo, que é volátil e perigoso. Em vez disso, a resposta é ver a nossa Sombra em ação e se tornar mais autoconsciente. É difícil projetar nos outros os nossos próprios impulsos secretos ou superidealizar alguma causa uma vez que tenhamos ciência do mecanismo que opera dentro de nós. Por meio desse autoconhecimento, conseguiremos encontrar uma maneira de integrar o lado sombrio à nossa consciência de modo criativo e produtivo. (Veja mais na última seção deste capítulo.) Ao fazer isso, nós nos tornaremos mais autênticos e completos, explorando ao máximo as energias que possuímos por natureza.

Decifrando a Sombra: o comportamento contraditório

No decorrer da sua vida, você conhecerá pessoas com traços de grande empatia que as distinguem, os quais aparentam ser a fonte da sua força – autoconfiança incomum, bondade e afabilidade excepcionais, grande retidão moral e uma aura virtuosa, tenacidade e masculinidade vigorosa, um intelecto intimidador. Se as observar de perto, vai notar um leve exagero neles, como se estivessem representando um papel. Como estudante da natureza humana, entenda a realidade: o traço de empatia, em geral, está assentado por cima do traço oposto, ocultando-o da visão do público e funcionando como uma distração.

É possível ver duas formas disso: desde o início da vida, alguns indivíduos sentem uma suavidade, vulnerabilidade ou insegurança que poderiam se provar embaraçosas ou desconfortáveis. Desenvolvem, de maneira inconsciente, o traço oposto, uma adaptabilidade ou tenacidade que recobre o lado de fora como um escudo protetor. A outra hipótese é que tenham uma qualidade que, a seu ver, seria antissocial – por exemplo, a ambição demasiada ou uma inclinação ao egoísmo –, desenvolvendo a qualidade oposta, algo bem pró-social.

Em ambos os casos, com o passar dos anos, essas pessoas fortalecem e aperfeiçoam essa imagem pública. A fraqueza latente ou o traço antissocial é um componente fundamental da Sombra delas – algo que é negado e reprimido. No entanto, como ditam as leis da natureza humana, quanto mais profunda é a repressão, maior é a volatilidade da Sombra. Ao envelhecerem ou sofrerem com a tensão, rachaduras surgirão em sua fachada. Elas estão representando um papel ao extremo, o que é cansativo. A identidade real se revoltará na forma de ânimos, obsessões, vícios secretos e comportamento que é bem o contrário da sua imagem e, muitas vezes, autodestrutivo.

A sua tarefa é simples: tenha cuidado redobrado junto àqueles que demonstram esses traços de empatia. É muito fácil se deixar levar pelas aparências e primeiras impressões. Procure pelos sinais e pelo surgimento do oposto com o passar do tempo. É bem mais fácil lidar com tipos assim uma vez que você os entenda. A seguir, há sete dos traços de empatia mais comuns que você precisa aprender a reconhecer e gerenciar da maneira adequada.

O valentão. Projeta uma masculinidade vigorosa cuja intenção é intimidar, e sua altivez sinaliza que ninguém deve mexer com ele. Tende a se gabar de façanhas passadas – as mulheres que conquistou, as brigas, as vezes que superou os adversários em negociações. Embora pareça extremamente convincente ao contar essas histórias, estas soam exageradas, quase difíceis de acreditar. Não se deixe enganar pelas aparências. Indivíduos assim aprenderam a ocultar uma suavidade latente, uma vulnerabilidade emocional profunda que os aterroriza. De vez em quando, você verá esse lado sensível – talvez chorem, ou façam birra, ou demonstrem compaixão súbita. Embaraçados por isso, logo disfarçarão com uma tosse ou até um ato ou comentário cruel.

Para o jogador de beisebol Reggie Jackson, o treinador dos Yankees, Billy Martin, era um desses tipos brigões. Jackson reconhecia a suavidade por trás da fanfarronice quando via o quanto Martin era sensível em relação a seu ego, suas alterações de humor (o que não era muito masculino) e as explosões emocionais que revelavam inseguranças evidentes. Homens assim por vezes tomam péssimas decisões sob o impacto das emoções que tentaram ocultar e reprimir, mas que vêm à tona de forma inevitável. Embora gostem de dominar as mulheres, com frequência acabam com uma esposa que claramente os domina, o que é um desejo secreto deles.

O leitor não deve se deixar intimidar pela fachada, mas também tenha cuidado para não lhes incitar as inseguranças profundas ao demonstrar dúvidas sobre as suas histórias exageradas ou natureza masculina. São notoriamente irritadiços e sensíveis, e você talvez lhes detecte um minúsculo beicinho no rosto se lhes despertar as inseguranças, antes que as encubram com uma carranca feroz. Se forem seus rivais, é fácil provocá-los a uma reação exagerada que revele algo não tão valente.

O santo. Uma pessoa assim é modelo de bondade e pureza. Apoia as melhores causas, as mais progressistas. Talvez seja bem espiritual, se assim for o círculo em que transita; ou esteja acima da corrupção e das contemporizações da política; ou tenha compaixão infinita por todos os tipos de vítimas. Esse exterior virtuoso foi desenvolvido no início da vida como uma forma de disfarçar a enorme sede de poder e atenção, ou fortes apetites sensuais. A ironia é que, com frequência, ao projetar essa aura virtuosa ao enésimo grau, conquistará grande poder, liderando um culto ou um partido político. E uma vez que chegue ao poder, sua Sombra terá espaço para operar e ela se tornará intolerante, atacando os impuros, punindo-os se necessário. Maximilien Robespierre (apelidado de "o Incorruptível"), que subiu ao poder durante a Revolução Francesa, era desse tipo. A guilhotina nunca foi mais utilizada do que durante o seu reinado.

Indivíduos desse tipo se sentem, em segredo, atraídos por sexo, dinheiro, a luz dos holofotes e pelo que é expressamente tabu para a sua virtuosidade específica. A pressão e as tentações são fortes demais – são os gurus que dormem com os discípulos. Mostram-se como santos em público, mas a família ou o cônjuge veem seu lado demoníaco na vida privada. (Veja a história dos Tolstói no Capítulo 2.) Existem santos genuínos por aí, mas estes não sentem a necessidade de promover as próprias ações ou buscar o poder. Para distinguir entre o real e o falso, ignore as palavras e a aura que projetam, concentrando-se nas ações e nos detalhes da vida que levam – o quanto parecem apreciar o poder e a atenção, o grau espantoso de dinheiro que acumularam, o número de amantes, o nível de autoabsorção. Uma vez que você reconheça esse tipo, não se torne um seguidor ingênuo. Mantenha alguma distância. Se forem inimigos, basta lançar luz sobre os sinais evidentes de hipocrisia.

Como uma variante disso, o leitor encontrará pessoas que propõem uma filosofia de amor livre e um mundo em que tudo é permitido; mas, na realidade, estão à cata de poder. Preferem o sexo com aqueles que são dependentes delas. E, é claro, tudo é permitido, desde que seja nos termos delas.

O encantador passivo-agressivo. Esse tipo é incrivelmente gentil e obsequioso quando o leitor o encontra pela primeira vez, tanto que você tende a deixá-lo entrar na sua vida bem rápido. Ele sorri bastante, é animado e está sempre disposto a ajudar. Em algum ponto, você talvez retribua o favor, contratando-o para um emprego ou ajudando-o em relação à carreira profissional. Você detectará, ao longo do caminho, algumas rachaduras na máscara – talvez lhe faça uma crítica um tanto severa de maneira inesperada, ou ouça dos amigos que ele vêm falando de você pelas costas. Então algo desagradável acontece – uma explosão emocional, algum ato de sabotagem, ou uma traição –, algo tão atípico da pessoa gentil e encantadora que você aceitou como amiga.

A verdade é que pessoas assim compreendem bem cedo que têm tendências agressivas e invejosas difíceis de controlar. Elas querem o poder, e intuem que essas inclinações lhes tornarão a vida complicada. Por muitos anos, cultivam a fachada oposta – uma amabilidade com aspecto quase agressivo. Por meio desse estratagema, obtêm o poder social. Entretanto, em segredo, se ressentem da necessidade de representar esse papel e de ser tão respeitosas. Não são capazes de manter a máscara no lugar. Sob tensão, ou apenas cansadas pelo esforço, o insultarão e magoarão. São capazes disso agora que conhecem você e os seus pontos fracos. E vão, é claro, culpar você pelo que acontecer a seguir.

A sua melhor defesa é ter cautela com indivíduos que encantam e se tornam seus amigos com muita rapidez, que se mostram amáveis e obsequiosos demais a princípio. Essa amabilidade extrema nunca é natural. Mantenha distância e procure por sinais precoces, como comentários passivo-agressivos. Se notar que – de forma atípica – eles se envolvem em boatos maldosos sobre alguém, não há dúvida de que é a Sombra quem está falando e que você será o alvo dessas fofocas algum dia.

O fanático. Você se impressiona com o fervor com que esse tipo apoia a causa que for. Pessoas assim falam em tom energético, não aceitam nenhuma concessão. Vão consertar tudo, restaurar a grandeza. Irradiam força e convicção, por isso ganham seguidores. Têm um gosto pelo drama e sabem como chamar atenção. Contudo, no instante crucial em que lhes seria possível realizar o que haviam prometido, se atrapalham de forma inesperada. Tornam-se indecisas no momento errado, ou se esgotam e adoecem, ou tomam decisões tão malconcebidas que tudo vem abaixo. É como se perdessem a fé de repente, ou que, bem no fundo, quisessem fracassar.

A verdade é que esses tipos têm inseguranças imensas desde cedo na vida. Têm dúvidas sobre o seu amor-próprio. Nunca se sentiram amados ou admirados o suficiente. Cheios de temores e incertezas, encobrem isso com a máscara de uma grande crença em si mesmos e na causa. Observando seu passado, você lhes notará algumas alterações, às vezes radicais, no sistema de crenças, pois não é a crença específica que importa, mas a convicção intensa. Por essa razão, eles as mudam para que se adéquem aos tempos. A crença em algo é como uma droga para eles. Entretanto, as dúvidas retornam. No fundo, sabem que não são capazes de realizar o que prometem. Assim, quando se veem sob tensão, se tornam o oposto da fachada – indecisos e inseguros. Demitem os assistentes e gerentes de forma repentina para dar a impressão de ação, mas, de modo inconsciente, estão se sabotando com mudanças desnecessárias. Precisam explodir de alguma maneira, porém culpando os outros por isso.

Nunca se deixe levar pela força das convicções e dramaticidade das pessoas. Sempre tenha em mente a regra de que quanto maior a estridência do discurso, mais profundas são as dúvidas e inseguranças subjacentes. Não se torne um seguidor. Esses tipos farão de você um tolo.

O racionalista rígido. Todos nós temos tendências irracionais. É o legado duradouro das nossas origens primitivas, das quais nunca nos livraremos. Somos predispostos a superstições, a ver conexões entre acontecimentos que não têm nenhuma ligação. Somos fascinados por coincidências. Nós antropomorfizamos e projetamos os nossos sentimentos em outras pessoas e no mundo em redor. Secretamente, consultamos mapas astrológicos. Precisamos apenas aceitar isso. Na realidade, muitas vezes recorremos à irracionalidade como uma forma de relaxamento – piadas bobas, atividades sem significado, um interesse ocasional pelo oculto. Ser sempre racional é cansativo. Entretanto, para alguns, isso os deixa horrivelmente desconfortáveis. Eles enxergam esse pensamento primitivo como moleza, misticismo, contrário à ciência e à tecnologia. Tudo precisa ser claro e analítico ao extremo. Esses tipos tornam-se ateus devotos, sem entender que o conceito de Deus não pode ser nem provado nem refutado. De um jeito ou de outro, é uma crença.

O que é reprimido, porém, sempre retorna. A fé na ciência e na tecnologia adquirirá um ar religioso. Em discussões, eles impõem as suas ideias com peso intelectual redobrado e até um toque de raiva, que revela a agitação do primitivo interior e da necessidade emocional oculta de intimidar os outros. No ponto extremo, se envolvem num caso de amor dos mais irracionais e contrário à própria imagem – o professor universitário fugindo com a jovem modelo. Ou fazem alguma má escolha profissional, ou caem em algum esquema financeiro ridículo, ou embarcam em alguma teoria conspiratória. Também são propensos a estranhas alterações de humor e explosões emocionais à medida que a Sombra desperta. Provoque-os a reagir de forma exagerada ao lhes arruinar a ilusão de serem superiores intelectualmente. A verdadeira racionalidade deveria ser sóbria e cética sobre os seus próprios poderes, e não promover a si mesma.

O esnobe. Uma pessoa assim tem a necessidade tremenda de ser diferente dos outros, de estabelecer alguma forma de superioridade sobre a massa da humanidade. Seu gosto estético é mais refinado no que se refere a arte, ou a crítica de filmes, ou bons vinhos, ou pratos *gourmet*, ou discos de *punk rock* clássico. Colecionou um conhecimento impressionante a respeito desses assuntos. Põe muita ênfase nas aparências – é mais "alternativa" do que os demais, as suas tatuagens são mais originais. Em muitos casos, parece ter um histórico bem interessante, talvez com algum ancestral fascinante. Tudo em torno dela é extraordinário. Claro que, mais tarde, descobrimos que estava exagerando ou mentindo. Beau Brummell, o notório esnobe janota do início do século 19, tinha um histórico familiar enraizado na classe média, ao contrário do que alegava. A família de Karl Lagerfeld, o atual diretor criativo da casa Chanel[2], não herdou o seu dinheiro, mas o conquistou da maneira mais burguesa, ao contrário do que contava.

A verdade é que a banalidade está integrada na existência humana. Passamos grande parte da vida ocupados com as tarefas mais maçantes e tediosas. A maioria de nós teve pais com empregos normais, sem muito *glamour*. Todos temos aspectos medíocres em relação ao nosso caráter e às nossas habilidades. O esnobe é particularmente sensível a isso, bastante inseguro sobre as suas origens e possível mediocridade. A maneira que encontra de lidar com isso é distrair e enganar os outros por meio das aparências (ao contrário da originalidade real do trabalho dele), cercando-

---

2   Karl Lagerfeld foi o diretor criativo da Chanel de 1983 até seu falecimento, em fevereiro de 2019, um ano após Richard Greene publicar o original desta obra nos Estados Unidos. (N.E.)

-se do extraordinário e de conhecimentos especiais. Por baixo de tudo, a pessoa real está esperando para surgir – bem ordinária e não tão diferente.

De qualquer modo, aqueles que são de fato originais e diferentes não precisam fazer um espetáculo disso. Na verdade, por vezes se sentem embaraçados por serem tão diferentes e aprendem a parecer mais humildes. (Como exemplo, veja a história de Abraham Lincoln na seção a seguir.) Tenha cautela redobrada junto àqueles que se esforçam para exibir o quanto são diferentes.

O empreendedor radical. À primeira vista, quem é desse tipo parece possuir qualidades bem positivas, em especial para o trabalho. Mantém padrões bastante elevados e presta atenção excepcional aos detalhes. Está disposto a realizar a maior parte do trabalho sozinho. Caso seja também dotado de talento, costuma obter o sucesso bem cedo. Entretanto, por trás da fachada, as sementes do fracasso estão se enraizando. O primeiro sintoma disso é a sua inabilidade de dar ouvidos aos outros. Não aceita conselhos, não precisa de ninguém. Na verdade, desconfia daqueles que não têm os mesmos padrões elevados. Ao obter o sucesso, é forçado a assumir cada vez mais responsabilidades.

Se fosse autossuficiente de fato, entenderia a importância de delegar tarefas aos níveis inferiores para manter o controle no nível superior, mas algo mais se agita dentro dele – a Sombra. Logo a situação se torna caótica. Alguns precisam intervir e assumir o negócio. O empreendedor radical vê a própria saúde e finanças arruinadas e se torna dependente de médicos e financistas externos. Vai do controle total à dependência completa de outros. (Pense no astro da música *pop* Michael Jackson ao fim da vida.)

Muitas vezes, para uma pessoa com essas características, o espetáculo externo da autossuficiência disfarça um desejo oculto de ter outros que cuidem dela, de regressar à dependência da infância. Nunca consegue admitir isso a si mesma ou demonstrar quaisquer sinais dessa fraqueza, mas, de maneira inconsciente, é atraída à criação de caos suficiente para que sofra um colapso e seja forçada a aceitar alguma forma de dependência. Há sinais prévios disso: problemas de saúde recorrentes, micronecessidades súbitas de ser mimada pelos demais. Contudo, o sinal mais evidente surge quando perde o controle e não toma medidas para impedir que isso aconteça. É melhor não se envolver com esses tipos numa fase tardia da carreira deles, pois eles têm a tendência de gerar muitos danos colaterais.

O SER HUMANO INTEGRADO

No decorrer da vida, é inevitável que encontremos aqueles que aparentam se sentir bem como são, demonstrando certos traços que nos ajudam a ter essa impressão: conseguem rir de si mesmos; admitem certas falhas de caráter, assim como erros que tenham cometido; têm um quê brincalhão, às vezes travesso, como se houvessem conservado mais da criança interior; desempenham o seu papel na vida com um pouquinho de distanciamento (veja a última seção do Capítulo 3). Às vezes, são espontâneos de uma forma cativante.

O que essas pessoas nos sinalizam é uma autenticidade maior. Enquanto a maioria de nós perdeu boa parte dos nossos traços naturais ao nos tornarmos adultos sociabilizados, os tipos autênticos conseguiram, de algum modo, se manter vivos e ativos. É fácil contrastá-los com o tipo oposto: indivíduos irritadiços, hipersensíveis a qualquer coisa que percebam como uma ofensa, e que dão a impressão de não se sentirem confortáveis consigo mesmos e de terem algo a esconder. Os seres humanos são peritos em notar a diferença. Quase chegam a *senti-la* no comportamento não verbal – a linguagem corporal relaxada ou tensa, o tom fluente ou hesitante da voz; o modo como os olhos observam e acolhem; o sorriso genuíno ou a ausência deste.

Uma coisa é certa: somos atraídos por completo pelos tipos autênticos e repelidos de forma inconsciente pelo oposto. O motivo é simples: todos lamentamos, no fundo, a perda da parte da infantil do nosso caráter – a liberdade, a espontaneidade, a intensidade da experiência, a mente aberta. A nossa energia geral decresce com a perda. Aqueles que emitem o ar de autenticidade nos sinalizam outra possibilidade – a de sermos adultos que conseguem integrar a criança e o adulto, o sombrio e o luminoso, a mente inconsciente e a consciente. Ansiamos por estar ao redor deles. Talvez algo dessa energia nos contagie.

Se Richard Nixon, em muitos aspectos, é o epítome do tipo inautêntico, encontramos diversos exemplos do seu oposto para nos inspirar: na política, homens como Winston Churchill e Abraham Lincoln; nas artes, pessoas como Charlie Chaplin e Josephine Baker; na ciência, alguém como Albert Einstein; na vida social em geral, alguém como Jacqueline Kennedy Onassis. E eles nos apontam um caminho a seguir, centrado em grande parte na autoconsciência. Cientes da Sombra, seremos capazes de controlá-la, canalizá-la e integrá-la. Sabendo o que perdemos, poderemos nos reconectar com aquilo de nós que afundou para dentro da Sombra.

O que se segue são quatro passos claros e práticos para esse intento.

Veja a Sombra. Esse é passo mais difícil do processo. A Sombra é algo que negamos e reprimimos. É muito mais fácil escavar e julgar as qualidades sombrias dos outros, e quase antinatural olhar para dentro para esse aspecto do nosso caráter. Contudo, lembre-se de que sua humanidade estará incompleta se mantiver isso enterrado. Seja intrépido nesse processo.

A melhor maneira de começar é procurar por sinais indiretos, como indicados na seção anterior. Por exemplo, tome nota de quaisquer traços específicos de empatia unilateral em si mesmo. Pressuponha que a faceta oposta jaz enterrada lá no fundo e, a partir daí, tente ver mais sinais dela no seu comportamento. Examine as suas explosões emocionais e os momentos de irritação extrema. Alguém ou algo tocou numa parte sensível. A sua sensibilidade a um comentário ou imputação indica uma qualidade da Sombra que está provocada, na forma de uma insegurança profunda. Traga isso à tona.

Examine minuciosamente as suas tendências a projetar emoções ou más qualidades nas pessoas que conhece, ou até em grupos inteiros. Por exemplo, digamos que você realmente odeie narcisistas ou controladores. O que acontece é que você está provavelmente roçando contra as suas próprias tendências narcisistas e um desejo secreto de ser mais assertivo, e isso toma a forma de uma negação ou ódio veemente. Somos especialmente sensíveis a traços e fraquezas dos outros que reprimimos em nós mesmos. Considere os momentos da sua juventude (fim da adolescência, início da vida adulta) em que você agiu de forma bem insensível ou até cruel. Quando era mais jovem, tinha menos controle sobre a Sombra e esta surgia com mais naturalidade, sem a força repressora de anos posteriores.

Ao fim da carreira, o escritor Robert Bly (n. 1926) passou a se sentir deprimido. Os seus textos lhe pareciam áridos. Começou a pensar cada vez mais sobre o lado da Sombra do seu caráter. Estava determinado a encontrar sinais dela e escrutinizá-la de maneira consciente. Ele era o tipo boêmio de artista, bem ativo na contracultura da década de 1960. As suas raízes artísticas remontavam aos artistas românticos do início do século 19, homens e mulheres que enalteciam a espontaneidade e a naturalidade. Em muito da obra do próprio Bly, protestava contra publicitários e empresários – na opinião dele, eram calculistas, planejando tudo ao extremo, com medo do caos da vida, e bem manipuladores.

Contudo, ao olhar para dentro, Bly vislumbrou sinais dessas qualidades calculistas e manipuladoras em si mesmo. No fundo, temia os momentos de caos na vida, gostava de planejar e controlar os acontecimentos. Poderia ser bem malicioso com pessoas que percebia serem tão diferentes, mas a verdade era que havia algo do corretor da Bolsa e do publicitário dentro dele. Talvez fossem a parte mais escondida dele. Outros lhe diziam que o viam bem clássico em seus gostos e na sua obra (construindo tudo muito bem), algo que o incomodava, já que imaginava o oposto. Entretanto, ao se tornar cada vez mais honesto consigo, percebeu que eles tinham razão. (As pessoas, por vezes, veem a nossa Sombra melhor do que nós, e seria sábio lhes pedir opiniões francas sobre o assunto.)

Passo a passo, ele desenterrou as qualidades sombrias interiores – rigidez, moralismo excessivo etc. – e, ao fazê-lo, se sentiu reconectado ao outro lado da sua psique. Conseguia agora ser honesto consigo mesmo e canalizar a Sombra de forma criativa. A depressão foi embora, assim como a dificuldade para escrever.

Leve esse processo mais a fundo, reexaminando sua versão anterior. Analise os traços da infância que foram expulsos de si pelos seus pais e colegas – certas fraquezas ou vulnerabilidades ou formas de comportamento, traços dos quais o fizeram se envergonhar. Talvez os seus pais não apreciassem as suas tendências introspectivas ou o seu interesse em certos assuntos que não eram do gosto deles. Em vez disso, o direcionaram para carreiras e interesses que lhes agradavam. Examine as emoções às quais costumava ter uma predisposição, elementos que incitavam uma sensação de assombro e entusiasmo que desapareceu. Você se tornou mais como os outros à medida que cresceu, e precisa agora redescobrir as facetas autênticas perdidas de si mesmo.

Por fim, encare os seus sonhos como a visão mais clara e direta da sua Sombra. Só lá você encontrará os tipos de comportamento que têm evitado com rigor na vida consciente. A Sombra conversa com você de diversas maneiras. Não procure por símbolos ou significados ocultos; em vez disso, preste atenção ao tom emocional e aos sentimentos gerais que inspiram, agarrando-se a eles por todo o dia. Talvez seja um comportamento ousado inesperado da sua parte, ou uma ansiedade intensa despertada por certas situações, ou sensações de estar aprisionado, ou voando acima de tudo que existe, ou explorando um local que é proibido ou além das fronteiras. As ansiedades podem estar relacionadas a inseguranças que você não está enfrentando; o voo e a exploração são desejos ocultos tentando subir à consciência. Adote o hábito de anotar os seus sonhos e prestar grande atenção aos sentimentos que inspiram.

Quanto mais passar por esse processo e enxergar os contornos da sua Sombra, mais fácil isso se tornará. Você descobrirá mais sinais à medida que os músculos tensos de repressão relaxarem. A certa altura, a dor de enfrentar esse processo se transformará em excitação pelo que estiver descobrindo.

Acolha a Sombra. A sua reação natural ao descobrir e encarar o seu lado sombrio é se sentir desconfortável e manter apenas uma consciência superficial dele. A sua meta aqui deve ser a oposta – não apenas a aceitação completa da Sombra, mas o desejo de integrá-la à sua personalidade atual.

Desde tenra idade, Abraham Lincoln gostava de se analisar, e um tema recorrente nos seus autoexames era que tinha uma personalidade dupla – havia na sua natureza uma faceta ambiciosa quase cruel e, ao mesmo tempo, uma sensibilidade e suavidade que o deixavam deprimido com frequência. Ambos os lados da sua natureza o faziam se sentir desconfortável e estranho. O mais rude, por exemplo, adorava boxe e gostava de trucidar por completo os adversários no ringue. No Direito e na política, tinha um senso de humor bem contundente.

Certa vez, escreveu algumas cartas anônimas a um jornal, atacando um político que considerava um palhaço, as quais foram tão eficazes que o alvo enlouqueceu de raiva. Ao descobrir o autor delas, o desafiou para um duelo. Isso se tornou o assunto da cidade e se provou bem embaraçoso para Lincoln, que conseguiu se safar, mas jurou nunca ceder a essa faceta cruel de novo. Reconheceu o traço em si mesmo e não o negava. Em vez disso, redirecionaria aquela energia agressiva e competitiva para vencer debates e eleições.

Seu lado suave adorava poesia, sentia tremenda afeição por animais e detestava testemunhar qualquer tipo de crueldade física. Detestava o álcool e o que ele fazia com as pessoas. Nos piores momentos, era propenso a acessos de melancolia profunda e a se remoer sobre a morte. Ao todo, sentia que era sensível demais para o mundo agressivo e turbulento da política. Em vez de negar esse traço de si mesmo, ele o canalizou numa empatia incrível pelo público, pelo homem e pela mulher comuns. Importando-se profundamente com a perda de vidas na guerra, devotou todos os seus esforços para terminá-la cedo. Não projetava maldade nos soldados sulistas, sentindo empatia pelos seus problemas, e planejou uma paz que não era vingativa.

Lincoln também incorporou essa faceta num senso de humor saudável sobre si mesmo, fazendo piadas frequentes a respeito da própria feiura, da voz aguda e da natureza lamuriosa. Ao acolher e integrar essas qualidades opostas à sua identidade pública, dava a impressão de ter uma autenticidade tremenda. As pessoas se identificavam com ele de um jeito nunca visto antes com um líder político.

Explore a Sombra. Considere-a como tendo profundezas que contêm grande energia criativa, as quais você deve explorar e que incluem formas mais primitivas de pensamento e os impulsos mais sombrios que surgem da nossa natureza animal.

Quando crianças, a nossa mente era muito mais fluida e aberta. Fazíamos as associações mais surpreendentes e criativas. No entanto, ao crescer, tendemos a estreitar essa capacidade. Vivemos um mundo sofisticado de alta tecnologia, dominado por estatísticas compiladas a partir de uma grande quantidade de dados. Associações livres entre ideias, imagens geradas por sonhos, pressentimentos e intuições parecem irracionais e subjetivas. Contudo, esse processo causa as formas mais estéreis de raciocinar. O inconsciente, a parte da mente em que a Sombra reside, tem poderes que precisamos aprender a acessar. E, na realidade, algumas das pessoas mais criativas em nosso meio praticam de maneira ativa esse tipo de raciocínio.

Albert Einstein baseou uma das suas teorias da relatividade numa imagem de um sonho. O matemático Jacques Hadamard fez as suas descobertas mais importantes a bordo de um ônibus ou no chuveiro – palpites que lhe vieram do nada ou, como alegou, do seu inconsciente. A grande contribuição de Louis Pasteur acerca da imunização teve como base uma associação bem livre de ideias após um acidente no seu laboratório. Steve Jobs dizia que as suas ideias mais eficientes vinham de intuições, momentos em que a mente divagava com a maior liberdade.

Entenda: a mente consciente de que dispomos é bem restrita. Há um limite para os dados que conseguimos conter na memória de curto e longo prazo; no entanto, no inconsciente a quantidade de material formado por lembranças, experiências e informações absorvidas via estudos é quase ilimitada. Depois de uma pesquisa ou trabalho prolongados acerca de um problema, quando a mente se solta em sonhos ou atividades banais não relacionadas, o inconsciente começa a funcionar e associar todo tipo de pensamento aleatório, alguns dos mais interessantes borbulhando até a superfície. Todos temos sonhos e intuições, e fazemos a livre associação de ideias, mas muitas vezes nos recusamos a prestar atenção a eles ou levá-los a sério. Desenvolva o hábito de utilizar essa forma de pensamento com mais frequência ao garantir um tempo desestruturado para poder brincar com as ideias, expandir as opções a serem consideradas e prestar imensa atenção ao que lhe vier em estados menos conscientes da mente.

Na mesma linha, explore os seus impulsos mais sombrios, até aqueles que lhe pareçam criminosos, e descubra uma maneira de expressá-los no seu trabalho ou exteriorizá-los de alguma forma (num diário, por exemplo). Temos desejos agressivos e antissociais, mesmo em relação àqueles que amamos, além de traumas ligados à nossa primeira infância associados a emoções que preferimos esquecer. As melhores obras de arte de qualquer tipo expressam essas profundezas de algum modo, o que causa uma reação poderosa em todos nós, pois elas são tão reprimidas. Esse é o poder dos filmes de Ingmar Bergman ou dos romances de Fiódor Dostoiévski, e você pode fazer o mesmo ao exteriorizar o seu lado sombrio.

Exponha a Sombra. Na maior parte do tempo, sofremos em silêncio com os intermináveis códigos sociais que temos de seguir. Precisamos nos mostrar gentis e simpáticos, sempre concordando com o grupo. É melhor que não demonstremos autoconfiança ou ambição em demasia. Pareça humilde e semelhante a todos os demais; é assim que se joga. Ao trilhar esse caminho, ganhamos conforto ao nos encaixarmos, mas também nos tornamos defensivos e, no fundo, ressentidos. Ser tão gentil acaba sendo um hábito, que com facilidade se transforma em timidez, falta de autoconfiança e indecisão. Ao mesmo tempo, a nossa Sombra se revela, mas de maneira inconsciente, em acessos explosivos, muitas vezes para o nosso próprio prejuízo.

Seria sábio observar aqueles que têm sucesso em suas respectivas áreas. É inevitável que vejamos que a maioria deles é bem menos limitada por esses códigos. Em geral, são mais assertivos e francamente ambiciosos. Importam-se muito menos com o que os outros pensam, zombam das convenções de forma aberta e orgulhosa e não são punidos, mas bem recompensados. Steve Jobs é um exemplo clássico. Ele exibiu o lado tosco da sua Sombra na maneira como trabalhava com os colegas. A nossa tendência ao olhar para as pessoas como Jobs é admirar a sua criatividade e subtrair as suas qualidades sombrias se necessário. Se apenas ele tivesse sido mais gentil, teria sido um santo. No entanto, a realidade é que o lado sombrio estava entrelaçado de modo inextricável ao seu poder e criatividade. Sua habilidade de não dar ouvidos aos demais, de trilhar o próprio caminho e de ser um pouco rude nisso foi fundamental para seu sucesso, que veneramos. E o mesmo vale para muitas pessoas criativas e poderosas. Subtraia a Sombra ativa, e elas teriam sido como todo mundo.

Entenda: você paga um preço mais alto por ser gentil e respeitoso do que por exibir a sua Sombra de maneira consciente. Em primeiro lugar, para trilhar esse segundo caminho, o passo inicial é respeitar mais as suas próprias opiniões e menos as dos outros, em especial quando se trata das suas áreas de proficiência, do campo no qual imergiu. Confie na sua genialidade natural e nas ideias que conceber. Em segundo lugar, adquira o hábito, na vida cotidiana, de se afirmar mais e ceder menos. Faça isso sob controle e em momentos oportunos. Em terceiro lugar, comece a se importar menos com o que as pessoas pensam de você. Sentirá, assim, uma tremenda sensação de liberação. Em quarto lugar, entenda que, de vez em quando, você precisa ofender e até magoar aqueles que bloqueiam o seu caminho, que têm valores desprezíveis, que o criticam de forma injusta. Use esses momentos de injustiça evidente para trazer a sua Sombra para fora e exibi-la com orgulho. Em quinto lugar, sinta-se à vontade para fazer o papel da criança obstinada e insolente que ridiculariza a estupidez e a hipocrisia dos outros.

Por fim, zombe das próprias convenções que os outros seguem de maneira tão escrupulosa. Por séculos, e ainda hoje, os papéis de gênero têm representado a convenção mais poderosa de todas. O que homens e mulheres podiam fazer ou dizer tem sido bastante controlado, ao ponto de parecer quase representar diferenças biológicas em vez de convenções sociais. As mulheres, em especial, são socializadas para serem duplamente gentis e simpáticas; sentem uma pressão constante para aderir a essas expectativas, confundindo-as com algo natural e biológico.

Algumas das figuras femininas mais influentes da história foram as que romperam de maneira deliberada com esses códigos – artistas como Marlene Dietrich e Josephine Baker, representantes políticas como Eleanor Roosevelt, empresárias como Coco Chanel. Elas trouxeram a Sombra à tona e a expuseram ao agir de formas que eram consideradas tradicionalmente masculinas, combinando e confundindo os papéis de gênero.

Até mesmo Jacqueline Kennedy Onassis obteve grande poder ao jogar contra o tipo tradicional de esposa no meio político. Sua faceta maliciosa era bem pronunciada, e quando Norman Mailer a conheceu em 1960 e ela pareceu fazer troça dele, este viu que "algo engraçado e severo lhe surgiu nos olhos, como se ela fosse mesmo uma menina de 8 anos bem travessa". Se as pessoas a aborreciam, ela o demonstrava com franqueza. Dava a impressão de se importar pouco com o que os outros pensavam a seu respeito e se tornou uma sensação por causa da naturalidade que emanava.

De maneira geral, considere isso como uma forma de exorcismo. Uma vez que você demonstre esses desejos e impulsos, eles não se esconderão mais nos cantos da sua personalidade, contorcendo-se e operando de maneira furtiva. Você terá liberado os seus demônios e ampliado a sua presença como um ser humano autêntico. Desse modo, a Sombra se tornará sua aliada.

> Infelizmente, não há dúvida sobre o fato de que o homem, como um todo, não é tão bom quanto se imagina ou quer ser. Todos carregam uma Sombra, e, quanto menos ela é encarnada na vida consciente do indivíduo, mais escura e densa ela é.
>
> — *Carl Jung*

10

Cuidado com o ego frágil

A Lei da Inveja

Nós, seres humanos, somos naturalmente compelidos a nos compararmos uns com os outros. Estamos sempre avaliando as circunstâncias das pessoas, os níveis de respeito e atenção que recebem, e notando quaisquer diferenças entre o que temos e o que elas têm. Para alguns, essa necessidade de comparar serve como um encorajamento para se destacarem por meio do trabalho. Para outros, pode se transformar numa inveja profunda – sentimentos de inferioridade e frustração que levam a ataques dissimulados e sabotagem. Ninguém admite que age por inveja. Você precisa reconhecer os sinais iniciais de alerta: elogios e ofertas de amizade que soam efusivos ou desproporcionais; provocações sutis disfarçadas de humor bem-intencionado; desconforto aparente com o seu sucesso. É mais provável que surja entre amigos ou entre colegas da mesma profissão. Aprenda a rechaçar a inveja ao desviar a atenção para longe de você. Desenvolva o seu senso de amor-próprio a partir de padrões internos, e não de comparações incessantes.

AMIGOS FATAIS

Ao fim de 1820, Mary Shelley (1797-1851), autora do romance *Frankenstein*, e o marido de 28 anos de idade, o poeta Percy Bysshe Shelley, se mudaram para Pisa, na Itália, depois de terem passado muitos anos viajando pelo país. Enfrentavam um momento difícil: o filho e a filha haviam morrido ainda crianças de febres contraídas na Itália. Mary tivera uma relação bem próxima com o filho William, e a morte dele lhe causou uma depressão profunda. Ela dera à luz outra criança, um menino chamado Percy, mas sentia uma ansiedade constante a respeito da saúde dele. A culpa e a melancolia provenientes do falecimento das crianças geraram certa fricção entre o casal. Eles tinham sido tão próximos, passado por tantas experiências juntos, que eram quase capazes de ler os pensamentos e ânimos um do outro. Agora o marido se afastava, interessado em outras mulheres. A esperança dela era de que em Pisa eles se assentariam afinal, se reconectariam e se empenhariam a sério na escrita.

No início de 1821, os ingleses Jane e Edward Williams chegaram a Pisa e a sua primeira parada foi visitar os Shelley. Eram amigos de um dos primos de Percy Shelley, pensavam em morar naquela cidade e ficaram maravilhados ao conhecer o famoso casal. Mary estava acostumada com esse tipo de visitantes; ela e o marido eram tão notórios que boêmios curiosos de toda a Europa surgiam para observá-los com ar embasbacado e tentar lhes conquistar a amizade.

Com certeza os Williams, como todos os outros visitantes, saberiam sobre o passado dos Shelley. Teriam conhecimento de que os pais de Mary haviam sido dois dos intelectuais mais ilustres de toda a Inglaterra. A mãe, Mary Wollstonecraft (1759-1797) – que morreu no parto quando a filha nasceu –, foi talvez a primeira grande escritora feminista da história, renomada por seus livros e casos de amor escandalosos. O pai de Mary era William Godwin (1756-1836), celebrado escritor e filósofo que defendeu muitas ideias radicais, inclusive o fim da propriedade privada. Escritores famosos vinham ver a pequena Mary, pois ela era um objeto de fascínio, com cabelo ruivo como a mãe, os olhos mais intensos, e uma inteligência e imaginação muito acima da idade.

Os Williams certamente saberiam como a moça conheceu o poeta Percy Shelley quando ela tinha 16 anos, e sobre o infame caso de amor entre eles. Shelley, de origens aristocráticas e futuro herdeiro da fortuna do pai abastado, havia se casado com uma bela jovem chamada Harriet, a quem abandonou para viver com Mary; junto com Claire, meia-irmã de Mary, eles viajaram pela Europa, vivendo juntos e escandalizando aonde quer que fossem. Shelley era um crente fervoroso no amor livre e um ateu confesso. Subsequentemente, a esposa Harriet cometeu suicídio, pelo que Mary sempre se sentiu culpada, chegando até mesmo a imaginar que os filhos que teve com Shelley haviam sido amaldiçoados. Pouco depois do falecimento de Harriet, Mary e Percy se casaram.

Sem dúvida, os Williams ficariam a par do relacionamento dos Shelley com o outro grande rebelde da época, o poeta Lord Byron. Haviam passado tempo juntos na Suíça, e foi lá, inspirada por uma discussão à meia-noite sobre histórias de terror, que Mary teve a ideia para o seu grande romance *Frankenstein*, escrito quando ela tinha 19 anos. Lord Byron teve seus próprios escândalos e inúmeros casos amorosos. Os três se tornaram um ímã de boatos intermináveis, com Lord Byron agora vivendo na Itália também. A imprensa inglesa os apelidara de "a Liga do Incesto e do Ateísmo".

A princípio, Mary prestou pouca atenção ao novo casal inglês em cena, mesmo depois de alguns jantares juntos. Ela considerava Jane Williams um pouco maçante e pretensiosa. Como escreveu ao marido, que estava então fora por algumas semanas: "Jane por certo é bem bonita, mas carece de animação e bom senso; a sua conversa não é nada especial e ela fala num tom lento e monótono". Jane não lia muito; o que gostava mais era de fazer arranjos de flores, tocar harpa sinfônica, cantar canções da Índia, onde vivera quando criança, e se sentar em poses bonitas. Será que era mesmo tão superficial assim? De vez em quando, Mary flagrava Jane fitando-a com um olhar desagradável, que logo disfarçava com um sorriso alegre. O mais importante era que um amigo comum que havia conhecido os Williams, nas suas viagens pela Europa, enviara uma carta para Mary alertando-a para que se mantivesse distante de Jane.

Edward Williams, porém, era bem charmoso. Dava a impressão de venerar Shelley e de querer ser como ele. Tinha aspirações de se tornar um escritor. Mostrava-se tão ansioso para agradar e ser útil. Então, certo dia, contou a Mary a história do romance entre ele e Jane, e Mary se viu bem comovida.

Os Williams não eram de fato casados. Jane Cleveland, que vinha da classe média, se casara com um soldado inglês de alta patente, apenas para descobrir que este era um bruto abusivo. Quando conheceu o belo Edward Williams – um militar que vivera na Índia, assim como Jane –, ela se apaixonou de imediato. Em 1819, embora ainda estivesse casada com o primeiro marido, Jane e Edward partiram para o continente europeu, fingindo ser um casal. Como os Shelley, também moraram na Suíça e partiram para a Itália em busca de aventuras e de um clima ameno. Jane estava agora esperando o segundo filho de Edward, assim como Mary estava grávida de novo. Parecia que, num aspecto fatídico, ambas tinham muito em comum. Mary sentiu uma empatia profunda pelo caso de amor entre eles e por quanto haviam sacrificado um pelo outro.

Então Jane teve o seu segundo filho. Agora as duas mulheres haviam construído um laço de amizade como jovens mães. Finalmente, Mary tinha alguém com quem falar sobre as dificuldades de criar crianças numa terra estrangeira, algo com que o marido dela não se importava nem um pouco. Além disso, os amigos dos Shelley não eram ingleses, já que os expatriados ingleses na Itália os evitavam como se fossem uma praga. Seria um alívio enorme ter companhia todos os dias nesse momento de turbulência que enfrentava. Mary logo se tornou dependente da companhia de Jane e se esqueceu de quaisquer receios que tivesse sentido a respeito dela.

Shelley também deu mostras de simpatizar com o casal. Edward era obsequioso ao se oferecer para ajudá-lo em todos os aspectos e adorava velejar e se gabar das suas habilidades como navegador. Velejar era uma das obsessões de Shelley, apesar de ele jamais ter aprendido a nadar. Quem sabe o novo amigo poderia auxiliá-lo a projetar o veleiro perfeito? Jane, por sua vez, começou a intrigá-lo quanto mais tempo passavam juntos. Ela era tão diferente de Mary. Nunca discutia, fitava-o com admiração e concordava com tudo que dizia. Era tão animada. Shelley poderia lhe servir de professor, instruí-la em poesia, e ela se tornaria a sua nova musa, um papel ao qual a esposa deprimida não se adequava mais. Ele comprou um violão para Jane e gostava de ouvir as canções indianas que ela parecia conhecer tão bem. Jane tinha uma bela voz. Ele lhe dedicou poemas e, aos poucos, acabou se enamorando dela.

Mary percebeu tudo isso. Conhecia bem o padrão seguido pelo marido: sempre procurava por uma mulher bem diferente daquela com quem estava, para inspirá-lo e quebrar a monotonia de um relacionamento. Harriet, sua primeira esposa, havia sido mais similar a Jane, simples e bonita, e assim ele se apaixonou pela bem mais complicada Mary. Agora o padrão se repetia, com ele se apaixonando pela simplicidade de Jane. Contudo, como Mary poderia levar Jane a sério como rival? Esta era tão comum. Shelley só estava poetizando a imagem de Jane; no fim, acabaria por vê-la como era e se entediaria. Sua esposa não temia perdê-lo.

Em 1822, os Shelley e os Williams, agora bem inseparáveis, decidiram se mudar juntos para uma casa mais ao norte ao longo da costa, com vista para a baía de Lerici. Desde o princípio, Mary odiou o lugar e implorou ao marido que encontrasse outro. Era tão isolado. Não era fácil obter suprimentos. Os camponeses locais pareciam bastante toscos e pouco amigáveis. Os dois casais se tornariam dependentes por completo dos criados. Ninguém além de Mary demonstrou interesse em administrar a casa – Jane, que se provou bem preguiçosa, não queria nada com aquilo. No entanto, o pior de tudo era que Mary tinha um pressentimento horrível sobre o local. Temia muito pelo destino do filho Percy, então apenas com 3 anos. Ela farejava um desastre nas paredes do casarão isolado que ocupavam. Tornou-se nervosa e histérica. Sabia que estava aborrecendo a todos com o seu comportamento, mas não conseguia suprimir a ansiedade. Shelley reagiu passando cada vez mais tempo com Jane.

Vários meses depois que se mudaram para o casarão, Mary sofreu um aborto e quase morreu. O marido cuidou dela por algumas semanas, e ela se recuperou. Entretanto, quase de imediato ele pareceu se enamorar de um novo plano que a apavorava: com Edward, projetara um barco, belo ao olhar, elegante e rápido. Em junho daquele ano, Leigh Hunt e a esposa, velhos amigos dos Shelley, haviam chegado à Itália. Hunt era um publicitário que apoiava jovens poetas, e Shelley era o seu favorito. Este planejou velejar pela costa com Edward para ir de encontro aos Hunt. Mary pediu-lhe desesperadamente que não fosse. Shelley tentou tranquilizá-la: Edward era perito em navegação, e o barco que construíra estava mais do que apto a navegar. Mary não acreditava nisso; a embarcação parecia frágil para as águas turbulentas da região.

Mesmo assim, Shelley e Edward partiram em 1º de julho, com um terceiro membro na tripulação. No dia 8 daquele mês, ao darem início à viagem de volta, cruzaram com uma das tempestades endêmicas da região. O barco, na verdade, provou ter sido mal projetado e afundou. Alguns dias mais tarde, os corpos de todos os três foram encontrados.

Quase de imediato, Mary foi tomada de remorso e culpa. Repassava na memória cada palavra raivosa que dirigira ao marido, cada crítica que fizera à obra dele, cada dúvida que incutira nele sobre o amor que ela sentia. O impacto foi demais para Mary, e ela decidiu que, a partir de então, devotaria a vida a tornar a poesia de Shelley famosa.

A princípio, Jane se mostrou arrasada pela tragédia, mas se recobrou mais rápido do que Mary. Precisava ser pragmática. Mary teria uma boa herança a partir da família de Shelley. Jane, por sua vez, não tinha nada. Decidiu retornar a Londres e, de algum modo, encontrar um meio de sustentar os dois filhos. Mary, simpatizada com a situação difícil de Jane, deu-lhe uma lista de contatos importantes na Inglaterra, inclusive do melhor amigo de infância de Shelley, Thomas Hogg, um advogado. Hogg tinha seus próprios problemas – estava sempre se apaixonando pelas mulheres mais próximas de Shelley: primeiro a irmã de Shelley, depois a primeira esposa deste, e por fim a própria Mary, a quem tentou seduzir. No entanto, tudo isso ocorrera muitos anos antes, e eles permaneceram amigos. E, como advogado, Hogg poderia ser útil a Jane.

Mary decidiu permanecer na Itália. Poucos amigos lhe restavam, mas os Hunt ainda estavam naquele país. Para a sua consternação, porém, Leigh Hunt havia se tornado surpreendentemente frio. Naquele momento, em que ela se sentia mais vulnerável, ele pareceu perder toda a simpatia por Mary, e esta não conseguia entender o porquê. Isso só serviu para lhe aumentar a angústia. Como poderia não saber o quanto ela amara o marido e lamentava a morte dele? Mary não era do tipo que exibia as próprias emoções de forma tão franca quanto Jane, mas, no fundo, sofria mais do que ninguém. Outros velhos amigos passaram a agir com frieza também. Apenas Lord Byron a apoiou, e eles se tornaram mais próximos.

Logo se tornou aparente que os pais de Shelley, que tinham se escandalizado com os modos libertinos do filho, não reconheceriam Percy como neto, certamente não enquanto este permanecesse aos cuidados de Mary. Não haveria dinheiro para ela. Mary imaginou que a única solução era retornar a Londres. Talvez os sogros, se conhecessem Percy e vissem que mãe devotada ela era, mudassem de ideia. Ela escreveu a Jane e a Hogg pedindo-lhes que a aconselhassem. O dois agora haviam se tornado amigos íntimos. Hogg parecia pensar que ela deveria esperar antes de retornar; a carta dele era notadamente fria. Lá estava outra pessoa que, de súbito, se tornara distante. Contudo, foi a resposta de Jane que mais a surpreendeu. Ela lhe aconselhou a desistir de Percy e não voltar a Inglaterra. Quando Mary tentou explicar como seria impossível sob o aspecto emocional, Jane se tornou ainda mais veemente na sua opinião. Expressou isso em termos práticos – Mary não seria bem recebida em Londres; a família Shelley se voltaria ainda mais contra ela –, mas que soavam insensíveis.

Nos meses que passaram juntas na Itália após o falecimento dos maridos, elas haviam se aproximado bastante. Jane era a última ligação real que Mary ainda tinha em vida com Shelley; Mary a perdoara por quaisquer indiscrições cometidas. Perdê-la como amiga seria como enfrentar outra morte, então decidiu retornar mesmo a Londres com o filho e reavivar aquela amizade.

Mary chegou a Londres em agosto de 1823, e descobriu que virara uma celebridade. *Frankenstein* havia sido transformado numa peça que enfatizava os elementos de terror do livro. E fazia grande sucesso. A história e o nome "Frankenstein" permearam a cultura popular. O pai de Mary, que se tornara editor e vendedor de livros, pôs à venda uma nova edição de *Frankenstein*, com Mary claramente identificada como autora. (A primeira edição fora publicada anonimamente.) Mary, o pai dela e Jane foram assistir à versão teatral, e tornou-se evidente para todos que ela tinha passado a ser objeto de fascínio para o público: "Essa mulher pequena e delicada escreveu uma história de terror tão poderosa?".

Quando Lord Byron morreu na Grécia, logo após o retorno de Mary a Londres, esta se tornou ainda mais famosa, pois fora uma das amigas mais próximas dele. Todos os principais intelectuais ingleses a queriam conhecer, descobrir mais sobre ela, o marido e Lord Byron. Até Jane voltara a ser amigável, embora às vezes parecesse se afastar dela.

Apesar da fama, Mary se sentia infeliz. Não gostava da atenção, pois esta vinha acompanhada de boatos intermináveis sobre seu passado e insinuações a respeito de sua moralidade. Estava cansada de ser observada e julgada. Queria se esconder e criar o filho. Decidiu que se mudaria para perto de onde Jane vivia, numa parte mais remota de Londres. Lá, Percy se reencontraria com os filhos de Jane. As duas mulheres poderiam viver uma para a outra e compartilhar lembranças, recapturar o passado. Jane era tão animada, e Mary precisava dessa animação. Em troca, faria todo o necessário para cuidar da amiga.

No verão de 1824, as duas passaram a se ver com frequência. Obviamente Hogg estava cortejando Jane, mas, como ele era desajeitado e desagradável, Mary não conseguia imaginar Jane lhe retribuindo essa atenção. Além disso, não transcorrera tempo suficiente após a morte do marido. Entretanto, numa noite em janeiro, tornou-se claro para Mary que ela vinha sendo enganada fazia bastante tempo. Estava na residência de Jane, tarde da noite. Mary e Percy haviam permanecido, o garoto para brincar com os filhos dela, e Mary para conversar um pouco mais. Hogg chegou e Jane finalmente explodiu com a amiga, com um olhar que esta jamais vira antes. Jane foi tão rude e abrupta ao pedir que a amiga fosse embora, que deixou evidente que ela e Hogg estavam tendo um caso. Notava que Jane estava se tornando cada vez mais fria e menos interessada em passar o tempo com ela. E agora entendia melhor.

Elas continuaram amigas. Mary simpatizava com as dificuldades de Jane como uma jovem viúva e sua necessidade de um marido. Jane estava agora grávida de Hogg. Mary lutou para superar o ressentimento e ajudá-la o melhor que podia. As duas se viam cada vez menos.

Para se distrair da solidão, Mary fez amizade com uma bela jovem chamada Isabel Robinson, que precisava de auxílio – ela dera à luz uma criança ilegítima, e o pai de Isabel por certo a desertaria se descobrisse a verdade. Por semanas, Mary conspirou para ajudá-la, planejando enviá-la a Paris para viver com um "homem" que faria o papel de pai – este sendo uma mulher conhecida como srta. Dods, uma lésbica notória que adorava se vestir com trajes masculinos e que conseguia se passar por um rapaz com facilidade.

Deleitou-se arquitetando os pormenores do plano, mas certa tarde, antes de acompanhar Isabel a Paris, recebeu o maior choque da sua vida: Isabel lhe confidenciou em todos os detalhes as histórias que Jane vinha lhe contando havia meses a respeito de Mary: que Shelley jamais a amara; que ele a admirara, mas não havia nutrido nenhum sentimento por ela; que Mary não era a mulher que ele queria ou de quem precisava; que Jane fora o grande amor da vida dele. Jane chegou mesmo a sugerir a Isabel que Mary o fizera tão infeliz que ele, no fundo, queria morrer no dia do passeio fatal no veleiro, e que Mary era, de certa forma, responsável pela morte do marido.

Mary mal conseguia acreditar, mas Isabel não tinha nenhum motivo para inventar aquilo. E, pensando mais a fundo, de repente tudo começou a fazer sentido – a frieza súbita de Hogg, Leigh Hunt e dos outros que deveriam ter ouvido essas histórias; os olhares que Jane lhe lançava ocasionalmente quando Mary era o centro das atenções num grupo; a expressão dela ao jogar Mary para fora da casa; a veemência com que lhe dissera para ficar longe de Londres e desistir do filho, o que significaria abrir mão da herança dos Shelley. Todos aqueles anos, Jane não fora uma amiga, mas uma competidora, e agora se tornava evidente que não era o marido de Mary que se interessara por Jane, mas Jane o seduzira de fato, com as suas poses, os olhares de coquete, o violão, as maneiras afetadas. Era falsa até o âmago. Aquilo foi, depois da morte do marido de Mary, o golpe mais brutal de todos.

Jane não só acreditava naquelas histórias monstruosas, mas também fizera os outros acreditarem. Mary sabia o quanto o marido a havia amado por tantos anos, e depois de tantas experiências compartilhadas. Espalhar que ela, de algum modo, causara a morte dele era doloroso ao extremo; era como uma adaga penetrando num antigo ferimento. Escreveu em seu diário: "Minha amiga se provou falsa e traiçoeira. Não tenho sido uma tola?".

Depois de vários meses se lamentando por causa disso, Mary finalmente a confrontou. Jane rompeu em lágrimas, fazendo uma cena. Queria saber quem espalhara aquela história horrorosa de traição, que ela negava. Acusou Mary de ser insensível e pouco afetuosa. No entanto, para Mary, era como se por fim houvesse acordado de um sonho.

Conseguia agora ver a indignação fingida, o amor falso, a maneira como Jane confundia a situação com o seu drama. Não havia retorno.

Nos anos que se seguiram, Mary não cortaria os laços com Jane, mas o relacionamento entre elas passou a ser inteiramente nos termos da primeira. Mary sentiu apenas uma estranha satisfação ao ver a vida de Jane desmoronar aos poucos, o relacionamento com Hogg se transformando num desastre. À medida que se tornava cada vez mais famosa por seus romances e pela publicação dos poemas de Shelley, Mary veio a conviver com os maiores escritores e políticos da época, e perdeu o contato com Jane de maneira gradual. Nunca conseguiria confiar nela de novo. Como escreveu alguns anos mais tarde em seu diário: "A vida não adoece até que desejemos esquecer. Jane me inspirou primeiro com esse sentimento angustiante, manchando, ao mesmo tempo, os anos passados – tirando a doçura das lembranças e lhes dando, em vez disso, as presas de uma serpente".

Interpretação: Examinemos as muitas transformações que a inveja causa na mente, como vemos com clareza no exemplo de Jane Williams. Quando esta conheceu Mary, foi tomada por emoções conflitantes. Por um lado, havia muito a se apreciar e admirar em Mary, que tinha maneiras agradáveis, era evidentemente brilhante, possuía uma ligação profunda com o filho e era bastante generosa. Por outro lado, fazia Jane se sentir inferior, carecendo de muito daquilo que Mary tinha, mas que ela sentia que merecia – atenção pelos próprios talentos, pela disposição a fazer sacrifícios em nome do amor, pela natureza encantadora. Era inevitável que, com a atração por Mary, viesse também a inveja, o desejo de ter as mesmas coisas que esta possuía, a sensação de ter direito a elas, mas a inabilidade aparente de consegui-las com facilidade ou legitimidade. Com a inveja vem o desejo secreto de magoar, ferir a pessoa invejada, ou de lhe roubar algo, a fim de corrigir a injustiça decorrente dessa suposta superioridade.

Havia muitos motivos para Jane esconder ou até reprimir a inveja que se agitava dentro si. Em primeiro lugar, em termos sociais, é tóxico demonstrar a inveja, sentimento que revela inseguranças profundas e também hostilidade, uma combinação bastante desagradável, que, com certeza, leva as outras pessoas a se afastarem. Em segundo lugar, ela e o marido dependiam dos Shelley para o seu sustento futuro, já que Jane estava determinada a fazer Edward se associar a Shelley como amigo, assistente e especialista em velejo. Shelley era notório por sua generosidade em relação ao dinheiro. Mostrar-se hostil a Mary teria colocado tudo isso em risco. Por fim, a inveja é uma emoção dolorosa, uma admissão da nossa própria inferioridade, algo bem intolerável para os seres humanos. Não a queremos analisar muito; gostamos de escondê-la de nós mesmos e de não ter consciência do que motiva as nossas ações.

Considerando tudo isso, Jane deu o que seria o próximo passo natural: tornou-se amiga de Mary, retribuindo a cortesia amigável desta e redobrando-a. Uma parte dela gostava de Mary e se sentia lisonjeada pela atenção demonstrada por uma pessoa tão famosa. Jane era ávida por atenção. Como poderia se imaginar agora sentindo inveja em relação a Mary, se esta havia decidido se tornar sua amiga? Contudo, quanto mais tempo passavam juntas, mais pronunciado o desequilíbrio entre elas se tornava. Era Mary que tinha o marido bonito e ilustre, o prospecto de uma vasta herança, a amizade profunda com Lord Byron e a rica imaginação que a fez tão talentosa. Assim, quanto mais tempo estava ao lado de Mary, mais os sentimentos invejosos de Jane se fortaleciam.

Ocultar essa inveja de si mesma e dos outros exigia que ela agora desse o próximo passo. Em sua própria mente, precisava converter Mary num personagem antipático: Mary não era tão talentosa assim; tinha apenas sorte, e se não fosse pelos pais famosos e pelos homens em redor dela, jamais teria chegado àquela situação afortunada; não merecia a fama que tinha; era uma pessoa irritante de se ter por perto, mal-humorada, depressiva, carente, nada divertida; não era gentil nem amorosa em relação ao marido, e não era lá grande coisa como mulher. À medida que Jane passava por esse processo, a hostilidade começou a sobrepujar os sentimentos de amizade. Justificava-se mais para seduzir Percy Shelley e disfarçar o que sentia de verdade por Mary. O mais devastador para o relacionamento conjugal de Mary foi que, cada vez que Shelley se queixava para Jane da esposa, Jane reforçava isso com alguma nova história ou observação, aprofundando o abismo entre o casal.

É claro que, ao transformar Mary em alguém tão desagradável, Jane precisava ignorar deliberadamente o contexto – a perda recente dos dois filhos amados, que adoeceram, a maneira como Shelley demonstrava frieza para com a esposa e cortejava outras mulheres. Contudo, a fim de que os invejosos se sintam no direito de agir de forma prejudicial, eles precisam criar uma narrativa: tudo que a outra pessoa faz revela algum traço negativo; ela não merece a sua posição superior. Agora Jane tinha o que queria – a adoração de Percy Shelley e a alienação completa dele em relação à esposa. Depois que Shelley morreu, ela descarregou a inveja, espalhando a história maliciosa de que Mary não se mostrava muito triste pela perda – algo tão perturbador para aqueles que ouviam isso, inclusive Leigh Hunt, que todos se distanciaram dela.

Quando Jane voltou a Londres e Mary foi se juntar a ela, o padrão se repetiu. Uma parte de Jane ainda se sentia atraída por Mary; com o passar dos anos, elas haviam compartilhado muito. Entretanto, quanto mais tempo Jane passava junto dela, mais notava a fama crescente de Mary, o círculo de amigos ilustres, a natureza generosa para com outras mulheres que haviam sido maltratadas, a devoção total ao filho e à memória do marido. Nada disso combinava com a narrativa, por isso Jane precisou dar mais um passo mental: "Mary é falsa, vivendo ainda do legado do marido e de outros, motivada por um sentimento de carência, não de generosidade. Quem dera outros enxergassem isso". Por essa razão, Jane roubou Hogg, amigo de Mary, uma imitação barata do pecado original de lhe roubar o marido. E continuou a espalhar histórias sobre ela, mas, desta vez, com a adição da reviravolta cruel de que Jane fora o último grande amor da vida de Shelley, que este jamais amara a esposa, e que Mary o havia levado ao suicídio. Contar casos tão escandalosos em Londres causaria o dano máximo à reputação de Mary.

É difícil calcular a dor que Jane infligiu àquela mulher no decorrer dos anos – as brigas com Shelley que foram exacerbadas por Jane, a frieza repentina e misteriosa dos amigos mais íntimos de Mary, o jogo de atração e rejeição que Jane fez com ela, sempre recuando quando a outra desejava se aproximar, e, por fim, a revelação da traição derradeira e a noção, que assombraria Mary por muitos anos, de que tantos acreditaram no que fora contado. Essa é a dor oculta infligida por um grande invejoso.

Entenda: a forma mais comum e dolorosa da inveja ocorre entre amigos. Supomos que algo no decorrer do relacionamento levou o amigo a se voltar contra nós. Às vezes percebemos traição, sabotagem, críticas cruéis que ele nos fez, e nunca entendemos a inveja subjacente que inspirou essas ações.

O que precisamos compreender é algo paradoxal: os indivíduos invejosos se sentem motivados, em primeiro lugar, a conquistar a nossa amizade. Como Jane, têm uma mistura de interesse genuíno, atração e inveja, caso algumas das nossas qualidades os façam se sentir inferiores. Ao se tornarem nossos amigos, conseguem disfarçar a inveja de si mesmos. Logo irão ainda mais longe, tornando-se atenciosos ao extremo, e impacientes para se assegurarem da nossa amizade. No entanto, ao se aproximarem mais, o problema se agrava. A inveja latente é incitada de maneira contínua. Os próprios traços que estimularam aqueles sentimentos de inferioridade – a boa posição, a sólida ética de trabalho, a simpatia – são agora testemunhados diariamente.

Desse modo, como aconteceu com Jane, uma narrativa é construída aos poucos: a pessoa invejada tem sorte, é ambiciosa demais, não é tão talentosa assim. No papel de nossos amigos, os invejosos descobrem os nossos pontos fracos e o que nos magoará mais. Na amizade, estão mais bem posicionados para nos sabotar, roubar o nosso cônjuge, espalhar o caos. Depois que nos atacam, tendemos a nos sentir culpados ou confusos: "Talvez eu tenha merecido algumas das críticas deles". Se respondemos com raiva, alimentamos a narrativa da nossa natureza antipática. Porque somos amigos, nos sentimos duplamente magoados e traídos, e, quanto mais profunda for a ferida, maior será a satisfação do invejoso. Podemos até especular que o invejoso é atraído de maneira inconsciente a criar laços de amizade com o ser invejado a fim de ter esse poder de ferir.

Embora esses amigos fatais sejam elusivos e enganadores, há sempre sinais que alertam sobre a presença deles. Aprenda a prestar mais atenção às suas primeiras impressões. (Quem dera Mary tivesse feito isso.) Muitas vezes intuímos que a outra pessoa é falsa, mas depois nos esquecemos disso quando ela se aproxima de maneira amigável. Sempre nos sentimos melhor sobre aqueles que parecem gostar de nós, e os invejosos sabem bem disso. Confie nas opiniões de amigos e de terceiras partes neutras. Muitos amigos de Mary julgavam Jane dissimulada e até um pouco assustadora. A inveja do amigo também tenderá a transparecer em olhares repentinos e comentários depreciativos. Os invejosos oferecerão conselhos desconcertantes – bem fundamentados, mas que soam contra os nossos interesses. Eles querem que cometamos erros, e com frequência tentarão encontrar uma maneira de nos levar a isso. Qualquer sucesso ou atenção a mais que conquistemos fará os verdadeiros sentimentos deles transparecerem mais.

Não é uma questão de se tornar paranoico, mas apenas de permanecer alerta uma vez que capte sinais de inveja em potencial. Aprenda a identificar os tipos com propensão especial a sentir inveja (veja mais sobre isso na próxima seção) antes de se enredar demais no drama deles. É difícil medir o que você ganhará ao evitar um ataque invejoso, mas pense nisso nos seguintes termos: a dor infligida por um amigo invejoso pode afetá-lo e envenená-lo por muitos anos.

> Toda vez que um amigo obtém algum sucesso, eu morro um pouco.
>
> — *Gore Vidal*

Chaves para a natureza humana

De todas as emoções humanas, nenhuma é mais traiçoeira ou evasiva do que a inveja. É muito difícil discernir de fato a inveja que motiva as ações das pessoas, ou até compreender que sofremos um ataque invejoso de alguém; por isso, é tão frustrante e perigoso lidar com esse problema.

O motivo desse caráter evasivo é simples: quase nunca expressamos de maneira direta a nossa inveja. Ao sentirmos raiva em relação a alguém por causa de algo que foi dito ou feito, talvez tentemos disfarçar a nossa reação por vários motivos, mas temos consciência da nossa hostilidade. Por fim, a raiva transparecerá em algum comportamento não verbal. E se agirmos motivados por ela, a nossa vítima a perceberá pelo que é, e, com toda probabilidade, saberá o que a causou naquele momento. A inveja, porém, é muito diferente.

Todos nós sentimos inveja, a sensação de que outros têm mais daquilo que desejamos – posses, atenção, respeito. Merecemos ter tanto quanto eles têm, mas nos vemos, por algum motivo, incapazes de obter essas coisas. No entanto, como foi discutido anteriormente, a inveja acarreta a admissão, para nós mesmos, de que somos inferiores ao outro em algum aspecto que valorizamos. Não apenas é doloroso admitir essa inferioridade, mas é ainda pior perceberem que nos sentimos assim.

Desse modo, quase no mesmo instante em que temos as pontadas iniciais da inveja, somos motivados a disfarçá-la de nós mesmos – não é inveja que sentimos, mas a injustiça quanto à distribuição de bens e de atenção, ressentimento por essa injustiça, e até raiva. Além disso, a outra pessoa não é superior de verdade, só tem sorte, é ambiciosa demais, ou inescrupulosa; assim, chegou aonde está. Tendo nos convencido de que não é a inveja que nos motiva, mas algo diferente, também fazemos os outros terem muito mais dificuldade em detectar a inveja latente. Eles veem apenas a nossa raiva, a indignação, as críticas hostis, os elogios venenosos, e assim por diante.

Na Antiguidade, aqueles que sentiam uma inveja intensa talvez a tenham demonstrado por meio de violência, tomando à força o que o outro tinha ou recorrendo até ao assassinato. No Antigo Testamento, Caim matou Abel por inveja; os irmãos de José o jogaram numa cova no deserto para que morresse, pois o pai o preferia; em diversas ocasiões, o rei Saul tentou matar o jovem Davi, tão belo e com dons naturais, e acabou enlouquecendo de inveja.

Hoje, porém, as pessoas são muito mais diplomáticas e indiretas, capazes de controlar quaisquer impulsos agressivos evidentes e mascarar o que sentem. Em vez de fazerem uso da violência, é mais provável que os invejosos sabotem o nosso trabalho, arruínem um relacionamento, destruam a nossa reputação, nos atormentem com críticas que miram as nossas inseguranças mais básicas. Isso lhes permite manter a sua posição social e desestabilizar uma pessoa ao mesmo tempo, e sem que as suas vítimas sequer suspeitem que a motivação por trás de tudo é a inveja.

Os invejosos conseguem justificar para si mesmos essas ações como uma correção de um desequilíbrio ou de uma injustiça que tenham notado.

Se alguém se enfurece conosco e age de acordo com essa emoção, é possível analisar a raiva que esse indivíduo sente e descobrir uma forma de neutralizá-la ou de nos defender. No entanto, se não enxergamos a inveja subjacente, é inevitável sermos confundidos pela ação hostil do invejoso, e essa confusão multiplica a dor que vivenciamos. "Por que as pessoas se mostram de repente tão indiferentes a mim?" "Por que aquele projeto fracassou de maneira tão inesperada?" "Por que estou sendo despedido?" "Por que ele está contra mim?"

A sua tarefa como estudante da natureza humana é se transformar num perito da decodificação da inveja. Seja implacável na sua análise e determinação para chegar à raiz do que motiva as pessoas. Os sinais de inveja emitidos são mais difíceis de distinguir, mas existem, e você conseguirá dominar a linguagem com algum esforço e discernimento sutil. Pense nisso como um desafio intelectual. Ao se tornar capaz de decodificá-la, não se sentirá tão confuso. Vai entender em retrospecto que sofreu um ataque invejoso, e isso o ajudará a superar a experiência. Talvez perceba de antemão os alertas que precedem uma ofensiva dessas e consiga neutralizá-la ou rechaçá-la. Conhecendo a dor oculta que vem de um ataque invejoso bem-sucedido, você se poupará danos emocionais que poderiam durar anos. Isso não o tornará paranoico, mas apenas mais capaz de separar os amigos (ou colegas) falsos e fatais dos verdadeiros, daqueles em quem pode mesmo confiar.

Antes de imergir nas sutilezas da emoção, é importante distinguir a inveja *passiva* da *ativa*. Todos, no decorrer de um dia, sentiremos de maneira inevitável algumas pontadas de inveja, à medida que examinamos inconscientemente as pessoas em redor e percebemos que elas talvez tenham mais do que nós. É um fato da vida social que há sempre aqueles que serão superiores a nós em riqueza, inteligência, simpatia e outras qualidades. Se essas pontadas se elevarem ao nível da consciência e se mostrarem um pouquinho intensas, talvez digamos algo ofensivo ou mesquinho como um modo de descarregar a emoção. Contudo, em geral, ao sentirmos essa forma passiva de inveja, não fazemos nada que prejudique de qualquer maneira o relacionamento com o amigo ou colega. Ao detectar sinais de inveja passiva nos outros (por exemplo, pequenas gozações ou comentários impensados), apenas tolere-os como um fato da natureza do animal social.

Às vezes, porém, essa inveja passiva se torna ativa. A sensação latente de inferioridade é forte demais, levando a uma hostilidade que não se consegue descarregar com um mero comentário ou gozação. Viver com a própria inveja por um longo período é doloroso e frustrante; sentir uma indignação virtuosa contra a pessoa invejada, porém, é revigorante. Deixar a inveja guiar as suas ações, fazendo algo para prejudicar o outro, traz satisfação, como trouxe a Jane, embora essa satisfação dure pouco, pois os invejosos sempre encontram algo novo para invejar.

O seu objetivo é detectar os sinais dessa forma mais séria de inveja antes que ela se torne perigosa. É possível fazer isso de três maneiras: aprender os sinais da inveja que acabam por transparecer, estar ciente dos tipos de pessoa que têm maior propensão a agir movidos pela inveja e entender as circunstâncias e ações que poderiam desencadear a inveja ativa nos indivíduos. Você nunca conseguirá ver todas as ações motivadas pela inveja; o ser humano é simplesmente bom demais em disfarçá-la. Entretanto, utilizar todos esses três dispositivos de decodificação aumentará as suas chances de detectá-la.

Os sinais da inveja

Embora os sinais sejam sutis, os sentimentos de inveja tendem a transparecer e são detectáveis se você for um bom observador. Ver um desses sinais isolados talvez indique uma inveja passiva ou fraca. Procure por combinações ou repetições dos seguintes sinais (um padrão) antes de passar para o modo de alerta.

Microexpressões. Quando as pessoas sentem inveja pela primeira vez, ainda não se iludiram com a ideia de que é algo mais, por isso são mais propensas a deixar esse sentimento escapar no início do que mais tarde. É por isso que as primeiras impressões são muitas vezes as mais precisas e deveriam receber mais peso nesse caso. A inveja é associada com maior frequência aos olhos. A raiz da palavra *invidia*, "inveja" em latim, significa "olhar através, examinar com os olhos como uma adaga". O significado inicial do vocábulo era associado ao "olho maligno" e à crença de que um olhar poderia mesmo transmitir uma maldição e ferir alguém fisicamente.

Os olhos são, de fato, um indicador que revela muito, mas a microexpressão invejosa afeta todo o rosto. O leitor notará que os olhos do invejoso se fixam em você por um momento, com um ar que sugere desdém e um toque de hostilidade. É o olhar de uma criança que se sente trapaceada. Com essa expressão, os cantos da boca muitas vezes se curvam para baixo, o nariz numa posição um pouco erguida, escarnecedora, o queixo projeto para a frente. Embora o olhar seja um pouco direto e mantido por tempo demais, não durará mais do que um segundo ou dois. Costuma ser seguido de um sorriso falso e forçado. Muitas vezes você notará esse olhar acidentalmente, ao virar a cabeça de repente na direção do seu interlocutor, ou sentirá o olhar dele pesando sobre você sem se voltar diretamente para ele.

O filósofo alemão Arthur Schopenhauer (1788-1860) concebeu uma maneira rápida de gerar esses olhares e testá-los quanto à inveja. Conte àqueles que você suspeita de serem invejosos alguma boa notícia sobre você mesmo – uma promoção, um novo e excitante interesse romântico, um contrato para publicar um livro. Uma expressão bem rápida de desapontamento será notada neles. O tom de voz com que lhe darão os parabéns trairá alguma tensão e esforço. Da mesma forma, conte-lhes acerca de alguma infelicidade que lhe aconteceu e note a microexpressão incontrolável de alegria pela dor de outra pessoa, um sentimento que os alemães chamam de *schadenfreude*. Os olhos se iluminam por um breve segundo. Indivíduos invejosos não conseguem deixar de sentir algum prazer ao saber da má sorte daqueles que invejam.

Se você notar olhares assim nas primeiras vezes em que se encontrar com alguém, como Mary percebeu em Jane, e esses olhares acontecerem mais de uma vez, mantenha-se alerta quanto à presença de um invejoso perigoso na sua vida.

Elogio venenoso. Um grande surto invejoso costuma ser precedido por pequenas alfinetadas, comentários repentinos concebidos especialmente para provocá-lo. Elogios confusos e paradoxais são uma forma comum disso. Digamos que você tenha completado um projeto – um livro, um filme, uma iniciativa criativa – e a resposta inicial do público é bem positiva. Os invejosos farão um comentário celebrando o dinheiro que vai receber, deixando implícito que esse foi o motivo principal pelo qual você trabalhou no projeto. Você quer elogios pelo trabalho em si e pelo esforço que despendeu, e, em vez disso, os invejosos sugerem que fez tudo por dinheiro, que se vendeu. Você se sentirá confuso – eles o elogiaram, mas de um modo que o deixou desconfortável. Esses comentários também surgirão em momentos escolhidos para causar o máximo de dúvida e danos, por exemplo, bem quando você ouviu a boa notícia e sente uma onda de felicidade.

De maneira semelhante, ao notar o seu sucesso, os invejosos podem mencionar as partes mais desagradáveis do seu público, os tipos de fãs ou consumidores que não refletem bem a sua imagem. "Bom, tenho certeza de que os executivos de Wall Street vão adorar." Isso é lançado em meio a outros comentários normais, mas a culpa pela associação permanecerá na sua mente. Ou eles elogiarão algo depois que você o perdeu – um emprego, uma casa numa boa vizinhança, um cônjuge que o abandonou. "Era uma casa tão bonita. Que pena." É tudo dito de uma maneira que soa compassiva, mas causa um efeito desconcertante. O elogio venenoso quase sempre indica inveja. Os invejosos sentem a necessidade de elogiar, mas o que predomina é a hostilidade subjacente. Se eles tiverem o hábito de elogiar dessa maneira, se você receber deles muitos elogios desse tipo, é provável que seja indicação de algo mais intenso se agitando dentro deles.

Maledicência. Se as pessoas gostam de fofocar bastante, em especial sobre conhecidos mútuos, pode ter certeza de que vão fofocar sobre você. E a fofoca é um disfarce frequente da inveja, uma maneira conveniente de descarregá-la, compartilhando histórias e boatos maliciosos. Quando falam sobre os outros pelas costas, você notará que os olhos dos invejosos se iluminam e a voz se torna animada – a fofoca lhes dá um prazer comparável ao *schadenfreude*. Eles extrairão qualquer tipo de relato negativo sobre um conhecido mútuo. Um tema frequente na fofoca é que ninguém é tão bom assim, e as pessoas não são o que fingem ser.

Se algum dia o leitor souber de uma história que espalharam sobre você, sutil ou não sutilmente negativa, basta que isso aconteça uma vez para deixá-lo de sobreaviso. O que indica a inveja ativa, nesse caso, é que um amigo seu sente a necessidade de descarregar a hostilidade subjacente a uma terceira parte, em vez de guardá-la para si. Se notar que os seus amigos ou colegas se mostram de repente mais indiferentes a você do que antes sem nenhum motivo aparente, esses fofoqueiros talvez sejam a fonte e vale a pena desmascará-los. De todo jeito, os fofoqueiros em série não são amigos leais ou confiáveis.

O vaivém. Como vimos na história de Jane Williams, por vezes os invejosos usam a amizade e a intimidade como a melhor forma para ferir as pessoas que invejam. Demonstram uma avidez incomum para se tornarem seus amigos. Saturam a sua mente de atenção. Se você for inseguro em qualquer aspecto, isso terá um efeito significativo. Eles o elogiam com um pouco de efusão demais logo de início. Por meio da proximidade que estabelecem, são capazes de reunir informações a seu respeito e descobrir os seus pontos fracos. De repente, quando você já estiver envolvido emocionalmente, eles o criticarão de maneira contundente. A crítica é confusa, não relacionada em particular com nada que você tenha feito, mas o faz se sentir culpado de todo jeito. Depois eles retornam à afeição inicial. O padrão se repete. Você se verá aprisionado entre a amizade calorosa e a mágoa ocasional que lhe infligem.

Ao tecerem críticas, são peritos em encontrar quaisquer defeitos possíveis no seu caráter ou palavras das quais talvez se arrependa, e lhes dar grande ênfase. São como advogados construindo um caso contra você. Quando perder a paciência e decidir se defender ou criticá-los ou romper a amizade, eles se verão no direito de atribuir a você um traço de mesquinharia ou crueldade, e contar aos outros sobre isso. No passado deles você encontrará outros relacionamentos intensos com rupturas dramáticas, sempre por culpa da outra pessoa. E a fonte desse padrão, algo difícil de discernir, é que eles escolhem se tornar amigos daqueles de quem sentem inveja por alguma qualidade, para depois os torturar de forma sutil.

Em geral, as críticas a seu respeito que soarem sinceras, mas que não têm relação direta com nada do que você tenha feito, costumam ser um sinal forte de inveja. Quem o faz o quer intimidar e sobrepujar com algo negativo, magoando-o e também encobrindo quaisquer rastros da inveja.

Os tipos invejosos

Segundo a psicanalista Melanie Klein (1882-1960), certas pessoas têm uma propensão a sentirem inveja durante a vida toda, e isso começa na primeira infância. Nas primeiras semanas e meses de vida, a mãe e o nenê quase nunca estão longe da presença um do outro. No entanto, ao crescerem, os bebês precisam lidar com a ausência da mãe por períodos de tempo mais extensos, e isso exige um ajuste doloroso. Alguns, porém, são mais sensíveis a esse afastamento ocasional. São gananciosos por mais alimento e atenção. Tornam-se conscientes da presença do pai, com quem precisam competir pela atenção da mãe. Talvez também tenham consciência dos outros irmãos, que são vistos como rivais. Klein, que se especializou no estudo da primeira infância, notou que algumas crianças sentiam um grau maior de hostilidade e ressentimento em relação ao pai e aos irmãos pela atenção que recebiam à custa delas (das crianças invejosas), e em relação à mãe por não lhes dar o suficiente.

Com certeza, há pais que criam ou intensificam essa inveja ao darem sinais de favoritismo, ao se afastarem de propósito do filho para torná-lo mais dependente. De todo jeito, os bebês e crianças que sentem essa inveja não se sentirão gratos ou amados pela atenção que recebem; em vez disso, sempre se sentirão privados e insatisfeitos. Um padrão é estabelecido para a vida toda – são crianças e, mais tarde, adultos para quem nada jamais será bom o bastante. Todas as experiências potencialmente positivas são estragadas pela sensação de que deveriam ter algo mais e melhor. Alguma coisa lhes falta, e só conseguem imaginar que as outras pessoas lhes estão roubando o que deveriam ter. Desenvolvem um olho de águia para tudo o que os outros têm e eles não. Isso se torna a sua paixão dominante.

Muitos de nós passamos por momentos na infância em que sentimos que outra pessoa está recebendo mais da atenção que merecemos, mas somos capazes de contrabalançar isso com momentos em que experimentamos um amor inegável, e a gratidão por esse amor. Ao crescermos, transferimos essas emoções positivas para uma série de indivíduos – irmãos, professores, mentores, amigos, amantes e cônjuges. Alternamos entre querer mais e ter uma sensação de satisfação e gratidão relativas. Os que têm uma propensão à inveja, porém, não vivenciam essas experiências da mesma maneira. Em vez disso, transferem a inveja e a hostilidade iniciais para aqueles que veem como sendo pessoas que os desapontaram ou magoaram. Os momentos de satisfação e gratidão são raros ou inexistentes. "Preciso, quero mais": é o que estão sempre dizendo a si mesmos.

Como a inveja é uma sensação dolorosa, esses tipos executarão estratégias por toda a vida para mitigar ou reprimir tais sentimentos que os corroem. Vão depreciar tudo que há de bom no mundo. Isso significa que, na verdade, não há ninguém por aí que valha a pena invejar. Ou então se tornarão independentes ao extremo. Se não precisarem das pessoas para nada, isso os deixará menos expostos a situações de inveja. Num caso extremo, depreciarão a si mesmos. Não merecem nada de bom na vida e, portanto, não têm nenhuma necessidade de competir com os outros por atenção ou posição social. Segundo Klein, essas estratégias comuns são frágeis e se esfarelam em situações de tensão – um declínio na carreira profissional, períodos de depressão, ferimentos ao ego. A inveja que sentem nos primeiros anos de vida permanece sempre latente e pronta para ser direcionada a outros. Eles estão literalmente procurando por alguém para invejar de forma que possam vivenciar outra vez essa emoção primordial.

Dependendo da sua estrutura psicológica, tenderão a se adequar a certos tipos de invejosos. É de grande valia ser capaz de reconhecer esses tipos logo de início, pois são os que têm a maior probabilidade de se tornarem ativos com a sua inveja. A seguir estão as cinco variedades comuns de invejosos, como eles tendem a se disfarçar e as suas formas específicas de ataque.

O nivelador. Quando você o conhece, talvez ele se mostre bem divertido e interessante. Tende a ter um senso de humor ferino, é bom em humilhar os poderosos e desvalorizar os pretensiosos. Também parece ter um faro apurado para as injustiças e desequilíbrios deste mundo. Entretanto, difere das pessoas com uma empatia genuína pelos oprimidos, no sentido de que não reconhece ou aprecia a excelência em quase ninguém, exceto naqueles que já estão mortos. O nivelador tem o ego frágil; quem conquistou algo na vida o deixa inseguro. Ele é bem sensível a sentimentos de inferioridade. A inveja que sente inicialmente por pessoas bem-sucedidas é logo encoberta pela indignação. Queixa-se que os grandes empreendedores manipulam o sistema, são ambiciosos demais ou têm apenas sorte e não merecem de fato os elogios que recebem. O nivelador passa a associar a excelência com a injustiça como uma maneira de aliviar as próprias inseguranças.

Você notará que, embora indivíduos assim consigam humilhar os outros, não aceitam bem as piadas à custa deles. Com frequência celebram a baixa cultura e o lixo, já que a mediocridade não lhes incita as inseguranças. Além do senso de humor cínico, você reconhecerá esse tipo pela maneira como falam da própria vida: adoram contar histórias sobre as muitas injustiças infligidas contra eles; nunca têm nenhuma culpa e conseguem utilizar esse meio para destruir os que invejam em segredo e ser recompensados por isso.

O objetivo principal é rebaixar todos ao mesmo nível de mediocridade que ocupam. Isso significa, às vezes, nivelar não apenas os bem--sucedidos e poderosos, mas também quem está se divertindo demais, quem dá a impressão de desfrutar demais de tudo, ou quem tem um senso grande demais de propósito – algo de que os niveladores carecem.

Mantenha-se alerta junto a essas pessoas, em especial no local de trabalho, pois elas o farão se sentir culpado pelo seu próprio impulso de buscar a excelência. Começarão com comentários passivo-agressivos que o infectem com "ambição" como se fosse um palavrão. Você talvez seja parte da classe opressora. E o criticarão de maneiras desagradáveis e ofensivas. Depois disso, sabotarão de modo deliberado o seu trabalho, o que justificarão para si mesmas como uma forma de justiça retributiva.

O preguiçoso arrogante. Hoje, muitos se sentem corretamente no direito de ter sucesso e coisas boas na vida, mas, em geral, entendem que isso requer sacrifício e trabalho árduo. Alguns, porém, acreditam que merecem atenção e muitas recompensas como se estas lhe coubessem *naturalmente*. Esses preguiçosos arrogantes costumam ser bem narcisistas. Eles criarão o esboço mais breve de um romance ou roteiro que querem escrever, ou uma "ideia" para um negócio brilhante, e acreditarão que isso basta para atrair elogios e atenção. No entanto, bem no fundo, se sentem inseguros quanto à própria habilidade de conseguir o que almejam; por isso, nunca desenvolveram de fato a disciplina adequada. Quando se veem entre pessoas de grande sucesso que trabalharam com muito ardor e que mereceram o respeito verdadeiro, veem-se em meio a dúvidas sobre si mesmas que têm tentado reprimir. Passarão rápido da inveja à hostilidade.

Christopher Wren (1632-1723) foi um dos grandes gênios do seu tempo, um cientista renomado e um dos principais arquitetos da época, sendo a seu feito mais famoso a Catedral de São Paulo em Londres. Wren era estimado por quase todos que trabalhavam com ele. O seu entusiasmo, as habilidades evidentes e as longas horas que devotou ao trabalho o tornaram popular tanto entre o público quanto entre os que participavam de seus projetos. Um homem, porém, passou a invejá-lo profundamente – William Talman, um arquiteto de nível inferior indicado para ser seu assistente em várias obras importantes. Talman acreditava que os papéis dos dois deveriam ser invertidos; ele tinha uma opinião elevada de si mesmo, uma atitude bem amarga e um traço pronunciado de preguiça.

Quando alguns acidentes ocorreram em dois dos projetos de Wren, matando alguns operários, Talman partiu para o ataque, acusando o patrão de negligência. Desencavou cada possível delito na longa carreira de Wren, tentando convencer as pessoas de que este não merecia o alto prestígio que lhe consagrava. Por anos, promoveu uma campanha para manchar a reputação dele, dizendo que era descuidado com o dinheiro, com a vida dos funcionários e superestimado de maneira geral. Talman turvou as águas de tal maneira que o rei por fim o contratou para algumas obras importantes, apesar de o seu talento ser bem inferior, enfurecendo Wren. E ele continuou a roubar e incorporar muitas das inovações de Wren, em quem aquela batalha asquerosa teve um efeito emocional debilitante que durou por anos.

Tenha cuidado redobrado no ambiente de trabalho com aqueles que gostam de manter a própria posição por meio do charme e da diplomacia, em vez de realizações. São pessoas propensas a invejar e a odiar quem trabalha de modo árduo e que obtém resultados. Eles o caluniarão e sabotarão sem nenhum aviso prévio.

O viciado no *status*. Como animais sociais, nós, seres humanos, somos muito sensíveis ao nosso nível e posição dentro de qualquer grupo. Medimos o nosso *status* pela atenção e respeito que recebemos. Estamos sempre monitorando as diferenças e nos comparando com os outros. Entretanto, para alguns, o *status* é mais do que uma maneira de avaliar a posição social – é o determinante mais importante do amor-próprio. Você identificará esses viciados pelas perguntas que fazem sobre quanto você recebe de salário, se você tem casa própria, que tipo de vizinhança é a sua, se de vez em quando voa na classe executiva, e todo tipo de questões mesquinhas que utilizarão como pontos de comparação. Se o seu *status* social for superior, eles esconderão a inveja fingindo admirar o seu sucesso. Contudo, se for um colega ou trabalhar ao lado deles, os viciados em *status* vão sair em busca de qualquer sinal de favoritismo ou privilégios que não tenham, e o atacarão de forma dissimulada, prejudicando a sua posição dentro do grupo.

Para Reggie Jackson (n. 1946), jogador de beisebol norte-americano homenageado pelo National Baseball Hall of Fame and Museum (Salão da Fama e Museu Nacional do Beisebol), o companheiro de time Graig Nettles se encaixava no perfil. Em sua opinião, este prestava atenção excessiva ao crédito e às premiações que os outros recebiam e ele não. Estava sempre discutindo e comparando salários. O que o amargava era a proporção do salário de Jackson e a atenção que este recebia da imprensa. Jackson havia conquistado o salário e a atenção que recebia graças à sua destreza como batedor e à sua personalidade vivaz, mas o invejoso Nettles encarava tudo de maneira diferente. Acreditava que o colega simplesmente sabia como manobrar a imprensa e agradar George Steinbrenner, o proprietário dos Yankees. Concluiu que Jackson era manipulador. A sua inveja transparecia em piadas maldosas à custa de Jackson, elogios venenosos e olhares hostis. Ele voltou muitos membros do clube dos Yankees contra Jackson e tornou a vida deste miserável. Como Jackson escreveu em sua autobiografia: "Sempre tive a sensação de que ele estava atrás de mim, pronto para enfiar a faca". Também sentia que havia algum racismo tácito na inveja de Nettles, como se fosse impossível para um atleta negro merecer um salário tão maior do que o dele.

Reconheça os viciados em *status* pelo modo como reduzem tudo a considerações materiais. Quando comentam sobre as roupas que você veste ou o carro que você dirige, parecem se concentrar no quanto esses objetos devem ter custado e, ao falar sobre esses assuntos, há algo de infantil na atitude deles, como se estivessem revivendo um drama de família em que foram trapaceados por um irmão que possuía algo melhor. Não se deixe enganar pelo fato de eles dirigirem um carro mais velho ou se vestirem com pouca elegância. Esses tipos muitas vezes tentarão afirmar o próprio *status* na direção oposta, sendo o monge supremo, o *hippie* idealista, ao mesmo tempo que anseiam pelos luxos que não conseguem conquistar por meio do trabalho árduo. Caso encontre-se em meio a indivíduos assim, tente minimizar ou esconder o que você tem que possa desencadear a inveja, e cumprimente-os pelas posses, habilidades e *status* da melhor maneira que conseguir.

O vinculador. Em qualquer ambiente de poder que se assemelhe a uma corte, é inevitável que você encontre alguém que se sente atraído àqueles que são bem-sucedidos e poderosos, não por admiração, mas pela inveja secreta que nutre. Pessoas assim encontram uma maneira de criar vínculos como amigos ou assistentes, fazendo-se úteis. Talvez admirem o chefe por algumas qualidades, mas, bem no fundo, acreditam que merecem um pouco da atenção que ele recebe, sem ter de executar todo o trabalho árduo. Quanto mais tempo permanecem junto ao indivíduo bem-sucedido, mais esse sentimento as corrói. Elas têm talento, têm sonhos – então por que aquele para quem trabalham é tão favorecido? O vinculador é bom em ocultar a corrente subjacente da inveja por meio da bajulação exagerada. Entretanto, esses tipos se vinculam a alguém que tem mais porque arruiná-lo e magoá-lo lhe dá algum tipo de satisfação. Ele é atraído aos poderosos por um desejo de feri-los de alguma maneira.

Yolanda Saldivar (n. 1960) é um exemplo extremo desse tipo. Depois de fundar um enorme fã-clube dedicado a Selena, cantora popular de música *tejana*, insinuou-se nos negócios da artista ao se tornar gerente das lojas de roupas dela e acumular mais poder. Ninguém bajulava a cantora mais do que Saldivar. No entanto, com uma inveja profunda da fama de Selena e se tornando bem hostil, começou a desviar fundos da empresa, sentindo-se plenamente justificada ao fazê-lo. Quando o pai de Selena confrontou Saldivar sobre isso, a resposta desta foi planejar o assassinato da própria Selena, que acabou por perpetrar em 1995.

Esses tipos têm um traço que é bem comum a todos os invejosos: eles carecem de uma noção clara de propósito na vida (veja mais sobre isso no Capítulo 13). Não sabem qual é a sua vocação; sabem fazer muitas coisas, pensam, e com frequência tentam empregos diferentes. Perambulam por aí e se sentem vazios por dentro. É natural que invejem aqueles que agem com um senso de propósito, e chegarão ao ponto de se vincularem à vida desses indivíduos, em parte pelo desejo de obter algo de que sentem falta, e em parte pela vontade de ferir a outra pessoa.

Em geral, acautele-se em relação aos que se mostrarem muito ávidos para se vincularem à sua vida, impacientes demais para se tornarem úteis. Eles tentarão atraí-lo para um relacionamento não pela experiência e competência deles, mas por meio de lisonjas e da atenção que lhe dão. A forma de ataque que empregam é reunir informações sobre você que possam vazar ou espalhar na forma de fofocas, ferindo a sua reputação. Aprenda a contratar e trabalhar com aqueles que têm experiência, e não apenas maneiras agradáveis.

O mestre inseguro. Para alguns, alcançar uma posição elevada lhes valida a auto-opinião e impulsiona a autoestima. Entretanto, há aqueles que são mais ansiosos. Manter uma posição elevada tende a lhes aumentar as inseguranças, o que eles têm o cuidado de ocultar.

Em segredo, duvidam que sejam merecedores da responsabilidade. Fitam com um olhar invejoso outros que talvez tenham mais talento, até mesmo os subalternos.

Você trabalhará para chefes desse tipo supondo que são seguros de si e autoconfiantes. De que outra maneira teriam se tornado chefes? Trabalhará redobrado para impressioná-los, mostrar-lhes que é um funcionário em ascensão, apenas para se ver, depois de muitos meses, rebaixado ou demitido de forma repentina, o que faz pouco sentido, já que era evidente que produzia resultados. Você não compreendeu que estava lidando com a variedade insegura e que, sem querer, desencadeou as autodúvidas desses chefes. No fundo, eles invejam a sua juventude, energia, prospectos e os sinais do seu talento. É ainda pior se você for bem-dotado socialmente e eles não. Justificarão a sua demissão ou rebaixamento com alguma narrativa que criaram; você nunca descobrirá a verdade.

Michael Eisner, que foi o todo-poderoso diretor executivo da Disney por vinte anos, é desse tipo. Em 1995, ele demitiu o seu braço direito, Jeffrey Katzenberg, chefe do estúdio de cinema, ostensivamente por causa da sua personalidade abrasiva, dizendo que este não trabalhava bem em equipe. Na verdade, Katzenberg havia obtido sucesso demais na sua posição; os filmes que supervisionou se tornaram a fonte principal de renda da Disney. Ele tinha o toque de Midas. Sem jamais admitir isso para si mesmo, Eisner claramente invejava Katzenberg por seu talento, o que transmutou em hostilidade. Esse padrão se repetiu várias vezes com os novos funcionários criativos que contratou.

Preste atenção àqueles acima de você e procure por sinais de insegurança e inveja. É inevitável que tenham um histórico de demitir pessoas por motivos estranhos. Não se mostrarão muito felizes com aquele relatório excelente que você apresentar. Sempre opte pela cautela, deferindo aos seus superiores, ajudando-os a manter uma boa imagem e lhes conquistando a confiança. Expresse as suas ideias brilhantes como se fossem deles. Deixe que recebam todo o crédito pelo seu trabalho árduo. O seu momento para brilhar chegará, mas não se você estimular sem querer as inseguranças dos seus superiores.

Os gatilhos da inveja

Embora certos tipos sejam mais predispostos à inveja, você também precisa ter consciência de que há circunstâncias que tenderão a desencadear esse sentimento em quase qualquer um. Você deve estar bem alerta nessas situações.

O gatilho mais comum da inveja é uma mudança repentina no seu *status*, que altere o seu relacionamento com amigos e colegas. Isso é verdade em especial entre pessoas da mesma profissão. Sabe-se disso há muito tempo. Como Hesíodo observou no século 8 a.C.: "O ceramista inveja o ceramista, o artesão inveja o artesão, o escritor inveja o escritor". Se você obtiver algum sucesso, é natural que aqueles na sua área com aspirações similares, mas que ainda estão batalhando, sintam inveja. Mantenha uma tolerância razoável em relação a isso, pois, se os papéis fossem invertidos, é provável que você sentisse o mesmo. Não leve para o lado pessoal o elogio tímido ou a crítica velada. Contudo, tenha ciência de que, entre alguns desses colegas, a inveja pode se tornar ativa e perigosa.

Os artistas da Renascença que recebiam encomendas repentinas se tornavam alvo de rivais invejosos, que às vezes se mostravam bem cruéis. Michelangelo claramente invejava o jovem e talentoso Rafael, e fez o que pôde para lhe manchar a reputação e lhe bloquear as encomendas. Era notório que escritores invejassem outros escritores, em especial aqueles com contratos mais lucrativos.

O melhor que você pode fazer nessas situações é ter um pouco de humor autodepreciativo e não esfregar o seu sucesso na cara dos demais, pois este, afinal, talvez contenha elementos de sorte. Na verdade, ao discutir o seu sucesso com outros que talvez o invejem, sempre enfatize ou exagere o elemento da sorte. Para aqueles mais próximos de você, ofereça-se para ajudá-los com seus problemas da melhor maneira possível, sem se mostrar condescendente. De forma análoga, nunca cometa o erro de elogiar um escritor na frente de outro escritor, ou um artista na frente de outro artista, a menos que a pessoa elogiada esteja morta. Se detectar sinais de uma inveja mais ativa em seus colegas, afaste-se deles o quanto conseguir.

Tenha em mente que os indivíduos que estiverem envelhecendo, com as carreiras em declínio, têm egos delicados e grande propensão a sentir inveja.

Às vezes são os dons e talentos naturais do ser humano que incitam as formas mais intensas de inveja. Podemos nos esforçar para nos tornarmos proficientes num campo, mas não temos como reformular a nossa fisiologia. Algumas pessoas nascem com aparência melhor, com dotes atléticos básicos, uma imaginação excepcionalmente vívida, ou uma natureza franca e generosa. Se aqueles com dons naturais também possuírem uma boa ética de trabalho e tiverem um pouco de sorte na vida, a inveja os seguirá por onde forem. Indivíduos assim também tendem a ser bastante ingênuos, o que muitas vezes piora a situação. Eles mesmos não sentem inveja de outros, de forma que não entendem nada dessa emoção. Inconscientes dos perigos, demonstram com naturalidade os seus talentos e atraem ainda mais a inveja. Mary Shelley era tudo isso – dotada de uma imaginação brilhante e de capacidades intelectuais superiores, mas também muito ingênua. O que é pior, os tipos invejosos, no fundo, abominam quem é imune ao sentimento da inveja. Isso torna a natureza invejosa deles duplamente aparente para si mesmos, e desperta o desejo de magoar e ferir.

Se você tem dons naturais que o elevam acima dos outros, precisar ter consciência dos perigos e evitar se gabar desses talentos. Em vez disso, revele de modo estratégico algumas falhas para amainar a inveja das pessoas e mascarar a sua superioridade natural. Se for dotado em ciências, deixe claro aos outros o seu desejo de ter mais habilidades sociais. Demonstre a sua imperícia intelectual em assuntos fora da sua alçada.

John F. Kennedy dava a impressão de ser quase perfeito demais para o público norte-americano. Bonito, inteligente e carismático, e com uma esposa tão bela, era difícil para o público se identificar com ele ou apreciá-lo. Assim que cometeu, logo no início da sua administração, o grande erro da invasão fracassada a Cuba (conhecida como a Baía dos Porcos) e assumiu a responsabilidade completa pelo fiasco, o seu índice de aprovação nas pesquisas disparou. O erro o humanizou. Embora isso não tivesse sido feito de forma deliberada, você pode causar um efeito similar ao discutir as falhas cometidas no passado e demonstrar alguma incompetência seletiva em certas áreas que não diminuam a sua reputação geral.

Mulheres que conquistam fama e sucesso são mais propensas a atrair a inveja e a hostilidade, embora isso sempre seja mascarado como algo mais – diz-se que elas são frias, ambiciosas demais ou pouco femininas. Muitas vezes decidimos admirar pessoas que realizam grandes conquistas, e a admiração é o oposto da inveja. Não nos sentimos inseguros ou desafiados pessoalmente diante da excelência delas, e também podemos lhes seguir o exemplo, usá-las como incentivo para tentar conquistar mais. Contudo, é uma pena que isso quase nunca ocorra no caso das mulheres de sucesso. As bem-sucedidas infligem sentimentos maiores de inferioridade tanto em outras mulheres quanto em homens (*Sou inferior a uma mulher?*, eles pensam), o que causa inveja e hostilidade, não admiração.

Coco Chanel, a empresária de maior sucesso da sua época, em particular ao se considerar as suas origens como órfã (veja o Capítulo 5), sofreu com esse tipo de inveja durante a vida toda. Em 1931, no auge do poder, ela conheceu Paul Iribe, ilustrador e estilista cuja carreira estava em declínio. Ele era um mestre da sedução e os dois tinham muito em comum. No entanto, vários meses após o início do relacionamento, Iribe passou a criticá-la pela sua extravagância e atormentá-la sobre outros defeitos que via nela. Queria controlar todos os aspectos da vida de Chanel. Solitária e desesperada por um relacionamento, ela persistiu, mas mais tarde escreveu sobre o parceiro: "A minha celebridade crescente eclipsava a sua glória em declínio [...]. Iribe me amava com a esperança secreta de me destruir". O amor e a inveja não são mutuamente exclusivos.

As mulheres de sucesso terão de enfrentar esse fardo até que esses valores subjacentes arraigados se alterem. Enquanto isso, elas precisarão ser ainda mais hábeis em se esquivar da inveja e jogar com a carta da humildade.

Robert Rubin (n. 1938), secretário do tesouro durante os dois mandatos do presidente norte-americano Bill Clinton, era mestre supremo no que se referia a mascarar a própria excelência e neutralizar a inveja. Ele começou a carreira na Goldman Sachs em 1966, ascendendo lentamente de posição até ocupar o cargo de codiretor em 1990. Foi uma das figuras principais a transformar a Goldman Sachs no mais poderoso banco de investimentos de Wall Street. Era um trabalhador dedicado e brilhante quanto a finanças, mas, ao se tornar mais poderoso dentro da empresa também se fez mais obsequioso em todas as suas interações. Em reuniões em que era óbvio ser a pessoa com mais conhecimentos, ele fazia questão de pedir a opinião dos associados mais novos presentes, e de escutar o que estes tinham a dizer com atenção absoluta. Quando aqueles que trabalhavam para ele lhe perguntavam o que deveria ser feito em relação a alguma crise ou problema, Rubin os fitava com calma e indagava primeiro: "O que você acha?" e considerava a resposta com muita seriedade.

Como um colega na empresa o descreveu mais tarde: "Não há ninguém melhor no truque da humildade do que Bob. A frase 'essa é só a opinião de um único homem' era algo que ele dizia dúzias de vezes por dia". Era impressionante como Rubin conquistou a admiração de tantos e como tão poucos tinham algo de ruim a dizer sobre ele, considerando o ambiente competitivo em que estavam. Isso revela o poder que você tem de frustrar a inveja ao voltar a atenção para outras pessoas em vez de para si, e ao interagir com elas num nível significativo.

Se você se encontrar sob um ataque inveja, a melhor estratégia é controlar as suas emoções. É muito mais fácil fazer isso depois de compreender que esse sentimento é a fonte do problema. O invejoso utilizará a sua reação exagerada como motivo para criticá-lo, justificar as próprias ações e enredá-lo em mais dramas. A todo custo, mantenha a compostura. Se puder, distancie-se fisicamente também – despeça-o, corte qualquer contato, faça tudo o que for possível. Não imagine que conseguirá de algum modo reparar o relacionamento. A sua generosidade ao tentar fazer isso só servirá para intensificar os sentimentos de inferioridade do invejoso. Este atacará de novo. De todas as maneiras, defenda-se de quaisquer investidas públicas ou fofocas que ele espalhe, mas não cultive fantasias vingativas. O invejoso é um ser miserável, então a melhor estratégia é deixá-lo cozinhar no próprio "veneno frio", longe de você, sem qualquer meio de feri-lo no futuro, como Mary fez com Jane. A infelicidade crônica dele é punição suficiente.

Por fim, você talvez imagine que a inveja é uma ocorrência um pouco rara no mundo moderno. Afinal, é uma emoção infantil e primitiva, e nós vivemos em tempos tão sofisticados. Além disso, poucas pessoas a discutem ou a analisam como um fator social importante. Entretanto, a verdade é que esse sentimento é mais prevalente agora do que nunca, em grande parte por causa das redes sociais.

Por meio da internet, temos uma janela contínua para a vida de amigos, pseudoamigos e celebridades. E o que vemos não é um vislumbre sem polimento do mundo deles, mas uma imagem altamente idealizada que eles apresentam. Temos acesso apenas às imagens mais excitantes das suas férias, aos rostos felizes de seus amigos e filhos, a relatos do seu autoaprimoramento constante, às pessoas fascinantes que conhecem, às grandes causas e projetos em que estão envolvidos, aos momentos de sucesso nos seus empreendimentos. Estamos nos divertindo tanto quanto eles? A nossa vida parece tão plena quanto a deles? Será que sentimos falta de algo? Em geral, acreditamos, e com razão, que todos temos o direito de viver bem, mas se os nossos colegas dão a impressão de ter mais, deve ser culpa de algo ou alguém.

Em casos assim, vivenciamos um sentimento generalizado de insatisfação. A inveja de baixo nível está dentro de nós, esperando para ser desencadeada numa forma mais severa se algo que lemos ou vemos intensifica as nossas inseguranças. Essa inveja difusa entre grandes grupos de pessoas pode até se tornar uma força política, à medida que demagogos podem incitá-la contra certos indivíduos ou grupos que têm ou parecem ter mais privilégios do que outros. É possível unir o ser humano pela sua inveja subjacente, mas, assim como com a variedade pessoal, ninguém quer admitir isso, e a situação nunca será vista dessa maneira. Pode-se voltar rapidamente a inveja pública contra figuras públicas, em particular como *schadenfreude* quando estas passam por algum infortúnio. (Considere o aumento da hostilidade contra Martha Stewart quando ela enfrentou problemas com a lei.[3]) A fofoca sobre os poderosos se transforma numa indústria.

---

3 Martha Stewart (n. 1941) é empresária e apresentadora de programas de televisão dedicados a culinária, jardinagem, decoração e artesanato. Em 2004, num julgamento amplamente divulgado pela mídia norte-americana, ela foi condenada a cinco meses de prisão e dois anos de liberdade condicional por conspiração, obstrução e perjúrio. (N. T.)

O que isso significa é simples: vamos encontrar cada vez mais aqueles predispostos a sentir a inveja passiva, que pode se transformar na forma virulenta, se não forem cuidadosos. Precisamos estar preparados para sentir os seus efeitos partindo de amigos, colegas e também do público, caso estejamos expostos à opinião deste. Nesse ambiente social superaquecido, aprender a reconhecer os sinais e ser capaz de identificar os tipos invejosos é uma habilidade absolutamente crucial a ser desenvolvida. E, já que somos hoje em dia ainda mais suscetíveis a sentirmos nós mesmos a inveja, temos de gerenciar essa emoção dentro de nós, transformando-a em algo positivo e produtivo.

Além da inveja

Como acontece com a maioria dos seres humanos, o leitor tenderá a negar que já sentiu inveja, pelo menos com intensidade suficiente para lhe motivar as ações. A verdade é que você não está sendo honesto consigo mesmo. Como foi descrito anteriormente, temos consciência apenas da indignação ou do ressentimento que acobertam as pontadas iniciais da inveja. Supere a resistência natural a note a emoção quando esta começar a se agitar dentro de você.

Todos nós nos comparamos com os outros e nos perturbamos com aqueles que são superiores em determinada área que estimamos; reagimos a isso sentindo deles alguma forma de inveja – atitude programada na nossa natureza. (Estudos demonstram que os macacos sentem inveja.) Comece com um experimento simples: da próxima vez que ouvir ou ler sobre o sucesso repentino de alguém no seu campo, note o sentimento inevitável de querer o mesmo (a pontada) e a hostilidade subsequente, ainda que vaga, em direção à pessoa que você inveja. Acontece de forma rápida e é fácil deixar de perceber a transição, mas tente flagrá-la. É natural passar por essa sequência emocional, e não deveria haver nenhuma culpa envolvida nisso. Observar-se e notar mais desses exemplos só vai ajudá-lo no lento processo de ir além da inveja.

Sejamos realistas, porém, e entendamos que é quase impossível nos livrarmos da compulsão de nos equipararmos aos demais; ela está impregnada a fundo na nossa natureza como animais sociais. Aspire a uma transformação gradativa dessa inclinação em algo positivo, produtivo e pró-social. A seguir estão cinco exercícios simples que o ajudarão a conseguir isso.

Aproxime-se daquilo que você inveja. Esse sentimento prospera na proximidade relativa – num ambiente corporativo em que as pessoas se veem todos os dias, numa família, numa vizinhança, num grupo de colegas. No entanto, os indivíduos tendem a esconder os seus problemas e mostrar apenas o seu melhor. Só ouvimos falar de seus triunfos, dos novos relacionamentos, das ideias brilhantes que lhes renderão uma mina de ouro. Se nos aproximarmos – conhecendo as brigas que ocorrem em particular, ou o chefe horrível que vem com o novo emprego –, teríamos menos motivo para os invejar. Nada é tão perfeito quanto parece, e muitas vezes estamos enganados. Passe algum tempo com a família que você inveja e deseja que fosse sua, e começará a reavaliar a sua opinião.

Se o leitor sente inveja daqueles com maior fama e que recebem mais atenção, lembre-se de que tudo isso vem acompanhado de bastante hostilidade e de um escrutínio que é bem doloroso. Os ricos muitas vezes são infelizes. Leia qualquer relato sobre os últimos dez anos da vida de Aristotle Onassis (1906-1975), um dos homens mais providos de dinheiro da história, casado com a encantadora Jacqueline Kennedy, e saberá que a riqueza lhe acarretou pesadelos intermináveis, inclusive filhos mimados e indiferentes.

O processo de aproximação é duplo: por um lado, tente ver de fato por trás das fachadas reluzentes das pessoas e, por outro, apenas imagine as desvantagens inevitáveis que vêm com a posição que ocupam. Isso não é o mesmo que as nivelar. Você não vai diminuir as conquistas daqueles que são brilhantes, mas mitigará a inveja que sentiria por aspectos da vida pessoal deles.

Faça comparações negativas. Normalmente nos concentramos em quem parece possuir mais do que nós, mas seria sábio observar os que têm menos. Há sempre inúmeras pessoas para se usar numa comparação assim. Elas vivem em ambientes mais desagradáveis, lidam com mais ameaças na vida e têm níveis mais profundos de insegurança quanto ao futuro. Veja amigos cuja situação é bem pior do que a sua. Isso deveria estimular não apenas a sua empatia pelos muitos que têm menos, mas também uma gratidão maior por aquilo que você já tem – o melhor antídoto contra a inveja.

Como um exercício relacionado, anote todos os aspectos positivos na sua vida que você tende a subestimar: as pessoas que têm se mostrado bondosas e úteis, a saúde de que você desfruta no momento. A gratidão é um músculo que exige exercício ou acabará se atrofiando.

Pratique o *mitfreude*. O *schadenfreude*, o prazer que se sente diante da dor dos outros, está nitidamente relacionado à inveja, como demonstram vários estudos. Quando invejamos alguém, somos propensos a sentir entusiasmo, até mesmo euforia, se essa pessoa enfrenta um obstáculo ou sofre de alguma maneira. Entretanto, seria sábio praticar o oposto, que o filósofo Friedrich Nietzsche chamou de *mitfreude*, ou "alegrar-se com". Como ele escreveu, "A serpente que nos pica quer nos ferir e se alegra quando o faz; o animal mais inferior é capaz de imaginar o *sofrimento* de outros. Contudo, imaginar a alegria de outros e se alegrar com isso é o privilégio mais elevado dos animais mais elevados".

Isso significa que, em vez de apenas dar os parabéns pela boa sorte de alguém, algo que é fácil de fazer e de esquecer, tente de fato sentir a alegria dele, como uma forma de empatia. Essa atitude talvez seja pouco natural, já que a nossa primeira tendência é ter uma pontada de inveja, mas podemos nos treinar para imaginar como é, para os outros, vivenciar essa felicidade ou satisfação. Não apenas limparemos a nossa mente da inveja mesquinha, mas também criaremos uma forma incomum de afinidade. Ao sermos o alvo do *mitfreude*, nós *sentimos* a excitação genuína do outro pela nossa boa sorte, em vez de ouvirmos apenas palavras, o que nos induz a sentir o mesmo por ele. Como é uma ocorrência tão rara, contém um grande poder para unir as pessoas. E, ao internalizarmos a alegria alheia, aumentamos a própria capacidade de sentir essa emoção em relação às nossas experiências.

Transforme a inveja em emulação. Não temos como deter o mecanismo de comparação no nosso cérebro, por isso é melhor redirecioná-lo para algo produtivo e criativo. Em vez de querer ferir ou roubar aquele que obteve mais, deveríamos desejar nos elevar até o nível dele. Desse modo, a inveja se torna um incentivo para buscar a excelência. Podemos até tentar nos manter próximos a pessoas que estimulem esses desejos competitivos, que sejam ligeiramente melhor do que nós em termos de habilidades.

Realizar tal trabalho requer algumas transições psicológicas. Em primeiro lugar, devemos passar a acreditar que temos a capacidade de nos elevar. A confiança nas nossas habilidades gerais para aprender e nos aprimorar servirá como um tremendo antídoto à inveja. Em vez de desejar ter o que outra pessoa tem e apelar à sabotagem por causa da nossa fraqueza, sentiremos o impulso para obter o mesmo para nós e acreditar em nossa habilidade de fazê-lo. Em segundo lugar, precisamos desenvolver um trabalho ético sólido para apoiar esse processo. Agindo de maneira rigorosa e persistente, seremos capazes de superar quase qualquer obstáculo e elevar a nossa posição. Indivíduos preguiçosos e indisciplinados têm uma predisposição muito maior à inveja.

Em relação a isso, ter uma noção de propósito, um senso da sua vocação, é uma boa maneira de se imunizar contra a inveja. Você se concentra na sua própria vida e nos seus planos, que são claros e revigorantes. O que lhe dá satisfação é compreender o seu potencial, em vez de conquistar a atenção do público, que é fugaz. A necessidade de tecer comparações diminui e o senso de amor-próprio vem de dentro, não de fora.

Admire a grandeza humana. A admiração é o oposto absoluto da inveja – estamos reconhecendo as realizações das pessoas, celebrando-as, sem ter que nos sentir inseguros. Admitimos a superioridade delas nas artes ou ciências ou nos negócios, sem sofrer por causa disso. No entanto, isso vai ainda mais além. Ao reconhecer a grandeza de alguém, celebramos o potencial mais elevado na nossa espécie. Vivenciamos o *mitfreude* com o melhor da natureza humana. Compartilhamos o orgulho que resulta de qualquer grande realização humana. Esse tipo de admiração nos eleva acima da mesquinharia da vida cotidiana e tem um efeito tranquilizador.

Embora seja mais fácil admirar, sem qualquer mácula de inveja, aqueles que já estão mortos, inclua pelo menos uma pessoa viva no seu panteão. Se você for jovem o bastante, esses objetos de admiração também podem servir como modelos a serem seguidos, pelo menos até certo ponto.

Por fim, vale a pena cultivar momentos na vida em que sentimos imensa satisfação e felicidade independentes do nosso próprio sucesso ou realizações. Isso acontece normalmente quando nos encontramos numa bela paisagem – as montanhas, o mar, uma floresta. Não sentimos os olhos dos outros nos espreitando e comparando, ou a necessidade de ter mais atenção ou de nos afirmarmos. Somos envoltos apenas em êxtase pelo que vemos, o que é intensamente terapêutico. E ocorre quando contemplamos a imensidão do universo, o conjunto fantástico de circunstâncias que precisaram acontecer para que nascêssemos, o vasto alcance do tempo antes de nós e depois de nós. São ocasiões sublimes e tão afastadas da mesquinharia e dos venenos da inveja quanto é possível.

> Pois não muitos homens [...] conseguem amar um amigo cuja sorte prospera
> sem lhe invejar; e sobre mente invejosa
> o veneno frio se agarra e o sofrimento dobra
> que a vida lhe traz. Das próprias feridas ele precisa tratar,
> e como uma maldição a alegria do outro experimentar.
>
> *– Ésquilo*

11

Conheça os seus limites

A Lei da Grandiosidade

Nós, seres humanos, sentimos profunda necessidade de ter uma opinião positiva de nós mesmos. Se esse julgamento sobre nossa bondade, talento e maestria divergir demais da realidade, nos tornaremos pedantes. Imaginaremos a nossa superioridade. Muitas vezes, uma pequena dose de êxito erguerá a nossa grandiosidade natural a níveis ainda mais perigosos. A nossa auto-opinião elevada terá sido agora confirmada pelos acontecimentos. Esquecemos o papel que a sorte ou a colaboração dos outros desempenhou no nosso triunfo. Imaginamos que temos o toque de Midas. Perdendo o contato com o que é real, tomamos decisões irracionais. É por isso que o nosso sucesso muitas vezes não dura. Procure por sinais da grandiosidade elevada em si mesmo e nos demais – a certeza prepotente de que os seus planos terão um resultado positivo; uma sensibilidade excessiva a críticas; o desdém por qualquer forma de autoridade. Neutralize a influência da grandiosidade ao manter uma avaliação realista de si mesmo e das suas limitações. Atrele todos os sentimentos de brilhantismo ao seu trabalho, às suas conquistas e às suas contribuições à sociedade.

A ILUSÃO DO SUCESSO

No verão de 1984, Michael Eisner (n. 1942), presidente do estúdio de cinema Paramount Pictures, não tinha mais como ignorar a inquietude que o atormentava havia meses. Estava impaciente para mudar de plataforma e chacoalhar os alicerces de Hollywood. Esse desassossego o acompanhara pela vida inteira. Eisner começou a carreira na emissora ABC e, sem nunca se acomodar demais em nenhum departamento, depois de nove anos de várias promoções, chegou à posição de diretor de programação do horário nobre. No entanto, o mundo da televisão começou a lhe parecer pequeno e restrito. Precisava de uma plataforma maior, mais imponente. Em 1976, Barry Diller – ex-diretor da ABC e então presidente da Paramount Pictures – lhe ofereceu a oportunidade de dirigir o estúdio cinematográfico da Paramount, e Eisner aceitou de imediato.

Fazia muito tempo que a Paramount enfrentava uma crise, mas, trabalhando com Diller, Eisner a transformou no estúdio mais badalado de Hollywood, com uma série impressionante de filmes de sucesso, como: *Os embalos de sábado à noite*; *Grease: nos tempos da brilhantina*; *Flashdance: Em ritmo de embalo*, e *Laços de ternura*. Embora Diller por certo houvesse desempenhado um papel nessa reviravolta, Eisner se via como a principal força motriz por trás do sucesso do estúdio. Afinal, ele inventara uma fórmula infalível para criar filmes lucrativos.

O segredo era manter os custos baixos, uma obsessão dele. Para conseguir isso, um filme deveria começar com um grande conceito, que fosse original, fácil de resumir e dramático. Os executivos poderiam contratar os roteiristas, diretores e atores mais caros para uma obra cinematográfica, mas todo o dinheiro do mundo seria desperdiçado se a ideia subjacente fosse fraca. Os filmes com um conceito forte, porém, se vendiam por conta própria. Um estúdio poderia expandir as dimensões dessas produções relativamente baratas e, mesmo que obtivessem apenas um êxito moderado, garantiriam um fluxo constante de renda. Esse raciocínio ia de encontro à mentalidade do fim da década de 1970, que privilegiava os *blockbusters*, mas quem se oporia aos lucros inegáveis que Eisner estava produzindo para a Paramount? Eisner imortalizou essa fórmula num memorando que logo se espalhou por Hollywood e se tornou a sua regra básica.

Entretanto, depois de tantos anos compartilhando a luz dos holofotes com Diller na Paramount, tentando agradar os diretores executivos da corporação e lutando contra diretores de publicidade e o departamento financeiro, Eisner estava farto. Quem dera ele pudesse administrar o seu próprio estúdio, sem restrições. Com a fórmula que havia concebido e a sua ambição implacável, conseguiria construir o maior e mais lucrativo império de entretenimento do mundo. Estava cansado de ter outras pessoas se aproveitando das suas ideias e do seu sucesso. Operando sozinho no topo, controlaria o espetáculo e levaria todo o crédito.

Eisner contemplou o próximo passo crucial da sua carreira naquele verão de 1984 e encontrou o alvo perfeito para as suas ambições: a Walt Disney Company. À primeira vista, essa pareceria uma escolha desconcertante. Desde a morte de Walt Disney em 1966, o estúdio cinematográfico da empresa se mostrava parado no tempo, tornando-se cada vez mais estranho a cada ano. Funcionava mais como um clube para homens sem graça. Muitos executivos paravam de trabalhar depois do almoço e passavam as tardes jogando cartas, ou relaxando na sauna que havia no local. Quase ninguém era despedido. Produziam um filme de animação a cada quatro anos – em 1983, apenas três com atores reais. Não tinham realizado nenhuma obra de sucesso desde *Se meu fusca falasse*, em 1968. O lote de filmagens da Disney em Burbank parecia quase uma cidade fantasma. O ator Tom Hanks, que trabalhou no lote em 1983, o descreveu como "uma estação de ônibus interurbanos da década de 1950".

Graças à sua condição dilapidada, porém, aquele seria o local perfeito para Eisner pôr a sua magia para funcionar. O estúdio e a corporação só poderiam progredir. Os membros da diretoria estavam desesperados para reverter a situação e evitar uma oferta pública de aquisição hostil. Eisner ditaria os termos da sua posição de liderança. Apresentando-se a Roy Disney (sobrinho de Walt e o maior acionista da Disney) como o salvador da empresa, expôs um plano detalhado e inspirador para uma guinada dramática (maior do que a da Paramount), e Roy foi convencido. Com a bênção deste, a diretoria aprovou a escolha e, em setembro de 1984, Eisner foi nomeado presidente da diretoria e diretor executivo da Walt Disney Company. Frank Wells, ex-diretor da Warner Bros., ocupou o cargo de presidente e diretor de operações, concentrando-se no aspecto administrativo. Em todas as questões, era Eisner quem comandava; Wells estava lá para ajudá-lo e servi-lo.

Eisner não perdeu tempo. Embarcou numa imensa reestruturação da empresa, que levou à demissão de mais de mil funcionários, e começou a preencher as vagas executivas com pessoal da Paramount. Um dos nomes mais notáveis desse grupo foi Jeffrey Katzenberg (n. 1950), antes seu braço direito na Paramount e agora nomeado diretor da Walt Disney Studios. Katzenberg era abrasivo e bem rude, mas ninguém em Hollywood era mais eficiente ou trabalhava mais. Ele simplesmente produzia resultados.

Em poucos meses, a Disney começou a lançar uma série impressionante de sucessos, aderindo à fórmula de Eisner. E 15 dos primeiros 17 filmes (como *Um vagabundo na alta roda* e *Uma cilada para Roger Rabbit*) renderam lucros, uma maré de êxito quase inédita para qualquer estúdio em Hollywood.

Certo dia, quando Eisner e Wells exploravam o lote em Burbank, entraram na biblioteca da Disney e descobriram centenas de desenhos da era dourada que nunca haviam sido exibidos. Lá, em prateleiras intermináveis, estavam guardados os grandes sucessos da animação clássica da empresa. Os olhos de Eisner se iluminaram ao ver esse tesouro. Ele poderia relançar todos esses desenhos e filmes de animação em vídeo (o mercado de filmes em videocassete estava em plena explosão), o que seria puro lucro. Com base nesses desenhos, a companhia criaria lojas para vender os vários personagens da Disney – esta era, na prática, uma mina de ouro esperando para ser explorada, e Eisner tiraria o máximo proveito disso.

Logo as lojas abriram, os vídeos venderam aos montes, continuaram a obter lucro dos sucessos cinematográficos e o preço das ações da Disney subiu de forma vertiginosa, substituindo a Paramount como o estúdio mais badalado na cidade. Querendo cultivar uma presença mais pública, Eisner decidiu reviver o velho *The Wonderful World of Disney (O mundo maravilhoso de Disney)*, um programa de televisão de uma hora de duração produzido nas décadas de 1950 e 1960, e apresentado pelo próprio Walt Disney. Desta vez, Eisner seria o apresentador. Não tinha muita naturalidade diante das câmeras, mas sentia que o público passaria a gostar dele. Era capaz de ser uma presença reconfortante para as crianças, como Walt havia sido. Na verdade, começou a sentir que os dois estavam, de algum modo, magicamente conectados, como se ele fosse mais do que apenas o diretor da corporação, mas o filho natural e sucessor do próprio Walt Disney.

A despeito de todo o sucesso, a velha inquietude retornou. Precisava de um novo projeto, um desafio maior, e logo o encontrou. A Walt Disney Company tinha planos de criar um parque temático na Europa. O último a ser inaugurado, a Disneylândia de Tóquio em 1983, fora um sucesso. Os encarregados desse tipo de empreendimento haviam selecionado dois locais em potencial para a nova Disneylândia – um perto de Barcelona, na Espanha, e o outro junto a Paris. Embora o terreno em Barcelona fizesse mais sentido econômico, já que o clima da região era muito melhor, Eisner escolheu o terreno francês. Aquele seria mais do que um parque temático, mas uma afirmação cultural. Contrataria os melhores arquitetos do mundo. Diferentemente dos costumeiros castelos de fibra de vidro encontrados nos outros parques, na Euro Disney – como viria a ser chamada – eles seriam construídos com mármore rosa e teriam vitrais artesanais coloridos reproduzindo cenas de vários contos de fadas. Seria um local que até as esnobes elites francesas se entusiasmariam por visitar. Eisner adorava arquitetura, e teria a oportunidade de ser um Médici da era moderna.

Com o passar dos anos, os custos da Euro Disney se avolumavam. Deixando de lado a obsessão habitual com baixos custos, Eisner sentia que, se a construíssem da maneira correta, as multidões viriam e eles acabariam recuperando os investimentos. Contudo, quando finalmente o parque abriu as portas em 1992, conforme planejado, logo se tornou evidente que Eisner não compreendia os gostos e hábitos de férias dos franceses. Estes não estavam dispostos a esperar em fila para visitar as atrações, em especial se o clima não estivesse bom. Como nos outros parques temáticos, cervejas e vinhos não eram servidos, o que era um sacrilégio para os franceses; os quartos de hotel eram caros demais para uma família permanecer por mais do que uma noite; e, apesar de toda a atenção aos detalhes, os castelos de mármore rosa ainda pareciam versões bregas dos originais.

O público que compareceu foi apenas metade do que Eisner predissera. As dívidas que a Disney contraiu na construção haviam inchado e o dinheiro que vinha dos visitantes não pagava nem os juros sobre elas. A situação prometia ser um desastre, o primeiro da carreira gloriosa dele. Quando finalmente aceitou a realidade, decidiu que Frank Wells era o culpado de tudo. Era a função dele supervisionar a saúde financeira do projeto, e ele havia fracassado. Enquanto antes Eisner só tivera as palavras mais positivas para descrever o relacionamento de trabalho entre os dois, agora muitas vezes se queixava do seu vice-comandante e contemplou a ideia de despedi-lo.

Em meio a esse fiasco crescente, Eisner pressentiu uma nova ameaça no horizonte – Jeffrey Katzenberg, sobre quem havia um dia se referido como o seu *golden retriever*, um cão tão leal e trabalhador. Katzenberg supervisionou a série de triunfos iniciais do estúdio, inclusive o maior de todos, *A bela e a fera*, o filme que deu partida à renascença do Departamento de Animação da Disney. No entanto, algo nele deixava Eisner cada vez mais nervoso. Talvez fosse o memorando que o colega redigira em 1990, em que dissecava a série de fracassos que a Disney havia produzido recentemente com atores reais. "Desde 1984, temos aos poucos nos afastado da nossa visão original de como administrar uma empresa", escreveu. Katzenberg criticou a decisão do estúdio de partir para filmes de orçamento maior, como *Dick Tracy*, tentando realizar "filmes de evento". A Disney sucumbira à "mentalidade dos *blockbusters*" e perdera a alma no processo.

O memorando deixou Eisner desconfortável. *Dick Tracy* fora o seu projeto de estimação. Será que Katzenberg estava criticando o chefe de maneira indireta? Quando pensou nisso, pareceu-lhe que aquela era uma imitação clara do seu próprio memorando infame na Paramount, em que havia defendido filmes mais baratos e de alto conceito. Agora lhe ocorria que Katzenberg se via como o próximo Eisner. Talvez quisesse lhe roubar o emprego, questionando-lhe a autoridade de modo sutil. Essas ideias o corroíam. Por que ele o excluía agora das reuniões sobre roteiros?

O Departamento de Animação logo se tornou o gerador principal de lucros do estúdio, com novos sucessos como *Aladdin* e, em seguida, *O rei leão*, que havia sido o bebê de Katzenberg – ele mesmo concebera a história e a desenvolveu do início ao fim. Artigos em revistas agora começavam a apresentá-lo como o gênio criativo por trás do ressurgimento da Disney no gênero. E quanto a Roy Disney, o vice-presidente do Departamento de Animação? E quanto ao próprio Eisner, que estava no comando de tudo? Para este, Katzenberg estava manipulando a imprensa, engrandecendo a própria imagem. Um executivo lhe relatou que Katzenberg andava por aí dizendo: "Sou o Walt Disney dos dias de hoje". A suspeita logo se transformou em ódio. Eisner não aguentava mais a presença dele.

Então, em março de 1994, Frank Wells morreu num acidente de helicóptero durante uma excursão de esqui. Para tranquilizar os acionistas e a Wall Street, Eisner logo anunciou que ele assumiria a posição como presidente. Entretanto, de repente, lá veio Katzenberg, amolando-o com telefonemas e memorandos, lembrando-o de lhe ter prometido o cargo de presidente se Wells algum dia deixasse a empresa. Que gesto insensível, tão cedo após a tragédia. Eisner parou de lhe retornar as chamadas.

Por fim, em agosto de 1994, Eisner demitiu Jeffrey Katzenberg, para o espanto de quase todos em Hollywood. Ele havia despedido o executivo cinematográfico mais bem-sucedido da cidade. *O rei leão* se tornara um dos filmes mais lucrativos na história de Hollywood. Katzenberg esteve por trás da aquisição da produtora Miramax pela Disney, o que foi considerado uma façanha excelente com o êxito subsequente do filme *Pulp fiction: tempo de violência*. Parecia loucura da parte de Eisner, mas ele não se importava. Finalmente livre daquela sombra, conseguiria relaxar e elevar a Disney a um nível superior, sozinho e sem mais distrações.

Para provar que não perdera o tino para os negócios, logo deslumbrou o mundo do entretenimento ao engendrar a compra pela Disney do grupo midiático ABC. A absoluta audácia dessa proeza mais uma vez o tornou o centro das atenções. Estava agora erigindo um império do entretenimento além do que qualquer um já havia tentado ou imaginado. Essa manobra, porém, lhe gerou um problema. A empresa, na prática, dobrara de tamanho. Era complexa demais, grande demais para um homem só. Apenas um ano antes, ele passara por uma cirurgia cardíaca, e não era capaz de suportar a fadiga adicional.

Precisava de outro Frank Wells, e os seus pensamentos logo se voltaram para o velho amigo Michael Ovitz, um dos fundadores e o diretor da agência de publicidade Creative Artists Agency. Ovitz era o maior negociante da história de Hollywood, talvez o homem mais poderoso da cidade. Juntos, dominariam o campo. Muitos dentro da indústria o aconselharam a não realizar a contratação – Ovitz não era como Frank Wells; não era das finanças ou um mestre dos detalhes, como o próprio Ovitz admitia. Eisner ignorou os conselhos. As pessoas estavam sendo convencionais demais na sua forma de raciocínio. Decidiu convencer Ovitz a deixar a CAA, fazendo-lhe uma oferta muito lucrativa que incluía o título de presidente. Em várias conversações lhe garantiu que, embora este seria o segundo no comando, eles um dia administrariam a empresa como colíderes.

Num telefonema, Ovitz por fim concordou com todos os termos, mas Eisner percebeu, no momento em que desligou, que havia cometido o maior erro da sua vida. O que ele estava pensando? Mesmo que fossem amigos íntimos, como é que dois homens com personalidades tão grandiosas conseguiriam trabalhar juntos? Ovitz tinha sede de poder. Seria o mesmo problema enfrentado com Katzenberg, só que dobrado. Mas era tarde demais. Convencera a diretoria a aprovar a contratação. A sua própria reputação e o seu processo decisório como diretor executivo estavam em jogo. Teria que dar um jeito de aquilo dar certo.

Logo se decidiu por uma estratégia: limitaria as responsabilidades de Ovitz, mantendo-o sob rédeas curtas, e o faria se provar como presidente. Desse modo, poderia conquistar a confiança de Eisner e obter mais poder. Desde o primeiro dia, Eisner quis lhe sinalizar quem era o chefe. Em vez de colocá-lo no velho escritório de Frank Wells, no sexto andar da sede da Disney, junto ao de Eisner, ele o alocou num escritório bem modesto no quinto andar. Ovitz gostava de esbanjar dinheiro com presentes e festas luxuosas para cativar as pessoas; Eisner ordenou à sua equipe que monitorasse cada centavo que o novo funcionário gastasse nessas coisas, e lhe vigiasse todos os movimentos. Será que Ovitz contatava outros executivos pelas costas de Eisner? Este não toleraria outro Katzenberg.

Em pouco tempo, a seguinte dinâmica se desenvolveu: Ovitz o abordava com algum projeto em potencial, e Eisner não o desencorajava de explorar as possibilidades. No entanto, na hora de fechar um acordo sobre o projeto, este respondia com um enfático não. Lentamente, o boato se espalhou pela indústria de que Ovitz havia perdido o tino para os negócios e não conseguia mais fechar acordos. E ele começou a entrar em pânico. Estava desesperado para provar que era digno da contratação. Ofereceu-se para se mudar para Nova York a fim de ajudar a administrar a ABC, já que a fusão das duas empresas não estava transcorrendo com muita facilidade, mas Eisner recusou, ordenando aos subordinados que mantivessem distância de Ovitz. Este não era alguém em quem se pudesse confiar – era filho de um vendedor de bebidas alcoólicas no Vale de São Fernando, na Califórnia, e, como o pai, era apenas um vendedor de fala mansa. Era viciado na atenção da imprensa. Dentro da empresa, Ovitz fora completamente isolado.

À medida que os meses dessa saga se arrastavam, Ovitz percebeu o que estava acontecendo, e se queixou com amargura a Eisner. Ele havia deixado a agência que fundara para trabalhar na Disney; apostara a própria reputação no que faria como presidente, e Eisner lhe estava destruindo a reputação. Ninguém o respeitava mais na empresa. O modo como Eisner o tratava era totalmente sádico. Na mente deste, porém, Ovitz fracassara no teste que havia lhe dado; ele não se provara paciente; não era nenhum Frank Wells. Em dezembro de 1996, depois de meros quatorze meses no cargo, Ovitz foi despedido, levando com ele uma alta soma de indenização pela rescisão do contrato. Foi uma queda rápida e vertiginosa na desgraça.

Por fim liberado do seu grande erro, Eisner começou a consolidar o poder dentro da empresa. A ABC não ia muito bem. Ele teria que intervir e assumir o controle. Passou a participar das reuniões sobre programação; falava dos seus velhos tempos na ABC e dos programas que havia criado para a emissora, como *Laverne & Shirley* e *Happy Days*. A ABC precisava retornar àquela velha filosofia e produzir programas de alto conceito para a família.

Quando a internet começou a decolar, Eisner teve que se envolver em grande escala. Vetou a compra da Yahoo!, instigada por seus executivos. Em vez disso, a Disney criaria o seu próprio portal de internet, chamado Go. Com o passar dos anos, ele havia aprendido a lição – era sempre melhor projetar e administrar o seu próprio espetáculo. A Disney dominaria a internet. Ele se provara um gênio das reviravoltas duas vezes antes e, com a companhia agora em declínio, o faria uma terceira vez.

Em pouco tempo, porém, uma onda de desastres atingiu a corporação, uma após a outra. Logo depois de ter sido despedido, Katzenberg processou a Disney pelo bônus – baseado no seu desempenho – que lhe era devido segundo o contrato dele. Ovitz, quando era ainda presidente, tentou entrar num acordo antes que o caso fosse para o tribunal e tinha conseguido que Katzenberg aceitasse a soma de 90 milhões de dólares, mas, no último minuto, Eisner vetou o acerto, convicto de que não devia nada a Katzenberg. Em 2001, o juiz decidiu a favor de Katzenberg, a quem a empresa teria que pagar a quantia colossal de 280 milhões de dólares. A Disney devotara vastos recursos à criação do portal Go, cujo fracasso foi tão terrível que precisou ser fechado. Os custos da Euro Disney ainda lhes sugavam o sangue. A Disney tinha uma parceria com a Pixar, e os dois estúdios produziram juntos sucessos como *Toy Story*. Entretanto, Steve Jobs, agora diretor executivo da Pixar e profundamente ressentido com o microgerenciamento de Eisner, deixou claro que jamais trabalharia com eles de novo. A ABC demonstrava um baixo desempenho. Os filmes que a Disney produzia eram, na maioria, não apenas fracassos, mas fracassos dispendiosos, culminando no maior de todos, *Pearl Harbor*, lançado em maio de 2001.

De repente, parecia que Roy Disney havia perdido a fé em Eisner. O preço das ações da empresa despencava. Ele disse a Eisner que seria melhor se este se demitisse. Que ingratidão, que atrevimento! Ele, Eisner, era o homem que, sozinho, a resgatara do mundo dos mortos. Salvara Roy do desastre e lhe fizera uma fortuna. Justo Roy, que alguns consideravam o sobrinho idiota de Walt. E agora, no momento mais sombrio que Eisner já enfrentara, queria traí-lo? Eisner nunca se sentira tão furioso. Revidou rápido, forçando Roy a se afastar da diretoria. Isso pareceu apenas encorajar Roy, que organizou uma revolta dos acionistas conhecida como "Salve a Disney", os quais, em março de 2004, votaram a favor de uma condenação brutal da liderança de Eisner.

Pouco tempo depois, a diretoria decidiu tirar Eisner da posição de presidente. O império que ele construíra estava desmoronando. Em setembro de 2005, sem quase nenhum aliado no qual se apoiar e se sentindo sozinho e traído, Eisner se demitiu oficialmente da Disney. Como é que tudo se desfez tão rápido? Eles sentiriam a falta dele, Eisner disse a amigos, referindo-se a Hollywood como um todo; nunca haveria outro como ele.

Interpretação: Podemos dizer que Michael Eisner, em certo ponto da carreira, sucumbiu a uma forma de delírio em relação ao poder, com o seu raciocínio se separando tanto da realidade que ele acabou tomando decisões empresariais que tiveram consequências desastrosas. Vamos agora seguir o progresso dessa forma particular de delírio desde que emergiu e lhe dominou a mente.

No início da sua carreira na ABC, o jovem Eisner entendia bem a realidade. Era terrivelmente pragmático. Compreendia e explorava as próprias forças ao máximo — a sua natureza ambiciosa e competitiva, a ética de trabalho intensa, o senso apurado para o que a média dos norte-americanos apreciava em termos de entretenimento. Eisner tinha uma mente ágil e a capacidade de encorajar os outros a pensar de forma criativa. Apoiando-se nessas forças, evoluiu rápido na sua vida profissional. Possuía um grau elevado de confiança nos próprios talentos, e a série de promoções que recebeu na ABC confirmou essa auto-opinião. Ele podia se dar ao luxo de ser um pouco arrogante, pois havia aprendido muito no emprego, e as suas habilidades como programador de televisão melhoraram imensamente. Seguia numa via rápida para chegar ao topo, o que alcançou aos 34 anos, ao ser nomeado diretor da programação do horário nobre da ABC.

Sendo um homem de grandes ambições, logo sentiu que o mercado televisivo era algo restritivo. Havia limites para os tipos de entretenimento que ele poderia programar. O mundo cinematográfico oferecia algo mais solto, grandioso e glamoroso. Era natural, portanto, que aceitasse o cargo na Paramount. Nesta empresa, porém, algo ocorreu que deu início ao processo sutil que lhe desequilibrou a mente. Como a plataforma era maior e ele era o diretor do estúdio, começou a receber a atenção da imprensa e do público. Era retratado em capas de revistas como o executivo cinematográfico de mais sucesso em Hollywood. Isso era qualitativamente diferente da atenção e satisfação que obtivera com as promoções na ABC. Agora, ele tinha a admiração de milhões de pessoas. Como a opinião delas poderia estar errada? Segundo elas, ele era um gênio, um novo tipo de herói alterando o panorama do sistema dos estúdios.

Isso era inebriante. Era inevitável que elevasse a sua estimativa das próprias habilidades. Entretanto, um grande perigo surgiu também. O sucesso que Eisner havia tido na Paramount não foi apenas de sua autoria. Quando ele chegou ao estúdio, muitos filmes já estavam em pré-produção, inclusive *Os embalos de sábado à noite*, que incitaria a reviravolta. Barry Diller era o contraponto perfeito para Eisner, cujas ideias discutia sem parar, forçando-o a aprimorá-las. Contudo, inflado pela atenção que recebia agora, Eisner tinha que imaginar que merecia os louvores que lhe consagravam estritamente por seus próprios méritos, e, desse modo, era natural que subtraísse do seu sucesso as contribuições alheias e a sorte de agir no momento certo. Agora a sua mente se distanciava sutilmente da realidade. Em vez de se preocupar rigorosamente com o público e em como entretê-lo, passou a se concentrar cada vez mais em si mesmo, acreditando no mito da sua grandeza como promulgado por outros. Imaginava que tinha o toque de Midas.

Na Disney, o padrão se repetiu e se tornou mais intenso. Ele se deleitou no resplendor do seu incrível sucesso lá, esquecendo-se rápido da boa sorte que tivera ao herdar o acervo da empresa bem na época da explosão dos videocassetes e do entretenimento em família. Desprezou o papel crucial que Wells desempenhava em contrabalançá-lo. Com a sua noção de grandiosidade crescendo, enfrentou um dilema. Viciara-se na atenção resultante de criar um espetáculo, produzir algo sensacional. Não conseguia se contentar com o sucesso simples e com os lucros crescentes. Tinha que acrescentar mais ao mito para mantê-lo vivo. A Euro Disney seria a resposta. Mostraria ao mundo que ele não era só um executivo corporativo, mas um homem da renovação.

Ao construir o empreendimento, se recusou a dar ouvidos a conselheiros experientes que recomendaram o terreno em Barcelona e defenderam um parque temático modesto para manter os custos baixos. Não prestou atenção à cultura francesa, mas dirigiu tudo a partir de Burbank. Agia na crença de que as suas habilidades como diretor de um estúdio cinematográfico se transfeririam para parques temáticos e arquitetura. Com certeza estava superestimando os seus poderes criativos, e agora as suas decisões empresariais revelavam um desligamento da realidade vasto o bastante para ser qualificado como um delírio. Uma vez que esse desequilíbrio mental se estabelece, só tende a piorar, pois voltar à Terra significa admitir que a auto-opinião elevada estava errada, e o animal humano quase nunca admite algo assim. Em vez disso, a tendência é culpar os outros por cada fracasso e contratempo.

Nas garras desse delírio, ele cometeu o erro mais sério de todos – a demissão de Jeffrey Katzenberg. O sistema da Disney dependia de um fluxo constante de novos sucessos com filmes de animação, o que alimentava as lojas e os parques temáticos com novos personagens, mercadorias, atrações e meios de publicidade. Era evidente que Katzenberg havia desenvolvido um talento para criar esses sucessos, como exemplificado pelo êxito sem precedentes de *O rei leão*. Despedi-lo pôs toda a linha de montagem em risco. Quem assumiria agora? Por certo não seria Roy Disney, ou o próprio Eisner? Além disso, ele deveria saber que Katzenberg levaria as suas habilidades para outro lugar, o que de fato aconteceu, quando este se tornou cofundador de um novo estúdio, a DreamWorks. Lá ele produziu mais filmes de animação de sucesso. A existência de um novo estúdio elevou o preço do salário dos animadores talentosos, aumentando em muito o custo de produção de um filme de animação e ameaçando todo o sistema de lucros da Disney. Entretanto, em vez de se agarrar a essa realidade, Eisner estava mais concentrado na competição pela atenção. A ascensão de Katzenberg ameaçava a sua auto-opinião elevada, e Eisner teve que sacrificar lucros e pragmatismo para tranquilizar o próprio ego.

A espiral descendente havia começado. A aquisição da ABC, sob a crença de que maior é melhor, revelou o desligamento crescente de Eisner da realidade. A televisão era um modelo de negócios moribundo na era das novas mídias. Não seria uma decisão empresarial realista, mas um golpe publicitário. Ele criara um mastodonte do entretenimento, uma massa sem nenhuma identidade clara. A contratação e demissão de Ovitz revelaram um nível ainda maior de delírio. As pessoas tinham se tornado meros instrumentos para o uso de Eisner. Ovitz era considerado o homem mais temido e poderoso de Hollywood. Talvez Eisner fosse movido de maneira inconsciente pelo desejo de humilhar Ovitz. Se conseguisse fazê-lo suplicar por migalhas, *ele* seria o homem mais poderoso de Hollywood.

Em pouco tempo, todos os problemas gerados pelo processo de raciocínio delirante de Eisner começaram a despencar, um após o outro – os custos cada vez mais altos da Euro Disney, o bônus de Katzenberg, a indenização pela rescisão do contrato de Ovitz. Os membros da diretoria não tinham mais como ignorar a queda do preço das ações. As demissões de Katzenberg e Ovitz tornaram Eisner o homem mais odiado em Hollywood e, à medida que a sua sorte decaía, todos os seus inimigos saíram das sombras para acelerar a sua destruição: sua queda do poder foi rápida e estrondosa.

Entenda: a história de Michael Eisner está muito mais próxima de você do que imagina. O destino dele poderia muito bem ser o seu, embora, com toda a probabilidade, em dimensões menores. O motivo é simples: nós, seres humanos, possuímos uma fraqueza latente que nos empurrará para um processo delirante sem que tenhamos sequer consciência dessa dinâmica. Ela vem da nossa tendência natural a superestimar as nossas habilidades. Costumamos ter uma auto-opinião que é um pouco elevada em relação à realidade. Temos uma necessidade profunda de nos sentirmos superiores aos outros em alguma coisa – inteligência, beleza, charme, popularidade ou virtuosidade. Isso pode ser positivo. Uma dose de confiança nos impele a aceitar desafios, a ir além dos nossos limites e a aprender no processo. No entanto, uma vez que tenhamos experimentado o sucesso em qualquer nível – o aumento da atenção de um indivíduo ou grupo, uma promoção, o financiamento de um projeto –, a autoconfiança tenderá a crescer em extrema velocidade, e haverá uma discrepância cada vez maior entre a auto-opinião e a realidade.

Conheça os seus limites

Qualquer sucesso que tenhamos na vida depende inevitavelmente de alguma sorte, da ação no momento certo, das contribuições de outros, dos professores que nos ajudaram ao longo do caminho, dos caprichos do público que precisa de algo novo. A nossa tendência é esquecer tudo isso e imaginar que qualquer êxito resulta do nosso ser superior. Começamos a pressupor que somos capazes de lidar com novos desafios muito antes de estarmos prontos. Afinal, as pessoas confirmam a nossa grandeza ao nos devotar a sua atenção, e queremos mantê-la. Imaginamos que temos o toque de Midas e que agora conseguiremos transferir de forma mágica as nossas habilidades para outro meio ou campo. Sem perceber, nos sintonizamos mais com o nosso ego e as nossas fantasias do que com aqueles para quem trabalhamos ou com o nosso público. Nós nos distanciamos dos que estão nos ajudando, vendo-os como ferramentas a serem usadas. E tendemos a culpar os outros por quaisquer fracassos que venham a ocorrer. O sucesso tem uma atração irresistível que tende a nos nublar a mente.

A sua tarefa é a seguinte: depois de qualquer tipo de triunfo, analise os componentes. Veja o elemento inevitável da sorte, assim como o papel que outras pessoas, inclusive mentores, desempenharam no seu êxito. Isso neutralizará a tendência a inflar os seus poderes. Lembre-se de que com o sucesso vem a complacência, já que a atenção se torna mais importante do que o trabalho, e velhas estratégias se repetem. Com o sucesso, você deve aumentar a sua vigilância. Vire a página com cada projeto novo, começando do zero. Tente prestar menos atenção ao aplauso à medida que este aumentar. Veja as limitações do que é capaz de realizar e aceite-as, trabalhando com o que tem. Não acredite que maior é melhor; consolidar e concentrar as suas forças costuma ser a opção mais sábia. Tenha cuidado para não ofender os outros com a sua noção crescente de superioridade – você vai precisar de aliados. Compense o efeito narcótico do sucesso mantendo os pés bem firmes no chão. O poder que construir dessa forma lenta e orgânica será mais real e duradouro. Lembre-se: os deuses são impiedosos com os que voam alto demais nas asas da grandiosidade, e o farão pagar o preço.

Simplesmente existir jamais havia sido o bastante para ele; sempre quisera mais. Talvez fosse apenas por conta da força dos seus desejos que ele se via como um homem a quem era permitido mais do que aos outros.

— *Fiódor Dostoiévski*, Crime e castigo

Chaves para a natureza humana

Digamos que o leitor tenha um projeto a realizar, ou que exista um indivíduo ou grupo de pessoas que deseje persuadir a fazer algo. Poderíamos descrever uma atitude realista em relação a atingir esses objetivos da seguinte maneira: conseguir o que você quer é raramente fácil. O sucesso dependerá muito de esforço e de alguma sorte. Para fazer o seu projeto dar certo, é provável que tenha de descartar a sua estratégia inicial – as circunstâncias estão sempre mudando e você precisa manter a mente aberta. Aqueles que estiver tentando alcançar nunca responderão exatamente do modo como imaginava ou esperava. Na maioria das vezes, os indivíduos vão surpreendê-lo ou frustrá-lo com as suas reações. Eles têm as suas próprias necessidades, experiências e psicologia específicas, que são diferentes das suas. A fim de impressionar os seus alvos, concentre-se neles, no espírito deles. Se não conseguir realizar o que quer, terá que examinar com cuidado o que saiu errado e se esforçar para aprender com essa experiência.

Pense no projeto ou tarefa à sua frente como um bloco de mármore que você tem de esculpir em algo preciso e belo. O bloco é muito maior do que você e o material é bem resistente, mas a tarefa não é impossível. Com esforço, concentração e adaptabilidade suficientes, aos poucos esculpirá o que precisa. Comece, porém, com um senso apropriado de proporções – os objetivos serão difíceis de se atingir, as pessoas se mostrarão resistentes, e há limites para o que você é capaz de realizar. Com essa atitude realista, será reunida a paciência necessária, podendo-se partir para o trabalho.

Imagine, porém, que o seu cérebro sucumbiu a uma doença psicológica que afeta a sua percepção de dimensão e proporção. Em vez de ver a tarefa diante de si como bem grande e o material como resistente, sob a influência dessa enfermidade você perceberá o bloco de mármore como relativamente pequeno e maleável. Perdendo o senso de proporção, acreditará que não levará muito tempo para modelá-lo na imagem do produto final que tem em mente. Imaginará que as pessoas que está tentando alcançar não são resistentes por natureza, mas bem previsíveis. Sabe como responderão à sua grande ideia – vão adorá-la. Na verdade, elas precisam de você e do seu trabalho mais do que você necessita delas. São elas que o deveriam procurar. A ênfase não está no que você precisa fazer para obter o sucesso, mas no que acredita que merece. Você prevê toda a atenção que esse projeto lhe trará, mas, se fracassar, a culpa só pode ser dos outros, pois você tem dons, a sua causa é correta, e só os maliciosos e invejosos se colocariam no seu caminho.

Chamemos essa doença psicológica de *grandiosidade*. Ao sentir os seus efeitos, as proporções realistas normais são invertidas – a sua identidade se torna maior e melhor do que qualquer coisa em redor. Essa é a lente pela qual você enxerga a tarefa e aqueles que precisa atingir. Não é meramente um narcisismo profundo (veja o Capítulo 2), no qual tudo precisa girar em torno de si. É ver-se como um ser maior (a raiz da palavra *grandiosidade* significa "grande"), superior e digno não somente de atenção, mas de ser adorado. É um sentimento de ser não apenas humano, mas divino.

O leitor talvez pense nos líderes poderosos e egocêntricos na esfera pública como os que contraem essa doença, mas estaria bem enganado nessa suposição. Com certeza encontramos muitas pessoas influentes, como Michael Eisner, com versões de alto grau de grandiosidade, em que a atenção e louvores recebidos criam um aumento mais intenso da identidade. No entanto, há uma versão cotidiana de baixo nível desse mal que é comum a quase todos nós, pois é um traço entranhado na natureza humana. Resulta da nossa necessidade profunda de nos sentirmos importantes, estimados e superiores em relação a alguma coisa.

É raro que você tome consciência da sua própria grandiosidade, pois, por natureza, ela altera a sua percepção da realidade e torna difícil fazer uma avaliação precisa de si mesmo. Desse modo, não dá para perceber os problemas que ela talvez lhe esteja causando neste mesmo momento. A sua grandiosidade de baixo nível o levará a superestimar as suas próprias habilidades e talentos, e a subestimar os obstáculos que enfrenta. E assim assumirá tarefas que estão além da sua capacidade real. Sentirá que os indivíduos responderão à sua ideia de uma maneira específica e, quando não o fizerem, você se aborrecerá e culpará os outros.

Talvez o leitor passe a se sentir inquieto e faça uma mudança repentina na sua carreira, sem se dar conta de que a grandiosidade está na raiz disso – o seu trabalho atual não está confirmando a sua grandeza e superioridade, pois, para ser grande de verdade, seriam necessários anos mais de treinamento e o desenvolvimento de novas habilidades. Seria melhor desistir e se deixar atrair pelas possibilidades de novas ofertas profissionais, o que lhe permite entreter fantasias de grandeza. Dessa maneira, nunca domina nada por completo. Talvez tenha dezenas de ideias boas que nunca tenta executar, pois isso o levaria a enfrentar a realidade do verdadeiro nível das suas aptidões. Sem ter consciência disso, você talvez se torne um pouco mais passivo – esperando que os outros o entendam, lhe deem o que quer, tratando-o bem. Em vez de lhes conquistar os elogios, você se sente merecedor deles.

Em todos esses casos, a sua grandiosidade de baixo grau o impedirá de aprender com base nos seus erros e de se desenvolver, pois você parte da hipótese de que já é grande e importante, e é difícil demais admitir o contrário.

A sua tarefa como estudante da natureza humana é tripla: em primeiro lugar, entenda o fenômeno da grandiosidade em si, por que ela é tão entranhada na natureza humana e a razão de, hoje em dia, ser possível encontrar mais pessoas grandiosas no mundo do que nunca. Em segundo lugar, reconheça os sinais da grandiosidade e saiba como lidar com os indivíduos que os exibem. Em terceiro lugar, e mais importante, identifique os sinais da doença em si mesmo e aprenda não somente a controlar as suas tendências grandiosas, mas também a canalizar essa energia em algo produtivo (veja mais sobre isso em "A grandiosidade pragmática", na página 408).

Segundo o renomado psicanalista Heinz Kohut (1913-1981), a grandiosidade tem raízes no início da nossa vida. Nos nossos primeiros meses, a maioria de nós cria um vínculo forte com a mãe. Não tínhamos nenhuma noção de uma identidade separada. Ela atendia a todas as nossas necessidades. Passamos a acreditar que o seio que nos alimentava fazia parte de nós mesmos. Éramos onipotentes – tudo o que tínhamos de fazer era sentir fome ou qualquer necessidade, e a mãe estaria lá para nos atender, como se tivéssemos o poder mágico de controlá-la. Depois, porém, aos poucos, passamos por uma segunda fase em que fomos forçados a enfrentar a realidade – a nossa mãe era um ente separado com outras pessoas às quais atender. Não éramos onipotentes, mas bem frágeis, muito pequenos e dependentes. Essa compreensão foi dolorosa e motivo de muitos dos nossos ataques de birra – tínhamos uma necessidade profunda de nos afirmarmos, de demonstrar que não éramos tão impotentes e de fantasiar sobre poderes que não possuíamos. (É comum que as crianças imaginem terem a habilidade de ver através das paredes, voar ou ler a mente dos outros, e é por isso que se sentem atraídas a histórias de super-heróis.)

Ao crescermos, talvez já não sejamos pequenos no aspecto físico, mas o nosso senso de insignificância só piora. Percebemos que somos uma única pessoa não apenas numa família maior, na escola ou na cidade, mas num planeta inteiro com bilhões de habitantes. A nossa vida é relativamente curta. Temos habilidades e uma capacidade intelectual limitadas. Há tanto que não conseguimos controlar, em especial em relação à nossa carreira e às tendências globais. A ideia de que morreremos e seremos rapidamente esquecidos, engolidos pela eternidade, é bem intolerável. Queremos nos sentir significativos de alguma maneira, protestar contra a nossa pequenez natural, expandir a nossa noção de identidade. O que vivenciamos aos 3 ou 4 anos de idade nos assombra de forma inconsciente pela vida inteira. Alternamos entre momentos em que sentimos a nossa pequenez e aqueles em que tentamos negá-la. Isso nos deixa predispostos a encontrar meios de imaginar a nossa superioridade.

Algumas crianças não passam pela segunda fase da primeira infância em que precisam enfrentar a sua pequenez relativa, e são mais vulneráveis a formas mais profundas de grandiosidade mais tarde na vida. São mimadas, superprotegidas. A mãe e o pai continuam a fazê-las se sentirem o centro do universo, resguardando-as da dor de enfrentar a realidade.

O que quer que elas desejem se torna uma ordem para os pais. Se qualquer tentativa for feita de incutir um mínimo de disciplina, estes se verão diante de um acesso de raiva. Além disso, elas passam a desdenhar qualquer forma de autoridade. Em comparação com si mesmas e com o que conseguem obter, a figura paterna lhes parece bem fraca.

Os mimos na infância marcam essas crianças para toda a vida. Elas precisam ser adoradas. Tornam-se peritas em manipular os outros para que as mimem e lhes encham de atenções. Sentem-se naturalmente melhores do que todos acima delas. Caso possuam algum talento, talvez consigam subir bastante na vida, à medida que a noção de terem nascido com uma coroa na cabeça se torna uma profecia autorrealizada. Diferentemente de outros, nunca alternam de verdade entre sentimentos de pequenez e de grandeza; só conhecem esta última. Eisner com certeza tinha um histórico desse tipo, com uma mãe que lhe atendia todas as necessidades, fazia as tarefas de casa para ele e o protegia do pai indiferente e, às vezes, cruel.

No passado, nós, seres humanos, éramos capazes de canalizar a nossa necessidade grandiosa na religião. Em tempos antigos, o nosso senso de pequenez não era apenas inculcado em nós pelos muitos anos que passávamos como dependentes dos nossos pais; vinha também da nossa fraqueza em relação aos poderes hostis da natureza. Os deuses e espíritos representavam esses poderes elementares da natureza que eclipsavam os nossos. Ao adorá-los, nós lhes obtínhamos a proteção. Conectados a algo muito maior do que nós mesmos, nos sentíamos ampliados. Afinal, os deuses ou Deus se importavam com a nossa tribo ou cidade, com a nossa alma individual, um sinal da nossa significância. Não morríamos e desaparecíamos simplesmente. Muitos séculos mais tarde, de maneira similar, nós canalizamos essa energia na adoração de líderes que representavam uma grande causa e que promoviam uma utopia futura, como Napoleão Bonaparte e a Revolução Francesa, ou Mao Tsé-Tung e o comunismo.

Hoje, no mundo ocidental, as religiões e grandes causas perderam o seu poder unificador; temos mais dificuldade para acreditar nelas e satisfazer a nossa energia grandiosa por meio da identificação com um poder maior. A necessidade de nos sentirmos maiores e significativos, porém, não desaparece simplesmente; está mais forte do que nunca. E, na ausência de outros canais, as pessoas tenderão a direcionar essa energia para si mesmas, encontrando uma maneira de expandir a sua noção de identidade, de se sentirem grandes e superiores. Embora seja raro que tenham ciência disso, o que estão escolhendo idealizar e adorar é o próprio ego. Por essa razão, encontramos cada vez mais indivíduos grandiosos entre nós.

Outros fatores também contribuíram para a intensificação da grandiosidade. Em primeiro lugar, mais do que no passado, há muitas pessoas que foram superprotegidas na infância. A sensação de um dia terem sido o centro do universo é algo difícil de esquecer. Elas passam a crer que tudo que fazem ou produzem deve ser considerado precioso e digno de atenção. Em segundo lugar, encontramos cada vez mais indivíduos que demonstram pouco ou nenhum respeito pela autoridade ou por especialistas de qualquer espécie, não importando o nível de treinamento e experiência destes, mesmo que essas pessoas não tenham nenhum. "Por que a opinião deles deveria ser mais válida do que a minha?", elas se perguntam. "Ninguém é tão bom assim; o ser humano com poder é apenas mais privilegiado." "Os meus textos e a minha música são tão legítimos e dignos quanto os de qualquer um." Sem a noção de que alguém mereça estar acima delas e ser tratado como uma autoridade, elas se posicionam entre os mais elevados.

Em terceiro lugar, a tecnologia nos dá a impressão de que tudo na vida é tão rápido e fácil quanto a informação que vislumbramos na internet. Ela nos incute a crença de que não temos mais que passar anos aprendendo uma habilidade; em vez disso, por meio de truques e com algumas horas de prática por semana, podemos nos tornar proficientes em qualquer tema. De maneira análoga, acreditamos que os nossos talentos são transferíveis com facilidade: "A minha habilidade de escrever significa que também consigo dirigir um filme". Entretanto, mais do que tudo, são as redes sociais que espalham o vírus da grandiosidade, por meio das quais temos poderes quase ilimitados de expandir a nossa presença, de criar a ilusão de que somos adorados por milhares ou milhões. Somos capazes de ter a fama e ubiquidade de reis e rainhas do passado, ou até dos próprios deuses.

Com todos esses elementos combinados, é mais difícil do que nunca para qualquer um de nós manter uma atitude realista e um senso bem proporcionado de identidade.

Ao observar os outros ao redor, compreenda que a grandiosidade deles (e a sua) pode surgir de muitas formas diferentes. Na maioria dos casos, os indivíduos tentarão satisfazer o desejo de conquistar prestígio social. Talvez aleguem que estão interessados no trabalho em si ou em fazer uma contribuição para a humanidade, mas muitas vezes, lá no fundo, o que os motiva de fato é a necessidade de atenção, de ter a sua auto-opinião confirmada por outros que os admiram, de se sentirem poderosos e engrandecidos. Os talentosos conseguem obter a atenção de que precisam por muitos anos ou mais, mas é inevitável que, como na história de Eisner, a necessidade de receber elogios leve-os a extrapolar os seus limites.

Se as pessoas o desapontarem com as próprias carreiras, mas ainda acreditarem que são talentosas e não reconhecidas, elas talvez se voltem a compensações diversas – drogas, álcool, sexo com o maior número de parceiros possível, compras, uma atitude superior e zombeteira etc. Aqueles com uma grandiosidade não satisfeita muitas vezes acabarão repletos de uma energia maníaca – num momento contando a todos sobre os grandes roteiros que vão escrever ou as muitas mulheres que vão seduzir, e no outro caindo em depressão ao passo que a realidade se intromete.

O ser humano ainda tende a idealizar líderes e idolatrá-los, e você deve ver isso como uma forma de grandiosidade. Ao acreditar que alguém mais tornará tudo maravilhoso, os seguidores sentem parte dessa grandeza. A mente deles decola junto com a retórica do líder. Sentem-se superiores aos que não acreditam. Ou, num nível mais pessoal, idealizam com frequência aqueles que amam, elevando-os ao *status* de deuses ou deusas e, por extensão, sentindo parte desse poder refletida neles mesmos.

No mundo de hoje, você também notará a prevalência de formas negativas de grandiosidade. Muitos sentem a necessidade de disfarçar os próprios impulsos grandiosos não apenas dos outros, mas também de si mesmos. Farão espetáculos frequentes da própria humildade – não estão interessados no poder ou em se sentirem importantes, ou assim o dizem. Estão felizes com a sua pequena sorte na vida. Não querem muitas posses, não têm um carro e desdenham o *status*. No entanto, você notará que têm uma necessidade de exibir essa humildade em público. É uma humildade grandiosa, a maneira de obterem atenção e de se sentirem moralmente superiores.

Uma variação disso é a *vítima grandiosa*, que sofreu muito e foi vitimada inúmeras vezes. Embora talvez goste de se retratar apenas como azarada ou infeliz, você notará que ela por vezes tem uma tendência a se apaixonar pelos piores tipos em relacionamentos íntimos, ou a se colocar em circunstâncias em que não há dúvida de que enfrentará o fracasso e o sofrimento. Em essência, é compelida a criar o drama que a transformará numa vítima. Como se constata, qualquer relacionamento com ela terá que revolver em torno das necessidades dela; ela sofreu demais no passado para cuidar das necessidades de outros. É o centro do universo. Sentir e expressar a própria má sorte lhe dá uma sensação de importância, de ser superior em termos de sofrimento.

É possível medir os níveis de grandiosidade do ser humano de várias maneiras simples. Por exemplo, perceba como os indivíduos respondem a críticas contra eles ou o seu trabalho. É normal para qualquer um de nós se sentir defensivo e um pouco aborrecido quando criticado. No entanto, alguns se mostram furiosos e histéricos, pois colocamos em dúvida o seu senso de grandeza. É certo que alguém assim tem níveis elevados de grandiosidade. De forma análoga, esses tipos talvez consigam ocultar a fúria por trás de uma expressão de dor e martírio, que tem a intenção de fazê-lo se sentir culpado. A ênfase não está na crítica em si e no que eles precisam aprender, mas no seu senso de ressentimento.

Se as pessoas são bem-sucedidas, perceba como elas agem em momentos mais íntimos. São capazes de relaxar e rir de si mesmas, descartando a máscara que vestem? Ou passaram a se identificar tanto com a poderosa imagem pública que ela se transfere para a vida privada? Nesse último caso, passaram a acreditar no próprio mito e estão nas garras da poderosa grandiosidade.

Indivíduos grandiosos costumam ser grandes falastrões. Assumem o crédito por qualquer coisa que seja apenas tangencial ao trabalho deles;

inventam sucessos passados. Falam da própria presciência, como previram certas tendências ou predisseram determinados acontecimentos, sem que nada disso possa ser confirmado. Ao ouvir esse papo, desconfie duplamente. Se as pessoas na esfera pública de repente disserem algo que lhes cria problemas por parecerem insensíveis, você pode atribuir isso à potente grandiosidade delas. Estão tão sintonizadas às suas próprias opiniões maravilhosas que pressupõem que os demais as interpretarão no espírito correto e concordarão com elas.

Os tipos grandiosos mais elevados demonstram níveis baixos de empatia. Não são bons ouvintes. Quando a atenção não está neles, têm um olhar distante no rosto, e os dedos se remexem de impaciência. Apenas quando os holofotes se voltam para eles é que se tornam animados. Tendem a ver os outros como extensões de si mesmos – ferramentas a serem utilizadas em seus esquemas, fontes de atenção. Por fim, exibem comportamentos não verbais que só podem ser descritos como grandiosos. Os gestos são exagerados e dramáticos. Numa reunião, ocupam bastante espaço pessoal. A voz tende a ser mais alta do que a dos colegas, e falam rápido, não dando a ninguém a oportunidade de interrompê-los.

Seja indulgente com os que exibem níveis moderados de grandiosidade. Quase todos nós alternamos entre períodos em que nos sentimos superiores e maravilhosos, e outros em que retornamos à Terra. Veja esses momentos de realismo nas pessoas como sinais de normalidade. Contudo, com aqueles cuja auto-opinião é tão elevada que não se permitem quaisquer dúvidas, é melhor evitar relacionamentos ou envolvimentos. Em relações íntimas, tenderão a exigir a adoração unilateral. Se forem seus empregados, parceiros de negócios ou chefes, inflarão as próprias habilidades. O nível de confiança deles o distrairá das deficiências nas suas ideias, hábitos de trabalho e caráter. Se você não tiver como evitar o relacionamento com uma pessoa assim, tenha ciência da tendência dela de se sentir convicta do sucesso das próprias ideias, e mantenha o ceticismo. Examine as ideias em si e não se deixe levar pela autocrença sedutora dela. Não se iluda pensando que conseguirá confrontá-la e trazê-la de volta à realidade; você talvez acabe desencadeando uma resposta furiosa.

Se acontecer de esses tipos serem seus rivais, sorte sua. É fácil provocá-los e fazê-los reagir de maneira exagerada. Lançar dúvidas sobre a excelência deles os deixará apopléticos e duplamente irracionais.

Por fim, lide com as suas próprias tendências grandiosas. A grandiosidade tem algumas utilizações positivas e produtivas. A exuberância e a autocrença elevada que vem com ela podem ser canalizadas no seu trabalho e ajudar a inspirá-lo. (Veja mais sobre isso em "A grandiosidade pragmática", na página 408.) Entretanto, em termos gerais, seria melhor aceitar as suas limitações e trabalhar com o que tem, em vez de fantasiar sobre poderes divinos que nunca possuirá. A melhor proteção possível contra a grandiosidade é manter uma atitude realista. Você sabe a que assuntos e atividades se sente atraído por natureza. Não tem como ser habilidoso em tudo. Aposte nos seus pontos fortes e não imagine que conseguirá ser fantástico em tudo que decidir concretizar. Tenha um entendimento completo dos seus níveis de energia, do quanto pode se esforçar de forma sensata e de como isso se altera com a idade. E compreenda muito bem a sua posição social – os seus aliados, as pessoas com quem tem maior afinidade, o público natural para o seu trabalho. Não é possível agradar a todos.

Essa autoconsciência tem um componente físico com o qual você precisa se sensibilizar. Quando realizar atividades que combinam com as suas inclinações naturais, sentirá facilidade. Aprenderá mais rápido. Terá mais energia e tolerará o tédio que vem acompanhado do ato de aprender qualquer coisa importante. Se assumir atividades demais, mais do que aquilo com que é capaz de lidar, você se sentirá não apenas exausto, mas também irritável e nervoso. Será suscetível a dores de cabeça. Ao se ter sucesso na vida, é natural ter um pouco de medo, como se a boa sorte pudesse desaparecer. Com esse medo, os perigos que viriam de subir alto demais (quase como uma vertigem) e de se sentir superior ao extremo. A sua ansiedade lhe diz para retornar à Terra. Escute o seu corpo quando este sinalizar que você está trabalhando contra as suas próprias forças.

Conhecendo a si mesmo, aceitará as suas limitações. Você é só uma pessoa entre muitas no mundo, e não é por natureza superior a ninguém. Não é nem um deus nem um anjo, mas um ser humano com defeitos, assim como o resto de nós. Aceite o fato de que não conseguirá controlar as pessoas em torno de você e que nenhuma estratégia é infalível. A natureza humana é imprevisível demais. Com esse autoconhecimento e aceitação dos seus limites, terá uma noção de proporções. Buscará a grandeza no seu trabalho. E, quando sentir o impulso de nutrir uma opinião mais elevada de si mesmo do que seria razoável, esse autoconhecimento lhe servirá como um mecanismo gravitacional, puxando-o de volta para baixo e direcionando-o para ações e decisões que sirvam melhor à sua natureza específica.

Ser realista e pragmático é o que torna os seres humanos tão poderosos. É assim que superamos as nossas fraquezas físicas num ambiente hostil há milhares de anos, e aprendemos a trabalhar com outros, formar comunidades e construir ferramentas poderosas para sobreviver. Embora tenhamos nos desviado desse pragmatismo, já que não precisamos mais contar com a nossa esperteza para sobreviver, essa é, na verdade, a nossa natureza real como o animal social proeminente no planeta. Ao ser mais realista, você se torna simplesmente mais humano.

O LÍDER GRANDIOSO

Se as pessoas com níveis elevados de grandiosidade também possuírem algum talento e muita energia assertiva, conseguirão alcançar posições de grande poder. A sua ousadia e autoconfiança chamarão atenção e lhes darão uma presença exuberante. Mesmerizados pela imagem delas, muitas vezes deixaremos de ver a irracionalidade subjacente no seu processo decisório e as seguiremos direto para algum desastre. Elas conseguem ser bastante destrutivas.

Compreenda um fato simples sobre esses tipos – eles dependem da atenção que lhes damos. Sem a nossa atenção, sem serem adorados pelo público, não podem validar a sua auto-opinião elevada; nesses casos, a própria autoconfiança, da qual dependem, se desvanece. Para nos impressionar e nos distrair da realidade, empregam certos truques teatrais. É nossa obrigação enxergar esses truques, desmistificá-los e os reduzi-los de volta a dimensões humanas. Ao fazê-lo, resistiremos ao seu encanto e evitaremos seus perigos. A seguir estão seis ilusões comuns que eles gostam de criar.

"Estou predestinado". Os líderes grandiosos tentam muitas vezes passar a impressão de que, de algum modo, estão predestinados à grandeza. Contam histórias sobre a infância e juventude que indicam que têm algo de único, como se o destino lhes houvesse escolhido. Destacam acontecimentos que demonstraram desde cedo a sua força ou criatividade atípicas, seja inventando essas histórias ou reinterpretando o passado. Relatam contos do início da carreira em que superaram obstáculos intransponíveis. O futuro grande líder já estava em gestação em tenra idade, ou assim eles fazem parecer. Mantenha-se cético. Estão tentando construir um mito, no qual é provável que eles mesmos tenham passado a acreditar. Procure por fatos mais mundanos por trás dos contos sobre o destino e, se possível, divulgue-os.

"Sou o/a homem/mulher comum". Em alguns casos, os líderes grandiosos talvez tenham surgido das classes mais baixas, mas, em geral, têm históricos relativamente privilegiados ou, por causa do seu sucesso, têm vivido distante das preocupações dos indivíduos comuns há muito tempo. Mesmo assim, é absolutamente essencial para eles se apresentarem ao público como bem representativos do homem ou da mulher comum. Apenas por meio dessa imagem conseguem atrair a atenção e a adoração de uma quantidade suficiente de pessoas para satisfazê-los.

Indira Gandhi, primeira-ministra da Índia de 1966 a 1977, e também de 1980 a 1984, veio da realeza política, sendo que o pai, Jawaharlal Nehru, foi eleito primeiro-ministro do país antes de todos. Ela foi educada na Europa e viveu a maior parte da vida longe dos segmentos mais pobres de seu país. Entretanto, como uma líder grandiosa que, mais tarde, se tornaria bem autoritária, posicionou-se como alguém do povo, a voz deste falando por ela. Gandhi alterava o linguajar ao se dirigir a grandes multidões e empregava metáforas domésticas quando visitava pequenas aldeias. Vestia o sári do mesmo jeito que as mulheres locais, e comia com as mãos. Gostava de se apresentar como "Mãe Indira", que governava a Índia de uma forma maternal, familiar. E esse estilo que ela assumiu foi bem eficiente para vencer eleições, mesmo que fosse pura encenação.

O truque que os líderes grandiosos utilizam é colocar ênfase nos gostos culturais, não no estrato social do qual vieram de fato. Eles voam na primeira classe e vestem os ternos mais caros, mas contrabalançam isso ao dar a impressão de terem os mesmos gostos culinários do público, de gostarem dos mesmos filmes que os outros e de evitarem a todo custo qualquer sombra de elitismo cultural. Na realidade, esforçam-se ao máximo para ridicularizar as elites, mesmo que provavelmente dependam desses especialistas para guiá-los. São apenas como a gente comum por aí, mas com muito mais dinheiro e poder. O público consegue agora se identificar com eles apesar das contradições óbvias. Contudo, a grandiosidade disso vai além de somente conseguir atenção. Esses líderes se inflam de maneira incrível graças à identificação com as massas. Não são apenas um homem ou uma mulher, mas incorporam toda uma nação ou grupo de interesse. Segui-los é ser leal ao grupo em si. Criticá-los é querer crucificá-los e trair a causa.

Até no prosaico mundo corporativo dos negócios há essa identificação de estilo religioso: Eisner, por exemplo, gostava de se apresentar como a encarnação de todo o espírito da Disney, seja lá o que for que isso significasse. Se notar esses paradoxos e formas primitivas de associação popular, recue e analise a realidade do que está acontecendo. Você encontrará no âmago disso algo quase mítico, bem irracional e bastante perigoso, no sentido de que o líder grandioso agora se sente no direito de fazer o que quiser em nome do público.

"Eu os libertarei". Esses tipos chegam com frequência ao poder em momentos de dificuldades e crise. Emitem uma autoconfiança que é reconfortante ao público ou aos acionistas. Serão eles que livrarão as pessoas dos muitos problemas que estão enfrentando. A fim de conseguir isso, fazem promessas vastas, mas vagas. Fazendo-as vastas, inspiram sonhos; deixando-as vagas, evitam que qualquer um lhes cobre se não forem cumpridas, já que nada foi especificado. Quanto mais grandiosas forem as promessas e visões do futuro, maior será a fé inspirada. A mensagem precisa ser simples de digerir, redutível a uma palavra de ordem e prometer algo amplo que desperte emoções. Como parte dessa estratégia, esses tipos requerem bodes expiatórios, em geral as elites ou pessoas de fora, a fim de estreitar a identificação de grupo e atiçar ainda mais as emoções. O movimento em redor do líder começa a se cristalizar em torno do ódio a esses bodes expiatórios, que passam a representar toda gota da dor e da injustiça que cada pessoa na multidão já vivenciou. A promessa deles de derrubar esses inimigos inventados aumenta o seu poder exponencialmente.

O que o leitor descobrirá aqui é que eles estão criando um culto, mais do que liderando um movimento político ou empresa. Você verá que o nome, imagem e palavra de ordem deles serão reproduzidos em grande quantidade e assumirão uma ubiquidade divina. Certas cores, símbolos e talvez música serão empregados para unir a identidade do grupo e apelar aos instintos humanos mais básicos. Aqueles que agora acreditam no culto se verão duplamente mesmerizados e dispostos a desculpar qualquer tipo de ação. Nesse ponto, nada dissuadirá os que acreditam de verdade, mas você precisa manter o seu distanciamento interno e os seus poderes analíticos.

"Eu reescrevo as regras". Um desejo secreto dos seres humanos é se livrar das regras e convenções típicas que predominam em qualquer campo, para conquistar o poder seguindo apenas a própria luz interior. Quando os líderes grandiosos alegam ter esses poderes, no fundo nos sentimos entusiasmados e queremos acreditar neles.

Michael Cimino foi o diretor de *O franco-atirador* (1978), premiado com o Oscar de melhor filme. Pare aqueles que trabalharam com e para ele, porém, Cimino não era apenas um diretor de cinema, mas um gênio especial numa missão para abalar o rígido sistema corporativo de Hollywood. Para o seu projeto seguinte, *O portal do paraíso* (1980), ele negociou um contrato totalmente inédito na história de Hollywood, um que lhe permitia aumentar o orçamento como quisesse e criar precisamente o filme que tinha em mente, sem condições. No estúdio, Cimino passou semanas ensaiando com os atores a forma correta de patinar que ele precisava para uma única cena. Certo dia, aguardou por horas antes de ligar as câmeras, até que o tipo perfeito de nuvem entrasse em quadro. Os custos decolaram e o filme inicial que ele entregou tinha mais de cinco horas de duração. No fim, *O portal do paraíso* foi um dos maiores desastres da história de Hollywood, e acabou por destruir a carreira dele. Parecia que o contrato tradicional, na verdade, servia a um propósito — refrear a grandiosidade natural de qualquer diretor de cinema e fazê-lo trabalhar dentro de certas limitações. A maioria das regras tem bom senso e racionalidade.

Numa variação disso, os líderes grandiosos por vezes se apoiarão nas suas instituições, menosprezando a necessidade de grupos de estudo ou qualquer forma de avaliação científica. Eles têm uma conexão interna especial com a verdade. Gostam de criar o mito de que os seus instintos o levaram a sucessos fantásticos, mas um escrutínio maior revelará que oferecem palpites certos e errados na mesma medida. Quando você ouvir líderes se apresentarem como rebeldes supremos, capazes de descartar as regras e a ciência, veja isso apenas como um sinal de loucura, não de inspiração divina.

"Tenho o toque de Midas". Aqueles com uma grandiosidade elevada tentarão criar a lenda de que nunca fracassaram de verdade. Se tiveram fracassos ou percalços na carreira, foi sempre culpa de outros que os traíram. Douglas MacArthur, general do Exército norte-americano, era um gênio em termos de desviar a culpa; pelo que ele contava jamais perdeu uma batalha em toda a sua carreira, embora a realidade era que havia fracassado muitas vezes. No entanto, ao alardear os seus sucessos e encontrando justificativas intermináveis para as suas derrotas (como traições), ele criou o mito de que tinha poderes mágicos no campo de batalha. É inevitável que os líderes grandiosos recorram a esse tipo de magia propagandística.

Relacionada a isso está a crença de que são capazes de transferir os seus talentos com facilidade — o executivo cinematográfico consegue projetar parques temáticos, um empresário pode se tornar o líder de uma nação. Por terem dons mágicos, tentam fazer qualquer coisa que os atraia. Em geral, essa é uma manobra fatal da parte deles, à medida que procuram realizar algo além das suas capacidades e logo se veem esmagados pela complexidade e pelo caos resultante da sua falta de experiência. Ao lidar com esses tipos, observe com cuidado o histórico deles e note quantos fracassos colossais já enfrentaram. Embora seja improvável que as pessoas sob a influência da sua grandiosidade lhe deem ouvidos, divulgue a verdade sobre o histórico deles da maneira mais neutra possível.

"Sou inatingível". O líder grandioso assume riscos. É isso que costuma chamar atenção em primeiro lugar, e, combinado com o sucesso que por vezes acompanha os ousados, ele dá a impressão de ser monumental. Entretanto, essa ousadia não está bem sob controle. Ele precisa realizar ações que criem um espetáculo a fim de manter a atenção que lhe alimenta a auto-opinião. Não consegue descansar ou recuar, pois isso causaria um declínio na sua publicidade. Para piorar, o líder grandioso passa a se sentir inatingível, pois tantas vezes no passado conseguiu se dar bem por meio de manobras arriscadas, e, caso tenha tido percalços, conseguiu superá-los com ainda mais audácia. Além disso, essas atividades intrépidas fizeram que se sentisse mais vivo e extasiado. Passam a fazer o efeito de uma droga. Ele precisa de riscos e recompensas maiores para manter a sensação de imunidade divina. Consegue trabalhar vinte horas por dia sob esse tipo de pressão. É capaz de andar através do fogo.

Na verdade, ele é bem inatingível, até que vai longe demais e realiza aquela manobra arrogante fatal que põe tudo a perder. Essa poderia ser a viagem grandiosa de MacArthur pelos Estados Unidos depois da Guerra da Coreia, quando a sua necessidade irracional de atenção se tornou dolorosamente aparente; ou a decisão trágica de Mao de lançar a Revolução Cultural; ou Stan O'Neal, diretor executivo da Merrill Lynch, destruindo uma das instituições financeiras mais antigas dos Estados Unidos ao insistir nos títulos garantidos por créditos hipotecários quando todos os demais estavam desistindo deles. De súbito, a aura de imunidade é despedaçada. Isso ocorre porque essas decisões foram determinadas não por considerações racionais, mas pela necessidade de obter atenção e glória; no fim, a realidade os alcançou com um golpe brutal.

Em geral, ao interagir com o líder grandioso, tente encolher a imagem sagrada e gloriosa que erigiram. Eles terão uma reação exagerada e os seguidores deles enlouquecerão de raiva, mas, aos poucos, alguns seguidores talvez passem a reconsiderar a situação. Criar um desencantamento viral é a sua melhor esperança.

A GRANDIOSIDADE PRAGMÁTICA

A grandiosidade é um tipo de energia primordial que todos possuímos. Ela nos impele a querer algo mais do que aquilo que temos, a buscar o reconhecimento e a estima dos outros e a sentir uma conexão com algo maior. O problema não é a energia em si, que pode ser empregada para alimentar as nossas ambições, mas a direção que ela toma. Em geral, a grandiosidade nos faz imaginar que somos melhores do que somos de verdade. Chamemos isso de *grandiosidade fantástica*, pois é baseada nas nossas fantasias e na impressão distorcida que temos da atenção que recebemos. A outra forma, que chamaremos de *grandiosidade pragmática*, não é fácil de ser conquistada e não nos vem naturalmente, mas pode ser uma fonte de autossatisfação e poder tremendos.

A grandiosidade pragmática é baseada não na fantasia, mas na realidade. A energia é canalizada no nosso trabalho e vontade de atingir metas, solucionar problemas ou melhorar relacionamentos. Ela nos impele a desenvolver e apurar as nossas habilidades. Por meio das nossas conquistas, nós nos sentiremos maiores. Atrairemos a atenção pelo nosso trabalho, o que é gratificante e nos mantém energizados, mas o senso maior de gratificação vem da superação das nossas fraquezas. O desejo por atenção é mantido sob controle e subordinado. A nossa autoestima se eleva, mas ligada a conquistas reais, não a fantasias nebulosas e subjetivas. Sentimos a nossa presença alargada pelo trabalho, pela nossa contribuição à sociedade.

Embora a maneira exata de canalizar a energia dependa do seu campo e nível de habilidade, os cinco princípios básicos a seguir são essenciais para se obter um alto grau de autossatisfação que resulte dessa forma de grandiosidade ancorada na realidade.

Aceite as suas necessidades grandiosas. Você precisa começar a partir de uma posição de honestidade. Deve admitir para si mesmo que quer se sentir importante e ser o centro das atenções. Isso é natural. Sim, você quer se sentir superior. Tem ambições como qualquer outro. No passado, as suas necessidades grandiosas talvez o tenham levado a tomar algumas decisões ruins, que hoje você é capaz de reconhecer e analisar. A negação é a sua pior inimiga. Apenas por meio da autoconsciência conseguirá transformar a energia em algo prático e produtivo.

Concentre a energia. A grandiosidade fantástica o fará flutuar por diversas ideias fantásticas, imaginando todos os louvores e a atenção que receberá, mas nunca concretizando nenhuma delas. Faça o oposto: adquira o hábito de se concentrar de maneira profunda e completa num único projeto ou problema. É bom que o seu objetivo seja relativamente simples de se alcançar, dentro de um período de alguns meses, e não anos. Divida isso em minipassos e minimetas ao longo do caminho. O seu objetivo aqui é entrar num estado de fluxo, em que a sua mente se torne cada vez mais absorvida no trabalho, ao ponto em que ideias lhe surgirão em horas estranhas. Essa sensação de fluxo deve ser prazerosa e viciante. Não se permita fantasiar sobre outros projetos no horizonte. Absorva-se no trabalho da maneira mais profunda possível. Se não entrar nesse estado de fluxo, é inevitável que passe a fazer muitas tarefas ao mesmo tempo e pare de se concentrar. Esforce-se para superar isso.

Você pode fazer isso com um projeto fora do seu trabalho profissional. O que importa não é o número de horas, mas a intensidade e o esforço consistente que dedica a ele.

É bom que esse projeto envolva habilidades que você já tem ou que está no processo de desenvolver. O seu objetivo é ver um aprimoramento contínuo no seu grau de habilidade, que com certeza virá da intensidade do seu foco. A sua autoconfiança crescerá. Isso provavelmente será o suficiente para mantê-lo progredindo.

Mantenha um diálogo com a realidade. O seu projeto começará com uma ideia e você, ao apurá-la, deixará a sua imaginação alçar voo, abrindo-se para várias possibilidades. Em certo ponto, passará da fase de planejamento para a execução. Então, você deverá buscar a opinião e as críticas de pessoas que respeita e do seu público natural. Ouça sobre os defeitos e inadequações do seu plano, pois essa é a única maneira de aprimorar as suas habilidades. Se o projeto não tiver os resultados que imaginou, ou se o problema não for solucionado, aceite isso como a melhor maneira de aprender. Analise em profundidade o que você fez de errado, sendo o mais severo possível.

Depois de receber essa resposta e ter analisado os resultados, retorne a esse projeto ou comece um novo, deixando a imaginação correr solta outra vez, mas incorporando o que aprendeu com a experiência. Faça desse processo um ciclo sem fim, notando com entusiasmo o quanto se aprimora desse modo. Se permanecer por tempo demais na fase da imaginação, o que criar tenderá a ser grandioso e desligado da realidade. Se escutar as críticas e tentar tornar o trabalho uma reflexão completa do que os outros lhe disserem ou desejam, este sairá convencional e sem graça. Ao manter um diálogo contínuo entre a realidade (as críticas) e a sua imaginação, você criará algo prático e poderoso.

Se você tiver sucesso com os seus projetos, é nesse momento que deve se afastar da atenção que estiver recebendo. Examine o papel que a sorte desempenhou no seu êxito, ou a ajuda que recebeu de outros. Resista à tendência de cair no delírio do sucesso. Ao se concentrar na próxima ideia, imagine-se de volta à estaca zero. Cada novo projeto representa um novo desafio e uma abordagem diferente. Talvez venha a fracassar. Você precisa do mesmo nível de concentração que empregou no último projeto. Nunca se deite sobre os louros ou perca a intensidade.

Procure desafios calibrados. O problema com a grandiosidade fantástica é que, sob seu efeito, você imagina algum novo objetivo enorme que nunca vai alcançar – aquele romance brilhante que vai escrever, a empresa lucrativa que vai criar. O desafio é tão grande que você talvez comece, mas logo vai desistir ao perceber que não está à altura dele. Ou, se for o tipo ambicioso e assertivo, talvez tente ir até o fim, porém acabará na síndrome da Euro Disney, esgotado, fracassando de forma espetacular, culpando outros pelo fiasco e nunca aprendendo com a experiência.

O seu objetivo com a grandiosidade pragmática é procurar o tempo todo por desafios só um pouco acima do seu grau de habilidades. Se os projetos que tentar estiverem abaixo ou no mesmo nível da sua capacidade, você se entediará com facilidade e perderá o foco. Se for ambicioso demais, se sentirá esmagado pelo fracasso. Entretanto, se os projetos forem calibrados para serem mais desafiadores do que o anterior, mas a um grau moderado, você se sentirá entusiasmado e energizado. É preciso estar à altura desse desafio, para que os seus níveis de concentração cresçam também. Esse é o caminho ideal em direção ao aprendizado. Se fracassar, não se sentirá derrotado e aprenderá ainda mais; se for bem-sucedido, a sua autoconfiança aumentará, mas atrelada ao trabalho e à conclusão do desafio. O seu senso de realização satisfará a sua necessidade de grandeza.

Libere a sua energia grandiosa. Uma vez que tiver domado essa energia, fazendo-a servir às suas ambições e metas, sinta-se à vontade para liberá-la ocasionalmente. Pense nela como um animal selvagem que precisa correr em liberdade de vez em quando, para que a inquietação não o leve à loucura. Isso significa que você pode às vezes acalentar ideias ou projetos que representem desafios maiores do que já considerou no passado. Você se sentirá cada vez mais confiante e vai querer testar a si mesmo. Pense em desenvolver uma nova habilidade num campo não relacionado, ou escrever aquele romance que um dia considerou uma distração em relação ao seu trabalho real. Ou simplesmente dê rédeas soltas à sua imaginação quando estiver no processo de planejamento.

Se você estiver na esfera pública e precisar se apresentar diante de outros, livre-se do comedimento que desenvolveu e deixe a sua energia grandiosa preenchê-lo com níveis elevados de autoconfiança. Isso animará os seus gestos e lhe dará maior carisma. Se for um líder e o seu grupo estiver enfrentando dificuldades ou uma crise, permita-se ser atipicamente grandioso e confiante no sucesso da sua missão, a fim de motivar e inspirar o grupo. Foi esse tipo de grandiosidade que tornou Winston Churchill um líder tão eficaz durante a Segunda Guerra Mundial.

De qualquer modo, você pode se permitir a sensação de ser divino pelo que alcançou com as suas habilidades aprimoradas e conquistas reais. Se tiver trabalhado bem os outros princípios, vai conseguir colocar os pés novamente no chão depois de alguns dias ou horas de exuberância grandiosa.

Por fim, na raiz da nossa grandiosidade infantil estava um sentimento de conexão intensa com a mãe, que era tão completo e satisfatório que passamos muito do nosso tempo tentando recapturá-lo de alguma maneira. É a fonte do nosso desejo de transcender a nossa existência banal, de querer algo tão imenso que não conseguimos expressar. Temos vislumbres dessa conexão original nos relacionamentos íntimos e em momentos de amor incondicional, mas estes são raros e passageiros. Entrar num estado de fluxo com o nosso trabalho ou cultivar níveis mais profundos de empatia com as pessoas (veja o Capítulo 2) nos dará mais momentos assim e satisfará esse impulso. Nós nos sentiremos unidos com o trabalho ou com outras pessoas. Seremos capazes de levar isso ainda mais além ao experimentar uma conexão mais profunda com a própria vida, aquilo que Sigmund Freud chamava de "o sentimento oceânico".

Pense nisso da seguinte maneira: a formação da própria vida no planeta Terra, há muitos bilhões de anos, exigiu uma concatenação de acontecimentos altamente improváveis. Iniciou-se com um experimento tênue que poderia ter expirado a qualquer momento logo no princípio. A evolução desde então, de tantas formas de vida, é impressionante, em cujo ponto final está o único animal que, pelo que sabemos, tem consciência desse processo todo: o ser humano.

O fato de você estar vivo é um evento igualmente improvável e espantoso. Exigiu uma cadeia muito específica de acontecimentos que levou ao encontro entre os seus pais e o seu nascimento, e tudo isso poderia ter ocorrido de maneira bem diferente. No momento em que lê estas linhas, você tem consciência da vida que vive, assim como bilhões de outras pessoas, mas apenas por um período breve, até que morte chegue. Absorver essa realidade por completo é o que chamaremos de Sublime. (Veja mais sobre isso no Capítulo 18.) Não é possível colocar isso em palavras. É estupendo demais. Sentir-se parte desse tênue experimento da vida é um tipo de grandiosidade invertida – você não se perturba com a sua pequenez relativa, extático com a noção de ser uma gota nesse oceano.

> Então, subjugado pelas aflições que sofri em conexão com meus filhos, parti outra vez e indaguei ao deus o que eu deveria fazer para passar o resto da minha vida o mais feliz possível; e ele me respondeu: "Conheça a ti mesmo, Creso – assim viverás e serás feliz". [...] [Contudo,] cativado pela riqueza que eu tinha e por

aqueles que me imploravam para que eu os liderasse, pelos presentes que me deram e pelas pessoas que me lisonjeavam, dizendo que, se eu consentisse em assumir o comando, elas me obedeceriam e eu seria o maior de todos os homens – inflado por essas palavras, quando todos os príncipes em redor me escolheram para liderá-los na guerra, eu aceitei o comando, julgando-me apto a ser o maior; no entanto, ao que parece, eu não me conhecia. Pois imaginei que era capaz de continuar a guerra contra vocês; mas não sou páreo para vocês. [...] Portanto, como eu não tinha o conhecimento, levo aqui o que mereço.

— *Xenofonte,* A educação de Ciro

12
Reconecte-se com o masculino ou o feminino dentro de você

A Lei da Rigidez dos Gêneros

Todos nós temos qualidades masculinas e femininas – parte disso é genético, e parte vem da influência profunda do genitor do sexo oposto. Entretanto, na necessidade de apresentar uma identidade consistente à sociedade, tendemos a reprimir essas qualidades, nos identificando de maneira excessiva com o papel masculino ou feminino que é esperado de nós. E pagamos o preço por isso. Perdemos dimensões valiosas do nosso caráter. O nosso raciocínio e a nossa maneira de agir se tornam rígidos. Os nossos relacionamentos com membros do sexo oposto sofrem à medida que projetamos neles as nossas fantasias e hostilidades. Você deve tomar consciência desses traços masculinos ou femininos perdidos e se reconectar gradualmente a eles, libertando, no processo, os seus poderes criativos. Você se tornará mais fluido no seu raciocínio. Ao expor os subtons masculinos ou femininos do seu caráter, fascinará as pessoas ao ser autêntico. Não interprete o papel esperado do gênero; em vez disso, crie um que se adéque a você.

O GÊNERO AUTÊNTICO

Quando menina, Catarina Sforza sonhava com grandes façanhas das quais tomaria parte como membro da ilustre família Sforza de Milão. Nascida em 1463, Catarina era filha ilegítima de uma bela aristocrata milanesa e de Galeácio Maria Sforza, que se tornou o duque de Milão após a morte do pai em 1466. Como duque, Galeácio ordenou que a filha fosse levada para o seu castelo, Porta Giovia, onde ele vivia com a nova esposa, e que ela fosse criada como um legítimo membro da família Sforza. Lá, a madrasta de Catarina a tratava como se fosse sua filha. A menina receberia a educação mais refinada. O homem que havia servido como tutor de Galeácio, o famoso humanista Francesco Filelfo, seria o tutor de garota, ensinando-lhe latim, grego, filosofia, ciências e até história militar.

Vendo-se sozinha com frequência, Catarina perambulava quase todos os dias pela vasta biblioteca do castelo, uma das maiores da Europa. Ela tinha os seus livros favoritos, que lia repetidas vezes. Um desses era um relato histórico da família Sforza, escrito pelo próprio Filelfo, no estilo de Homero. Ali, naquele tomo enorme com ilustrações detalhadas, ela lia sobre a impressionante ascensão ao poder da família Sforza, de *condottiere* (capitães em exércitos mercenários) ao governo do ducado de Milão. Os Sforzas eram renomados por sua inteligência e bravura em combate. Além disso, ela adorava contos de cavalaria de verdadeiros cavaleiros em armadura, e as narrativas de grandes líderes do passado; entre essas, uma de suas favoritas era *Sobre as mulheres famosas,* de Boccaccio, que contava as façanhas das mulheres mais celebradas da história. E enquanto passava o tempo na biblioteca, com todas essas obras convergindo em sua mente, fantasiava sobre a glória futura da família, com ela de algum modo no meio de tudo aquilo. E no centro dessas fantasias estava a imagem de seu pai, um homem que, para ela, era tão grande e lendário quanto qualquer um sobre quem tivesse lido.

Embora os encontros com Galeácio fossem muitas vezes breves, eram intensos para Catarina. Ele a tratava como igual, maravilhando-se com a inteligência dela e encorajando-a nos estudos. Desde cedo, a garota se identificava com o pai – vivenciando os traumas e triunfos dele como se fossem dela. Assim como todas as crianças Sforza, inclusive as meninas, Catarina foi ensinada a lutar com espadas e passou por um treinamento físico rigoroso. Como parte desse lado da sua educação, ela saía em expedições de caça com a família nos bosques próximos de Pavia. Aprendeu a caçar e matar javalis selvagens, cervos e outros animais. Nessas excursões, observava o pai com admiração. Ele era um cavaleiro hábil, cavalgando com tanta impetuosidade, como se nada o pudesse ferir. Nas caçadas, enfrentando os maiores animais, não demonstrava nenhum vestígio de medo. Na corte, era o diplomata supremo, mas sempre se mantinha em posição de vantagem. E lhe confidenciou os seus métodos – pense no que está por vir, planeje várias jogadas de antemão, sempre com o objetivo de tomar a iniciativa em qualquer situação.

Galeácio tinha outro lado, porém, que aprofundava a identificação dos dois. Adorava espetáculos; era como um artista. Catarina jamais se esqueceria da vez em que a família viajou pela região e visitou Florença, levando com eles vários grupos teatrais, com os atores vestindo fantasias bizarras. Jantaram no campo, dentro das tendas mais belamente coloridas. Durante a marcha, os cavalos com adornos resplandecentes e os soldados que os acompanhavam – todos enfeitados com as cores dos Sforza, escarlate e branco – enchiam a paisagem. Era uma visão excitante e hipnótica, toda orquestrada pelo pai dela. Galeácio gostava de se vestir sempre conforme a última moda em Milão, com sofisticadas túnicas de seda incrustadas de joias. Ela passou a compartilhar desse interesse, e roupas e joias se tornaram a sua paixão. Ele talvez parecesse tão viril em batalha, mas Catarina o via chorar como uma criança quando escutava o seu coral predileto. Ele tinha um apetite insaciável por todos os aspectos da vida, e o amor e a admiração que a filha sentia por ele não tinham limites.

Assim, em 1473, quando o pai informou Catarina, então com 10 anos, do casamento que lhe arranjara, o único pensamento que teve foi o de cumprir o seu dever como membro da família Sforza e agradá-lo. O homem que Galeácio escolhera para ela era Girolamo Riario, o sobrinho de 31 anos do Papa Sisto IV, um matrimônio que cimentaria uma aliança valiosa entre Roma e Milão. Como parte do arranjo, o papa compraria a cidade de Ímola, na região da Romanha, que os Sforza haviam tomado décadas antes, e nomearia o novo casal conde e condessa de Ímola. Mais tarde, acrescentaria a cidade vizinha de Forlì às suas posses, o que lhe deu o controle de uma área com localização bem estratégica no nordeste da Itália, ao sul de Veneza.

O marido de Catarina, nos primeiros encontros entre os dois, deu a impressão de ser um homem bem desagradável. Era mal-humorado, absorvido em si mesmo e temperamental. Parecia interessado nela apenas pelo sexo, e mal conseguia esperar para que a garota chegasse à maioridade. Felizmente, ele continuava a viver em Roma e ela permaneceu em Milão. No entanto, anos mais tarde, alguns aristocratas milaneses descontentes assassinaram o amado pai de Catarina, e o poder dos Sforzas parecia correr perigo. A posição dela como peão de um casamento para solidificar a parceria com Roma era agora mais importante do que nunca. Ela logo se instalou em Roma, onde teria que fazer o papel de esposa exemplar e se manter nas boas graças do marido. Contudo, quanto mais via de Girolamo, menos o respeitava. Ele tinha o pavio curto, fazendo inimigos aonde quer que fosse. Ela não imaginara que um homem pudesse ser tão fraco e, comparado com o pai, Girolamo perdia em todos os aspectos.

Catarina voltou a sua atenção para o papa, esforçando-se muito para conquistar a sua boa vontade e a dos seus cortesãos. Era agora uma bela jovem de cabelos loiros, uma novidade em Roma. Ordenou que os vestidos mais sofisticados fossem enviados de Milão e fez questão de nunca ser vista trajando o mesmo vestido duas vezes. Se a vissem com um turbante e um longo véu, a peça de repente se tornava a nova moda. Ela se deleitava com a atenção que recebia como a mulher mais em voga em Roma, com Botticelli usando-a como modelo para algumas das suas pinturas mais importantes. Por ser tão educada e culta, deliciava os artistas e escritores da cidade, e os romanos começaram a se afeiçoar a ela.

Em poucos anos, porém, tudo desmoronou. O marido instigou uma rixa com uma das principais famílias da Itália, os Colonna. Então, em 1484, o papa morreu de forma repentina e, sem a sua proteção, Catarina e o marido se viram em grave perigo. Os Colonna planejavam uma vingança. Os romanos detestavam Girolamo e era quase certo que o novo papa seria amigo dos Colonna, o que levaria o casal a perder tudo, inclusive as cidades de Forlì e Ímola. Considerando a posição precária da família dela em Milão, a situação começava a parecer desesperadora.

Até que um novo papa fosse eleito, Girolamo continuaria como o capitão dos exércitos papais, agora postados bem junto a Roma. Por dias, Catarina observou o marido, que estava paralisado de medo e incapaz de tomar uma decisão. Ele não se atrevia a entrar em Roma, temendo uma batalha com os Colonna e os seus muitos aliados nas ruas apinhadas. Resolveu esperar, mas, com o passar do tempo, as suas opções pareceram diminuir, e as notícias só pioravam – multidões haviam saqueado o palácio em que moravam; os poucos aliados que tinham em Roma agora os desertavam; os cardeais estavam congregados para eleger o novo papa.

Era agosto e o calor sufocante deixou Catarina – grávida de sete meses do quarto filho – sentindo-se fraca e com náuseas constantes. Entretanto, ao contemplar a tragédia iminente, a lembrança do pai começou a lhe ocupar a mente; era como se ela sentisse o espírito de Galeácio dentro de si. Pensando em como ele analisaria a situação que ela enfrentava, sentiu uma corrente de excitação ao formular um plano audacioso. Sem contar a ninguém das suas intenções, no breu da noite montou um cavalo e saiu do campo às escondidas, cavalgando o mais rápido possível até Roma.

Como imaginara, na condição em que estava, ninguém a reconheceu, e lhe permitiram que entrasse na cidade. Ela foi direto ao Castelo de Santo Ângelo, o ponto mais estratégico de Roma – do outro lado do rio Tibre em relação ao centro da cidade, e perto do Vaticano. Graças aos muros impregnáveis e os canhões que poderiam mirar contra qualquer parte de Roma, aquele que controlasse o local exerceria poder sobre a cidade. Roma estava em tumulto, as multidões enchiam as ruas em todos os lugares. Santo Ângelo era ainda guardado por um tenente leal a Girolamo. Identificando-se, Catarina obteve permissão para entrar.

Uma vez lá dentro, em nome do marido, tomou posse do castelo, expulsando o tenente, em quem não confiava. Mandando uma mensagem aos soldados que permaneciam leais a ela, Catarina conseguiu, em segredo, levar para dentro mais tropas. Com os canhões de Santo Ângelo agora apontando para todas as estradas que ligavam ao Vaticano, ela tornou impossível para os cardeais se encontrarem em um único local e elegerem o novo papa. Para provar que as ameaças eram reais, mandou que os soldados disparassem os canhões como alerta. Estava falando sério. Os termos de rendição do castelo eram simples – que se garantisse que todas as propriedades dos Riario permaneceriam nas mãos deles, inclusive Forlì e Ímola.

Noites após ter tomado Santo Ângelo, Catarina vestiu algumas peças de armadura por sobre o vestido e marchou ao longo dos baluartes do castelo. Aquilo lhe deu uma sensação de grande poder, tão acima da cidade, observando os homens frenéticos abaixo, que não tinham como lutar contra ela, uma simples mulher capengando por causa da gravidez. Quando um mensageiro do cardeal, que estava organizando o conclave para eleger o novo papa, foi enviado para negociar e se mostrou relutante em concordar com as condições de rendição, ela berrou dos baluartes para que todos ouvissem: "Quer dizer que [o cardeal] quer uma batalha de inteligência comigo, é isso? O que ele não entende é que eu tenho o cérebro do duque Galeácio e sou tão brilhante quanto ele!".

Aguardando a resposta, ela sabia que estava no controle da situação. O seu único temor era que o marido se rendesse e a traísse, ou que o calor de agosto a deixasse doente demais para se manter na espera. Por fim, percebendo a determinação de Catarina, um grupo de cardeais veio ao castelo para negociar, e eles concordaram com as exigências dela. Na manhã seguinte, quando a ponte levadiça foi baixada para permitir que a condessa deixasse Santo Ângelo, notou que uma multidão enorme tentava se aproximar dela. Romanos de todas as classes haviam vindo para vislumbrar a mulher que controlara Roma por onze dias. Antes, consideravam a condessa uma jovem frívola maníaca por roupas, o bichinho de estimação do papa; agora a fitavam atônitos – ela trajava um dos seus vestidos de seda, com uma espada pesada pendendo de um cinto masculino, a gravidez mais do que evidente. Nunca tinham visto algo assim.

Com os seus títulos agora assegurados, o conde e a condessa se mudaram para Forlì a fim de governar os seus domínios. Sem mais fundos vindos do papado, a preocupação principal de Girolamo era como obter mais dinheiro, por isso aumentou os impostos aos súditos, despertando muito descontentamento no processo. Em pouco tempo fez inimigos entre a poderosa família Orsi na região. Temendo atentados contra a sua vida, ele se confinou ao palácio. Gradualmente, Catarina assumiu a maior parte da administração cotidiana do território. Pensando no futuro, instalou um aliado em quem confiava como novo comandante do castelo Ravaldino, que dominava a área. Ela fez tudo que pôde para conquistar a simpatia do povo local, mas, em poucos anos, o marido causara danos demais.

Em 14 de abril de 1488, um grupo de homens em armadura e liderados por Ludovico Orsi invadiu o palácio, matando o conde a facadas e atirando-lhe o corpo pela janela, na praça da cidade. A condessa, jantando com a família num aposento próximo, ouviu os gritos e empurrou rapidamente os seis filhos para um quarto mais seguro na torre do palácio. Trancou a porta e, por uma janela, sob a qual vários dos seus aliados mais confiáveis haviam se reunido, ela lhes gritou instruções: deveriam notificar as forças em Milão e os outros aliados dela na região e encorajá-los a enviar exércitos para resgatá-la; sob nenhuma circunstância o guardião de Ravaldino deveria render o castelo. Em poucos minutos, os assassinos invadiram aquele aposento, tomando Catarina e as crianças como prisioneiras.

Vários dias depois, Ludovico Orsi e o companheiro conspirador Giacomo del Ronche levaram Catarina para Ravaldino – a condessa deveria dar ordens ao comandante do castelo para que o rendesse aos assassinos. Quando Tommaso Feo, o comandante que ela nomeara para o cargo, olhou do topo dos baluartes, Catarina dava a impressão de temer pela própria vida. Com a voz embargada de emoção, implorou a Feo que entregasse a fortaleza, mas ele se recusou.

Enquanto os dois continuavam com o diálogo, Ronche e Orsi sentiram que a condessa e Feo estavam fazendo algum tipo de jogo, falando em código. Ronche perdeu a paciência. Pressionando a ponta afiada da lança com força contra o peito de Catarina, ameaçou empalá-la a menos que ela convencesse Feo a se render, e a fitou com o seu olhar mais vil. De repente, a expressão dela mudou. Ela se apoiou mais na lâmina, o rosto a poucos centímetros de Ronche, e, com a voz carregada de desdém, lhe disse: "Ah, Giacomo del Ronche, não tente me meter medo [...]. Você pode me ferir, mas não tem como me assustar, pois sou filha de um homem que não conhecia o medo. Faça o que quiser: você matou o meu senhor, por certo pode me matar. Afinal, sou apenas uma mulher!". Confundidos pelas palavras e pela atitude dela, Ronche e Orsi decidiram que precisavam encontrar outros meios de pressioná-la.

Vários dias depois, Feo comunicou aos assassinos que ele entregaria a fortaleza, mas só se a condessa lhe pagasse os salários atrasados e assinasse uma carta que o absolvesse de qualquer culpa pela rendição. Mais uma vez, Orsi e Ronche a levaram ao castelo e a observaram com atenção enquanto parecia negociar com Feo. Por fim, este insistiu que Catarina entrasse na fortaleza para assinar o documento. Temia que os assassinos estivessem tentando enganá-lo e exigiu que ela fosse sozinha. Uma vez que a carta tivesse sido assinada, ele faria o que havia prometido.

Os conspiradores, sentindo que não tinham opção, cederam ao pedido, mas deram à condessa um curto espaço de tempo para concluir o acordo. Por um breve instante, bem quando desapareceu por trás da ponte levadiça de Ravaldino, ela se virou com um olhar de escárnio e dirigiu a Ronche e Orsi um gesto obsceno. Todo o drama dos últimos dias fora planejado e encenado por ela e Feo, com quem vinha se comunicando por meio de diversos mensageiros. Sabia que os milaneses tinham enviado um exército para resgatá-la e só o que ela tinha a fazer era ganhar tempo. Algumas horas mais tarde, Feo surgiu nos baluartes e berrou que manteria a condessa como refém, e ponto-final.

Os assassinos, enfurecidos, estavam fartos. No dia seguinte, retornaram ao castelo com as seis crianças e chamaram Catarina aos baluartes. Com adagas e lanças apontadas da maneira mais ameaçadora para elas, que choravam e imploravam por misericórdia, eles exigiram que Catarina rendesse a fortaleza ou eles lhe matariam todos os filhos. Com certeza já haviam provado que estavam mais do que dispostos a derramar sangue. Ela poderia ser destemida e uma Sforza, mas nenhuma mãe seria capaz de ver os filhos morrerem diante dos seus olhos. Catarina não perdeu tempo. Berrou em resposta: "Vão em frente, imbecis! Já estou grávida de outro filho do conde Riario, e tenho o necessário para conceber mais!". E ergueu as saias, enfatizando o que queria dizer.

Catarina previra a manobra com as crianças e havia calculado que os assassinos eram fracos e indecisos – eles deveriam tê-la matado e a sua família logo no primeiro dia, em meio ao tumulto. Agora, não se atreviam a assassiná-los a sangue frio: sabiam que os Sforzas, a caminho de Forlì, se vingariam deles de maneira horripilante caso o fizessem. E caso se rendesse agora, ela e as crianças seriam todas feitas prisioneiras, e algum veneno seria eventualmente misturado à comida delas. Catarina precisava continuar a ganhar tempo. A fim de enfatizar a sua determinação, depois de se recusar a se render, ordenou que os canhões do castelo atirassem contra o palácio de Orsi.

Dez dias mais tarde, um exército milanês chegou para resgatá-la, e os assassinos dispersaram. A condessa foi logo devolvida ao poder, com o novo papa lhe confirmando o governo como regente até que o filho mais velho, Ottaviano, chegasse à maioridade. E à medida que a notícia de tudo que ela havia feito – e gritado aos assassinos dos baluartes de Ravaldino – se espalhou pela Itália, a lenda de Catarina Sforza, a bela condessa guerreira de Forlì, começou a ganhar vida própria.

Em menos de um ano após a morte do marido, a condessa havia tomado um amante, Giacomo Feo, irmão do comandante que ela instalara em Ravaldino. Giacomo era sete anos mais jovem que Catarina, e o absoluto oposto de Girolamo – belo e viril, vindo das classes mais pobres, e tendo trabalhado como cavalariço da família Riario. E mais importante: não apenas a amava, mas a adorava e lhe devotava toda a sua atenção. Catarina havia passado a vida toda controlando as emoções e subordinando os interesses pessoais às questões práticas. Sentindo-se de repente deslumbrada pela afeição de Giacomo, perdeu o autocontrole habitual e se apaixonou perdidamente por ele.

Tornou Giacomo o novo comandante de Ravaldino. Como ele agora tinha que viver no castelo, ela construiu dentro deste um palácio para si, do qual raramente saía. Giacomo sentia-se bastante incerto quanto à sua posição. Catarina o ordenou cavaleiro e, numa cerimônia secreta, os dois se casaram. A fim de amainar as inseguranças dele, foi lhe passando cada vez mais poder para governar sobre Forlì e Ímola, e começou a se retirar das questões públicas. Ignorava os avisos dos cortesãos e diplomatas de que Giacomo só cuidava dos próprios interesses e não tinha o controle da situação, e não deu ouvidos aos filhos, que temiam que o padrasto tivesse planos de se livrar deles. Aos olhos dela, o marido era incapaz de fazer qualquer coisa de errado. Então, certo dia de 1495, quando o casal deixou o castelo para um piquenique, um grupo de assassinos cercou o marido e o matou bem diante dos olhos dela.

Apanhada de surpresa, Catarina reagiu com fúria. Reuniu os conspiradores e mandou que fossem executados e que as suas famílias fossem aprisionadas. Nos meses que se seguiram, ela caiu numa depressão profunda, contemplando até o suicídio. O que lhe acontecera nos últimos anos? Como perdera o caminho e cedera o poder? E os seus sonhos de menina e o espírito do pai, que também era o dela? Algo lhe nublara a mente. Ela se voltou para a religião e tornou a governar as suas terras. Aos poucos, se recuperou.

Então, certo dia, recebeu a visita de Giovanni de Médici, de 31 anos, membro da famosa família e um dos principais negociantes de Florença, que viera para formar laços comerciais entre as cidades. Mais do que qualquer outro, ele a lembrava do pai. Era bonito, inteligente, extremamente culto, mas tinha uma suavidade de caráter. Finalmente um homem no mesmo nível dela em termos de conhecimento, poder e refinamento. A admiração era mútua. Logo se tornaram inseparáveis, e em 1498 eles se casaram, unindo duas das famílias mais ilustres da Itália.

Agora ela podia sonhar com a criação de um grande poder regional, mas acontecimentos fora do seu controle lhe estragariam os planos. No mesmo ano, Giovanni morreu de uma doença. E, antes que tivesse tempo de se lamentar por ele, Catarina teve de lidar com a ameaça mais recente e perigosa de todas ao seu território: o novo papa, Alexandre VI (conhecido anteriormente como Rodrigo Bórgia), estava de olho em Forlì e queria estender os domínios papais por meio de conquistas, com o filho César Bórgia servindo como comandante das forças papais. Forlì seria uma aquisição essencial para o papa, e ele deu início a manobras políticas para isolar Catarina e os seus aliados.

A fim de se preparar para a invasão iminente, Catarina formou uma nova aliança com os venezianos e construiu uma série complexa de defesas em torno de Ravaldino. O papa tentou pressioná-la a entregar o seu território, fazendo-lhe todo tipo de promessas em retorno. Ela sabia que não deveria confiar num Bórgia. Entretanto, no outono de 1499, parecia que o fim estava próximo. O papa se aliara à França, e César Bórgia surgiu na região com um exército de 12 mil homens, fortalecidos pela adição de 2 mil soldados franceses experientes, que tomaram Ímola rapidamente e entraram com facilidade na própria cidade de Forlì. Tudo que restara era Ravaldino, que, no fim de dezembro, foi cercado pelas tropas de Bórgia.

Em 26 de dezembro, o próprio César Bórgia cavalgou até o castelo no seu cavalo branco, vestido todo de preto – uma visão impressionante. Observando dos baluartes e contemplando a cena, Catarina pensou no pai. Era o aniversário do seu assassinato. Ele representava tudo a que ela dava valor, e não o desapontaria. Era a mais parecida com ele dentre todos os filhos. Como Galeácio teria feito, ela pensou no que estava por vir – seu plano era ganhar tempo até que os seus aliados remanescentes viessem em sua defesa. Fortificara Ravaldino de maneira inteligente, de uma forma que lhe permitia continuar recuando por trás de barricadas se as muralhas fossem penetradas. No fim, teriam que arrancar o castelo dela à força, e estava mais do que preparada para morrer defendendo-o, de espada na mão.

Ao ouvir Bórgia se dirigir a ela, tornou-se claro que este viera para lisonjear e cortejar – todos conheciam a reputação dele como um sedutor diabólico, e muitos na Itália imaginavam que Catarina tinha uma moral duvidosa. A condessa escutou e sorriu, lembrando-o de vez em quando das façanhas passadas dela e do renome de que gozava como membro da família Sforza – se ele queria que ela se rendesse, teria que se esforçar mais. Bórgia continuou a cortejá-la e pediu para lhe falar pessoalmente.

Catarina pareceu sucumbir por fim ao charme dele; era mulher, afinal, e ordenou que a ponte levadiça fosse baixada e começou a andar na direção dele. Ele continuou a insistir, e ela lhe deu certos olhares e sorrisos que indicavam que estava caindo em seu encanto. Agora apenas alguns centímetros os separavam. Bórgia tentou lhe tocar o braço, e ela recuou de um modo brincalhão. Os dois deveriam discutir a questão no castelo, disse a condessa com uma expressão recatada, e começou a andar para trás, convidando-o a segui-la. Ao tentar alcançá-la, notou que a ponte levadiça começou a subir, e pulou de volta para o outro lado bem a tempo. Furioso e embaraçado pelo truque em que havia caído, jurou vingança.

Nos poucos dias que se seguiram, ele desencadeou uma torrente de tiros de canhão contra as muralhas do castelo, abrindo por fim uma brecha. Os soldados de Bórgia invadiram, liderados pelos franceses, que eram mais experientes. Travou-se um combate corpo a corpo, e Catarina lutou à frente das suas tropas remanescentes. O líder dos soldados franceses, Yves d'Allegre, ficou espantado quando a bela condessa – com a couraça ornamentada da armadura por cima do vestido – atacou os franceses da linha de frente, manejando a espada com destreza, sem nenhum vestígio de medo.

Catarina e os seus soldados estavam prestes a recuar mais para dentro do castelo, na esperança de prolongar a batalha por alguns dias, como ela havia planejado, quando um dos seus próprios soldados a agarrou por trás e, segurando a espada contra a garganta da condessa, levou-a para o outro lado. Bórgia pusera a cabeça dela a prêmio, e o traidor estava interessado naquela recompensa. O sítio havia terminado, e o próprio Bórgia tomou posse do seu grande prêmio. Naquela noite, ele a estuprou e a manteve confinada num dos seus aposentos, tentando convencer o mundo de que a infame condessa guerreira sucumbira voluntariamente ao seu charme.

Mesmo sob pressão, Catarina se recusou a assinar o documento cedendo o seu território e, por isso, foi levada a Roma e jogada na temida prisão do Castelo de Santo Ângelo. Por um longo ano, numa cela pequena e sem janelas, ela tolerou a solidão e as torturas intermináveis concebidas pelos Bórgias. A sua saúde se deteriorou e parecia destinada a morrer na prisão, resistindo até o fim, mas o cavalheiresco capitão francês Yves d'Allegre caíra em seus encantos. Ele continuou a exigir, em nome do rei da França, que ela fosse libertada, e por fim obteve sucesso, transportando-a em segurança até Florença.

Ao se retirar da vida pública, Catarina começou a receber cartas de homens de todas as partes da Europa. Alguns a haviam visto ao longo dos anos; a maioria só ouvira falar dela. Mostravam-se obcecados por sua história, confessavam-lhe o seu amor e lhe imploravam por alguma lembrancinha, alguma relíquia que pudessem adorar. Um dos que conseguiram vislumbrá-la na primeira vez em que ela foi a Roma escreveu: "Se eu durmo, parece que estou com você; se eu como, esqueço a comida e falo com você [...]. Você está gravada no meu coração". Enfraquecida pelo ano que passou na prisão, a condessa morreu em 1509.

Interpretação: Na época de Catarina Sforza, os papéis que uma mulher podia desempenhar eram rigorosamente limitados. O primordial era ser uma boa mãe e esposa, mas, se não fosse casada, poderia devotar a vida à religião ou, em casos raros, se tornar uma cortesã. Era como se um círculo houvesse sido desenhado em torno de cada mulher, que não se atrevia a explorar além dele. Internalizando essas restrições aos primeiros anos de vida e ao receber a sua educação inicial, se estudasse apenas um número limitado de assuntos e praticasse somente certas habilidades, não teria como expandir a sua função mesmo que quisesse. Conhecimento era poder.

Catarina se destaca como uma exceção impressionante, e isso ocorreu porque ela se beneficiou de uma confluência única de circunstâncias. Os Sforza eram novos no poder. Haviam descoberto, na sua ascensão ao topo, que uma esposa forte e capaz era de grande assistência. Desenvolveram a prática de treinar as filhas na caça e na esgrima como uma forma de torná-las mais fortes e destemidas – qualidades importantes para se ter como peões de casamentos. O pai de Catarina, porém, levou isso mais adiante. Talvez ele visse na filha um reflexo feminino de si mesmo. Dar-lhe o mesmo tutor que o havia ensinado sinalizava que sentia uma espécie de identificação entre eles.

Desse modo, um experimento singular se iniciou no castelo de Porta Giovia. Isolada do mundo exterior e munida de um grau tremendo de liberdade, Catarina conseguiu se desenvolver em qualquer direção que desejasse. Intelectualmente, ela pôde explorar todas as formas de conhecimento. Teve a oportunidade de satisfazer todos os seus interesses naturais – no caso dela, moda e artes. No treinamento físico, deu rédeas soltas ao próprio espírito ousado e aventureiro. Nessa educação inicial, foi capaz de expressar as muitas facetas diferentes do seu caráter.

Assim, quando entrou na vida pública aos 10 anos de idade, era natural que se movesse para além do círculo restrito imposto às mulheres. Interpretava muitos papéis. Como membro obediente da família Sforza, podia ser a esposa leal; de natureza empática e carinhosa, podia ser a mãe devotada. Sentia grande prazer em ser a mais bela e elegante da corte papal. Entretanto, quando as ações do marido pareceram condenar tanto Catarina quanto a família, ela se sentiu convocada para desempenhar outro papel. Treinada para pensar por si mesma e inspirada pelo pai, transformou-se no soldado intrépido, colocando uma cidade inteira sob o seu controle. Podia ser uma estrategista perspicaz, planejando vários movimentos, prevendo uma crise. Era capaz de liderar as suas tropas, de espada na mão. Quando menina, fantasiara sobre a possibilidade de interpretar esses diversos papéis, e era para ela natural e profundamente satisfatório fazê-lo na vida real.

Poderíamos dizer que Catarina tinha um espírito feminino com um pronunciado subtom masculino, o inverso do pai. E esses traços femininos e masculinos se misturavam, dando-lhe um estilo único de raciocínio e ação. No que dizia respeito ao governo, demonstrava um alto grau de empatia, algo bastante atípico na época. Quando a praga atingiu Forlì, ela confortou os doentes, com grande risco para a própria vida. Estava disposta a sofrer as piores condições na prisão a fim de proteger a herança dos filhos, um ato raro de sacrifício para alguém com poder. Contudo, ao mesmo tempo, era uma negociante astuta e agressiva e não tolerava fracos ou incompetentes. Era ambiciosa e tinha orgulho disso.

Em conflitos, sempre concebia estratégias a fim de ludibriar os adversários agressivos e evitar o derramamento de sangue. Utilizando seus dotes femininos, ela encontrou um meio para que César Bórgia fosse à ponte levadiça mais tarde, tentou atraí-lo cada vez mais para dentro do castelo, capturando-o numa batalha prolongada, dando aos aliados dela tempo suficiente para resgatá-la. E quase teve êxito em ambos os esforços.

Essa habilidade de interpretar muitos papéis diferentes, de mesclar o masculino com o feminino, era a fonte do seu poder. A única vez em que abdicou disso foi durante o casamento com Giacomo Feo. Quando se apaixonou por Feo, viu-se numa posição bastante vulnerável. As pressões sobre ela haviam sido imensas – lidando com um marido imprestável e abusivo, sobrevivendo a várias gravidezes que a debilitaram, mantendo as tênues alianças políticas que havia construído. Desse modo, ao vivenciar subitamente a veneração de Feo, era natural que buscasse um alívio dos seus fardos, abdicar do poder e do controle em troca do amor. Entretanto, ao se reduzir ao papel de esposa devotada, precisou reprimir o caráter naturalmente expansivo. Teve de empregar a sua energia tranquilizando as inseguranças do marido. No processo, perdeu toda a iniciativa e pagou o preço, enfrentando uma depressão profunda que quase a matou. Ela aprendeu a lição e, depois disso, se manteria fiel a si mesma pelo resto da vida.

Talvez o que surpreenda mais sobre a história de Catarina Sforza seja o efeito que ela tinha nos homens e mulheres da época. Esperaríamos que as pessoas a condenassem como uma bruxa ou mulher varonil, que a renegassem por todo o desprezo que demonstrava pelas convenções de gêneros. Em vez disso, fascinava quase todos que entravam em contato com ela. As mulheres lhe admiravam a força. Isabella d'Este, governante de Mântua e sua contemporânea, a julgava inspiradora e escreveu após a captura de Catarina por Bórgia: "Se os franceses criticam a covardia dos nossos homens, pelo menos deveriam louvar a bravura e o valor das mulheres italianas". Homens de todos os tipos – artistas, soldados, sacerdotes, nobres, servos – estavam obcecados por ela. Até aqueles que a queriam destruir, como César Bórgia, sentiam uma atração inicial e o desejo de possuí-la.

Ao conversarem com ela sobre batalhas e estratégias, os homens sentiam que falavam com um igual, não com aquelas que lhes faziam parte da vida, com quem mal conseguiam conversar. Eles também tinham um papel a desempenhar, que não era tão restritivo quanto o de uma mulher, mas que também possuía as suas desvantagens. Esperava-se que eles estivessem sempre no controle, valentes e invencíveis. Em segredo, atraíam-se por essa pessoa perigosa com quem podiam perder o controle. Ela não era uma boneca feminina, toda passiva e existindo apenas para agradar os homens. Sendo irreprimida e autêntica, inspirava neles o desejo de se soltarem também, de irem além dos seus próprios papéis restritos.

Entenda: você talvez imagine que muito mudou quanto ao papel dos gêneros, que o mundo de Catarina Sforza está distante demais do nosso para ser relevante. Entretanto, se pensar assim, estará redondamente enganado. Os detalhes específicos dos papéis dos gêneros talvez flutuem de acordo com a cultura e a época, mas o padrão é, em essência, o mesmo: todos nascemos como seres completos, com muitas facetas. Temos qualidades do sexo oposto, tanto pela genética quanto pela influência do genitor. O nosso caráter apresenta profundezas e dimensões naturais. Há estudos que demonstram que, nos primeiros anos de vida, os meninos são, na verdade, mais reativos em termos emocionais do que as meninas. Eles têm níveis elevados de empatia e sensibilidade. As meninas têm um espírito aventureiro e exploratório que é natural a elas, além de uma força de vontade poderosa, que gostam de empregar para transformar o ambiente.

Ao crescermos, porém, temos de apresentar ao mundo uma identidade consistente, e desempenhar certos papéis e nos mostrar à altura de certas expectativas, podando e removendo as nossas qualidades naturais. Os meninos perdem a rica gama de emoções e, no esforço para progredirem, reprimem a sua empatia natural. As meninas precisam sacrificar o seu lado assertivo, devendo ser simpáticas, sorridentes, respeitosas, sempre levando em consideração os sentimentos dos outros antes dos delas. Uma mulher pode ser a chefe, mas deve ser terna e flexível, nunca agressiva demais.

Nesse processo, nós nos tornamos cada vez mais rasos, conformando-nos aos papéis esperados pela nossa cultura e época. Perdemos partes ricas e valiosas do nosso caráter. Às vezes, conseguimos compreender isso apenas ao encontrarmos aqueles que são menos reprimidos e ao nos sentirmos fascinados por eles. Com certeza, Catarina Sforza provocava esse efeito. Há também muitos equivalentes do sexo masculino na história – o primeiro-ministro britânico do século 19 Benjamin Disraeli, Duke Ellington, John F. Kennedy, David Bowie, todos foram homens que expressavam subtons femininos inconfundíveis e que intrigavam as pessoas por causa disso.

A sua tarefa é se libertar da rigidez que o domina quando você se identifica em excesso com o papel do gênero esperado. O poder está em explorar o meio-termo entre o masculino e o feminino, em ir contra as expectativas dos indivíduos. Retorne aos lados mais duros ou suaves do seu caráter que você perdeu ou reprimiu. Ao se relacionar com as pessoas, expanda o seu repertório ao desenvolver uma empatia maior, ou ao aprender a ser menos obsequioso. Ao confrontar um problema ou resistir aos outros, treine-se para responder de maneiras diferentes – atacando quando normalmente defenderia, ou vice-versa. No seu raciocínio, aprenda a mesclar o analítico com o intuitivo a fim de se tornar mais criativo (veja mais sobre isso na seção final deste capítulo).

Não tenha medo de expor o lado mais sensível ou ambicioso do seu caráter. Essas suas partes reprimidas estão ansiosas para serem liberadas. No teatro da vida, expanda os papéis que interpreta. Não se preocupe com as reações das pessoas a quaisquer mudanças suas que elas perceberem. Você não é tão fácil assim de categorizar, o que as fascinará e lhe dará o poder de brincar com as percepções que elas têm de você, alterando-as à vontade.

> É o engodo terrível do amor que ele comece ao nos envolver num jogo não com uma mulher do mundo externo, mas com uma boneca modelada no nosso cérebro – aliás, a única mulher que temos sempre à nossa disposição, a única que poderemos possuir.
>
> — *Marcel Proust*

Chaves para a natureza humana

Os seres humanos gostam de acreditar que são consistentes e maduros, e que têm um controle razoável sobre a própria vida. Tomamos decisões com base em considerações racionais, naquilo que nos beneficiará mais. Temos livre-arbítrio. Sabemos quem somos, mais ou menos.

Entretanto, essas auto-opiniões são todas facilmente despedaçadas sob um aspecto particular – quando nos apaixonamos.

Ao nos apaixonarmos, nos tornamos vulneráveis a emoções que não conseguimos controlar. Não temos como explicar de forma racional as nossas escolhas de parceiros, as quais muitas vezes acabam se revelando bem infelizes. Muitos de nós terão pelo menos um relacionamento bem-sucedido na vida, mas tendemos a ter muito mais dos que não deram certo, que não tiveram um final feliz. E repetimos frequentemente os mesmos tipos de escolha ruim ao buscar parceiros, como se fôssemos compelidos por algum demônio interior.

Gostamos de dizer a nós mesmos, em retrospecto, que um tipo de loucura temporária nos dominou quando estávamos apaixonados. Pensamos como as exceções do nosso caráter, não a regra. Contudo, consideremos por agora a possibilidade oposta – na nossa vida consciente cotidiana, somos sonâmbulos, sem consciência de quem somos de verdade; apresentamos uma fachada de razoabilidade ao mundo, e confundimos a máscara com a realidade. Quando nos apaixonamos, somos, na verdade, *mais* nós mesmos. A máscara cai. Compreendemos, então, a profundidade com que as forças inconscientes determinam muitas das nossas ações. Conectamo-nos à essência irracional da nossa natureza.

Vejamos algumas das mudanças comuns que ocorrem quando nos apaixonamos.

Normalmente, a nossa mente vive num estado de distração. Quanto mais profunda é a nossa paixão, porém, mais a nossa atenção é absorvida por completo pela outra pessoa. Nós nos tornamos obcecados.

Gostamos de apresentar uma aparência específica ao mundo, uma que enfatize os nossos pontos fortes. Quando nos apaixonamos, contudo, os traços opostos muitas vezes vêm mais à tona. Uma pessoa que, em geral, é forte e independente pode de repente se tornar mais indefesa, dependente e histérica. Alguém carinhoso e empático pode subitamente adotar uma postura tirânica, exigente e absorta em si mesma.

Como adultos, nos sentimos relativamente maduros e práticos, mas no amor podemos, de repente, regredir a comportamentos que só podemos descrever como infantis. Vivenciamos medos e inseguranças exagerados ao extremo. Ficamos aterrorizados diante da ideia de sermos abandonados, como um bebê deixado sozinho por alguns minutos. Passamos por alterações radicais de ânimos – do amor ao ódio, da confiança à paranoia.

Em geral, gostamos de imaginar que julgamos bem o caráter dos outros. Ao nos encantarmos ou apaixonarmos por alguém, contudo, confundimos o narcisista com o gênio, o sufocador com o carinhoso, o preguiçoso com o rebelde excitante, o controlador com o protetor. Há quem enxergue a verdade e tente nos abrir os olhos quanto a essas fantasias, mas não lhe damos ouvidos. E o que é pior, muitas vezes continuaremos a cometer os mesmos erros de julgamento repetidas vezes.

Ao observar esses estados alterados, talvez nos vejamos tentados a descrevê-los como formas de possessão. Normalmente agimos de acordo com a personalidade racional A, mas, sob a influência da paixão, a personalidade irracional B começa a emergir. A princípio, A e B se alternam e até se mesclam uma à outra, mas quanto mais nos apaixonamos, mais é a personalidade B que domina. Esta vê qualidades que não estão nos indivíduos, age de maneiras contraproducentes e até autodestrutivas, é bem imatura, tem expectativas irreais e toma decisões que, mais tarde, podem parecer misteriosas para a personalidade A.

Quando se trata do nosso comportamento nessas situações, nunca entendemos completamente o que está acontecendo. Muito do nosso inconsciente está em ação, e não temos nenhum acesso racional a esses processos. No entanto, o eminente psicólogo Carl Jung – que analisou milhares de homens e mulheres com histórias de dolorosos casos de amor, no decorrer da sua longuíssima carreira – ofereceu talvez a explicação mais profunda para o que nos acontece quando nos apaixonamos. Segundo Jung, somos *de fato* possuídos nesses momentos. Ele deu à entidade (personalidade B) que nos domina o nome *anima* (para o masculino) e *animus* (para o feminino). Essa entidade existe dentro do nosso inconsciente, mas sobe à superfície quando alguém do sexo oposto nos fascina. O que se segue é a origem da *anima* e do *animus*, e como operam.

Todos nós possuímos hormônios e genes do sexo oposto. Esses traços *contrassexuais* são minoria (em graus maiores ou menores, dependendo do indivíduo), mas os encontramos dentro de todos nós, formando uma parte do nosso caráter. De igual significância é a influência do genitor do sexo oposto, de quem absorvemos traços femininos ou masculino, sobre a nossa psique.

Nos nossos primeiros anos de vida, estamos completamente abertos e suscetíveis às influências dos outros. O genitor do sexo oposto foi o nosso primeiro encontro com alguém dramaticamente diferente de nós. Ao nos relacionarmos com a natureza estranha dessa pessoa, muito da nossa personalidade foi formada em resposta a esse relacionamento, tornando-se mais complexa e multifacetada. (Com o genitor do mesmo sexo, há muitas vezes um nível de conforto e identificação imediata que não exige a mesma energia adaptativa.)

Por exemplo, os meninos pequenos por vezes se sentem confortáveis expressando emoções e traços que aprenderam com a mãe, como a afeição explícita, a empatia e a sensibilidade. As meninas pequenas, por outro lado, costumam se sentir confortáveis expressando traços que aprenderam do pai, como a agressão, a ousadia, o rigor intelectual e a destreza física. Cada criança pode também já ter em si, por natureza, esses traços do gênero oposto. Além disso, cada genitor terá também um lado Sombra que a criança deve assimilar ou enfrentar. Por exemplo, uma mãe pode ser narcisista e não empática, e um pai pode ser dominador ou fraco em vez de protetor e forte.

As crianças precisam se adaptar a isso. De todo modo, o menino e a menina internalizarão as qualidades positivas e negativas do genitor do sexo oposto de maneiras inconscientes e profundas. E a associação com o genitor do sexo oposto será carregada com todo tipo de emoções – conexões físicas e sensuais, e tremendos sentimentos de excitação, fascinação ou desapontamento pelo que não lhes foi dado.

Logo, porém, vem um período crítico na nossa vida em que devemos nos separar dos nossos pais e construir a nossa identidade. E a forma mais simples e poderosa de criar essa identidade é em torno de papéis de gênero, o masculino e o feminino. O menino tenderá a ter uma relação ambivalente com a mãe que o marcará por toda a vida. Por um lado, ele anseia pela segurança e atenção devotada que ela lhe oferece; por outro, se sente ameaçado por ela, como se o sufocasse com a sua feminilidade e ele pudesse se perder. Teme a autoridade dela e o poder que exerce sobre a vida dele. A partir de certa idade, sente a necessidade de se diferenciar. Precisa estabelecer o próprio senso de identidade masculina. Com certeza, as mudanças físicas que ocorrem à medida que cresce alimentarão essa identidade com o masculino, mas, no processo, ele tenderá a se identificar até demais com esse papel (a menos que, em vez disso, se identifique com o papel feminino), intensificando a tenacidade e independência, para enfatizar a sua separação em relação à mãe. Os outros lados do seu caráter – a empatia, a gentileza, a necessidade de se conectar, que ele absorveu da mãe ou que eram parte dele por natureza – tenderão a se tornar reprimidos e afundar no inconsciente.

A menina talvez tenha um espírito aventureiro e incorpore a força de vontade e determinação do pai na sua própria personalidade. Entretanto, ao crescer, é provável que se sinta pressionada para se conformar a certas normas culturais e a construir a sua identidade em torno do que é considerado feminino. Espera-se que as meninas sejam simpáticas, doces e obsequiosas, que ponham os interesses dos outros acima dos delas e que domem quaisquer traços rebeldes, de forma a parecerem bonitas e serem objetos do desejo. Na mente de uma menina específica, essas expectativas se transformam em vozes que ela escuta julgando-a o tempo todo e fazendo-a duvidar do próprio valor. Essas pressões talvez sejam mais sutis nos dias de hoje, mas ainda exercem uma influência poderosa. Os lados mais curiosos, agressivos e sombrios do seu caráter – tanto os que vieram naturalmente quanto os absorvidos do pai – tenderão a se tornar reprimidos e afundar no inconsciente se ela adotar um papel feminino mais tradicional.

A parte feminina inconsciente do menino e do homem é o que Jung chama de *anima*; a faceta masculina inconsciente da menina e da mulher é o *animus*. Como são lados de nós enterrados bem fundo, nunca estamos bem conscientes deles na nossa vida cotidiana. Contudo, uma vez que tenhamos nos fascinado com uma pessoa do sexo oposto, a *anima* e o *animus* despertam. A atração que sentimos em relação ao outro pode ser puramente física, mas, na maior parte das vezes, a pessoa que chama a nossa atenção apresenta inconscientemente alguma semelhança – física ou psicológica – com a nossa mãe ou pai. Lembre-se de que esse relacionamento primordial está repleto de uma energia carregada de excitação e de obsessões que são reprimidas, mas que anseiam por escapar. Aquele que ativa essas associações em nós chamará nossa atenção como um ímã, mesmo que não tenhamos consciência da fonte da nossa atração.

Se o relacionamento com a mãe ou com o pai era majoritariamente positivo, tenderemos a projetar no outro as qualidades desejáveis que ele (ou ela) tinha, na esperança de reviver aquele paraíso inicial. Imagine, por exemplo, um jovem cuja mãe o adorava e acalentava. Ele talvez tivesse sido um menino doce e carinhoso, devotado a ela e refletindo essa energia acalentadora, mas reprimiu esses traços em si mesmo ao crescer e se tornar um homem independente com uma imagem masculina a manter. Na mulher que desencadeia uma associação com a mãe dele, ele verá a capacidade de adorá-lo, que é o seu anseio secreto. Esse sentimento de conseguir o que quer intensificará a excitação e a atração física. Ela o suprirá com as qualidades que ele nunca desenvolveu em si mesmo, apaixonando-se pela própria *anima*, na forma da mulher desejada.

Se os sentimentos em relação à mãe ou ao pai eram, na maior parte, ambivalentes (com atenção inconstante), muitas vezes tentaremos consertar o relacionamento original nos apaixonando por alguém que nos lembre da figura materna ou paterna imperfeita, na esperança de que conseguiremos subtrair as qualidades negativas e obter o que nunca tivemos de fato na infância. Se o relacionamento foi majoritariamente negativo, é possível que busquemos alguém com as qualidades opostas às da mãe ou do pai, por vezes de uma natureza sombria. Por exemplo, uma menina cujo pai fosse severo, distante e crítico em demasia talvez tenha o desejo secreto de se rebelar, mas não se atreva. Como uma jovem mulher, ela pode vir a se sentir atraída por um jovem rebelde e não convencional que represente o lado indomado que nunca foi capaz de expressar, e que é o exato oposto do pai. O rebelde é o *animus* dela, agora exteriorizado na forma do jovem.

De qualquer modo, não importa se a associação é positiva, negativa ou ambivalente; emoções poderosas são desencadeadas e, ao nos sentirmos transportados à relação primordial da nossa infância, agimos de maneiras que são por vezes contrárias à identidade que apresentamos. Nós nos tornamos histéricos, carentes, obsessivos, controladores. A *anima* e o *animus* têm as suas próprias personalidades e, por isso, quando despertam, agimos como a personalidade B. Tendo em vista que não estamos de fato nos relacionando com mulheres e homens como eles são, mas, sim, com as nossas próprias projeções, acabaremos nos desapontando com eles, como se fossem culpados de não serem o que havíamos imaginado. O relacionamento muitas vezes tenderá a desmoronar graças a erros de interpretação e comunicação de ambos os lados e, sem termos consciência da fonte disso, passaremos precisamente pelo mesmo ciclo com a próxima pessoa.

Há variações infinitas desses padrões, pois cada um tem circunstâncias e mesclas específicas de masculino e feminino. Por exemplo, há homens mais psicologicamente femininos do que as mulheres, e mulheres mais psicologicamente masculinas do que os homens. Se for heterossexual, o homem se sentirá atraído por mulheres masculinas que têm qualidades que ele nunca desenvolveu em si mesmo. Ele tem mais *animus* do que *anima*. A mulher, por sua vez, se sentirá atraída por homens femininos. Existem muitos desses casais contrassexuais, alguns mais evidentes do que outros, e podem ser bem-sucedidos se ambos conseguirem o que quiserem – um exemplo histórico famoso seria o compositor Frédéric Chopin e a escritora George Sand, em que Sand agia mais como um marido e Chopin como uma esposa. Se forem homossexuais, o homem e a mulher também buscarão as qualidades contrassexuais pouco desenvolvidas dentro de si mesmos. Em geral, o ser humano carece de um equilíbrio, se identificando em excesso com o masculino ou o feminino, e se sentindo atraído pelo absoluto oposto.

A sua tarefa como estudante da natureza humana é tripla: em primeiro lugar, tente observar a *anima* e o *animus* quando estes se manifestarem nos indivíduos, em especial nos relacionamentos íntimos deles. Ao prestar atenção aos comportamentos e padrões nessas situações, você terá acesso ao inconsciente desses indivíduos, o que normalmente lhe é negado. Verá partes que eles reprimiram, e ser capaz de usar esse conhecimento pode ser muito mais útil do que imagina. Preste atenção especial àqueles hipermasculinos ou hiperfemininos. Não há dúvida de que, por baixo da superfície, se esconde uma *anima* bem feminina no homem e um *animus* bem masculino na mulher. Quando as pessoas se excedem ao reprimir as suas qualidades femininas ou masculinas, estas tenderão a escapar em forma caricaturesca.

O homem hipermasculino, por exemplo, será secretamente obcecado por roupas e pela própria aparência. Demonstrará um interesse atípico pelo aspecto das pessoas, inclusive de outros homens, e emitirá julgamentos arrogantes sobre isso. Richard Nixon tentava de forma desesperada projetar uma imagem de macho àqueles que trabalhavam para ele como presidente, mas se preocupava o tempo todo com a cor dos ternos que eles vestiam e as cortinas do escritório. O homem hipermasculino expressará opiniões fortes sobre carros, tecnologia ou política que não são baseadas em conhecimento real, e se tornará bem histérico ao se defender quando lhe chamarem a atenção a esse respeito, com acessos de birra ou fazendo beicinho. Sempre tenta conter as emoções, mas estas muitas vezes têm vida própria. Por exemplo, sem querer, ele se tornará bem sentimental.

A mulher hiperfeminina frequentemente ocultará uma grande dose de raiva e ressentimentos reprimidos em relação ao papel que tem sido forçada a representar. O comportamento sedutor de menina que demonstra diante dos homens é, na verdade, uma artimanha para obter poder, provocar, capturar e ferir o alvo. O lado masculino dela vazará em comportamentos passivo-agressivos, em tentativas de dominar seus relacionamentos com as pessoas de maneiras dissimuladas. Por baixo da fachada doce e obsequiosa, consegue ser bem determinada e crítica em relação aos outros. A sua determinação, sempre velada, transparecerá na teimosia bastante irracional quanto a assuntos mesquinhos.

A sua segunda tarefa é tomar consciência do mecanismo de projeção dentro de você. (Leia sobre alguns tipos comuns de projeção na próxima seção.) As projeções têm um papel positivo a desempenhar na sua vida, e seria impossível impedi-las mesmo que você quisesse, pois são automáticas e inconscientes. Sem elas, você não se veria prestando grande atenção a uma pessoa, tornando-se fascinado por ela, idealizando-a e se apaixonado. Contudo, uma vez que o relacionamento se desenvolva, tenha o poder e a consciência de retirar as projeções, de forma a começar a ver as mulheres e os homens como são de fato. Ao fazer isso, talvez se dê conta de como vocês são, na verdade, altamente incompatíveis, ou o contrário. Depois de se conectar com o indivíduo real, poderá continuar a idealizá-lo, mas isso se dará com base nas qualidades positivas verdadeiras que ele possui. Talvez julgue que os defeitos dele fazem parte do seu charme. Você conseguirá realizar tudo isso ao tomar ciência dos seus próprios padrões e dos tipos de qualidades que tende a projetar sobre os outros.

Isso também é importante no que diz respeito aos relacionamentos com o sexo oposto que não são íntimos. Imagine que, no ambiente de um escritório, um colega critica o seu trabalho ou adia uma reunião que você solicitou. Se essa pessoa calhar de ser do sexo oposto, todos os tipos de emoção – ressentimentos, temores, desapontamentos, hostilidades – serão incitados, junto com várias projeções, ao passo que, com alguém do mesmo sexo, a resposta seria bem menos intensa. Observando essa dinâmica na vida cotidiana, você será mais capaz de controlá-la e ter relações mais sossegadas com aqueles do sexo oposto.

A sua terceira tarefa é olhar para dentro, ver essas qualidades femininas ou masculinas que estão reprimidas e pouco desenvolvidas dentro de você. Flagre vislumbres da sua *anima* ou do seu *animus* nos seus relacionamentos com o sexo oposto. Aquela assertividade que você deseja ver num homem, ou empatia numa mulher, é algo que precisa desenvolver dentro de si, exteriorizando esse subtom feminino ou masculino. Essencialmente, precisa integrar na sua personalidade cotidiana os traços que estão dentro de você, mas reprimidos. Eles não vão mais operar de maneira independente ou automática, na forma de uma possessão, mas se tornarão parte da sua identidade cotidiana, e as pessoas se sentirão atraídas pela autenticidade que perceberão em você. (Veja mais sobre isso na seção final deste capítulo.)

Por fim, quando se trata dos papéis de gênero, gostamos de imaginar uma linha contínua de progresso levando à perfeita igualdade, e acreditar que não estamos longe de atingir esse ideal. Entretanto, isso está distante de ser verdade. Embora, por um lado, estejamos vendo um progresso nítido, por outro, que é mais profundo, há uma tensão e polarização crescentes entre os sexos, como se os velhos padrões de desigualdade entre homens e mulheres exercessem uma influência inconsciente sobre nós.

Essa tensão às vezes se assemelha a uma guerra, e resulta de uma distância psicológica cada vez maior entre os gêneros, com indivíduos do sexo oposto se assemelhando a criaturas alienígenas, com hábitos e padrões de comportamento que não conseguimos nem começar a decifrar. A distância pode se transformar em agressividade entre alguns. Embora isso seja visível tanto em homens como em mulheres, a hostilidade é maior entre os primeiros. Talvez isso esteja relacionado à hostilidade latente que muitos deles sentem em relação à figura materna, e ao sentimento de dependência e fraqueza que ela desencadeia de forma inconsciente. A noção dos homens sobre masculinidade muitas vezes tem uma faceta defensiva que revela inseguranças subjacentes, as quais se tornaram apenas mais agudas com a alteração dos papéis dos gêneros, aumentando a desconfiança entre homens e mulheres.

Esse enfrentamento exterior entre gêneros, porém, é somente o reflexo de um conflito interno não resolvido. Enquanto o aspecto interior feminino ou masculino for negado, a distância exterior só vai crescer. Quando transpusermos internamente essa distância, a nossa atitude em relação ao sexo oposto mudará também. Sentiremos uma conexão mais profunda. Conseguiremos conversar e nos relacionar com o sexo oposto como se fosse parte de nós mesmos. A polaridade ainda existirá e nos levará a sentirmos atração e a nos apaixonarmos, mas agora isso incluirá o desejo de nos aproximarmos do feminino ou do masculino. Isso é bem diferente da polarização entre os gêneros, em que a distância e a hostilidade acabam vindo à tona nos relacionamentos e afastam as pessoas. A conexão interna vai melhorar imensamente a conexão externa, e esse deveria ser o ideal almejado.

A PROJEÇÃO DE GÊNERO – TIPOS

Embora existam variações infinitas, a seguir você encontrará seis dos tipos mais comuns de projeção de gênero. Utilize esse conhecimento de três maneiras: em primeiro lugar, reconheça em si mesmo qualquer tendência em direção a uma dessas formas de projeção, o que o ajudará a obter um entendimento profundo sobre os seus primeiros anos de vida e tornará muito mais fácil remover as suas projeções sobre os outros. Em segundo lugar, empregue isso como uma ferramenta inestimável para obter acesso ao inconsciente dos outros, para lhes ver a *anima* e o *animus* em ação.

E, por fim, preste atenção à maneira como as pessoas projetarão em você as fantasias e necessidades delas. Tenha em mente que, quando é o alvo das projeções de outros, a tentação é querer estar à altura da idealização que eles têm de você, de ser a fantasia deles. Você vai se deixar levar pela excitação e querer acreditar que é tão maravilhoso, forte ou empático quanto imaginam. Sem se dar conta, começará a desempenhar o papel que eles querem, tornando-se a figura materna ou paterna pela qual anseiam. É inevitável, porém, que passe a se ressentir disso – você não conseguirá ser você mesmo; não será apreciado pelas suas qualidades verdadeiras. É melhor ter consciência dessa dinâmica antes que ela o faça prisioneiro.

O romântico diabólico. Para a mulher nessa situação, o homem que a fascina (em geral, mais velho e bem-sucedido) talvez pareça um libertino, o tipo que não consegue deixar de paquerar jovens moças. No entanto, ele também é romântico e, quando se apaixona, a cobre de atenção. Ela decide seduzi-lo e se torna o alvo da sua atenção. Encenará as fantasias dele. Como ele não vai querer mudar e constituir uma família com ela? A mulher se deleitará no amor dele. Entretanto, de algum modo, ele não é tão forte, masculino ou romântico quanto ela o imaginou. É um pouco absorto em si mesmo. Ela não obtém a atenção desejada, ou esta não dura muito tempo. Ele não vai mudar, e por isso ele a abandona.

Essa é uma projeção comum em mulheres que tiveram relacionamentos intensos, até provocantes, com o pai, o qual muitas vezes considera a esposa entediante e a jovem filha mais encantadora e divertida. Voltando-se para a garota em busca de inspiração, a deixa viciada na sua atenção e adepta a representar o papel do tipo de menina que o papai quer. Isso dá a ela uma sensação de poder; torna-se seu objetivo de vida recapturar essa atenção. Qualquer associação com a figura paterna incitará o mecanismo de projeção, e ela inventará ou exagerará a natureza romântica do homem.

Um exemplo básico desse tipo seria Jacqueline Kennedy Onassis. O pai dela, Jack Bouvier, adorava as duas filhas, mas Jacqueline era a favorita. Jack era perigosamente bonito e arrojado, um narcisista obcecado com o próprio corpo e com as roupas elegantes que vestia. Considerava-se um machão que gostava de correr riscos, mas, sob essa fachada, era na verdade bem feminino em seus gostos e totalmente imaturo. Era um mulherengo notório. Tratava Jackie mais como uma companheira de brincadeiras e como amante do que como filha. Para Jackie, ele era incapaz de fazer algo errado. Ela sentia um orgulho perverso pela popularidade dele entre as mulheres. Nas brigas frequentes entre a mãe e o pai, ela sempre ficava do lado dele. Em comparação com o pai divertido, a mãe era rígida e puritana.

Passando tanto tempo com ele, mesmo após o divórcio dos pais, e pensando nele o tempo todo, Jackie absorveu de modo profundo a energia e o espírito dele. Quando moça, voltou toda a atenção a homens mais velhos, poderosos e pouco convencionais, com quem poderia recriar o papel que desempenhou com o pai – sempre a menininha que precisa do seu amor, mas também bastante provocante. E sempre se desapontava com aqueles que escolhia. John F. Kennedy foi o mais próximo do seu ideal, pois em tantos aspectos ele era bem como seu pai em aparência e espírito. Kennedy, porém, nunca lhe daria a atenção pela qual ela ansiava. Era absorto demais em si mesmo, ocupado em casos com outras mulheres. Não era bem o tipo romântico. Ela se sentia constantemente frustrada com esse relacionamento, mas estava presa a esse padrão, mais tarde se casando com Aristotle Onassis, mais velho, pouco convencional e de grande poder, e que parecia altamente elegante e romântico, mas que a trataria de maneira horrível e a trairia o tempo todo.

As mulheres nessa situação foram aprisionadas pela atenção que receberam do pai na infância. Precisam ser sempre encantadoras, inspiradoras e provocantes a fim de atrair os holofotes mais tarde. O *animus* delas é sedutor, mas com uma faceta agressiva e masculina, por terem absorvido tanto da energia do pai. Entretanto, estão numa busca contínua por um homem que não existe. Mesmo que este fosse de todo atencioso e incansavelmente romântico, elas se entediariam. Ele lhes pareceria fraco demais. Sentem-se, no fundo, atraídas pelo lado demoníaco do homem que fantasiam e pelo narcisismo que lhe é inerente. E se ressentirão, com o passar dos anos, da quantidade de energia que precisam gastar para atender às fantasias dele e pelo quão pouco ganham com isso. Essas mulheres só conseguirão escapar dessa armadilha se enxergarem o padrão em si, pararem de mitificar o pai e se concentrarem, em vez disso, nos danos que ele causou com a atenção inapropriada que lhes prestou.

A mulher elusiva da perfeição. Ele acredita ter encontrado a mulher ideal, que lhe dará aquilo que faltava nos relacionamentos anteriores: alguma rebeldia, ou conforto e compaixão, ou uma fagulha criativa. Embora tenha se encontrado poucas vezes com ela, imagina toda espécie de experiências positivas ao seu lado. Quanto mais pensa nela, mais certeza tem de que não seria capaz de viver sem essa mulher. Ao ouvi-lo falar dessa pessoa perfeita, você notará que não há muitos detalhes concretos sobre o que a torna assim. Se ele conseguir formar um relacionamento com ela, logo se sentirá desencantado. Ela não é o que ele havia imaginado; o enganou. Esse homem, então, passa a projetar a sua fantasia na mulher seguinte.

Essa é uma forma comum de projeção dos homens. Contém todos os elementos que ele acredita nunca ter recebido da mãe e das outras mulheres em sua vida. O seu par ideal lhe assombrará os sonhos, e não lhe surgirá na forma de alguém que conhece; é uma mulher criada na sua imaginação – muitas vezes jovem, elusiva, mas prometendo algo formidável. Na vida real, certos tipos de mulher tenderão a incitar essa projeção. Costuma ser bem difícil de definir e se encaixa no que Freud chamava de mulher narcisista – independente, que não precisa de um homem nem de ninguém para completá-la. Talvez seja essencialmente um pouco fria e pareça uma tela em branco na qual os homens podem projetar o que quiserem. Ou pareçam ter um espírito livre, cheio de energia criativa, mas sem um senso claro da identidade própria. Para os homens, serve como uma musa, uma centelha brilhante para a imaginação deles, um chamariz que os faz libertarem a própria mente enrijecida.

Os homens predispostos a essa projeção muitas vezes tiveram mães que não estavam de todo presentes para eles, talvez esperando que o filho desse a *ela* a atenção e validação que não obtinha do marido. Por causa dessa inversão, quando o menino se torna um homem, ele sente dentro de si um grande vazio que precisa preencher de maneira constante. Não consegue verbalizar com exatidão o que quer ou do que sente falta, o que leva à vagueza da sua fantasia. Passará a vida procurando por essa figura elusiva e nunca se acertará com uma mulher de carne e osso: a próxima será a mulher perfeita. Caso se apaixone pelo tipo narcisista, repetirá o problema que vivenciou com a mãe, enamorando-se de uma pessoa que não é capaz de lhe dar o que ele quer. A própria *anima* dele é um pouco sonhadora, introspectiva e temperamental, que é o comportamento que ele tenderá a exibir quando se apaixonar.

Esse tipo de homem precisa reconhecer a natureza desse padrão; na verdade, tem de encontrar e interagir com uma mulher real, lhe aceitar os defeitos inevitáveis e lhe dar mais de si mesmo. Costuma preferir ir à caça da fantasia, porque nessa situação estará no controle e terá a liberdade de partir quando a realidade se instalar. Para romper o padrão, deverá desistir de parte desse controle. Quando se trata da necessidade de ter uma musa, precisa aprender a encontrar essa inspiração em si mesmo, expondo mais da *anima* que tem dentro de si. Ele está alienado demais do seu próprio espírito feminino e tem de libertar os seus processos de pensamento. Sem precisar da rebeldia da mulher das suas fantasias, ele se relacionará melhor com as mulheres reais em sua vida.

O rebelde adorável. Para a mulher que se sente atraída por esse tipo, o homem que a intriga tem um desdém notável pela autoridade. Ele é um não conformista e, diferentemente do romântico diabólico, costuma ser jovem e não tão bem-sucedido. Tenderá também a não pertencer ao círculo habitual de conhecidos dela. Ter um relacionamento com ele seria uma espécie de tabu – com certeza, o pai dela não aprovaria, e talvez nem mesmo os amigos ou colegas. Se um relacionamento passa a existir, porém, ela verá um lado bem diferente dele: não consegue manter um bom emprego não por ser um rebelde, mas por preguiça e ineficácia; apesar das tatuagens e da cabeça raspada, é bastante convencional, controlador e dominador. O relacionamento será rompido, mas a fantasia sobreviverá.

A mulher com essa projeção muitas vezes tem um pai forte e patriarcal que era distante e rígido, representando a ordem, as regras e as convenções. Era bastante crítico da filha, que nunca era boa, bonita ou inteligente o bastante. Ela internalizou essa voz e a escuta em sua cabeça o tempo todo. Quando menina, sonhava em se rebelar ou se afirmar contra o controle do pai, mas logo se viu reduzida a obedecer e fazer o papel de filha obsequiosa. O desejo de se rebelar foi reprimido e passou para o *animus*, que é bastante raivoso e ressentido. Em vez de desenvolver a rebeldia nela mesma, tenta exteriorizá-la na forma do homem rebelde. Caso note uma figura masculina que possa ser assim, com base na aparência, ela projetará fantasias que são intensas e sexuais. Muitas vezes escolherá um homem relativamente jovem porque isso o torna menos ameaçador, menos patriarcal. No entanto, a juventude e imaturidade tornam quase impossível a formação de um relacionamento estável, e o lado raivoso dela virá à tona e se sentirá desencantada.

Uma vez que uma mulher reconheça que é propensa a essa projeção, deve aceitar este fato simples: o que ela quer de verdade é desenvolver em si mesma a independência, a assertividade e o poder de desobedecer. Nunca é tarde demais para fazê-lo, mas essas qualidades precisam ser construídas e desenvolvidas passo a passo, com desafios diários em que pratique dizer não, quebre algumas regras etc. Ao se tornar mais assertiva, poderá começar a ter relacionamentos que sejam mais iguais e satisfatórios.

A mulher caída. Para o homem em questão, a mulher que o fascina parece tão diferente daquelas que ele já conheceu. Talvez venha de outra cultura ou classe social, ou não seja tão educada quanto ele; talvez haja algo de dúbio sobre o seu caráter ou passado. Com certeza, é menos contida em termos físicos do que a maioria das mulheres. Ele a considera terrena – ela dá a impressão de precisar de proteção, educação e dinheiro – e ele a resgatará e elevará. No entanto, de algum modo, quanto mais se aproxima dela, menos as coisas se desenrolam como ele esperava.

Em *Do lado de Swann*, primeiro volume do romance *Em busca do tempo perdido*, de Marcel Proust, o protagonista, Charles Swann – baseado numa pessoa real –, é um esteta, um conhecedor das artes. É também um Don Juan com um medo mortal de qualquer relacionamento ou forma de compromisso. Seduziu muitas mulheres da classe dele, até que conhece Odette, que veio de um círculo social bem diferente. Ela é inculta, um pouco vulgar, e alguns a chamariam de cortesã. Ela o intriga. Certo dia, ao analisar a reprodução de uma cena bíblica de um afresco de Botticelli, decide que ela o lembra de uma mulher na pintura. Agora se sente fascinado e começa a idealizá-la. Odette deve ter tido uma vida difícil, e merece algo melhor. Apesar do medo de compromissos, ele se casará com ela e a educará a respeito dos aspectos mais refinados da vida. O que não compreende é que ela não se assemelha em nada à mulher sobre a qual está fantasiando. É extremamente inteligente e determinada, muito mais forte do que ele, e acabará transformando-o em seu escravo passivo e continuará a ter casos com outros homens e mulheres.

Os homens desse tipo costumam ter figuras maternas fortes na infância. Eles se tornam meninos bons e obedientes, alunos excelentes na escola. Sentem-se atraídos de maneira consciente por mulheres cultas, por aquelas que parecem boas e perfeitas. No entanto, inconscientemente, são seduzidos pelas imperfeitas, más ou de caráter dúbio. No fundo, anseiam pelo oposto deles mesmos. É a divisão clássica entre mãe/prostituta – querem a figura da mãe como esposa, mas sentem uma atração física muito mais forte pela prostituta, a mulher caída, o tipo que gosta de exibir o corpo. Reprimiram o aspecto brincalhão, sensual e terreno do próprio caráter quando eram meninos. São rígidos e civilizados demais. A única forma pela qual conseguem se relacionar com essas qualidades é por meio de mulheres que aparentam ser tão diferentes deles mesmos. Como Swann, descobrem um jeito de idealizá-las com alguma referência erudita que não tem nenhuma relação com a realidade. Projetam nelas fraqueza e vulnerabilidade, convencendo-se de que as querem ajudar e proteger. Contudo, o que os atrai de verdade são o perigo e os prazeres indecentes que elas parecem prometer. Subestimando a força delas, muitas vezes acabam se tornando peões dessas mulheres. A *anima* deles é passiva e masoquista.

Os homens que praticam esse tipo de projeção precisam desenvolver os lados menos convencionais do próprio caráter. Devem sair da zona de conforto e tentar sozinhos novas experiências, desafios e até um pouquinho de perigo que os ajude a relaxar. Talvez necessitem assumir mais riscos no trabalho. Também têm de desenvolver o lado mais físico e sensual do caráter. Sem terem que buscar no tipo da mulher caída aquilo pelo qual anseiam, serão capazes de começar a realmente satisfazer os seus desejos com qualquer tipo de mulher, sem esperar de forma passiva que ela os desencaminhe, mas iniciando de modo ativo os seus prazeres secretos.

O homem superior. Ele dá a impressão de ser brilhante, talentoso, forte e estável. Irradia autoconfiança e poder. Poderia ser um empresário eminente, um professor universitário, um artista, um guru. Embora seja mais velho e não muito atraente em termos físicos, a sua autoconfiança lhe dá uma aura atrativa. Para a mulher que se fascina com esse tipo, um relacionamento com ele lhe daria uma sensação indireta de força e superioridade.

No romance *Middlemarch: um estudo da vida provinciana* (1872), de George Eliot, a órfã Dorothea Brooke (criada pelo tio abastado) tem 19 anos, é muito bonita e seria um ótimo partido. De fato, um jovem chamado Sir James Chettam a está cortejando. Contudo, certa noite, ela encontra Edward Causabon, um rico proprietário de terras, bem mais velho, que devotou a vida a atividades acadêmicas, e ele a intriga. Ela começa a lhe dar atenção e ele a corteja, para o horror da irmã e do tio de Dorothea. Para ambos, Causabon é feio, com verrugas no rosto e a tez pálida. Faz muito barulho ao mastigar, e fala muito pouco. Dorothea, porém, acredita que ele está muito acima das outras pessoas para se preocupar com a etiqueta. Seu rosto é cheio de uma qualidade espiritual. Fala pouco porque ninguém o entenderia. Casar-se com ele seria como se casar com Pascal ou Kant. A garota aprenderia grego e latim, e o ajudaria a completar a sua grande obra-prima, *A chave para todas as mitologias*. E ele ajudaria a educá-la e elevá-la; seria o pai de quem, inconscientemente, sentia falta. Apenas depois de se casarem, Dorothea descobre a verdade: ele está morto por dentro, é muito controlador e a vê como uma secretária especial. Ela se torna prisioneira de um casamento sem amor.

Embora os detalhes de um relacionamento sejam bem diferentes hoje, esse tipo de projeção é bem comum entre as mulheres. Resulta de sentimentos de inferioridade. A mulher, nesse caso, interiorizou as vozes do pai e de outros que a criticaram, lhe baixando a autoestima ao lhe dizerem quem ela é e como deve se comportar. Sem ter jamais desenvolvido a própria força ou autoconfiança, tende a procurar por essas qualidades nos homens e exagerar quaisquer traços delas. Muitos daqueles que se sentem atraídos por ela lhe percebem a baixa autoestima e consideram isso encantador. Gostam da atenção adoradora de uma mulher, em geral mais jovem, a quem podem comandar e controlar. Isso seria o caso clássico do professor seduzindo a aluna. Como é raro que esses homens sejam de fato tão brilhantes, inteligentes e autoconfiantes quanto ela imagina, a mulher ou se desaponta e vai embora, ou permanece aprisionada pela sua própria baixa autoestima, cedendo às manipulações deles e se culpando por quaisquer problemas.

O que essa mulher precisa fazer primeiro é compreender que a fonte da sua insegurança são as opiniões críticas dos outros, as quais ela aceitou e internalizou. Não resulta de uma falta inerente de inteligência ou valor. Ela deve trabalhar de forma ativa para desenvolver a assertividade e autoconfiança por meio de ações – assumir projetos, iniciar um negócio, aprender um ofício. Em relação aos homens, deve se ver naturalmente igual a eles, com o mesmo potencial para força e criatividade que eles têm, ou até mais. Com uma autoconfiança genuína, será capaz de medir o valor e caráter verdadeiros dos homens que vier a conhecer.

A mulher para adorá-lo. Ele é determinado e ambicioso, mas tem uma vida difícil. O mundo lá fora é cruel e impiedoso, e não é fácil encontrar qualquer conforto. Sente que lhe falta algo, até que surge uma mulher que lhe é atenciosa, calorosa e cativante. Ela parece admirá-lo, completá-lo e confortá-lo. Esse homem se sente irresistivelmente atraído a ela e à energia dela. No entanto, à medida que o relacionamento se desenvolve, ela não parece mais tão simpática e atenciosa.

Com certeza parou de admirá-lo, e ele conclui que foi enganado ou que ela mudou. Uma traição dessas o deixa furioso.

Essa projeção do homem em geral resulta de um tipo específico de relacionamento com a mãe – esta adora o filho e o inunda de atenção. Talvez isso seja uma compensação por nunca ter conseguido o que queria do marido, enchendo o filho de autoconfiança. Ele se torna viciado nessa atenção e anseia pela presença calorosa e envolvente da mãe, que é o que ela quer.

Quando cresce, costuma se tornar bem ambicioso, sempre tentando se mostrar à altura das expectativas da mãe. Esforça-se bastante, escolhe um determinado tipo de mulher para almejar, e então a posiciona sutilmente de maneira que ela interprete o papel de mãe – confortando-o, adorando-o e lhe inflando o ego. Em muitos casos, a mulher acabará compreendendo que foi manipulada e se ressentirá disso. Deixará de ser tão gentil e obsequiosa. Ele a culpará por ter mudado, mas, na verdade, é ele que está projetando qualidades que nunca estiveram lá de fato e tentando fazê-la se conformar às suas expectativas. A ruptura subsequente será muito dolorosa para o homem, pois ele havia investido a energia dos seus primeiros anos de vida e sentirá que a figura materna o abandonou. Mesmo que tenha sucesso em fazer a mulher interpretar esse papel, ele mesmo se ressentirá da própria dependência em relação a ela, a mesma dependência e ambivalência que sentia quanto à mãe. Talvez sabote o relacionamento ou se afaste. A *anima* dele tem uma faceta severa e recriminadora, sempre pronta para se queixar e culpar os outros.

O homem, neste caso, precisa enxergar o padrão desses relacionamentos da sua vida. Isso deveria sinalizar a ele a necessidade de desenvolver por dentro mais das qualidades maternas que ele projeta nas mulheres. Deve ver a natureza da sua ambição como um produto do desejo de agradar a mãe e estar à altura das expectativas dela. Tende a se esforçar demais. Precisa aprender a confortar e acalentar a si mesmo, a se afastar de tempos em tempos, e se satisfazer com as próprias conquistas. Precisa ser capaz de cuidar de si. Isso melhorará de maneira drástica os seus relacionamentos. Ele dará mais, em vez de esperar que o adorem e tomem conta dele. E se relacionará com as mulheres como elas são; no fim, estas talvez acabem se sentindo inconscientemente impelidas a oferecer mais do conforto de que ele necessita, sem serem forçadas a isso.

O HOMEM E A MULHER ORIGINAIS

A experiência comum para nós, seres humanos, é que a certo ponto da vida – em geral, em torno dos 50 anos de idade – passamos pelo que é conhecido como a crise da meia-idade. O nosso trabalho se tornou mecânico e sem graça. Os nossos relacionamentos íntimos perderam a excitação e a energia. Ansiamos por mudanças, e as buscamos por meio de uma nova carreira ou relacionamento, algumas experiências novas, até mesmo algum perigo. Essas mudanças talvez nos deem uma sacudida terapêutica de curto prazo, mas deixam a fonte real do problema intocada, e o mal-estar voltará.

Examinemos esse fenômeno por um ângulo diferente – como uma crise de identidade. Quando crianças, tínhamos uma noção bem fluida de quem éramos. Absorvíamos a energia de todos e de tudo em redor. Sentíamos uma gama bem ampla de emoções e estávamos abertos a experiências. Entretanto, na juventude, tivemos de moldar uma identidade social que fosse coesa e que nos permitisse nos encaixarmos num grupo. Para tanto, tivemos que podar e estreitar o nosso espírito livre. E muito desse estreitamento girou em torno dos papéis de gênero. Precisamos reprimir os aspectos masculinos ou femininos de nós mesmos, a fim de sentir e apresentar uma identidade mais consistente.

No fim da adolescência e nos primeiros anos da fase adulta, ajustamos de forma contínua essa identidade a fim de nos encaixarmos – ainda é um trabalho em andamento, e extraímos algum prazer da construção dessa identidade. Sentimos que a nossa vida pode partir em muitas direções, e muitas possibilidades nos encantam. Contudo, à medida que o tempo passa, o papel do gênero que interpretamos se torna cada vez mais fixo, e começamos a perceber que perdemos algo essencial, que somos quase estranhos em relação a quem éramos na juventude. As nossas energias criativas acabaram. É natural que busquemos do lado de fora a fonte dessa crise, mas ela vem de dentro. Nós nos tornamos desequilibrados, identificados de modo rígido demais com o nosso papel e com a máscara que apresentamos aos outros. A nossa natureza original incorporou mais das qualidades que absorvemos da mãe ou do pai, e dos traços do sexo oposto que são biologicamente parte de nós. A certa altura, nos rebelamos por dentro contra a perda do que é, de maneira tão essencial, uma parte de nós.

Em culturas primitivas em todo o mundo, a mulher ou o homem mais sábio da tribo era o xamã, o curandeiro capaz de se comunicar com o mundo dos espíritos. O homem xamã tinha uma mulher, ou esposa interior, a quem escutava com atenção e que o guiava. A mulher xamã tinha o marido interior. O poder dos xamãs vinha da profundidade da comunicação com essa figura interna, que era sentida como uma mulher ou homem real que vinha de dentro. A figura do xamã reflete uma verdade psicológica profunda à qual os nossos ancestrais mais primitivos tinham acesso. Na realidade, nos mitos de muitas culturas antigas – persa, hebraica, grega, egípcia –, acreditava-se que os seres humanos originais eram masculinos e femininos ao mesmo tempo; isso os tornava tão poderosos que os deuses os temiam e, por isso, os dividiram em dois.

Entenda: o retorno à sua natureza original contém um poder elementar. Ao se relacionar mais com as partes naturais femininas ou masculinas dentro de si, você desencadeará uma energia que tem sido reprimida; a sua mente vai recuperar a fluidez natural; você alcançará um entendimento e relações melhores com aqueles do sexo oposto, e, ao se livrar da atitude defensiva que mantém a respeito do seu papel de gênero, se sentirá seguro com quem você é. Esse retorno requer que brinque com estilos de pensar e de agir que sejam mais masculinos ou femininos, dependendo do seu desequilíbrio. Contudo, antes de descrever esse processo, precisamos primeiro lidar com um preconceito humano enraizado a fundo sobre o masculino e o feminino.

Por milênios, têm sido os homens que, em grande medida, definiram os papéis masculinos e femininos, e que impuseram julgamentos de valores sobre eles. Os estilos femininos de pensar eram associados à irracionalidade, e as formas femininas de agir eram vistas como fracas e inferiores. Podemos ter progredido externamente em termos da desigualdade entre os gêneros, mas por dentro esses julgamentos ainda têm raízes profundas em nós. O estilo masculino de pensar é ainda avaliado como superior, e a feminilidade continua sendo vista como suave e fraca. Muitas mulheres interiorizaram esses julgamentos, sentindo que ser igual significa ser capaz de serem tão fortes e agressivas quanto os homens. No entanto, o que é de fato necessário no mundo moderno é que o masculino e o feminino sejam vistos como iguais no seu potencial para o poder de raciocínio e força de ação, porém de modos diferentes.

Digamos que existam estilos femininos e masculinos em se tratando de pensar, agir, aprender a partir de experiências e se relacionar com outras pessoas, os quais têm se refletido no comportamento de homens e mulheres por milhares de anos. Alguns estão ligados a diferenças psicológicas; outros resultam majoritariamente da cultura. Com certeza existem homens com estilos mais femininos e mulheres com estilos mais masculinos, mas quase todos nós temos um desequilíbrio que pende para um lado ou para o outro. A nossa tarefa é nos abrirmos para o oposto. Temos apenas a nossa rigidez a perder.

Os estilos masculino e feminino de pensar. O pensamento masculino tende a se concentrar no que separa os fenômenos uns dos outros e a categorizá-los. Busca contrastes entre os elementos a fim de rotulá-los melhor. Quer desmontar as coisas, como uma máquina, e analisar as partes distintas que formam o todo. O processo de raciocínio é linear, descobrindo a sequência de passos que levam a um evento. Prefere observar a partir de fora, com um distanciamento emocional. A maneira masculina de pensar tende pela especialização, por escavar mais fundo em busca de algo específico. Sente prazer ao descobrir a ordem dos fenômenos. Constrói estruturas complexas, seja num livro ou nos negócios.

O pensamento feminino se orienta de um jeito diferente. Gosta de se concentrar no todo, no modo como as partes se conectam umas às outras, na estrutura total. Ao observar um grupo de pessoas, quer ver como elas se relacionam umas com as outras. Em vez de congelar os fenômenos no tempo a fim de examiná-los, concentra-se no processo orgânico em si, em como uma coisa se transforma em outra. Ao resolver um quebra-cabeça, o estilo feminino prefere meditar sobre vários aspectos, absorver os padrões e deixar que as respostas ou soluções venham ao indivíduo com o tempo, como se precisassem ser cozinhadas. Essa forma de pensamento leva a descobertas quando as conexões ocultas entre os elementos de repente se tornam visíveis em vislumbres intuitivos. Em vez da especialização, ela tem mais interesse em como campos ou formas de conhecimento diferentes conseguem se conectar uns aos outros. Ao estudar outra cultura, por exemplo, vai querer se aproximar mais dela, entender como é vivenciada por dentro. É mais sensível às informações extraídas dos sentidos, não somente do raciocínio abstrato.

Por tempo demais o estilo masculino tem sido visto como mais racional e científico, mas isso não reflete a realidade. Todos os maiores cientistas da história apresentam uma mescla poderosa dos estilos masculino e feminino. As maiores descobertas do biólogo Louis Pasteur resultaram da sua habilidade de abrir a mente para o maior número de explicações possível, de deixá-las cozinhando a fim de enxergar as conexões entre fenômenos de larga amplitude. Einstein atribuiu todas as suas maiores descobertas a intuições, em que longas horas de raciocínio deram lugar a introspecções súbitas sobre a interconexão de certos fatos. A antropóloga Margaret Mead utilizou os modelos abstratos mais recentes da sua época para analisar com rigor as culturas indígenas, mas combinou isso com meses vivendo em meio a essas culturas e obtendo uma perspectiva a partir de uma posição interior.

Nos negócios, Warren Buffett é o exemplo de alguém que mescla os dois estilos. Ao considerar se deve comprar uma empresa, ele a divide nas partes que a compõem e as analisa em profundidade estatística, mas também tenta obter uma noção de sua estrutura total, de como os funcionários se relacionam entre si, do espírito de grupo incutido pelo homem ou mulher na chefia – muitos dos elementos intangíveis que a maioria dos empresários ignora. Ele estuda a empresa tanto do lado de fora como de dentro.

Quase todas as pessoas se inclinam mais em direção a um dos estilos de pensamento. O que você deve fazer é criar um equilíbrio ao se inclinar mais na direção oposta. Se pender para o lado masculino, amplie os campos que você estuda, encontrando conexões entre formas diferentes de conhecimento. Ao procurar por soluções, considere mais possibilidades, devote mais tempo ao processo deliberativo e permita-se associações mais livres. Leve a sério as intuições que lhe vierem depois de muita deliberação, e não descarte o valor das emoções no pensamento. Sem uma sensação de entusiasmo e inspiração, o seu pensamento pode se tornar estagnado e sem vida.

Se você pende mais para a direção feminina, precisa ser capaz de se concentrar e se aprofundar em problemas específicos, contendo o impulso de expandir a sua pesquisa e se envolver em muitas tarefas ao mesmo tempo. Encontre prazer em penetrar num único aspecto de um problema. Reconstruir uma cadeia causal e refiná-la de maneira contínua dará profundidade ao seu pensamento. Você tende a ver estrutura e ordem como tediosas, dando ênfase maior à expressão de uma ideia e a se sentir inspirado por ela. Em vez disso, extraia prazer da atenção intensa devotada à estrutura de um livro, de um argumento ou um projeto. Ser criativo e claro quanto à estrutura dará ao seu material o poder de influenciar as pessoas. Às vezes você precisará ganhar uma distância emocional maior a fim de entender um problema, e deverá se forçar a fazer isso.

Os estilos masculino e feminino de agir. Quando se trata de agir, a tendência masculina é avançar, explorar a situação, atacar e vencer. Se houver obstáculos no trajeto, tentará forçar o caminho, num desejo que foi expressado de maneira apropriada por Aníbal, líder militar da Antiguidade: "Encontrarei um caminho, ou abrirei um". Extrai prazer ao permanecer na ofensiva e assumir riscos. Prefere manter a independência e o espaço para manobras.

Ao enfrentar um problema ou a necessidade de agir, o estilo feminino costuma preferir se afastar a princípio da situação imediata e contemplar as opções com maior cuidado. Com frequência, procura por maneiras de evitar o conflito, de apaziguar as relações, de vencer sem ter que partir para a batalha. Às vezes, a melhor ação é a inação – deixar a dinâmica correr sozinha a fim entendê-la melhor; deixar que o inimigo se enforque com as próprias ações agressivas.

Esse era o estilo da rainha Elisabete I, cuja estratégia primordial era esperar para ver: diante de uma invasão iminente da imensa Armada Naval espanhola, ela decidiu não se comprometer com nenhuma estratégia até saber com exatidão quando a Armada seria lançada e as condições climáticas do momento, esforçando-se para retardar o seu avanço e deixar que o mau tempo a destruísse, com perda mínima de vida para os ingleses. Em vez de partir para o ataque, o estilo feminino prepara armadilhas ao inimigo. A independência não é um valor essencial da ação; na verdade, é melhor se concentrar em relacionamentos interdependentes e em como um movimento poderia ferir um aliado e prejudicar uma aliança num efeito cascata.

No Ocidente, o estilo feminino de tecer estratégias e agir é julgado instintivamente como fraco e tímido. Em outras culturas, porém, é visto de maneira bem diferente. Para os estrategistas chineses, a *wu-wei*, ou a inação, é muitas vezes o ápice da sabedoria, e a ação agressiva é um sinal de estupidez, já que diminui o número de opções. Há, na realidade, uma força tremenda contida no estilo feminino – paciência, adaptabilidade e flexibilidade. Para o grande guerreiro samurai Miyamoto Musashi, a habilidade de recuar e aguardar, permitindo que o adversário se cansasse mentalmente antes de contra-atacar, era crucial para o sucesso.

Aqueles com inclinação masculina e agressiva obteriam o equilíbrio ao se treinarem para recuar antes de se decidir por qualquer ação. Considere a possibilidade de que é melhor esperar para ver como os eventos transcorrerão, ou até mesmo não esboçar nenhuma reação. Agir sem uma ponderação adequada revela fraqueza e falta de autocontrole. Para conseguir o equilíbrio, tente sempre considerar os relacionamentos interdependentes em que estiver envolvido e como cada grupo ou indivíduo será afetado por qualquer ação. Caso se descubra bloqueado na carreia profissional mais tarde na vida, vai precisar aprender o poder de se afastar e refletir sobre quem você é, quais são as suas necessidades, forças e fraquezas, e quais são os seus interesses verdadeiros antes de tomar qualquer decisão importante. Isso talvez exija semanas ou meses de introspecção. Alguns dos maiores líderes da história apuraram as suas melhores ideias na prisão. Como diriam os franceses, *reculer pour mieux sauter* ("recuar para dar um salto melhor").

Para os de estilo feminino, é melhor se acostumar a graus variados de conflito e confrontação, de modo que qualquer evasão seja estratégica, e não produto do medo. Isso requer passos miúdos, enfrentando as pessoas em pequenos aspectos de situações cotidianas antes de lidar com conflitos maiores. Abandone a necessidade de sempre ponderar os sentimentos da outra parte; às vezes, há indivíduos ruins que precisam ser derrotados, e ser empático a eles só lhes aumenta o poder. Você precisa se sentir confortável dizendo "não" e recusando os pedidos dos outros. Às vezes, quando tenta amainar uma situação, não é por empatia ou estratégia, mas pela aversão à ideia de desagradar. Você se treinou para ser obsequioso, e precisa se livrar desse impulso. Deve se reconectar ao espírito ousado e aventureiro que já teve um dia e ampliar as suas opções estratégicas tanto na ofensiva como na defensiva. Às vezes, você pensa demais e cogita opções demais. Agir apenas por agir pode ser algo terapêutico, e agir de forma agressiva pode confundir os seus adversários.

Os estilos masculino e feminino de autoavaliação e aprendizado. Como alguns estudos têm demonstrado, quando os homens cometem erros, eles tendem a olhar para fora e encontrar outras pessoas ou circunstâncias a quem culpar. A noção de identidade dos homens está atrelada de maneira profunda ao seu sucesso, e eles não gostam de olhar para o interior caso venham a fracassar. Isso torna difícil que aprendam com os seus erros. Por outro lado, tenderão a sentir que são completamente responsáveis por qualquer sucesso na vida. Isso os cegará para o elemento da sorte e para o auxílio que obtiveram de outros, o que lhes alimentará as tendências à grandiosidade (veja mais sobre isso no Capítulo 11). De maneira análoga, se houver algum problema, o estilo masculino é o do tentar resolvê-lo sozinho – pedir ajuda seria uma admissão de fraqueza. Em geral, os homens superestimam as próprias habilidades e demonstram uma autoconfiança nelas, mas estas, com frequência, não são justificadas pelas circunstâncias.

Para as mulheres, é o oposto: quando há um fracasso, tendem a culpar a si mesmas e olhar para dentro. Se houver sucesso, elas são mais propensas a examinar o papel que outros tiveram ao ajudá-las. Consideram fácil pedir assistência; não veem isso como um sinal de inadequação pessoal. Tendem a subestimar as próprias habilidades e são menos predispostas à autoconfiança grandiosa que costuma mover os homens.

Para aqueles com estilo masculino, quando se trata de aprender e se aprimorar, é melhor reverter a ordem – olhar para dentro ao cometer erros, e para fora quando obtiver sucesso. Poderá ser muito benéfico abandonar a noção de que o seu ego é o maior responsável pelo sucesso de cada ação ou decisão que tomar. Desenvolva essa inversão como um hábito. Não tenha medo de pedir a ajuda ou a opinião de outros; ao contrário, torne isso um hábito também. A fraqueza vem da inabilidade de fazer perguntas e aprender. Reduza a sua auto-opinião. Você não é tão fantástico ou habilidoso quanto imagina. Isso o incitará a se aprimorar *de verdade*.

Para aqueles com o estilo feminino, é fácil se condenar após fracassos ou erros. A introspecção pode ir longe demais. Podemos dizer o mesmo da atribuição do sucesso a outros. As mulheres, mais do que os homens, sofrerão de baixa autoestima, o que não é algo natural, mas adquirido. Elas muitas vezes interiorizam as vozes críticas dos demais. Jung as chamava de *vozes do animus*: todos os homens que julgaram as mulheres por sua aparência e inteligência ao longo de sua vida. Você deve flagrar essas vozes quando elas se fizerem ouvir, e se livrar delas. Como os fracassos e as críticas podem afetá-lo de maneira profunda demais, você talvez passe a ter medo de tentar de novo, o que vai reduzir as suas possibilidades de aprendizado. Adote mais da autoconfiança masculina, sem a estupidez que a acompanha. Nos seus encontros cotidianos, tente abandonar ou minimizar as suas respostas emocionais aos acontecimentos, e os observe a partir de uma distância maior. Você estará se treinando para não levar as coisas para o lado pessoal.

Os estilos masculino e feminino de liderança e de se relacionar com as pessoas. Assim como com os chimpanzés machos, numa situação de grupo, o estilo masculino é exigir um líder, e ou aspirar a esse papel ou obter o poder ao se tornar o seguidor mais leal.

Os líderes designarão vários subalternos para lhes cumprir as ordens. Os homens formam hierarquias e punem os que saem de linha. São bem conscientes do posicionamento social, hiperalertas quanto ao seu lugar no grupo. Os líderes tenderão a empregar algum elemento de medo para manter o grupo coeso. O estilo masculino de liderança é identificar metas claras e alcançá-las. Coloca a ênfase nos resultados, não importando como estes sejam alcançados.

O estilo feminino é mais voltado à manutenção do espírito de grupo e a garantir a tranquilidade dos relacionamentos, com menos diferenças entre os indivíduos. É mais empático, considerando os sentimentos de cada membro e tentando envolvê-los mais no processo decisório. Os resultados são importantes, mas também a maneira como estes são atingidos, o processo.

Para aqueles do estilo masculino, é importante ampliar o conceito de liderança. Ao pensar de forma mais profunda sobre os indivíduos na equipe e tecer estratégias que os envolvam mais, você terá resultados superiores, mobilizando a energia e criatividade do grupo. Estudos demonstram que os meninos são mais empáticos que as meninas, altamente sintonizados, por exemplo, às emoções da mãe. Entretanto, a empatia é, aos poucos, arrancada dos homens à medida que eles passam a desenvolver o estilo assertivo. Alguns dos maiores líderes masculinos da história, porém, conseguiram reter e desenvolver a empatia. Sir Ernest Henry Shackleton (veja o Capítulo 2) não era menos homem por sua consideração constante em relação às emoções de cada um dos homens pelos quais era responsável – era simplesmente um líder mais forte e eficaz. O mesmo pode ser dito de Abraham Lincoln.

Aqueles do estilo feminino não devem ter medo de assumir um papel de liderança forte, em especial em momentos de crise. Considerar os sentimentos de todos e incorporar as ideias de muitos o enfraquecerá e desvitalizará os seus planos. Embora não haja dúvida de que as mulheres sejam melhores ouvintes, às vezes é melhor saber quando parar de escutar e ir adiante com o plano que você escolheu. Uma vez que tenha identificado os tolos, os incompetentes e os hiperegoístas do grupo, é melhor despedi-los e até mesmo sentir prazer ao se livrar dos que prejudicavam a equipe inteira. Incutir um toque de medo nos seus subalternos não é sempre algo ruim.

Por fim, pense nisso da seguinte forma: somos compelidos por natureza a querer nos aproximar do que é feminino ou masculino, na forma de uma atração por outra pessoa. Entretanto, se formos sábios, compreenderemos que somos igualmente compelidos a nos aproximar do sexo oposto interiormente. Por séculos, os homens veem as mulheres como musas, fontes de inspiração. A verdade é que a musa, para ambos os gêneros, está no interior. Aproximar-se da sua *anima* ou *animus* o deixará mais próximo do seu inconsciente, que contém tesouros criativos inexplorados. O fascínio sentido em relação ao feminino ou ao masculino nos outros você sentirá, agora, em relação ao seu trabalho, ao seu processo de pensamento e à vida em geral. Assim como com os xamãs, essa esposa ou marido interior se tornará a fonte de poderes incríveis.

> O que é mais belo nos homens viris é algo feminino; o que é mais belo nas mulheres femininas é algo masculino.
>
> — *Susan Sontag*

13
Avance com um senso de propósito
A Lei da Falta de Perspectiva

Diferentemente dos animais, cujos instintos os guiam para longe dos perigos, os seres humanos têm que confiar nas suas decisões conscientes. Fazemos o melhor que podemos no que diz respeito à nossa trajetória profissional e aos obstáculos inevitáveis que enfrentamos na vida. No entanto, num canto da nossa mente, percebemos uma falta generalizada de direcionamento, como se fôssemos levados para um lado e para o outro pelos nossos ânimos e pelas opiniões dos outros. Como fomos parar neste emprego, neste lugar? Esse movimento à deriva pode levar a becos sem saída. O jeito de evitar essa sorte é desenvolver um senso de propósito, descobrindo a nossa vocação na vida, e utilizando esse conhecimento para guiar as nossas decisões. Passamos a nos conhecer melhor – os nossos gostos e inclinações. Confiamos em nós mesmos, sabendo quais batalhas e desvios evitar. Até os nossos momentos de dúvida, até os nossos fracassos têm um propósito: o de nos fortalecer. Com essa energia e direcionamento, as nossas ações têm uma força irrefreável.

A VOZ

Crescendo numa vizinhança repleta de famílias afro-americanas de classe média em Atlanta, na Geórgia, Martin Luther King Jr. (1929-1968) teve uma infância agradável e despreocupada. O pai, Martin Sênior, era pastor da grande e próspera Igreja Batista Ebenézer na cidade, de forma que os King eram relativamente ricos. Os pais eram carinhosos e devotados aos filhos. A vida doméstica era estável e confortável, e incluía a Vó King, que mimava o jovem Martin Jr. Ele tinha um amplo círculo de amizades. Os poucos encontros que teve com o racismo, fora da vizinhança, macularam essa infância idílica, mas o deixaram relativamente incólume. Martin Jr., porém, era extremamente sensível aos sentimentos daqueles em redor. Ao crescer, percebeu algo no pai que começou a incitar um pouco de tensão e desconforto internos.

O pai era um disciplinador severo que estabeleceu limites de comportamento para as três crianças da família. Quando Martin Jr. se portava mal em qualquer aspecto, ele o açoitava, dizendo ao menino que essa era a única maneira de transformá-lo num homem de verdade. Os açoites continuaram até que o garoto completasse 15 anos. Certa vez, ele o flagrou num evento social da igreja dançando com uma garota, e a bronca que deu no filho na frente dos amigos deste foi tão veemente que Martin Jr. se esforçou para nunca mais causar o desprazer do pai, para que aquela experiência não se repetisse. No entanto, nada dessa disciplina era transmitida com a menor indicação de hostilidade. A afeição de Martin Sênior pelo filho era real e palpável demais para o rapaz sentir algo além de culpa por desapontá-lo.

E esse sentimento de culpa era ainda mais angustiante para Martin Jr. por causa das grandes expectativas que o pai tinha a respeito do filho. Quando menino, Martin Jr. demonstrava um talento atípico com as palavras; era capaz de convencer os amigos a fazer quase qualquer coisa, e a sua eloquência era bem precoce. Era inteligente, sem dúvida. Um plano se formou na mente de Martin Sênior, em que o filho mais velho seguiria seus passos, frequentando Morehouse College, uma universidade privada em Atlanta, sendo ordenado como pastor, servindo como copastor em Ebenézer e, por fim, herdando dele a posição, assim como ele mesmo havia herdado a sua do sogro.

Às vezes compartilhava esse plano com o filho, mas mais do que tudo o menino sentia o peso das expectativas do pai pelo jeito orgulhoso com que o fitava e tratava. E isso o deixava nervoso. Admirava-o profundamente – um homem de altos princípios –, contudo não conseguia deixar de evitar a sensação de que aumentavam as diferenças de gostos e temperamento entre os dois. O filho era mais despreocupado, gostava de ir a festas, se vestir bem, namorar garotas e dançar. Ao crescer, desenvolveu um lado bastante sério e introspectivo, e se voltou aos livros e ao aprendizado. Era quase como se houvesse duas pessoas dentro dele – uma social, a outra solitária e reflexiva. O pai, por sua vez, não era nem um pouco complicado.

Em se tratando de religião, Martin Jr. tinha as suas dúvidas. A fé do pai era forte, mas simples. Era um fundamentalista que acreditava numa interpretação literal da Bíblia. Os seus sermões miravam nas emoções dos paroquianos, e estes respondiam à altura. Martin Jr., por outro lado, tinha um temperamento calmo, era racional e prático. O pai parecia mais preocupado em ajudar os outros quanto à vida após a morte, enquanto o filho estava mais interessado na vida terrena e em como esta poderia ser aprimorada e apreciada.

A ideia de se tornar pastor intensificou esses conflitos internos. Às vezes, ele conseguia se imaginar seguindo a carreira do pai. Como alguém com uma sensibilidade profunda a qualquer forma de sofrimento ou injustiça, servir como pastor seria o modo perfeito de canalizar o desejo de ajudar as pessoas. No entanto, será que ele conseguiria fazê-lo, com uma fé tão tênue? Detestava qualquer tipo de confronto com o pai, com quem era impossível argumentar, desenvolvendo a estratégia de sempre dizer sim a qualquer coisa que ele dissesse. A sua maneira de lidar com a tensão dentro de si era adiar qualquer decisão que pudesse causar uma ruptura. Desse modo, ao se formar no ensino médio, aos 15 anos, decidiu estudar em Morehouse College, para o deleite de Martin Sênior. Contudo, tinha um plano em mente – estudaria tudo que o interessava e decidiria sozinho o caminho a seguir.

Nos primeiros meses, ele pensou na carreira de Medicina, depois em Sociologia e, então, Direito. Continuava a mudar de ideia a respeito da sua especialização, entusiasmado com todos os assuntos agora disponíveis a ele. Teve aulas de estudos bíblicos, e se surpreendeu de forma positiva com a profunda sabedoria terrena do livro. Havia professores em Morehouse que abordavam o cristianismo por um ângulo bem intelectual, e Martin Jr. considerou isso bem interessante. Ao chegar ao seu último ano, havia mudado de ideia de novo: seria de fato ordenado como pastor, e ingressaria no Seminário Teológico Crozer, no estado da Pensilvânia, para obter o bacharelado em Teologia. Agora o pai estava bem empolgado. Entendia que era melhor deixar Martin Jr. explorar a religião por conta própria, desde que ele terminasse em Ebenézer.

Em Crozer, Martin Jr. descobriu todo um outro lado do cristianismo, com ênfase no compromisso social e no ativismo político. Leu todos os principais filósofos, devorou as obras de Karl Marx, e se tornou fascinado pela história de Mahatma Gandhi. Contente com a vida acadêmica, decidiu continuar os estudos na Universidade de Boston, onde ganhou a reputação entre os professores de ser um aluno brilhante. No entanto, em 1954, quando fazia o doutorado em Teologia Sistemática, pela Universidade de Boston, não teve mais como adiar o inevitável. O pai lhe havia preparado uma oferta irrecusável – uma posição como copastor em Ebenézer e um emprego de meio período como professor em Morehouse College, onde poderia continuar os estudos acadêmicos que adorava.

Martin se casara havia pouco, e a esposa, Coretta, queria que eles permanecessem no norte, onde a vida seria mais fácil do que no sul conturbado. Ele seria capaz de conseguir um cargo como professor em quase qualquer universidade que quisesse. Ambas as opções eram tentadoras: Ebenézer ou ensinar numa universidade no norte. Com certeza, as duas lhe proporcionariam uma vida confortável.

Nos últimos meses, porém, ele havia tido um visão diferente do futuro. Não conseguia explicar racionalmente de onde vinha aquilo, mas lhe estava claro: ele retornaria ao sul, onde sentia uma conexão primordial às suas raízes, e se tornaria o pastor de uma grande congregação numa cidade de bom tamanho, um lugar em que tivesse a oportunidade de ajudar as pessoas, servir à comunidade e fazer uma diferença na prática. No entanto, isso não seria em Atlanta, como o pai planejara. Martin Jr. não estava destinado a ser professor ou um mero pregador aos moldes do pai. Teria que resistir ao caminho fácil. E essa visão se tornara forte demais para que continuasse a negá-la – desagradaria ao pai, dando-lhe a notícia da maneira mais gentil possível.

Vários meses após se formar, ele ouvir falar de uma vaga na Igreja Batista da Avenida Dexter em Montgomery, no Alabama. Visitou o local e deu um sermão lá, impressionando os líderes da igreja. Sentiu que a congregação em Dexter era mais solene e contemplativa que em Ebenézer, o que se adequava ao seu temperamento. Coretta tentou dissuadir o marido dessa escolha, pois havia crescido perto de Montgomery, e sabia como a segregação era feroz na cidade, e que muitas tensões desagradáveis se agitavam sob a superfície. Martin encontraria lá um racismo virulento que jamais enfrentara na sua vida relativamente protegida. Para Martin Sênior, Dexter e Montgomery significavam encrencas, então ele apoiou a opinião de Coretta. Entretanto, quando Dexter ofereceu o cargo a Martin Jr., este não sentiu a ambivalência habitual e a necessidade de analisar a questão. Por algum motivo, tinha certeza da escolha; parecia correta e fortuita.

Tendo se estabelecido em Dexter, Martin Jr. lutou bastante para impor a sua autoridade (sabia que seria visto como jovem demais para aquela posição). Devotou uma grande quantidade de tempo e esforço aos seus sermões. Pregar se tornou a sua paixão, e logo ganhou a reputação de ser o pregador mais formidável da região. No entanto, diferentemente de outros pastores, os seus sermões eram repletos de ideias e inspirados por todos os livros que havia lido, e conseguiu tornar essas ideias relevantes à vida cotidiana da congregação. O tema principal que ele começou a desenvolver era o poder do amor para transformar as pessoas, um poder que era muito pouco utilizado no mundo e que os negros teriam de adotar em relação aos opressores brancos a fim de mudar a situação.

Ele se tornou ativo na assembleia local da Associação Nacional para o Progresso de Pessoas de Cor (*National Association for the Advancement of Colored People*, ou NAACP), mas, quando lhe ofereceram o título de presidente da assembleia, ele recusou. Coretta havia acabado de dar à luz a primeira filha deles, e as responsabilidades como pai e pastor já eram grandes o suficiente. Permaneceria bastante ativo na política local, mas o seu dever era para com a igreja e a família. Deleitava-se com a vida simples e satisfatória que levava. A congregação o adorava.

No início de dezembro de 1955, "Dr. King" (como era conhecido) observou com grande interesse um movimento de protesto que começou a se formar em Montgomery. Uma senhora negra chamada Rosa

Parks havia se recusado a ceder o lugar dela no ônibus a um homem branco, como era imposto pela lei local para ônibus segregados. Parks, ativista na assembleia da NAACP, passara anos se queixando desse tratamento aos negros e do comportamento abusivo dos motoristas daqueles veículos. Estava farta. Por ter desafiado a lei, ela foi presa. Isso serviu como catalisador para os ativistas em Montgomery, que decidiram boicotar por um dia os ônibus da cidade como demonstração de solidariedade. Logo o boicote se estendeu para uma semana, e a seguir para várias semanas, à medida que os organizadores conseguiam criar um sistema substituto de transporte. Um dos organizadores do boicote, E. D. Nixon, pediu a King que ele tomasse um papel de liderança no movimento, mas este se mostrou relutante. Tinha pouco tempo disponível, por causa do trabalho com a congregação. Faria o que pudesse para demonstrar o seu apoio.

Com o boicote se ampliando, tornou-se evidente aos líderes do movimento que a assembleia local da NAACP não era grande o bastante para lidar com ele. Decidiram formar uma nova organização, chamada Associação para o Aprimoramento de Montgomery (*Montgomery Improvement Association*, ou MIA). Por causa da sua juventude, eloquência e o que pareciam ser dons naturais de liderança, King foi nomeado presidente pelos fundadores da MIA, numa reunião local. Era uma oferta que eles suspeitavam que King talvez recusasse – sabiam das suas hesitações no passado. Ele, porém, sentiu a energia no aposento e a fé nele. Sem a sua premeditação cuidadosa que lhe era característica, repentinamente decidiu aceitar.

À medida que o boicote continuava, os administradores brancos que controlavam a cidade se tornaram cada vez mais categóricos quanto à recusa de dar fim às práticas de segregacionismo nos ônibus da cidade. A tensão aumentava – muitos tiros e agressões miravam os negros envolvidos no boicote. Nos discursos que fazia para grandes multidões nas reuniões da MIA, King desenvolveu o tema da resistência não violenta, invocando o nome de Gandhi. Eles derrotariam o outro lado por meio de protestos pacíficos e boicotes justificados; levariam a campanha mais longe, visando à integração completa dos locais públicos de Montgomery. Agora, as autoridades viam King como um homem perigoso, um intrometido de fora do Estado. Deram início a uma campanha de boatos, inventando e espalhando todo tipo de histórias sobre as indiscrições juvenis de King, insinuando que ele era comunista.

Quase toda noite recebia telefonemas com ameaças à vida dele e da família, as quais, em Montgomery, não deveriam ser ignoradas. Sendo um homem normalmente reservado, ele não apreciava toda a atenção da imprensa, que agora se tornara nacional. Havia muitas brigas internas na liderança da MIA, e os brancos no poder eram altamente ardilosos e diabólicos. Aquilo era muito mais do que ele tinha previsto quando decidiu se tornar líder da MIA.

Várias semanas depois de assumir a liderança, King foi preso enquanto dirigia, supostamente por excesso de velocidade, e colocado numa cela lotada com os criminosos mais embrutecidos. Depois que a fiança foi paga, um julgamento foi marcado para dois dias mais tarde. E quem poderia saber que acusações seriam inventadas? Na noite anterior ao julgamento, recebeu outro telefonema: "Preto, estamos cansados de você e da sua balbúrdia. E se você não deixar a cidade em três dias, a gente vai explodir o seu crânio e a sua casa". Algo no tom de voz da pessoa lhe deu calafrios – aquilo soava como mais do que apenas uma ameaça.

Ele tentou dormir naquela noite, mas não conseguiu, pois a voz do homem ao telefone ecoava-lhe na mente. Foi para a cozinha preparar um pouco de café e se acalmar. Estava tremendo, perdendo a coragem e a autoconfiança. Será que não havia um meio gracioso de se retirar da liderança e retornar à vida confortável de um mero pastor? Ao se examinar e contemplar o próprio passado, percebeu que, até aquelas últimas semanas, jamais enfrentara verdadeiras adversidades. A vida sempre fora relativamente fácil e feliz para ele. Os pais lhe haviam dado tudo. Ele não sabia o que era viver numa ansiedade tão intensa.

Ao mergulhar mais fundo nessas considerações, percebeu que simplesmente herdara a religião do pai. Nunca se comunicara de maneira pessoal com Deus ou sentira a presença dele dentro de si. Pensou na filha recém-nascida e na esposa que amava. Não aguentaria muito mais disso. Não poderia telefonar para o pai em busca de conselhos ou consolo – já passava muito da meia-noite. Sentiu uma onda de pânico.

De repente, algo lhe ocorreu – só existia um jeito de sair daquela crise. Ele curvou a cabeça sobre a xícara de café e orou com uma sensação de urgência que nunca sentira antes: "Senhor, devo confessar que estou fraco agora. Estou hesitando. Estou perdendo a coragem. E não posso permitir que as pessoas me vejam assim, pois, se me virem enfraquecido e perdendo a coragem, elas começarão a enfraquecer". Naquele momento, com toda a clareza, ouviu uma voz partindo de dentro: "Martin Luther, defenda a retidão. Defenda a justiça. Defenda a verdade. E eis que estarei com você, até mesmo no fim do mundo". A voz – do Senhor, tinha certeza – prometeu que nunca o abandonaria, que retornaria a ele quando precisasse. Quase que de imediato, King sentiu uma sensação de alívio tremendo, o fardo das dúvidas e ansiedade lhe sendo erguido dos ombros. Não conseguiu conter o choro.

Várias noites mais tarde, enquanto King participava de uma reunião da MIA, uma bomba explodiu na casa dele. Por pura sorte, a esposa e a filha saíram ilesas. Ao ser informado do que aconteceu, se manteve calmo. Sentiu que nada o abalaria agora. Em discurso para uma multidão furiosa de apoiadores negros que se congregaram fora da casa dele, King disse: "Nós não estamos defendendo a violência. Queremos amar os nossos inimigos. Quero que vocês amem os nossos inimigos. Sejam bons a eles. Amem todos eles e digam-lhes que vocês os amam". Depois do atentado, o pai lhe implorou que retornasse com a família para Atlanta, mas, com o apoio de Coretta, Martin Jr. se recusou a partir.

Nos meses seguintes, haveria muitos desafios com a luta para manter o boicote e continuar a pressionar o governo local. Ao fim de 1956, a Suprema Corte finalmente confirmou a decisão de um tribunal inferior que dava fim à segregação nos ônibus de Montgomery. Na manhã de 18 de dezembro, King foi o primeiro passageiro a entrar no ônibus e se sentar onde ele quisesse. Foi uma grande vitória.

Seguiu-se a atenção e fama nacionais, e, com elas, novos problemas e dores de cabeça sem fim. As ameaças de morte continuavam. Os líderes negros mais velhos da MIA e da NAACP passaram a se ressentir da atenção que ele recebia agora. As brigas internas e os conflitos de egos se tornaram quase intoleráveis. King decidiu começar uma nova organização, chamada Conferência da Liderança Cristã do Sul (*Southern*

Christian Leadership Conference, ou SCLC), com o propósito de expandir o movimento para além de Montgomery. Para King, porém, as lutas internas e a inveja apenas o seguiram.

Em 1959, ele voltou à sua cidade natal para servir como copastor em Ebenézer e liderar diversas campanhas da SCLC a partir da sede em Atlanta. Para algumas pessoas do movimento, ele era carismático e dominador demais, e as suas campanhas eram excessivamente ambiciosas; para outros, era fraco, disposto a ceder em acordos com as autoridades brancas. As críticas de ambos os lados eram implacáveis. Entretanto, o que aumentava mais o fardo de King eram as táticas traiçoeiras e exasperantes dos brancos no poder, os quais não tinham nenhuma intenção de aceitar qualquer mudança substancial nas leis de segregação ou nas práticas que desencorajavam os negros a se registrarem para votar. Eles negociaram com King e aceitaram as concessões, mas, assim que os boicotes e ocupações pararam, encontraram todo tipo de brechas nos acordos e voltaram atrás.

Numa campanha que King liderou em Albany, na Geórgia, para dar fim à segregação na cidade, o prefeito e o chefe de polícia fizeram um espetáculo de calma exagerada, dando a entender que King e a SCLC eram um grupo irracional, vindo de fora apenas para incitar problemas.

A campanha em Albany foi, em grande parte, um fracasso, o que deixou King deprimido e exausto. Tornou-se um padrão que, nesses momentos, sentisse saudade dos dias mais simples e tranquilos do passado – a infância feliz, os anos agradáveis na universidade, o primeiro ano e meio em Dexter. Talvez devesse se afastar da liderança e devotar o seu tempo a pregar, escrever e ensinar. Esses pensamentos lhe ocorriam com frequência cada vez maior.

Então, ao fim de 1962, outra pessoa solicitou seu serviço: Fred Shuttlesworth, um dos principais ativistas negros em Birmingham, no Alabama, implorou a King e à SCLC que o ajudassem nos seus esforços contra a segregação em lojas no centro da cidade. Aquela era uma das cidades do país onde a segregação era mais feroz. Em vez de obedecer às leis federais que exigiam que locais públicos, como piscinas, não poderiam ser segregados, esses lugares foram simplesmente fechados. Qualquer forma de protesto contra as práticas segregacionistas era rebatida com violência poderosa e terrorismo. Birmingham passou a ser conhecida como "Bombingham", por causa das bombas que explodiam com frequência. E supervisionando esse bastião do sul segregado estava o chefe de polícia, Bull Connor, que dava a impressão de se deliciar com a oportunidade de empregar a força – açoites, cães, mangueiras de alta pressão, cassetetes.

Essa seria, com certeza, a campanha mais perigosa até então. Tudo dentro de King lhe sugeria que recusasse. As velhas dúvidas e temores lhe retornaram. E se houvesse mortes, e a violência atingisse King e a família dele? E se fracassasse? Enfrentou mais noites de insônia enquanto agonizava ante essa decisão.

Então, a voz de sete anos atrás lhe retornou, tão alta e clara quanto antes: a tarefa dele era defender a justiça; não pensar em si, mas na missão. Que tolice era ter medo de novo. Sim, era a missão dele ir a Birmingham. No entanto, ao contemplar a questão, não conseguia deixar de analisar com mais profundidade o que a voz lhe disse. Defender a justiça significava produzi-la de alguma maneira real e prática, não apenas falar e aceitar acordos inúteis. O medo de desapontar as pessoas e fracassar o havia tornado cauteloso demais. Ele teria que ser mais estratégico e corajoso dessa vez, elevar os riscos e vencer. Nada mais de temores ou dúvidas.

Aceitou a oferta de Shuttlesworth e, ao planejar a campanha com a sua equipe, deixou claro que precisavam aprender com os erros do passado. King lhes expôs a natureza da situação que enfrentavam. O governo de Kennedy se revelara incrivelmente cauteloso em relação aos direitos civis. O presidente temia alienar os democratas sulistas no Congresso, dos quais ele dependia. Fazia grandes promessas, mas, na hora de cumpri-las, enrolava.

O que tinham de fazer em Birmingham era provocar uma crise nacional, que fosse sangrenta e horripilante. O racismo e a segregação no sul eram, em larga medida, invisíveis para os brancos moderados. Birmingham parecia apenas como qualquer outra cidade pacata do sul. O objetivo precisava ser expor tanto o racismo aos brancos que assistiam à televisão a ponto de lhes afetar a consciência e, com uma noção crescente de indignação, fazê-los pressionar o governo de Kennedy até que ele não conseguisse mais resistir. Acima de tudo, King contava com a cooperação de Bull Connor para realizar os seus planos – a reação exagerada do chefe de polícia à intensidade da campanha seria crucial para todo o drama que tinham esperanças de encenar.

Em abril de 1963, King e a sua equipe colocaram o plano em execução. Atacaram em diversas frentes com ocupações e manifestações. Embora se sentisse relutante por causa do medo da cadeia, ele se fez ser preso. Isso conquistaria mais publicidade e incitaria a população local a lhe seguir o exemplo. No entanto, a campanha tinha uma vulnerabilidade fatal que se tornou aparente apenas quando ela já estava em andamento: o apoio dos negros ao movimento era tépido. Muitos negros em Birmingham se ressentiam contra o estilo autocrático de Shuttlesworth; outros, com bons motivos, temiam a violência que Connor desencadearia. King dependia de grandes multidões vociferantes, mas o que conseguiu estava longe disso. A imprensa nacional, sem pressentir uma boa história, começou a ir embora.

Então, um dos líderes da equipe, James Bevel, teve uma ideia: tentariam obter a participação dos alunos das escolas locais. King tinha seus temores e argumentava que não deveriam envolver ninguém com menos de 14 anos, mas Bevel o lembrou dos altos riscos e da necessidade de números, e ele cedeu. Muitos membros da organização e simpatizantes se surpreenderam ao ver que King era capaz de ser tão pragmático e estratégico ao utilizar os jovens, mas a campanha tinha um propósito mais elevado, e não era hora de ser tão delicado.

Os estudantes responderam com enorme entusiasmo. Era exatamente do que o movimento precisava. Eles encheram as ruas de Birmingham, com mais audácia e exaltação do que os pais. Logo estavam enchendo as cadeias. A imprensa voltou em massa, e lá vieram as mangueiras de alta pressão, os cães e os cassetetes, atingindo adolescentes e crianças. Em pouco tempo, as telas de televisão dos Estados Unidos transmitiam as cenas tensas, dramáticas e sangrentas que se seguiram. Multidões imensas agora compareciam aos discursos de King, promovendo o apoio pela causa. As autoridades federais foram forçadas a intervir a fim de diminuir a tensão.

King aprendera a lição do passado – precisava manter a pressão até o fim. Os representantes da estrutura do poder branco abriram, com relutância, negociações com ele. Ao mesmo tempo, King permitiu aos manifestantes que continuassem as passeatas pelo centro da cidade, partindo de todas as direções e levando a força policial de Connor a se estender até não poder mais. Os comerciantes locais, atemorizados, estavam fartos e pediam aos negociadores brancos que se esforçassem para obter um acordo abrangente com os líderes negros, essencialmente para acabar com a segregação das lojas no centro da cidade e concordar com a contratação de funcionários negros.

Foi o seu maior triunfo até então; ele havia cumprido a sua meta ambiciosa. Não importava agora se as autoridades brancas voltassem atrás, como era inevitável que o fizessem; Kennedy havia sido pego na armadilha, a sua própria consciência estava incomodada pelo que viu em Birmingham. Logo depois do acordo, o presidente se dirigiu à nação pela televisão, explicando a necessidade do progresso imediato em relação aos direitos civis e propondo algumas novas leis ambiciosas. Isso levou à Lei dos Direitos Civis de 1964, que abriu o caminho para a Lei dos Direitos de Voto de 1965. King se tornou o líder inquestionável do movimento dos direitos civis e, pouco depois, o vencedor de um Prêmio Nobel da Paz. O dinheiro agora jorrava para dentro da SCLC, e o movimento dava a impressão de ter ganhado um ímpeto inescapável. Contudo, assim como antes, os problemas e fardos de King pareciam só aumentar a cada nova vitória.

Nos anos que se seguiram aos eventos em Birmingham, ele sentiu que uma reação poderosa se formava, entre os conservadores e republicanos, contra as conquistas do movimento. Lutariam para deter outros progressos. King descobriu que o FBI instalara dispositivos de escuta nos seus quartos de hotel e o espionava havia anos; estavam agora vazando histórias e boatos para diversos jornais. Ele viu os Estados Unidos decaírem em ciclos de violência, começando com o assassinato de Kennedy.

Presenciou uma nova geração de ativistas negros emergir sob a bandeira do Black Power ("Poder Negro"), e estes criticavam a adesão de King à não violência como fraca e antiquada. Quando King transferiu a campanha para Chicago, a fim de tentar deter as práticas discriminatórias de moradia por lá, firmou um acordo com as autoridades locais, mas ativistas negros por todo o país o criticaram com severidade – ele havia se contentado com muito pouco. Logo após, o público de uma Igreja Batista em Chicago o vaiou bem alto, encobrindo a sua fala com o cântico "Black Power".

Ele passou a se sentir deprimido e melancólico. No início de 1965, viu imagens da Guerra do Vietnã, numa revista, que o deixaram nauseado. Havia algo de profundamente errado com o país. Naquele verão, viajou pela vizinhança de Watts em Los Angeles, na Califórnia, após os protestos violentos que marcaram a região. A visão de tanta pobreza e devastação o deixou estupefato. Ali, no coração de uma das cidades mais afluentes dos Estados Unidos, o centro da indústria da fantasia, estava uma enorme vizinhança em que um número altíssimo de pessoas vivia na pobreza e sem esperança para o futuro. E estas eram, em larga medida, invisíveis. Os Estados Unidos possuíam um câncer em seu sistema – desigualdades extremas em relação à riqueza e a disposição de gastar somas vastas de dinheiro numa guerra absurda, enquanto os negros nos centros urbanos eram deixados para apodrecer e protestar.

A depressão agora se mesclava a uma raiva crescente. Em conversas com amigos, as pessoas lhe notavam uma nova faceta. Num retiro com a equipe, ele disse: "Há tantas pessoas que veem o poder e o amor como opostos extremos [...]. [No entanto,] os dois se completam. O poder sem amor é imprudente, e o amor sem poder é sentimental". Em outro retiro, falou de táticas novas. Ele nunca abandonaria a não violência como método, mas a campanha de desobediência civil teria que ser alterada e intensificada. "A não violência deve amadurecer para um nível superior [...], a desobediência civil em massa. É preciso que haja mais do que uma declaração para a sociedade em geral, é necessário que exista uma força que interrompa o seu funcionamento em algum ponto fundamental." O movimento não visava à integração dos negros nos valores da sociedade norte-americana, mas à alteração real desses valores em suas raízes.

Ele acrescentaria ao movimento dos direitos civis a necessidade de lidar com a pobreza nos centros urbanos e protestar contra a Guerra do Vietnã. Em 4 de abril de 1967, anunciou a ampliação da luta num discurso que recebeu muita atenção, quase toda negativa. Até os seus apoiadores mais ardentes o criticaram. Incluir a Guerra do Vietnã só alienaria o público da causa dos direitos civis, eles argumentaram. Irritaria o governo de Lyndon Johnson, de cujo apoio dependiam. Não era parte da missão dele falar de maneira tão ampla.

Ele jamais se sentira tão sozinho, tão atacado por tantos críticos. Ao fim de 1968, a depressão se tornou mais profunda do que nunca. Sentia que o fim estava próximo – um dos seus muitos inimigos o mataria por tudo que fizera e dissera. Estava exausto pela tensão e se sentia espiritualmente perdido. Em março daquele ano, um pastor de Memphis, no Tennessee, convidou King à sua cidade, na esperança de que este ajudasse a apoiar uma greve dos lixeiros negros, que haviam sido tratados de maneira horrível. Houve passeatas, boicotes e protestos, e a polícia reagira com brutalidade. A situação era explosiva. King adiou a resposta; sentia-se esgotado. Entretanto, como tantas vezes ocorria nessas circunstâncias, compreendeu que era dever dele fazer o que pudesse, por isso concordou. Em 18 de março, discursou a uma multidão enorme em Memphis, e a reação entusiasmada o animou. Ouviu mais uma vez aquela voz apoiando-o e encorajando-o a prosseguir. Essa cidade devia ser uma parte fundamental da missão dele.

Nas semanas seguintes, voltou a Memphis para oferecer apoio e auxílio contra a resistência acirrada das autoridades locais. Na noite de quarta-feira, 4 de abril, ele discursou a outra multidão: "Temos alguns dias difíceis pela frente. Porém, isso não importa para mim agora, porque estive no topo da montanha [...]. Como qualquer um, eu gostaria de viver uma longa vida [...]. Mas não estou preocupado com isso agora. Só quero fazer a vontade de Deus. Ele me permitiu subir a montanha, e eu olhei em redor, e vi a Terra Prometida. Talvez eu não chegue lá com vocês. No entanto, quero que vocês saibam esta noite que nós, como um povo, chegaremos à Terra Prometida". O discurso o deixou revigorado e de bom humor. No dia seguinte, ele expressou um pouco de preocupação sobre uma passeata marcada que poderia se tornar violenta, mas disse que o medo não os deveria impedir de ir adiante. "Prefiro morrer a ter medo", disse a um assessor. Naquela noite, se vestiu e se preparou para um jantar num restaurante com os assessores e, atrasando-se, apareceu por fim na sacada do lado de fora do quarto de motel onde estava hospedado, quando um tiro de rifle ressoou e uma única bala lhe perfurou o pescoço. Ele morreu uma hora depois.

Interpretação: Martin Luther King Jr. era um homem complexo, cujo caráter tinha muitas facetas. Havia o King que adorava o prazer, as roupas elegantes, mulheres, dançar, comer e tinha um comportamento travesso. Havia o King pragmático, que sempre queria resolver os problemas das pessoas e considerar as questões em grande detalhe. O King sensível e introspectivo foi um lado que o levou cada vez mais a buscas espirituais. Essas facetas por vezes entravam em conflito dentro dele, fazendo-o sucumbir a ânimos passageiros. Era isso que frequentemente o enchia de agonia diante da necessidade de tomar decisões. Os seus companheiros muitas vezes se perturbavam pela profundidade com que ele considerava as opções e pelo quanto duvidava de si mesmo, imaginando-se indigno do papel que havia sido chamado a desempenhar.

O relacionamento com o pai refletia essa complexidade. Por um lado, amava-o e respeitava-o de verdade, a ponto de contemplar a ideia de se tornar pastor e lhe copiar o estilo de liderança. Por outro, tomou consciência desde bem pequeno dos perigos que enfrentaria caso se permitisse ser sobrepujado pela presença dominante do pai. O irmão mais jovem, A. D. King, que carecia dessa consciência (um fato que lhe causou muito sofrimento na vida), se tornou pastor, mas nunca conseguiu estabelecer a sua independência. Teve uma carreira errática, mudando-se de uma igreja para a outra. Desenvolveu alcoolismo e, mais tarde na vida, revelou ter uma característica evidentemente autodestrutiva que preocupava o irmão mais velho. A. D. vivia sob a sombra do pai.

Algo no fundo de Martin Jr. o impeliu a estabelecer alguma distância e autonomia. Isso significava não se rebelar de forma precipitada contra a figura paterna, o que acabaria apenas revelando como havia sido definido por ela de maneira inversa. Isso significava que ele precisava entender as diferenças entre os dois e utilizá-las como instrumentos para criar espaço;

assimilar o melhor do pai (a disciplina, o senso elevado de princípios, a natureza carinhosa), e seguir o próprio caminho quando algo dentro de si o instasse a fazê-lo. Ele se ensinou a dar ouvidos a essas intuições, o que levou à decisão de começar a carreira pública em Montgomery e aceitar a liderança da MIA. Nesses momentos, era como se fosse capaz de prever o seu destino e largar o hábito de analisar demais as questões.

Então, algumas semanas depois de se tornar o líder da MIA, quando começou a sentir a tensão crescente acarretada pela posição, as muitas facetas do seu caráter tomaram o controle de forma repentina e o levaram a uma crise interna. Havia o King que duvidava de si mesmo, temeroso, pragmático, que se frustrava com os obstáculos e brigas internas sem fim e que ansiava por uma vida mais simples e mais agradável. Esse conflito interno o paralisava. E quando tudo isso chegou ao ápice na noite em que entrou na cozinha, de repente aquelas inclinações e intuições que o haviam guiado antes se transformaram numa voz real, a voz de Deus, esclarecendo-lhe o destino e oferecendo apoio contínuo. Ele escutou essa voz de dentro com tanta clareza que ela ecoaria e reverberaria pelo resto da vida.

A partir daí, em conversas e discursos, sempre se referia a essa "voz" que agora o guiava e com a qual as dúvidas, os temores e os conflitos internos debilitantes desapareceriam. Ele se sentia integrado num nível inteiramente novo. Com certeza os ânimos e ansiedades retornariam, mas a voz também voltaria, tornando-lhe a missão clara.

As pessoas com frequência se surpreendiam, e até se sentiam perturbadas, com o grau de estratégia que ele demonstrou à medida que o seu papel de liderança se expandiu para uma dimensão nacional. Durante e após cada campanha pelos direitos civis, conduzia uma análise profunda das ações e reações de cada lado, aprendendo lições e apurando as suas táticas. Para alguns, isso não combinava com a sua posição como líder espiritual – por exemplo, a opção de utilizar crianças e adolescentes em Birmingham como um meio de encher as cadeias da cidade. Os pastores não deveriam pensar dessa forma. Para King, porém, esse pragmatismo estava intimamente ligado à sua missão. Inspirar os outros somente com discursos era sentimental, e ele detestava isso. Não pensar a fundo nos resultados era apenas buscar atenção a fim de parecer virtuoso, e gratificar o ego. Queria gerar mudanças, alterar de forma dramática e palpável as condições dos negros no sul dos Estados Unidos.

Dessa maneira, passou a entender que o jogo se tratava de obter a vantagem sobre os brancos no poder, que resistiam à mudança em todas as etapas. Ele precisava empregar ocupações e boicotes para maximizar o sofrimento que sentiam, até durante o processo de negociação. Tinha de maximizar a atenção da imprensa e levar às salas de estar da população branca do país a realidade horrível da vida dos negros no sul, atingindo assim a sua consciência. Ele tinha que manter o movimento unido em face do desejo crescente de violência entre os negros mais jovens. E quando a voz o lembrou do seu propósito derradeiro, de defender e criar a justiça de verdade, ele naturalmente se sentiu compelido a ampliar a luta em uma campanha de desobediência civil em massa.

De certa forma, King serviria como a voz da população negra norte-americana, assumindo um papel similar ao da voz que o guiava. E se esforçaria para unificar a causa e manter o movimento concentrado em resultados práticos em vez de brigas internas debilitantes.

Os acessos de depressão, que se tornaram mais frequentes nos últimos anos da vida dele, resultavam da sua imensa sensibilidade não somente às pessoas ao redor (à inveja e às críticas constantes que enfrentava), mas ao *zeitgeist*. Ele sentiu antes dos outros o ânimo nos Estados Unidos, a realidade sinistra do conflito no Vietnã, o desespero nos centros urbanos, a inquietude dos jovens e a ânsia de escapar da realidade por meio das drogas, a covardia da liderança política. Associava isso à sua própria sensação de tragédia iminente – *sabia* que seria assassinado. Esses ânimos o oprimiam. No entanto, a voz que ouviu tantos anos antes em Montgomery lhe permitiu silenciar os temores e se erguer acima da depressão. Sempre que se sentia conectado à sua missão e ao seu propósito na vida, experimentava um ar de profunda realização. Estava fazendo o que fora chamado a fazer, e não trocaria a sua sina pela de ninguém. Nos seus últimos dias, a conexão se tornou mais intensa: levaria a mudança ao povo de Memphis, mas o destino poria um fim nisso.

Entenda: sob muitos aspectos, o dilema que King enfrentou é o que todos nós encaramos na vida, por causa de um elemento profundo da natureza humana. Somos todos complexos. Gostamos de apresentar uma fachada consistente e madura ao mundo, mas sabemos que, por dentro, somos sujeitos a muitos ânimos diferentes, e vestimos muitas máscaras diferentes, dependendo das circunstâncias. Podemos ser práticos, sociais, introspectivos ou irracionais, dependendo do ânimo do momento. E esse caos interior na verdade nos provoca sofrimento. Carecemos de um senso de coesão e direcionamento na vida. Poderíamos escolher inúmeros caminhos, dependendo das nossas emoções voláteis, que nos arrastam para um lado e para o outro. Por que vir aqui em vez de ir para lá? Perambulamos pela vida, nunca atingindo bem as metas que sentimos ser tão importantes para nós, ou compreendendo o nosso potencial. Os momentos em que temos clareza e propósito são fugazes. Para aliviar a dor da nossa falta de propósito, talvez venhamos a nos envolver com diversos vícios, buscar novas formas de prazer, ou nos entregar a alguma causa que nos interesse por alguns meses ou semanas.

A única resposta para o dilema é a solução de King – encontrar um sentido mais elevado de propósito, uma missão que nos forneça o nosso próprio direcionamento, não o de pais, amigos ou colegas. Essa está conectada de forma íntima à nossa individualidade, ao que nos torna únicos. Como King expressou: "Temos a responsabilidade de tentar descobrir para o que servimos, a nossa obra de vida, o que fomos chamados a realizar. E depois de descobrirmos isso, devemos tentar fazê-lo com toda a força e poder de que somos capazes". Essa "obra de vida" é o que nos estava destinado, como determinado pelas nossas habilidades, características e inclinações específicas. É a nossa vocação na vida. Para King, era um impulso para encontrar o seu próprio caminho, fundir o prático com o espiritual. Achar esse senso mais elevado de propósito nos dá integração e o direcionamento que todos desejamos.

Considere essa "obra de vida" algo que lhe fale por dentro – uma voz, a qual muitas vezes o alertará quando você estiver se envolvendo em complicações desnecessárias ou prestes a seguir uma trajetória profissional que não é adequada ao seu caráter, pelo nervosismo que sentir. Ela o direcionará para atividades e metas que combinam com a sua natureza. Quando der ouvidos a ela, você se sentirá dono de uma claridade e plenitude maior. Se prestar bastante atenção, ela o guiará em direção ao seu destino específico, e pode ser encarada como algo espiritual ou algo pessoal, ou ambos.

Não é a voz do seu ego, que quer atenção e gratificação rápida, algo que o divide por dentro ainda mais. Em vez disso, ela o faz se concentrar no trabalho e no que precisa fazer. Às vezes é difícil ouvi-la, pois a sua cabeça está repleta de vozes de outras pessoas lhe dizendo o que deveria ou não realizar. Ouvir essa voz requer introspecção, esforço e prática. Quando seguir o seu direcionamento, coisas boas tenderão a acontecer. Você tem a força interior para fazer o que precisa e não se deixar levar pelos outros, que têm os seus próprios interesses. Escutá-la o conectará às suas metas mais elevadas e o ajudará a evitar desvios. Ela o tornará mais estratégico, focado e adaptável. Uma vez que a tenha escutado e entendido o seu propósito, não haverá retorno. O seu curso está marcado, e se desviar dele causará ansiedade e sofrimento.

> Aquele que tem por que viver consegue suportar quase qualquer como.
>
> — *Friedrich Nietzsche*

CHAVES PARA A NATUREZA HUMANA

No mundo de hoje, os seres humanos enfrentam uma situação característica: assim que a educação na escola termina, nos vemos de súbito jogados no mercado de trabalho, em que as pessoas são impiedosas e a competição é acirrada. Apenas alguns anos antes, se tivéssemos sorte, os nossos pais atendiam às nossas necessidades e estavam lá para nos guiar; em alguns casos, eram superprotetores. Agora, nos vemos sozinhos, com pouca ou nenhuma experiência de vida com a qual contar. Precisamos tomar decisões e fazer escolhas que afetarão o nosso futuro inteiro.

Num passado não tão distante, a carreira e as opções de vida dos indivíduos eram um tanto limitadas; se assentavam em funções ou papéis específicos disponíveis a eles e permaneciam lá por décadas. Certas figuras mais velhas – mentores, membros da família, líderes religiosos – poderiam oferecer algum direcionamento, caso necessário. No entanto, é difícil encontrar essa estabilidade e auxílio hoje em dia, pois o mundo muda cada vez mais rápido. Todos estão ocupados com a luta árdua para obter sucesso; as pessoas nunca estiveram tão preocupadas com as próprias necessidades e interesses. Os conselhos dos pais talvez sejam totalmente antiquados nessa nova ordem. Enfrentando essa situação geral sem precedentes, tendemos a reagir em uma de duas maneiras.

Alguns de nós, entusiasmados com todas as mudanças, embarcam de verdade nessa nova ordem. Somos jovens e cheios de energia. A diversidade de oportunidades oferecidas pelo mundo digital nos atordoa. Podemos experimentar, tentar muitos empregos diferentes, ter muitas relações e aventuras diferentes. Compromissos com uma única carreira ou pessoa parecem restrições desnecessárias à nossa liberdade. Obedecer às ordens e dar ouvidos a figuras de autoridade é antiquado. É melhor explorar, se divertir e ser franco. Um dia virá em que compreenderemos exatamente o que devemos fazer com a nossa vida. Nesse meio-tempo, a nossa motivação principal é manter a liberdade de fazer o que desejamos e de ir aonde bem entendemos.

Alguns de nós, porém, reagem da maneira oposta: temendo o caos, optamos de forma rápida por uma carreira que seja prática e lucrativa, de preferência relacionada a algo que seja do nosso interesse, mas não necessariamente. Nós nos contentamos com um relacionamento íntimo; talvez até continuemos a nos agarrar aos nossos pais. O que nos motiva é, de algum modo, consolidar a estabilidade que é tão difícil de encontrar neste mundo.

Ambos os caminhos, contudo, tendem a causar alguns problemas mais adiante. No primeiro caso, ao tentar tantas coisas, nunca desenvolvemos de fato habilidades sólidas em nenhuma área em particular. Sentimos dificuldade em nos concentrar numa atividade específica por muito tempo, pois estamos acostumados a esvoaçar por aí e nos distrairmos, o que torna duas vezes mais difícil aprender novas habilidades se quisermos. Por causa disso, as nossas possibilidades profissionais começam a se estreitar. Acabamos aprisionados, mudando de um emprego para o outro. Talvez agora queiramos um relacionamento que dure, mas não desenvolvemos a tolerância para fazer concessões, e não conseguimos deixar de nos irritar com as restrições à nossa liberdade que uma relação duradoura representa. Embora não gostemos de admitir isso a nós mesmos, a nossa liberdade pode começar a nos cansar.

No segundo caso, a profissão à qual nos comprometemos aos vinte e poucos anos talvez comece a parecer um pouco sem graça ao chegarmos aos 30. Nós a escolhemos por motivos práticos, e tem pouca conexão com o que nos interessa de fato na vida. Passamos a ter a sensação de que é só um emprego. A nossa mente se desliga do trabalho. E agora aquela diversidade de oportunidades do mundo moderno começa a nos tentar quando atingimos a meia-idade. Talvez precisemos de algo novo e excitante – outra carreira ou relacionamento, ou uma aventura.

Em ambos os casos, fazemos o possível para lidar com as nossas frustrações. Contudo, com o passar dos anos, começamos a vivenciar períodos de sofrimento que não conseguimos negar ou reprimir. Em geral, não temos consciência da raiz do nosso desconforto – a falta de propósito e de um direcionamento real na vida.

Esse sofrimento surge de diversas formas.

Passamos a nos sentir cada vez mais *entediados*. Sem um envolvimento real com o trabalho, nos voltamos a várias distrações que ocupem a nossa mente inquieta. Pela lei dos rendimentos decrescentes, precisamos constantemente encontrar novos modos mais intensos de diversão – a última tendência do entretenimento, viagens para um local exótico, um novo guru ou causa a seguir, passatempos que são experimentados e logo abandonados, vícios de todos os tipos. Só quando estamos sozinhos ou em momentos de desânimo é que sentimos o tédio crônico que motiva muitas das nossas ações e nos corrói por dentro.

Passamos a nos sentir cada vez mais *inseguros*. Todos temos sonhos e uma noção do nosso próprio potencial. Caso tenhamos perambulado pela vida sem um propósito ou perdido o caminho, começamos a tomar consciência da discrepância entre os nossos sonhos e a realidade. Não temos nenhuma realização genuína. Invejamos aqueles que têm. O nosso ego se fragiliza, levando-nos a uma armadilha. Somos fracos demais para tolerar críticas. Aprender requer a admissão de que não sabemos tudo e de que precisamos nos aprimorar, mas nos sentimos inseguros demais para admitir isso, e assim as nossas ideias se tornam fixas e as nossas habilidades, estagnadas – o que disfarçamos com um ar de certeza e opiniões fortes, ou com uma superioridade moral. No entanto, não conseguimos nos livrar da insegurança subjacente.

Com frequência, nos sentimos *ansiosos* e *tensos*, mas nunca temos bem certeza do porquê. A vida envolve obstáculos e dificuldades inevitáveis, mas passamos a maior parte do tempo tentando evitar algo doloroso. Talvez não tenhamos aceitado responsabilidades que teriam nos acarretado a possibilidade de fracassar. Nós nos esquivamos das escolhas difíceis e situações desgastantes, as quais afloram no presente: somos forçados a terminar algo no prazo, ou nos tornamos ambiciosos de repente e queremos realizar um sonho nosso. Não aprendemos no passado a lidar com elas, e a ansiedade e a tensão nos oprimem. A nossa evasão leva a uma ansiedade leve e contínua.

E, por fim, nos sentimos *deprimidos*. Todos queremos acreditar que a vida tem propósito e sentido, que estamos conectados a algo maior do que nós mesmos. Queremos sentir que o que realizamos tem algum peso e significância. Sem essa convicção, enfrentamos uma sensação de vazio e depressão que atribuiremos a outros fatores.

Entenda: essa sensação de estar perdido e confuso não é culpa de ninguém. É a reação natural a ter nascido numa época de grandes mudanças e caos. Os antigos sistemas de apoio do passado – religiões, causas universais nas quais se acreditar, a coesão social – desapareceram quase todos, pelo menos no mundo ocidental. Também estão se esvaindo as convenções, regras e tabus complexos que costumavam canalizar o comportamento. Estamos todos à deriva, e não é de admirar que tantas pessoas se percam em vícios e na depressão.

O problema aqui é simples: por natureza, os seres humanos anseiam por uma noção de direcionamento. Outros organismos vivos se apoiam em instintos complexos para lhes guiar e determinar o comportamento. Nós passamos a confiar na nossa consciência. No entanto, a mente humana é um poço sem fundo – nos fornece espaços mentais infinitos a serem explorados. A nossa imaginação é capaz de nos levar a qualquer lugar e fabricar qualquer coisa. A qualquer momento, poderíamos escolher seguir em centenas de direções diferentes. Sem sistemas de crença ou convenções instalados, parecemos não ter nenhum ponto cardeal óbvio para guiar o nosso comportamento e as nossas decisões, e isso pode ser enlouquecedor.

Felizmente, há uma maneira de sair dessa situação, e está disponível, por natureza, a cada um de nós. Não há necessidade de procurarmos por gurus ou nos tornarmos nostálgicos em relação ao passado e às suas certezas. Uma bússola e um sistema guia existem. Estão no ato de procurarmos e descobrirmos o propósito *individual* da nossa vida. Esse é o caminho tomado pelos maiores realizadores e contribuintes do progresso da cultura humana, e só temos que enxergá-lo para tomá-lo. Aqui está como isso funciona.

Cada ser humano individual é radicalmente singular. Essa singularidade tem um propósito e está inscrita em nós de três maneiras: a configuração exclusiva do nosso DNA, a forma específica como o nosso cérebro está programado e as experiências por que passamos na vida, as quais são diferentes das de todos os outros. Considere essa singularidade como uma semente que é plantada ao nascimento, com potencial para crescer. Na natureza, num ecossistema próspero, é possível observar um alto nível de diversidade entre as espécies, as quais operam em equilíbrio. O sistema, então, é rico e se alimenta de si mesmo, criando espécies mais novas e mais interrelações. Os ecossistemas com pouca diversidade são bem inférteis, e têm saúde muito mais tênue. Nós, seres humanos, operamos no nosso próprio ecossistema cultural. Por toda a história, vemos que as culturas mais saudáveis e celebradas têm sido as que encorajaram e exploraram a maior diversidade interna entre os indivíduos — a antiga Atenas, a dinastia Sung na China, a Renascença italiana, a década de 1920 no mundo ocidental, para mencionar algumas. Esses foram períodos de criatividade tremenda, pontos altos da história. Podemos contrastá-los com o conformismo e a esterilidade cultural das ditaduras.

Ao fazer a nossa singularidade florescer no decorrer da vida, por meio das nossas habilidades específicas e da natureza característica do nosso trabalho, contribuímos com essa diversidade tão necessária. Essa singularidade de fato transcende a nossa existência individual; está carimbada em nós pela própria natureza. Como explicar o motivo pelo qual somos atraídos à música, ou a ajudar os outros, ou a formas específicas de conhecimento? Herdamos essa atração, que tem o seu propósito.

O esforço para cultivar essa singularidade e nos conectar a ela nos fornece um caminho a seguir, um sistema de direcionamento interno pela vida. No entanto, ligar-se a esse sistema não é fácil. Normalmente, os sinais da nossa singularidade são mais nítidos para nós mesmos durante a primeira infância. Sentimos uma atração natural a temas ou atividades específicos, apesar da influência dos nossos pais. Chamemos isso de *inclinações primordiais*, as quais falam conosco, como uma voz. Entretanto, ao crescermos, a voz é abafada pelos nossos pais, colegas, professores e pela cultura geral. Dizem-nos do que devemos gostar, o que é bom, o que não é bom. Começamos a perder a noção de quem somos, do que nos torna diferentes. Escolhemos trajetórias profissionais que não são adequadas à nossa natureza.

Para nos ligarmos a esse sistema de direcionamento, temos de tornar a conexão com a nossa singularidade o mais forte possível, e aprender a confiar naquela voz. (Veja mais sobre isso no item "Descubra a sua vocação na vida", na próxima seção.) Ao conseguirmos fazer isso, seremos muito bem recompensados. Teremos um senso de direção, na forma de uma trajetória geral de carreira que combinará com as nossas inclinações específicas. Teremos uma vocação. Saberemos quais habilidades precisamos e queremos desenvolver. Possuiremos metas e submetas. Quando nos desviarmos do nosso caminho ou nos envolvermos em problemas que nos distraem das nossas metas, nos sentiremos desconfortáveis e logo retomaremos o curso. Talvez exploremos e tenhamos aventuras, o que é natural quando somos jovens, mas há um direcionamento relativo para a nossa exploração que nos libertará das dúvidas e distrações contínuas.

Esse caminho não requer que sigamos uma única linha simples, ou que as nossas inclinações sejam focadas de forma muito estreita. Talvez sejamos atraídos por vários tipos de conhecimento. O nosso caminho envolve dominar uma variedade de habilidades e combiná-las de maneiras bem inventivas e criativas. Essa foi a genialidade de Leonardo da Vinci, que uniu os seus interesses em artes, ciências, arquitetura e engenharia, dominando cada uma dessas disciplinas. Esse modo de seguir o caminho combina com os nossos gostos modernos e ecléticos e com o nosso amor pela ampla exploração.

Quando ativamos esse sistema de direcionamento interno, todas as emoções negativas que nos atormentam na nossa falta de propósito são neutralizadas e até se tornam positivas. Por exemplo, talvez sintamos *tédio* no processo de acumular habilidades. Praticar pode ser enfadonho. No entanto, é possível abraçar o tédio, sabendo dos tremendos benefícios que virão. Estamos aprendendo algo que nos entusiasma. Não ansiamos por distrações constantes. A nossa mente se absorve com prazer no trabalho. Desenvolvemos a habilidade de nos concentrar profundamente, e com essa concentração, ganhamos ímpeto. Retemos aquilo que absorvemos porque estamos envolvidos emocionalmente com o aprendizado. Assim, aprendemos mais rápido, o que gera uma energia criativa. Com a mente repleta de informações novas, as ideias começam a surgir do nada. Atingir esses níveis criativos é bem gratificante, e torna mais fácil acrescentar novas habilidades ao nosso repertório.

Com um senso de propósito, nos sentimos muito menos *inseguros*. Temos uma noção geral de estarmos progredindo, atingindo o nosso potencial, ou parte dele. Podemos começar a examinar as nossas várias conquistas do passado, grandes ou pequenas. Realizamos muitas coisas. Há momentos de dúvidas, mas que costumam estar relacionadas mais à qualidade do nosso trabalho do que ao nosso amor-próprio – será que demos o melhor de nós mesmos? Concentrando-nos mais no trabalho em si e na sua qualidade do que naquilo que as pessoas pensam de nós, conseguiremos distinguir entre as críticas práticas e as maliciosas. Teremos uma adaptabilidade interior, que nos ajudará a nos recuperarmos dos fracassos e aprender com eles. Saberemos quem somos, e essa autoconsciência se tornará a nossa âncora na vida.

Com esse sistema de direcionamento instalado, podemos transformar a *ansiedade* e a *tensão* em emoções positivas. Ao tentar alcançar os nossos objetivos – escrever um livro, criar uma empresa, vencer uma campanha política –, temos que administrar uma grande dose de ansiedade e incerteza, tomando decisões diárias sobre o que fazer.

No processo, aprendemos a controlar os nossos níveis de ansiedade – se pensamos demais sobre até onde precisamos ir, talvez nos sintamos sobrecarregados. Em vez disso, aprendemos a nos concentrar em objetivos melhores ao longo do caminho, mantendo, ao mesmo tempo, um grau de urgência. Desenvolvemos a habilidade de regular a nossa ansiedade – o suficiente para nos manter avançando e continuando a aprimorar o trabalho, mas não a ponto de nos paralisar. Essa é uma habilidade importante na vida.

Desenvolvemos uma tolerância alta para a tensão também, e até nos alimentamos dela. Nós, seres humanos, fomos de fato construídos para lidar bem com a tensão. A nossa mente inquieta e energética prospera melhor quando estamos ativos mental e fisicamente, com a adrenalina bombeando nas veias. A tendência das pessoas a envelhecer e se deteriorar mais rápido logo depois de se aposentarem é um fenômeno conhecido; a mente não tem mais nada do que se alimentar, os pensamentos ansiosos vêm à tona e elas se tornam menos ativas. Manter alguma tensão, e saber como lidar com ela, melhora a nossa saúde.

Por fim, com um senso de propósito, somos menos propensos à *depressão*. Sim, os momentos de melancolia são inevitáveis, e até bem-vindos, e fazem que nos afastemos e reavaliemos a nós mesmos, como aconteceu com King. Entretanto, com maior frequência, nós nos sentimos entusiasmados e elevados acima da mesquinharia que marca tantas vezes a vida cotidiana no mundo moderno. Estamos numa missão, cumprindo a obra da nossa vida, contribuindo para algo maior do que nós mesmos, e isso nos enobrece. Temos momentos de grande plenitude que nos alimentam. Mesmo a morte perde o seu impacto. O que conquistamos sobreviverá ao nosso fim, e não há aquele sentimento debilitante de termos desperdiçado o nosso potencial.

Pense nisso desta maneira: na história militar, podemos identificar dois tipos de exército – aqueles que lutam por uma causa ou uma ideia, e os que lutam por dinheiro, como parte de um emprego. Os que vão à guerra por uma causa, como os exércitos de Napoleão Bonaparte lutando para expandir a Revolução Francesa, o fazem com uma intensidade maior. Eles atrelam o seu destino individual ao da causa e da nação; estão mais dispostos a morrer em batalha pela causa. Os menos entusiásticos são contagiados pelo espírito de grupo. O general pode pedir mais dos seus soldados. Os batalhões são mais unidos, e os vários líderes dos batalhões são mais criativos. Lutar por uma causa é a atitude conhecida como um *multiplicador de força* – quanto maior a conexão à causa, maior a motivação, o que se traduz num poder maior. Um exército assim, por vezes, consegue derrotar um maior, mas menos motivado.

Podemos dizer algo análogo sobre a vida: atuar com um alto senso de propósito é um multiplicador de força. Todas as suas decisões e ações têm um poder maior por trás delas porque são guiadas por uma ideia e propósito centrais. As muitas facetas do seu caráter são canalizadas nesse propósito, dando-lhe uma energia contínua. A sua concentração e habilidade de se recuperar de adversidades lhe dão um ímpeto inescapável. Você consegue exigir mais de si mesmo. E, num mundo em que tantas pessoas estão à deriva, você as superará com facilidade e atrairá a atenção de todos por causa disso. Os indivíduos vão querer estar perto de você para absorver o seu entusiasmo.

A sua tarefa como estudante da natureza humana é dupla: em primeiro lugar, tome consciência do papel primordial que um senso de propósito desempenha na vida humana. Por causa da nossa natureza, a necessidade de um propósito tem uma atração gravitacional a que ninguém consegue resistir. Observe as pessoas em redor e avalie o que lhes guia o comportamento, vendo padrões nas escolhas que fizerem. Será que a motivação primária delas é a liberdade de fazerem o que bem entendem? Estão em busca de prazer, dinheiro, atenção, poder pelo seu próprio mérito, ou uma causa à qual se juntar? Todos esses são o que chamaremos de *propósitos falsos*, e levam a um comportamento obsessivo e a vários becos sem saída. (Veja mais sobre *propósitos falsos* na última seção deste capítulo.) Uma vez que tiver identificado indivíduos motivados por um propósito falso, evite contratá-los ou trabalhar com eles, pois tenderão a arrastá-lo para baixo com a sua energia improdutiva.

Você também notará algumas pessoas que lutam para encontrar um propósito na forma de uma vocação na vida. Talvez consiga ajudá-las ou vocês consigam se ajudar um ao outro. E, por fim, o leitor reconhecerá algumas com senso relativamente elevado de propósito.

Pode ser alguém jovem que parece destinado à grandeza. Você deve buscar a amizade delas e se contagiar com seu entusiasmo. Outras serão mais velhas, com uma série de conquistas já realizadas. A estas, você deve se associar de qualquer maneira possível, pois o impulsionarão para frente.

A sua segunda tarefa é encontrar o *seu* senso de propósito e elevá-lo, tornando a conexão a ele o mais profunda que conseguir. (Veja mais sobre isso na próxima seção.) Se você for jovem, utilize o que encontrar para fornecer uma estrutura geral à sua energia inquieta. Explore o mundo livremente, acumule aventuras, mas tudo dentro de certa estrutura. E o que é mais importante, acumule habilidades. Se você for mais velho e tiver perdido o caminho, use as habilidades que já adquiriu e encontre maneiras de canalizá-las de modo suave na direção que enfim combinará com as suas inclinações e espírito. Evite alterações súbitas e drásticas de carreira que não sejam práticas.

Tenha em mente que a sua contribuição à cultura pode ser de várias formas. Você não precisa se tornar um empresário ou figurar amplamente no palco mundial; pode fazer o mesmo atuando como uma pessoa num grupo ou organização, desde que mantenha um ponto de vista forte que seja seu e o utilize para exercer influência de maneira graciosa. O seu caminho pode envolver trabalho físico e artesanato – orgulhe-se da excelência do seu trabalho, deixando a sua marca característica de qualidade. Pode ser criando uma família da melhor maneira possível. Nenhuma vocação é superior a outra. O que importa é que esteja atrelada a uma necessidade e inclinação pessoais, e que a sua energia o guie em direção ao aprimoramento e ao aprendizado contínuo por meio da experiência.

De qualquer forma, cultive ao máximo a sua singularidade e a originalidade que a acompanha. Num mundo repleto de pessoas que parecem altamente intercambiáveis, você não pode ser substituído. Você é único. A sua combinação de habilidades e experiências não é replicável. Isso representa a verdadeira liberdade e o poder derradeiro que nós, seres humanos, possuímos.

Estratégias para desenvolver um alto senso de propósito

Uma vez que tenha se comprometido a desenvolver ou fortalecer o seu senso de propósito, então o trabalho árduo começa. Você vai enfrentar muitos inimigos e obstáculos impedindo o seu progresso – as vozes dos outros que o distraem e incutem dúvidas sobre a sua vocação e singularidade; o seu próprio tédio e frustrações com o trabalho em si e o seu lento avanço; a falta de críticas confiáveis de pessoas que possam ajudá-lo; os níveis de ansiedade com que precisa lidar, e, por fim, a exaustão completa que muitas vezes acompanha o trabalho focado durante longos períodos. As cinco estratégias seguintes o ajudarão a superar esses obstáculos. Não estão ordenadas de maneira rígida, mas a primeira é o ponto de partida essencial. Coloque todas em prática a fim de garantir o movimento contínuo para a frente.

Descubra a sua vocação na vida. Você dá início a essa estratégia procurando por sinais de inclinações primordiais nos seus primeiros anos de vida, quando elas costumam ser mais nítidas. Alguns indivíduos se lembram com facilidade dessas inclinações iniciais, mas, para muitos de nós, isso requer alguma introspecção e investigação. Procure por momentos em que sentiu um fascínio incomum por um tema em particular, ou por certos objetos, ou por atividades específicas e maneiras de brincar.

Marie Curie, grande cientista do século 19 e início do século 20, recordava-se com clareza do momento em que, aos 4 anos de idade, entrou no escritório do pai, subitamente mesmerizada pela visão de todo tipo de tubos e instrumentos de medida para vários experimentos químicos, guardados atrás de um armário de vidro polido. Por toda a vida ela sentiria um arrepio similar sempre que entrava num laboratório. Para Anton Tchekhov, foi assistir a uma peça teatral quando menino, na cidadezinha em que vivia. Toda aquela atmosfera de faz de conta o comoveu. Para Steve Jobs, foi passar por uma loja de eletrônicos quando criança e ver tantos dispositivos fantásticos na vitrine, maravilhando-se com a sua concepção e complexidade. Para Tiger Woods, foi a experiência de ver, aos 2 anos de idade, o pai lançar bolas de golfe para dentro de uma rede na garagem, e não conseguir conter a excitação e o desejo de imitá-lo. Para o escritor Jean-Paul Sartre, foi a fascinação na infância com as palavras impressas numa página, e os possíveis significados mágicos que cada palavra possuía.

Esses momentos de atração visceral vieram de maneira repentina e sem nenhum encorajamento dos pais ou de amigos. Seria difícil colocar em palavras por que ocorreram; são sinais de algo além do nosso controle pessoal. A atriz Ingrid Bergman foi quem expressou isso melhor, ao falar do fascínio que sentia pelo ato de representar na frente da câmera de cinema do pai quando ainda era pequena: "Eu não escolhi atuar. A atuação me escolheu". Às vezes, essas ocasiões nos vêm quando somos mais velhos, como quando Martin Luther King Jr. compreendeu a sua missão na vida ao ver-se envolvido no boicote aos ônibus de Montgomery. E às vezes ocorrem quando observamos outras pessoas que são mestres no seu campo.

Quando jovem, o futuro diretor japonês de cinema Akira Kurosawa se sentia bastante à deriva. Tentou pintar, depois foi assistente de diretor em filmes, um trabalho que detestou. Estava pronto para desistir quando foi escolhido para trabalhar para o diretor Kajirō Yamamoto em 1936. Observando esse grande mestre em ação, de repente os olhos de Kurosawa se abriram para as possibilidades mágicas do cinema, e compreendeu a própria vocação. Como descreveu mais tarde: "Foi como se o vento sobre uma montanha soprasse contra o meu rosto. Com isso me refiro àquele vento maravilhosamente refrescante que você sente depois de uma escalada árdua e dolorosa. O sopro daquele vento lhe diz que você está atingindo o topo. Então você se põe de pé no topo e olha para baixo, para toda a paisagem que se abre. Quando me pus de pé por trás de Yama-san na sua cadeira de diretor junto à câmera, meu coração se encheu desse mesmo sentimento – 'Finalmente cheguei'".

Como outro sinal, examine os momentos da sua vida em que certas tarefas ou atividades lhe pareceram naturais ou fáceis, como se você nadasse com a corrente. Ao realizar essas atividades, o tédio da prática torna-se mais tolerável. As críticas das pessoas não o desencorajam com tanta facilidade; você quer aprender. Contraste isso com outros temas ou tarefas que considera profundamente enfadonhos e pouco gratificantes, que o frustram.

Em relação a isso, descubra a inteligência específica para a qual o seu cérebro está programado. No livro *Estruturas da mente*, o psicólogo Howard Gardner lista certas formas de inteligência para as quais as pessoas costumam ter um dom ou afinidade especial. Poderiam ser a matemática e a lógica, atividades físicas, palavras, imagens ou música. Acrescente-se a isso a inteligência social, uma sensibilidade superior quanto aos outros. Quando estiver envolvido na atividade que lhe der a sensação de ser a correta, ela corresponderá à forma de inteligência para a qual o seu cérebro é mais adequado.

A partir desses vários fatores, você deverá ser capaz de identificar o esboço da sua vocação. Em essência, ao passar por esse processo, estará descobrindo a si mesmo, o que o torna diferente, o que precede as opiniões dos outros. Haverá mais familiaridade com as coisas de que, por natureza, gosta ou não gosta. Na vida, tendemos a perder o contato com as nossas preferências, influenciados de modo intenso pelo que outros fazem e pela cultura. Você vai subtrair essas influências externas. Quanto mais profunda for a conexão que formar com a sua vocação, mais será capaz de resistir às ideias ruins dos outros e ativar o seu sistema de direcionamento interno. Devote algum tempo a esse processo, utilizando um diário se for necessário. Desenvolva o hábito de se acessar e se escutar, de forma a monitorar continuamente o seu progresso e ajustar essa vocação às várias etapas da sua vida.

Se você for jovem e estiver no início da carreira profissional, explore um campo relativamente amplo relacionado às suas inclinações – por exemplo, se a sua afinidade é por palavras e pela escrita, tente todos os tipos diferentes de escrita até encontrar o encaixe perfeito. Se for mais velho e tiver mais experiência, use as habilidades que já desenvolveu e descubra uma maneira de adaptá-las na direção da sua verdadeira vocação. Lembre-se de que a vocação pode combinar vários campos que o fascinam. Para Jobs, por exemplo, era a intersecção de tecnologia e design. Mantenha o processo sem um limite de tempo determinado; a sua experiência o instruirá quanto ao caminho.

Não tente pular a etapa de descobrir a sua vocação ou imaginar que ela lhe virá por conta própria. Embora para alguns surja cedo na vida ou num momento de inspiração súbita, para a maioria de nós isso requer introspecção e esforço contínuos. Experimentar com as habilidades e opções relacionadas à sua personalidade e às suas inclinações não é apenas o passo mais essencial do desenvolvimento de um senso elevado de propósito; é talvez o mais importante. Saber profundamente quem você é, reconhecendo a sua singularidade, tornará mais fácil evitar todas as outras armadilhas da natureza humana.

Utilize os impulsos negativos e de resistência. A chave para o sucesso em qualquer campo é desenvolver primeiro habilidades em várias áreas, as quais você poderá mais tarde combinar de maneiras únicas e criativas. No entanto, o processo de fazê-lo pode ser enfadonho e sofrido, à medida que toma consciência das suas limitações e falta relativa de habilidade. A maioria das pessoas, de modo consciente ou inconsciente, busca evitar o tédio, a dor e qualquer forma de adversidade, tentando se colocar em lugares onde enfrentará menos críticas e nos quais as chances de fracasso serão minimizadas. Você precisa tomar a decisão de seguir na direção contrária. Aceite as experiências negativas, as limitações e até o sofrimento como ótimos meios de elevar o nível das suas habilidades e apurar o seu senso de propósito.

Em se tratando de exercícios, entenda a importância de manter níveis toleráveis de dor e desconforto, pois mais tarde eles lhe renderão força, resistência e outras sensações positivas. Você obterá o mesmo ao aceitar de verdade o tédio na sua prática. A frustração é um sinal de que se está fazendo progressos, pois a mente está tomando consciência dos níveis mais elevados de habilidades que ainda tem de alcançar.

Utilize e adote qualquer tipo de prazo. Caso dê a si mesmo um ano para terminar um projeto ou abrir uma empresa, em geral você vai levar um ano ou mais. Se optar por três meses, vai terminar mais cedo, e a energia concentrada com que trabalhar elevará o seu nível de habilidade e tornará o resultado final muito melhor. Se necessário, fabrique prazos razoavelmente apertados a fim de intensificar o seu senso de propósito.

Thomas Edison sabia que levava tempo demais em suas invenções, por isso desenvolveu o hábito de falar a jornalistas sobre as grandes qualidades das suas criações futuras, exagerando na descrição das ideias. Com a publicidade, seria agora colocado na posição de ter que cumprir o prometido, e em relativamente pouco tempo, ou seria ridicularizado. Teria de se mostrar à altura do desafio, e quase sempre conseguia. Hakuin, grande mestre Zen do século 18, levou isso mais longe. Sentia-se muito frustrado com certos *koans* (anedotas paradoxais criadas para induzir a iluminação) apresentados a ele por seu mestre. A falta de progresso o deixou desesperado, por isso prometeu a si mesmo, com toda a seriedade: "Se em sete dias eu não tiver dominado todos esses *koans*, vou me matar". A estratégia funcionou e continuou a funcionar, até que ele atingiu a iluminação total.

À medida que progredir no seu caminho, você estará cada vez mais sujeito às críticas dos outros. Algumas delas talvez sejam construtivas e dignas da sua atenção, mas muitas serão o fruto da inveja. Você reconhecerá este último tipo pelo tom emocional da pessoa ao expressar opiniões negativas. Esses indivíduos vão um pouco longe demais, falam com certo excesso de veemência; levam as coisas para o lado pessoal, incutindo dúvidas sobre a sua habilidade geral, enfatizando a sua personalidade mais do que o trabalho; não mencionam detalhes específicos sobre o que e como melhorar. Tendo reconhecido esse tipo de crítica, o truque é não o internalizar de jeito nenhum. Tornar-se defensivo é sinal de que foi atingido. Em vez disso, use as opiniões negativas deles para motivá-lo e aumentar o seu senso de propósito.

Absorva a energia propositada. Nós, seres humanos, somos extremamente suscetíveis aos ânimos e à energia das outras pessoas. Por esse motivo, evite o contato excessivo com aqueles que têm um senso baixo ou falso de propósito. Por outro lado, tente sempre encontrar aqueles com um senso elevado de propósito e se associar a eles. Alguém assim poderia ser o perfeito mentor ou professor ou parceiro num projeto, tendendo a inspirar o melhor em você. Além disso, será mais fácil e até revigorante receber as críticas dele.

Essa foi a estratégia com que Coco Chanel (veja o Capítulo 5) angariou tanto poder. Ela começou numa posição de grande fraqueza – uma órfã com pouco ou nenhum recurso na vida. Quando tinha vinte e poucos anos, compreendeu que a sua vocação era conceber roupas e criar a sua própria linha de moda. Precisava desesperadamente de alguém que a guiasse, porém, em especial no quesito administrativo.

Procurou por pessoas que pudessem ajudá-la a encontrar o caminho. Aos 25 anos, conheceu o alvo perfeito, um rico empresário inglês mais velho chamado Arthur "Boy" Capel. Ela se sentiu atraída pela ambição dele, pela sua experiência em vários campos, seu conhecimento das artes e o seu pragmatismo implacável.

Coco se apegou a Capel com enorme veemência, e este foi capaz de incutir nela a confiança de que ela se tornaria uma estilista famosa, educando-a em relação à administração de negócios em geral. Ofereceu-lhe críticas severas (as quais ela aceitaria por causa do profundo respeito que lhe nutria), guiando-a nas primeiras decisões importantes ao estabelecer o negócio. Graças a Capel, Chanel desenvolveu um senso bem apurado de propósito que manteve por toda a vida; sem essa influência, o caminho dela teria sido muito confuso e difícil. Mais tarde, Chanel continuou retornando a essa estratégia. Encontrou outros homens e mulheres com habilidades que ela não tinha ou que precisava fortalecer – graciosidade social, marketing, um faro para as tendências culturais –, com quem cultivou relacionamentos que lhe permitiram aprender.

Nesse caso, é bom conhecer aqueles que sejam pragmáticos, e não apenas os que são carismáticos ou visionários. Você quer o conselho prático deles, e lhes absorver a disposição de concluir projetos. Se for possível, junte ao seu redor um grupo de pessoas de campos diferentes, como amigos ou parceiros, que tenham uma energia similar. Vocês ajudarão a elevar o senso de propósito uns dos outros. Não se contente com associações ou mentores virtuais. Estes não terão o mesmo efeito.

Crie uma escada de metas descendentes. Atuar com metas de longo prazo lhe dará tremenda claridade e determinação. Essas metas – um projeto ou negócio a ser criado, por exemplo – são relativamente ambiciosas, o bastante para extrair o melhor de você. O problema, porém, é que também tenderão a gerar ansiedade à medida que você examinar tudo o que tiver de alcançar pelo ponto de vista atual. Para lidar com essa ansiedade, crie uma escada com as pequenas metas que compõe o caminho, desde o seu objetivo final até o ponto onde se encontra. Esses objetivos devem ser mais simples quanto mais baixo na escada você estiver, e deve atingi-los em períodos relativamente curtos de tempo, o que lhe dará momentos de satisfação e um senso de propósito. Sempre divida as tarefas em partes menores; tenha micrometas a cada dia ou semana. Isso o ajudará a se concentrar e evitar complicações ou desvios que desperdiçariam a sua energia.

Além disso, lembre-se o tempo todo da meta maior, de não a perder de vista ou se embaralhar demais em detalhes. De tempos em tempos, retorne à sua visão original e imagine a satisfação imensa que sentirá quando ela se concretizar. Isso lhe dará clareza e inspiração para progredir. Também é bom ter um pouco de flexibilidade no processo. Em certos momentos, você vai reavaliar o seu progresso e ajustar as várias metas conforme o necessário, aprendendo constantemente a partir da experiência, adaptando e aprimorando o seu objetivo original.

Lembre-se de que o que você busca é uma série de resultados e realizações práticas, não uma lista de sonhos não concretizados e projetos abortados. Trabalhar com metas menores e integradas o moverá nessa direção.

Perca-se no seu trabalho. A maior dificuldade que o leitor vai enfrentar para manter um senso elevado e consistente de propósito talvez seja o nível de comprometimento que é necessário com o passar do tempo, além dos sacrifícios que o acompanham. Você terá de lidar com muitos momentos de frustração, tédio e fracasso, e as tentações incessantes da nossa cultura por prazeres mais imediatos. Os benefícios listados anteriormente nas "Chaves para a natureza humana" muitas vezes não são aparentes de imediato, e, com o passar dos anos, você talvez venha a se sentir esgotado. Para contrabalançar esse tédio, tenha momentos de fluxo em que a sua mente mergulha tão fundo no trabalho que você é transportado para além do seu ego, experimentando uma sensação de calma profunda e euforia. O psicólogo Abraham Maslow chamou isso de "experiências de pico" – uma vez que alguém passe por isso, será mudado para sempre. Você sentirá a necessidade de repeti-la; os prazeres mais imediatos que o mundo oferece empalidecem em comparação. E, quando se sentir recompensado pela sua dedicação e por seus sacrifícios, o seu senso de propósito será intensificado.

Essas experiências não podem ser fabricadas, mas você tem como montar o palco para elas e aumentar bastante a chance de que ocorram. Em primeiro lugar, é essencial esperar até que esteja mais adiante no processo – tendo realizado pelo menos mais da metade de um projeto, ou depois de muitos anos de estudo no seu campo. A sua mente, então, será preenchida por todos os tipos de informação e prática, amadurecidas para uma experiência de pico.

Em segundo lugar, planeje se entregar ao trabalho por um tempo ininterrupto – quantas horas e dias na semana for possível. Com esse fim, você deve eliminar de forma rigorosa o nível habitual de distrações, até mesmo fazer planos para desaparecer por algum tempo. Pense nisso como um tipo de retiro religioso. Steve Jobs fechava a porta do escritório, passava o dia inteiro em sua sala e esperava até entrar num estado de foco profundo. Uma vez que você se torne hábil nisso, conseguirá fazê-lo quase em qualquer lugar. Einstein era notório por alcançar um estado tão profundo de absorção que se perdia nas ruas da cidade ou enquanto velejava num lago.

Em terceiro lugar, a ênfase deve ser no trabalho, nunca em você mesmo ou no desejo de reconhecimento. Você está fundindo a sua mente com o trabalho em si, e qualquer pensamento invasivo do seu ego ou dúvidas sobre a sua pessoa ou obsessões vão interromper o fluxo, o qual não é apenas imensamente terapêutico, mas também gera resultados criativos incríveis.

Durante o tempo em que a atriz Ingrid Bergman estava envolvida num projeto cinematográfico em particular, ela lhe dedicava cada gota de energia, esquecendo-se de tudo mais. Diferentemente de outros atores, que davam importância maior ao dinheiro ou à atenção que recebiam, Bergman via apenas a oportunidade de encarnar por completo o papel que representaria e traria à vida. Com esse propósito, interagia com os roteiristas e diretores, alterando inclusive o papel em si e partes do diálogo, tornando-as mais reais. Suas ideias eram quase sempre excelentes e baseadas numa contemplação profunda a respeito do personagem, então ela tinha credibilidade nesse aspecto.

Depois que Bergman tivesse ido longe o bastante no processo do texto e raciocínio, ela passava dias ou semanas fundindo-se com o papel e sem interagir com outras pessoas. Esquecendo-se de todo o sofrimento da própria vida – a perda dos pais quando era jovem, o marido abusivo –, obtinha momentos de alegria genuína, traduzindo essas experiências de pico para a tela. O público sentia algo de profundamente realista na atuação dela, e se identificava de maneira incomum com os personagens interpretados por Bergman. Para ela, saber que teria essas experiências periódicas, por meio das quais geraria resultados, a mantinha além da dor e dos sacrifícios que exigia de si mesma.

Considere isso uma forma de devoção religiosa à sua obra de vida e que acabará produzindo momentos de união com o trabalho em si, mas também um tipo de êxtase que é impossível de verbalizar até que o tenha experimentado.

O engodo dos falsos propósitos

A atração gravitacional que sentimos pela ideia de encontrar um propósito é oriunda de dois elementos da natureza humana: em primeiro lugar, por sermos incapazes de confiar nos instintos como fazem outros animais, precisamos de algum meio de obter um senso de direção, uma maneira de guiar e restringir o nosso comportamento; em segundo, temos consciência de nossa pequenez como indivíduos num universo com bilhões de outros como nós. Estamos cientes da nossa mortalidade e de como seremos, no fim de tudo, engolidos pela eternidade. Sentimos a necessidade de sermos maiores do que apenas os indivíduos que somos, e conectados a algo que nos transcenda.

Sendo a natureza humana o que é, porém, muitos buscam criar um propósito e uma sensação de transcendência que demandem pouco, querem encontrá-los da maneira mais fácil e acessível, com o mínimo de esforço. Essas pessoas se entregam a *falsos propósitos*, aqueles que somente fornecem ilusão. Podemos contrastá-los com os propósitos reais da seguinte maneira: estes vêm de dentro; são uma ideia, uma vocação, um senso de missão ao qual nos sentimos conectados pessoal e intimamente. São nossos. Talvez tenhamos sido inspirados por outros, mas ninguém os impôs nem pode tirá-los de nós. Se formos religiosos, não aceitamos a ortodoxia apenas; passamos por uma introspecção rigorosa e tornamos a nossa crença interna, verdadeira para nós mesmos. Os falsos propósitos, ao contrário, têm raízes em fontes externas – por exemplo, sistemas de crença que nos engolem por inteiro ou conformismo ao que os outros fazem.

O propósito real nos eleva, para um nível mais humano. Aprimoramos as nossas habilidades e apuramos a mente; percebemos o nosso potencial e contribuímos à sociedade. Os falsos propósitos, ao contrário, nos arrastam para baixo, para o lado animal da nossa natureza: vícios, perda dos poderes mentais, conformismo irracional e cinismo.

É crucial que tomemos consciência dessas formas falsas e inferiores de propósito, pelas quais é inevitável não se deixar levar em alguma época da vida, pois são fáceis, populares e demandam pouco. Se conseguirmos eliminar o impulso em direção a elas, gravitaremos de modo natural rumo às formas superiores, na nossa busca inescapável por sentido e propósito. Aqui estão cinco dos falsos propósitos mais comuns que têm tentado os seres humanos desde o início da civilização.

A busca por prazer. Para muitos de nós, o trabalho é apenas uma necessidade irritante. O que nos motiva de verdade é evitar o sofrimento, e encontrar tanto prazer quanto possível no nosso tempo extra. E os prazeres que buscamos tomam várias formas, como sexo, estimulantes, entretenimento, comida, compras, jogos de azar, modas tecnológicas e brincadeiras de todos os tipos.

Não importa quais sejam os objetos da busca, eles tendem a levar a uma dinâmica de rendimentos decrescentes. Os momentos de prazer que obtemos tendem a se tornar maçantes por meio da repetição. Precisamos cada vez mais deles, ou de diversões sempre novas. Com frequência, a nossa necessidade se transforma em vício, e com a dependência vem a deterioração da saúde e das capacidades mentais. Somos possuídos pelos objetos por que ansiamos, e nos perdemos. Sob a influência das drogas e do álcool, por exemplo, podemos nos sentir temporariamente transportados para além da banalidade da vida.

Esse falso propósito é muito comum no mundo de hoje, em especial por causa da cornucópia de distrações entre as quais podemos escolher. Contudo, isso vai contra o elemento básico da natureza humana: a fim de obter níveis mais profundos de prazer, temos que aprender a nos limitar. Ler uma variedade de livros de entretenimento um atrás do outro provoca uma sensação de satisfação menor a cada obra; com a mente inundada e superestimulada, precisaremos de mais informação. O efeito após a leitura e absorção de um ótimo livro é relaxante e enaltecedor à medida que descobrimos as riquezas ocultas naquelas páginas, nas quais pensamos de novo e de novo quando estamos longe delas.

Todos precisamos de momentos de prazer fora do trabalho para aliviar a tensão. Entretanto, quando atuamos com um senso de propósito, compreendemos o valor de nos limitar, de optar pela profundidade da experiência em vez da estimulação excessiva.

Causas e cultos. As pessoas têm uma necessidade profunda de acreditar em algo e, na ausência de grandes sistemas unificadores de crença, esse vácuo é facilmente preenchido por todo tipo de microcausas e cultos. Notamos que esses grupos tendem a não durar muito tempo. Em dez anos já parecem antiquados. Durante a sua breve existência, os afiliados empregarão a convicção extrema e a hipérbole no lugar de uma visão clara do que estão buscando. Com esse fim, inimigos serão encontrados com rapidez e acusados de serem a fonte de tudo que há de errado no mundo. Esses grupos se tornam o canal para que os indivíduos descarreguem as suas frustrações pessoais, a inveja e o ódio. Eles também passam a se sentir superiores, como parte de um grupinho com acesso especial à verdade.

É possível reconhecer uma microcausa ou culto pela maneira vaga como os discípulos expressam o que querem. Eles não conseguem descrever o tipo de mundo ou sociedade que desejam em termos concretos e práticos, e muito de sua razão de ser gira em torno de definições negativas: "Livrem-se desses indivíduos ou dessas práticas, e o mundo se tornará um paraíso". São desprovidos de qualquer noção de estratégia ou formas definidas de alcançar os seus objetivos nebulosos, o que é um sinal claro de que a função do grupo é apenas desabafar as emoções.

Muitas vezes eles realizarão enormes manifestações públicas em que as pessoas se contagiarão pelo tamanho da multidão e pelos sentimentos compartilhados. Por toda a história, governantes maliciosos têm empregado essa tática com grande efeito. Indivíduos numa multidão são altamente sugestionáveis. Por meio de frases curtas e simples, com muitas repetições, são convencidos a gritar palavras de ordem e engolir as ideias mais absurdas e irracionais. Numa multidão, se sentem livres de qualquer responsabilidade pessoal, o que pode levar à violência. Veem-se transportados para além de si mesmos e não tão ínfimos, mas esse engrandecimento é uma ilusão. Na verdade, se tornam menores ao perderem a vontade e a voz individual.

Aliar-nos a uma causa pode ser parte importante do nosso senso de propósito, como foi para Martin Luther King Jr. Entretanto, ela deve emergir de um processo interno em que tenhamos pensado a fundo sobre o assunto e em que estejamos nos comprometendo à causa como parte da nossa obra de vida. Não somos apenas uma engrenagem na máquina de um grupo desses, mas contribuintes ativos, colocando a nossa singularidade em ação, sem imitar a linha de comando do grupo. Não estamos participando por uma necessidade de gratificar o nosso ego ou de desabafar emoções desagradáveis, mas em razão de uma sede por justiça e verdade que vem de nosso senso de propósito.

Dinheiro e sucesso. Para muitas pessoas, a busca por dinheiro e posição social pode lhes fornecer bastante motivação e foco. Esses tipos considerariam a descoberta da sua vocação na vida uma perda de tempo monumental; encarariam-na como antiquada. Contudo, no longo prazo, essa filosofia costuma render os resultados mais impraticáveis.

Em primeiro lugar, na maior parte das vezes, pessoas assim entram no campo em que possam ganhar o máximo de dinheiro o mais rápido possível. Visam aos maiores salários. As opções de carreira que tomam têm pouca ou nenhuma conexão com as suas verdadeiras inclinações. Os campos que escolhem tenderão a ser repletos de outros caçadores insaciáveis de fortuna e sucesso, por isso a competição é voraz. Se forem dedicadas o bastante, talvez consigam se dar bem por algum tempo, mas, ao envelhecer, começarão a se sentir inquietas e um pouco entediadas. Tentarão formas diferentes de obter dinheiro e sucesso; precisarão de novos desafios. Terão de continuar encontrando modos de se motivarem. Por vezes, cometerão grandes erros na busca obsessiva por dinheiro, pois pensam tanto no curto prazo, como vimos com aqueles que entraram de cabeça no frenesi dos derivativos que levou à crise financeira de 2008.

Em segundo lugar, fortuna e sucesso duradouros resultam da originalidade, e não de seguir de forma insensata o caminho que outros já trilharam. Se fizermos do dinheiro o nosso objetivo principal, nunca cultivaremos a nossa singularidade, e alguém mais jovem e ambicioso acabará por nos suplantar algum dia.

E, por fim, o que costuma motivar o ser humano nessa missão é simplesmente ter mais dinheiro e *status* do que os outros, e se sentir superior. Com esse padrão, é difícil saber quando temos o suficiente, pois sempre há aqueles que têm mais. Desse modo, a missão é infinita e exaustiva. E já que a conexão ao trabalho não é pessoal, essas pessoas se alienam de si mesmas; a busca carece de espírito; são viciadas no trabalho sem uma vocação verdadeira. Podem se tornar deprimidas ou maníacas, e é comum que percam o que conquistaram caso se tornem maníacas o suficiente.

Todos conhecemos os efeitos da "hiperintensão": quando queremos ou precisamos desesperadamente dormir, é menos provável que consigamos adormecer. Caso seja fundamental que apresentemos a melhor palestra possível numa conferência, nos tornamos hiperansiosos em relação ao resultado e o nosso desempenho decai. Se estamos desesperados para encontrar um parceiro íntimo ou fazer amizades, é mais provável que acabemos repelindo as pessoas. Se, em vez disso, relaxarmos e nos concentrarmos em outras coisas, pode ser que consigamos cair no sono ou dar uma boa palestra ou encantar os outros. As coisas mais prazerosas da vida ocorrem como resultado de algo não pretendido ou aguardado de maneira direta. Quando tentamos fabricar momentos felizes, eles tendem a nos desapontar.

O mesmo se aplica à busca insistente por fortuna e sucesso. Muitos dos indivíduos mais ricos, famosos e bem-sucedidos não começaram com uma obsessão por dinheiro e *status*. Um exemplo clássico seria Steve Jobs, que acumulou uma fortuna considerável na sua vida relativamente curta. Ele, na verdade, se importava muito pouco com bens materiais. O seu foco único estava na criação dos melhores designs originais, e quando o fazia a boa sorte o seguia. Concentre-se em manter um senso elevado de propósito, e o sucesso virá até você naturalmente.

Atenção: a humanidade sempre buscou a fama e a atenção como uma maneira de se sentir maior e mais importante, tornando-se dependente do número de pessoas que a aplaudem, do tamanho do exército que comanda, da multidão de cortesões que a serve. Contudo, esse falso senso de propósito tem se tornado bem democratizado e disseminado por meio das redes sociais. Agora, quase qualquer um de nós tem a quantidade de atenção com que os reis e conquistadores do passado só poderiam ter sonhado. Nossa autoimagem e autoestima se atrelam à atenção que recebemos no dia a dia. Nas redes sociais, isso costuma exigir que fiquemos cada vez mais escandalosos, a fim de atrair olhares. É uma missão exaustiva e alienante, à medida que nos tornamos mais palhaços do que qualquer outra coisa. E a cada momento em que a atenção diminui um pouquinho que seja, uma dor corrosiva nos devora: estamos perdendo tudo? Quem está sugando o fluxo de atenção que costumava ser nosso?

Assim como com o dinheiro e o sucesso, temos uma oportunidade muito maior de atrair a atenção ao desenvolver um alto senso de propósito e criar uma obra que atraia as pessoas de maneira natural. Quando a atenção é inesperada, como com o sucesso súbito, ela é ainda mais prazerosa.

Cinismo. Segundo Friedrich Nietzsche: "O homem preferiria ter o vazio como propósito a ser vazio de propósito". O cinismo, a sensação de que não há nenhum propósito ou sentido na vida, é o que chamaremos de ter "o vazio como propósito". No mundo atual, com a desilusão crescente com a política e com os sistemas de crença do passado, essa forma de falso propósito está se tornando cada vez mais comum.

Esse cinismo envolve algumas das seguintes crenças, ou todas elas: a vida é absurda, sem sentido e aleatória. Os padrões que definem aquilo que é verdade, os níveis ideais de excelência ou significado das coisas são completamente antiquados. Tudo é relativo. Os julgamentos das pessoas são apenas interpretações do mundo, nenhum é melhor do que o outro. Todos os políticos são corruptos, por isso não vale mesmo a pena se envolver; é melhor se abster ou escolher um líder que destrua tudo de maneira deliberada. Indivíduos bem-sucedidos chegam lá subvertendo o sistema. Não se deve confiar em nenhuma forma de autoridade. Analise o que há por trás das motivações das pessoas e você verá que são egoístas. A realidade é bem brutal e desagradável; é melhor aceitar isso e ser cético. É bem difícil levar qualquer coisa a sério; deveríamos todos apenas rir e nos divertir. Dá no mesmo.

Essa postura se apresenta como legal e moderna. Os que a demonstram têm um ar um tanto apático e sardônico que lhes dá a aparência de enxergarem através de tudo. No entanto, tal atitude não é o que parece. Por trás dela, há uma pose adolescente que dá a impressão de não se importar, o que caracteriza um grande temor de tentar e fracassar, de se destacar e ser ridicularizado. Ela resulta da pura preguiça e oferece aos seus crentes algum consolo pela sua falta de realizações.

Como caçadores de propósito e sentido, queremos seguir na direção contrária. A realidade não é brutal e desagradável – contém muito de sublime, belo e digno de admiração. Vemos isso nas grandes obras de outros realizadores. Queremos ter mais encontros com o Sublime. Nada é mais impressionante do que o próprio cérebro humano, a sua complexidade, o potencial inexplorado. Queremos concretizar algo desse potencial na nossa vida, sem chafurdar numa atitude cínica e preguiçosa. Captamos um propósito por trás de tudo que vivenciamos e vemos. No fim, o que queremos é fundir a curiosidade e a excitação que sentimos em relação ao mundo quando éramos crianças, quando quase tudo parecia encantador, com a nossa inteligência adulta.

> Toda a lei da existência humana consiste em nada mais do que um homem ser sempre capaz de se curvar à grandeza imensurável. Se as pessoas são privadas da grandeza imensurável, não viverão, e morrerão em desespero. O imensurável e o infinito são tão necessários ao homem quanto o pequeno planeta que ele habita.
>
> — *Fiódor Dostoiévski*

14

Resista à pressão descendente do grupo

A Lei do Conformismo

Há uma faceta do nosso caráter da qual não costumamos ter consciência – a nossa personalidade social, aquela pessoa diferente em que nos transformamos quando atuamos em grupos. Em ambientes assim, imitamos inconscientemente o que os outros dizem e fazem. Pensamos de modo diferente, mais preocupados em nos encaixar e acreditar nas mesmas coisas em que as pessoas acreditam. Sentimos emoções diferentes, contagiados pelos ânimos do grupo. Somos mais propensos a assumir riscos, a agir de maneira irracional, pois todos o fazem. Essa personalidade social pode vir a dominar quem somos. Ao dar tanta atenção assim aos demais e adequar o nosso comportamento ao deles, perdemos aos poucos um senso de singularidade e a capacidade de pensar por nós mesmos. A única solução é desenvolver a autoconsciência e um entendimento superior das mudanças que podem nos ocorrer quando estamos dentro de grupos. Com essa inteligência, podemos nos tornar excelentes atores sociais capazes de nos encaixarmos exteriormente e de cooperarmos com outros num nível elevado, retendo, ao mesmo tempo, a nossa independência e racionalidade.

UM EXPERIMENTO SOBRE A NATUREZA HUMANA

Quando menino, crescendo na China comunista, Gao Jianhua (n. 1952) sonhava em se tornar um grande escritor. Adorava a literatura, e os professores o elogiavam por seus ensaios e poemas. Em 1964, foi admitido na Escola Secundária Yizhen (ESY), não muito longe de onde a família vivia. Situada na cidade de Yizhen, a muitas centenas de quilômetros ao norte de Pequim, a ESY era rotulada como uma "escola--chave" – mais de 90% dos seus alunos seguiam para a faculdade. Era difícil de entrar e bastante respeitada. Na ESY, Jianhua era um menino quieto e estudioso; tinha a ambição de se formar em seis anos e com notas máximas, boas o bastante para conquistar uma vaga na Universidade de Pequim, de onde lançaria a carreira literária com que sonhava.

Os alunos da ESY viviam no *campus*, e a vida lá era bem enfadonha, já que o Partido Comunista regulamentava quase todos os aspectos da rotina na China, inclusive a educação. Havia exercícios militares diários, aulas propagandísticas, deveres de trabalhos manuais e aulas normais, que eram bem rigorosas.

Na ESY, Jianhua desenvolveu uma grande amizade com um colega chamado Fangpu, que talvez fosse o comunista mais entusiasmado na escola. Pálido, magro e de óculos, Fangpu tinha a aparência de um revolucionário intelectual. Era quatro anos mais velho do que Jianhua, mas eles haviam descoberto uma afinidade no amor comum que nutriam pela literatura e no desejo de se tornarem escritores. Tinham as suas diferenças: a poesia de Fangpu era centrada em temas políticos, ele idolatrava o presidente Mao Tsé-Tung e queria lhe emular não apenas a escrita, mas a carreira revolucionária; Jianhua, por sua vez, tinha pouco interesse em política, apesar de o pai ser um respeitado comunista veterano de guerra e funcionário governamental. No entanto, os dois apreciavam as discussões literárias que tinham, e Fangpu tratava Jianhua como um irmão caçula.

Em maio de 1966, quando Jianhua estava entretido em seus estudos, preparando-se para os exames finais do segundo ano, Fangpu o visitou, mais animado do que de costume. Ele vinha devorando os jornais de Pequim para se manter atualizado quanto às tendências na capital, e lera recentemente sobre um debate literário iniciado por vários intelectuais renomados, algo que tinha de compartilhar com o amigo.

Esses intelectuais haviam acusado escritores famosos e respeitados de ocultar mensagens contrarrevolucionárias em suas peças, filmes e artigos de revista, baseando essas acusações em leituras cuidadosas de certas passagens nas obras destes, as quais poderiam ser vistas como críticas veladas ao próprio Mao. "Certas pessoas estão usando a arte e a literatura para atacar o partido e o socialismo", disse Fangpu. "Esse debate diz respeito ao futuro da revolução", disse ele, "e Mao deve estar por trás de tudo". Para Jianhua, aquilo tudo soava um pouco tedioso e acadêmico, mas ele confiava nos instintos do amigo mais velho, e prometeu que acompanharia os acontecimentos pelos jornais.

As palavras de Fangpu se revelaram proféticas: em uma semana, os jornais de toda a China haviam passado a reportar a história do debate acirrado. Os professores da ESY começaram a falar sobre alguns desses artigos de jornal nas aulas. Certo dia, o secretário do Partido Comunista na escola, um homem barrigudo chamado Ding Yi, convocou uma assembleia e fez um discurso repetindo, quase que palavra por palavra, um editorial contra os escritores contrarrevolucionários. Com certeza havia algo no ar. Os alunos agora precisavam devotar várias horas de todos os dias às discussões sobre as novidades mais recentes do debate.

Em toda a cidade de Pequim, cartazes com letras enormes haviam aparecido atacando a "linha negra antipartidária", referindo-se àqueles que, em segredo, tentavam frear a revolução comunista. Ding forneceu aos alunos material para fabricar os seus próprios cartazes, e eles se dedicaram com entusiasmo à tarefa. Na maior parte, copiavam os de Pequim; Zongwei, um artista talentoso e amigo de Jianhua, criou os cartazes mais interessantes de todos, com a sua caligrafia elegante. Em poucos dias, quase todas as paredes da escola estavam cobertas, e o secretário Ding andava pelo *campus* lendo-os, sorrindo e aprovando o trabalho. Para Jianhua, tudo isso era bem diferente e excitante, e ele adorou o novo visual do lugar.

A campanha em Pequim se concentrou sobre intelectuais locais que todos conheciam, mas em Yizhen isso parecia bem distante. Se a China estava sendo infiltrada por todo tipo de contrarrevolucionários, isso significava que provavelmente haviam infiltrado a própria escola, e o único local lógico para os alunos procurarem por esses inimigos de classe era entre os professores e os funcionários. Eles começaram a escrutinar as palestras e lições em busca de mensagens ocultas, assim como os intelectuais tinham feito com a obra dos escritores famosos.

Liu, que dava aulas de Geografia, sempre falava das belas paisagens da China, mas quase nunca mencionava as palavras inspiradoras de Mao. Será que isso significava algo? O pai do professor de Física Feng era norte-americano e servira na Marinha dos Estados Unidos; seria o professor, na verdade, imperialista? Li, que ensinava Chinês, havia a princípio lutado junto aos nacionalistas contra os comunistas durante a revolução, mas mudou de lado no último ano. Os alunos sempre confiaram nessa versão dos acontecimentos, e Li era o docente predileto de Jianhua por ter tanto talento para contar histórias. Contudo, em retrospecto, parecia um pouco conservador e burguês. Será que, no fundo, ainda era um nacionalista contrarrevolucionário? Em pouco tempo, a fim de questionar o fervor de alguns desses professores, passaram a surgir cartazes, os quais o secretário Ding ordenou que fossem banidos, pois os julgou uma aplicação trivial do debate.

Em junho, o movimento que tomara conta de Pequim e, a seguir, de toda a China, adquirira um nome – a Grande Revolução Cultural Socialista. Foi de fato o próprio Mao que instigara tudo ao encomendar os artigos nos jornais, e ele seria o líder permanente do novo movimento. Temia que a China estivesse retrocedendo ao seu passado feudal. As maneiras antigas de pensar e agir haviam retornado. As burocracias tinham se tornado terrenos férteis para um novo tipo de elite. Os camponeses permaneciam relativamente impotentes.

Sua ideia era emitir um alerta para reviver o espírito revolucionário, a fim de que a geração mais nova vivenciasse a revolução em primeira mão, fazendo que eles mesmos a realizassem. Proclamou aos jovens que era "correto se rebelar", mas a palavra que empregou em chinês para isso foi *zao fan*, que literalmente significa virar tudo de ponta-cabeça. Era o dever deles questionar a autoridade, disse. Aqueles que trabalhavam em segredo para empurrar a China de volta ao passado ele chamou de "revisionistas", e implorou aos estudantes que o ajudassem a descobrir os revisionistas, arrancando-os da nova China revolucionária.

Tomando esses pronunciamentos de Mao como uma convocação à ação, Fangpu criou o cartaz mais audacioso que qualquer um já tinha visto – era um ataque direto ao próprio secretário Ding. Este era não só o secretário do partido na escola, mas também um veterano da revolução e uma figura altamente respeitada. Segundo Fangpu, porém, o fato de Ding ter proibido a crítica aos professores provava que ele era revisionista, determinado a suprimir o espírito de questionamento que Mao encorajara. Isso gerou um rebuliço. Os alunos haviam sido treinados a obedecer às autoridades sem questioná-las, em especial os respeitados membros do partido. Fangpu quebrara esse tabu. Será que fora longe demais?

Dias depois da aparição do cartaz de Fangpu, alguns estranhos de Pequim chegaram ao *campus*. Faziam parte de "equipes de trabalho" enviadas às escolas da China para ajudar a supervisionar e manter a disciplina durante a Revolução Cultural em andamento. A equipe de trabalho em ESY ordenou que Fangpu se desculpasse publicamente ao secretário Ding. Ao mesmo tempo, porém, eliminaram a censura aos cartazes que criticavam os professores. Assim como nas escolas em toda a China, suspenderam todas as classes e exames na ESY. Os estudantes deveriam se devotar à revolução, sob o olhar atento das equipes.

Sentindo-se repentinamente livres da opressão do passado e de todos os hábitos de obediência que lhes haviam sido inculcados, os alunos da ESY começaram a atacar de forma descarada aqueles professores que demonstraram menos zelo revolucionário ou que foram pouco gentis com eles.

Jianhua se sentiu compelido a participar da campanha, mas isso era difícil – ele gostava de quase todos os professores. Contudo, não queria dar a impressão de ser revisionista. Além disso, respeitava a sabedoria e a autoridade de Mao. Decidiu criar um cartaz atacando a professora Wen, que o havia criticado certa vez por não se interessar o suficiente por política, o que o incomodara na época. Ele compôs a crítica da maneira mais gentil possível. Outros deram continuidade à iniciativa e foram mais além com os ataques contra Wen, e Jianhua se sentiu culpado.

A fim de satisfazer a raiva crescente dos estudantes, professores confessaram alguns pecadilhos revolucionários, mas isso fez os alunos pensarem que havia ainda mais escondido. Mais pressão precisava ser aplicada para que revelassem a verdade, e um aluno apelidado de "Pequeno Bawang" (*bawang* significa "inspetor", numa referência ao gosto dele por dar ordens) teve uma ideia de como fazer isso. Ele havia lido a descrição de Mao sobre como, durante a revolução da década de 1940, os camponeses tinham capturado os proprietários de terras mais notórios, forçando-os a desfilar pelas cidades usando enormes chapéus que os rotulavam como ignorantes, e com pesadas tábuas de madeira – com inscrições que descreviam os crimes de cada um – penduradas no pescoço. A fim de evitar essa humilhação pública, com certeza os professores confessariam a verdade. Todos concordaram em tentar essa estratégia, e o primeiro alvo desse tratamento foi Li, o professor favorito de Jianhua.

Acusado de ter fingido a sua conversão ao comunismo, começaram a circular histórias de que Li teria contado a outros professores sobre as visitas que fizera a bordéis em Xangai. Era evidente que tinha uma vida secreta, e Jianhua agora estava desapontado com ele. A China antes da revolução comunista havia sido um lugar cruel e, se Li estava trabalhando para trazê-lo de volta, só podia odiá-lo. Recusando-se a confessar quaisquer crimes, Li foi o primeiro a ser forçado a desfilar pela escola com o chapéu de ignorante e a tábua pendurada no pescoço. No caminho, alguns alunos derramaram um balde de cola para cartazes sobre a cabeça dele. Jianhua seguiu o desfile de longe, tentando reprimir o desconforto ante a humilhação do docente.

Liderados pelo Pequeno Bawang, impuseram o mesmo destino a mais professores, com os chapéus de ignorante se tornando insuportavelmente altos e as tábuas, mais pesadas. Imitando os irmãos e irmãs revolucionários de Pequim, os estudantes iniciaram "sessões de luta" em que forçavam certos professores a adotarem a posição de avião a jato – um aluno de pé de cada lado, forçando-os a se ajoelharem, puxando-lhes os cabelos para trás, e segurando-lhes os braços para os lados e para trás, como as asas de um avião a jato. Aquilo lhes causava muita dor, e parecia funcionar, pois, depois de uma hora ou duas de zombaria, muitos começavam a confessar. Os alunos estavam certos nas suas suspeitas – a escola estava apinhada de revisionistas, bem debaixo do nariz deles!

Logo a atenção deles se voltou para o vice-diretor, Ling Sheng, pois tinham descoberto que era filho de um notório proprietário de terras.

Ele era o terceiro funcionário na hierarquia da escola, o que tornou essa notícia ainda mais obscena. Jianhua havia sido enviado ao escritório dele uma vez por mau comportamento, e Sheng fora bem leniente, o que o rapaz apreciara na época. Os alunos o trancaram num quarto, onde deveria permanecer entre as sessões de luta, mas uma manhã Jianhua, servindo como guarda de plantão, abriu o cômodo e descobriu que o vice-diretor havia se enforcado. Mais uma vez ele se esforçou para reprimir o desconforto, mas precisava admitir que o suicídio dava a impressão de que Lin Sheng era de fato culpado de algo.

Certo dia, em meio a tudo isso, Jianhua encontrou Fangpu, que transbordava de excitação. Desde o pedido público forçado de desculpas pelo cartaz atacando Ding, ele tentava passar despercebido. Havia passado o tempo devorando os textos de Mao e Marx e planejando o seu próximo passo. Vinha agora de Pequim a notícia de que as equipes de trabalho deveriam se retirar de todas as escolas; os estudantes formariam o seu próprio comitê para governá-la, escolhendo um funcionário dela como líder. Fangpu planejava ser o líder estudantil do comitê, e travaria uma revolução aberta contra o secretário Ding. Jianhua só podia admirar a bravura e persistência do amigo.

Por meio do Pequeno Bawang, que forçava cada vez mais confissões dos professores, Fangpu descobriu que o secretário Ding havia tido casos amorosos com pelo menos duas professoras, o que revelava a sua hipocrisia audaciosa. Ele era um que sempre esbravejava contra a decadência ocidental e advertia os estudantes de Yizhen a manterem distância uns dos outros. Bawang e Fangpu lhe saquearam o escritório e descobriram que ele acumulava cupons de comida e possuía um rádio sofisticado e garrafas de bom vinho, tudo escondido.

Agora os cartazes atacando Ding enchiam as paredes. Até Jianhua se sentiu indignado com o comportamento do secretário. Logo, Ding Yi foi forçado a desfilar pela escola, e depois pela cidade de Yizhen, com um tambor bem pesado amarrado ao pescoço e um gigantesco chapéu de ignorante na cabeça, decorado com desenhos de monstros. Enquanto batia no tambor com uma mão e segurava o chapéu com a outra, precisava cantar: "Eu sou Ding Yi, boi demoníaco e espírito de cobra". Os cidadãos de Yizhen, que conheciam o secretário Ding, observaram boquiabertos o espetáculo. O mundo de fato virara de ponta-cabeça.

Pelo meio do verão, a maioria dos professores havia fugido. Quando chegou a hora de formar o comitê que governaria a escola, apenas uns poucos permaneciam para lhes servir como presidente. Nomearam como tal um docente pouco conhecido e bastante indefeso chamado Deng Zeng, tendo Fangpu como líder estudantil. A seguir, a equipe de trabalho deixou a ESY, e Deng e o comitê estavam no comando.

À medida que os alunos deram prosseguimento à revolução, Jianhua se sentia cada vez mais entusiasmado. Ele e o amigo Zongwei carregavam velhas lanças e espadas ao patrulhar a escola procurando por espiões, o que lhe recordava dos romances que adorava ler. Marchavam em colunas até a cidade, agitando enormes bandeiras vermelhas, carregando grandes cartazes do presidente Mao e cópias do seu livrinho vermelho, entoando palavras de ordem, batendo tambores e pratos. Era tudo tão dramático que lhes dava a sensação de estarem de fato participando de uma revolução. Certo dia, marcharam por Yizhen arrancando os letreiros de lojas e placas de ruas que fossem vestígios da China pré-revolucionária. Mao teria orgulho deles.

Em Pequim, alguns estudantes haviam formado grupos para apoiar e defender Mao na sua Revolução Cultural. Atendiam pelo nome de Guarda Vermelha e usavam braçadeiras em vermelho-vivo. Mao aprovou essa iniciativa, e agora unidades da Guarda Vermelha começavam a surgir nas escolas e universidades em todo o país, sendo admitidos nesta apenas os revolucionários mais puros e fervorosos. A competição para se juntar ao grupo era feroz. Graças ao passado ilustre do pai, Jianhua se tornou membro, deleitando-se com os olhares de admiração dos colegas estudantes e dos cidadãos locais, que notavam a braçadeira vermelha que ele nunca tirava.

Houve um pequeno problema, porém, em meio a esses acontecimentos excitantes: numa visita ao lar para ver a família, na cidade próxima de Lingzhi, Jianhua soube que estudantes locais acusaram o pai dele de ser revisionista e de se importar mais com a economia e o cultivo da fazenda do que com a revolução. Fizeram-no ser dispensado da sua posição no governo. Ele teve que passar por diversas sessões de luta na posição de avião a jato; a família estava em desgraça. Embora Jianhua amasse e admirasse o pai e se preocupasse com ele, não conseguia deixar de temer que, se a notícia daquela desgraça chegasse à escola, perderia a braçadeira vermelha e seria marginalizado. Ele teria de tomar cuidado ao falar sobre a família.

Ao voltar para a escola muitas semanas mais tarde, notou algumas mudanças radicais por lá. Fangpu consolidara o poder e formara um novo grupo chamado Tropa O-Leste-É-Vermelho. Ele e o seu time haviam expulsado o presidente Deng e estavam agora no comando da escola. Fundaram o seu próprio jornal, chamado *Notícias do campo de batalha*, para promover e defender as próprias ações. Jianhua também soube que outro professor morrera sob circunstâncias suspeitas.

Certo dia, Fangpu visitou Jianhua e o convidou para ser um dos repórteres principais do *Notícias do campo de batalha*. O amigo lhe parecia diferente – havia ganhado peso, não estava tão pálido e tentava deixar a barba crescer. Aquela era uma oferta tentadora, mas algo fez Jianhua recusar, e Fangpu não gostou disso, embora tentasse disfarçar a irritação com um sorriso forçado. Fangpu estava começando a assustar Jianhua.

Os alunos agora se juntavam em massa à Tropa O-Leste-É-Vermelho, mas em poucas semanas um grupo rival, que se denominava os Rebeldes Vermelhos, emergiu no *campus*. Seu líder era Mengzhe, um aluno cujos pais eram camponeses e que defendia uma revolução mais tolerante, baseada na razão, e não na violência, o que compreendia como uma forma mais pura de maoismo. Ele conquistou afiliados, inclusive o irmão mais velho de Jianhua, Weihua, que era aluno da ESY. Sua popularidade crescente enfureceu Fangpu, que o chamava de monarquista, sentimentalista e contrarrevolucionário dissimulado. Fangpu e seus seguidores destruíram o escritório dos Rebeldes Vermelhos e ameaçaram fazer algo pior. Embora com a certeza de que isso poderia causar uma ruptura completa em sua amizade com Fangpu, Jianhua contemplou a ideia de se juntar aos Rebeldes Vermelhos. Sentia-se atraído pelo idealismo deles.

Bem quando a tensão entre os dois lados se agravava ao ponto de virar uma guerra declarada, um representante das Forças Armadas chinesas foi ao *campus* e anunciou que Mao havia despachado unidades do Exército para todo o país a fim de assumir o controle das escolas. O caos e a violência crescentes que consumiam a ESY afetavam também as fábricas e os escritórios governamentais, a China como um todo. A Revolução Cultural estava fora de controle. Em pouco tempo, 36 soldados chegaram ao *campus*, parte de uma unidade do Exército conhecida como a 901, dando ordens para que todas as facções debandassem e que as aulas fossem retomadas. Haveria exercícios militares e a disciplina seria restabelecida.

Muito havia mudado nos oito meses desde que tudo começara, e os alunos não conseguiram aceitar um retorno tão repentino à disciplina. Aborrecidos, eles não compareciam às aulas. Fangpu se encarregou da campanha para expulsar os soldados: afixou cartazes acusando a 901 de ser formada por inimigos da Revolução Cultural. Certo dia, ele e os seus seguidores atacaram um dos oficiais do Exército com um estilingue e o feriram. Embora os estudantes temessem represálias, a unidade 901 foi de súbito retirada do *campus* sem nenhuma explicação.

Os alunos estavam agora completamente sozinhos, e esse parecia um prospecto assustador. Eles logo se aliaram a um dos dois grupos. Alguns se juntaram à Tropa O-Leste-É-Vermelho porque era maior e oferecia posições melhores; outros se uniram aos Rebeldes Vermelhos porque detestavam Fangpu e o Pequeno Bawang; e houve quem escolhesse um dos dois por acreditar que era mais revolucionário. Jianhua ficou ao lado dos Rebeldes Vermelhos, assim como o amigo Zongwei.

Cada parte tinha certeza de representar o verdadeiro espírito da Revolução Cultural. À medida que gritavam uns com os outros e discutiam, brigas físicas eclodiram, e não havia ninguém para detê-los. Em pouco tempo, os alunos estavam levando bastões e varas para as lutas, e os ferimentos aumentaram. Certo dia, membros da Tropa O-Leste--É-Vermelho capturaram alguns Rebeldes Vermelhos e os mantiveram prisioneiros. Os companheiros destes não conseguiram descobrir nada sobre o destino deles.

Em meio a esse momento de tensão, os Rebeldes Vermelhos descobriram que um dos seus membros, uma aluna chamada Yulan, era na verdade espiã para o lado adversário. Furiosos com essas táticas, eles a amarraram e começaram a bater nela, a fim de saber se havia mais espiões. Para o horror de Jianhua, que considerou isso uma traição dos ideais do grupo, espancaram-na e a feriram, mas ela não revelou nada. Pouco tempo depois, Yulan foi trocada pelos prisioneiros mantidos pela Tropa O-Leste-É-Vermelho, mas agora a antipatia entre os dois lados alcançara um ponto de ruptura.

Semanas mais tarde, a Tropa O-Leste-É-Vermelho deixou em massa a escola e estabeleceu o seu quartel-general num prédio que haviam tomado na cidade. Mengzhe decidiu formar um time de guerrilheiros que operaria em Yizhen à noite para vigiar a Tropa e realizar alguns trabalhos de sabotagem. Jianhua foi designado ao time como repórter. Era um trabalho excitante. Ao encontrar o inimigo, as batalhas com estilingues irrompiam, até que as Tropas capturaram um dos guerrilheiros Rebeldes, chamado Heping. Alguns dias depois, ele foi encontrado morto num hospital. As tropas o haviam levado para um passeio de jipe pelo deserto, com uma meia na boca, e ele sufocou no caminho. Agora até mesmo Mengzhe estava farto e jurou vingança por aquele ato horrível. Jianhua só poderia concordar com ele.

À medida que os conflitos se espalhavam, os cidadãos fugiam e prédios inteiros eram abandonados, e saqueadores os vasculhavam à procura de bens. Os Rebeldes Vermelhos logo partiram para a ofensiva. Trabalhando com artesãos locais, fabricaram espadas e lanças da melhor qualidade. As fatalidades aumentaram. Por fim, os Rebeldes cercaram a fortaleza da Tropa na cidade e prepararam um ataque final. A Tropa fugiu, deixando para trás um pequeno bando de alunos soldados no prédio. Os Rebeldes exigiram que estes se rendessem e, de repente, de uma janela do terceiro andar, a jovem Yulan gritou: "Prefiro morrer a me render a vocês!". Com a bandeira vermelha da Tropa na mão, ela gritou: "Longa vida ao presidente Mao!", e pulou. Jianhua encontrou o corpo sem vida dela no chão, embrulhado na bandeira. A devoção da garota à causa o assombrou e impressionou.

Agora no controle, os Rebeldes Vermelhos estabeleceram o seu quartel-general na escola e prepararam as defesas para uma contraofensiva da Tropa. Construíram uma fábrica de munições temporária no *campus*. Alguns alunos haviam aprendido a fazer granadas e vários dispositivos explosivos poderosos. Uma explosão acidental matou muitos deles, mas o trabalho prosseguiu. Zongwei, o artista, estava farto; de algum modo, as origens nobres dos Rebeldes Vermelhos tinham se perdido, e ele temia a expansão da violência; fugiu de Yizhen para sempre. Jianhua perdeu o respeito pelo amigo. Como Zongwei pôde esquecer aqueles que se feriram ou morreram pela causa? Desistir agora seria dizer que tudo fora em vão. Não seria covarde como o amigo. Além disso, a Tropa O-Leste-É-Vermelho era simplesmente maligna e capaz de fazer qualquer coisa para tomar o poder. Eles haviam traído a revolução.

Enquanto a vida na escola se estabilizava e os Rebeldes Vermelhos construíam as suas defesas, Jianhua visitou a família, a quem não via fazia algum tempo. Quando voltou à escola certa noite, porém, não conseguiu acreditar nos próprios olhos: os Rebeldes Vermelhos tinham desaparecido; a bandeira do grupo não tremulava mais sobre a escola. Por todos os cantos havia soldados armados. Finalmente, ele encontrou alguns camaradas se escondendo num prédio da escola, e estes lhe contaram o que acontecera: Mao estava reafirmando a sua autoridade de uma vez por todas; escolhia lados em vários conflitos locais para ajudar a criar alguma ordem; e os soldados no condado nomearam a Tropa O-Leste-É-Vermelho como o grupo mais legitimamente revolucionário. As repercussões disso seriam medonhas.

Jianhua e vários outros camaradas decidiram tentar escapar e se reagrupar nas montanhas, para onde Mengzhe parecia ter fugido, mas havia um bloqueio cercando todo o condado e eles foram forçados a retornar à escola, que se tornara mais uma prisão, supervisionada pela Tropa O-Leste-É-Vermelho.

Agora os Rebeldes só poderiam esperar o pior. Para a Tropa, eles eram um bando de contrarrevolucionários que lhes haviam espancado e matado os camaradas. Então, certo dia, quando os Rebeldes Vermelhos no *campus* foram agrupados numa sala, os líderes da Tropa, inclusive Fangpu e o Pequeno Bawang, entraram com granadas presas aos cintos. Fangpu segurava uma lista de todos os que deveriam ser retirados da sala, nitidamente para algum propósito nefasto. Fangpu se mostrou amistoso com Jianhua e lhe disse que não era tarde para mudar de lado, mas Jianhua não o via mais sob a mesma luz. A amabilidade de Fangpu o fez parecer ainda mais sinistro.

Naquela noite, eles escutaram de um prédio próximo os berros dos camaradas cujos nomes constavam da lista. Depois, chegaram-lhes a notícia de que membros da Tropa haviam capturado Mengzhe, espancando-o e levando-o de volta à escola, onde também estava preso. A sala vizinha à qual Jianhua e os amigos dormiam agora, eles observaram, teve as janelas tapadas com cobertores pelo Pequeno Bawang e a sua equipe. Estavam transformando o aposento numa câmara de tortura. Logo notaram ex-membros do grupo dos Rebeldes Vermelhos mancando pelo *campus*, com medo de falar com qualquer um. Então foi a vez de Jianhua de ser levado para a outra sala. Foi vendado e amarrado a uma cadeira na posição mais desconfortável. Queriam que ele assinasse uma declaração de retratação e, quando ele hesitou, começaram a bater nele com a perna de uma cadeira. Jianhua gritou: "Vocês não podem fazer isso comigo. Somos colegas de escola. Somos irmãos de classe [...]".

O Pequeno Bawang não aceitaria isso. Jianhua precisava confessar os crimes que havia cometido, a parte que desempenhara nas várias batalhas na cidade, e listar os nomes de outros Rebeldes Vermelhos escondidos em algum lugar do *campus*. Os golpes nas pernas se intensificaram, e eles passaram a golpeá-lo na cabeça. Ainda vendado, temia pela própria vida e, em pânico, forneceu de repente o nome de um companheiro Rebelde, Dusu. Finalmente, eles carregaram Jianhua, incapaz de andar, para fora da sala. Sentiu logo um imenso arrependimento por ter mencionado Dusu. Que covarde havia sido. Ele tentou avisar o rapaz, mas já era tarde demais. A tortura dos outros Rebeldes Vermelhos continuou na sala vizinha, inclusive do irmão de Jianhua, Weihua, espancado até ser reduzido a uma massa sangrenta. Mengzhe teve a cabeça raspada e, quando foi visto a seguir, o rosto estava coberto com os hematomas mais horripilantes.

Certo dia, Jianhua foi informado de que o seu amigo e camarada Zongwei havia sido capturado e, quando Jianhua foi vê-lo, estava inconsciente, as pernas nuas repletas de grandes perfurações, o sangue escorrendo para todos os lados. Fora açoitado com ganchos de ferro por se recusar a admitir os seus crimes. Como o indefeso Zongwei poderia inspirar tamanha selvageria? Jianhua correu para buscar um médico, mas, quando retornou, já era tarde demais: Zongwei morreu nos braços do amigo. O corpo foi retirado rapidamente, e uma história foi inventada para explicar como ele falecera. Ordenaram a Jianhua que permanecesse calado. Uma professora que se recusou a confirmar num atestado juramentado a versão oficial da Tropa sobre a morte de Zongwei foi espancada e estuprada pelo Pequeno Bawang e seus seguidores.

Nos meses que se seguiram, Fangpu expandiu os seus poderes, sendo que ele em essência governava a escola, e as aulas foram retomadas. *Notícias do campo de batalha* era o único jornal permitido. A própria escola foi rebatizada como Escola Secundária O-Leste-É-Vermelho. Com o poder da Tropa assegurado, a câmara de tortura foi desmontada. As aulas consistiam, na maior parte, de recitar textos de Mao. Todas as manhãs, eles se reuniam diante de um cartaz gigantesco do presidente Mao e, brandindo os livrinhos vermelhos, entoavam cânticos desejando-lhe uma longa vida.

Os membros da Tropa iniciaram um processo escrupuloso de reescrever o passado. Mantinham exibições para celebrar as próprias vitórias, cheias de fotografias manipuladas e relatos falsos de notícias, tudo para reforçar a versão deles dos acontecimentos. Uma estátua enorme do presidente Mao, cinco vezes maior do que o próprio, estava agora instalada no portão da escola, impondo-se a todo o resto. Os ex-membros do grupo dos Rebeldes Vermelhos tiveram de usar braçadeiras brancas que descreviam os seus diversos crimes. Eram forçados a se prostrar e encostar a testa no chão diante da estátua de Mao várias vezes ao dia, enquanto os colegas os chutavam por trás. Os ex-Rebeldes Vermelhos, assim como os professores vilipendiados, haviam se tornado intimidados e obedientes.

Jianhua foi forçado a realizar os trabalhos mais degradantes e, farto disso, no início do verão de 1968, retornou à terra natal. O pai o enviou, junto com o irmão, a uma fazenda remota nas montanhas onde estariam seguros e trabalhariam como operários. Em setembro, determinado a concluir os estudos, Jianhua voltou à escola. Os poucos meses fora lhe haviam dado alguma perspectiva e agora ele via a Escola Secundária O-Leste-É-Vermelho sob uma luz diferente: por todos os cantos encontrou sinais de destruição incrível – salas de aula completamente demolidas, sem mesas ou cadeiras, as paredes repletas de cartazes descascando e o reboco em ruínas; os laboratórios de Ciência sem nenhum equipamento; pilhas de entulho por todo o *campus*; sepulturas sem identificação; o salão de música detonado por uma bomba; e quase nenhum professor ou funcionário respeitável para retomar a educação dos alunos.

Toda essa destruição em poucos anos, e por quê? Pelo que Heping, Yulan, Zongwei e tantos outros haviam morrido? Pelo que estavam lutando? O que tinham aprendido? Não conseguia mais entender, e o desperdício daquelas vidas tão jovens o encheu de desgosto e desespero.

Pouco tempo depois, Jianhua e o irmão se juntaram ao Exército, para escapar da escola e enterrar aquelas lembranças. Nos anos que se seguiram, ao dirigir um caminhão do Exército entregando pedras e cimento, ele e os camaradas assistiram ao desmantelamento gradual da Revolução Cultural, com todos os antigos líderes caindo em desgraça. Depois da morte de Mao em 1976, o próprio Partido Comunista condenou finalmente a Revolução Cultural como uma catástrofe nacional.

Interpretação: A história narrada e os personagens vieram do livro *Born Red* (*Nascido vermelho* em inglês, 1987), de Gao Yuan. (O nome do autor era Gao Jianhua, porém ele o mudou após a Revolução Cultural.) É o relato não fictício dos eventos de que participou na sua escola durante a Revolução Cultural.

Em essência, ela foi a tentativa de Mao de tentar alterar a natureza humana em si. Segundo ele, por milênios de capitalismo em diversos formatos, os seres humanos haviam se tornado individualistas e conservadores, presos às suas classes sociais. Mao queria apagar o passado e começar de novo. Como explicou: "Uma folha de papel em branco não tem manchas, e assim as imagens mais novas e belas podem ser pintadas sobre ela". Para conseguir essa tela em branco, teria que agitar as águas numa escala colossal ao arrancar pela raiz os velhos hábitos e maneiras de pensar, e ao erradicar o respeito cego das pessoas por aqueles em posições de autoridade. Uma vez que tivesse conseguido isso,

Mao começaria a pintar algo novo e ousado numa folha em branco. O resultado seria uma geração renovada que passaria a construir uma sociedade sem classes que não carregaria os fardos do passado.

Os acontecimentos descritos em *Born Red* revelam, num microcosmo, o resultado do experimento de Mao: não é possível desenraizar a natureza humana; tente alterá-la e ela apenas reemergirá em maneiras e formatos diferentes. As consequências de centenas de milhares de anos de evolução e desenvolvimento não podem ser remodeladas radicalmente por algum esquema, em especial quando envolve o comportamento das pessoas em grupos, que se conformam de modo inevitável com certos padrões antigos. (Embora seja tentador ver o que aconteceu na ESY como mais relevante em termos do comportamento adolescente em grupos, os jovens muitas vezes representam a natureza humana numa forma mais nua e pura do que os adultos, que sabem melhor como disfarçar as suas motivações. Em todo caso, o que aconteceu na escola ocorreu em toda a China – em escritórios governamentais, fábricas, dentro do Exército –, entre chineses de todas as idades, de maneira assustadoramente similar.) Vejamos a forma exata como o experimento de Mao fracassou e o que ele demonstra sobre a natureza humana.

Mao tinha a seguinte estratégia específica para executar essa ideia ousada: concentrar a atenção das pessoas num inimigo legítimo (nesse caso, os revisionistas, aqueles que, de maneira consciente ou inconsciente, se agarravam ao passado), encorajando-as, em especial os jovens, a enfrentar com vigor essa força reacionária, mas também a enfrentar qualquer forma estabelecida de autoridade. Nessa luta, os chineses seriam capazes de se libertar dos velhos padrões de pensamento e ação; finalmente se livrariam das elites e dos sistemas de categorização, e se unificariam como uma classe revolucionária com um entendimento claro de por que estavam lutando.

A estratégia dele, porém, tinha um defeito fatal no seu âmago: quando os indivíduos atuam em grupos, eles não empregam o pensamento sutil e a análise profunda. Apenas aqueles com um grau de calma e desapego são capazes disso. As pessoas em grupos se sentem emocionais e excitadas. O seu desejo primário é se encaixar no espírito de grupo.

O pensamento delas tende a ser simplista – o bem contra o mal, do nosso lado ou contra nós. Criar o caos de forma deliberada, como fez Mao, só garante que todos cairão nesses padrões primitivos de pensamento, já que é assustador demais para os seres humanos viver com muita confusão e incerteza.

Veja como os alunos da ESY responderam à convocação de Mao à ação: ao se defrontarem pela primeira vez com a Revolução Cultural, eles apenas transformaram o próprio Mao na nova autoridade que os guiaria. Engoliram as ideias dele com muito pouca reflexão pessoal. Imitaram as ações de outros em Pequim da maneira mais convencional. Procurando por revisionistas, tenderam a basear o julgamento em aparências – as roupas que os professores vestiam, a comida ou vinhos especiais que bebiam, as maneiras deles, o histórico familiar. Essas aparências eram bem falsas. A professora Wen era radical em suas crenças, mas foi julgada como revisionista com base na sua predileção pela moda de estilo ocidental.

Na velha ordem, deveriam oferecer obediência total aos professores todo-poderosos; apesar de estarem de repente libertos de tudo isso, permaneceram emocionalmente ligados ao passado. Os docentes ainda pareciam todo-poderosos, mas agora como contrarrevolucionários manipuladores. O ressentimento reprimido dos alunos por terem que ser tão obedientes agora se transformava em raiva e no desejo de serem os que oprimiam e puniam. Quando os professores confessaram crimes que, na maior parte, nunca tinham cometido (a fim de evitar punições ainda maiores), isso apenas pareceu confirmar a paranoia dos estudantes. Eles haviam invertido os papéis de obedientes em opressores, mas o raciocínio deles se tornara ainda mais simplista e irracional, o oposto das intenções de Mao.

No vácuo de poder que Mao havia criado, outra dinâmica imemorial de grupo emergiu: aqueles naturalmente mais assertivos, agressivos e até sádicos (nesse caso, Fangpu e o Pequeno Bawang) abriram caminho à força e assumiram o poder, enquanto os que eram mais passivos (Jianhua, Zongwei) recuaram em silêncio para o segundo plano, tornando-se seguidores. Os tipos agressivos da ESY agora formavam uma nova classe de elite, distribuindo regalias e privilégios. De maneira semelhante, em meio a toda a confusão que a Revolução Cultural gerou, os estudantes se tornaram ainda mais obcecados com o seu *status* dentro do grupo. Perguntavam-se quem estava na categoria vermelha entre eles, e quem estava na preta. Era melhor ser camponês ou proletário? Como dar um jeito de se tornar membro da Guarda Vermelha e receber a bela braçadeira vermelha, símbolo da elite revolucionária? Em vez de se voltarem de forma natural em direção a uma nova ordem igualitária, os alunos continuavam a se esforçar para alcançar posições superiores.

Quando todas as formas de autoridade foram removidas e os estudantes dirigiam a escola, não havia nada que impedisse o próximo e mais perigoso estágio da dinâmica de grupo – a divisão em facções tribais. Por natureza, nós, seres humanos, rejeitamos tentativas de qualquer um de monopolizar o poder, como Fangpu tentou fazer, pois isso tira as oportunidades de outras pessoas ambiciosas e agressivas. Também cria grandes agrupamentos em que membros individuais se sentem um tanto perdidos. De maneira quase automática, os grupos se subdividirão em facções menores e tribos rivais. Na tribo rival, um novo líder carismático (nesse caso, Mengzhe) assume o poder e os membros conseguem se identificar com mais facilidade com o número menor de camaradas. Os laços são fortes e fortalecidos ainda mais pela luta contra o inimigo tribal. Os indivíduos talvez pensem que estão se juntando por causa das ideias ou metas diferentes dessa ou daquela tribo, mas o que querem mais do que tudo é o sentimento de pertencer a um grupo e a uma identidade tribal clara.

Examine as diferenças reais entre a Tropa O-Leste-É-Vermelho e os Rebeldes Vermelhos. À medida que a batalha entre eles se intensificou, era difícil dizer pelo que estavam lutando, a não ser assumir o poder sobre o outro grupo. Uma ação forte ou malévola de um lado invocava uma represália do outro, e qualquer tipo de violência parecia totalmente justificada. Não poderia haver nenhum meio-termo, nenhum questionamento da virtude da causa deles. A tribo está sempre certa, e dizer o contrário é traí-la, como fez Zongwei.

Mao queria construir uma cidadania chinesa unificada, clara quanto aos seus objetivos; em vez disso, o país todo degringolou em batalhas tribais desconectadas por completo do propósito original da Revolução Cultural. Para piorar a situação, a taxa de criminalidade disparou e a economia desacelerou até parar, já que ninguém se sentia encorajado a trabalhar ou fabricar nada. As massas haviam se tornado ainda mais preguiçosas e mais ressentidas do que durante a velha ordem.

Na primavera de 1968, o único recurso de Mao foi instituir um estado policial. Centenas de milhares de pessoas foram jogadas em prisões. O Exército assumiu o controle na prática. Para ajudar a restaurar a ordem e o respeito pela autoridade, Mao se converteu numa figura cultuada, com a sua imagem sendo venerada e as suas palavras repetidas como preces revolucionárias. É interessante notar como a forma de repressão de Fangpu na ESY – a tortura, o reescrever da história, o controle de toda a imprensa – espelhava o que Mao estava fazendo por todo o país. A nova sociedade revolucionária que Mao (assim como Fangpu) queria agora se assemelhava aos regimes mais repressivos e supersticiosos da China feudal. Como o pai de Jianhua, ele mesmo vítima da Revolução Cultural, costumava dizer ao filho: "Uma coisa se transforma no oposto se for pressionada demais".

Entenda: tenderemos a imaginar que essa história é um exemplo extremo que tem pouca relevância em relação à nossa vida e aos grupos a que pertencemos. Afinal, navegamos por espaços cheios de pessoas sofisticadas em escritórios de alta tecnologia, em que todos se mostram tão polidos e civilizados. Nós nos vemos de maneira similar: temos os nossos ideais progressistas e o nosso pensamento independente. Entretanto, muito disso é ilusão. Se nos observarmos com atenção e honestidade, teríamos de admitir que, no momento em que entramos no nosso ambiente de trabalho ou em qualquer grupo, sofremos uma mudança. Passamos com facilidade para modos primitivos de pensamento e comportamento, sem nos darmos conta.

Junto aos outros, tendemos naturalmente a nos sentirmos inseguros quanto ao que eles pensam de nós. Sentimos uma pressão para nos encaixarmos e, para conseguir isso, começamos a moldar os nossos pensamentos e crenças às ortodoxias do grupo. Imitamos de maneira inconsciente os demais membros – na aparência, nas expressões verbais e nas ideias. Tendemos a nos preocupar bastante com o nosso *status* e com onde nos situamos na hierarquia: "Estou recebendo o mesmo respeito que os meus colegas recebem?". Esse é o lado primata da nossa natureza, pois compartilhamos essa obsessão pelo *status* com os nossos parentes chimpanzés. Dependendo dos padrões da primeira infância, no ambiente de grupo nos tornamos mais passivos ou mais agressivos do que o normal, revelando as facetas menos desenvolvidas do nosso caráter.

Em relação aos líderes, em geral não os vemos como pessoas comuns. Tendemos a nos sentir impressionados e intimidados pela presença deles, como se possuíssem poderes míticos extraordinários. Quando contemplamos o rival ou inimigo principal do nosso grupo, não deixamos de nos sentir um pouco passionais e zangados, e de exagerar quaisquer qualidades negativas. Se outros se sentem ansiosos ou indignados por algo, com frequência somos contagiados. Todos esses elementos são indicações sutis de estarmos sob a influência do grupo. Se estivermos passando pelas transformações supramencionadas, podemos ter certeza de que o mesmo está ocorrendo com nossos colegas.

Agora imagine uma ameaça exterior ao bem-estar ou estabilidade do nosso grupo, uma crise de algum tipo. Todas as reações anteriores seriam intensificadas pela tensão, e o nosso grupo aparentemente civilizado e sofisticado poderia se tornar bem volátil. Sentiríamos uma pressão maior para provar a nossa lealdade e seguir em linha com tudo que o grupo defendesse. O nosso pensamento sobre o rival/inimigo se tornaria ainda mais simplista e passional. Estaríamos sujeitos a ondas mais poderosas de emoções virais, inclusive de pânico, ódio ou grandiosidade. O nosso grupo poderia se dividir em facções com dinâmicas tribais. Líderes carismáticos emergiriam com facilidade para explorar essa volatilidade. Se a pressão for grande demais, pode revelar o potencial para a agressão que jaz sob a superfície de quase qualquer grupo. No entanto, mesmo que consigamos nos impedir de partir para a violência declarada, a dinâmica primitiva que assume o controle pode ter consequências graves, à medida que se tem reações exageradas e se tomam decisões com base em temores exacerbados e na excitação incontrolável.

Para resistir a essa pressão descendente que os grupos exercem de modo inevitável sobre nós, precisamos conduzir um *experimento sobre a natureza humana* muito diferente do de Mao, com um único objetivo em mente – desenvolver a habilidade de nos separar do grupo e criar um espaço mental para o verdadeiro pensamento independente. Começaremos esse experimento ao aceitar a realidade do efeito poderoso que o grupo tem sobre nós. Seremos brutalmente honestos conosco mesmos, cientes de como a nossa necessidade de nos encaixarmos molda e distorce o nosso pensamento. Será que essa ansiedade ou indignação que sentimos vem só de dentro, ou é inspirada pelos demais? Devemos observar a nossa tendência a demonizar o inimigo e controlá-la. Temos de nos treinar para não venerar às cegas os nossos líderes; nós os respeitaremos por suas realizações, sem sentir a necessidade de deificá-los. É preciso ter cuidado especial em torno daqueles com um apelo carismático, e tentar desmistificá-los e trazê-los de volta à Terra. Com essa consciência, começaremos a resistir e nos separar.

Como parte desse experimento, precisamos não apenas aceitar a natureza humana, mas trabalhar com o que temos para torná-la produtiva. Sentimos de maneira inevitável a necessidade de obter *status* e reconhecimento, portanto não neguemos isso. Pelo contrário, vamos cultivar esse *status* e reconhecimento por meio da excelência do nosso trabalho. Devemos aceitar a nossa necessidade de pertencer ao grupo e provar a nossa lealdade, mas o façamos de formas mais positivas – questionando as decisões do conjunto que poderiam prejudicar ele próprio no longo prazo; fornecendo opiniões divergentes; conduzindo-o numa direção mais racional, de modo gentil e estratégico. Utilizemos a natureza viral das emoções no grupo, mas operando sobre uma reunião diferente de emoções: se permanecermos calmos e pacientes, nos concentrando nos resultados e na cooperação com outros a fim de realizar atividades práticas, começaremos a espalhar esse espírito entre todos. E, ao dominarmos de forma gradual a parte primitiva do nosso caráter dentro do ambiente passional do grupo, emergiremos como indivíduos realmente independentes e racionais – o ponto de conclusão do nosso experimento.

> Quando as pessoas estão livres para fazerem o que bem entenderem, costumam imitar umas às outras.
>
> — *Eric Hoffer*

Chaves para a natureza humana

Em certas ocasiões da vida, nós, seres humanos, experimentamos uma energia poderosa, que produz sensações diferentes de qualquer outra, mas essa energia é algo que raramente discutimos ou analisamos. É possível descrevê-la como um sentimento intenso de pertencer a um grupo, e costumamos ter essa experiência nas seguintes situações.

Digamos que nos encontramos em meio a um grande público assistindo a um espetáculo musical, um evento esportivo ou comício político. Em determinado momento, somos atravessados por ondas de excitação, raiva ou alegria, compartilhadas por milhares de indivíduos. Essas emoções crescem dentro de nós de maneira automática. Não conseguimos vivenciar isso quando estamos sozinhos ou com apenas algumas pessoas. Nesse ambiente de grupo maior, podemos ser levados a dizer ou fazer coisas que jamais diríamos ou faríamos sozinhos.

De forma análoga, talvez tenhamos que dar uma palestra a um grupo. Se não estivermos nervosos demais e o público se mantiver do nosso lado, experimentaremos as emoções crescerem por dentro. Nós nos alimentaremos da reação do público. A nossa voz mudará para um timbre e tonalidade que nunca utilizamos na vida cotidiana; os nossos gestos e linguagem corporal se tornarão animados de maneira atípica. Talvez provemos isso também a partir do outro lado, quando escutamos um orador carismático. Aquela pessoa parece dispor de algum tipo de força especial que merece o nosso respeito e que nos enche de um entusiasmo crescente.

Ou talvez nos encontremos realizando uma atividade num grupo com uma meta crucial a ser alcançada num curto espaço de tempo. Nós nos sentimos compelidos a fazer mais do que faríamos normalmente, trabalhar com mais dedicação. Recebemos uma carga de energia que vem do sentimento de conexão com aqueles que estão com o mesmo espírito de urgência. Chega um ponto em que os membros do grupo não têm nem mesmo que conversar – estão todos sincronizados e conseguem até prever os pensamentos dos colegas.

Os sentimentos descritos anteriormente não são registrados de maneira racional; eles nos vêm em sensações corporais automáticas – arrepios, coração acelerado, um aumento de vitalidade e força. Chamemos essa energia de *força social*, um tipo de campo de força invisível que afeta e une um grupo de pessoas por meio das sensações compartilhadas e que cria um sentimento intenso de conexão.

Se confrontarmos esse campo de força como forasteiros, ele tenderá a induzir a ansiedade. Por exemplo, quando viajamos para um lugar com uma cultura muito diferente da nossa. Ou quando entramos num emprego num local de trabalho em que as pessoas parecem ter o seu próprio jeito de se relacionar umas com as outras, com um tipo de linguagem secreta. Ou quando caminhamos por uma vizinhança de uma classe social muito diferente daquela a que estamos habituados – muito mais rica ou mais pobre. Nesses momentos, temos consciência de que não pertencemos àquele lugar, que os outros nos veem como forasteiros, e bem lá no fundo nos sentimos desconfortáveis e excepcionalmente alertas, embora na verdade não tenhamos nada a temer.

Podemos observar vários elementos interessantes a respeito da força social: em primeiro lugar, *ela existe dentro de nós e fora de nós ao mesmo tempo*. Quando experimentamos as sensações corporais supramencionadas, temos quase certeza de que os outros ao nosso lado estão passando pelo mesmo. Sentimos a força interior, mas pensamos nela como exterior a nós. Essa é uma sensação incomum, talvez equivalente àquela que nos acomete quando estamos apaixonados e vivenciamos uma energia compartilhada entre nós e o objeto do nosso amor.

Também podemos dizer que *essa força difere, dependendo do tamanho e da química do grupo específico*. Em geral, quanto maior o grupo, mais intenso é o efeito. Quando estamos num grupo muito grande de pessoas que parecem compartilhar as nossas ideias ou valores, vem a nós um fluxo de força e vitalidade maior, assim como um calor comunitário proveniente do sentimento de pertencimento. Há algo impressionante e sublime nessa força multiplicada numa grande multidão. Esse aumento da energia e do entusiasmo pode facilmente se transformar em raiva e violência na presença de um inimigo. A combinação específica de indivíduos determina o seu efeito também. Se o líder for carismático e cheio de energia, isso será filtrado pelo grupo ou pelas massas reunidas. Se muitos têm uma tendência emocional característica à raiva ou à alegria, isso vai alterar o ânimo coletivo.

E, por fim, *somos atraídos por essa força*. Nós nos sentimos atraídos pela quantidade – um estádio lotado de torcedores de um time, um coro de pessoas cantando, passeatas, carnavais, concertos, assembleias religiosas e comícios políticos. Nessas situações, revivemos o que os nossos ancestrais inventaram e refinaram: a reunião do clã, soldados unidos marchando em colunas diante das muralhas da cidade, os primeiros espetáculos teatrais e de gladiadores. Subtraindo a minoria que se sente assustada com esses ajuntamentos, em geral, gostamos das multidões partidárias por serem como são, nos fazendo sentir vivos e importantes. Isso pode se tornar um vício – somos compelidos a nos expor a essa energia repetidas vezes. A música e a dança são o epítome desse aspecto da força social. O grupo vivencia o ritmo e a melodia como um só, e a música e a dança estão entre as formas mais antigas que criamos para satisfazer essa ânsia, para exteriorizar essa força.

É possível observar outro aspecto da força social na sua forma reversa: quando passamos por um período prolongado de isolamento. Prisioneiros em confinamento solitário e exploradores isolados em regiões remotas (veja o relato de Richard E. Byrd sobre os cinco meses angustiantes que passou em isolamento na Antártica, no livro *Sozinho*) começam a se sentir desconectados da realidade e a imaginar que as suas personalidades estão se desintegrando. Tornam-se propensos a alucinações complexas. O que mais lhes faz falta não é apenas a presença de pessoas junto a eles, mas o olhar dos outros a mirá-los. Formamos todo o nosso conceito de nós mesmos nos primeiros meses de vida ao observarmos a mãe; o olhar que ela nos retribui nos deu a noção de que existíamos; ela nos disse quem éramos pela maneira como nos fitava. Quando adultos, experimentamos o mesmo tipo de validação não verbal e senso de identidade por meio dos olhares dos outros que nos observam. Nunca temos consciência disso; um isolamento prolongado seria necessário para compreender o fenômeno.

Essa é a força social no seu nível mais básico. Apenas o olhar das outras pessoas nos assegura de que somos reais e completos, e que nos encaixamos.

A força social se faz sentir no nosso mundo virtual e nas multidões virtuais. É menos intensa do que estar numa multidão real, mas percebemos a presença de outros de forma simulada por meio da tela (dentro e fora de nós), e consultamos o tempo todo o nosso celular como um tipo de par de olhos substitutos voltado para nós.

A força social entre os seres humanos é somente uma versão mais complexa do que todos os animais sociais vivenciam. Os animais sociais estão sempre *sintonizados* com as emoções dos outros dentro do grupo, cientes do seu papel no bando e determinados a se encaixarem. (Entre os primatas mais elevados, isso inclui imitar os de nível superior como demonstração de inferioridade.) Eles emitem sinais físicos complexos que permitem ao grupo se comunicar e cooperar. Têm hábitos de higiene mútua que estreitam os laços entre eles, e caçar em conjunto tem um efeito similar. Vivenciam uma energia compartilhada meramente por se reunirem.

Os seres humanos talvez pareçam muito mais sofisticados, mas a mesma dinâmica ocorre entre nós também, num nível completamente subverbal. Percebemos e sentimos o que outros no grupo sentem. Temos uma necessidade urgente de nos encaixarmos e de desempenhar o nosso papel. Somos propensos a copiar de modo inconsciente gestos e expressões, em especial dos líderes. Ainda gostamos de caçar em bandos, por meio das redes sociais ou onde quer que seja aceitável expressar a nossa raiva. Temos os nossos próprios rituais para estreitar laços – assembleias religiosas ou políticas, espetáculos, campanhas militares. E, com toda certeza, sentimos a energia coletiva que passa por qualquer reunião de pessoas com ideias afins.

O mais peculiar a respeito dessa força que existe dentro de nós é o quão pouco discutimos ou analisamos algo que é obviamente comum à nossa experiência. Parte disso resulta do fato de que é difícil estudar essas sensações com rigor científico. Entretanto, há também certa determinação nessa ignorância; bem no fundo, esse fenômeno nos perturba. As nossas reações automáticas num grupo, ou a nossa propensão a imitar os outros, nos lembra dos aspectos mais primitivos da nossa natureza, das nossas raízes animais. Queremos nos imaginar não apenas como civilizados e sofisticados, mas também como indivíduos com controle consciente de muito do que fazemos. O nosso comportamento grupal tende a despedaçar esse mito, e os exemplos históricos como a Revolução Cultural nos deixam assustados com aquilo que somos capazes de fazer. Não gostamos de nos ver como animais sociais atuando sob compulsões específicas. Isso ofende a nossa auto-opinião como espécie.

Entenda: a força social não é nem positiva nem negativa, mas somente uma parte fisiológica da nossa natureza, e muitos aspectos dela que evoluíram há muito tempo são bem perigosos no mundo moderno. Por exemplo, a suspeita profunda que tendemos a ter em relação a pessoas que não fazem parte do nosso grupo, e a nossa necessidade de demonizá-las, evoluiu entre os nossos primeiros ancestrais por causa do perigo tremendo das doenças infecciosas e das intenções agressivas de caçadores-coletores rivais. Contudo, esse tipo de reação em conjunto já não é tão relevante no século 21. Na realidade, graças à nossa destreza tecnológica, elas são por vezes a raiz do nosso comportamento mais violento e genocida. Em geral, na medida em que a força social tende a prejudicar a nossa habilidade de pensar de modo independente e racional, é possível dizer que ela exerce uma pressão descendente em direção às formas mais primitivas de comportamento, o que é inadequado às condições modernas.

A força social, porém, pode ser utilizada e moldada para propósitos *positivos*, para a cooperação e empatia de alto nível, para uma pressão ascendente, que experimentamos ao criar algo juntos dentro de um grupo.

O problema que enfrentamos como animais sociais não é que sintamos essa força, o que ocorre de modo automático, mas que neguemos a sua existência. Somos influenciados pelas pessoas sem percebermos. Acostumados a seguir de maneira inconsciente o que os outros dizem e fazem, perdemos a habilidade de pensar por nós mesmos. Ao enfrentar decisões cruciais na vida, apenas copiamos o que os outros fazem ou damos ouvidos àqueles que repetem ideias convencionais. Isso pode levar a muitas decisões inapropriadas. Também perdemos contato com o que nos torna únicos, a fonte do nosso poder como indivíduos (veja mais sobre isso no Capítulo 13).

Alguns de nós, conscientes dessas tendências da nossa natureza, escolhem se rebelar e se tornar não conformistas. Entretanto, isso talvez seja uma atitude igualmente irracional e autodestrutiva. Somos criaturas sociais. Dependemos da nossa habilidade de trabalhar com os outros. A rebelião por seu próprio mérito apenas nos marginaliza.

O que precisamos mais do que tudo é da *inteligência de grupo*, a qual inclui um entendimento completo do efeito que um aglomerado de indivíduos tem sobre os nossos pensamentos e emoções. Com essa consciência, seremos capazes de resistir à pressão descendente. Também inclui o entendimento de como os grupos humanos atuam de acordo com certas leis e dinâmicas, que tornam mais fácil navegar por esses espaços. Com essa inteligência, conseguiremos fazer uma dança delicada – nós nos tornaremos atores sociais talentosos e nos encaixaremos exteriormente, enquanto por dentro manteremos alguma distância e espaço mental para pensarmos por conta própria. Com esse grau de independência, conseguiremos tomar decisões na vida apropriadas a quem somos e às nossas circunstâncias.

Para adquirir essa inteligência, precisamos estudar e dominar os dois aspectos da força social delineados anteriormente: o efeito individual dos grupos sobre nós, e os padrões e dinâmicas em que os grupos quase sempre tenderão a cair.

O EFEITO INDIVIDUAL

O desejo de se encaixar. Digamos que o leitor entre num grupo, como parte de um novo emprego, por exemplo. À medida que tenta se ajustar ao ambiente, você toma consciência de que as pessoas o estão estudando e julgando como um forasteiro. Num nível não verbal, sente os olhares delas procurando por pistas. Você começa a se perguntar: "Eu me encaixo aqui? Eu disse as coisas certas? O que pensam de mim?". *Ao entrar em um grupo, o primeiro e principal efeito sobre você é o desejo de se encaixar e cimentar a noção de pertencer a ele.* Quanto mais se encaixar, menor será o desafio que você apresentará ao grupo e aos valores dele. Isso vai minimizar o escrutínio enfrentado e a ansiedade que acompanha o processo.

A primeira forma de fazer isso é por meio da aparência. Você se veste e se apresenta mais ou menos como os outros no grupo. Há sempre uma pequena porcentagem de pessoas que gostam de se destacar pelo visual, mas que conseguem se conformar no que se refere a ideias e valores. A maioria de nós, porém, se sente desconfortável ao exibir uma aparência muito diferente, e fazemos o possível para passar despercebidos. Adotamos as vestimentas e o visual que dizem a coisa certa: "Sou uma pessoa séria, trabalho bastante; talvez tenha estilo, mas não ao ponto de me destacar".

A segunda e mais importante maneira de se encaixar é adotar ideias, crenças e valores do grupo. Você talvez comece a empregar expressões verbais semelhantes às dos outros, um sinal do que está ocorrendo sob a superfície. As suas próprias ideias se moldam aos poucos às deles. Algumas pessoas talvez se rebelem exteriormente contra esse conformismo, mas, em geral, são tipos que acabarão despedidos ou marginalizados. Você talvez se apegue a algumas crenças ou opiniões particulares que, em larga medida, mantém para si, mas não sobre questões importantes para o conjunto. Quanto mais tempo passar com o grupo, mais forte e insidioso é esse efeito.

Se você o observasse pelo lado de fora, notaria uma uniformidade geral de pensamento que é bem surpreendente, considerando que, como indivíduos, todos nos diferenciamos bastante uns dos outros em termos de temperamento e histórico. Esse é um sinal da moldagem e conformidade sutis que ocorrem. Você talvez tenha se juntado a um grupo *porque* compartilha das mesmas ideias e valores, mas vai descobrir com o tempo que partes do seu pensamento que eram um pouco diferentes dos demais, refletindo a sua singularidade, são podadas aos poucos, como um arbusto aparado, de forma que em quase todas as questões você concorde com o grupo.

Você não nota tudo isso no momento em que acontece. É algo que ocorre de maneira inconsciente. Na realidade, a tendência é negar enfaticamente que essa conformidade já ocorreu. Imaginará que chegou a essas ideias sozinho, que *escolheu* acreditar nisso e pensar aquilo; não quer confrontar a força social que atua em você e que o faz passar despercebido e aumentar a sua sensação de pertencimento. No longo prazo, é muito melhor enfrentar a sua conformidade ao *ethos* do grupo, de forma a ter consciência disso no momento em que acontece e controlar o processo até certo ponto.

A necessidade de atuar. Esse primeiro efeito gera o segundo – *no ambiente de grupo, estamos sempre atuando*. Não apenas nos conformamos nas aparências e pensamento, mas exageramos a nossa concordância e *demonstramos* aos demais que nos encaixamos. No grupo, nós nos tornamos atores, moldando o que dizemos e fazemos de forma que os outros nos aceitem e appreciem, e nos vejam como membros leais do time. As nossas atuações se alteram dependendo do tamanho do conjunto e da sua estrutura específica – supervisores ou colegas ou amigos. Talvez comecemos com uma dose de distância interna nessas atuações, conscientes, por exemplo, de que estamos sendo mais obsequiosos do que o normal em relação ao chefe. Contudo, com o passar do tempo, ao representar o papel, começamos a sentir o que estamos demonstrando, a distância interna derrete e a máscara que vestimos se funde com a nossa personalidade. Em vez de pensar em sorrir nos momentos apropriados, grudamos um sorriso automático no rosto.

Como parte dessa atuação, minimizamos os nossos defeitos e exibimos o que consideramos os nossos pontos fortes. Mostramos autoconfiança. *Agimos* de forma mais altruísta. Estudos revelam que é muito mais provável que doemos dinheiro ou ajudemos alguém a atravessar a rua quando somos observados. No grupo, garantimos que as pessoas vejam que apoiamos as causas certas; publicamos as nossas opiniões progressistas de maneira proeminente nas redes sociais. Também asseguramos que outros nos vejam trabalhando de forma árdua e por horas a mais. Quando estamos sozinhos, muitas vezes ensaiamos em nossa mente o que diremos ou faremos na nossa próxima atuação.

Não imagine que é melhor expor apenas a sua personalidade natural ou se rebelar contra isso. Não há nada *menos* natural do que reprimir essa necessidade de atuar, que até os chimpanzés revelam num nível elevado. Se você quiser parecer natural, como se estivesse confortável consigo mesmo, *interprete* esse papel; treine-se para não se sentir nervoso, e molde a sua aparência para que, na sua naturalidade, você não ofenda as pessoas ou os valores do grupo. Aqueles que fazem cara feia e se recusam a atuar acabam marginalizados, já que o grupo expulsa inconscientemente esses tipos.

De qualquer forma, você não deveria sentir nenhuma vergonha por causa dessa necessidade; não há nada que possa fazer sobre isso, já que, no grupo, moldamos de forma inconsciente o nosso comportamento para conseguirmos nos encaixar. É melhor ter consciência disso, reter aquela distância interior e se transformar num ator ciente e hábil, capaz de alterar a sua expressão para se encaixar no subgrupo e impressionar as pessoas com as suas qualidades positivas.

Contágio emocional. Quando bebês, somos extremamente sensíveis aos ânimos e emoções da nossa mãe; os sorrisos dela inspiravam os nossos, a ansiedade dela nos deixava tensos. Desenvolvemos esse alto grau de empatia em relação às emoções da mãe como um mecanismo de defesa há muito tempo. Como todos os animais sociais, somos preparados desde tenra idade para perceber e captar as emoções dos outros, em especial daqueles que nos são próximos. Esse é o terceiro efeito que o grupo tem sobre nós – *o contágio das emoções*.

Numa situação em que estamos sozinhos, temos consciência dos nossos ânimos em mutação, mas, no momento em que entramos no grupo e sentimos o olhar dos outros sobre nós, inconscientemente percebemos os ânimos e emoções *deles*, que, caso sejam fortes o bastante, podem substituir as nossas. Além disso, entre aqueles com quem nos sentimos confortáveis e com quem nos encaixamos, somos menos defensivos e mais vulneráveis ao efeito do contágio.

Certas emoções são mais contagiosas do que outras, e ansiedade e medo são as mais fortes de todas. Entre os nossos ancestrais, se uma pessoa percebia um perigo, era importante que os outros o notassem também. No entanto, no nosso ambiente atual, em que as ameaças são menos imediatas, é mais comum que uma ansiedade de baixo grau se espalhe de forma rápida pelo grupo, desencadeada por perigos possíveis ou imaginados. Outras emoções bem contagiosas são a alegria e a excitação, a fadiga e a apatia, e a raiva e o ódio intensos. O desejo também é bastante contagioso. Se vemos que outros querem possuir algo ou seguem alguma tendência nova, somos facilmente infectados pelo mesmo impulso.

Todos esses efeitos têm uma dinâmica autorrealizada: se três pessoas se sentem ansiosas, deve haver um bom motivo para isso. Agora nós nos tornamos a quarta, e isso adquire uma realidade que os outros julgam convincente. Quanto mais indivíduos sentem essa ansiedade, mais serão infectados, e mais intensa ela se tornará dentro de cada um.

É possível observar isso em você mesmo ao examinar as suas próprias emoções no momento atual e tentar decifrar o efeito que outros possam ter sobre elas. Será que o medo que está sentindo está relacionado a algo diante de você num sentido imediato, ou é mais indireto, inferido a partir de algo que ouviu ou percebeu nos outros? Tente flagrar o fenômeno quando ele ocorrer. É necessário discernir quais emoções são as mais contagiosas para você, e como as suas emoções se alteram com os vários grupos e subgrupos pelos quais passa. Ter consciência desse processo lhe dará o poder de controlá-lo.

Hipercerteza. Quando estamos sozinhos e pensamos em nossos planos e decisões, é natural que tenhamos dúvidas. Será que escolhemos a carreira profissional correta? Será que dissemos a coisa certa no trabalho? Será que estamos adotando a melhor estratégia? No entanto, dentro do grupo, esse mecanismo de dúvida e reflexão é neutralizado. Digamos que o grupo tenha decido adotar uma estratégia importante. Sentimos a urgência de agir. Discutir e deliberar é cansativo, e aonde isso vai dar? Sentimos a pressão para decidir e apoiar a decisão. Se discordarmos, poderíamos ser marginalizados ou excluídos, e temos medo desses cenários. Além disso, se todos parecem concordar que esse é o plano certo de ação, somos compelidos a ter confiança na decisão. Desse modo, o quarto efeito sobre nós é *fazer que tenhamos mais certeza sobre o que nós e os nossos colegas estamos fazendo, o que nos torna todos mais propensos a assumir riscos.*

Isso é o que acontece em manias e bolhas financeiras — se todos estão apostando no preço das tulipas ou nas ações da Companhia dos

Mares do Sul (veja o Capítulo 6) ou em créditos hipotecários, o lucro deve ser certo. Aqueles que questionam estão apenas sendo cautelosos demais. Como indivíduos, é difícil resistir àquilo de que os outros parecem estar tão certos. Não queremos perder a oportunidade. Além disso, se fôssemos apenas uns poucos comprando essas ações e fracassássemos, nós nos sentiríamos ridículos e envergonhados, lamentavelmente responsáveis por termos sido idiotas. Contudo, com milhares de outros fazendo o mesmo, estamos protegidos de sermos responsabilizados, o que aumenta a probabilidade de assumirmos riscos no ambiente de grupo.

Se tivéssemos, como indivíduos, algum plano que fosse claramente ridículo, outros nos alertariam e colocariam nossos pés de volta no chão, mas num grupo acontece o oposto – todos parecem validar o esquema, não importa o quão absurdo seja (por exemplo, invadir o Iraque e esperar ser recebido como uma força libertadora), e não há nenhuma perspectiva externa para nos dar um balde de água fria.

Sempre que se sentir excepcionalmente certo e entusiasmado a respeito de um plano ou ideia, recue e avalie se é um efeito viral do grupo atuando sobre você. Se conseguir se desligar por um momento do seu entusiasmo, notará como o seu pensamento é utilizado para racionalizar as suas emoções, procurando confirmar essa certeza que você *quer* sentir. Nunca abra mão da sua habilidade de duvidar, refletir e considerar outras opções – a sua racionalidade como indivíduo é a sua única proteção contra a loucura que pode dominar um grupo.

A dinâmica de grupo

Desde o princípio da história, observamos certos padrões em que os grupos humanos se encaixam quase automaticamente, como se fossem sujeitos a leis matemáticas ou físicas específicas. A seguir estão as dinâmicas mais comuns que você deve estudar nos grupos aos quais pertence ou por que passa.

Cultura de grupo. Quando viajamos para outro país, estamos cientes das diferenças na cultura em relação à nossa. Os habitantes locais não apenas têm o seu próprio idioma, mas também costumes, maneiras de ver o mundo e de pensar, que são diferentes dos nossos. Isso é mais evidente entre nações cujas tradições são antigas, mas é possível ver o mesmo acontecendo, num grau mais sutil, numa empresa ou escritório. Tudo isso faz parte da força social, que mescla e gera a unidade do grupo com base na composição particular dos membros.

Ao observar o seu próprio grupo e a cultura dele, pense em termos de estilo e do ânimo geral que prevalece. É estruturado de forma casual, com estilo descontraído? Ou é organizado de cima para baixo, com os membros temendo sair de linha ou infringir a disciplina? Os componentes se sentem superiores e afastados do resto do mundo, demonstrando uma atitude elitista, ou se orgulham do seu populismo? O grupo se vê como inovador ou mais tradicional?

As informações fluem com facilidade por todo o grupo, dando-lhe uma impressão de abertura, ou a liderança controla e monopoliza o fluxo? Ele tem uma personalidade masculina – uma faceta hipercompetitiva e uma cadeia de comando mais rígida – ou um espírito mais fluido e feminino – que enfatiza a cooperação sobre a hierarquia? Parece repleto de problemas e desunião, com os membros mais preocupados com o próprio ego do que em obter resultados reais, ou enfatiza a produtividade e a qualidade do trabalho? Para responder a essas perguntas, não preste muita atenção ao que o grupo diz sobre si mesmo, examinando, em vez disso, as ações e o tom emocional que prevalece dentro dele.

O estilo pode ter graus das qualidades citadas, ou combinações delas, mas o grupo sempre terá algum tipo de cultura e espírito identificáveis. É preciso manter duas coisas em mente: em primeiro lugar, a cultura frequentemente estará centrada num ideal que o grupo imagina para si mesmo – liberal, moderno, progressista, implacavelmente competitivo, de bom gosto etc. Ele talvez não esteja à altura desse ideal, mas, na medida em que tenta alcançá-lo, o ideal atua como um mito que une seus membros. Em segundo lugar, essa cultura muitas vezes vai refletir os fundadores do grupo, em especial se tiverem uma personalidade forte. Com o próprio estilo rígido ou casual, eles deixaram por lá a sua marca, mesmo que o grupo agora tenha milhares de membros.

Entretanto, novos líderes que se virem em meio a uma cultura que já está estabelecida serão, em muitos casos, completamente absorvidos por ela, mesmo que tenham pensado em alterá-la.

O Departamento de Defesa dos Estados Unidos, situado no Pentágono, emergiu da Segunda Guerra Mundial com um espírito muito forte e agressivo. Tanto o presidente Kennedy quanto o presidente Johnson tinham as suas próprias opiniões sobre o Pentágono e a respeito de como alterar a sua cultura; ambos queriam evitar o envolvimento dos Estados Unidos na Guerra do Vietnã. No entanto, essa cultura agressiva acabou alterando as ideias *deles* e os arrastando para a guerra. Muitos diretores de cinema em Hollywood pensaram em fazer tudo ao seu próprio modo, apenas para se verem engolidos por uma cultura entranhada que enfatiza o controle de cima para baixo e microgerenciado por produtores, com memorandos intermináveis. Essa cultura existe há cerca de noventa anos, e nenhum indivíduo foi capaz de alterá-la.

É melhor estar ciente disso e compreender que, quanto maior é o conjunto e mais antiga e estabelecida é a cultura, mais provável é você ser controlado pelo grupo, e não o contrário.

Tenha o seguinte em mente: não importa o tipo de cultura, ou quão transformadora ela tenha sido em sua origem; quanto maior e mais velho é o grupo, mais conservador ele se torna. Esse é o resultado inevitável do desejo de manter o que as pessoas realizaram ou construíram, e de confiar em métodos testados e comprovados para manter o *status quo*. Esse conservadorismo, que se esgueira para dentro, muitas vezes acaba sendo a morte do grupo, pois este aos poucos perde a habilidade de se adaptar.

Regras e códigos grupais. Para qualquer grupo humano, a desordem e a anarquia são perturbadoras demais. Por essa razão, padrões de conduta e regras sobre como agir evoluem de maneira rápida e se estabelecem, os quais nunca são escritos, mas implícitos. Se você os violar de alguma maneira, corre o risco de se tornar insignificante ou de ser despedido, sem saber necessariamente a causa. Dessa forma, o grupo impõe a sua própria ordem sem a necessidade de um policiamento ativo. Os códigos regulamentarão a aparência aceitável, quanta conversa casual é encorajada em reuniões, a qualidade da obediência em relação aos chefes, a ética de trabalho esperada etc.

Quando você é novo num grupo, precisa prestar atenção redobrada a esses códigos tácitos. Observe quem está ascendendo e quem está decaindo – sinais dos padrões que governam o sucesso e o fracasso. O sucesso resulta mais de resultados ou de conversações políticas? Note se as pessoas trabalham de forma árdua quando não são observadas pelos chefes. Você poderia trabalhar em excesso, fazer um trabalho bom demais e acabar despedido por gerar, com isso, uma má impressão nos seus colegas. É inevitável que existam "vacas sagradas" dentro do grupo – indivíduos ou crenças que nunca devem ser criticados. Considere tudo isso como armadilhas que você precisa evitar a todo custo. Às vezes, um membro específico de categoria mais elevada policia, na prática, o cumprimento das regras e dos códigos. Identifique-o e evite qualquer atrito com ele. Não vale a pena.

A corte do grupo. Observe qualquer comunidade de chimpanzés no zoológico e notará a existência de um macho alfa e de outros chimpanzés que adaptam o próprio comportamento ao dele, adulando-o, imitando-o e se esforçando para criar laços mais próximos com ele. Essa é a versão pré-humana da corte. As pessoas criaram uma versão mais complexa nas cortes aristocráticas, ainda nas primeiras civilizações. Na corte aristocrática, os membros subalternos dependem do favor do rei ou da rainha para sobreviver e prosperar; o objetivo do jogo é se aproximar do homem ou mulher no topo sem alienar os outros cortesãos, ou formar uma aliança para depor o líder, o que é sempre uma iniciativa arriscada.

Hoje em dia, a corte se forma em torno do executivo da indústria cinematográfica, do chefe de um departamento acadêmico, do diretor executivo de uma empresa, do líder político, do dono de uma galeria de arte, de um crítico ou artista com poder cultural. Num grupo grande, há subcortes formadas em torno de sublíderes. Quanto mais poderoso o líder, mais intenso é o jogo. Os cortesãos podem parecer diferentes agora, mas o comportamento e as estratégias deles são basicamente os mesmos. Você deve tomar nota de alguns desses padrões comportamentais.

Em primeiro lugar, os cortesãos têm que conquistar a atenção dos líderes e agradá-los de algum modo. A forma mais imediata de conseguir isso é por meio da adulação, já que é inevitável que os líderes tenham grandes egos e uma sede de ter validada a sua auto-opinião elevada. A adulação pode fazer maravilhas, mas tem os seus riscos. Se for muito óbvia, o adulador dá a impressão de desespero, e se torna fácil lhe perceber a estratégia. Os melhores cortesãos sabem como ajustar a adulação às inseguranças específicas do líder e torná-la menos direta. Eles se concentram em tecer elogios por qualidades que ninguém nunca se importou em prestar atenção, mas que precisam de uma validação a mais. Se todos elogiam o líder por sua astúcia nos negócios, mas não pelo seu refinamento cultural, é melhor mirar neste último. Espelhar as ideias e valores dele, sem usar exatamente as mesmas palavras, é uma maneira bem eficiente de adulação indireta.

Tenha em mente que as formas de adulação aceitáveis variam em cada corte. No meio artístico, ela deve ser mais efusiva do que na academia ou na política. Adapte a sua adulação ao espírito do grupo, e torne-a o mais indireta possível.

É claro que é sempre sensato impressionar os chefes com a sua eficiência e torná-los dependentes da sua proficiência, mas tenha cuidado para não levar isso longe demais: se eles julgarem que você é muito bom no que faz, talvez passem a temer essa dependência e se perguntem sobre a sua ambição. Deixe-os confortáveis quanto à superioridade que acreditam possuir.

Em segundo lugar, preste enorme atenção aos demais cortesãos. Caso você se destaque muito, seja visto como brilhante ou charmoso demais, despertará inveja e será levado à morte por mil facadas. É bom ter o maior número possível de cortesãos do seu lado. Aprenda a minimizar os seus sucessos, a escutar bem (ou dar a impressão de escutar) as ideias dos outros, dê-lhes crédito de forma estratégica e os elogie em reuniões, notando as inseguranças *deles*. Se precisar agir contra cortesãos específicos, faça-o da maneira mais indireta possível, esforçando-se para isolá-los aos poucos do grupo, sem nunca parecer agressivo demais. Supõe-se que as cortes sejam sempre civilizadas. Tenha consciência de que os melhores cortesãos são atores excelentes e que os seus sorrisos e declarações de lealdade significam muito pouco. Na corte, não vale a pena ser ingênuo. Sem paranoia, tente questionar os motivos das pessoas.

Em terceiro lugar, você precisa ter consciência dos tipos de cortesãos que vai encontrar na maioria das cortes e dos perigos específicos que eles representam. Um cortesão agressivo mas esperto e que sinta pouco peso na consciência pode sobrepujar o grupo com rapidez. (Veja mais sobre os tipos de cortesãos na próxima seção.)

Tenha em mente que não há jeito de sair da dinâmica da corte. Tentar agir como se fosse superior aos jogos políticos ou às necessidades de adular o líder só o tornará mais suspeito aos outros; ninguém gosta dessa atitude prepotente. Tudo que vai conseguir com a sua "honestidade" é ser marginalizado. É melhor ser o cortesão excelente e descobrir algum prazer no jogo da estratégia da corte.

O inimigo do grupo. Como foi mencionado anteriormente, os nossos ancestrais sentiam, como um reflexo ante a visão de qualquer forasteiro ao grupo, medo. A base para esse sentimento, que se transformava facilmente em ódio, pode muito bem ter sido real, mas a existência de tribos rivais também tinha um efeito colateral positivo – o de unificar o grupo e estreitar os seus laços. Além disso, se encaixava bem com a maneira como o cérebro humano processa as informações, por meio de pares de binários opostos – luz e escuridão, bem e mal, nós contra eles. Hoje, no nosso mundo moderno e sofisticado, você notará essa dinâmica muito antiga ainda em ação: qualquer grupo se concentrará, como que por reflexo, em algum inimigo odiado, real ou imaginado, a fim de unificar a tribo. Como Anton Tchekhov comentou certa vez: "O amor, a amizade e o respeito não unem as pessoas tanto quanto o ódio comum por alguma coisa". Desde tempos imemoriais, os líderes têm explorado esse reflexo de inimizade para obter o poder, utilizando a existência do rival ou do inimigo para justificar quase tudo e para distrair os seguidores, a fim de que estes não vissem as deficiências dos que os comandavam. O inimigo é descrito como "imoral", "irracional", "não confiável", ou "agressivo", numa implicação de que o "nosso" grupo é o oposto. Nenhum dos lados gosta de admitir que não tem uma ética pura, ou que tem intenções agressivas, ou que é governado pela emoção – é *sempre* o outro lado que é assim. No fim, a necessidade de nos sentirmos como parte da tribo e contra o outro lado é mais importante do que as diferenças em si, que tendem a ser bastante exageradas.

Observe o grupo de que faz parte, e é inevitável que veja algum tipo de inimigo ou bicho-papão contra o qual resistir. Você precisa da habilidade de se separar dessa dinâmica e ver o "inimigo" como ele é, sem as distorções. Não é uma boa ideia expressar abertamente o seu ceticismo – você poderia dar a impressão de ser desleal. Em vez disso, mantenha a mente aberta de forma a conseguir resistir à pressão descendente e às reações exageradas que partem dessas emoções tribais. Leve isso ainda mais adiante aprendendo sobre o inimigo, adaptando algumas das suas melhores estratégias.

Facções de grupos. Tendo passado tempo suficiente, os indivíduos dentro de um grupo começarão a se dividir em facções. O motivo dessa dinâmica é simples: num grupo, recebemos um encorajamento narcisista por estarmos cercados daqueles que compartilham os nossos valores. Entretanto, num grupo que supera um determinado tamanho, isso se torna abstrato demais. As diferenças entre os membros se tornam perceptíveis. O nosso poder individual de influenciar o conjunto é reduzido. Queremos algo mais imediato, por isso formamos subgrupos e panelinhas com aqueles que se assemelham ainda mais a nós, trazendo de volta o encorajamento narcisista. Com os subgrupos, temos agora o poder de nos dividir, o que aumenta a noção de autoimportância dos membros. Após algum tempo, a facção passará pela sua própria subdivisão interna, e assim por diante. Essas divisões ocorrem de forma inconsciente, quase como se respondêssemos a um conjunto de leis mecânicas da fissão de grupos.

Se uma facção se torna forte o bastante, os seus membros começarão a dar mais precedência aos seus interesses do que aos do grupo maior. Alguns líderes tentam explorar essa dinâmica jogando uma facção contra a outra, numa estratégia de dividir e conquistar: quanto mais as facções brigam entre si, mais fracas se tornam, e maior é o poder nas mãos do homem ou mulher no topo. Mao Tsé-Tung era um mestre desse jogo, mas é um jogo perigoso, pois tende a se desperdiçar tempo demais lidando com briguinhas internas, e isso talvez torne difícil controlar todas elas. Caso sejam deixadas por conta própria, as facções podem se tornar tão poderosas a ponto de tomar o comando e depor ou controlar os próprios líderes. É melhor estreitar os laços do grupo todo criando uma cultura positiva que entusiasme e unifique os membros, tornando as facções menos atraentes. (Veja mais sobre isso na última seção deste capítulo.)

Uma facção à qual se deve prestar atenção especial é aquela formada por indivíduos nos escalões mais elevados, os quais identificamos como as *elites* do grupo. Embora as elites em si às vezes se dividam em facções rivais, o que é bem frequente, num momento crucial elas se unirão e lutarão para preservar o seu *status*. O clã tende a cuidar de si mesmo, e isso é ainda mais verdadeiro em relação aos poderosos. É inevitável que eles consigam burlar as regras do grupo para garantir que sejam favorecidos. Nestes tempos democráticos, tentarão acobertar isso alegando que o que estão fazendo é para o bem maior do grupo. Se as elites prosperarem, todos prosperarão, dizem eles. Entretanto, você nunca verá a facção da elite fazer algo que lhe diminua o poder, ou se sacrificar de verdade. De algum modo, são sempre aqueles que não fazem parte das elites que precisam se sacrificar. Tente não se deixar enganar pelas racionalizações e acobertamentos da elite, e ver essa facção pelo que ela é.

A sua tarefa como estudante da natureza humana é dupla: em primeiro lugar, precisa se tornar um observador excelente de si mesmo ao interagir com grupos de qualquer tamanho. Comece com a suposição de que você não é tão individual quanto imagina. Em grande medida, os seus pensamentos e o seu sistema de crenças são muitíssimo influenciados pelas pessoas que o criaram, pelos colegas no trabalho, pelos amigos e pela cultura em geral. Seja impiedosamente franco consigo mesmo. Note que quanto mais tempo você permanece num emprego ou dentro de um grupo em particular, mais as suas ideias e crenças se alteram. Você está sob uma pressão sutil para se conciliar com o grupo e se encaixar, e responderá a isso sem se dar conta.

Para ver isso com clareza, pense em quantas vezes promoveu uma ideia contrária ao que o grupo queria em alguma questão fundamental e a sustentou por um longo período de tempo. É provável que esses momentos sejam raros. Examine as decisões ruins que o grupo tomou e quantas vezes você o acompanhou. Se esse conformismo se tornar arraigado demais, você perderá a habilidade de raciocinar por conta própria, e esse é o seu dom mais precioso como ser humano. Como um experimento de raciocínio, tente às vezes entreter uma ideia que seja o total oposto do grupo de que participa ou da sabedoria convencional. Veja se há algum valor em nadar deliberadamente contra a corrente.

Somos permeáveis à influência do grupo. O que nos torna mais permeáveis são as nossas inseguranças. Quanto menos certeza temos sobre o nosso valor como indivíduos, mais somos levados, de forma inconsciente, a nos encaixarmos e a passarmos despercebidos no espírito do grupo. Ao demonstrar a nossa conformidade, a fim de conquistar a aprovação superficial dos outros membros, escondemos as nossas inseguranças deles e de nós mesmos. No entanto, essa aprovação é fugaz; as nossas inseguranças nos corroem, e temos de conseguir a atenção das pessoas o tempo todo para nos sentirmos validados. O seu objetivo deve ser baixar a sua permeabilidade, elevando a sua autoestima. Se você se sentir forte e autoconfiante a respeito do que o torna único – os seus gostos, valores e experiências –, conseguirá resistir com mais facilidade aos efeitos do grupo. Além disso, ao se apoiar no seu trabalho e nas suas realizações para ancorar a sua auto-opinião, você não se verá obrigado a buscar o tempo todo a aprovação e atenção dos demais.

Não se trata de se tornar absorvido em si mesmo e isolado – superficialmente, faça o possível para se encaixar, mas, por dentro, sujeite as ideias e crenças do grupo a um escrutínio constante, comparando-as com as suas, adaptando as que têm mérito parcial ou total e rejeitando as que vão contra a sua experiência. Concentre-se nas ideias em si, não na fonte delas.

A sua segunda tarefa é se tornar um excelente observador dos grupos dos quais participa ou com que interage. Considere-se um antropólogo estudando os estranhos hábitos de uma tribo estrangeira. Examine a fundo a cultura do seu grupo, a "sensação" de fazer parte dela, contrastando essa impressão com a de outros grupos com que trabalhou ou aos quais pertenceu. Você vai flagrar a força social no momento em que ela transforma o conjunto num organismo, a soma sendo maior do que as partes.

A maioria das pessoas intui as regras e os códigos de comportamento do grupo. Leve isso mais adiante, observando-os em ação e tornando o seu conhecimento deles mais consciente: por que existem? O que inferem sobre o grupo? Obter uma apreciação mais profunda da cultura e dos códigos tornará muito mais fácil navegar o espaço social e manter uma dose de separação. Você não tentará mudar o que não pode ser mudado. Em relação às facções inevitáveis que emergirem, é melhor não se alinhar a nenhuma e deixar que os outros lutem por você. Não é necessário pertencer a uma facção para extrair um encorajamento narcisista. Tenha opções estratégicas e espaço de manobra para conseguir muitos aliados e expandir a sua base de poder.

O seu objetivo nessa segunda tarefa é se manter tão próximo da realidade quanto possível. Os grupos tendem a compartilhar crenças e formas de ver o mundo que são unilaterais, dão peso maior às informações que se encaixam nas suas noções preconcebidas, exageram as características dos rivais ou inimigos, tornam-se excessivamente otimistas quanto aos próprios planos. Caso leve isso longe demais, o grupo pode passar a defender crenças bem iludidas, e as suas ações chegarão às fronteiras da loucura. Observá-lo com certo distanciamento o ajudará a ter consciência do efeito de distorção sobre a sua percepção que resulta de estar tão entrincheirado num grupo. As suas estratégias e decisões serão todas mais eficientes por causa disso.

Assim como os grupos tendem a exercer uma pressão descendente sobre as nossas emoções e comportamentos, também podemos experimentar ou imaginar o oposto – um grupo que exerce uma pressão ascendente. Chamaremos esse ideal de *grupo da realidade*. Consiste de membros que se sentem livres para contribuir com opiniões diversas, que têm a mente aberta, e cujo foco está na realização do trabalho e em cooperar num nível elevado. Ao manter o seu espírito individual e os pés firmes na realidade, você ajudará a criar ou enriquecer essa equipe ideal de pessoas. (Veja mais sobre isso em "O grupo da realidade", na página 556.)

Essa habilidade de observar o grupo e de conseguir se desligar dele é mais crucial agora do que nunca por muitas razões. No passado, as pessoas tinham uma noção mais estável e segura de fazerem parte de certos grupos. Ser batista ou católico ou comunista ou um cidadão francês fornecia aos indivíduos um senso poderoso de identidade e orgulho. Com o poder desses sistemas de crença decrescendo em larga escala, perdemos essa segurança interior, mas ainda retemos a mesma necessidade humana profunda de pertencimento. Tantos de nós estão procurando por grupos aos quais se juntar, famintos pela aprovação de outros que compartilhem os nossos valores. Estamos mais permeáveis do que nunca. Isso nos deixa entusiasmados para nos unirmos ao culto ou movimento político mais recente. E nos torna bem suscetíveis à influência de algum líder inescrupuloso que se aproveite dessa necessidade.

Em vez de formar grupos enormes, agora nos reunimos em tribos pequeninas, para obter um encorajamento narcisista maior. Vemos os grupos maiores com desconfiança. As redes sociais são cúmplices dessa dinâmica ao facilitar o alastramento das opiniões e valores de foco estreito da tribo e tornando-os virais. Contudo, essas tribos não duram muito; estão sempre desaparecendo ou se reagrupando ou se subdividindo. E assim a necessidade antiga de pertencer nunca é satisfeita e nos enlouquece.

O tribalismo tem as suas raízes nas partes mais profundas e primitivas da nossa natureza, mas é hoje acompanhado de uma destreza tecnológica bem maior, o que torna tudo muito mais perigoso. O que permitiu, há milhares de anos, que uníssemos o nosso grupo com firmeza e sobrevivêssemos poderia agora com facilidade levar à nossa extinção como espécie. A tribo pressente, pela presença do inimigo, que a sua própria existência está em jogo. Não há meios-termos. As batalhas são mais intensas e violentas entre tribos.

É provável que o futuro da raça humana dependa da nossa habilidade de transcender esse tribalismo e ver o nosso destino como estando interconectado com o de todos os outros. Somos uma única espécie, todos descendentes dos mesmos humanos originais, todos irmãos e irmãs. As nossas diferenças são, na maioria, uma ilusão.

Imaginar diferenças é parte da loucura dos grupos. Precisamos nos ver como um grande grupo da realidade e experimentar um senso profundo de fazer parte dele. Solucionar os problemas que nos ameaçam, criados pelo homem, vai exigir a cooperação num nível muito mais elevado e um espírito pragmático que carece à tribo. Isso não significa o fim da diversidade das culturas e da riqueza que ela oferece. Na verdade, o grupo da realidade encoraja a diversidade interna.

Precisamos chegar à conclusão de que o grupo primário a que pertencemos é o da raça humana. Esse é o nosso futuro inevitável. Qualquer outra coisa é regressiva e perigosa demais.

A corte e os cortesãos

É óbvio que qualquer tipo de corte revolve em torno do líder, com o poder dos cortesãos dependendo da proximidade relativa do seu relacionamento com ele. Embora existam líderes de muitos tipos, há uma dinâmica praticamente universal: os cortesãos (com exceção dos tipos cínicos, como veremos a seguir) tenderão a idealizar aqueles no poder, vendo-os como mais inteligentes, espertos, mais perfeitos do que são na realidade. Isso tornará mais fácil para eles justificar o próprio comportamento adulador.

Essa dinâmica é semelhante ao que todos nós vivenciamos na infância: idealizávamos os nossos pais a fim de nos sentirmos mais seguros sobre o poder que eles tinham sobre nós. Era assustador demais imaginá-los como fracos ou incompetentes. Lidar com figuras de autoridade na corte tende a nos levar de volta à infância e à dinâmica da família. A maneira como nos adaptamos ao poder dos nossos pais e à presença dos nossos irmãos se repetirá na forma adulta na corte. Se sentíamos uma necessidade profunda de agradar os pais de todas as maneiras a fim de nos sentirmos mais seguros, nós nos tornaremos na corte o tipo que busca satisfazer os outros. Se nos ressentíamos dos nossos irmãos por nos roubarem a atenção dos pais e tentávamos dominá-los, seremos o tipo invejoso e apelaremos ao comportamento passivo-agressivo.

Talvez queiramos monopolizar a atenção dos líderes como, no passado, tentamos fazer com os nossos genitores.

Desse modo, podemos dizer que os cortesãos tendem a se classificar como certos tipos, dependendo dos padrões profundos gerados na infância. Alguns deles podem se tornar bem perigosos se acumularem poder dentro da corte, e costumam ser hábeis em disfarçar as suas qualidades negativas, a fim de crescer dentro do grupo. É melhor ser capaz de identificá-los o mais cedo possível e tomar as ações defensivas necessárias. Seguem-se sete dos tipos mais comuns que você vai encontrar.

O criador de intrigas. Esses indivíduos são especialmente difíceis de reconhecer. Parecem nutrir uma lealdade intensa pelo chefe e pelo grupo. Ninguém trabalha com mais ardor ou demonstra uma eficiência mais implacável. No entanto, isso é uma máscara; por trás dos panos, estão sempre criando desavenças a fim de acumular mais poder. Costumam sentir desdém pelo chefe, um sentimento que escondem com cuidado. Acreditam que seriam capazes de fazer um trabalho melhor, e anseiam pela oportunidade de prová-lo. Talvez na infância tenham tido problemas em relação à competitividade com a figura paterna.

Na corte de Richard Nixon, Alexander Haig (1924-2010) era o epítome desse tipo. Formado na Academia Militar de West Point e condecorado como herói de guerra no Vietnã, foi contratado como um dos muitos assistentes de Henry Kissinger, o conselheiro de segurança nacional de Nixon. A pequena corte do próprio Kissinger era repleta de homens de histórico acadêmico brilhante. Haig não tinha como competir naquele nível; mantinha-se distante das discussões políticas. Em vez disso, ele se adaptou com tanta habilidade aos desejos e necessidades de Kissinger que cresceu com rapidez dentro do grupo. Organizava-lhe a escrivaninha, otimizava a sua agenda e realizava as tarefas mais humildes, até mesmo ajudando o chefe a se vestir para uma noite importante. Suportava em silêncio seus inúmeros acessos de raiva vulcânica. Entretanto, o que Kissinger não percebeu foi a profundeza das ambições de Haig e o desprezo que este sentia pelo chefe. Haig estava sempre atuando em favor do verdadeiro chefe no jogo, o próprio Nixon.

Enquanto Kissinger estava fora quase todas as noites em alguma festa, Nixon via a luz acesa no escritório de Haig todas as horas e, sendo ele mesmo viciado no trabalho, não podia deixar de admirar isso. É claro que Haig fazia questão de ficar até tarde quando Nixon estava lá para notá-lo. Logo, este passou a tomar Haig emprestado para as suas próprias tarefas. Em 1973, quando o escândalo Watergate aflorou, Nixon designou Haig como chefe do Estado-maior. Isso enfureceu Kissinger – não apenas sentia que Haig o havia utilizado para os seus próprios propósitos, mas agora tinha de tratar Haig como seu superior hierárquico. Para tornar tudo pior, Haig vira de perto todas as fraquezas de Kissinger e sabia de muitas das suas sujeiras, e este tinha certeza de que o colega compartilharia essas informações com Nixon, que adorava esse tipo de fofoca. Aos demais, Haig era amigável e até charmoso. Por trás dos panos, porém, foi traiçoeiro com quase todos no seu caminho, grampeando-lhes os telefones e colocando seu nome nas ideias e memorandos deles.

À medida que a crise do Watergate se aprofundou e Nixon entrou em depressão, Haig aos poucos assumiu as operações, com um zelo que surpreendeu e desgostou muitas pessoas. Por vários meses, ele se tornou o presidente na prática. Esse padrão se repetiu na sua carreira. Como secretário de Estado de Ronald Reagan, após a tentativa de assassinato do presidente em 1981, Haig disse a repórteres: "Eu estou no controle aqui".

Para identificar as pessoas desse tipo, você deve olhar por trás da fachada leal e eficiente e até do charme. Fique de olho nas manobras delas e na impaciência que demonstram para crescer no grupo. Examine seu histórico em busca de sinais de intriga. Elas são peritas em fazer os líderes e outros se tornarem dependentes da eficácia delas como um meio de se vincularem e assegurarem a própria posição. Preste atenção no tantinho de dedicação extra que exibem para agradar o chefe e se mostrarem úteis. Compreenda que, quando elas olham para você, estão pensando em como utilizá-lo como uma ferramenta ou trampolim. Imaginando que foram abençoadas com o brilhantismo, sentem pouco remorso ao fazer o que for necessário para progredirem. É melhor se manter longe e não se tornar um dos peões delas, nem o inimigo.

O agitador. Esse tipo costuma ser cheio de inseguranças, mas hábil em disfarçá-las daqueles na corte. Sente um ressentimento e ciúme profundos por aqueles que têm o que ele não tem, o que é parte do padrão que vivenciaram na infância. O jogo do agitador é infectar o grupo com dúvidas e ansiedades, criando problemas, o que o coloca no centro da ação e lhe permite se aproximar do líder. Com frequência, escolhe como alvo outro cortesão que lhe incita a inveja, sobre quem espalhará boatos e insinuações, aproveitando-se da inveja latente dos outros cortesãos. O agitador terá muitas informações secretas para o líder sobre os que poderiam ser menos do que perfeitamente leais. Quanto mais tumulto e emoções ele conseguir despertar, mais vantagem tirará da situação.

Se uma rebelião de algum tipo irromper de repente dentro da corte, pode ter certeza de que o agitador está por trás disso. Basta apenas um bom agitador numa corte para criar drama e discórdia sem fim, tornando a vida intolerável para todos. Ele, na verdade, sente um prazer secreto em fazer isso. Acoberta os próprios rastros se mostrando hipervirtuoso e indignado com as "traições" dos demais. Projeta tamanha fachada de lealdade e devoção à causa que é difícil suspeitar que seja manipulador.

Se perceber cortesãos que compartilham "inocentemente" com você algum boato, tenha cuidado – eles talvez sejam desse tipo, e você talvez se torne o alvo desses boatos algum dia. Se sentir que o grupo está sucumbindo à ansiedade viral em relação a alguma ameaça vaga, tente localizar a fonte disso – talvez exista um agitador em seu meio. Ele pode ser traiçoeiro, projetando uma fachada bem alegre e otimista para disfarçar a negatividade que o contorce por dentro. Olhe sempre por trás da máscara e note o deleite secreto que esse tipo sente quando algo ruim acontece. Ao lidar com um agitador conhecido, não o insulte de maneira direta ou indireta, nem seja desrespeitoso. Mesmo que ele seja bem insensível aos sentimentos daqueles que difama, é hipersensível a qualquer sinal de desrespeito contra si e, já que sente menos remorsos do que você, tornará a sua vida miserável por meio de campanhas passivo-agressivas.

O porteiro. O objetivo do jogo para esses tipos é obter acesso exclusivo aos líderes, monopolizando o fluxo de informações que lhes chega. Podem se parecer com o criador de intrigas pela disposição de usar as pessoas para chegar a essa posição, mas, diferentemente deste tipo, a meta do porteiro não é assumir o poder. Ele é motivado não por um desdém secreto pelos outros, mas pela adoração intensa pela pessoa no topo. Costuma atingir a sua posição lisonjeando o líder, a quem idealiza, por sua genialidade e perfeição. (É possível até que exista um leve componente sexual nessa atração.) Insinua-se nas graças do líderes ao lhe alimentar de maneira considerável o narcisismo. O porteiro impede a aproximação de cortesãos irritantes e protege o líder de brigas políticas mesquinhas, o que o faz parecer bem útil.

Ao conquistar essa proximidade, ele também consegue ver o lado sombrio do líder e lhe descobre as fraquezas, o que mantém este inconscientemente vinculado ao porteiro ainda mais, a quem tem medo de alienar. Ter tanto poder assim sobre o líder admirado é o objetivo do jogo. Esse tipo também pode se tornar o policial da corte, garantindo que o grupo siga as ideias e crenças do líder.

Uma vez que esteja instalado no poder, torna-se extremamente perigoso — entrar em colisão com ele de qualquer maneira interromperá o acesso crucial ao jogador mais importante, e a outros privilégios. Reconheça o porteiro logo de início pela adulação desavergonhada ao chefe. É óbvio que esse tipo veste uma máscara bem diferente, junto aos outros cortesãos, do que aquela que apresenta ao líder, e você pode tentar juntar as pistas para revelar essa duplicidade ao líder antes que seja tarde demais. Entretanto, os porteiros costumam ser peritos em entender e manipular as inseguranças dos chefes e compreendê-las melhor do que você. Eles podem facilmente reverter os seus esforços. Em geral, é melhor reconhecer o poder dos porteiros e se manter nas boas graças deles. Se você for um líder, tenha cuidado com esses tipos, pois tenderão a isolá-lo do grupo, e o isolamento é perigoso.

O facilitador da Sombra. Os líderes com frequência se veem numa posição difícil. Precisam arcar com a responsabilidade pelo que acontece ao grupo e com a tensão resultante do esforço. Ao mesmo tempo, devem manter uma reputação irrepreensível. Mais do que as outras pessoas, têm que manter o lado da Sombra (ver o Capítulo 9) em segredo. Isso talvez se refira a desejos extraconjugais que precisem reprimir, ou à paranoia a respeito da lealdade de todos em redor, ou à vontade de agir de forma violenta contra um inimigo odiado. Sem que tenham consciência disso, a Sombra deles quer emergir. Aí surge o facilitador, um dos cortesãos mais espertos e diabólicos de todos.

Esse tipo com frequência está mais próximo da sua própria Sombra, ciente dos seus desejos mais sombrios. Na infância, é provável que sentisse esses desejos de maneira mais profunda, mas teve de reprimi-los, o que os tornou ainda mais poderosos e obsessivos. Como adulto, ele busca cúmplices com quem possa trazer a Sombra à tona. É um perito em detectar desejos reprimidos nos outros, inclusive no líder. O facilitador talvez comece a abordar em conversas alguns temas que são tabu, mas de uma maneira jocosa e não ameaçadora. O líder cai no espírito e se abre um pouco. Tendo estabelecido o contato com a Sombra deste, o facilitador então leva isso mais adiante, com sugestões ao líder de possíveis ações, formas de extravasar as frustrações, com o facilitador lidando com tudo e servindo como proteção.

Charles Colson, assessor especial do Presidente Nixon, cavou um papel assim para si mesmo. Sabia que o chefe era bem paranoico sobre todos os inimigos que, supostamente, o cercavam. Nixon era também bastante inseguro quanto à sua própria masculinidade e desejava punir os seus supostos inimigos e demonstrar que tinha atitude. Sentia uma frustração profunda por não ser capaz de realizar esses desejos. Colson instigou os piores instintos de Nixon, permitindo que este desabafasse os seus sentimentos em reuniões e depois Colson insinuava maneiras de colocá-los em prática, como esquemas de vingança contra repórteres detestados; isso era tentador e terapêutico demais para resistir. Colson partilhava de alguns desses desejos sádicos ocultos também, e essa era a maneira perfeita de satisfazer a própria Sombra.

Em qualquer corte, é inevitável que existam aqueles de baixo caráter, que vivem maquinando e entrando em conflitos. Eles não são abertamente violentos ou malignos, apenas sentem menos remorso do que os outros. Se forem facilitadores e se insinuarem numa posição próxima ao chefe, não há muito que você possa fazer. É perigoso demais contrariar esses tipos, a menos que o que estejam planejando seja tão sombrio que valha a pena arriscar a sua própria posição para detê-los. Anime-se com o fato de que a carreira dos facilitadores costuma ser curta. Com frequência servem como bode expiatório se o que defendiam, ou cometeram, se tornar público. Tenha em mente que eles podem tentar fazer esse jogo com você. Não dê o primeiro passo em qualquer ação duvidosa à qual tentarem atraí-lo. A sua reputação limpa é o que você tem de mais importante. Mantenha uma distância educada.

O bobo da corte. Quase toda corte tem um bobo. No passado, ele vestia um chapéu com sinos, mas hoje surge em variedades e visuais diferentes. Pode ser o cínico e zombeteiro da corte, que tem licença para caçoar de quase todos e tudo, às vezes até dos próprios líderes, que toleram isso porque demonstra uma aparente falta de inseguranças e senso de humor. Outra variedade é o rebelde domesticado. Esse tipo tem a permissão de ir contra o código de indumentária, exibir um comportamento mais casual e defender opiniões não convencionais. Ele pode ser um pouco exuberante. Em reuniões, diferentemente de todos os outros, tem autorização para oferecer opiniões radicais contrárias ao grupo. Esses não conformistas provam que os líderes encorajam a troca livre de opiniões, pelo menos na aparência.

Esses tipos se encaixam nesses papéis porque, no fundo, têm medo da responsabilidade e horror ao fracasso. Sabem que, como bobos, não são levados a sério e recebem pouco poder de verdade. O humor e a atitude que demonstram lhes dão um lugar na corte sem a tensão de terem que realizar algo sério. A "rebeldia" deles nunca representa uma ameaça ou desafio reais ao *status quo*. Na realidade, eles fazem os outros do grupo se sentirem um pouco superiores ao esquisito da casa, mais confortáveis em se conformarem às normas.

Nunca leve a existência do bobo como um sinal de que você pode lhe imitar o comportamento com liberdade. Há um motivo pelo qual é raro que haja mais de um bobo por corte. Se você sentir o impulso de se rebelar contra as normas do grupo, é melhor mantê-lo o mais sutil possível. A corte moderna muitas vezes tolera diferenças apenas nas aparências, mas nem tanto em ideias ou na correção política. É melhor reservar o seu não conformismo para a vida privada, ou até que tenha acumulado mais poder.

O espelho. Esses tipos costumam estar entre os cortesãos mais bem-sucedidos de todos, pois são capazes de fazer o jogo duplo ao máximo. São hábeis em encantar os líderes *e* os colegas cortesãos, mantendo uma base ampla de apoio. O poder deles é ancorado na ideia de que, no fundo, todos são narcisistas. São peritos em refletir para as outras pessoas os ânimos e ideias delas mesmas, fazendo que sintam-se validadas sem perceberem a manipulação, ao contrário do uso da adulação franca.

Na corte do presidente norte-americano Franklin Delano Roosevelt, Frances Perkins, secretária do trabalho e conselheira de muitos anos de FDR, era perita nesse jogo. Tinha um alto nível de empatia e conseguia pressentir os ânimos de Roosevelt, aos quais se adaptava. Sabia que ele adorava ouvir histórias, por isso, em qualquer ideia que lhe apresentasse, ela incluía algum tipo de narrativa, e isso o encantava. Escutava a tudo o que lhe dizia com muito mais atenção do que os outros, e mais tarde se referia literalmente a algo "brilhante" que ele havia dito, o que provava a intensidade com que o ouvia.

Se quisesse recomendar uma ação que talvez fosse recebida com alguma resistência, introduzia o plano como se fosse uma das ideias antigas dele, mas com uma leve modificação feita por ela. Perkins conseguia decifrar o significado dos vários tipos de sorrisos de FDR, sabendo quando podia avançar com a sua ideia e quando parar por completo. E fazia questão de confirmar a imagem idealizada que ele tinha de si mesmo como o nobre guerreiro lutando em favor dos desfavorecidos. Para os outros cortesãos, ela se apresentava da maneira mais inofensiva, nunca brandindo a influência que tinha sobre o chefe, e empregando o mesmo tipo de charme a todos que lhe atravessam o caminho. Dessa maneira, era difícil que os outros cortesãos se sentissem ameaçados por ela ou que lhe invejassem os poderes.

Esse é um papel que você talvez queira desempenhar na corte por causa do poder que acarreta, mas, para conseguir, terá de ser um bom leitor das pessoas, sensível aos seus sinais não verbais. Isso lançará um feitiço sobre elas e lhes baixará a resistência. Em relação aos líderes, você precisa ter ciência da opinião idealizada que têm de si mesmos e sempre confirmá-la de alguma maneira, ou mesmo encorajá-los a se mostrar à altura dela. Os que estão no topo são mais solitários e inseguros do que você imagina, e vão engolir esse truque. Como foi mencionado, a adulação franca é perigosa porque os indivíduos a percebem, mas, mesmo que notem o seu espelhamento, continuarão encantados e vão querer mais.

O favorito e o saco de pancadas. Esses dois tipos ocupam os escalões mais alto e mais baixo da corte, respectivamente. Todo rei ou rainha tem que ter o seu favorito dentro da corte. Ao contrário dos outros tipos, cujo poder em geral depende da eficiência e das demonstrações de lealdade abjeta, a ascensão do favorito ao poder se baseia com frequência no cultivo de um relacionamento mais pessoal e amigável. Logo de início, eles se mostram relaxados e sociáveis junto ao líder, sem parecerem desrespeitosos. Muitos líderes no fundo morrem de vontade de não terem que ser tão formais e de estarem sempre no controle. Os que se sentem solitários escolherão alguém para ocupar essa posição. Com o favorito, compartilham segredos com prazer e concedem favores. Isso, é claro, vai despertar a inveja dos outros cortesãos.

Essa posição é repleta de perigos. Em primeiro lugar, depende dos sentimentos de amizade dos líderes, e é inevitável que esses sentimentos sejam fugazes. O ser humano é mais sensível às palavras ou ações dos amigos e, caso se sinta desapontado ou traído de alguma maneira, pode passar da estima ao ódio. Em segundo lugar, o favorito recebe tanto tratamento privilegiado que muitas vezes se torna arrogante e presunçoso. Os líderes talvez se cansem. Os cortesãos já tinham ciúmes do favorito, mas o aumento da arrogância só os alienará ainda mais. Quando os favoritos caem em desgraça – e a história está abarrotada de casos assim –, a queda é dura e dolorosa. Ninguém surge para defendê-los e, como a sua ascensão não resultou de nenhuma habilidade especial, eles muitas vezes não têm para onde ir. Evite a tentação de ocupar essa posição. Torne o seu poder dependente das suas realizações e utilidade, não dos sentimentos de amizade que as pessoas têm por você.

Assim como em qualquer parque infantil, na corte há quase sempre alguém que faz o papel do saco de pancadas, de quem todos se veem encorajados a rir de algum modo, sentindo-se superiores. Hoje em dia, as pessoas são mais cuidadosas e politicamente corretas, mas essa necessidade humana de um saco de pancadas está enraizada demais na nossa natureza. Os indivíduos baseiam esse sentimento de superioridade na suposta incompetência do saco de pancadas, ou nas suas opiniões não ortodoxas ou na sua falta de sofisticação, ou em seja lá o que for que os faça parecerem diferentes e inferiores em algum aspecto. Muito dessa zombaria será feita pelas costas do alvo, mas este a perceberá. Não se envolva nessa dinâmica. Ela o deixará embrutecido e degradado. Veja todos na corte como aliados em potencial. Dentro desse ambiente impiedoso, tente fazer amizade com o saco de pancadas, demonstrando uma maneira diferente de se comportar e cortando a diversão desse jogo cruel.

O grupo da realidade

Quando um grupo de pessoas fracassa numa iniciativa, costumamos ver a seguinte dinâmica se desenrolar: a primeira reação é examinar os atores envolvidos e determinar os culpados. Talvez tenha sido o líder que, com a sua ambição excessiva, levou o grupo ao fracasso, ou o assistente incompetente, ou o adversário muito astuto. Talvez um pouco de má sorte estivesse envolvida também. O líder ou o assistente podem ser despedidos e uma nova equipe introduzida. A liderança aprende algumas lições a partir dessa experiência, e estas são compartilhadas. Todos no grupo se sentem satisfeitos e prontos para ir adiante. Então, alguns anos mais tarde, quase o mesmo problema e o mesmo tipo de fracasso reincide, e as mesmas soluções desgastadas são recicladas.

O motivo para esse padrão comum é simples: a culpa, na verdade, está na dinâmica disfuncional do grupo, que tende a produzir assistentes incompetentes e líderes grandiosos. E, a menos que isso seja consertado, os problemas continuarão a se repetir com rostos diferentes.

Numa cultura disfuncional, os membros muitas vezes se confundem a respeito dos papéis que desempenham e do direcionamento geral do grupo. Em meio a essa confusão, as pessoas começam a pensar mais nos seus próprios planos e interesses, e formam facções. Mais preocupadas com o próprio *status* do que com a saúde do grupo, o ego delas se torna irritável, e elas se mostram obcecadas com quem está ganhando mais. Nessa atmosfera contenciosa, as maçãs ruins – os agitadores, os homens e mulheres de baixo caráter – encontram diversas maneiras de incitar problemas e se promoverem. Aqueles que são bons de conversa e jogos políticos, mas em não muito mais que isso, prosperam, ascendem ao topo e se tornam assistentes do líder. A mediocridade é preferida e recompensada.

O líder se vê arrastado para baixo por toda a dissensão e competição internas. Sentindo-se vulnerável, cerca-se de cortesãos que lhe dizem o que ele quer ouvir. Dentro desse casulo da corte, concebe planos malfeitos e grandiosos, que são encorajados pelos cortesãos covardes. Despedir o líder ou os seus assistentes não vai mudar nada. Os próximos vão apenas se ver contaminados e transformados pela cultura disfuncional.

O que precisamos fazer para evitar essa armadilha é alterar a nossa perspectiva: em vez de nos concentrarmos de imediato nos indivíduos e no drama da ação fracassada, devemos focar a dinâmica geral do grupo. Conserte a dinâmica, crie uma cultura produtiva, e assim não apenas evitará todos os males, mas desencadeará uma pressão ascendente muito diferente dentro do grupo.

O que cria uma dinâmica funcional e saudável é a habilidade do grupo de manter um relacionamento firme com a realidade. A realidade para um grupo é a seguinte: ele existe a fim de produzir realizações, criar algo e solucionar problemas. Tem certos recursos com os quais pode contar – o trabalho e as capacidades de cada membro, as finanças. Atua num ambiente específico que é quase sempre bastante competitivo e em constante mutação. O grupo saudável coloca a ênfase principal no trabalho em si, em tirar o proveito máximo dos recursos e em se adaptar a todas as mudanças inevitáveis. Sem perder tempo com jogos políticos infindáveis, consegue realizar dez vezes mais do que um grupo disfuncional. Extrai o que há de melhor na natureza humana – a empatia das pessoas, a habilidade destas de trabalhar com outros num nível elevado. Permanece sendo o ideal para todos nós. Chamemos esse ideal de *o grupo da realidade*.

Com certeza, o verdadeiro grupo da realidade é uma ocorrência rara na história – até certo ponto, nós o vimos em ação com os famosos batalhões de Napoleão Bonaparte, ou nos primeiros anos da IBM sob o comando de Thomas Watson, ou no gabinete inicial formado por Franklin Roosevelt, ou na equipe de filmagem que trabalhou por décadas para o grande diretor John Ford, ou no time de basquete norte-americano Chicago Bulls sob a liderança do técnico Phil Jackson. Desses exemplos, e outros, podemos aprender algumas lições valiosas sobre os componentes do grupo da realidade e sobre como ele pode ser moldado pelos líderes.

A seguir estão cinco estratégias essenciais para conseguir isso, todas as quais devem ser colocadas em prática. Tenha em mente que, se você herdar uma cultura firmemente estabelecida e disfuncional, a sua tarefa será mais difícil e exigirá mais tempo. Você precisa ter determinação para efetuar as mudanças que deseja e ter paciência, tendo cuidado para não deixar a cultura assimilá-lo aos poucos. Pense nisso como uma guerra, em que o inimigo não são os indivíduos, mas a dinâmica disfuncional do grupo.

Infunda um senso coletivo de propósito. Aquela força social que compele as pessoas a quererem participar e se encaixar é algo que se deve capturar e canalizar para um propósito mais elevado. Você conseguirá fazer isso estabelecendo um ideal – o seu grupo deve ter um objetivo definido, uma missão positiva que une os membros, que pode ser criar um produto que seja superior e único e que torne a vida mais fácil e traga prazer; ou melhorar as condições dos necessitados; ou resolver algum problema aparentemente insolúvel. Essa é a realidade derradeira do grupo, o motivo pelo qual ele foi formado em primeiro lugar. Não é vago ou implícito, mas declarado e divulgado com clareza. Não importa qual seja o tipo de trabalho, você deve enfatizar a excelência e criar algo da mais alta qualidade. Lucrar ou ter sucesso deveria ser um resultado natural desse ideal, e não a meta em si.

Para fazer isso funcionar, o grupo deve praticar o que você prega. Quaisquer sinais de hipocrisia ou discrepância notável entre o ideal e a realidade destruirão os seus esforços. Estabeleça um histórico de resultados que reflita o ideal do grupo. Este tenderá a perder a conexão com o propósito original, em especial quando obtiver algum sucesso. Continue a lembrá-lo da missão, adaptando-a se necessário, mas nunca se desviando do seu âmago.

Muitas vezes gostamos de reduzir o comportamento das pessoas a motivações ordinárias – ganância, egoísmo e o desejo de atenção. Com certeza todos temos um lado ordinário. Entretanto, também possuímos uma faceta mais nobre e elevada que se sente frustrada com frequência e que não consegue se expressar no mundo impiedoso da atualidade. Fazer os indivíduos se sentirem parte integral de um grupo que está criando algo importante atende a uma necessidade humana profunda que raramente é satisfeita. Uma vez que os membros tenham experimentado essa sensação, eles serão motivados a manter a dinâmica saudável viva e como algo vital. Com o espírito de união relativamente elevado, o grupo policiará a si mesmo. Quem é mesquinho e só se preocupa com o próprio ego se destacará e será isolado. Com clareza sobre o que o grupo representa e o papel que deve desempenhar, é menos provável que os membros formem facções. Tudo se torna mais fácil e tranquilo se você incutir esse propósito coletivo.

Reúna a equipe certa de assistentes. Como líder de um grupo da realidade, você precisa ter a habilidade de se concentrar no panorama geral e nas principais metas. Você tem um estoque limitado de energia mental, e deve orientá-la com sabedoria. O maior obstáculo a isso é o medo de delegar a autoridade. Se sucumbir ao microgerenciamento, a sua mente será obscurecida por todos os detalhes que tentará controlar e pelas batalhas entre os cortesãos. A sua própria confusão então se infiltrará no grupo, arruinando o efeito da primeira estratégia.

O que você precisa fazer desde o princípio é cultivar uma equipe de assistentes, incutidos com o seu espírito e com o senso coletivo de propósito, em quem pode confiar para gerenciar a execução das ideias. Para conseguir isso, tenha os padrões certos – não baseie a sua seleção no charme das pessoas, e nunca contrate amigos. Você quer o indivíduo mais competente para a função. Considere bem o caráter. Alguns conseguem ser brilhantes, mas no fim as suas personalidades e egos venenosos os levam a drenar o espírito do grupo. (Veja mais sobre julgamento de caráter no Capítulo 4.)

Selecione para essa equipe aqueles que tenham as habilidades que você não tem, cada indivíduo com as suas capacidades específicas. Eles devem saber o papel que vão desempenhar. Também é bom que essa equipe de assistentes seja diversa em temperamento, histórico e ideias. Devem demonstrar disposição para dizer o que pensam e tomar iniciativa, tudo dentro da estrutura do propósito do grupo. Podem até desafiar algumas regras que pareçam antiquadas. Sentir que fazem parte de um grupo, mas que também são capazes de empregar a própria criatividade para realizar tarefas, despertará o melhor neles, e esse espírito se espalhará.

Para essa equipe de assistentes, e para o grupo como um todo, certifique-se de que os membros sejam tratados de maneira mais ou menos igual – ninguém dever ter privilégios especiais; distribua recompensas e punições de modo justo e imparcial. Se alguns indivíduos específicos não estiverem à altura do ideal, livre-se deles. Se você então trouxer novos assistentes, eles naturalmente serão absorvidos pela dinâmica saudável. Você deve também liderar pelo exemplo. Se houver sacrifícios a serem feitos, ofereça tanto quanto qualquer outro membro. Ao fazer isso, tornará mais difícil para as pessoas sentirem inveja ou ressentimentos, que poderiam semear divisões e torná-las políticas.

Deixe as informações e as ideias fluírem com liberdade. À medida que o grupo evoluir, o maior perigo para você é a lenta formação de uma bolha ao seu redor. Os assistentes, tentando diminuir o seu fardo, podem acabar isolando-o do que está acontecendo em todo o grupo e filtrar as informações que lhe fornecem. Sem perceber, eles lhe dirão o que acreditam que o agradará e conterão o ruído que é importante de se ouvir. A sua perspectiva da realidade aos poucos se tornará distorcida e as suas decisões refletirão esse fato.

Sem se sobrecarregar com detalhes, você deve estabelecer uma dinâmica bem diferente. Considere a comunicação aberta de ideias e informações – sobre rivais, sobre o que está acontecendo nas ruas ou entre o seu público –, a essência vital do grupo. Esse foi o segredo do sucesso de Napoleão Bonaparte no campo de batalha. Ele revisava pessoalmente os relatórios concisos que lhe chegavam por intermédio de seus marechais de campo, tenentes e outros de toda a cadeia de comando, inclusive os soldados da infantaria. Isso lhe dava várias linhas de perspectiva quanto ao desempenho do exército e das ações do inimigo. Queria o máximo de informações não filtradas quanto possível antes de se decidir por uma estratégia. Ele mantinha esses relatórios a um número razoavelmente pequeno, mas a diversidade era o que lhe dava um panorama claro.

Para tanto, você deve encorajar a discussão franca em toda a organização, com os membros confiando que podem fazer isso. Escute os seus soldados rasos. As suas reuniões devem ser animadas, sem que as pessoas se preocupem muito se vão ferir egos e ofender os outros; você precisa de uma diversidade de opiniões. A fim de permitir essa franqueza, tenha cuidado nessas discussões para não sinalizar a sua preferência por uma opção ou decisão em particular, pois isso levará sutilmente a equipe a seguir a sua liderança. Traga até especialistas e indivíduos de fora para expandir a perspectiva do grupo.

Quanto mais abrangente for o processo de deliberação, maior será a conexão à realidade, e melhores serão as suas decisões. É claro que o processo pode levar tempo demais, mas a maioria das pessoas peca pelo oposto, tomando decisões apressadas a partir de informações altamente filtradas. Estabeleça o máximo de transparência possível: quando as decisões forem tomadas, compartilhe com a equipe a maneira como chegou a elas e com que propósito.

Estenda essa comunicação aberta à habilidade do grupo de criticar a si mesmo e ao próprio desempenho, em especial após quaisquer erros ou fracassos. Tente transformar isso numa experiência positiva e animada, com o foco não em encontrar bodes expiatórios, mas no funcionamento geral do grupo, que se mostrou abaixo do padrão. Você quer que o grupo continue aprendendo e se aprimorando. Aprender a partir dos erros tornará a equipe muito mais confiante ao seguir em frente.

Contagie o grupo com emoções produtivas. No ambiente de grupo, o ser humano é, por natureza, mais emocional e permeável aos ânimos dos outros. Você deve trabalhar com a natureza humana e transformar isso em algo positivo ao contagiar o grupo com o conjunto apropriado de emoções. As pessoas são mais suscetíveis aos ânimos e atitudes do líder do que ao de qualquer outro. As emoções produtivas incluem a calma. Phil Jackson, o treinador de basquete mais bem-sucedido da história, notou que muitos treinadores tentavam incentivar o time antes de um jogo, deixando-os entusiasmados e até zangados. Ele julgava muito mais produtivo incutir um senso de tranquilidade que ajudava os atletas a executarem o plano de jogo e a não reagirem de forma exagerada aos altos e baixos da partida. Como parte dessa estratégia, sempre mantenha o grupo concentrado em completar tarefas concretas, o que deixará a todos naturalmente calmos e com os pés no chão.

Contagie o grupo com um senso de resolução que emane de você. Não se aborreça com os contratempos; continue avançando e trabalhando nos problemas. Seja persistente. O grupo perceberá isso, e indivíduos sentem vergonha de se tornarem histéricos diante da menor alteração nas condições. Tente transmitir ao grupo a sua autoconfiança, mas tenha cuidado para que isso não degringole para uma noção de grandiosidade. A sua autoconfiança e a do grupo resulta, em larga medida, de um histórico de sucesso. Altere as rotinas de tempos em tempos, surpreenda a todos com algo novo e desafiador. Isso acordará os membros e os tirará da complacência que pode se estabelecer em qualquer grupo que obtém o sucesso.

O mais importante é que demonstrar a falta de medo e uma abertura geral a novas ideias terá o efeito mais terapêutico de todos. Os membros do grupo se tornarão menos defensivos, sendo encorajados a pensar por conta própria, e a não operar como autômatos.

Construa um grupo experiente em conflitos. É essencial que você conheça bem o seu grupo, as suas capacidades e fraquezas, e o máximo que pode esperar dele. No entanto, as aparências enganam. No trabalho cotidiano, as pessoas podem parecer motivadas, conectadas e produtivas. Contudo, acrescente alguma tensão ou pressão ou até uma crise e, de repente, verá um lado bem diferente delas. Algumas começam a pensar mais em si mesmas e a se desconectar do espírito de grupo; outras se tornam ansiosas demais e contagiam os demais com os seus temores. Parte da realidade que você precisa comandar é a força *real* da sua equipe.

Seja capaz de avaliar a tenacidade interna relativa da equipe antes de ser lançado numa crise. Dê a vários membros algumas tarefas relativamente desafiadoras ou prazos de entrega mais curtos do que o habitual, e veja como eles respondem. Algumas pessoas se provarão à altura das circunstâncias e trabalharão ainda melhor sob pressão; considere-as um tesouro a ser guardado. Lidere numa ação que seja nova e levemente mais arriscada do que o normal. Observe com atenção como os indivíduos reagem à ligeira quantidade de caos e incerteza que se desenrolar a partir daí. É claro que, depois de quaisquer crises e fracassos, você deve utilizar esses momentos como uma maneira de avaliar a força interior das pessoas, ou a falta dela. Tolere alguns tipos temerosos que tenham outras virtudes, mas não muitos.

No fim, você quer um grupo que tenha passado por alguns conflitos, lidado com eles razoavelmente bem, e tenha sido testado sob pressão. Os membros não desfalecem ao sinal de novos obstáculos e, na verdade, lhes dão as boas-vindas. Dessa forma, conseguirá expandir os limites do que pode pedir aos membros, e estes sentirão uma pressão ascendente poderosa para superar desafios e provar a si mesmos. Um grupo assim é capaz de mover montanhas.

Por fim, gostaríamos de nos concentrar na saúde psicológica dos indivíduos, e em como um terapeuta talvez consiga consertar quaisquer problemas que eles possam ter. O que não levamos em consideração, porém, é que estar num grupo disfuncional pode tornar os indivíduos instáveis e neuróticos. O oposto também é verdade: ao participar de um grupo da realidade de alto funcionamento, é possível nos tornarmos saudáveis e completos. Essas experiências são memoráveis e transformadoras. Aprendemos o valor da cooperação num nível elevado e a ver o nosso destino entrelaçado com aqueles em redor. Desenvolvemos uma empatia maior. Ganhamos confiança nas nossas próprias habilidades, que são recompensadas num grupo assim. Nós nos sentimos conectados à realidade. Somos levados pela pressão ascendente do grupo, alçando a nossa natureza social ao nível alto que deveria ter. É o nosso dever, como seres humanos esclarecidos, criar o maior número possível de grupos assim, tornando a sociedade mais saudável no processo.

> A loucura é algo raro nos indivíduos – mas é a regra em grupos, partidos, povos e eras.
>
> — *Friedrich Nietzsche*

15
Faça-os quererem segui-lo
A Lei da Inconsistência

Embora os estilos de liderança mudem com os tempos, uma constante permanece: os indivíduos são sempre ambivalentes quanto àqueles no poder. Eles querem ser guiados, mas também se sentir livres; querem ser protegidos e desfrutar da prosperidade sem fazer sacrifícios; idolatram o rei ao mesmo tempo que querem matá--lo. Na posição de líder de um grupo, as pessoas estão sempre preparadas para se voltar contra você no instante em que parecer fraco ou enfrentar um empecilho. Não sucumba aos preconceitos da época, imaginando que o que você precisa fazer para lhes conquistar a lealdade é dar a impressão de ser igual a elas, ou um amigo; duvidarão da sua força, desconfiarão dos seus motivos e responderão com descaso camuflado. A autoridade é a arte delicada de criar a aparência do poder, da legitimidade e da justiça, e, ao mesmo tempo, fazer os indivíduos se identificarem com você como um líder que está a serviço deles. Se quiser liderar, precisa dominar essa arte desde cedo na vida. Uma vez que tenha conquistado a confiança dos outros, eles se colocarão ao seu lado e o aceitarão como líder, não importando as más circunstâncias.

A MALDIÇÃO DO MERECIMENTO

Na manhã de sábado, 14 de janeiro de 1559, ingleses de todas as classes e idades começaram a se reunir nas ruas de Londres. Era a véspera da coroação da nova soberana, Elisabete Tudor, então com 25 anos, que passaria a ser conhecida como rainha Elisabete I. Por tradição, o novo monarca sempre conduzia uma procissão cerimonial pela cidade. Para a maioria, seria a primeira vez que veriam Elisabete.

Alguns na multidão estavam ansiosos – a Inglaterra estava em más condições financeiras, o governo bastante endividado; havia mendigos por todos os lados nas ruas das grandes cidades, e ladrões perambulavam pela zona rural. O pior de tudo era que o país acabara de passar por uma verdadeira guerra civil entre católicos e protestantes. O pai de Elisabete, Henrique VIII (1491-1547), havia fundado a Igreja Anglicana e decidido transformar a Inglaterra num país protestante. A filha do primeiro casamento de Henrique foi coroada rainha com o nome de Maria I em 1553, e tentou devolver o país à comunidade católica, iniciando uma espécie de inquisição inglesa que lhe rendeu o apelido de "Bloody Mary" ("Maria Sangrenta"). Após a morte dela no fim de 1558, Elisabete era a próxima na linha de sucessão, mas seria essa uma boa hora para os ingleses serem governados por uma mulher tão jovem e inexperiente?

Outros nutriam esperanças cautelosas: como a maioria da população da Inglaterra, Elisabete era uma protestante devota e levaria o país de volta à Igreja Anglicana. No entanto, nem otimistas nem pessimistas sabiam muito sobre ela. Depois que Henrique VIII mandou que Ana Bolena (a sua segunda esposa e mãe de Elisabete) fosse executada sob acusações falsas, Elisabete não tinha ainda nem 3 anos, e passou então a ser repelida por uma série de madrastas, de maneira que sua presença na corte tinha sido mínima. O povo inglês sabia que ela havia tido uma infância difícil e que a rainha Maria a detestava, até mesmo prendendo Elisabete na Torre de Londres em 1554. (Queria que Elisabete fosse executada sob a acusação de conspirar contra a Coroa, mas não conseguiu reunir provas suficientes.) Como essas experiências afetaram a jovem Elisabete? Seria ela tão impetuosa quanto o pai ou tão arrogante quanto a meia-irmã, Maria? Com tanta coisa em jogo, todos estavam curiosíssimos para saber mais sobre aquela mulher.

Para os ingleses, a procissão foi um dia de celebração e alegria, e Elisabete não os desapontou nesse departamento. Foi um tremendo espetáculo – tapeçarias coloridas nas paredes externas das casas, bandeiras e flâmulas em cada janela, músicos e palhaços perambulando pelas ruas entretendo a multidão.

Sob um pouco de neve, aquela que logo se tornaria rainha apareceu nas ruas, e por onde passava a multidão se calava. Carregada numa liteira aberta, ela vestia a mais bela túnica real dourada e as joias mais magníficas. Tinha um rosto encantador e os olhos escuros cheios de vida. Contudo, à medida que a procissão avançou e várias encenações foram representadas em tributo a ela, os ingleses viram algo que nunca haviam testemunhado antes ou conseguido imaginar: a rainha parecia gostar de se misturar ao povo, e lágrimas lhe enchiam os olhos ao escutar com atenção, dos londrinos mais pobres, pedidos e bênçãos para o reinado dela.

A sua maneira de falar era natural e até um pouco popular. O entusiasmo crescente da multidão a infectava, e afeição dela pelo povo nas ruas era bem evidente. Uma mulher mais velha e bem pobre lhe entregou um ramo seco de alecrim para lhe dar sorte, e Elisabete o segurou com força o dia inteiro.

Uma testemunha escreveu sobre Elisabete: "Se algum dia qualquer pessoa teve o dom ou o estilo de conquistar o coração das pessoas, foi essa rainha […]. Todas as suas habilidades estavam em ação, e cada ação parecia uma ação bem deliberada: os olhos se voltavam para um, os ouvidos escutavam outro, o julgamento cuidava de um terceiro, a um quarto ela endereçava a sua fala; o espírito dela parecia estar em todos os lugares, mas também tão inteiro nela mesma que parecia não poder estar em nenhum outro lugar. De alguns ela se apiedava, a outros elogiava, a alguns agradecia, com outros brincava de maneira agradável e inteligente […] e distribuindo sorrisos, olhares e graças […] e, como resultado, as pessoas de novo redobraram a manifestação das suas alegrias, e, mais tarde, com o mais elevado esforço, encheram os ouvidos de todos os homens com exultações desmedidas do seu príncipe". Naquela noite, a cidade de Londres fervilhava com as histórias do dia. Em tabernas e lares, comentários eram ouvidos sobre a presença estranha e eletrizante de Elisabete. Reis e rainhas apareciam com frequência diante do público, mas cercados de muita pompa e ávidos por manter certa distância. Eles tinham a expectativa de que o povo lhes obedeceria e os veneraria. No entanto, Elisabete parecia ávida por conquistar o amor *do povo*, e isso encantou a todos que a viram naquele dia. À medida que a notícia se espalhou pelo país, a afeição pela nova rainha começou a aumentar entre os ingleses, que passaram a ter alguma esperança em relação ao novo reinado.

Antes da coroação, Elisabete informou a Sir William Cecil que ela o escolheria como seu ministro de confiança. Este, treze anos mais velho do que a rainha, havia servido como um conselheiro importante de Eduardo VI, meio-irmão de Elisabete, que governara após a morte de Henrique VIII, em 1547, desde os 9 anos de idade até morrer, aos 15. Cecil conhecia Elisabete desde os 14 anos dela; eles tinham interesses intelectuais semelhantes e eram ambos protestantes devotos; envolviam-se em muitas conversações animadas e possuíam uma relação amigável. De sua parte, Cecil a entendia bem. Ela era extremamente inteligente, muito culta e falava diversas línguas com fluência. Jogavam xadrez frequentemente, e ele se impressionou com o estilo paciente dela e a maneira como costumava planejar armadilhas complexas para as peças dele.

Cecil sabia que Elisabete fora educada em meio ao sofrimento. Ela havia perdido não apenas a mãe quando era criança, mas também a madrasta que mais amava, Catarina Howard, aos 8 anos. Catarina foi a quinta esposa de Henrique e prima de Ana Bolena. Henrique ordenou que ela fosse decapitada sob acusações falsas de adultério. Cecil também sabia que os poucos meses que Elisabete passou na Torre de Londres haviam tido um efeito traumático sobre ela, já que acreditara que seria executada a qualquer momento. Ela emergiu de todas essas experiências como uma jovem de afabilidade impressionante, mas Cecil sabia que, por trás desse exterior, a mulher era determinada, temperamental e até traiçoeira.

No entanto, Cecil também tinha certeza de uma coisa: governar não era para mulheres. A rainha Maria I havia sido a primeira mulher a governar de verdade a Inglaterra, e se provara um desastre. Todos os ministros e administradores do governo eram homens, e uma figura feminina não aguentaria lidar com a competitividade e agressividade deles, ou dos diplomatas estrangeiros, também homens. As mulheres eram emocionais e instáveis demais. Elisabete talvez tivesse uma mente capaz, mas não detinha a adaptabilidade para a função. Por essa razão, Cecil formulara um plano: aos poucos, ele e os seus comparsas tomariam as rédeas, com a rainha aconselhando, mas seguindo na maior parte as instruções dos ministros. E, assim que possível, eles a casariam, de preferência com um protestante, e o marido assumiria o comando e governaria como rei.

Quase desde o princípio do reinado dela, porém, Cecil percebeu que esse plano não seria fácil de executar. A rainha era obstinada e tinha seus próprios projetos. De certa maneira, ele não conseguiu deixar de se impressionar. No primeiro dia de Elisabete na função, ela convocou uma reunião e deixou claro aos futuros conselheiros que sabia mais do que eles sobre a situação financeira do país; estava determinada a tornar o governo solvente. Nomeou Cecil como secretário de Estado, e passou a se encontrar com ele várias vezes ao dia, não lhe dando nenhum tempo para descansar.

Diferentemente do pai dela, que permitira que os ministros administrassem tudo a fim de que pudesse passar o tempo caçando e cortejando jovens mulheres, Elisabete punha as mãos na massa. Cecil estava espantado com a quantidade de horas que ela dedicava ao cargo, trabalhando ainda muito depois da meia-noite. Era meticulosa naquilo que esperava dele e dos outros ministros e, de vez em quando, era bem intimidadora. Se lhe agradava com o que dizia ou fazia, a rainha era só sorrisos e um pouco coquete. No entanto, se algo desse errado ou se Cecil discordasse dela de maneira muito veemente, Elisabete o excluía por vários dias, e ele voltava para casa remoendo o seu nervosismo. Será que ela havia perdido a confiança nele? Em algumas ocasiões, ela o olhava com aspereza ou até o criticava no mesmo estilo tempestuoso do pai dela. Não, a rainha não seria fácil de manobrar e, aos poucos, descobriu-se trabalhando de forma mais árdua do que nunca para impressioná-la.

Como parte do plano para que os homens assumissem o poder de maneira gradual, Cecil fazia questão de que toda a correspondência de governos estrangeiros passasse primeiro pela mesa dele. Manteria a rainha ignorante de várias questões importantes. Então, soube que ela havia descoberto isso e, pelas costas de Cecil, dera ordens para que toda a correspondência diplomática passasse por suas mãos. Era como um jogo de xadrez, e Elisabete estava vários lances à frente. Cecil se enfureceu e a acusou de lhe prejudicar o trabalho, mas a rainha se manteve firme e ofereceu uma resposta bem lógica: diferentemente de Cecil, ela falava e lia em todos os principais idiomas europeus e entendia as suas nuances, e seria melhor para todos se conduzisse pessoalmente a diplomacia e atualizasse os ministros nas questões estrangeiras. Era inútil argumentar, e ele logo percebeu que, em se tratando de lidar com essa correspondência e reuniões com diplomatas, Elisabete era uma excelente negociadora.

Aos poucos, a resistência dele diminuiu. Elisabete permaneceria no comando, pelo menos nos primeiros anos do seu reinado; então, se casaria e produziria o herdeiro necessário para a Inglaterra, e o marido assumiria o governo. Não era natural que ela continuasse nesse papel como uma governante solteira. Havia boatos de que confidenciara a várias amigas que nunca se casaria, e que tinha um medo avassalador do matrimônio com base no que vira acontecer com o pai. No entanto, Cecil não levava isso a sério. Ela continuava a dizer a todos que tudo que importava era o bem maior da Inglaterra, mas manter o país sem um herdeiro aparente era arriscar uma guerra civil no futuro. Com certeza Elisabete veria a lógica nisso.

O objetivo dele era simples: conseguir que a rainha concordasse em se casar com um príncipe estrangeiro a fim de forjar uma aliança que beneficiasse os ingleses em sua situação enfraquecida. De preferência, um príncipe protestante, mas, desde que não fosse um católico fanático, Cecil aprovaria a escolha. Os franceses ofereceram a ela um casamento com o seu rei de 14 anos, Carlos IX, e os Habsburgos defendiam a união dela com o arquiduque Carlos da Áustria. O maior temor de Cecil era que Elisabete se casasse com o único homem por quem ela tinha de fato se apaixonado, Robert Dudley, conde de Leicester, um homem de posição social inferior que incitaria todo tipo de dissensão e intriga dentro da corte inglesa.

Quando os representantes de diferentes países apresentavam as suas propostas, Elisabete parecia favorecer uma, até que o seu interesse se arrefecia. Se os espanhóis de repente criassem problemas no continente europeu, ela começava negociações de casamento com os franceses para fazer o rei Felipe II da Espanha passar a temer uma aliança franco-inglesa e recuar, ou com o arquiduque Carlos da Áustria para apavorar tanto os franceses quanto os espanhóis. Ano após ano, ela seguiu com esse jogo. Confessou a Cecil que não tinha nenhum desejo de ser a esposa de ninguém, mas, quando o Parlamento ameaçava lhe cortar os fundos caso ela não prometesse se casar, suavizava o discurso e negociava com alguns dos pretendentes. Então, uma vez que os fundos do Parlamento tivessem sido assegurados, encontrava outra desculpa para interromper as conversas sobre casamento – o príncipe ou o rei ou o arquiduque era jovem demais, um católico fervoroso demais, não era do tipo dela, era efeminado demais, e assim por diante. Nem mesmo Dudley conseguiu lhe quebrar a determinação e convencê-la a se casar com ele.

Após alguns anos, com uma frustração crescente, Cecil por fim compreendeu o jogo dela. Não havia nada que ele pudesse fazer, mas, ao mesmo tempo, percebera que a rainha Elisabete I era, com quase toda a certeza, uma governante mais capaz do que qualquer um dos pretendentes estrangeiros. Ela era tão frugal com seus gastos que o governo não estava mais em débito. Enquanto Espanha e França iam à ruína em guerras sem fim, Elisabete mantinha com prudência a Inglaterra fora dos conflitos, e logo o país passou a prosperar. Embora fosse protestante, tratava bem os ingleses católicos, e a amargura quanto às guerras religiosas da década anterior agora quase desaparecera. "Nunca houve uma mulher tão sábia quanto a rainha Elisabete", ele escreveria mais tarde, e, com o passar do tempo, acabou desistindo da questão do casamento, e o próprio país aos poucos se acostumou com a ideia da Rainha Virgem, casada com os seus súditos.

Com o passar do tempo, porém, uma questão continuaria a corroer a afeição do povo pela rainha, e até fez Cecil começar a duvidar da competência dela: o destino de Maria Stuart, conhecida como Maria da Escócia, prima de Elisabete. Maria era uma católica ferrenha, enquanto a maior parte da Escócia se tornara protestante. Maria era a próxima na linha de sucessão do trono da Inglaterra, e muitos católicos afirmavam que era, na verdade, a rainha por direito.

Os próprios escoceses passaram a desprezá-la por causa dos sentimentos religiosos dela, dos casos de adultério e pelo envolvimento aparente no assassinato do marido, Lorde Darnley. Em 1567, ela foi forçada a abdicar do trono escocês em favor do filho infante, Jaime VI. No ano seguinte, escapou da prisão na Escócia e fugiu para a Inglaterra, submetendo-se à prima.

Elisabete tinha todos os motivos para detestar Maria e mandá-la de volta à Escócia. Maria era o completo oposto de Elisabete – egoísta, frívola e imoral. Era uma católica fervorosa e atraía para o seu entorno todos aqueles na Inglaterra e arredores que queriam depor Elisabete e colocar um católico no trono. Não era de confiança. Contudo, para o horror de Cecil, dos outros conselheiros e do povo inglês, Elisabete permitiu que a prima permanecesse no país sob uma leve forma de prisão domiciliar. Politicamente, isso não parecia fazer sentido. A decisão enfureceu os escoceses e ameaçou as relações entre os dois países.

Quando Maria começou a conspirar em segredo contra Elisabete, e surgiram pedidos de todos os lados para que a primeira fosse executada por traição, a rainha se recusou inexplicavelmente a tomar o que parecia ser a medida racional. Seria aquele apenas um caso de um Tudor protegendo outro? Será que Elisabete temia o precedente de executar uma rainha, e o que isso significaria para o seu próprio destino? De qualquer forma, isso a fazia parecer fraca e egoísta, como se o que importasse fosse proteger uma rainha como ela.

Então, em 1586, Maria se envolveu no plano mais audacioso para assassinar Elisabete, o que a teria tornado rainha da Inglaterra. Maria tinha o apoio secreto do papa e da Espanha, e havia agora provas incontroversas do envolvimento dela na conspiração. Isso ultrajou o povo, que imaginava muito bem a guerra civil sangrenta que se seguiria caso o plano tivesse ido adiante. Dessa vez, a pressão sobre Elisabete foi grande demais – não importava que Maria tivesse sido rainha, ela tinha de ser executada. Mesmo assim, Elisabete hesitava.

Um julgamento condenou Maria, mas Elisabete não se convencia a assinar a sentença de morte. Para Cecil e aqueles na corte que a viam todos os dias, a rainha jamais parecera tão perturbada. Por fim, em fevereiro do ano seguinte, cedeu à pressão e assinou a sentença de morte. Maria foi decapitada no dia seguinte. O país irrompeu em celebrações; Cecil e os outros ministros suspiraram aliviados. Não haveria mais nenhuma conspiração contra Elisabete, o que tornaria a falta de um herdeiro mais fácil de tolerar. Apesar do erro aparente ao lidar com a situação, o povo inglês a perdoou logo. Ela provara que era capaz de colocar o bem do país acima de considerações pessoais, e a relutância que demonstrara de início apenas tornou a decisão final ainda mais heroica.

O rei Felipe II da Espanha conhecia Elisabete havia muitos anos, tendo sido casado com a meia-irmã dela, a rainha Maria I. Quando esta prendeu Elisabete na Torre de Londres, Felipe conseguira suavizar a postura da esposa e libertar Elisabete, a quem considerava bastante encantadora e de admirável inteligência. Com o passar dos anos, porém, ele começou a temê-la e a detestá-la. Ela era o principal obstáculo ao seu objetivo de restabelecer a dominância do catolicismo, e teria de humilhá-la. Na opinião dele, ela não era a rainha legítima da Inglaterra. Ele começou a infiltrar padres jesuítas no país da rainha para que espalhassem a fé católica e, em segredo, fomentassem uma rebelião. Construiu a sua marinha e fez preparações furtivas para o que seria conhecida como a Empreitada da Inglaterra, uma invasão gigantesca que subjugaria a ilha e a restauraria ao catolicismo. A execução de Maria da Escócia foi a última gota – estava na hora da invasão.

Felipe sentia uma confiança suprema no sucesso da Empreitada. Com o tempo, estudara a sua grande rival. Elisabete era ardilosa e esperta, mas tinha uma enorme desvantagem – era mulher. Sendo assim, não estava preparada para liderar uma guerra. De fato, ela dava a impressão de ter medo de um conflito armado, sempre negociando e encontrando uma maneira de evitá-lo. Nunca prestava muita atenção às Forças Armadas. A Marinha inglesa era relativamente pequena, com navios não tão grandes e poderosos quanto os belos galeões espanhóis. A armada inglesa era bem patética em comparação com a da Espanha. E Felipe tinha o ouro do Novo Mundo para ajudá-lo a financiar o esforço de guerra.

Seus planos eram que a invasão ocorresse no verão de 1587, mas naquele ano Sir Francis Drake invadiu a costa espanhola, destruindo muitos navios no porto de Cádiz e roubando grandes tesouros em ouro. Felipe adiou a invasão para o ano seguinte, e os custos de manter o exército e construir mais galeões foram aumentando aos poucos.

Felipe havia supervisionado cada detalhe da invasão. Ele lançaria a Invencível Armada de cerca de 130 navios, tripulados por mais 30 mil homens. Destruiriam com facilidade a Marinha inglesa, se juntariam à grande força espanhola nos Países Baixos, cruzariam o Canal da Mancha e marchariam até Londres, onde capturariam a rainha e a levariam a julgamento pela execução de Maria da Escócia. Ele, então, colocaria a filha no trono da Inglaterra.

A armada foi lançada finalmente em maio de 1588 e, em julho, a frota espanhola contornava a costa sudoeste da Inglaterra. Os galeões espanhóis haviam aperfeiçoado uma determinada forma de combate: eram tão grandes que conseguiam se aproximar dos navios inimigos, atracar e abordá-los com um verdadeiro exército. Contudo, nunca tinham entrado em batalha com os navios ingleses, bem menores e mais rápidos, com canhões de longo alcance, e em águas muito mais turbulentas do que as do mar Mediterrâneo. Eles não se deram bem.

Em 27 de julho, a armada ancorou em Calais, a poucos quilômetros de onde o Exército espanhol a aguardava. No meio da noite, os ingleses enviaram cinco brulotes não tripulados – embarcações carregadas de madeira inflamável e piche – em direção aos galeões ancorados. Com os ventos fortes da noite, o fogo se espalhou com rapidez de navio em navio. Os galeões espanhóis tentaram se reagrupar mais longe da costa, mas permanecerem numa formação dispersa, o que os tornou alvos fáceis para os tiros de canhão dos rápidos navios ingleses. Quando o vento mudou de novo de direção, os espanhóis foram forçados a recuar, para as regiões mais tempestuosas do mar do Norte. Tentando contornar a Inglaterra e recuar para a Espanha, perderam a maioria dos navios, e mais de 20 mil soldados espanhóis morreram. Os ingleses não perderam nenhum navio e sofreram apenas cem fatalidades. Foi uma das vitórias mais desiguais da história militar.

Para Felipe, foi o momento mais humilhante de sua vida. Ele se retirou para o seu palácio, onde se fechou por meses, contemplando o desastre. A armada havia deixado a Espanha completamente falida e, nos anos que se seguiram, a Inglaterra prosperaria, enquanto a Espanha se tornaria uma potência de segunda categoria. De algum modo, Elisabete fora mais esperta do que ele. Para os outros líderes europeus que a odiavam, ela agora parecia invencível e uma governante a ser temida. O Papa Sisto V, que a excomungara e abençoara a armada espanhola, agora exclamava: "Vejam só como ela governa bem! É apenas uma mulher, senhora somente de meia ilha, e, no entanto, se fez temida pela Espanha, pela França, pelo Império, por todos!".

Agora surgia na Inglaterra um verdadeiro culto à Rainha Virgem. Ela era chamada de "Sua Sagrada Majestade". Vislumbrá-la cavalgando por Londres ou passeando em sua barca no rio Tâmisa era como uma experiência religiosa.

Um grupo, porém, se provou menos suscetível a essa aura poderosa – a nova geração de homens jovens que enchiam a corte real. Para eles, Elisabete mostrava os sinais da idade. Eles lhes respeitavam as realizações, mas a viam mais como a figura de uma mãe dominadora. A Inglaterra era uma potência em ascensão. Esses jovens mereciam ter o seu nome reconhecido no campo de batalha e, dessa forma, receber a aclamação do povo. Entretanto, Elisabete os frustrava de maneira constante. Ela se recusava a financiar uma campanha em larga escala para eliminar Felipe, ou para ajudar os franceses na luta contra os espanhóis. Acreditavam que ela estava cansada e que era hora de aquela geração animada e masculina liderar a Inglaterra. E o jovem que simbolizava esse novo espírito era Robert Devereux, o 2º conde de Essex.

Nascido em 1566, Essex era bonito e temperamental. Sabia que a rainha tinha uma fraqueza por homens jovens, e a encantou rapidamente, tornando-se o novo favorito dela. Ele a apreciava e admirava de maneira genuína, mas, ao mesmo tempo, se ressentia do poder que ela tinha sobre o destino dele. Essex começou a testá-la: pediu favores, em geral dinheiro. Ela lhe deu o que pediu. Parecia gostar de mimá-lo. E, à medida que o relacionamento avançou, Essex começou a vê-la como uma mulher manipulável. Começou a criticá-la com bastante audácia na frente dos outros cortesãos, e a rainha o deixou impune. Estipulou um limite, porém, quando pediu por cargos políticos para ele e os amigos, e Essex então teve um acesso de fúria. Era humilhante depender dos caprichos de uma mulher! Contudo, dias mais tarde, ele se acalmou e voltou a empregar o seu charme como ofensiva.

Mantido distante do poder político, Essex percebeu que a sua única chance de fama e glória seria liderar o Exército inglês numa vitória. Elisabete permitiu que ele comandasse algumas expedições militares menores no continente europeu. O resultado foi misto – ele era valente, mas não muito bom em estratégia. Então, em 1596, ele a persuadiu a deixá-lo liderar uma incursão semelhante à de Francis Drake pela costa espanhola. Dessa vez, a audácia de Essex foi bem recompensada, e a campanha foi um sucesso. Para o povo inglês, agora um pouco inebriado com o novo *status* como potência europeia, Essex representava o seu novo orgulho, tornando-se o seu queridinho. Essex queria mais disso e continuou a pedir à rainha por outra oportunidade de sair em batalha. Atribuía a relutância dela aos muitos inimigos que ele havia feito na corte, homens que o invejavam.

Em 1598, a corte recebeu a notícia de que um bando de rebeldes irlandeses sob o comando de Hugh O'Neill, 2º conde de Tyrone, avançava por territórios da Irlanda controlados pela Inglaterra, causando destruição. Essex ofereceu os seus serviços para liderar uma força que esmagaria a de Tyrone. Ele implorou e insistiu, e Elisabete acabou cedendo. Confiante a respeito do seu poder sobre a rainha, requisitou para a campanha o maior exército já reunido pelos ingleses. Elisabete atendeu ao desejo dele. Pela primeira vez, sentiu-se apreciado por ela de verdade. Ela tinha a estranha habilidade de fazê-lo querer agradá--la. Ele lhe expressou a sua gratidão e prometeu terminar a missão em pouco tempo. A Irlanda seria seu caminho para o topo.

Uma vez lá, porém, os problemas se acumularam. Era o inverno de 1599; o clima era terrível e o terreno, incrivelmente pantanoso. Ele não conseguia avançar com o seu enorme exército. Os irlandeses eram esquivos e peritos no combate de guerrilha. Enquanto os ingleses seguiam mancando nos seus campos, milhares de soldados morreram por doença, e outros milhares começaram a desertar. Essex imaginava bem os seus muitos inimigos na corte falando dele pelas costas. Tinha certeza de que a rainha e vários ministros estavam planejando a queda dele.

Essex tinha que testá-la mais uma vez – pediu reforços. A rainha concordou, mas ordenou que ele finalmente encontrasse e lutasse contra Tyrone. De repente, a pressão era demais, e culpou Elisabete e os cortesãos invejosos por tentarem apressá-lo. Sentia-se humilhado pela posição em que estava e, ao fim do verão, concebeu um plano que daria um fim de uma vez por todas à sua miséria – negociaria em segredo uma trégua com Tyrone, depois retornaria à Inglaterra e marcharia até Londres com as suas tropas. Ele forçaria a rainha a se livrar dos inimigos dele dentro da corte e lhe assegurar a posição de principal conselheiro. Seria enérgico, mas respeitoso quanto à posição dela; vendo-o em pessoa e com as tropas dele, a rainha por certo cederia.

Após uma rápida marcha pela Inglaterra, ele apareceu de súbito certa manhã, com o uniforme coberto de lama, nos aposentos de Elisabete. A rainha, pega de surpresa e não sabendo se ele estava ali para prendê-la e iniciar um golpe de Estado, manteve a compostura. Ela lhe ofereceu a mão para que ele a beijasse e lhe disse que conversariam sobre a Irlanda mais tarde naquele dia. A tranquilidade dela o deixou perplexo; não era o que ele esperava. Ela tinha um tipo estranho de poder sobre ele. De algum modo, a situação havia se invertido, e Essex concordou em adiar a conversa para aquela tarde. Em poucas horas, viu-se capturado pelos soldados dela e colocado em prisão domiciliar.

Contando com a sua influência sobre a rainha e como ela o havia perdoado diversas vezes, ele lhe escreveu cartas e mais cartas, desculpando-se por suas ações. Ela não respondeu. Isso nunca tinha acontecido antes, o que o assustou. Por fim, em agosto de 1600, ela o libertou. Grato por isso e planejando o seu retorno, ele lhe pediu apenas um favor – que lhe restaurasse o monopólio que antes possuía sobre a venda de vinhos doces na Inglaterra; estava terrivelmente endividado e essa era sua principal fonte de renda. Para o grande desapontamento dele, Elisabete se recusou a atender ao seu pedido. Ela estava planejando alguma jogada, tentando lhe ensinar uma lição ou domá-lo, mas isso jamais aconteceria. A rainha havia ido longe demais.

Essex se retirou para a sua casa em Londres e juntou ao seu redor todos os nobres descontentes da Inglaterra. Ele os lideraria numa marcha até a residência da rainha e tomaria o país. Previa que milhares de ingleses, que ainda o adoravam, aderiram à causa dele e inflariam o tamanho das suas tropas. No início de fevereiro de 1601, pôs o plano em ação. Para o seu horror absoluto, os londrinos permaneceram em casa e o ignoraram. Percebendo a imprudência da iniciativa, os outros soldados logo desertaram. Vendo-se sozinho para todos os efeitos, recuou à própria casa. Sabia que era o fim para ele, mas, pelo menos, manteria a atitude desafiadora.

Naquela tarde, os soldados chegaram para prender Essex. Elisabete arranjou um julgamento rápido, e ele foi declarado culpado de traição. Dessa vez, a rainha não hesitou em assinar a sentença de morte. Durante o julgamento, Essex manteve a atitude mais insolente. Morreria negando a própria culpa e se recusando a pedir perdão.

Na noite anterior ao dia em que seria decapitado, a rainha enviou o seu capelão pessoal para prepará-lo para o fim. Confrontado com esse representante de Elisabete, que transmitia as últimas palavras dela para ele, Essex começou a chorar. Todos aqueles momentos em que havia percebido a autoridade dela, mas tentado resistir ao seu poder, inclusive naquela manhã nos aposentos dela quando esta se pôs diante dele, tão altiva e segura de si, de repente o devastavam. Confessou os seus crimes ao capelão. Essex misturava em sua mente a imagem do julgamento iminente diante de Deus com a majestade da rainha, e sentia o peso total da sua traição. Via o rosto dela diante de si, e isso o apavorava.

Ele disse ao capelão: "Devo confessar ao senhor que sou o maior, mais vil e mais ingrato traidor que já pisou na Terra". A rainha estava certa em executá-lo, disse ele. Essex pediu por uma execução privada para não inflamar o público. Nas suas últimas palavras, pediu a Deus que conservasse a rainha. Partiu para a morte com uma submissão e dignidade tranquila que ninguém jamais havia visto nele ou suspeitava que ele fosse capaz de demonstrar.

Interpretação: Ao se tornar rainha, Elisabete Tudor percebeu que estava numa posição de suprema fragilidade. Diferentemente do pai e de quase qualquer outro monarca inglês, não tinha nenhuma credibilidade como governante, nem respeito ou autoridade aos quais recorrer. O país se encontrava num estado enfraquecido. Ela era jovem demais, sem nenhuma experiência política ou proximidade anterior ao poder de onde poderia ter aprendido. Sim, era esperado que fosse obedecida pelo mero fato de ela ocupar o trono, mas essa lealdade era tênue e poderia mudar com o menor erro ou crise. E, em poucos meses ou anos, a rainha seria forçada a se casar e, como bem sabia, o matrimônio poderia levar a todo tipo de problemas se não produzisse rápido um herdeiro do sexo masculino.

O que tornava isso ainda mais preocupante era que Elisabete era ambiciosa e muito inteligente; sentia-se mais do que capaz de governar a Inglaterra. Tinha uma visão de como resolveria os muitos problemas do país e o transformaria numa potência europeia. Um casamento seria ruim não apenas para ela, mas para os ingleses também. O mais provável era que fosse forçada a se casar com um príncipe estrangeiro, cuja lealdade seria com o seu país de origem. Ele utilizaria a Inglaterra como peão nos jogos de poder do continente europeu e drenaria os seus recursos ainda mais. No entanto, considerando todas as probabilidades contra Elisabete, que esperança ela tinha de governar sozinha? Decidiu, então, que a única maneira de avançar era transformar a sua posição fraca numa vantagem, construindo o seu próprio tipo de credibilidade e autoridade, que, no fim, lhe daria poderes muito maiores do que os de qualquer rei pregresso.

O plano dela se baseava na seguinte lógica: os reis e rainhas da época governavam com um tremendo senso de merecimento por causa da sua linhagem e do *status* semidivino. Esperavam obediência e lealdade completas. Não precisavam fazer nada para merecer isso; era fruto da sua posição. Contudo, esse senso de merecimento tinha consequências. Os súditos lhe prestavam homenagens, mas a conexão emocional a esses governantes não era, em muitos casos, profunda. A população inglesa sentia a distância que a separava do monarca, e o quão pouco os governantes se importavam de fato com ela.

Esse senso de merecimento também lhes prejudicava a eficiência política. Os ministros do governo se mostravam amedrontados e intimidados diante de alguém como Henrique VIII, de forma que a energia deles era gasta apaziguando o rei, em vez de na própria inteligência e nos poderes criativos. Com esse senso de merecimento, os governantes prestavam menos atenção aos detalhes do governo, que eram tediosos demais; as guerras de conquista se tornaram o meio principal de obter glórias e fornecer riquezas à aristocracia, mesmo que esses conflitos drenassem os recursos do país. Alguns desses governantes eram incrivelmente egoístas – Henrique VIII mandou executar a mãe de Elisabete para que pudesse se casar com a sua amante mais recente, sem se importar com a imagem tirânica que passaria aos ingleses. Maria da Escócia ordenou o assassinato do marido para poder se casar com o amante.

Seria fácil para Elisabete se iludir e simplesmente esperar a lealdade que vinha da sua augusta posição. No entanto, ela era esperta demais para cair nessa armadilha. Seguiria de forma deliberada na direção oposta. Não sentiria nenhum senso de merecimento. Teria sempre em mente a fragilidade da sua posição real. Não esperaria passivamente por lealdade; ela se tornaria ativa. Demonstraria que não era egoísta, que tudo que fazia era motivado pelo bem maior do país. E se manteria alerta e incansável nessa tarefa. Alteraria a maneira como os outros (súditos, ministros e rivais estrangeiros) a percebiam – de uma mulher fraca e inexperiente para uma figura de autoridade e grande poder. Formando laços bem profundos com os ministros e os plebeus, superaria a inconstância natural das pessoas e canalizaria as energias delas para o propósito de reconstruir a Inglaterra.

As primeiras aparições de Elisabete diante do povo inglês foram concebidas de maneira inteligente, a fim de armar o palco para um novo tipo de liderança. Cercada pela pompa real costumeira, acrescentou um toque comum, que a fez parecer tanto reconfortante como majestosa. Não estava fingindo. Tendo se sentido impotente na juventude, conseguia se identificar com a arrumadeira mais pobre da Inglaterra. Indicava, por meio da sua atitude, que estava do lado do povo, e que era sensível à opinião que este tinha dela. Queria merecer a aprovação das pessoas. Consolidaria essa empatia durante todo o seu reinado, e os laços entre a rainha e os súditos se tornaram muito mais intensos do que os de qualquer governante do passado.

Com os ministros, a tarefa era mais delicada e difícil. Formavam um grupo de homens sedentos pelo poder, com seus egos e a necessidade de se sentirem mais espertos do que uma mulher, superiores a ela.

Elisabete dependia do auxílio e da boa vontade deles para governar o país, mas, se revelasse muita dependência, eles passariam por cima dela. Assim, desde os primeiros dias do seu reinado, deixou claro o seguinte: ela só se importava com negócios; trabalharia mais do que todos eles; reduziria os gastos da corte, sacrificando a própria renda no processo; e todas as atividades tinham de ser destinadas a erguer a Inglaterra do buraco em que havia caído. Demonstrou logo o seu conhecimento superior acerca das finanças do país e o seu lado determinado em qualquer situação. Em certas ocasiões, reagia com raiva se um ministro desse a impressão de promover os seus próprios interesses, e essas explosões eram bem intimidadoras.

Na maior parte do tempo, porém, ela era calorosa e empática, em sintonia com os ânimos variados desses homens. Em pouco tempo eles passaram a querer agradá-la e lhe conquistar a aprovação. Não trabalhar com afinco ou inteligência suficientes significaria o isolamento e alguma frieza, algo que queriam inconscientemente evitar. Respeitavam o fato de que Elisabete vivia à altura dos padrões elevados que ela mesma estabelecera. Dessa maneira, a rainha aos poucos colocou esses ministros na mesma posição em que se encontrava: precisando ganhar a confiança e o respeito por meio de ações. Agora, em vez de uma cabala de ministros egoístas e conspiradores, tinha uma equipe trabalhando para promover os planos dela, e os resultados logo falaram por si.

Com esses métodos, ela adquiriu a credibilidade de que necessitava, mas cometeu um grande erro – a maneira como lidou com Maria da Escócia. Elisabete começara a crer um pouco no próprio merecimento, sentindo que, nesse caso, sabia mais do que os ministros e que os receios dela sobre executar uma rainha superavam todo o resto. E pagou um preço considerável por essa política, ao sentir o respeito do povo por ela diminuindo. Isso a magoou. O senso do bem maior era o que a guiava, mas, nesse caso, o bem maior seria servido executando Maria. Elisabete estava violando os seus próprios princípios.

Levou algum tempo, mas ela compreendeu o seu erro. Deu ao líder do seu serviço secreto a tarefa de ludibriar Maria para que esta se envolvesse no plano mais audacioso para se livrar de Elisabete. Agora, com provas irrefutáveis da cumplicidade da prima, Elisabete podia tomar a medida que a apavorava. No fim, ganhou ainda mais confiança dos ingleses ao ir contra os próprios sentimentos pelo bem do país e, em essência, admitir o erro que cometera. Era o tipo de resposta da opinião pública que quase nenhum governante da época era capaz de obter.

Em relação aos rivais estrangeiros, em especial Felipe II, Elisabete não era ingênua e entendia a situação: nada que ela houvesse feito merecia qualquer medida de respeito ou trégua das incessantes conspirações para se livrar dela. Eles a desrespeitavam por ser uma rainha solteira e uma mulher que parecia temer conflitos e guerras. Em geral, ela ignorava tudo isso e se mantinha fiel à missão de assegurar as finanças da Inglaterra. No entanto, quando a invasão ao país era iminente, sabia que era hora de finalmente se provar como a grande estrategista que era. E se aproveitaria do fato de que Felipe subestimava a astúcia e tenacidade dela.

Se a guerra era necessária, ela a conduziria da forma mais econômica e eficiente possível. Investiu grandes somas na criação do sistema de espiões mais complexo da Europa, o que lhe permitiu saber de antemão os planos da Espanha para a invasão, inclusive a data da partida dos navios. Com esse conhecimento, contratou e custeou um exército no último minuto, poupando enormes quantias de dinheiro. Financiou os ataques de Sir Francis Drake à costa da Espanha e aos galeões no mar. Isso lhe permitiu enriquecer o tesouro da Inglaterra e atrasar o lançamento da armada espanhola, o que tornou tudo mais caro para Felipe.

Quando parecia certo que o lançamento ocorreria em poucos meses, ela rapidamente construiu a Marinha inglesa, encomendando navios menores e mais rápidos, mais baratos de se fabricar em grande quantidade e bem adaptados aos mares ingleses. Ao contrário de Felipe, deixou a estratégia de batalha nas mãos dos almirantes, mas fez uma exigência – queria que eles enfrentassem a armada o mais próximo possível da Inglaterra. Isso daria a vantagem aos ingleses, já que os galeões espanhóis não eram adequados para os mares tempestuosos do norte, e os soldados dela, com a própria nação às costas, lutariam com empenho ainda maior. No fim, a Espanha se viu falida e nunca recuperou a antiga glória, enquanto a Inglaterra de Elisabete era agora uma potência em ascensão. Depois dessa grande vitória, porém, ela resistiu aos incentivos para levar a batalha à Espanha e aplicar no país um golpe fatal. Não estava interessada em guerra pela glória ou conquista, mas apenas para proteger os interesses do país.

Após a derrota da armada espanhola, a autoridade e credibilidade de Elisabete pareciam intocáveis, mas ela nunca baixava a guarda. Sabia que, com a idade e o sucesso, viria naturalmente o temido senso de merecimento e a insensibilidade que o acompanhava. Como uma mulher governando sozinha, não poderia permitir tamanho desapontamento. A rainha reteve a assimilação dos ânimos das pessoas em redor, e percebeu que os homens jovens que agora enchiam a corte tinham uma atitude bem diferente em relação a ela. O respeito que demonstravam era pela posição dela, mas não ia muito além disso. Mais uma vez, ela teria que lutar contra os egos masculinos, mas, desta vez, sem poder se apoiar nos próprios charmes da juventude e no coquetismo.

O objetivo dela com Essex era lhe domar e canalizar o espírito para o bem do país, como havia feito com os ministros. Satisfez, então, os incessantes pedidos dele por dinheiro e privilégios, tentando lhe acalmar as inseguranças, mas quando ele quis que a rainha lhe desse algum poder político esta estabeleceu limites. Essex tinha que se provar, ascender ao nível dela, antes que Elisabete lhe passasse esses poderes. Quando ele tinha acessos de birra, ela permanecia calma e firme, provando-lhe inconscientemente a própria superioridade e a necessidade de autocontrole. Quando se tornou claro que Essex não seria domado, ela deixou que ele fosse longe o bastante com a sua conspiração para, assim, arruinar a reputação dele, se livrando daquele câncer. Ao enfrentar a morte por seu crime, não era apenas a imagem de Deus que aterrorizava Essex, mas a da rainha, cuja aura de autoridade por fim sobrepujava o mais insolente e presunçoso dos homens.

Entenda: embora não existam mais reis e rainhas com tanto poder em nosso meio, hoje, mais do que nunca, o ser humano se comporta como se fosse um membro da realeza. Nós nos sentimos merecedores de respeito no trabalho, não importando o quão pouco tenhamos realizado. Imaginamos que as pessoas deveriam levar as nossas ideias e projetos a sério, não importando quão pouca ponderação investimos neles ou quão pobre seja o nosso histórico. Esperamos receber ajuda na nossa carreira, porque somos sinceros e temos as melhores intenções. Parte dessa forma moderna de presunção talvez resulte de termos sido mimados demais pelos pais, que nos convenceram de que tudo que fazíamos valia ouro. Outra parte pode ser a consequência da tecnologia, que domina tanto a nossa vida e que nos mima também. Ela nos dá poderes imensos sem que tenhamos que exercer qualquer esforço real. Passamos a tomar esses poderes como garantidos e acreditar que tudo na vida será bem fácil e rápido.

Qualquer que seja o motivo, esse fenômeno nos contamina a todos, e devemos encarar esse senso de merecimento como uma maldição. Ele nos leva a ignorar a realidade – as pessoas não têm nenhuma razão inerente para nos oferecer confiança ou respeito só porque somos quem somos. Isso nos torna preguiçosos, satisfeitos com a mera concepção ou o primeiro esboço do nosso trabalho. Por que temos de melhorar o nosso desempenho ou nos esforçar para nos aprimorarmos quando acreditamos que já somos tão fantásticos? Nós nos tornamos insensíveis e absortos em nós mesmos. Ao imaginar que os outros nos devem a sua confiança e respeito, nós lhes negamos a força de vontade, a habilidade de julgarem por si mesmos, e isso os enfurece. Talvez não percebamos, mas inspiramos o ressentimento dos outros.

E se nos tornamos líderes ou sublíderes, o efeito dessa maldição só piora. De maneira inconsciente, tendemos a nos acomodar e esperar que as pessoas venham até nós com lealdade e respeito pela posição que ocupamos. Na defensiva, ficamos irritados se as nossas ideias são desafiadas, se a nossa inteligência e sabedoria são questionadas, até nos assuntos mais ínfimos. Esperamos certos benefícios e privilégios e, se houver sacrifícios a serem feitos, de algum modo sentimos que deveríamos ser eximidos. Se cometermos um erro, é sempre culpa do outro, ou das circunstâncias, ou de algum demônio interno passageiro fora do nosso controle. Nunca é responsabilidade nossa.

Não nos damos conta de como isso afeta aqueles que lideramos, pois notamos apenas os sorrisos e os acenos de aprovação dos indivíduos a tudo que dizemos. Contudo, eles nos veem muito bem. Sentem o senso de merecimento que projetamos, e com o tempo isso lhes diminui o respeito e os desconectam da nossa influência. Num determinado ponto crítico, eles se voltarão contra nós de forma tão abrupta que ficaremos chocados.

Como Elisabete, devemos perceber que estamos, na verdade, numa posição vulnerável, e precisamos lutar para adotar a atitude oposta: não esperar nada das pessoas em redor, daqueles a quem lideramos. Não se mantenha na defensiva nem se acomode; seja completamente ativo – tudo que obtiver dos outros, em especial o respeito, deve ser merecido. É necessário que o ser humano se prove o tempo todo, demonstrando que a sua preocupação primária não é consigo e com os próprios egos sensíveis, mas com o bem do grupo. Nós precisamos ser responsáveis e empáticos de verdade em relação aos ânimos das pessoas, mas com limites – temos de ser severos e impiedosos com os que promovem os seus próprios interesses. Se praticarmos o que pregamos, trabalhando com mais afinco do que os demais, sacrificando os nossos interesses pessoais, se necessário, e respondendo por todos os erros, a nossa expectativa será de que os membros do grupo sigam o nosso exemplo e se provem também.

Com essa atitude, notaremos um efeito bem diferente. As pessoas se abrirão à nossa influência; quando nos movermos na direção delas, elas se moverão na nossa e vão querer conquistar a nossa aprovação e respeito. Com essa conexão emocional, seremos perdoados com mais facilidade pelos erros cometidos. A energia do grupo não será desperdiçada em brigas incessantes e conflitos de egos, mas direcionada para o cumprimento de metas e a realização de grandes iniciativas. Ao obter esses resultados, formaremos uma aura de autoridade e poder que só crescerá com o tempo. O que dizemos e fazemos parecerá carregar um peso maior, e a nossa reputação nos precederá.

> Essa [...] é a estrada para a obediência da compulsão. No entanto, há um caminho mais curto para um objetivo mais nobre, a obediência da vontade. Quando os interesses da humanidade estão em jogo, ela obedecerá com alegria o homem que acreditar ser mais sábio do que ela. Você pode comprovar isso em todos os aspectos: veja como o doente implora ao médico que lhe diga o que fazer; como a tripulação de um navio inteiro escuta o comandante.
>
> *— Xenofonte*

Chaves para a natureza humana

Nós, seres humanos, gostamos de acreditar que as emoções que sentimos são simples e puras: amamos certas pessoas e odiamos outras, respeitamos e admiramos esse indivíduo e não sentimos nada além de desdém por aquele outro. A verdade é que isso quase nunca é o caso. É um fato fundamental da natureza humana que as nossas emoções são quase sempre ambivalentes, raramente puras e simples. Sentimos amor e hostilidade ao mesmo tempo, ou admiração e inveja.

Essa ambivalência começou na nossa infância e estabeleceu o padrão para o resto da nossa vida. Se os nossos pais eram relativamente atenciosos e carinhosos, recordamos aquela fase com ternura, como um período dourado. O que nos esquecemos, de maneira conveniente, é de que até com pais assim tendemos a nos ressentir da nossa dependência em relação ao amor e ao cuidado deles. Em alguns casos, nos sentimos sufocados. Desejamos afirmar a nossa força de vontade, mostrar que seríamos capazes de nos sustentar sozinhos. A dependência excessiva da atenção deles poderia levar a uma ansiedade tremenda quanto à nossa vulnerabilidade se eles partissem, por isso é inevitável que sintamos alguma hostilidade e desejo de desobedecer, junto com a afeição.

Caso os genitores não tenham sido bons e carinhosos, mais tarde nós nos ressentiremos e nos lembraremos apenas da frieza deles e da nossa antipatia atual. Contudo, esqueceremos que, na infância, tendíamos a fazer vista grossa desses traços negativos e encontrar maneiras de amá-los apesar de como nos tratavam, e, de algum modo, nos culpar por não lhes merecer o afeto. Considerando o fato de que dependíamos deles para a nossa sobrevivência, sentir que não se importavam teria incitado ansiedade demais. Misturados aos momentos de raiva e frustração estavam os sentimentos de necessidade e amor.

Assim, quando uma emoção nos dominava na infância, outra jazia por baixo, um subtom ambivalente contínuo. Como adultos, vivenciamos uma ambivalência similar com os nossos amigos e parceiros íntimos, em especial se nos sentirmos dependentes deles e vulneráveis.

Parte do motivo para essa ambivalência essencial é que as emoções fortes e puras são assustadoras. Elas representam uma perda momentânea de controle, parecem negar a nossa força de vontade e nós as equilibramos inconscientemente com sentimentos contrários e conflitantes. E parte disso resulta do fato de que os nossos ânimos estão sempre mudando e se sobrepondo. Qualquer que seja a causa, não nos damos conta da nossa própria ambivalência, porque contemplar a complexidade das nossas emoções é desconcertante, e preferimos nos apoiar em explicações simples para quem somos e o que estamos sentindo. Fazemos o mesmo com as pessoas em redor, reduzindo as nossas interpretações dos sentimentos delas para algo simples e digestível. Flagrar a nossa própria ambivalência latente em ação exigiria esforço e muita honestidade da nossa parte.

Em nenhum outro aspecto essa faceta fundamental da natureza é mais evidente do que no nosso relacionamento com os líderes, que associamos de maneira inconsciente às figuras do pai e da mãe. E essa ambivalência atua da seguinte forma.

Por um lado, reconhecemos por instinto a necessidade de líderes. Em qualquer grupo, as pessoas têm os seus planos limitados e interesses conflitantes. Os membros se sentem inseguros sobre a sua própria posição e se esforçam para assegurá-la. Sem líderes que se coloquem acima desses interesses e que enxerguem o quadro mais amplo, o grupo teria problemas, as decisões difíceis nunca seriam tomadas e ninguém guiaria o navio. Portanto, ansiamos por liderança e, inconscientemente, nos sentimos desorientados, até histéricos, sem alguém que cumpra esse papel.

Por outro lado, também tendemos a temer e até desprezar quem está acima de nós. Tememos que os que estão no poder se sentirão tentados a utilizar os privilégios da posição para acumular mais poder e se enriquecer, uma ocorrência bem comum. Além disso, somos criaturas voluntariosas. Não nos sentimos confortáveis com a inferioridade e dependência decorrentes de servir um líder. Queremos exercitar a nossa própria vontade e sentir a nossa autonomia. Invejamos em segredo o reconhecimento e privilégios de que os líderes dispõem. Essa ambivalência essencial pende para o negativo quando os líderes dão sinais de abuso, insensibilidade ou incompetência. Não importa o quão poderosos eles sejam, não importa o quanto os admiremos, por baixo da superfície está essa ambivalência, o que torna a lealdade dos indivíduos notoriamente inconsistente e volátil.

Aqueles no poder tenderão a notar apenas os sorrisos dos funcionários e o aplauso que recebem em reuniões, e confundirão esse apoio com a realidade. Não percebem que as pessoas quase sempre demonstram essa deferência àqueles em posição superior, pois o destino delas está nas mãos desses líderes e elas não podem se dar ao luxo de expressar os seus verdadeiros sentimentos. Por essa razão, é raro que os líderes tenham ciência da ambivalência subjacente que existe mesmo quando tudo está indo bem. Caso cometam alguns erros, ou se o seu poder se tornar um pouco instável, verão de repente a desconfiança e a perda de respeito que vinha crescendo de forma invisível, com os membros do grupo ou do público se voltando contra eles com uma intensidade surpreendente e chocante. Observe o noticiário para ver a rapidez com que líderes em qualquer campo perdem o apoio e o respeito, como são julgados pelo sucesso ou fracasso mais recente.

Talvez sejamos tentados a acreditar que essa inconsistência é um fenômeno mais moderno, produto dos tempos intensamente democráticos em que vivemos. Afinal, os nossos ancestrais eram muito mais obedientes do que os humanos modernos, ou assim pensamos. No entanto, esse não era bem o caso. Muito tempo atrás, entre as culturas indígenas e as primeiras civilizações, os chefes e reis que um dia haviam sido reverenciados eram rotineiramente levados à morte caso mostrassem sinais de idade ou fraqueza; ou se perdessem uma batalha; ou se uma seca súbita ocorresse, o que significava que os deuses não os abençoavam mais; ou se fossem vistos favorecendo o próprio clã à custa do grupo. Essas execuções eram momentos de grande celebração, uma ocasião para liberar toda a hostilidade reprimida em relação aos líderes. (Veja inúmeros exemplos disso em *O ramo de ouro*, de James Frazer.)

Talvez, de maneira inconsciente, os nossos ancestrais temessem a ideia de um único indivíduo permanecendo por muito tempo no comando, pois percebiam o aspecto corruptor do poder; e talvez alguém novo e diferente eles controlariam melhor. Em todo caso, por baixo da obediência, havia uma tremenda cautela. Talvez não executemos mais os nossos chefes tribais, mas ainda o fazemos de forma simbólica nas eleições e na mídia, nos divertindo ao testemunhar a queda ritualística dos poderosos. Talvez não os culpemos pela falta de chuva, mas os incriminamos por qualquer declínio na economia, mesmo que a maior parte do que acontece na economia esteja além do controle deles. Assim como com a chuva, eles parecem ter perdido as bênçãos da boa sorte, dos deuses. No que diz respeito à nossa ambivalência e desconfiança, não mudamos tanto quanto imaginamos.

Por toda a história, porém, certos líderes notáveis têm sido capazes de erigir uma muralha contra essa volatilidade, a fim de merecer um tipo de respeito e apoio substanciais que lhes permitiu fazer grandes realizações com o passar do tempo. Pense em Moisés, ou no imperador Aśoka da antiga Índia, ou em Péricles (veja o Capítulo 1), ou no general romano Cipião Africano, ou na rainha Elisabete I. Em tempos mais modernos, podemos pensar em Abraham Lincoln, ou Martin Luther King Jr., ou Warren Buffett, ou Angela Merkel, ou Steve Jobs. Chamemos esse poder de *autoridade*, revertendo ao significado original da palavra, que vem de *auctoritas* em latim, cuja raiz significa "expandir ou aumentar".

Para os antigos romanos, aqueles que fundaram a república possuíam uma sabedoria tremenda. Os ancestrais deles haviam demonstrado essa sabedoria pela força e durabilidade das instituições que tinham estabelecido, e pelo modo como transformaram uma cidade provinciana na potência suprema do mundo conhecido. Na medida em que os senadores e líderes romanos retornavam a essa sabedoria básica e incorporavam os ideais dos fundadores, eles tinham *autoridade* – uma presença aumentada, uma expansão do prestígio e da credibilidade. Esses líderes não precisavam recorrer a discursos ou à força. Os cidadãos romanos lhes seguiam de bom grado a sua liderança e lhes aceitavam as ideias e conselhos. As palavras e os atos dos líderes carregavam um peso extra. Isso lhes dava mais liberdade para tomar decisões difíceis; não eram julgados apenas pelo sucesso mais recente.

Os romanos eram notórios por serem recalcitrantes e desconfiados em relação àqueles no poder. A política deles podia degringolar com facilidade numa guerra civil, o que aconteceu de fato em diversas ocasiões. Ter líderes que exsudavam autoridade era uma maneira de controlar essa combatividade, de fazer realizações, de manter um grau de unidade. E isso exigia que esses líderes incorporassem os ideais mais elevados, que transcendiam a mesquinhez da vida política cotidiana.

Esse modelo romano, que representa uma aderência a um propósito mais elevado, continua a ser o ingrediente essencial para todas as formas verdadeiras de autoridade. E é assim que precisamos atuar se quisermos estabelecer essa autoridade no mundo de hoje.

Antes de tudo, devemos entender a tarefa fundamental de qualquer líder – fornecer uma visão de longo alcance, ver o quadro global, trabalhar para o bem maior do grupo e manter a sua unidade. É isso que as pessoas desejam dos seus líderes. Temos que evitar a impressão de sermos mesquinhos, interesseiros ou indecisos. Mostrar sinais disso incitará a ambivalência. O foco no futuro e no quadro mais amplo deveria consumir muito do nosso pensamento. Com base nessa visão, é preciso estabelecer metas práticas e guiar o grupo em direção a elas, tornando-nos mestres desse processo visionário por meio da prática e da experiência.

Ao mesmo tempo, porém, é necessário ver a liderança como um relacionamento dinâmico com aqueles que estão sendo liderados. É preciso entender que é inconsciente o efeito do nosso menor gesto nos indivíduos, por isso é essencial prestar enorme atenção à nossa atitude, ao tom que estabelecemos. Temos que nos sintonizar aos ânimos mutáveis dos membros do grupo, e nunca assumir que contamos com o apoio deles. A nossa empatia deve ser visceral – precisamos *sentir* quando estão perdendo o respeito por nós. Como parte dessa dinâmica, é fundamental entender que, quando mostramos o nosso respeito e confiança pelos que estão abaixo de nós, esses sentimentos fluem de volta para nós. Todos se abrem à nossa influência. Devemos tentar ao máximo aliciar a força de vontade das pessoas, fazendo-as se identificar com a missão do grupo, e querer participar de forma ativa da concretização do nosso propósito mais elevado.

Essa empatia, porém, nunca pode significar tornar-se desnecessariamente brando e maleável à vontade delas. Isso só emitirá um sinal de fraqueza. No que se refere à nossa tarefa primária – fornecer uma visão para o grupo e liderá-lo em direção às metas apropriadas –, precisamos ser severos e inflexíveis. Sim, escutar as ideias dos outros e incorporar as que forem boas é válido. No entanto, é preciso ter em mente que o nosso entendimento dos detalhes gerais e do panorama global é maior. Não devemos sucumbir às pressões políticas para parecermos mais justos, e assim diluir a nossa visão, pois ela está além da política. Representa a verdade e a realidade. Seja adaptável e forte ao compreender isso, e impiedoso com os que tentarem sabotar essa visão ou trabalhar contra o bem maior. A força e a empatia não são incompatíveis, como a rainha Elisabete I bem demonstrou.

Quando os líderes não conseguem estabelecer esses pilares gêmeos da autoridade – visão e empatia –, o que geralmente acontece é o seguinte: os membros do grupo notam a desconexão e a distância entre eles e a liderança. Sabem que, no fundo, são vistos como peões substituíveis. Percebem a falta geral de direcionamento e as reações constantes táticas aos acontecimentos. Desse modo, de maneiras sutis, começam a se sentir ressentidos e a perder o respeito. Escutam com menos atenção ao que os líderes dizem; passam mais horas do dia pensando nos próprios interesses e em seu futuro particular; formam facções ou se juntam às já existentes; trabalham a meia velocidade, ou a três quartos dela.

Se esses líderes, notando tudo isso, se tornarem mais rigorosos e exigentes, os membros passarão a tomar uma atitude mais passivo-agressiva; se maleáveis, implorando por mais apoio, receberão em troca menos respeito, como se o grupo os estivesse liderando agora. Dessa maneira, a equipe criará formas de atrito incessante com eles, os quais talvez, a essa altura, sintam que têm de arrastá-la montanha acima. Essa desavença, causada pela própria desatenção, é o motivo por que muitos líderes realizam tão pouco e são tão medíocres.

Em contrapartida, se seguimos de maneira intuitiva ou consciente o caminho que estabelece a autoridade, como descrito anteriormente, causamos um efeito bem diferente na dinâmica geral. A ambivalência dos membros ou do público não vai embora – isso violaria a natureza humana –, mas se torna gerenciável. As pessoas ainda vão hesitar e ter momentos de dúvida e inveja, mas elas nos perdoarão mais rápido por quaisquer erros e deixarão de lado as suspeitas. Teremos estabelecido confiança suficiente para que isso aconteça. Além do mais, os membros terão passado a temer o que poderia ocorrer caso não fôssemos mais os líderes – a desunião, a falta de clareza, as decisões ruins. Somos extremamente necessários a eles.

Agora, não estaremos mais lidando com o atrito invisível do grupo, mas com o oposto. Os membros se sentirão comprometidos com a missão maior. Seremos capazes de canalizar a energia criativa deles, em vez de ter que arrastá-los conosco. Com essa lealdade no lugar, será mais fácil atingir as metas e concretizar a nossa visão. Isso nos dá a presença aumentada da autoridade, em que tudo que dizemos e fazemos tem um peso a mais.

Alcançar esse ideal está sempre dentro da nossa capacidade, e se deixarem de nos respeitar e de confiar em nós, devemos ver isso como nossa própria culpa.

A sua tarefa como estudante da natureza humana é tripla: em primeiro lugar, torne-se um excelente observador do fenômeno da autoridade, utilizando como instrumento de medida o grau de influência que as pessoas exercem sem o uso de força ou de discursos motivacionais. Comece esse processo examinando a sua própria família e avaliando se um dos seus pais, e qual deles, lhe transmite maior autoridade. Considere os professores e mentores na sua vida, alguns dos quais se distinguiram pelo poder marcante que tiveram sobre você. As palavras e o exemplo que estabeleceram ainda reverberam na sua mente. Observe os seus próprios chefes em ação, analisando o efeito que têm não só sobre você e outros indivíduos, mas também sobre o grupo como um todo. Por fim, atente-se para os diversos líderes no noticiário. Em todos esses casos, determine a fonte da autoridade deles ou a falta dela. Você deve discernir os momentos em que sua autoridade cresce e míngua, e compreender por que isso acontece.

Em segundo lugar, é bom desenvolver alguns hábitos e estratégias (veja a próxima seção) que lhe sirvam bem para projetar autoridade. Se você for um aprendiz que aspira a uma posição de liderança, desenvolver essas estratégias cedo lhe dará uma aura impressionante e atrativa no presente, fazendo parecer que está destinado a ser poderoso. Se já ocupar uma posição de liderança, aprimorá-las fortalecerá a sua autoridade e conexão com o grupo.

Como parte desse processo, reflita sobre o efeito que causa nos outros: você está sempre discutindo, tentando impor a sua vontade, encontrando mais resistência do que esperava às suas ideias e projetos? As pessoas acenam com a cabeça ao ouvir os seus conselhos e depois fazem o oposto? Se você estiver apenas começando, às vezes não há como evitar isso – em geral, os indivíduos não respeitam as ideias daqueles em posição inferior na hierarquia; as mesmas ideias promulgadas por um chefe teriam um efeito diferente. No entanto, às vezes isso resulta das suas próprias ações, se você violar muitos dos princípios descritos anteriormente.

Não confunda os sorrisos e expressões de concordância das pessoas com a realidade. Note-lhes a tensão quando o fazem; preste atenção especial às ações delas. Considere qualquer resmungo como uma reflexão sobre a sua autoridade. De modo geral, é melhor ampliar a sua sensibilidade aos outros, procurando especialmente por aqueles momentos em que *sente* o desrespeito ou o declínio da sua autoridade. Contudo, tenha em mente que há sempre maçãs podres dentro de qualquer grupo, aqueles que sempre reclamam e não serão conquistados não importa o que se faça. Adoram ser passivo-agressivos e solapar qualquer um que ocupe uma posição de liderança. Não se dê ao trabalho de empregar a empatia; nada funcionará com eles. O truque é reconhecê-los o mais rápido possível e despedi-los ou marginalizá-los. Ter um grupo unido e comprometido também tornará muito mais fácil controlar esses tipos malévolos.

Em terceiro lugar, e o mais importante, não se deixe levar pelos preconceitos contraprodutivos dos tempos em que vivemos, em que o próprio conceito de autoridade é muitas vezes malcompreendido e desprezado. Hoje em dia, confundimos a autoridade com os líderes em geral, e é natural que tenhamos dúvidas quanto ao próprio conceito em si, já que muitos deles no mundo se mostram mais interessados em preservar o poder e enriquecer. Vivemos também numa era veementemente democrática. "Por que deveríamos ter de seguir uma pessoa de autoridade e assumir um papel inferior?", nós talvez nos perguntemos. "Aqueles no poder deveriam simplesmente fazer o trabalho deles; a autoridade é uma relíquia dos reis e rainhas. Nós progredimos muito além disso."

Esse desdém pela liderança e autoridade – a qual não reconhecemos mais nas artes – tem infiltrado toda a nossa cultura. Todos são críticos legítimos, e os padrões deveriam ser pessoais; o gosto e o julgamento de ninguém deveriam ser vistos como superiores. No passado, os pais eram considerados modelos de autoridade, mas estes não querem mais se ver assim, com o papel de incutir nos filhos valores e cultura específicos. Em vez disso, preferem se igualar, com um pouco mais de conhecimento e experiência, para validar os sentimentos dos filhos e garantir que eles se mantenham entretidos e ocupados o tempo todo. São mais como amigos mais velhos. Essa mesma dinâmica niveladora se aplica a professores e alunos, em que aprender precisa ser divertido.

Nessa atmosfera, os líderes começam a acreditar que são mais como guardiões, mantendo-se ao longe e permitindo que o grupo tome as decisões certas, fazendo tudo por consenso; ou a entreter a ideia de que o que importa mais do que tudo é fazer as contas, absorver a massa de informações disponível hoje. Os dados e algoritmos determinarão a direção a tomar e são a verdadeira autoridade.

Todas essas ideias e valores tiveram consequências não intencionadas. Sem uma autoridade nas artes, não há nada contra o que se rebelar, nenhum movimento anterior para derrubar, ou pensamento profundo a ser assimilado (e mais tarde até rejeitado). Há apenas um mundo amorfo de tendências que cintilam por um instante e desaparecem com velocidade cada vez maior. Sem os pais como figuras de autoridade, não conseguimos passar pelo estágio crucial de rebeldia na adolescência, em que rejeitamos as ideias deles e descobrimos a nossa própria identidade, pela qual procuramos o tempo todo fora de nós mesmos. Crescemos perdidos. Sem professores e mestres que reconheçamos como superiores e dignos de respeito, não aprendemos a partir da experiência e sabedoria deles, nem procuraremos, mais tarde, até mesmo superá-los com ideias novas e melhores.

Sem líderes que dediquem muita energia mental para prever as tendências e nos guiar para soluções de longo prazo, nos vemos sem saber para onde ir. Já que nós, seres humanos, sempre precisamos de alguma forma de autoridade como guia, tendemos a nos deixar levar, à medida que essa situação se torna normal, por formas falsas de autoridade que proliferam em tempos de caos e incerteza.

Um exemplo disso seria o ditador, que dá a ilusão de liderança e direcionamento, mas não tem nenhuma visão real do caminho a seguir, apenas ideias e ações que servem ao próprio ego e aumentam o seu senso de controle. Outro seria o aproveitador, o líder que simula com esperteza o que o público quer ouvir, criando a ilusão de ser sensível ao grupo e lhe dar o que quer. Ou, então, o líder amigável, que imita o estilo e os maneirismos dos demais, oferecendo o que parece ser o máximo em justiça, diversão e consenso. E, ainda, a autoridade do grupo, que se torna muito mais poderosa na era das redes sociais: o que as pessoas dizem ou fazem deve ser verdadeiro e respeitado, por força dos números apenas. Entretanto, todas essas formas falsas levam apenas a mais tumulto, caos e decisões ruins.

Como estudantes da natureza humana, devemos reconhecer a miríade de perigos do nosso preconceito contra figuras de autoridade. Reconhecer indivíduos de autoridade no mundo não é uma admissão da nossa própria inferioridade, mas uma aceitação da natureza humana e da necessidade de que essas figuras existam. Estas não deveriam ser vistas como interesseiras ou tirânicas – na realidade, essas são as qualidades que lhes diminuem a autoridade. Elas não são relíquias do passado, mas cumpridoras de uma função necessária, e cujo estilo se adapta com os tempos. A autoridade pode ser um fenômeno eminentemente democrático. Precisamos compreender que muito do que está por trás das ideias progressistas de consenso, do líder mínimo e dos pais como amigos é, na verdade, um grande medo da responsabilidade, das decisões difíceis que precisam ser tomadas, de se destacar e receber críticas. Precisamos nos mover na direção contrária, aceitando os riscos e perigos que vêm com a liderança e a autoridade.

No mundo de hoje, os seres humanos se tornaram mais absortos em si mesmos, mais tribais e determinados a se aterem a interesses limitados; são consumidos pela barragem de informações que os inunda, ainda mais inconsistentes no que diz respeito aos líderes. Desse modo, a necessidade de que existam figuras verdadeiras de autoridade – com uma perspectiva elevada, uma alta sintonia com o grupo e um senso do que o une – nunca foi maior. Por causa disso, temos a tarefa de estabelecer a nossa autoridade e assumir esse papel necessário.

Estratégias para estabelecer a autoridade

Lembre-se de que a essência da autoridade é ter pessoas que sigam voluntariamente a sua liderança. Elas decidem anuir às suas palavras e conselhos. Querem a sua sabedoria. Com certeza, você terá de empregar força às vezes, além de recompensas e punições, e discursos inspiradores. É só uma questão de quantidade. Quanto menos precisar desses instrumentos, maior será a sua autoridade. Por essa razão, esforce-se de maneira contínua para engajar a força de vontade dos outros e superar a resistência e ambivalência naturais deles. É isso que as seguintes estratégias estão destinadas a fazer. Coloque todas elas em prática.

Descubra o seu próprio estilo de autoridade: a autenticidade. A autoridade que você estabelecer deve emergir de maneira natural do seu caráter, das forças específicas que você possui. Pense em certos arquétipos de autoridade: um deles se ajusta melhor a você. Um modelo notável é o *libertador*, como Moisés ou Martin Luther King Jr., um indivíduo determinado a livrar as pessoas do mal. Os libertadores sentem desprezo por qualquer tipo de injustiça, em especial aquelas que afetam o grupo com o qual se identificam. Eles têm muita convicção, e costumam ter tanto talento com as palavras que todos se sentem atraídos a eles.

Outro arquétipo seria o *fundador*. Tipos assim estabelecem uma nova ordem na política ou nos negócios, costumam ter um senso apurado das tendências e uma grande aversão ao *status quo*, não são convencionais e têm uma mente independente. O que mais gostam é de reformular e inventar algo novo. Muitas pessoas se arrebanham naturalmente em torno dos fundadores, pois estes representam alguma forma de progresso. Relacionado a esse modelo está o *artista visionário*, como Pablo Picasso ou o músico de *jazz* John Coltrane ou o diretor de cinema David Lynch. Esses artistas aprendem as convenções do seu campo e então as viram de ponta-cabeça. Anseiam por um novo estilo e o criam. Graças às suas habilidades, sempre encontram um público e seguidores.

Outros arquétipos incluiriam o *buscador da verdade* (alguém que não tem nenhuma tolerância por mentiras ou politicagem); o *pragmático tranquilo* (só quer consertar o que está quebrado, e tem uma paciência infinita); o *curandeiro* (tem talento para encontrar aquilo que satisfará e unificará as pessoas); o *professor* (sabe como levar as pessoas a iniciarem uma ação e aprender com os próprios erros). Identifique-se com um deles, ou com qualquer outro que seja notável na cultura.

Ao demonstrar um estilo que lhe seja natural, dará a impressão de que ele é algo maior do que você, como se o seu senso de justiça ou faro para tendências viesse do seu DNA ou fosse um dom divino. Você não tem como deixar de lutar pela sua causa ou de criar uma nova ordem. Sem essa naturalidade, a sua tentativa de exercer autoridade talvez pareça oportunista e manipuladora demais, e que o seu apoio à causa ou tendência é só uma artimanha para chegar ao poder. Quanto mais cedo reconhecer esse estilo, melhor; você terá mais tempo para apurá-lo, adaptá-lo às mudanças na cultura e em você mesmo, e exibir novas facetas que impressionem e fascinem os outros. Ao mostrar sinais desse estilo desde o início da sua carreira, parecerá ainda mais que há um poder superior que não poderia deixar de seguir.

Concentre-se no exterior: a atitude. Nós, seres humanos, nos absorvemos por natureza em nós mesmos e passamos o tempo nos concentrando interiormente nas nossas emoções, mágoas, fantasias. Você deve desenvolver o hábito de reverter isso o máximo possível. Há três maneiras para tanto. Em primeiro lugar, apure a sua capacidade de ouvir, focando as palavras e os sinais não verbais dos outros. Treine-se para ler nas entrelinhas do que as pessoas dizem. Sintonize-se com os ânimos e necessidades delas, e perceba o que lhes faz falta. Não leve os sorrisos e olhares de aprovação como reais, mas sinta a tensão ou a fascinação subjacente.

Em segundo lugar, dedique-se a merecer respeito. Não presuma que o merece; o seu foco não deve estar nos seus sentimentos e no que os indivíduos lhe devem por causa da sua posição e grandeza (uma interiorização). Você precisa merecer o respeito deles ao respeitar as necessidades individuais de cada um e provar que está trabalhando em nome do bem maior. Em terceiro lugar, considere que ser um líder é uma responsabilidade tremenda, que o bem-estar do grupo depende de cada decisão sua. O que o motiva não deve ser ganhar a atenção dos outros, mas gerar os melhores resultados possíveis para o maior número de pessoas. Absorva-se no trabalho, não no ego. Sinta uma conexão profunda e visceral ao grupo, vendo o seu destino e o dele como inteiramente entrelaçados.

Se você exsudar essa atitude, todos perceberão, e isso os deixará mais abertos à sua influência. Eles serão atraídos a você pelo simples fato de que é raro encontrar alguém tão sensível aos ânimos das pessoas e concentrado de modo tão absoluto nos resultados. Isso o fará se destacar da multidão, e, no fim, você receberá muito mais atenção dessa maneira do que ao sinalizar a sua necessidade desesperada de ser popular e apreciado.

Cultive o terceiro olho: a visão. Em 401 a.C., 10 mil soldados mercenários gregos, lutando em nome do príncipe persa Dario para tentar tomar o Império do irmão dele, viram-se de repente perdendo a batalha e encurralados no coração da Pérsia. Quando os vitoriosos enganaram os líderes dos mercenários, convidando-os para um encontro a fim de discutir o destino deles e, a seguir, os executando, tornou-se claro para os sobreviventes que eles ou seriam assassinados ou vendidos como escravos no dia seguinte. Naquela noite, perambularam pelo campo, lamentando a própria sorte.

Entre eles estava o escritor Xenofonte, que estudara Filosofia como discípulo de Sócrates e havia partido com os soldados como uma espécie de repórter. Acreditava na supremacia do pensamento racional, em ver o quadro por inteiro, a ideia geral por trás das aparições passageiras da vida cotidiana – habilidades de raciocínio praticadas por ele durante muitos anos.

Naquela noite, ele teve uma visão de como os gregos poderiam escapar do cerco e voltar para casa: viu-os se movendo devagar e em silêncio pela Pérsia, sacrificando tudo pela velocidade, partindo de imediato, utilizando o elemento surpresa para ganhar alguma distância. Pensou no que havia adiante – no relevo, na rota a ser seguida, nos muitos inimigos que enfrentariam, em como poderiam ajudar e empregar os cidadãos que se revoltaram contra os persas. Ele os viu se livrando das carroças, vivendo da terra e se movendo rápido, até mesmo no inverno. No espaço de algumas horas, concebera os detalhes da retirada, toda inspirada pela percepção geral da rota veloz em zigue-zague até o mar Mediterrâneo e a terra natal.

Embora não tivesse nenhuma experiência militar, a sua visão era tão completa, e ele a comunicou com tanta confiança, que os soldados o nomearam como líder. Levou muitos anos, e muitos desafios se seguiram, com Xenofonte cada vez aplicando a sua visão global para determinar uma estratégia, mas, no fim, ele provou o poder desse pensamento racional ao liderá-los à segurança apesar dos imensos riscos que enfrentaram.

Essa história encarna a essência de toda a autoridade e o elemento mais essencial para estabelecê-la. A maioria das pessoas se tranca no instante atual. São predispostas a reagir de forma exagerada e a entrar em pânico, a ver apenas uma parte limitada da realidade que o grupo enfrenta. Não conseguem contemplar ideias alternativas ou priorizar. Aqueles que mantêm a presença de espírito e elevam a perspectiva acima do momento exploram poderes visionários da mente humana e cultivam esse terceiro olho para as forças e tendências invisíveis. Eles se destacam do grupo, cumprem a verdadeira função da liderança e criam a aura de autoridade ao darem a impressão de possuírem a habilidade divina de prever o futuro. E esse é um poder que pode ser praticado, desenvolvido e aplicado a qualquer situação.

O mais cedo possível, treine-se para se desconectar das emoções que agitam o grupo. Force-se a elevar a sua visão, a imaginar o panorama mais amplo. Esforce-se para ver os acontecimentos em si, não tingidos pelas opiniões partidárias das pessoas. Considere a perspectiva do inimigo; escute as ideias daqueles que estão de fora; abra a mente para possibilidades diversas. Dessa maneira, você obterá uma noção da *gestalt*, ou do formato geral da situação. Analise os prospectos das possíveis tendências, de como a situação se desenrolará no futuro e, em especial, de como tudo poderia dar errado. Tenha uma paciência infinita nesse exercício. Quanto mais você se aprofundar, mais vai adquirir o poder de discernir o futuro de alguma forma.

Aqueles que enfrentaram Napoleão Bonaparte no campo de batalha muitas vezes tinham a impressão de que este lhes lia a mente e sabia dos planos deles, mas ele apenas tinha considerado o futuro mais a fundo do que o outro lado. O grande pensador e escritor alemão Johann Wolfgang von Goethe parecia ter a habilidade espantosa de prever tendências futuras, mas isso era fruto de anos de estudo e de pensamento global.

Uma vez que tenha a sua visão, recue lentamente para o presente, criando uma maneira razoável e flexível de alcançar o seu objetivo. Quanto mais raciocínio for empregado nesse processo, mais confiante você se sentirá a respeito do seu plano, e essa confiança contagiará e convencerá os outros. Se as pessoas duvidarem da sua visão, continue firme por dentro. O tempo provará que você estava certo. Se não atingir as suas metas, tome isso como sinal de que não foi longe o bastante com o seu raciocínio.

Lidere pelo exemplo: o tom. Como líder, você deve ser visto trabalhando com o mesmo afinco, ou mais, do que todos os outros. Estabeleça os padrões mais elevados para si mesmo. Seja consistente e responsável. Se houver sacrifícios a serem feitos, seja o primeiro a realizá-los pelo bem do grupo. Isso estabelece o tom apropriado. Os membros se sentirão compelidos a estar à sua altura e conquistar a sua aprovação, assim como ocorreu com os ministros de Elisabete. Eles internalizarão os seus valores e passarão a imitá-lo de modo sutil. Você não terá de gritar e bronquear para que trabalhem com mais avidez. Eles mesmos vão querer fazer isso.

É importante estabelecer esse tom logo no princípio, pois as primeiras impressões são cruciais. Se você tentar mais tarde expressar que quer liderar pelo exemplo, isso parecerá forçado e não terá credibilidade. É de igual importância demonstrar alguma tenacidade inicial; se as pessoas tiverem a impressão preliminar de que é possível manipulá-lo, elas o farão sem piedade. Estabeleça limites que sejam justos. Se os membros não ascenderem aos níveis elevados que você sustenta, puna-os. O seu tom de falar ou de escrever precisa ser peremptório e ousado. O ser humano sempre respeita a força no líder, desde que isso não incite o medo em relação ao abuso de poder. Se essa tenacidade não lhe for natural, desenvolva-a, ou você não vai durar muito tempo na posição. Sempre haverá bastante tempo para revelar aquele lado mais suave e bondoso que é o seu verdadeiro caráter, mas, se começar suave, estará sinalizando que é um fracote.

Comece isso cedo na sua carreira, desenvolvendo ao máximo os padrões elevados para o seu trabalho (veja mais sobre isso na próxima seção) e se treinando para estar sempre ciente de como as suas maneiras e tom afetam as pessoas das formas mais sutis.

Incite emoções conflitantes: a aura. A maioria das pessoas é previsível demais. Para interagir bem em situações sociais, elas assumem uma identidade que seja consistente – jovial, agradável, ousada e sensível. Tentam ocultar outras qualidades que têm medo de mostrar. Como líder, você precisa ser mais misterioso, estabelecer uma presença que as fascine. Se o leitor emitir sinais ambíguos e demonstrar qualidades que sejam um pouco contraditórias, levará os indivíduos a pausar as categorizações instantâneas e pensar mais sobre quem você é de verdade. Quanto mais pensarem em você, maior serão sua presença e autoridade.

Digamos que, por exemplo, você seja normalmente gentil e sensível, mas revele um subtom severo, de intolerância em relação a certos tipos de comportamento. Essa é a pose dos pais, que demonstram o seu amor ao mesmo tempo que indicam limites e condições. A criança está aprisionada entre o afeto e um toque de medo, e dessa tensão vem o respeito. Em geral, tente manter os seus acessos de fúria ou recriminações no mínimo possível. Se você for, na maior parte do tempo, calmo e empático, quando a sua raiva aflorar, o contraste será grande e terá o poder de tornar as pessoas realmente intimidadas e contritas.

Você pode misturar prudência a um subtom de ousadia a ser demonstrado de vez em quando. Estude os problemas por um longo tempo, mas, uma vez que a decisão tenha sido tomada, aja com grande energia e audácia. Essa ousadia vem do nada e criará uma impressão forte. Ou mescle o espiritual com um subtom de pragmatismo terreno. Essas eram as qualidades paradoxais de Martin Luther King Jr. que fascinavam as pessoas. Ou seja sociável e majestoso, como foi a rainha Elisabete I. Ou mescle o masculino e o feminino. (Veja mais sobre isso no Capítulo 12.)

Em relação a isso, aprenda a equilibrar a presença e a ausência. Se você for muito presente e familiar, sempre disponível e visível, parecerá banal demais. Não haverá nenhum espaço para que as pessoas o idealizem. No entanto, se for distante demais, elas não se identificarão com você. De maneira geral, é melhor se apoiar um pouco mais na direção da ausência, de forma que, quando aparecer diante do grupo, gere excitação e drama. Fazendo isso da maneira correta, naqueles momentos em não estiver disponível, elas pensarão em você. Hoje em dia, o ser humano perdeu essa arte, mantendo-se presente e familiar demais, com todos os seus movimentos expostos nas redes sociais. Isso talvez faça os outros simpatizarem com você, mas também o torna igual a todos, e é impossível projetar autoridade com uma presença tão ordinária.

Tenha em mente que falar demais é um tipo de presença excessiva que irrita e revela fraqueza. O silêncio é uma forma de ausência e retirada que atrai a atenção; expressa autocontrole e poder; quando você falar, terá um efeito maior. De maneira análoga, se cometer um erro, não ofereça explicações muito longas nem se desculpe demais. Deixe claro que aceita a responsabilidade e que prestará contas por quaisquer fracassos, e siga em frente. A sua contrição deveria ser relativamente silenciosa; as suas ações subsequentes mostrarão que você aprendeu a lição. Evite parecer defensivo ou choroso se for atacado. Você está acima disso.

Desenvolva essa aura bem cedo, como uma forma de cativar as pessoas. Não faça essa mistura forte demais, ou parecerá insano. É um subtom que as deixa curiosas no bom sentido. É uma questão de não fingir qualidades que você não tem, mas de expor mais a sua complexidade natural.

Nunca dê a impressão de tomar; sempre dê: o tabu. Tomar dos indivíduos algo que eles supunham que possuíam – dinheiro, direitos ou privilégios, tempo pessoal – cria uma insegurança básica e levará ao questionamento da sua autoridade e de todo o crédito que você acumulou. Os membros do grupo se sentiriam incertos sobre o futuro da maneira mais visceral. Você estaria incitando dúvidas acerca da sua legitimidade como líder: "O que mais você vai tomar? Está abusando do poder que tem? Você tem nos enganado esse tempo todo?". Até mesmo a sugestão disso prejudicará a sua reputação. Se sacrifícios forem necessários, seja o primeiro a fazê-los, e que não sejam simplesmente simbólicos. Tente emoldurar todas as perdas de recursos ou privilégios como temporárias, e deixe claro que elas serão restauradas em pouco tempo. Siga o caminho da rainha Elisabete I e torne a economia de recursos a sua preocupação principal, a fim de nunca acabar nessa posição. Faça isso para poder se dar ao luxo de ser generoso.

Em relação a isso, evite prometer muito. No calor do momento, seria gostoso falar sobre as grandes realizações que fará pela equipe, mas as pessoas costumam ter uma memória afiada para promessas e, se deixar de cumpri-las, isso lhes permanecerá na mente, mesmo que você tente culpar outros ou as circunstâncias. Se essa situação acontecer uma segunda vez, a sua autoridade começará a erodir de forma acentuada. Não dar o que prometeu entregar fará os outros sentirem que você lhes tomou algo. Todos são capazes de falar bem e fazer promessas, por isso você se parecerá com os demais, e o desapontamento será profundo.

Rejuvenesça a sua autoridade: a adaptabilidade. A sua autoridade vai crescer com cada ação que inspirar confiança e respeito. Isso lhe dá o luxo de se manter no poder por tempo suficiente para realizar grandes projetos. No entanto, à medida que envelhece, a autoridade que estabeleceu se torna rígida e tediosa. Você se transforma na figura do pai, que parece opressora por ter monopolizado o poder por tanto tempo, não importa o quanto o tenham admirado no passado. É inevitável que surja uma nova geração que será imune ao seu charme, à aura que você criou. Ela o vê como uma relíquia do passado. Você também tem a tendência de se tornar, ao envelhecer, um pouco intolerante e tirânico, pois não consegue deixar de esperar que os outros o sigam. Sem se dar conta, começará a se sentir merecedor, e as pessoas perceberão isso. Além disso, o público quer novidades e rostos diferentes.

O primeiro passo para evitar esse perigo é manter o tipo de sensibilidade que Elisabete demonstrou por toda a vida, notando os ânimos por trás das palavras das pessoas, avaliando o efeito que você provoca nos jovens e recém-chegados. Perder essa empatia deve ser o seu maior temor, à medida que começar a se insular na sua grande reputação.

O segundo passo é procurar por novos mercados e públicos aos quais atrair, para que estes o forcem a se adaptar. Se possível, expanda o alcance da sua autoridade. Não faça papel de bobo tentando atrair um público jovem que você não consegue entender de verdade, mas tente alterar um pouco o seu estilo com o passar dos anos. Nas artes, esse foi o segredo do sucesso para Pablo Picasso, Alfred Hitchcock ou Coco Chanel, por exemplo. Essa flexibilidade naqueles com 50 anos ou mais lhe dará um toque de divino e imortal – o seu espírito permanecerá vivo e aberto, e a sua autoridade será renovada.

A autoridade interior

Todos temos uma identidade superior e uma inferior. Em certos momentos, sentimos com clareza uma parte ou outra se mostrar mais forte. Quando realizamos algo, ou terminamos o que começamos, vêm até nós os contornos dessa identidade superior. Nós a sentimos também quando pensamos nos outros antes de em nós mesmos ou largamos do ego; ou, em vez de apenas reagir aos eventos, damos um passo para trás e criamos uma estratégia a respeito do melhor meio de avançar. No entanto, de igual maneira, conhecemos muito bem a agitação da identidade inferior, ao levarmos tudo para o lado pessoal e nos tornarmos mesquinhos, ou ao fugirmos da realidade por meio de algum prazer viciante, ou desperdiçamos tempo, ou quando estamos confusos e desmotivados.

Embora geralmente flutuemos entre essas duas facetas, se nos examinarmos com atenção, teremos de admitir que a metade inferior é a mais forte: é a mais primitiva e animal da nossa natureza. Se nada nos impelir ao contrário, nos tornaremos naturalmente indolentes, buscaremos prazeres rápidos, nos voltaremos para dentro e remoeremos questões mesquinhas. Muitas vezes é preciso grande esforço e consciência para domar essa metade inferior e pôr para fora o lado superior; este não é o nosso primeiro impulso.

A chave para tornar a luta entre as duas faces mais equilibrada, e talvez inclinar a balança para o lado superior, é cultivar o que chamaremos de *autoridade interior*. Esta serve como a voz, a consciência da nossa identidade superior. A voz já existe; nós a escutamos de vez em quando, mas ela soa baixinho. Precisamos aumentar o volume e a frequência com que a ouvimos. Pense nela ditando um código de comportamento, e todos os dias devemos nos forçar a lhe prestar atenção. Ela nos diz o seguinte.

Você tem a responsabilidade de contribuir para a cultura e a época em que vive. Neste momento, você está vivendo dos frutos de milhões de pessoas que, no passado, tornaram a sua vida incomparavelmente mais fácil por meio dos esforços e das invenções delas. Você tem se beneficiado de uma educação que incorpora a sabedoria de milhares de anos de experiência. É tão fácil menosprezar tudo isso, imaginar que tudo foi gerado de maneira natural e que você tem o direito de ter esses poderes. Essa é a perspectiva de crianças mimadas. Veja qualquer sinal dessa atitude dentro de você como vergonhosa. Este mundo precisa de aprimoramento e renovação constantes. Você está aqui não apenas para satisfazer os seus impulsos e consumir o que já foi produzido, mas para criar e contribuir também, para servir a um propósito mais elevado.

Para servir a esse propósito mais elevado, cultive o que é único em você. Pare de escutar tanto as palavras e opiniões dos outros que lhe dizem quem você é e do que deveria gostar e desgostar. Julgue as coisas e as pessoas por si mesmo. Questione o que você pensa e por que se sente de determinada maneira. Conheça-se a fundo – os seus gostos e inclinações inatos, os campos que o atraem de maneira natural. Trabalhe todos os dias para aprimorar essas habilidades que combinam com o seu propósito e espírito únicos. Acrescente a diversidade de cultura necessária ao criar algo que reflita a sua singularidade. Acolha aquilo que o torna diferente. O verdadeiro motivo pelo qual se sente deprimido às vezes é que você não está seguindo esse caminho. Os momentos de depressão são um chamado para que você volte a escutar a sua autoridade interior.

Num mundo repleto de distrações sem fim, você precisa se concentrar e priorizar. Certas atividades são uma perda de tempo. Determinadas pessoas de natureza baixa vão atrapalhá-lo, e você precisa evitá-las. Fique de olho nas suas metas de longo e curto prazo, e permaneça concentrado e alerta. Permita-se o luxo de explorar e vaguear criativamente, mas sempre com um propósito subjacente.

Você deve seguir os padrões mais elevados no seu trabalho. Lute pela excelência, para construir algo que ressoe com o público e que seja duradouro. Se fracassar nisso, você desapontará as pessoas, o que o deixará envergonhado. A fim de manter esses padrões, desenvolva a autodisciplina e os hábitos de trabalho adequados. Preste muita atenção aos detalhes das suas atividades e coloque um valor superior no esforço. A primeira concepção que lhe vier é, na maior parte das vezes, incompleta e inadequada. Pense melhor e mais a fundo sobre as suas ideias, algumas das quais você terá que descartar. Não se apegue aos seus planos iniciais, mas seja duro com eles. Tenha em mente que a vida é curta e pode terminar a qualquer dia. Você tem que ter um senso de urgência para fazer o máximo nesse tempo limitado. Não são necessários prazos ou pessoas lhe dizendo o que fazer e quando terminar. Toda a motivação de que precisa vem de dentro. Você é completo é autossuficiente.

No que diz respeito a atuar com essa autoridade interna, podemos considerar Leonardo da Vinci o nosso modelo. O lema da vida dele era *ostinato rigore*, "rigor implacável". Sempre que recebia uma encomenda, ele ia muito além da tarefa, debruçando-se sobre cada detalhe para tornar o trabalho mais realista e eficiente. Ninguém tinha que lhe dizer para fazer isso. Leonardo era extremamente aplicado e exigente consigo mesmo. Embora tivesse interesses bem amplos, quando atacava um problema específico, era com foco completo. Tinha um senso de missão pessoal – servir à humanidade, contribuir para o seu progresso. Impelido por essa autoridade interior, forçou caminho além de todas as limitações que havia herdado – sendo um filho ilegítimo com pouco direcionamento ou educação no início da vida. Essa voz nos ajudará da mesma maneira a forçar o caminho além dos obstáculos que a vida colocar no nosso trajeto.

À primeira vista, poderia parecer que ter essa voz dentro de nós levaria a uma vida severa e desagradável, mas, na verdade, é o oposto. Não há nada mais desorientador e deprimente do que ver os anos passarem sem um senso de direção, tentando alcançar metas que ficam mudando e desperdiçando as nossas energias da juventude. Do mesmo modo que a autoridade exterior ajuda a manter o grupo unido, com uma energia canalizada em direção a finalidades produtivas e mais elevadas, a autoridade interior lhe concede um senso de coesão e força. Você não será corroído pela ansiedade que vem de viver abaixo do seu potencial.

Ao sentir a identidade superior em ascensão, você poderá se dar ao luxo de ceder aos desejos da metade inferior, de deixá-la extravasar por alguns momentos para liberar a tensão e não se tornar prisioneiro da sua Sombra. E, o que é mais importante, você não precisará mais do conforto e da orientação dos pais ou do líder, tornando-se o seu próprio pai ou mãe, o seu próprio líder, independente de fato, e atuando segundo a sua autoridade interior.

> O homem selecionado, o homem excelente, é encorajado pela necessidade interior a recorrer a algum padrão além de si mesmo, superior a ele, cujo serviço aceite livremente [...]. Distinguimos o homem excelente do homem comum dizendo que o primeiro é o que faz grandes exigências de si mesmo, e o último é o que não exige nada de si, mas se contenta com o que é, e se deleita consigo mesmo. Contrário ao que se costuma pensar, é o homem de excelência [...] que vive numa servidão essencial. A vida não tem sabor para ele a menos que a faça consistir no serviço a algo transcendental. Por isso, ele não encara a necessidade de servir como uma opressão. Quando, por acaso, essa necessidade faltar, ele se torna inquieto e inventa algum novo padrão, mais difícil, mais exigente, com que se coagir. Essa é a vida vivida como uma disciplina – a vida nobre.
>
> — *José Ortega y Gasset*

16
Veja a hostilidade por trás da fachada amigável

A Lei da Agressão

Na superfície, as pessoas ao seu redor parecem polidas e civilizadas. Contudo, por baixo da máscara, é inevitável que todas lidem com frustrações. Elas têm a necessidade de influenciar os outros e obter o poder sobre as circunstâncias. Vendo as suas iniciativas bloqueadas, com frequência tentam se afirmar de maneiras manipuladoras que o pegam de surpresa. Além disso, há aqueles cuja necessidade de poder e cuja impaciência para obtê-lo são maiores do que as dos outros. Eles se tornam bem agressivos, intimidando os demais para conseguir o que querem, sendo implacáveis e se dispondo a fazer quase de tudo. Você precisa se transformar num excelente observador dos desejos agressivos insatisfeitos dos indivíduos, prestando atenção especial aos passivo-agressivos e aos agressores passivos em nosso meio. É preciso reconhecer os sinais – os padrões de comportamento do passado, a necessidade obsessiva de controlar tudo no ambiente – que indicam os tipos perigosos. Eles dependem de torná-lo emocional – com medo, raiva – e incapaz de pensar direito. Não lhes ceda esse poder. No que diz respeito à sua própria energia agressiva, aprenda a domá-la e canalizá-la para propósitos produtivos, afirmando-se, atacando os problemas com energia persistente, realizando grandes ambições.

O AGRESSOR SOFISTICADO

No fim de 1857, Maurice B. Clark, um inglês de 28 anos que vivia em Cleveland, no estado de Ohio, tomou a decisão mais importante da sua jovem vida: pediria demissão do seu emprego confortável, como comprador e vendedor de alto nível numa empresa de hortaliças, e começaria o seu próprio negócio na mesma linha. Sua ambição era se tornar mais um milionário naquela cidade vibrante e não possuía nada além de confiança nas próprias capacidades para chegar lá: era um negociante nato com um bom faro para fazer dinheiro.

Clark havia fugido da Inglaterra cerca de dez anos antes, temendo a ameaça iminente de ser preso por ter agredido o patrão e o deixado inconsciente. (O temperamento dele sempre foi difícil.) Emigrara para os Estados Unidos, viajara para o oeste a partir de Nova York, realizara todo tipo de biscates até acabar em Cleveland, onde ascendeu rápido entre as fileiras dos comerciantes. Aquela era uma cidade próspera, situada junto a um rio e ao lago Erie, que servia como um polo fundamental de transporte conectando o leste ao oeste. Nunca haveria uma época melhor para Clark ir em frente e fazer fortuna.

Existia apenas um problema: ele não dispunha de recursos suficientes para começar o negócio. Precisaria de um colaborador com algum capital e, considerando a questão, pensou num possível parceiro, um jovem chamado John D. Rockefeller, de quem se tornara amigo numa faculdade de Comércio que os dois frequentaram alguns anos antes.

À primeira vista, parecia uma escolha estranha. Rockefeller tinha só 18 anos, trabalhava como contador na Hewitt & Tuttle, uma firma de tamanho considerável de transporte de hortaliças, e era em muitos aspectos o completo oposto de Clark. Este adorava viver bem, com um gosto por produtos finos, jogo e mulheres; era mal-humorado e combativo. Rockefeller, por sua vez, era bem religioso, extraordinariamente sóbrio e bem-educado para a idade. Como os dois poderiam se dar bem? E Clark havia calculado que o sócio investiria pelo menos 2 mil dólares para pôr a empresa em andamento. Como um contador de uma família de meios limitados teria esses fundos? Em contrapartida, nos seus últimos dois anos na Hewitt & Tuttle, Rockefeller conquistara a reputação de ser um dos secretários mais eficientes e honestos da cidade, alguém em quem se podia confiar para contabilizar cada centavo gasto e manter a empresa no azul. E o mais importante: sendo ele tão jovem, seria fácil para Clark dominar o relacionamento entre os dois. Valia a pena convidá-lo.

Para a surpresa de Clark, quando este sugeriu a sociedade, Rockefeller não apenas aceitou prontamente a oportunidade, com entusiasmo pouco característico, mas logo desembolsou os 2 mil dólares, tomando o dinheiro emprestado de algum modo. Rockefeller se demitiu do emprego, e a nova empresa, chamada Clark & Rockefeller, abriu as portas em abril de 1858.

Nos primeiros anos, Clark & Rockefeller era próspera. Os dois homens equilibravam um ao outro, e os negócios eram abundantes em Cleveland. Com o passar do tempo, porém, Clark começou a se sentir cada vez mais irritado com o jovem, e a sentir até um leve desprezo por ele. Rockefeller era mais austero do que imaginara; não tinha vícios discerníveis e seu maior prazer parecia vir dos livros de contabilidade, que mantinha tão bem, e de descobrir novas maneiras de poupar dinheiro. Embora ainda fosse tão novo, sua postura já era curvada de tanto se debruçar sobre os livros-caixas dia e noite. Vestia-se e agia como um banqueiro de meia-idade. O irmão mais jovem de Clark, James, que trabalhava no escritório, o apelidou de "superintendente da escola dominical".

Aos poucos, Clark passou a vê-lo como tedioso e desinteressante demais para ser um dos rostos do negócio. Introduziu, então, um novo sócio de uma família de elite de Cleveland e tirou "Rockefeller" do nome da companhia, na esperança de lucrar ainda mais. Surpreendentemente, Rockefeller não objetou a isso; era absolutamente a favor de fazer mais dinheiro e não se importava muito com títulos.

A empresa de hortaliças prosperava, mas logo se espalhou por Cleveland a notícia de que havia uma nova mercadoria que poderia provocar na região o equivalente a uma corrida do ouro – a descoberta recente de ricas veias de petróleo na área próxima do oeste da Pensilvânia. Em 1862, um jovem inglês chamado Samuel Andrews – um investidor/empresário que conhecera Clark na Inglaterra – lhe visitou o escritório, implorando que se tornasse sócio dele no ramo petrolífero. Gabou-se do potencial ilimitado do petróleo e da série lucrativa de produtos que poderiam construir com o material, além dos baixos custos de produção. Com só um pouco de capital, conseguiriam fundar a própria refinaria e ganhar uma fortuna.

A resposta de Clark foi morna. Era um negócio que passava por tremendos altos e baixos, com os preços subindo e descendo de forma contínua, e agora, com a Guerra Civil se alastrando, parecia um mau momento para assumir um compromisso tão grande. Seria melhor se envolver na área num nível menor. Contudo, Andrews fez a mesma oferta a Rockefeller, e algo pareceu brilhar nos olhos do rapaz, que convenceu Clark de que deveriam financiar a refinaria – ele mesmo garantiria o seu sucesso. Clark nunca o havia visto tão entusiasmado com nada. *Isso deve significar alguma coisa*, pensou, e cedeu à pressão dos dois homens. Em 1863, eles formaram uma nova refinaria chamada Andrews, Clark & Companhia.

No mesmo ano, 20 outras refinarias brotaram em Cleveland, e a competição era feroz. Para Clark, era bem divertido ver Rockefeller em ação, pois este passava horas no trabalho, varrendo os pisos, polindo os metais, rolando barris, empilhando tambores. Era como um caso de amor. Ficava até tarde da noite tentando descobrir maneiras de otimizar a refinaria e tirar mais dinheiro dela, e esta se tornou o principal gerador de lucros para a empresa. Clark não podia deixar de celebrar o fato de ter concordado em financiá-la. O petróleo, porém, tornara-se a obsessão de Rockefeller, e ele bombardeava Clark o tempo todo com novas ideias de expansão, sempre num período em que o preço daquele produto flutuava mais do que nunca. Clark lhe disse para ir mais devagar; considerava o caos da indústria petrolífera enervante.

Clark sentia cada vez mais dificuldade para esconder sua irritação, pois Rockefeller estava se tornando um pouco presunçoso com o sucesso da refinaria, e precisava lembrar o ex-contador de quem havia tido a ideia inicial de fundar a empresa deles. Como um refrão, continuava a lhe dizer: "O que você teria feito sem *mim*?". Então, ao descobrir que Rockefeller havia tomado emprestados 100 mil dólares para a refinaria sem consultá-lo, ordenou, furioso, que o rapaz nunca mais agisse pelas suas costas e parasse de tentar expandir o negócio. Entretanto, nada do que dissesse ou fizesse pareceu detê-lo. Para alguém tão tranquilo e despretensioso, Rockefeller às vezes era irritantemente obstinado, como uma criança. Alguns meses depois, Rockefeller o abordou com outro pedido para que aprovasse um grande empréstimo, e Clark por fim explodiu: "Se é assim que quer conduzir os negócios, é melhor dissolvermos. Então, você gerencia os seus próprios negócios do seu jeito".

Clark não tinha nenhum interesse em romper a parceria naquele ponto – era lucrativa demais e, apesar dos traços de personalidade que lhe davam nos nervos, precisava de Rockefeller como o homem para cuidar dos detalhes maçantes da empresa em crescimento. Queria apenas intimidá-lo com aquela ameaça, que parecia ser a única maneira de fazê-lo recuar naquela missão incansável de expandir a refinaria. Como era habitual, Rockefeller disse pouco e pareceu adiar sua iniciativa.

Então, no mês seguinte, Rockefeller convidou Clark e Andrews à sua casa para discutir os planos para o futuro e, apesar de todas as admoestações anteriores, delineou ideias ainda mais ousadas para expandir a refinaria. E mais uma vez Clark não conseguiu se controlar: "É melhor nós nos separarmos!", gritou. Então algo aconteceu: Rockefeller concordou com isso e convenceu Clark e Andrews a afirmar que estavam todos a favor de dissolver a sociedade. Fez isso sem o menor traço de raiva ou ressentimento.

Clark jogava pôquer com frequência, e tinha certeza de que Rockefeller estava blefando, tentando lhe forçar a mão. Caso se recusasse a ceder ao desejo do jovem de expandir o negócio, Rockefeller teria de recuar. Ele não tinha como prosseguir sozinho; precisava mais de Clark do que Clark precisava dele. Rockefeller seria forçado a compreender que se precipitara e pediria para retomar a parceria. Quando fizesse isso, seria humilhado. Clark poderia estabelecer os termos e exigir que ele seguisse as suas instruções.

Para o seu espanto, porém, no dia seguinte Clark leu no jornal local o anúncio da dissolução da empresa, e era óbvio que o próprio Rockefeller publicara o aviso. Quando o confrontou mais tarde naquele dia, Rockefeller respondeu com calma que estava apenas pondo em ação o que haviam concordado no dia anterior, que aquilo fora ideia de Clark, para início de conversa, e que pensava que este tinha razão. Sugeriu que eles fizessem um leilão e vendessem a empresa pela maior oferta. Algo nas maneiras desinteressadas e pragmáticas dele era enlouquecedor.

Àquela altura, concordar com o leilão não era a pior opção. Clark poderia fazer uma oferta maior e se livrar de uma vez por todas daquele arrivista insuportável.

No dia do leilão, em fevereiro de 1865, Clark empregou um advogado para representar o seu lado, enquanto Rockefeller representava a si mesmo, outro sinal da sua arrogância e falta de sofisticação. O preço continuava a subir aos poucos, e por fim Rockefeller ofereceu 72.500 dólares, uma quantia absurda e chocante, uma soma que Clark não tinha como pagar. Como ele poderia ter tanto dinheiro, e como seria capaz de administrar a empresa sem Clark? Era evidente que perdera qualquer tino para os negócios que já tivesse possuído. Se isso era o que ele estava disposto a pagar, e se tinha mesmo os fundos, que ficasse com a empresa e que bons ventos o levassem. Como parte da venda, Rockefeller ficou com a refinaria, mas teve que abrir mão do negócio de hortaliças sem obter nenhuma compensação. Clark estava mais do que satisfeito, embora o incomodasse que Andrews tivesse decidido acompanhar Rockefeller e continuar sócio deste.

Nos meses que se seguiram, porém, Maurice Clark começou a reavaliar o que havia acontecido: teve a sensação desconfortável de que Rockefeller planejara aquilo por meses, talvez mais de um ano. Devia ter cortejado banqueiros e assegurado empréstimos bancários muito antes do leilão, para ser capaz de pagar o preço elevado. Devia também ter assegurado de antemão que Andrews permaneceria ao seu lado. Clark detectou um sinal de exultação nos olhos de Rockefeller no dia que a refinaria se tornou dele, algo que nunca vira antes naquele jovem tão sério. Será que aquela aparência calma e enfadonha era só uma fachada? À medida que os anos revelaram a fortuna imensa que Rockefeller acumularia com essa primeira manobra, Clark não podia deixar de pensar que ele, de algum modo, fora ludibriado.

O Coronel Oliver H. Payne era o equivalente a um membro da aristocracia de Cleveland. Vinha de uma família ilustre que incluía um dos fundadores da própria cidade, estudou na Universidade Yale e fora condecorado como herói da Guerra Civil. Depois da guerra, fundara diversas empresas comerciais de sucesso e tinha uma das mansões mais elegantes da região, que ficava na avenida Euclid, apelidada de Corredor dos Milionários. No entanto, suas ambições eram maiores, talvez políticas; julgava ter o necessário para se tornar presidente.

Uma das suas empresas bem-sucedidas era uma refinaria, a segunda maior na cidade. No fim de 1871, porém, começou a ouvir estranhos boatos sobre algum tipo de acordo entre os proprietários de algumas refinarias e das maiores ferrovias: estas últimas baixariam os preços do transporte para as refinarias específicas que se juntassem a essa organização secreta, em troca de um volume garantido de tráfego. Aquelas de fora veriam os preços subir, tornando o negócio difícil, se não impossível. E o principal dono de refinaria, e o único em Cleveland, por trás desse acordo parecia ser nada mais nada menos que John D. Rockefeller.

Rockefeller havia expandido o seu negócio para duas refinarias em Cleveland e rebatizado a empresa de Standard Oil – agora, a maior firma de refinação de petróleo do país. A competição, todavia, continuava forte, até mesmo dentro de Cleveland, então com 28 refinarias, contando as da Standard Oil. Por causa desses negócios em ascensão, cada vez mais milionários haviam construído as suas mansões na avenida Euclid. Contudo, se Rockefeller controlasse a entrada nessa nova organização, causaria grandes prejuízos aos competidores. E foi em meio a tais boatos que fez arranjos para um encontro privado entre ele e Payne num banco em Cleveland.

Payne conhecia bem Rockefeller. Haviam nascido com duas semanas de diferença, frequentado a mesma escola de ensino secundário, e viviam próximos na mesma avenida. Payne admirava a sabedoria que Rockefeller tinha para negócios, mas também o temia, pois este era o tipo de homem que não aguentava perder em nada. Se alguém o passasse numa carruagem, fustigava os próprios cavalos para ultrapassá-la. Os dois frequentavam a mesma igreja. Payne sabia que Rockefeller era um homem de altos princípios, mas também muito misterioso e reticente.

No encontro marcado, Rockefeller confiou a Payne: este era o primeiro não participante a quem contava da existência dessa organização secreta, que seria chamada de Southern Improvement Company (SIC). Alegou que foram os donos das ferrovias que surgiram com a ideia de fazer a SIC aumentar os lucros, e que ele não teve nenhuma escolha a não ser entrar no acordo, mas ele não convidou Payne a se juntar à SIC. Em vez disso, ofereceu-se para comprar a refinaria dele por um ótimo preço, dando-lhe uma quantidade substancial de ações da Standard Oil que, com certeza, lhe renderiam uma fortuna e ofereceu colocá-lo na empresa como um executivo de alto nível com um título ilustre. Ele lucraria muito mais desse modo do que tentando competir com a Standard Oil.

Rockefeller disse tudo no tom mais polido. Continuaria a expandir e levar um pouco de ordem, tão necessária, à anárquica indústria petrolífera. Via isso como a sua cruzada, e estava convidando Payne para ser seu companheiro dentro da Standard Oil. Era uma maneira persuasiva de apresentar a proposta, mas Payne hesitou. Ele tinha momentos de exasperação ao lidar com essa indústria imprevisível, mas não pensara em vender a refinaria. Aquilo era tão repentino. Percebendo-lhe a indecisão, Rockefeller lhe deu um olhar de grande simpatia e lhe ofereceu a oportunidade de examinar os livros-caixas da Standard Oil, para convencê-lo da futilidade da resistência. Payne não tinha como recusar a oferta, e o que viu em poucas horas o assombrou: a Standard Oil tinha margens de lucro consideravelmente maiores do que as dele. Ninguém suspeitara do quanto a Standard Oil estava à frente das empresas rivais. Para Payne, aquilo era o suficiente, e ele aceitou a oferta de Rockefeller.

A notícia daquela venda e os boatos crescentes da existência da SIC abalaram completamente os outros proprietários de refinarias da cidade. Rockefeller estava numa posição muito forte.

Em poucas semanas, J. W. Fawcett, da firma Fawcett & Critchley, outra grande refinaria da cidade, recebeu uma visita de Rockefeller. A abordagem dele teve um tom um pouco mais sinistro do que o utilizado com Payne: a indústria era imprevisível demais; Cleveland estava mais longe das cidades produtoras de petróleo, e os refinadores tinham que pagar mais para que o petróleo bruto fosse enviado para lá; permaneciam sempre em desvantagem; com o preço do petróleo continuando a flutuar, muitas refinarias faliriam; Rockefeller as consolidaria e daria a Cleveland alguma vantagem com as ferrovias; estava fazendo a todos eles um favor, livrando-os dos tremendos fardos do negócio e lhes dando dinheiro antes que falissem, o que com certeza aconteceria graças à SIC.

O preço que ofereceu pela refinaria de Fawcett era menos generoso do que ele havia pagado a Payne, assim como eram as ações e o cargo dentro da Standard Oil que acompanhavam a proposta, e Fawcett sentiu-se bem relutante em vender, mas um rápido estudo dos livros da Standard Oil o deixaram estupefato, e ele se rendeu aos termos de Rockefeller.

Agora, cada vez mais proprietários de refinarias recebiam a visita de Rockefeller, e um após o outro sucumbiu à pressão, já que resistir os colocava numa posição de negociação mais fraca, à medida que o preço que Rockefeller oferecia pelas refinarias ia baixando. Um proprietário que não cedeu foi Isaac Hewitt, ex-chefe de Rockefeller quando este era um contador inexperiente. Vender a refinaria a um preço tão baixo o levaria à falência. Ele implorou a Rockefeller que tivesse misericórdia e que o deixasse em paz com os seus negócios. Rockefeller, sempre gentil e polido, disse a Hewitt que este não teria como competir com a Standard Oil no futuro. "Tenho meios de fazer dinheiro dos quais que você desconhece", explicou. Hewitt vendeu a sua refinaria por mais da metade do preço que havia pedido.

Pelo meio de março, a existência da SIC havia se tornado pública e a pressão aumentava para que essa organização fosse dispersada ou sofresse consequências legais. As ferrovias cederam, e o mesmo fez Rockefeller, que não se mostrou tão decepcionado assim com a notícia. A questão foi resolvida, a SIC desapareceu, mas nos meses seguintes algumas pessoas em Cleveland começaram a se perguntar se a situação toda havia sido de fato o que parecia. A SIC nunca foi efetivada; permanecera um boato, e a Standard Oil, pelo jeito, foi a principal fonte do rumor. Nesse meio-tempo, Rockefeller efetuou o que se tornou conhecido como o Massacre de Cleveland – em apenas alguns meses, comprou 20 das 26 refinarias fora do controle dele. Muitas das mansões elegantes dos ex-milionários da avenida Euclid eram agora vendidas e fechadas com tábuas nas janelas, já que Rockefeller havia metodicamente removido os proprietários dos negócios. Agira como se as ferrovias estivessem por trás de todas as decisões da SIC, mas talvez tivesse sido o contrário.

Nos anos que se seguiram, os empresários da indústria ferroviária começaram a ter grandes receios em relação ao poder crescente da Standard Oil. Depois do Massacre de Cleveland, Rockefeller empregou as mesmas táticas contra outras refinarias em Pittsburgh, Filadélfia, e Nova York. O método era sempre o mesmo: mirar primeiro nas maiores refinarias em cada cidade, mostrar os livros-caixas – que eram agora ainda mais impressionantes –, conseguir que alguns peixes grandes se rendessem e incutir o pânico nos outros. De maneira impiedosa, vendia os próprios produtos a preços bem inferiores aos daqueles que resistiam, expulsando os concorrentes do mercado. Em 1875, Rockefeller controlava todos os principais centros de refinação dos Estados Unidos e monopolizava, na prática, o mercado mundial de querosene, o principal produto que se utilizava na iluminação.

Esse poder lhe deu muito mais vantagem sobre os preços das ferrovias, mas, para piorar a situação, começara a dominar os negócios relativos aos oleodutos, que era a outra maneira de transportar petróleo. Rockefeller construiu uma série de oleodutos por toda a Pensilvânia e obteve o controle de várias ferrovias que ajudavam a transportar o petróleo pelo resto do caminho até a costa leste, o que lhe rendeu a sua própria rede de transporte. Se continuasse desimpedido nessa campanha, a sua posição seria inexpugnável. E ninguém temia mais esse prospecto do que Tom Scott, presidente da Pennsylvania Railroad, na época a maior e mais poderosa corporação do país.

Scott levara uma vida de grande distinção. Durante a Guerra Civil, servira como secretário assistente de guerra de Lincoln, encarregado de garantir o funcionamento regular das ferrovias em auxílio às forças do norte. Como diretor da Pennsylvania Railroad, tinha ambições de continuar expandindo o alcance da empresa, mas, como Rockefeller lhe bloqueava o caminho, era hora de partir para a batalha contra a Standard Oil.

Scott possuía todos os recursos necessários para derrotar Rockefeller, e tinha um plano. Nos últimos anos, em antecipação às manobras de Rockefeller, havia construído a sua própria rede gigantesca de oleodutos que operaria em conjunção com a ferrovia para transportar o petróleo às refinarias. Aumentaria a construção de novos oleodutos e compraria as novas refinarias que surgissem, criando a sua própria rede rival, garantindo à sua ferrovia negócios suficientes para deter o progresso de Rockefeller, e trabalhando, em seguida, para enfraquecê-lo ainda mais. Contudo, quando o que ele estava fazendo se tornou claro, a resposta de Rockefeller foi totalmente inesperada e bem chocante: a Standard Oil fechou quase todas as suas refinarias na Pensilvânia, deixando aos oleodutos e ferrovias de Scott praticamente nenhum petróleo para transportar. Se conseguiam algum petróleo, Rockefeller vendia o dele a preços bem mais baixos a quaisquer refinarias fora do próprio sistema, sem parecer se importar com quanto os preços cairiam. Ele também tornou difícil para Scott adquirir o óleo de que a empresa precisava para lubrificar os motores e as rodas dos trens.

A Pennsylvania Railroad havia se sobrecarregado nessa campanha e perdia dinheiro rapidamente, mas Rockefeller tinha que estar perdendo na mesma medida. Era como se seu objetivo fosse um suicídio mútuo. Scott havia avançado demais para recuar dessa guerra, por isso se concentrou em cortar custos, despedindo centenas de funcionários e reduzindo os salários dos que permaneceram. Os empregados de Scott revidaram com uma greve geral dos ferroviários, que logo se tornou violenta e sangrenta, com trabalhadores espalhados pelo Estado destruindo milhares de vagões de carga da Pennsylvania Railroad. Scott retaliou de forma brutal, mas a greve persistiu e os acionistas da Pennsylvania Railroad se mostraram cada vez mais nervosos. Enquanto isso, Rockefeller parecia despreocupado e continuou com a campanha de pressão, como se não tivesse nada a perder.

Scott estava farto. De algum modo, Rockefeller conseguia absorver aquelas perdas colossais, mas ele não. O dinheiro havia literalmente se esgotado. Ele não apenas concordou em dar fim à campanha, mas teve que vender a Rockefeller a maior parte das suas refinarias, tanques de armazenamento, navios a vapor e oleodutos. Scott nunca se recuperaria dessa derrota humilhante e repentina: um ano mais tarde, sofreu um derrame e, poucos anos depois, morreu aos 58 anos.

Embora parecesse que o controle de Rockefeller sobre a indústria petrolífera fosse agora completo, um empresário e engenheiro chamado

Byron Benson teve uma ideia sobre como abrir um buraco naquele império em expansão. Rockefeller ditava as regras com os seus imensos recursos, mas não tinha como competir com o progresso tecnológico; o que lhe dava uma vantagem era que os oleodutos eram relativamente curtos, com no máximo 48 quilômetros de extensão. Ele conseguiu dominar a indústria ao criar redes de oleodutos por toda a Pensilvânia e controlando muitas das ferrovias que operavam entre as refinarias e os oleodutos. Mesmo que alguém tivesse um oleoduto independente, em algum ponto dependeria da Standard Oil para transportar o petróleo pelo resto do caminho.

Mas, e se Benson conseguisse projetar algo novo – um oleoduto longo e contínuo que fosse dos campos de petróleo no oeste da Pensilvânia até a costa leste? Dessa forma, ele seria capaz de entregar o petróleo diretamente às poucas refinarias independentes da costa leste que restavam e lhes garantir preços baixos, contornando a rede de Rockefeller. Isso interromperia o avanço deste e, com mais alguns desses oleodutos de longo alcance, os rivais da Standard Oil começariam a competir em termos mais justos.

Não seria fácil. O oleoduto exigiria uma engenharia inovadora para fazer o petróleo fluir para cima por sobre os montes e montanhas que inevitavelmente encontraria no caminho, mas Benson vinha trabalhando nessa questão e foi capaz de angariar de investidores grandes quantias, mais do que o suficiente para cobrir os custos de construir esse oleoduto, já que Rockefeller havia conquistando muitos inimigos e tantos temiam o seu monopólio crescente.

Benson batizou a iniciativa de Tidewater Pipeline Company, e começou a construção em 1878. Entretanto, quase de imediato, teve que lidar com uma campanha insidiosa para deter as obras do oleoduto. Ele dependia de vagões-tanques ferroviários para transportar os materiais pesados ao local das obras, mas parecia que, com o passar dos anos, Rockefeller comprara a maioria desses vagões e tinha, na prática, monopolizado o mercado. Onde quer que tentasse encontrar vagões-tanques, havia subsidiárias da Standard Oil que os controlavam. Benson teve de buscar outros meios de transportar o material, e isso aumentou os custos e desperdiçou tempo valioso, deixando-o ainda mais determinado a concluir o trabalho e se provar mais esperto que Rockefeller.

Esse, porém, foi apenas o início. Benson precisava que a sua rota até o mar fosse a mais simples possível, para economizar dinheiro, o que significava atravessar o estado de Maryland. No entanto, ele agora recebia a notícia de que, por meio de muitos subornos generosos, Rockefeller havia convencido a assembleia legislativa de Maryland a dar os direitos exclusivos sobre os oleodutos à Standard Oil. Isso significava que Tidewater teria que passar pelas áreas mais acidentadas e até montanhosas mais ao norte da Pensilvânia, tornando a rota mais tortuosa e o trabalho mais caro.

Então, veio o golpe mais ameaçador de todos: Rockefeller deu início a uma onda frenética e repentina de compra de imóveis, adquirindo grandes extensões de terras cultiváveis na Pensilvânia, bem no caminho da Tidewater até o mar. Nenhum preço parecia alto demais para a Standard Oil. Benson fez o que pôde para resistir e comprar as suas próprias terras, mas se espalhava um boato entre os fazendeiros da região sobre o perigo de vender segmentos de terra à Tidewater – por ser tão longo, o oleoduto estaria sujeito a vazamentos que arruinariam as colheitas. Era óbvio que a Standard Oil era a fonte dos boatos, que funcionaram.

Para Benson, Rockefeller era como um demônio invisível e infatigável que o atacava de todas as direções, forçando o aumento gradual dos custos e da pressão. Contudo, Benson também era infatigável. Se Rockefeller comprasse todo um vale, Benson fazia o oleoduto mudar de curso, mesmo que isso exigisse subir mais montanhas. A rota se tornou um zigue-zague ridículo, mas o oleoduto avançou pouco a pouco em direção ao leste e chegou por fim à costa em maio de 1879.

Uma vez que o oleoduto foi posto em funcionamento, porém, ninguém conseguia prever se o sistema completo de bombeamento conseguiria transportar o petróleo pelos aclives íngremes. Aos poucos, o primeiro fluxo de petróleo bruto percorreu o oleoduto, escalando até a montanha mais alta, e, depois de sete dias, as primeiras gotas chegaram ao seu destino. A Tidewater Pipeline foi considerada uma das grandes realizações de engenharia da época, e Benson se tornou um herói do dia para a noite. Finalmente, alguém havia sido mais esperto que Rockefeller e o derrotado.

Para o espanto de Benson, porém, Rockefeller só aumentou a pressão. A Tidewater havia perdido dinheiro e tinha poucas reservas, mas lá estava Rockefeller reduzindo de maneira drástica os preços pelos serviços dos oleodutos e ferrovias da Standard Oil, transportando o petróleo praticamente de graça. A Tidewater não conseguia encontrar uma gota de petróleo para transportar, e isso deixou a empresa de joelhos. Em março de 1880, Benson estava farto, e fez um acordo com a Standard Oil nos termos mais favoráveis que conseguiu, unindo as duas empresas. Entretanto, esse foi só um passo preliminar. Nos meses que se seguiram, Rockefeller comprou cada vez mais ações da Tidewater, colocando-a completamente sob o seu controle. Como tantos outros antes dele, ao tentar lutar contra Rockefeller, Benson só o tornou mais forte e mais invencível. Como alguém poderia ter qualquer esperança de lutar contra uma força tão indomável?

Na década de 1880, a procura por querosene para iluminar residências e escritórios explodiu, e Rockefeller controlava o mercado. E, em cidades grandes e pequenas por todo o país, varejistas e donos de mercearias começaram a notar um novo sistema revolucionário introduzido pela Standard Oil. A empresa estabelecera tanques de armazenagem em todos os cantos dos Estados Unidos e financiara vagões-tanques para transportar o querosene para quase todas as regiões. Os vendedores da Standard Oil não apenas forneciam pessoalmente o querosene às lojas, mas também iam de casa em casa, vendendo aquecedores e fogões direto aos moradores, aos menores preços.

Isso ameaçou os negócios de muitos varejistas locais, os quais, quando protestaram, ouviram dos representantes da Standard Oil que dariam fim a essa prática se eles vendessem exclusivamente os produtos da Standard Oil. Para os que recusavam, a Standard Oil abria a sua própria mercearia na área e, com preços baratos, levava à falência os donos de loja que se rebelavam. Em algumas áreas, os varejistas furiosos se voltaram a empresas rivais, como a Republic Oil, que se especializava em vender aos que detestavam Rockefeller.

Mal sabiam eles que a Standard Oil era, em segredo, proprietária da Republic Oil.

Com todas essas práticas, Rockefeller criara um número cada vez maior de inimigos, mas nenhum deles era tão obstinado e fanático quanto George Rice, um homem que havia conseguido manter uma pequena refinaria independente no estado de Ohio e tentado fazer congressistas investigarem as práticas da Standard Oil. Publicou um boletim informativo chamado *Black Death* ("Morte negra"), que compilava todos os artigos sobre escândalos em torno de Rockefeller. Para encontrar, de algum modo, uma forma de lucrar e esnobar Rockefeller, decidiu viajar pessoalmente e vender o próprio querosene em diversas cidades, contornando o novo sistema que havia monopolizado o mercado.

Era difícil de imaginar que a Standard Oil pudesse se importar com ele; a quantidade de querosene que estava tentando vender era minúscula e o seu sucesso era bem limitado. Entretanto, quando conseguiu que um varejista em Louisville lhe comprasse meros 70 barris de querosene, descobriu de repente que a ferrovia que concordara, enquanto ele estava na estrada, em transportar o seu produto, agora se recusava a cumprir o combinado. Rice sabia quem estava por trás disso, mas conseguiu encontrar outro meio, mais caro, de obter os carregamentos de querosene.

Passou para outra cidade perto de Louisville, apenas para descobrir um vendedor da Standard Oil que havia se antecipado à presença de Rice e oferecido preços mais baixos. Rice se viu empurrado para locais cada vez menores ainda mais ao sul, mas novamente os homens da Standard Oil lhe bloquearam o caminho, e logo ele não conseguia vender nem mais uma gota. Era como se houvesse espiões por todos os cantos lhe rastreando o progresso. No entanto, mais do que isso, Rice sentia a presença ubíqua do próprio Rockefeller, que por certo sabia da sua pequena campanha e havia decidido esmagar o menor dos competidores a todo custo. Por fim, compreendendo de verdade o que estava enfrentando, Rice desistiu da luta e voltou para casa.

No início da década de 1900, depois que Rockefeller havia renunciado à liderança da Standard Oil, ele começou a fascinar o público norte-americano. Ele era de longe o homem mais rico no mundo, o primeiro bilionário do planeta, mas as histórias sobre como conduziu as suas batalhas e sobre o monopólio que construíra levavam as pessoas a lhe questionar o caráter. Era um recluso notório, e poucos sabiam algo de concreto a seu respeito. Então, alguns dos seus inimigos iniciaram uma série de processos legais para quebrar o monopólio da Standard Oil. Rockefeller foi forçado a testemunhar e, para o espanto do público, não se parecia em nada com o demônio que imaginaram. Como um repórter escreveu num jornal: "Ele parece a encarnação da doçura e da luz. É impossível lhe perturbar a serenidade [...]. Às vezes, as suas maneiras eram levemente reprovadoras, em outras, ternamente persuasivas, mas nunca revelou mau temperamento ou irritação". À medida que Rockefeller emergia como o filantropo mais generoso do mundo, e que o público passava a apreciar o querosene barato que fornecia, as pessoas mudaram de opinião sobre ele. Afinal, como acionista majoritário da Standard Oil, ele tinha imensa influência, e havia concordado em quebrar o monopólio da empresa. Mal sabiam elas que, por trás dos panos, atuava como sempre fizera: encontrando brechas nas leis, mantendo o monopólio por meio de acordos secretos e continuando no controle. Ele não permitiria que ninguém lhe bloqueasse o caminho, e isso com certeza incluía o governo.

Interpretação: A ascensão do poder de John D. Rockefeller precisa ser vista como uma das mais impressionantes da história. Num período relativamente curto de tempo (cerca de vinte anos), ele subiu do poço da sociedade (a família havia passado por períodos de pobreza) para se tornar o fundador e proprietário da maior corporação dos Estados Unidos, e, pouco depois disso, emergir como o homem mais rico do mundo. No processo, como é comum que aconteça nesses casos, a trajetória dele acabou envolta em todo tipo de mitos. Ele era ou um demônio ou um deus do capitalismo. No entanto, perdida em meio a todas essas reações emocionais está a resposta à simples questão: como um homem – com tão pouca ajuda – acumulou tanto poder em tão pouco tempo?

Se o examinarmos com atenção, devemos concluir que não foi por meio de uma inteligência fantástica ou algum talento especial ou visão criativa. Ele tinha algumas dessas qualidades, mas não o bastante para explicar o seu sucesso ultrajante. Na realidade, aquilo que podemos lhe atribuir acima de tudo é a força de vontade pura e incansável de que dispunha para dominar completamente todas as situações e rivais que encontrava, e para explorar cada oportunidade que lhe cruzava o caminho. Chamaremos isso de *energia agressiva*, a qual pode ter propósitos produtivos (veja mais sobre isso na última seção deste capítulo), e algumas das realizações de Rockefeller com certeza beneficiaram a sociedade da sua época. Contudo, como costuma acontecer com indivíduos altamente agressivos, essa energia o levou a monopolizar, na prática, todo o poder de uma indústria complexa, fazendo-o eliminar todos os rivais e possíveis competidores, contornar as leis para se beneficiar, padronizar todas as práticas de acordo com os seus desejos, e, no fim, reprimir a inovação na área.

Vamos agora separar a história de Rockfeller das reações emocionais costumeiras e estudá-lo de forma desapaixonada, como um tipo de espécime, para que isso nos ajude a entender a natureza dos indivíduos altamente agressivos e o que leva uma grande quantidade de pessoas a se submeterem à sua vontade. Dessa forma, aprenderemos também algumas lições valiosas a respeito da natureza humana e de como devemos começar a reagir contra aqueles que trabalham de forma contínua para monopolizar o poder, muitas vezes em detrimento do resto de nós.

Rockefeller cresceu em circunstâncias peculiares. O pai dele, William, era um vigarista notório e, desde o princípio, estabeleceu um padrão bem desagradável para a família: deixava a esposa, Eliza, e os quatro filhos (sendo John o mais velho) por meses sem fim no casebre precário em que moravam, no oeste de Nova York, e viajava pela região pregando as suas diversas tramoias. Durante esse tempo, eles mal tinham dinheiro que bastasse para sobreviver. Eliza precisava encontrar uma maneira de economizar cada centavo. Então, o pai reaparecia com maços de dinheiro e presentes. Ele era divertido (um grande contador de histórias), mas, às vezes, bastante cruel e até violento. Depois partia de novo, e o padrão se repetia. Era impossível prever quando retornaria, e os membros da família viviam sob tensão quando ele estava lá e, igualmente, quando não estava.

Na adolescência, John teve que trabalhar para ajudar a levar alguma estabilidade às finanças da casa e, ao avançar na carreira, não conseguia se livrar da ansiedade que o atormentava desde a infância. Sentia uma necessidade desesperada de deixar tudo em ordem e previsível no seu ambiente. Imergiu a fundo nos livros de contabilidade – nada era mais previsível do que as adições e subtrações numa página do livro-caixa. Ao mesmo tempo, tinha grandes ambições de fazer fortuna; o pai lhe incutira um amor quase visceral pelo dinheiro.

Desse modo, quando descobriu o que seria capaz de realizar com uma refinaria de petróleo, viu a sua grande oportunidade. Contudo, a atração dele pela indústria petrolífera poderia, à primeira vista, parecer bem estranha. Aquele era o ambiente do Oeste Selvagem, totalmente anárquico; fortunas eram feitas e perdidas numa questão de meses. Em muitos aspectos, a indústria petrolífera era como o pai – excitante, prometendo riquezas súbitas, mas traiçoeira e imprevisível. De forma inconsciente, John foi atraído a ela por essas mesmas razões – ele poderia reviver os piores medos que sentira na infância e superá-los ao estabelecer um controle rigoroso sobre a indústria. Seria como conquistar o próprio pai. O caos o incitaria a ir mais longe, e ele trabalharia dobrado para domar esse mundo selvagem.

Assim, nos primeiros anos da empresa, vemos a motivação que levaria a todas as suas ações subsequentes: a necessidade avassaladora de controle. Quanto mais complicada e difícil fosse essa tarefa, mais incansável era a energia que aplicava para atingir essa meta. E dessa necessidade veio uma segunda, de quase igual importância: justificar as ações agressivas ao mundo e para si mesmo. Rockefeller era um homem intensamente religioso. Não conseguia viver com a ideia de que o que motivava as suas ações era o desejo de controlar as pessoas e adquirir as vastas somas de dinheiro necessárias para esse propósito. Isso o obrigaria a se ver sob uma luz feia e desalmada.

Para reprimir essa ideia, construiu o que chamaremos de *narrativa do agressor*. Ele tinha que se convencer de que a sua missão pelo poder servia a algum propósito mais elevado. Havia na época uma crença, entre os protestantes, de que ganhar muito dinheiro era sinal da graça de Deus. Com a fortuna, o indivíduo religioso poderia doar à comunidade e ajudar a apoiar a paróquia local. Rockefeller, porém, levou isso mais longe. Acreditava que estabelecer a ordem na indústria petrolífera era uma missão divina, como pôr ordem no cosmos. Estava numa cruzada para levar preços baixos e previsibilidade aos lares norte-americanos. Transformar a Standard Oil num monopólio se adequava com perfeição às suas profundas convicções religiosas.

Acreditando com sinceridade nessa cruzada, sua consciência permanecia tranquila enquanto manipulava e arruinava de forma impiedosa os rivais, enquanto subornava congressistas, passava por cima das leis, formava falsas empresas rivais à Standard Oil, incitava e empregava a violência de uma greve (contra a Pennsylvania Railroad) que o ajudaria no longo prazo. A crença nessa narrativa o tornava ainda mais energético e agressivo e, para aqueles que o enfrentavam, desconcertante – talvez houvesse algo bom no que ele estava fazendo; talvez não fosse um demônio afinal.

Por fim, para realizar o seu sonho de controle, Rockefeller se transformou num leitor excelente dos homens e da sua psicologia. E as qualidades que julgava serem as mais importantes a ser avaliadas nos diversos rivais que enfrentava eram a adaptabilidade e a força de vontade relativa. Ele percebia isso na linguagem corporal dos indivíduos e nos padrões das suas ações. Eles concluiu que as pessoas, em geral, eram bem fracas, guiadas pelas emoções, que mudavam dia a dia, queriam que tudo fosse bem fácil na vida e tendiam a tomar o caminho de menor resistência. Não tinham estômago para batalhas prolongadas. Visavam ao dinheiro para os prazeres e confortos que lhes geravam, para iates e mansões. Tinham a intenção de parecer poderosas, satisfazer o próprio ego. Era só deixá-las com medo ou confusas ou frustradas, ou lhes oferecer uma saída, e elas se rendiam à determinação superior de Rockefeller. Caso se zangassem, melhor ainda. A raiva se consumia rápido, e Rockefeller sempre visava ao longo prazo.

Veja como manipulou cada um dos antagonistas em seu caminho. Com Clark, ele lhe alimentou com cuidado a arrogância e o deixou propositadamente irritado, a fim de que este concordasse rápido com o leilão apenas para se livrar de Rockefeller, sem pensar muito nas consequências.

O Coronel Payne era um homem vaidoso e ganancioso. Era só lhe dar bastante dinheiro e um bom título, e ele ficaria satisfeito e entregaria a Rockefeller a sua refinaria. Para os outros proprietários de refinarias, incutiu temores sobre o futuro incerto, utilizando a SIC como um conveniente bicho-papão. Fez que se sentissem isolados e fracos, e semeou o pânico. Sim, as refinarias dele eram mais lucrativas, como revelavam os livros-caixas, mas os outros proprietários não consideraram que o próprio Rockefeller era tão vulnerável quanto eles aos altos e baixos do negócio. Se houvessem se unido em oposição àquela campanha, poderiam tê-la neutralizado, mas foram colocados num estado emocional demais para que pensassem direito, e entregaram as suas refinarias com facilidade.

No caso de Scott, Rockefeller o via como um homem beligerante, enfurecido pela ameaça da Standard Oil à sua posição proeminente nos negócios. Rockefeller entrou com prazer na guerra contra Scott e se preparou para ela acumulando vastas quantias de dinheiro. Simplesmente faria os seus recursos durarem mais do que os de Scott. E quanto mais este se enfurecesse com suas táticas não ortodoxas, mais imprudente e impulsivo se tornava, chegando ao ponto de tentar esmagar a greve dos ferroviários, o que só deixou a sua posição mais fraca. Quanto a Benson, Rockefeller reconheceu o tipo – o homem apaixonado pelo próprio brilhantismo e ávido para obter atenção como o primeiro a derrotar a Standard Oil. Colocar obstáculos no caminho dele só fez Benson se esforçar mais, o que lhe enfraqueceu as finanças. Seria simples comprar a empresa dele no final, quando estivesse cansado da pressão implacável de Rockefeller.

Como medida extra, Rockefeller sempre criava estratégias que levavam os adversários a se sentirem impacientes e pressionados a agir com rapidez. Clark só teve um dia para se planejar para o leilão. Os proprietários de refinarias enfrentariam a miséria iminente em poucos meses se não as vendessem a Rockefeller. Scott e Benson tiveram que se apressar nas suas batalhas ou lidar com o prospecto de se verem sem dinheiro. Isso os tornava mais emocionais e menos capazes de conceber estratégias.

Entenda: Rockefeller representa um tipo de indivíduo que é bem provável que você encontre na sua área, ao qual nós chamaremos de *agressor sofisticado*, em contraste com o *agressor primitivo*. Os agressores primitivos têm o temperamento muito curto. Se alguém lhes provoca sentimentos de inferioridade ou fraqueza, eles explodem. Não têm nenhum autocontrole, portanto tendem a não avançar muito na vida, pois é inevitável que intimidem e magoem muitas pessoas. Os agressores sofisticados são muito mais traiçoeiros. Ascendem a posições no topo e conseguem permanecer lá porque sabem como disfarçar as suas manobras, apresentar uma fachada que distrai e jogar com as emoções dos demais. Sabem que a maioria das pessoas não aprecia confrontos ou longas batalhas, por isso conseguem intimidar ou cansar os outros. Dependem da nossa docilidade tanto quanto da própria agressão.

Os agressores sofisticados que você encontrar não precisam ser tão espetacularmente bem-sucedidos como um Rockefeller. Talvez seja o seu chefe, o seu rival ou até um colega ardiloso tentando subir na vida. Você os reconhecerá por um único sinal: eles chegam ao seu destino primariamente graças à sua energia agressiva, não por meio de talentos especiais. Valorizam mais o acúmulo de poder do que a qualidade do trabalho. Fazem o que for necessário para assegurar a posição deles e esmagar qualquer tipo de competição e desafio. Não gostam de compartilhar o poder.

Ao lidar com esse tipo, você tenderá a sentir raiva ou medo, aumentando a presença deles e caindo nesse jogo. Você se sentirá obcecado com o seu caráter maligno e deixará de prestar atenção ao que eles estão tramando de verdade. Aquilo a que muitas vezes acaba se rendendo é a aparência ou ilusão de força que eles projetam, a reputação agressiva. A maneira de lidar com eles é baixar a temperatura emocional. Comece olhando para o indivíduo, não para o mito ou a lenda. Entenda-lhe a motivação primária – ganhar controle sobre o ambiente e as pessoas em torno. Como com Rockefeller, essa necessidade de controle cobre vastas camadas de ansiedades e inseguranças. Você precisa ver no interior dele a criança assustada, aterrorizada por qualquer coisa que seja imprevisível. Dessa maneira, enxergará suas dimensões verdadeiras, diminuindo-lhe a habilidade de intimidá-lo.

Ele quer controlar os seus pensamentos e reações. Negue-lhe esse poder ao se concentrar nas ações e estratégias dele, não nos seus próprios sentimentos. Analise e antecipe as verdadeiras metas que essa pessoa possui. Ela quer lhe inculcar a ideia de que você não tem opções, que a rendição é não apenas inevitável mas a melhor saída. Contudo, sempre há opções. Mesmo que esse tipo seja o seu chefe e você precise se render no presente, mantenha a sua independência interior e planeje-se para o dia em que ele cometer um erro e estiver enfraquecido, utilizando o seu conhecimento dos pontos vulneráveis dele para ajudar a derrubá-lo.

Olhe por trás da narrativa dele e das tentativas astutas de distrair os outros. Esse tipo muitas vezes se apresentará como um moralista ou a vítima da malícia de outras pessoas. Quanto mais alto ele proclamar as suas convicções, mais certeza você pode ter de que está escondendo algo. Às vezes se mostra encantador e carismático, mas não se deixe hipnotizar por essas aparências. Procure pelos padrões de comportamento. Caso ele tenha tomado algo de alguém no passado, continuará a fazê-lo no presente. Nunca forme sociedades com esses tipos, não importa o quão amigáveis e charmosos aparentem ser. Eles gostam de pegar carona no seu trabalho árduo, tomando o controle a seguir. A sua melhor defesa é uma avaliação realista da força real e das intenções agressivas deles.

Para agir contra os agressores, seja tão sofisticado e ardiloso quanto eles. Não tente entrar em combate direto. São implacáveis e costumam ter poder suficiente para sobrepujá-lo num confronto. Você precisa ser mais esperto do que eles, encontrando ângulos inesperados de ataque. Ameace expor a hipocrisia da narrativa dessas pessoas ou seus atos sujos do passado que tentaram manter escondidos do público. Dê a impressão de que uma batalha com você custará mais do que haviam imaginado, que você também está disposto a jogar um pouco sujo, mas apenas em defesa própria. Pareça relativamente fraco e exposto, incitando-os a um ataque precipitado para o qual você está preparado. Muitas vezes a estratégia mais sábia é se unir com outros que tenham sofrido nas mãos deles, criando força e influência por meio dos números.

Tenha em mente que os agressores com frequência conseguem o que querem porque você tem medo de lutar contra eles, tendo muito a perder no presente. Entretanto, calcule, em vez disso, o que tem a perder no longo prazo – cada vez menos opções para obter poder e expandir na sua própria área, uma vez que eles assumam uma posição dominante; a sua própria dignidade e senso de autoestima ao decidir não se defender. Renda-se, e a docilidade pode se tornar um hábito com consequências devastadoras para o seu bem-estar. Utilize a existência dos agressores como um encorajamento para o seu próprio espírito de combate e para construir a sua própria confiança. Defender-se dos agressores e ser mais esperto do que eles é uma das experiências mais satisfatórias e enobrecedoras que os seres humanos podem vivenciar.

> Os homens não são criaturas gentis e amigáveis que desejam o amor, e que só se defendem quando atacadas [...]. Um desejo poderoso de agressão tem que ser reconhecido como parte da sua [...] capacidade.
>
> — *Sigmund Freud*

Chaves para a natureza humana

Gostamos de pensar em nós mesmos como membros relativamente pacíficos e simpáticos da sociedade. Somos animais sociais até o âmago, e precisamos nos convencer de nossa lealdade e cooperatividade em relação às comunidades a que pertencemos. Contudo, de vez em quando, todos nós agimos de maneiras que vão contra essa auto-opinião – talvez num momento em que sentimos que a nossa segurança no emprego esteja ameaçada, ou que alguém esteja bloqueando o avanço da nossa carreira. Ou talvez ao acreditarmos que não estamos recebendo a atenção e o reconhecimento que merecemos. Ou talvez num momento de insegurança financeira. Ou num relacionamento íntimo em que nos sentimos especialmente frustrados na nossa tentativa de fazer a outra pessoa mudar de comportamento, ou quando percebemos que ela está prestes a nos abandonar.

Por frustração, raiva, insegurança, medo ou impaciência, nós nos vemos de repente sendo mais assertivos do que o normal. Fazemos algo um pouco extremo para manter o nosso emprego; tentamos arrancar um colega do nosso caminho; apelamos para algum esquema dúbio a fim de assegurar dinheiro fácil e rápido; vamos longe demais ao tentar conseguir atenção; somos hostis e controladores em relação ao nosso parceiro ou parceira; nos vingamos e atacamos alguém nas redes sociais. Nesses momentos, passamos do limite e nos tornamos agressivos. Na maioria das vezes, quando agimos dessa forma, racionalizamos o nosso comportamento tanto para nós mesmos quanto para os outros: não tivemos nenhuma escolha; nos sentíamos ameaçados; fomos tratados de maneira injusta; as pessoas se mostravam indiferentes e nos magoaram; não começamos a briga. Dessa maneira, somos capazes de manter a nossa auto-opinião como as criaturas pacíficas que imaginamos que somos.

Embora seja raro que notemos isso, também é possível observar um exemplo mais sutil das nossas tendências agressivas vindo à tona. Quando enfrentamos tipos intimidadores que são mais agressivos do que nós, nos vemos agindo de forma mais submissa do que o habitual e, caso eles tenham algum poder, talvez um pouco mais bajuladora. Entretanto, ao enfrentarmos aqueles claramente mais fracos e obedientes, com frequência o leão em nós emerge de maneira inconsciente. Talvez decidamos ajudá-los, mas, misturado a isso, está um sentimento de desprezo e superioridade. Somos bem agressivos ao tentar ajudá-los, lhes dando ordens, sendo categóricos em nossos conselhos. Ou, se tivermos pouca simpatia por eles, talvez nos sintamos compelidos a usá-los de alguma maneira para os nossos próprios propósitos, e talvez os pressionemos. Tudo ocorre de modo inconsciente; em geral, não entendemos isso como agressividade, mas, mesmo assim, ao compararmos a nossa força interior com a de outros, não podemos deixar de baixar ou erguer o nosso nível de agressão em resposta.

Notamos essa divisão – entre o que pensamos de nós e o modo como agimos de fato em certas ocasiões – no comportamento dos nossos amigos, colegas e daqueles no noticiário. No ambiente de trabalho, é inevitável que certas pessoas forcem o caminho para obter mais poder. Talvez tomem crédito pelos nossos resultados, ou roubem as nossas ideias, ou nos afastem de um projeto, ou se aliem de maneira vigorosa com aqueles no poder. Vemos nas redes sociais o deleite que o ser humano sente ao se sentir indignado, ao atacar e destruir os outros.

Vemos a energia com que a imprensa expõe o menor defeito daqueles no poder, e o frenesi que se segue. Observamos a violência desenfreada nos filmes e jogos, mascarada como entretenimento. E, enquanto isso, ninguém admite que é agressivo. Na realidade, mais do que nunca as pessoas *parecem* tão modestas e progressistas. A divisão é profunda.

O que isso significa é o seguinte: todos entendemos que os seres humanos têm sido capazes de muita violência e agressão, tanto no passado como no presente. Sabemos que, no mundo lá fora, existem criminosos sinistros, empresários gananciosos e inescrupulosos, negociantes belicosos e agressores sexuais. No entanto, criamos uma linha divisória nítida entre nós e esses exemplos. Temos um bloqueio poderoso que nos impede de imaginar qualquer tipo de *continuum* ou espectro no que diz respeito aos nossos próprios momentos agressivos e aqueles da variedade mais extrema em outros. Na verdade, definimos a palavra como uma descrição das manifestações mais fortes de agressão, excluindo-nos. É sempre o outro que é beligerante, que começa as brigas, que é agressivo.

Esse é um conceito bem errôneo da natureza humana. A agressão é uma tendência latente em cada indivíduo humano, é programada na nossa espécie. Nós nos tornamos o animal proeminente neste planeta precisamente por causa da nossa energia agressiva, suplementada pela nossa inteligência e astúcia. Não podemos separar essa agressividade da maneira como atacamos os problemas, alteramos o meio ambiente para tornar a nossa vida mais fácil, lutamos contra a injustiça, ou criamos algo em larga escala. A raiz latina da palavra *agressão* significa "avançar", e estamos explorando essa energia quando afirmamos o nosso lugar neste mundo e tentamos criar ou mudar algo.

A agressão pode servir para propósitos positivos. Ao mesmo tempo, sob certas circunstâncias, essa energia pode nos levar a um comportamento antissocial, a nos apropriarmos de coisas demais ou a intimidar os outros. Esses aspectos positivos e negativos são dois lados da mesma moeda. E embora alguns indivíduos sejam, de modo evidente, mais agressivos do que outros, todos somos capazes de escorregar para esse lado negativo. Há um *continuum* da agressão humana, e estamos todos no espectro.

Não ter consciência da nossa verdadeira natureza nos causa muitos problemas. Podemos nos tornar negativamente agressivos sem perceber o que está acontecendo, e depois pagar pelas consequências de termos ido longe demais. Ou, desconfortáveis com os nossos próprios impulsos assertivos e sabendo dos problemas que podem incitar, talvez tentemos reprimir a nossa agressividade e dar a impressão de sermos paradigmas da humildade e da bondade, apenas para nos tornarmos passivo-agressivos no nosso comportamento. Não é possível negar ou reprimir essa energia: ela emergirá de uma forma ou de outra. Entretanto, ao tomarmos consciência dela, conseguiremos controlá-la e canalizá-la para propósitos produtivos e positivos. Para fazer isso, devemos entender a fonte de toda a agressão humana, como ela se torna negativa e por que algumas pessoas são mais agressivas do que outras.

A fonte da agressividade humana

Diferentemente de qualquer outro animal, nós, seres humanos, temos consciência da nossa própria mortalidade e de que podemos morrer a qualquer momento. Conscientemente ou não, esse pensamento sempre nos assombra. Sabemos que a nossa posição na vida nunca é segura: podemos perder o emprego, a posição social e o nosso dinheiro, muitas vezes por motivos além do nosso controle. As pessoas em redor são imprevisíveis na mesma medida – nunca conseguimos ler seus pensamentos, prever suas ações ou confiar por completo no seu apoio. Somos dependentes dos outros que, com frequência, nos deixam na mão. Temos certos desejos inatos por amor, excitação e estímulos, e muitas vezes está além do nosso controle satisfazê-los como gostaríamos. Além disso, temos certas inseguranças geradas por mágoas da infância. Se alguma pessoa ou evento estimula essas nossas inseguranças e reabre nossas feridas, nos sentimos especialmente vulneráveis e fracos.

Isso significa que os seres humanos são constantemente atormentados por sentimentos de impotência que têm diversas raízes. Se esses sentimentos forem fortes o bastante, ou durarem tempo suficiente, podem se tornar insuportáveis. Somos criaturas voluntariosas que anseiam por poder, um desejo que não é maligno ou antissocial, mas uma resposta natural à percepção da nossa fraqueza e vulnerabilidade fundamentais. Em essência, o que motiva muito do nosso comportamento é ter o controle sobre as circunstâncias, sentir a conexão entre o que fazemos e o que obtemos – sentir que somos capazes de influenciar as pessoas e os acontecimentos até certo ponto. Isso mitiga o nosso senso de impotência e torna a imprevisibilidade da vida tolerável.

Satisfazemos essa necessidade ao desenvolver habilidades consistentes de trabalho, que nos ajudem a assegurar a nossa posição profissional e nos deem uma sensação de controle sobre o futuro. Também tentamos desenvolver habilidades sociais que nos permitam trabalhar com os outros, lhes conquistar o afeto e ter um grau de influência sobre eles. Quanto à nossa necessidade de excitação e estímulo, em geral escolhemos satisfazê-la por meio de atividades variadas – esportes, entretenimento, sedução – que a nossa cultura fornece ou aceita.

Todas essas atividades nos ajudam a ter controle sobre o que desejamos, mas exigem que reconheçamos certas limitações. Para obter esse poder no trabalho e em relacionamentos, precisamos ser pacientes. Não podemos forçar as coisas. Leva tempo para assegurar uma posição profissional, desenvolver poderes criativos genuínos, aprender como influenciar as pessoas e encantá-las. Também requer que obedeçamos a determinados códigos sociais e até leis. Não é possível fazer de tudo para avançar na carreira nem forçar os outros a fazer o que queremos. Podemos chamar esses códigos e leis de *grades de proteção,* entre as quais permanecemos com cautela a fim de conquistar o poder e, ao mesmo tempo, continuar sendo apreciados e respeitados.

Em certos momentos, porém, temos dificuldades para aceitar essas limitações. Não conseguimos avançar na nossa carreira ou acumular dinheiro tão rápido quanto gostaríamos. Não conseguimos convencer ninguém a trabalhar conosco no nível que queremos, por isso nos sentimos frustrados. Ou talvez uma velha ferida da infância seja reaberta de repente. Caso tenhamos a suspeita de que o nosso parceiro esteja dando fim ao relacionamento, e a frieza dos nossos pais nos tenha deixado com um grande medo de sermos abandonados, é bem possível que tenhamos uma reação exagerada e tentemos controlar a outra pessoa, empregando todos os nossos poderes de manipulação e nos tornando bem agressivos. (Os sentimentos de amor com frequência se transformam em hostilidade e agressão, pois é ao nos apaixonarmos que nos sentimos mais dependentes, vulneráveis e indefesos.)

Nesses casos, a nossa sede por dinheiro, poder, amor ou atenção sobrepuja qualquer paciência que possamos ter. Talvez sejamos então tentados a ir além das grades de proteção, buscando o poder e o controle de uma forma que viola códigos tácitos e até leis. No entanto, a maioria de nós, ao passar dos limites, se sente desconfortável e talvez arrependida. Voltamos correndo para trás das grades de proteção, para as nossas maneiras normais de buscar poder e controle. Esses atos agressivos ocorrem em certos momentos da vida, mas não se tornam um padrão.

Esse não é o caso, porém, dos tipos com agressividade mais crônica. A sensação de impotência ou frustração que sentimos de vez em quando os atormenta com mais frequência e de maneira mais profunda. Sentem insegurança e fragilidade persistentes, e precisam disfarçar isso com uma quantidade incomum de poder e controle. A necessidade de poder desses tipos é imediata e forte demais para que aceitem limitações, e suprime qualquer sentimento de culpa ou responsabilidade social.

É possível que exista um componente genético nisso. A psicanalista Melanie Klein, que se especializou no estudo de crianças pequenas, notou que alguns bebês eram decididamente mais ansiosos e gananciosos do que outros. Desde os primeiros dias de vida, mamavam no seio da mãe como se o atacassem e quisessem sugá-lo até que secasse. Precisavam de mais mimos e atenção do que os demais. Era quase impossível lhes conter o choro e os acessos de birra. Eles sentiam um grau de impotência que beirava a histeria constante.

Esses bebês eram uma minoria, mas ela os notava com alguma frequência, e especulou que os agressivos crônicos talvez sejam versões adultas dos bebês gananciosos. Simplesmente nasceram com uma necessidade maior de controlar tudo em redor. Remoem-se mais por causa dos sentimentos de mágoa ou inveja: "Por que os outros deveriam ter mais do que eu?". Quando sentem que estão perdendo o controle de alguma forma, a tendência deles é exagerar a ameaça, reagir de modo descomedido e agarrar muito mais do que é necessário.

Também é verdade que a vida familiar inicial desempenha um papel decisivo. Segundo o psicanalista e escritor Erich Fromm, se os pais forem muito dominadores, se reprimirem a necessidade das crianças de terem poder e independência, por vezes elas se transformarão nos tipos que gostam de dominar e tiranizar os outros. Se apanharam quando pequenas, com frequência recorrerão a espancamentos e abuso físico quando adultas. Dessa maneira, transformam a passividade forçada da infância em algo ativo quando crescem, o que lhes dá a sensação de controle de que sentiam tanta falta durante os primeiros anos de vida, por meio do comportamento agressivo.

Seja qual for a causa dessas tendências, esses tipos não voltam correndo para trás das grades de proteção, mas recorrem de forma constante ao comportamento agressivo. Eles têm uma força de vontade excepcional e pouca paciência para satisfazer os próprios desejos por meio de canais aceitos pela sociedade. Precisam de algo mais forte e mais imediato. Se forem do tipo primitivo, talvez se voltem para o comportamento criminoso, ou apenas se transformem no típico valentão; se forem mais sofisticados, aprenderão, até certo ponto, a controlar esse comportamento e utilizá-lo quando necessário.

Isso significa que a agressão humana resulta de uma insegurança subjacente, e não apenas de um impulso de ferir outras pessoas ou de lhes roubar algo. Antes de qualquer impulso de tomar uma ação agressiva, os agressores processam de modo inconsciente sentimentos de impotência e ansiedade. Muitas vezes percebem ameaças que na realidade não existem, ou as exageram. Agem para prevenir o ataque do outro que percebem, ou se apoderam de algo a fim de dominar a situação que, pelo que sentem, está lhes escapando do controle. (Esses sentimentos também provocam o tipo positivo de agressão. A sensação de necessidade de lutar contra uma injustiça ou de criar algo importante é precedida por sentimentos de ansiedade e insegurança. Continua sendo uma tentativa de obter o controle com propósitos positivos.) Ao estudarmos qualquer agressor crônico em redor, devemos procurar pela insegurança subjacente, a ferida profunda, os sentimentos reverberantes de impotência dos primeiros anos de vida.

É possível notar o seguinte fenômeno interessante: dominadores costumam ser extremamente intolerantes quanto a qualquer tipo de dissensão. Precisam estar cercados por bajuladores e ser lembrados o tempo todo de sua grandeza e superioridade. Caso esses tipos tenham poderes políticos, tentarão suprimir qualquer publicidade negativa e controlar o que as pessoas dizem a respeito deles. Precisamos ver essa hipersensibilidade às críticas como um sinal de grande fraqueza interior. Alguém que seja de fato forte por dentro atura as críticas e as discussões francas sem se sentir ameaçado pessoalmente. Em geral, os agressores e tipos autoritários são peritos em esconder essa fraqueza interna profunda, projetando de forma constante uma imagem de valentia e convicção. Contudo, devemos nos treinar para olhar além da fachada e lhes ver a fragilidade interior. Isso nos ajuda muito a controlar qualquer sentimento de medo ou intimidação que os agressores adoram estimular.

Há outras qualidades dos agressivos crônicos que precisamos entender. Em primeiro lugar, eles têm uma tolerância menor a sentimentos de impotência e ansiedade do que o resto de nós. O que talvez nos deixe frustrados ou inseguros vai muitas vezes desencadear neles uma reação muito mais poderosa, além de fúria. Esse talvez seja o motivo por que a agressão crônica seja muito mais comum entre homens do que entre as mulheres. Os homens têm maior dificuldade de lidar com sentimentos de dependência e impotência, algo que psicólogos notaram em bebês do sexo masculino, e costumam ser mais inseguros acerca do seu *status* no local de trabalho e em outros ambientes. Têm uma necessidade maior de se afirmarem de forma contínua e de medir o efeito que exercem sobre os outros. A sua autoestima está atrelada a sentimentos de poder, controle e respeito às suas opiniões, por isso, em geral, é necessário menos estímulo para desencadear uma reação agressiva neles. De todo jeito, devemos sempre ter consciência de que o agressor crônico é mais irascível do que nós, e, caso saibamos que estamos lidando com esse tipo, devemos ter cuidado especial para não provocar nele, sem querer, uma resposta raivosa ao desafiar sua autoestima ou criticá-lo.

Outro aspecto comum do comportamento agressivo é que ele pode facilmente se tornar um vício. Ao exteriorizarem os seus desejos de maneira franca e imediata, ao levarem a melhor sobre as pessoas por meio das suas manobras, os agressores recebem uma descarga de adrenalina que pode se tornar viciante. Eles se sentem estimulados e excitados, e as maneiras mais aceitáveis na sociedade de aliviar o tédio lhes parecem tépidas em comparação. (A euforia de ganhar dinheiro fácil, como corretores vendendo investimentos duvidosos na Wall Street ou como criminosos roubando o que encontrarem, tem certamente uma qualidade bem viciante.) À primeira vista, isso talvez pareça autodestrutivo, já que cada erupção agressiva gera mais inimigos e consequências não intencionadas. Entretanto, os agressores costumam ser hábeis em usar comportamentos cada vez mais intimidadores, para que poucos os desafiem.

Isso costuma provocar o fenômeno da armadilha do agressor: quanto mais poder obtêm, e quanto maior for o seu império, mais pontos de vulnerabilidade eles criam; terão mais rivais e inimigos com os quais se preocupar, incitando a necessidade de serem cada vez mais agressivos e ganharem cada vez mais poder. (Não há dúvida de que Rockefeller se tornou vítima dessa dinâmica.) Eles também passam a sentir que parar de agir dessa maneira os faria parecer fracos. Não importa o que os agressores nos digam ou como tentem disfarçar as suas intenções; precisamos compreender que é inevitável que o padrão de comportamento do passado continue no presente, pois estão tanto viciados quanto aprisionados. Não devemos jamais ser ingênuos ao lidar com eles. Os agressores serão implacáveis. Se recuarem, é apenas por um momento. É raro que consigam mudar esse padrão essencial do seu comportamento.

Além disso, os agressores veem os outros ao redor como objetos a serem utilizados. Talvez tenham alguma empatia natural, mas, como a sua necessidade de conquistar o poder e o controle é tão forte, não conseguem ser pacientes o bastante para confiar apenas no próprio charme e habilidades sociais. A fim de obter o que querem, precisam usar as pessoas, e isso se torna um hábito que degrada qualquer empatia que tenham sentido um dia. Necessitam de seguidores e discípulos, portanto se treinam para ouvir, elogiar de vez em quando e fazer favores. O charme que exibem em algumas ocasiões, porém, é só para causar impacto e tem pouco calor humano por trás. Quando nos escutam, estão avaliando a nossa força de vontade e vendo como podemos servir aos propósitos deles mais tarde. Se nos elogiarem ou nos prestarem algum favor, é uma maneira de nos aprisionar e nos comprometer. É possível notar isso em sinais não verbais, nos olhos que nos encaram sem nos ver, na pouca atenção que prestam às nossas histórias. Devemos sempre buscar nos tornar imunes a qualquer tentativa de charme da parte deles, sabendo a que propósito este serve.

É interessante notar que, apesar de todas as qualidades sociais negativas que os agressores não conseguem deixar de revelar, eles costumam ser capazes de atrair seguidores suficientes para ajudá-los na busca pelo poder, os quais muitas vezes têm os seus próprios problemas arraigados, os seus próprios desejos agressivos frustrados. Consideram a autoconfiança e até a insolência do agressor bem excitante e cativante, e se apaixonam pela narrativa. São contagiados pela agressão do líder e a aplicam em outros, talvez naqueles em posição inferior. Contudo, esse ambiente é cansativo, e os que servem ao agressor levam chicotadas constantes na sua autoestima. Junto à maioria dos agressores, a rotatividade é alta e os ânimos são baixos. Como escreveu certa vez o dramaturgo grego Sófocles: "Quem quer que entre na corte de um tirano se torna o seu escravo, apesar de ter ido lá como um homem livre".

A sua tarefa como estudante da natureza humana é tripla: em primeiro lugar, pare de negar a realidade das suas tendências agressivas. Você está no espectro da agressividade, como todos nós. É claro que há algumas pessoas que estão numa posição mais baixa no espectro. Talvez não tenham confiança na habilidade delas de conseguir o que querem; ou talvez apenas tenham menos energia. No entanto, muitos de nós estão entre o ponto médio e superior do espectro, com níveis de vontade relativamente fortes. Essa energia assertiva deve ser gasta de alguma maneira, e tenderá a seguir em uma de três direções.

Na primeira, canalizamos essa energia no trabalho, em alcançar as metas com paciência (*agressão controlada*); na segunda, nós a canalizamos num comportamento *agressivo* ou *passivo-agressivo*; por fim, nós a voltamos para dentro na forma de autoaversão, direcionando a nossa raiva e agressão contra os nossos próprios fracassos e ativando o nosso *sabotador interno* (veja mais sobre isso adiante). Você precisa analisar como lida com a sua energia assertiva. Um modo de se examinar é ver como você enfrenta momentos de frustração e incerteza, situações em que tem menos controle. Você tende a descontar os seus sentimentos nos outros, e ficar mais tenso e irritado e a fazer coisas das quais se arrepende mais tarde? Internaliza a raiva e se sente deprimido? Examine aquelas situações inevitáveis em que foi além das grades de proteção. Você não é tão pacífico e gentil quanto imagina. Observe o que o levou a se comportar assim, e como, durante esses períodos, encontrou maneiras de racionalizar o seu comportamento. Agora, com alguma distância, você talvez seja capaz de enxergar o que havia por trás dessas racionalizações.

A sua meta não é reprimir essa energia assertiva, mas tomar consciência dela quando esta o impulsionar para a frente, e canalizá-la de forma produtiva. Admita para si mesmo que deseja profundamente exercer um efeito sobre as pessoas e ter poder; para compreender isso, desenvolva habilidades sociais e técnicas, e se torne mais paciente e adaptativo. Discipline e dome a sua energia assertiva natural. É isso que chamaremos de *agressão controlada*, e é o que o levará a fazer grandes conquistas. (Veja mais sobre isso na última seção deste capítulo.)

A sua segunda tarefa é tornar-se um observador excelente da agressão nas pessoas em redor. Quando olhar para o seu ambiente de trabalho, por exemplo, imagine que consegue visualizar a guerra contínua entre os diferentes níveis de vontade dos colegas e todas as direções, sentidos e interseções desses conflitos. Aqueles que são mais assertivos parecem subir ao topo, mas é inevitável que expressem sinais de submissão aos que estão mais acima. Não é muito diferente das hierarquias que observamos entre os chimpanzés. Se você parar de se concentrar nas palavras dos indivíduos e na fachada que apresentam, e se voltar, em vez disso, para as ações e os sinais não verbais deles, conseguirá quase sentir o nível de agressividade que emanam.

Ao observar esse fenômeno, é importante ser tolerante em relação às pessoas: todos passamos do limite em algum ponto e nos tornamos mais agressivos do que o habitual, em geral por causa das circunstâncias. Quando se trata daqueles que são poderosos e bem-sucedidos, é impossível alcançar essas alturas sem níveis mais elevados de agressão e alguma manipulação. Para fazer grandes realizações, temos de lhes perdoar o comportamento rude e assertivo ocasional. O que você deve determinar é se está lidando com agressores crônicos, que não conseguem tolerar críticas ou ser desafiados em qualquer nível, pessoas cujo desejo por controle é excessivo, e que vão engoli-lo em meio à missão infatigável delas para obter mais.

Procure por alguns sinais característicos. Em primeiro lugar, se tiverem um número excepcionalmente alto de inimigos acumulados com o passar dos anos, deve haver um motivo, e não aquele que lhe contam. Preste bastante atenção em como justificam as ações deles no mundo. Os agressores tenderão a se apresentar como cruzados, como gênios que não conseguem evitar a maneira como se comportam. Dizem que estão criando grandes obras ou ajudando os necessitados. As pessoas que se metem no caminho deles são infiéis e malignas. Alegam, como fez Rockefeller, que ninguém jamais foi tão criticado ou investigado quanto eles; são as vítimas, não os agressores. Quanto mais gritadas e mais extremas forem as narrativas deles, mais você pode ter certeza de estar lidando com agressores crônicos. Concentre-se nas ações desses tipos, nos comportamentos do passado, bem mais do que no que disserem.

Busque também por sinais mais sutis. É comum que os agressores crônicos tenham personalidades obsessivas. Ter hábitos meticulosos e criar um ambiente completamente previsível é o modo como exercem controle. A obsessão por uma coisa ou pessoa indica um desejo de engoli-la por inteiro. Além disso, preste atenção aos sinais não verbais. Notamos que Rockefeller não conseguia tolerar que ninguém o ultrapassasse nas ruas. O tipo agressor demonstra essas obsessões físicas – estar sempre na frente e no centro. Em todo caso, quanto mais cedo você identificar esses sinais, melhor.

Uma vez que tiver percebido que está lidando com esse tipo, empregue até a última gota de energia para se desligar mentalmente e obter o controle da sua reação emocional. Com frequência, o que acontece ao enfrentar agressores é, a princípio, se sentir mesmerizado e, até certo ponto, paralisado, como se estivesse na presença de uma cobra. Então, ao processar o que eles fizeram, torna-se emocional – furioso, indignado, assustado. Uma vez que se esteja nesse estado, eles terão facilidade em manter a pessoa reagindo, e não pensando. A sua raiva não leva a nada produtivo, mas se derrete em amargura e frustração com o passar do tempo. A sua única resposta é encontrar uma maneira de se libertar do encanto deles, pouco a pouco. Veja o que há por trás das manobras deles, contemple a fraqueza subjacente que os propele, devolva-os às suas dimensões originais. Sempre se concentre nos objetivos deles, no que estão buscando de fato, e não nas distrações que oferecem.

Se uma batalha com alguém assim for inevitável, nunca se envolva num confronto direto nem o desafie de modo aberto. Se for do tipo sofisticado, ele empregará toda a sua astúcia para arruiná-lo, e será impiedoso. Sempre lute com ele de forma indireta, procurando pelas vulnerabilidades inevitáveis que está encobrindo. Talvez seja a reputação dúbia, ou algumas ações especialmente sujas do passado que essa pessoa conseguiu manter em segredo. Crie buracos na narrativa dela. Ao expor o que ela quer manter oculto, você tem uma arma poderosa para dissuadi-la de efetuar ataques contra você. Lembre-se de que o que o agressor crônico mais teme é perder o controle. Pense no que o poderia assustar a ponto de desencadear uma série de acontecimentos que saiam do controle. Faça a vitória fácil com que ele contava em relação a você se tornar, de súbito, bem mais cara.

Os agressores, em geral, têm a vantagem de estarem dispostos a ir além das grades de proteção com mais frequência e se afastarem mais do que você. Isso lhes dá mais opções, mais manobras sujas com as quais poderão surpreendê-lo. Nas negociações, o atacarão com alguma mudança de último minuto ao que haviam concordado antes, violando todas as regras, mas sabendo que você vai ceder porque chegou até aquele ponto e não quer fracassar. E espalharão boatos e informações falsas para turvar as águas e fazê-lo parecer tão dúbio quanto eles. Tente prever essas manipulações e roubar dos agressores o elemento da surpresa.

De vez em quando, você também deve se dispor a se aventurar além das grades da proteção, sabendo que essa é uma medida temporária de defesa. Pratique a arte do engodo e os distraia, mostrando-se mais fraco do que é, induzindo-os a um ataque que fará que sejam malvistos e para o qual você preparou um contra-ataque ardiloso. Você pode até espalhar boatos que tenderão a lhes desequilibrar a mente, já que não estão acostumados a ter outros jogando com os mesmos truques. De qualquer maneira, com os riscos sendo elevados, faça o cálculo de que derrotar os agressores é mais importante do que manter a sua pureza.

Por fim, a sua terceira tarefa é se livrar da negação das tendências agressivas na natureza humana em si pois elas são bem reais, e do que essa agressão significa para o futuro da espécie. Essa negação tende a tomar a forma de um de dois mitos nos quais é provável que você acredite. O primeiro é que, muito tempo atrás, os seres humanos eram criaturas que amavam a paz, em harmonia com a natureza e com outros humanos. É o mito do nobre selvagem, do caçador-coletor inocente, cuja implicação é que a civilização, junto com o desenvolvimento da propriedade privada e do capitalismo, transformou os humanos pacíficos em criaturas agressivas e egoístas; a nossa forma de sociedade é culpada por isso. Ao desenvolvermos uma política e sistema social mais igualitários, poderíamos reverter à nossa bondade natural e natureza pacífica.

Porém, descobertas recentes em antropologia e arqueologia comprovaram, para além de qualquer sombra de dúvida, que os nossos ancestrais (voltando dezenas de milhares de anos, muito antes da civilização) se envolviam em guerras que eram tão sanguinárias e brutais quanto qualquer uma no presente. Dificilmente eram pacíficos. Há também numerosos exemplos de culturas indígenas destruindo muito da flora e da fauna do seu ambiente, numa missão sem fim para encontrar fontes de comida e abrigo, levando várias espécies à extinção e despojando regiões inteiras de árvores. (Veja mais sobre isso em *A guerra antes da civilização*, de Lawrence H. Keeley, e *O terceiro chimpanzé*, de Jared Diamond.) O grande poder de cooperação dos seres humanos era usado nessas culturas com a mesma frequência para ajudar a travar os conflitos mais sangrentos.

O outro mito, mais prevalente na atualidade, é que talvez tenhamos sido violentos e agressivos no passado, mas que estamos no momento evoluindo para além disso, nos tornando mais tolerantes, iluminados e guiados pelo nosso lado bom. Contudo, os sinais da agressão humana são tão prevalentes na nossa era como no passado. Podemos oferecer como evidência os infindáveis ciclos de guerra, os atos de genocídio e a hostilidade crescente entre os Estados e entre as etnias dentro dos Estados, que continuam a existir ainda neste século. Os poderes imensos da tecnologia só aumentaram os nossos poderes destrutivos, no que diz respeito à guerra. E a nossa depredação do ambiente apenas piorou de maneira substancial, a despeito de estarmos conscientes do problema.

Também observamos atualmente os níveis crescentes de desigualdade no poder e na riqueza em todo o mundo, que se aproximam das disparidades existentes séculos atrás, as quais continuam a se reproduzir na sociedade humana, porque é inevitável que existam indivíduos simplesmente mais agressivos do que outros no que diz respeito a acumular poder e riqueza. Nenhuma regra ou lei parece conter isso. Os poderosos ditam as regras para se beneficiarem. E as tendências monopolizadoras do século 19, como exemplificadas pela Standard Oil — sinais da agressão corporativista —, apenas se remodelaram para se adaptar às indústrias mais novas.

No passado, as pessoas assistiam a execuções como uma forma de entretenimento. Não vamos mais tão longe, mas cada vez mais indivíduos gostam de ver outros sendo humilhados em *reality shows* ou no noticiário, e de se deleitar com jogos e filmes repletos de representações explícitas de assassinatos e carnificina. (Também notamos que o nosso senso de humor vem se tornando cada vez mais agressivo.)

Com a tecnologia, tornou-se mais fácil expressar e satisfazer os nossos desejos agressivos. Sem ter que encarar os outros fisicamente, na internet as nossas discussões e críticas passam a ser muito mais hostis, acaloradas e pessoais. A internet também criou uma arma nova e poderosa — a guerra cibernética. Os criminosos, como sempre fizeram, apenas se apropriaram da tecnologia para se tornarem mais criativos e elusivos.

A agressão humana simplesmente se adapta às mais novas mídias e inovações tecnológicas, encontrando maneiras de se expressar e desabafar por meio delas. Qualquer que seja a nova invenção em comunicações daqui a cem anos, é provável que sofra o mesmo destino. Como Gustave Flaubert escreveu: "Diga o que quiser do progresso.

Até quando você tira os caninos de um tigre, e ele só consegue comer mingau, o seu coração continua sendo o de um carnívoro".

A agressão humana em indivíduos e em grupos tende a emergir ou se acalorar quando nos sentimos indefesos e vulneráveis, e quando aumenta a impaciência para se obter o controle e exercer um impacto. E, à medida que uma quantidade cada vez maior de pessoas e grupos se sente dessa maneira, podemos esperar mais desse fenômeno no futuro, não menos. As guerras se tornarão mais sujas. Com o aumento das inseguranças, haverá mais confrontos entre grupos políticos, culturas, gerações, homens e mulheres. E as pessoas terão maneiras ainda melhores e mais sofisticadas de justificar a agressão para si mesmas e para o mundo.

A negação está mais forte do que nunca – é sempre a outra pessoa, o outro lado, a outra cultura que é mais agressiva e destrutiva. Precisamos admitir finalmente o fato de que não é o outro, mas nós mesmos, todos nós, não importa a época ou a cultura. Devemos aceitar esse fato da nossa natureza antes mesmo de considerar a hipótese de superá-la. É somente por meio da nossa consciência que conseguiremos começar a pensar no progresso.

A PASSIVO-AGRESSIVIDADE –
AS SUAS ESTRATÉGIAS E COMO COMBATÊ-LAS

A maioria de nós tem medo do confronto direto; queremos dar a impressão de sermos razoavelmente polidos e sociáveis. Entretanto, é muitas vezes impossível conseguir o nosso intento sem nos afirmarmos de alguma maneira. As pessoas são teimosas e resistem à nossa influência, não importa o quão simpáticos sejamos. E às vezes precisamos descarregar toda essa tensão resultante de termos que ser tão respeitosos e corretos. Desse modo, é inevitável que todos nós demonstremos um comportamento no qual nos afirmamos, de maneira indireta, lutando por controle ou influência tão sutilmente quanto possível. Talvez levemos um pouco mais de tempo para responder às mensagens dos outros, a fim de sinalizar um tantinho de desdém por eles; ou pareçamos elogiar as pessoas incluindo, porém, uma crítica súbita que as provoque e lhes instile dúvidas. Às vezes, fazemos um comentário que poderia ser considerado neutro, mas o nosso tom de voz e expressão no rosto sugere que estamos aborrecidos, incitando alguma culpa.

Chamemos isso de passivo-agressividade, no sentido de que damos a impressão de que estamos apenas sendo nós mesmos, e sem *de fato* manipular ou tentar influenciar os demais. Mesmo assim, é enviada uma mensagem que cria o efeito que desejamos. No entanto, nesses casos, nunca somos tão passivos quanto parecemos. Num canto da mente, estamos cientes de levar um tempo a mais para responder a alguém ou incluir uma crítica num comentário, mas, ao mesmo tempo, também fingimos para nós mesmos e para os outros que somos inocentes. (Os seres humanos são capazes de manter esses pensamentos conflitantes andando lado a lado.) Em geral, devemos considerar essa versão cotidiana de passivo-agressividade como uma parte meramente irritante da vida social, algo de que todos somos culpados. Deveríamos todos demonstrar o máximo de tolerância possível quanto a essa passivo--agressividade de baixo grau que prospera na sociedade civilizada.

Alguns, porém, são passivo-agressivos crônicos. Como os agressores mais ativos, costumam apresentar um alto grau de energia e a necessidade de ter o controle, mas também um medo do confronto direto. Muitos tiveram pais dominantes ou negligentes; a agressão passiva se torna a maneira deles de chamar atenção ou afirmar a própria vontade, e evitar punições. Esse comportamento se torna um padrão quando adultos, repetindo com frequência os mesmos tipos de estratégia que funcionaram na infância. (Se observarmos bem o passivo-agressivo, veremos muitas vezes a criança manipuladora transparecendo através da máscara adulta.)

Esses tipos crônicos operam num relacionamento pessoal ou de trabalho, em que as suas estratégias passivo-agressivas afetam, gota a gota, o outro indivíduo com o passar do tempo. São mestres do comportamento ambíguo e elusivo – nunca temos certeza de que estejam nos atacando; talvez seja só a nossa imaginação e estejamos paranoicos. Se fossem agressivos de modo direto, nos zangaríamos e resistiríamos a eles, mas, ao serem indiretos, semeiam a confusão e a exploram para obter o poder e o controle. Se forem muito bons nisso e fisgarem as nossas emoções, terão como tornar a nossa vida miserável.

Tenha em mente que os tipos de fato agressivos costumam ser bem passivo-agressivos em certas ocasiões, como Rockefeller decerto era. A passivo-agressividade é apenas uma arma adicional que utilizam para tentar obter o controle. Em todo caso, a chave para nos defendermos contra os passivo-agressivos é reconhecer o que estão tramando o mais cedo possível.

A seguir estão as estratégias mais comuns empregadas por esses agressores, e algumas maneiras de neutralizá-las.

A estratégia da superioridade sutil. Um amigo, colega ou funcionário chega atrasado todos os dias, mas tem sempre uma desculpa pronta que é lógica, junto com uma desculpa que soa sincera. Ou, de forma análoga, esses indivíduos se esquecem de reuniões, encontros importantes e prazos, com justificativas impecáveis em mãos. Se esse comportamento se repetir com muita frequência, você vai ficar mais irritado, mas, se os confrontar, eles talvez tentem reverter a situação, pintando-o como impaciente e insensível. Não é culpa deles, dizem – eles têm coisas demais em mente, estão sendo pressionados por outros, são artistas temperamentais que não têm como dar conta de tantos detalhes irritantes, estão sobrecarregados. Talvez até o acusem de lhes aumentar a tensão.

Você precisa entender que, na raiz disso, está a necessidade de deixar claro para você e para eles mesmos que são superiores de alguma forma. Caso dissessem de forma explícita que se sentem superiores a você, incorreriam em zombarias e humilhação. Eles querem que você *sinta* isso de maneiras sutis, e, ao mesmo tempo, pretendem ser capazes de negar o que estão fazendo. Colocar outra pessoa numa posição inferior é uma forma de controle na qual são eles que definem o relacionamento. Preste atenção ao padrão mais do que às desculpas, mas note também os sinais não verbais quando se desculpam. O tom de voz é lamuriante, como se pensassem que o problema é seu. As desculpas são exageradas para disfarçar a falta de sinceridade; no fim, essas justificativas comunicam mais sobre os problemas que enfrentam na vida do que a respeito dos fatos relativos ao esquecimento deles. Não estão arrependidos.

Se esse for um comportamento crônico, você não deve se zangar ou demonstrar a sua irritação — os passivo-agressivos se deliciam quando conseguem provocá-lo. Em vez disso, permaneça calmo e espelhe de forma sutil o comportamento deles, chamando atenção ao que estão fazendo e induzindo alguma vergonha se for possível. Marque encontros ou compromissos e os deixe na mão, ou chegue terrivelmente tarde com a mais sincera das desculpas, tingida por um toque de ironia. Deixe-os se remoendo sobre o que isso significa.

Quando o renomado psicoterapeuta Milton Erickson, ainda no início da carreira, era professor de Medicina numa universidade, ele teve de lidar com uma aluna bastante inteligente chamada Anne, que sempre chegava tarde às aulas, depois se desculpava profusamente e com muita sinceridade. Ela tirava a nota máxima em todas as provas. Sempre prometia chegar na hora para a aula seguinte, mas nunca o fazia. Isso trazia problemas para os colegas; com frequência, ela atrasava as palestras ou o trabalho de laboratório. E, no primeiro dia de um dos cursos de Erickson, recorreu aos seus velhos truques, mas o professor estava preparado. Quando chegou atrasada, ele pediu que a classe inteira se levantasse e se curvasse para ela numa reverência zombeteira; ele fez o mesmo. Mesmo depois da aula, à medida que a garota caminhava pelo corredor, os alunos continuaram com as reverências. A mensagem era clara — "Você não nos engana" — e, embaraçada e envergonhada, ela parou de chegar atrasada.

Se estiver lidando com um chefe ou alguém numa posição de poder que o force a esperar, a asserção de superioridade deles não será tão sutil. O melhor que você pode fazer é se manter o mais calmo possível, demonstrando a sua própria forma de superioridade ao ser paciente e imperturbável.

A estratégia da simpatia. De algum modo, a pessoa com que você está lidando é sempre a vítima — de uma hostilidade irracional, de circunstâncias injustas, da sociedade em geral. Perceba que esses tipos parecem saborear o drama das próprias histórias. Ninguém sofre mais do que eles. Se prestar bastante atenção, conseguirá detectar uma expressão leve de tédio quando escutam os problemas dos outros; não estão interessados. Como exageram a suposta impotência deles, é natural que você sinta empatia, e, uma vez que tenham provocado isso, passarão a pedir favores, cuidados a mais e atenção. Esse é o controle que buscam. São hipersensíveis a qualquer sinal de dúvida no seu rosto, e não querem ouvir conselhos nem sugestões de que possam ter alguma culpa. Podem explodir e classificá-lo como um daqueles que os atormentam.

O que talvez torne isso difícil de notar é que muitas vezes eles estão de fato passando por alguma adversidade incomum e sofrimento pessoal, pois são peritos em atrair o sofrimento. Escolhem parceiros que os desapontam; têm uma atitude ruim no trabalho, que convida críticas; são negligentes quanto a detalhes, o que faz tudo ao redor deles degringolar. Não é o destino malévolo a que se deve culpar, mas algo dentro desses tipos que gosta e se alimenta do drama. As pessoas que são vítimas legítimas não conseguem deixar de sentir vergonha e embaraço pelo que lhes acontece, como parte de uma antiquíssima superstição humana de que a má sorte de alguém é sinal de que há algo errado com esse indivíduo. Essas verdadeiras vítimas não gostam de contar as suas histórias. Elas o fazem com relutância. Os passivo-agressivos, por outro lado, morrem de vontade de compartilhar o que lhes aconteceu e se deleitar com a sua atenção.

Como parte disso, os passivo-agressivos demonstram diversos sintomas e doenças — ataques de ansiedade, depressão, dores de cabeça — que fazem o seu sofrimento parecer bem real. Desde a infância, todos somos capazes de invocar esses sintomas para obter atenção e simpatia. Conseguimos adoecer pelo excesso de preocupação; chegamos à depressão com a intensidade dos nossos pensamentos. Você deve procurar pelo seguinte padrão: os sintomas parecem retornar aos passivo-agressivos quando precisam de algo (como um favor), quando veem que você está se afastando, quando se sentem especialmente inseguros. De todo jeito, eles tendem a absorver o seu tempo e espaço mental, contagiando-o com as necessidades e energia negativa deles, e é muito difícil se desconectar.

Esses tipos muitas vezes se aproveitam daqueles com uma predisposição a se sentirem culpados — os tipos sensíveis e prestativos. Para lidar com a manipulação envolvida aqui, você precisa de alguma distância, o que não é fácil. A única maneira de fazer isso é sentir alguma raiva e ressentimento pelo tempo e energia que está desperdiçando ao tentar ajudá-los, recebendo tão pouco em troca. É inevitável que o relacionamento penda em favor deles no que diz respeito à atenção. Esse é o poder deles. Criar alguma distância interna lhe permitirá ver melhor por trás da fachada que apresentam e, após algum tempo, abandonar a relação tóxica. Não se sinta mal por causa disso. Você se surpreenderá com a velocidade com que eles encontrarão um novo alvo.

A estratégia da dependência. Você ganha a amizade repentina de uma pessoa que é excepcionalmente atenciosa e preocupada com o seu bem-estar. Ela o quer ajudar no seu trabalho ou em outras tarefas; quer ouvir as suas histórias de sofrimentos e adversidades. É tão revigorante e incomum receber tanta atenção. Você se vê tornando-se um pouco dependente do que ela lhe dá. Contudo, de vez em quando, detecta alguma frieza da parte dela, e se esforça para entender o que você poderia ter dito ou feito que levasse a isso. Na realidade, não tem bem certeza se ela está aborrecida com você, mas se flagra tentando agradá-la mesmo assim e, aos poucos, sem que se dê conta, a dinâmica se reverteu, e as demonstrações de simpatia e preocupação passaram dela para você.

Às vezes, uma dinâmica similar se desenrola entre pais e filhos. Uma mãe, por exemplo, cobre a filha de amor e afeto, mantendo a menina presa a ela. Se a filha tentar exercitar a sua independência em algum momento, a mãe responde como se isso fosse um ato agressivo e desamoroso. Para não se sentir culpada, a garota para de se afirmar e se esforça mais na tentativa de merecer mais do afeto do qual se tornou dependente. O relacionamento se inverteu. Mais tarde, a mãe exerce o controle sobre outros aspectos da vida dela, inclusive dinheiro, carreira e parceiros íntimos. Essa dinâmica também ocorre entre casais.

Uma variação dessa estratégia vem de pessoas que adoram fazer promessas (de auxílio, de dinheiro, de emprego), mas não chegam a cumpri-las. De algum modo, esquecem o que prometeram, ou dão apenas parte do que foi assegurado, sempre com uma desculpa razoável. Se você se queixar, elas o acusarão de ser ganancioso ou insensível.

Você tem que ir atrás delas para compensar a sua rudeza ou implorar para conseguir parte do que prometeram.

De todo jeito, essa estratégia trata de obter o poder sobre outro indivíduo. Aquele que passa a se sentir dependente retorna à posição de criança carente e vulnerável, querendo mais. É difícil imaginar alguém tão atencioso empregando isso como uma tática, o que duplica a dificuldade de percebê-la. Você deve ter muita cautela em relação aos indivíduos muito solícitos bem no início de uma relação. Não é natural, pois costumamos desconfiar um pouco das pessoas no princípio de qualquer relacionamento. Eles talvez estejam tentando torná-lo dependente de alguma maneira, por isso mantenha alguma distância antes de poder lhes avaliar de verdade os motivos. Se começarem a demonstrar frieza e você se sentir confuso sobre o que fez, pode ter quase certeza de que estão utilizando essa estratégia. Se reagirem com raiva ou consternação quando você tentar estabelecer alguma distância ou independência, verá com clareza esse jogo de poder emergir. Abandonar qualquer relacionamento desse tipo deve ser uma prioridade.

De maneira geral, tenha cautela quanto às promessas das pessoas e nunca confie inteiramente nelas. Com aquelas que não as cumprem, é bem provável que esse seja o padrão, e é melhor não ter nada a ver com esse tipo.

A estratégia de insinuar dúvidas. No decorrer de uma conversa, alguém que você conhece, talvez um amigo, deixa escapar um comentário que o faz duvidar de si mesmo e se perguntar se ele o estava insultando de algum modo. Talvez ele o elogie pelo seu trabalho mais recente, e acrescente, com um leve sorriso, que imagina que você receberá muita atenção por causa disso, ou muito dinheiro, numa sugestão de que essa foi, de alguma maneira, a sua motivação dúbia. Ou dá a impressão de criticá-lo com um elogio fraco: "Você até que se saiu bem para alguém com o seu histórico". Robespierre, um dos líderes do Terror da Revolução Francesa, era mestre absoluto dessa estratégia. Ele passou a ver Georges Danton, seu amigo e outro líder, como tendo se tornado um inimigo da revolução, mas não queria dizer isso de forma explícita. Sua intenção era insinuar a ideia para outros e amedrontá-lo. Em certa ocasião, numa assembleia, Robespierre se levantou para apoiar o amigo, que havia sido acusado de utilizar o seu poder no governo para enriquecer. Ao defendê-lo, repetiu *cuidadosamente* e em grande detalhe todas as diversas acusações feitas contra ele, e concluiu: "Eu talvez esteja errado sobre Danton, mas, como um homem de família, ele só merece elogios". Numa variação disso, as pessoas dizem algo bem rude sobre você e, caso se mostre aborrecido, dirão que estavam brincando: "Não aguenta uma piada?". Elas interpretam frases que você tenha dito numa luz levemente negativa e, se as corrigir, responderão com inocência: "Mas eu só estou repetindo o que você disse!". Elas utilizam esses comentários insinuantes pelas suas costas também, para semear dúvidas na mente de outros a seu respeito. Também serão as primeiras a lhe contar qualquer má notícia, ou avaliações ruins, ou crítica de outros, sempre se expressando com simpatia, mas, no fundo, se deliciando com a sua dor.

O objetivo dessa estratégia é fazê-lo se sentir mal de uma forma que o atinja e que o deixe pensando na insinuação por vários dias. Esses indivíduos querem golpear a sua autoestima. Na maior parte das vezes, são motivados pela inveja. O melhor contra-ataque é demonstrar que as insinuações não têm nenhum efeito sobre você. Mantenha a calma. "Concorde" com o elogio fraco e, quem sabe, retribua-o na mesma medida. Eles querem provocá-lo, e você não deve lhes dar esse prazer. Sugerir que compreende os truques deles talvez os infecte com as suas próprias dúvidas, uma lição que vale a pena dar.

A estratégia de transferir a culpa. Com certas pessoas, você se sente irritado e aborrecido por algo que fizeram. Talvez acredite que elas o usaram, ou foram insensíveis ou ignoraram os seus pedidos para que parassem com um comportamento desagradável. Mesmo antes de expressar o seu desagrado, elas parecem ter notado o seu ânimo, e você detecta um pouco de birra da parte delas. E, quando as confronta, elas se calam, exibindo um olhar magoado ou desapontado. Não é o silêncio de alguém com remorsos. Elas talvez respondam com um: "Está certo. Deixa para lá. Se é assim que você se sente". Quaisquer pedidos de desculpas da parte delas são feitos de uma maneira que transmite, de forma sutil (por meio do tom de voz ou de expressões faciais), alguma descrença de que tenham feito algo errado.

Se forem bastante espertas, elas poderão, em resposta, mencionar algo que você tenha dito ou feito no passado, mas que esqueceu, porém que ainda as aborrece, mostrando que você não é tão inocente. Não soa como algo que tenha dito ou feito, contudo você não tem bem certeza. Talvez, para se defender, elas digam palavras que o provoquem e, quando você se zangar, agora o poderão acusar de ser hostil, agressivo e injusto.

Seja qual for o tipo de resposta que oferecerem, você acaba tendo a sensação de que talvez estivesse enganado o tempo todo. Talvez tenha reagido com exagero, ou esteja paranoico. Ou até duvide um pouco da sua sanidade – sabe que se sentiu irritado, mas talvez não possa confiar nos seus próprios sentimentos. Agora é você que se sente culpado, como se fosse o responsável pela tensão. E diz a si mesmo que é melhor se reavaliar e não repetir essa experiência desagradável. Como um acréscimo a essa estratégia, os passivo-agressivos são muitas vezes simpáticos e polidos para com outras pessoas, usando esses truques apenas contra você, já que é você que querem controlar. Se tentar contar aos demais sobre a sua confusão e raiva, não receberá nenhuma simpatia, e a transferência da culpa terá o seu efeito duplicado.

Essa estratégia é uma maneira de disfarçar todos os tipos de comportamento desagradável, de se desviar de qualquer crítica e deixar os indivíduos com medo de censurar o que estão fazendo. Dessa forma, os passivo-agressivos conseguem obter o poder sobre as suas emoções e manipulá-las como bem entenderem, fazendo o que quiserem com impunidade. Eles estão explorando o fato de que muitos de nós, desde a primeira infância, somos propensos a nos sentirmos culpados pelo menor ímpeto. Essa estratégia é utilizada de maneira mais óbvia em relacionamentos pessoais, mas você a encontrará em formas mais difusas no ambiente de trabalho. O ser humano emprega a sua hipersensibilidade a qualquer crítica, e o drama subsequente que incitar, para dissuadir os outros de tentar confrontá-lo.

Para combater essa estratégia, você precisa ser capaz de perceber a transferência de culpa e não se deixar afetar por ela. O seu objetivo não é enfurecê-los, por isso não seja apanhado na armadilha da troca de recriminações. Esses tipos são melhores nesse jogo dramático do que você, e se deliciam com o poder de irritá-lo. Permaneça calmo e até justo, aceitando parte da culpa pelo problema, se isso parecer certo. Compreenda que é bem difícil fazê-los refletir sobre o próprio comportamento e alterá-lo; são sensíveis demais para tanto.

O que você precisa é ter o distanciamento necessário para vê-los como são e se desconectar. Para ajudá-lo, aprenda a confiar nos seus sentimentos passados. Nos momentos que esses tipos o irritarem, anote o que estão fazendo e lhes memorize o comportamento. Talvez assim você compreenda que está de fato tendo uma reação exagerada. No entanto, caso contrário, poderá retornar a essas anotações para se convencer de que não está louco e para interromper o mecanismo de transferência de culpa. Se não permitir que a transferência ocorra, eles talvez se sintam desencorajados a utilizar essa estratégia. Se isso não acontecer, é melhor diminuir o seu envolvimento com o passivo-agressivo.

A estratégia da tirania passiva. A pessoa para quem você trabalha parece fervilhar com energia, ideias e carisma. É um pouco desorganizada, mas isso é normal – ela tem tanto a fazer, tantas responsabilidades e tantos planos, que não consegue supervisionar tudo. Ela precisa de ajuda, e você dá tudo de si para fornecê-la. Escuta as instruções dela com atenção redobrada e tenta executá-las. De vez em quando, o elogia, e isso o mantém trabalhando, mas às vezes grita com você por tê-la decepcionado, e isso lhe fica gravado na mente mais do que os elogios.

Você nunca se sente confortável ou toma a sua posição como garantida. Tem que se esforçar mais para evitar esses desabafos temperamentais. Aquele para quem você trabalha é perfeccionista, com padrões tão elevados, e você não está à altura dele. Você tenta pensar em modos de prever as necessidades dele, e vive com o terror de desagradá-lo. Se lhe desse ordens específicas, você simplesmente faria o que lhe pedisse. Contudo, ao ser um pouco passivo e volúvel, ele o força a trabalhar dobrado para agradá-lo.

Essa estratégia costuma ser empregada, em geral contra os subalternos, por aqueles que estão no poder, mas é aplicável por pessoas em relacionamentos, com um parceiro tiranizando o outro ao se provar simplesmente impossível de agradar. A manobra se baseia na seguinte lógica:

se os indivíduos souberem o que você quer e como conseguir isso, eles terão algum poder sobre você. Se seguirem as suas instruções e fizerem o que manda, você não tem como criticá-los. Se forem consistentes, você talvez até se torne dependente do trabalho deles, e eles ameaçarão abandoná-lo a fim de arrancar concessões de você. Entretanto, se não tiverem nenhuma ideia do que funciona de fato, se não conseguirem discernir com exatidão que tipo de comportamento atrai elogios e qual atrai punições, eles não têm nenhum poder, nenhuma independência, e podem ser convencidos a fazer de tudo. Como com um cão, um tapinha ocasional no ombro lhes aprofundará a submissão. Era assim que Michael Eisner exercia o controle ditatorial sobre todos em redor, inclusive Jeffrey Katzenberg (veja mais sobre isso no Capítulo 11).

Se abandonarmos esses tiranos, estes não se incomodarão. Isso demonstra que o indivíduo retém alguma independência, e encontrará um substituo que seja mais submisso, pelo menos por enquanto. Talvez ele intensifique também o seu comportamento difícil, a fim de testar certas pessoas e fazê-las ir embora ou se submeterem. Esses tiranos podem tentar agir como crianças indefesas. Apresentam-se como gênios ou artistas temperamentais, e a necessidade urgente que eles demonstram, de que você faça mais por eles, parece expressar a vulnerabilidade que possuem. Esse tipo de pessoa emprega essa fraqueza simulada para justificar a natureza mesquinha da sua tirania.

É muito difícil criar estratégias contra esses tipos, pois, na maioria das vezes, eles são seus superiores e exercem um poder real sobre você. Tendem a ser hipersensíveis e propensos a se enfurecerem, o que torna qualquer forma de resistência ou desconexão interior difícil de manter. A rebelião franca só vai piorar a situação. Em primeiro lugar, compreenda que essa estratégia é mais consciente do que parece. Eles não são fracos e indefesos, mas tiranos ardilosos. Em vez de se ater a qualquer coisa positiva que digam ou façam, pense apenas nas manipulações e rudeza. A sua habilidade de se desligar deles num nível emocional vai neutralizar a presença obsessiva que tentam incutir. Contudo, no fim, nada vai funcionar de verdade, pois, se eles detectarem o seu distanciamento por meio da hipersensibilidade, o comportamento deles só vai se agravar. A única solução real é se demitir e se recuperar. Nenhuma posição vale esse tipo de abuso, pois você poderia levar anos para se recobrar dos danos à sua autoestima.

A AGRESSÃO CONTROLADA

Nascemos com uma energia poderosa que é distintamente humana. Nós a chamamos de força de vontade, assertividade ou até de agressividade, mas ela se mescla à nossa inteligência e esperteza e nos foi revelada em seu estado mais puro na infância. Essa energia nos torna ousados e aventureiros não apenas em termos físicos, mas também mentais, nos levando a explorar ideias e absorver o conhecimento. Ela nos fez procurar por amigos com quem exploraríamos juntos. Também nos tornou incansáveis quanto a buscar soluções para problemas ou conseguir o que queremos. (As crianças costumam ser ousadas naquilo que pedem.) E nos abriu para o mundo e para novas experiências. Se nos sentimos frustrados e impotentes por longos períodos de tempo, essa mesma energia nos torna excepcionalmente combativos.

Ao crescermos e nos depararmos cada vez mais com frustrações, com a resistência dos outros e com sentimentos de impaciência para obter poder, alguns de nós talvez se tornem agressivos crônicos. No entanto, outro fenômeno é ainda mais comum: nós nos sentimos desconfortáveis e até assustados com essa energia assertiva interior, e com o nosso próprio potencial para o comportamento agressivo. Ser assertivo e aventureiro poderia levar a alguma ação que fracassasse, o que nos deixaria expostos e vulneráveis. Se expressarmos muito dessa energia, as pessoas talvez não gostem de nós. Poderíamos incitar conflitos. Talvez os nossos pais tenham também nos instilado alguma vergonha pelas nossas explosões agressivas. De todo jeito, passamos a ver a parte agressiva da identidade como perigosa. Contudo, já que essa energia não desaparece, ela se volta para dentro, e criamos o que o grande psicanalista inglês Ronald Fairbairn chamou de o *sabotador interno*.

O sabotador atua como um perseguidor interior, nos julgando e atacando de forma contínua. Se estivermos prestes a tentar algo, ele nos lembra do potencial para o fracasso. Tenta abafar qualquer exuberância, porque isso abriria a porta para que outros nos criticassem. Ele nos deixa desconfortáveis em relação a sensações fortes de prazer ou à expressão de emoções profundas, e nos impele a reprimir as nossas ambições, a fim de nos encaixarmos melhor no grupo e não nos destacarmos. Quer que recuemos para dentro, onde podemos nos proteger, mesmo que isso cause depressão, e nos leva a forjar uma identidade falsa para apresentar ao mundo, uma que seja humilde e modesta. No fim, o sabotador interno atua para diminuir a nossa energia e restringir o que fazemos, tornando o nosso mundo mais manejável e previsível, mas também bem morto. É o mesmo objetivo do agressor – obter o controle sobre a incerteza –, mas pelo método oposto.

O sabotador interno também exerce um efeito amortecedor sobre os nossos poderes mentais. Ele nos desencoraja de sermos ousados e aventureiros no nosso raciocínio. Limitamos as nossas ideias e nos contentamos com as opiniões convencionais do grupo, porque é mais seguro. As pessoas criativas demonstram uma grande agressividade no seu pensamento, tentando muitas opções e buscando soluções possíveis. Ao tentar nos livrarmos de qualquer tipo de impulso agressivo, na verdade frustramos as nossas próprias energias criativas.

Entenda: o problema nunca foi os seres humanos serem assertivos e agressivos. Isso seria tornar a nossa própria natureza um problema. Os aspectos positivos e negativos dessa energia são apenas dois lados da mesma moeda. Tentar abafar o aspecto negativo, nos entregando ao sabotador interno, só entorpece o aspecto positivo. O obstáculo real é que não sabemos como canalizar essa energia de uma forma adulta, produtiva e pró-social, a qual precisar ser aceita como totalmente humana e potencialmente positiva. O que devemos fazer é domá-la e treiná-la para os nossos próprios propósitos. Em vez de sermos agressivos crônicos, passivo-agressivos ou reprimidos, tornaremos essa energia focada e racional. Como todas as formas de energia, quando concentrada e sustentada, ela tem muito mais força. Ao seguir esse caminho, vamos recobrar parte daquele espírito puro que tínhamos quando crianças, nos sentindo mais ousados, integrados e autênticos.

A seguir estão quatro elementos potencialmente positivos dessa energia que podemos disciplinar e empregar, aprimorando o que a evolução nos conferiu.

Ambição. Dizer que você é ambicioso, no mundo de hoje, é como confessar algo um pouco sujo, revelando, talvez, um excesso de absorção em si mesmo. No entanto, lembre-se da sua infância e juventude – você com certeza cultivava grandes sonhos e ambições para a sua vida. Tinha planos de deixar a sua marca neste mundo de algum jeito. Na sua mente, contemplou diversas cenas de glórias futuras. Era um impulso natural da sua parte, e você não se envergonhava disso. Então, ao crescer, é provável que tenha tentado abafar esse impulso. Ou manteve as suas ambições secretas e agiu com modéstia, ou parou de sonhar por completo, tentando evitar parecer egocêntrico e ser julgado.

Muito desse desprezo pela ambição e por pessoas ambiciosas na nossa cultura resulta, na verdade, de uma grande quantidade de inveja pelas realizações dos outros. Abafar as suas ambições da juventude é um sinal de que você não gosta de si mesmo ou não se respeita; não mais acredita que merece ter o poder e o reconhecimento com o qual sonhou no passado. Isso não o torna mais adulto, apenas aumenta a probabilidade de que fracasse – ao reduzir as suas ambições, você limita as suas possibilidades e diminui a sua energia. De todo jeito, ao tentar parecer não ambicioso, você acaba sendo tão egocêntrico quanto qualquer outro; ser tão humilde e virtuoso é a sua ambição, e você quer fazer um espetáculo disso.

Algumas pessoas permanecem ambiciosas ao crescerem, mas as suas ambições são vagas demais. Querem sucesso, dinheiro e atenção. Por causa dessa imprecisão, é difícil para elas sentir algum dia que satisfizeram os seus desejos. O que constitui dinheiro ou sucesso ou poder suficientes? Sem ter certeza do que almejam, não conseguem estabelecer um limite aos seus desejos e, embora esse não seja sempre o caso, isso pode levá-las a um comportamento agressivo, à medida que querem cada vez mais e não sabem quando parar.

Em vez disso, o que você precisa fazer é aceitar essa sua parte infantil, revisitar as suas primeiras ambições, adaptá-las à realidade atual e torná-las o mais específicas possível. Você quer escrever um livro em particular, expressando certas ideias ou emoções arraigadas; quer fundar o tipo de empresa que sempre o fascinou; quer criar um movimento cultural ou político para tratar de uma causa em especial. Essa ambição específica talvez seja formidável o bastante, mas visualize com clareza o ponto final e como chegar lá. Quanto mais claro você enxergar o que quer, maior será a probabilidade de que o realizará. As suas ambições talvez envolvam desafios, mas estes não devem estar tão acima das suas capacidades que você esteja fadado ao fracasso.

Uma vez que o seu objetivo seja atingido, não importa quanto tempo leve, você agora se voltará para uma nova ambição, um novo projeto, sentindo uma imensa satisfação por ter completado o anterior. Não interrompa esse processo ascendente, ganhando impulso. A chave está no nível de desejo e energia agressiva que dedicar a cada projeto ambicioso. Não se contamine com dúvidas ou culpa; você está em harmonia com a sua natureza, e será amplamente recompensado por isso.

Persistência. Se você observar as crianças pequenas, vai notar como são voluntariosas e infatigáveis quando querem algo. Essa persistência nos é natural, mas é uma qualidade que tendemos a perder à medida que crescemos e a nossa autoconfiança esmorece. Isso é o que costuma acontecer mais tarde quando enfrentamos um problema ou alguma resistência: invocamos a energia para atacar o problema, mas, num canto da mente, temos algumas dúvidas – será que estamos à altura da tarefa? Essa leve diminuição da autocrença se traduz numa redução da energia com que atacamos o problema. Isso leva a um resultado menos eficiente, o que aumenta ainda mais o volume das dúvidas lá no fundo, diminuindo o efeito da nossa próxima ação ou manobra. A certa altura, aceitamos a derrota e desistimos (contudo, cedo demais). Nós nos rendemos por dentro muito antes de nos rendermos por fora.

O que você precisa entender é o seguinte: quase nada no mundo resiste à persistente energia humana. Tudo cede se golpearmos o bastante com força suficiente. Considere quantas pessoas formidáveis na história obtiveram o sucesso dessa maneira. Foi a persistência meticulosa, por muitos anos, que permitiu a Thomas Edison criar o formato apropriado da lâmpada, e a Marie Curie inventar o rádio. Eles apenas continuaram quando outros desistiram. No decorrer de dez anos, foi por meio de experimentos de pensamento contínuo, noite e dia, explorando cada solução possível, que Albert Einstein chegou enfim à teoria da relatividade. No campo espiritual, Hakuin, o grande mestre Zen do século 18, foi capaz de chegar por fim à iluminação total, e reviver uma ramificação morta do Zen, pois havia se devotado à tarefa com persistência incansável por cerca de vinte anos. Essa é a energia agressiva, não dividida por dentro, voltada com uma mira tão precisa quanto um *laser* ao problema da resistência.

É porque a criança ou o cientista ou o praticante do Zen querem algo com tanta intensidade que nada os deterá. Eles entendem o poder da persistência, de modo que isso se torna uma profecia autorrealizada – sabendo o seu valor, são capazes de invocar a energia e a autocrença para solucionar o problema. Estão adotando o lema de Aníbal: "Encontrarei um caminho, ou abrirei um". Você deve fazer o mesmo. O truque é querer algo com tanto fervor que nada o detenha ou entorpeça a sua energia. Encha-se com o desejo necessário para atingir uma meta. Treine-se para não desistir com a facilidade com que desistiu no passado. Continue atacando o problema a partir de novos ângulos, novas maneiras. Esqueça as dúvidas no fundo da sua mente e continue a golpear com força total, sabendo que consegue atravessar qualquer barreira se não desistir. Uma vez que sinta o poder dessa forma de ataque, continuará recorrendo a ele.

Destemor. Somos criaturas ousadas por natureza. Quando crianças, não tínhamos medo de pedir mais ou de afirmar a nossa vontade. Éramos incrivelmente adaptáveis e destemidos em muitos aspectos. O acanhamento é uma qualidade que costumamos adquirir. É algo que surge do acúmulo dos nossos medos enquanto crescemos e de uma perda de confiança em relação ao nosso poder de conseguirmos o que queremos. Passamos a nos preocupar demais com a maneira como as pessoas nos percebem e com o que vão pensar se nos afirmarmos. Interiorizamos as dúvidas dos outros. Começamos a temer qualquer tipo de conflito ou confronto, o que agitaria as emoções e levaria a consequências que não temos como prever ou controlar. Desenvolvemos o hábito de recuar. Não dizemos o que sentimos mesmo quando seria apropriado, e deixamos de estabelecer limites para o comportamento prejudicial dos outros. Temos dificuldade para pedir um aumento de salário ou uma promoção ou o respeito que nos é devido. Perder o nosso espírito ousado, que é uma forma positiva de agressividade, é perder uma parte profunda da nossa identidade, o que será sempre doloroso.

Tente recobrar o destemor que costumava ter, por meio de etapas graduais. A chave é, em primeiro lugar, se convencer de que você merece coisas boas e melhores na vida. Uma vez que se sinta assim, treine-se para dizer o que pensa ou até retrucar em situações cotidianas quando as pessoas se provarem insensíveis. Aprenda a se defender. Você poderia advertir aqueles que exibirem um comportamento passivo-agressivo, ou não ser tão acanhado ao expressar uma opinião que eles talvez não compartilhem, ou ao lhes dizer o que realmente pensa das ideias ruins deles. Muitas vezes você perceberá, ao agir assim, que tem menos a temer do que imaginava. Talvez até conquiste algum respeito. Tente fazer isso em pequenas doses todos os dias.

Uma vez que tenha perdido o medo nesses encontros menos dramáticos, comece a acelerar. Exija mais que ser bem tratado, ou ter o trabalho de qualidade que realiza respeitado. Faça isso sem nenhum tom queixoso ou defensivo. Deixe claro aos valentões que você não é tão fraco quanto parece, ou tão fácil de manipular quanto os demais. Seja tão incansável quanto eles ao defender os seus interesses. Em negociações, treine-se para não se contentar com pouco, mas para fazer exigências mais ousadas e ver o quanto consegue pressionar o outro lado.

Aplique essa ousadia crescente no seu trabalho. Não tenha tanto medo de criar algo que seja único, ou de enfrentar críticas e fracasso. Assuma riscos razoáveis e teste-se. Tudo isso deve crescer aos poucos, como um músculo que estava atrofiado, por isso não arrisque uma batalha ou reação agressiva em larga escala antes de ter se fortalecido. Contudo, uma vez que tenha desenvolvido esse músculo, você se tornará confiante de que consegue encarar qualquer adversidade na vida com uma atitude destemida.

Raiva. É natural e saudável que você sinta raiva de certos tipos de pessoa: aqueles que impedem de forma injusta o seu progresso; os muitos tolos que têm poder, mas que são preguiçosos e incompetentes;

os críticos hipócritas que advogam os seus clichês com tanta convicção e que o atacam sem entender as suas opiniões. A lista é interminável. Sentir tanta raiva pode ser um mecanismo de motivação poderoso para realizar algum tipo de ação. Pode preenchê-lo com uma energia valiosa. Você deve aceitar a raiva e empregá-la em toda a sua vida para esse propósito. O que talvez detenha o seu progresso ou reprima a sua raiva é que ela parece ser uma emoção altamente feia e tóxica, o que é frequentemente verdade na nossa cultura.

O que torna a raiva tóxica é o quanto ela está desconectada da realidade. As pessoas canalizam as suas frustrações naturais numa raiva contra algum inimigo obscuro ou bode expiatório, criado e promovido por demagogos. Imaginam conspirações enormes por trás de realidades simples e inescapáveis, como os impostos ou o globalismo ou as mudanças que fazem parte de todos os períodos históricos. Acreditam que certas forças no mundo são culpadas pela sua falta de sucesso ou poder, em vez da sua própria impaciência e falta de esforço. Não há raciocínio por trás dessa raiva, por isso ela não leva a nada e se torna destrutiva.

Você deve fazer o oposto. Direcione a sua raiva a forças e indivíduos bem específicos. Analise a emoção. Tem certeza de que a sua frustração não resulta das suas próprias deficiências? Você entende de fato o motivo da raiva e a que ela deveria ser direcionada? Além de determinar se ela é justificada e a que a raiva deveria ser direcionada, analise também a melhor maneira de canalizar essa emoção, a melhor estratégia para derrotar os seus adversários. A sua raiva deve ser controlada e realista, e visar à fonte real do problema, sem jamais perder de vista o que a inspirou inicialmente.

A maioria dos indivíduos manifesta algum extravasamento catártico da raiva, algum protesto gigantesco, e então a emoção se vai e as pessoas retornam à complacência ou se tornam amarguradas. Você deve esfriar a sua raiva; colocá-la para cozinhar em fogo brando em vez de fervê-la. A sua raiva controlada lhe dará a resolução e a paciência de que vai precisar para o que talvez seja uma luta mais longa do que havia imaginado. Deixe que a falsidade ou injustiça permaneçam num canto da sua mente, mantendo-o energizado. A verdadeira satisfação virá não num único espasmo de emoção, mas quando conseguir derrotar de fato o valentão e expor os ignorantes pelo que são.

Não tenha medo de utilizar a sua raiva no trabalho, em especial se esta for aliada a alguma causa, ou se você estiver se expressando por meio de algo criativo. Muitas vezes é a sensação de raiva contida que torna um orador tão eficaz; essa era a fonte de boa parte do carisma de Malcolm X. Observe as obras de arte mais duradouras e comoventes, e com frequência vai ler ou sentir a raiva contida por trás delas. Somos todos tão cautelosos e corretos que, quando sentimos a raiva canalizada com tanto cuidado num filme ou num livro ou seja lá no que for, a sentimos como uma brisa fresca. Atrai todas as nossas próprias frustrações e ressentimentos e os libera. Reconhecemos que é algo real e autêntico. No seu trabalho expressivo, nunca fuja da raiva, mas capture-a e canalize-a, deixando que sopre uma sensação de vida e movimento para dentro das suas tarefas. Ao expressar essa raiva, você sempre encontrará um público.

> O poder é necessário para a comunicação. Colocar-se diante de um grupo hostil ou indiferente e dizer o que tem em mente, ou transmitir com honestidade a um amigo verdades que penetram fundo e magoam, exige autoafirmação, autoasserção, e até, de vez em quando, agressão.
>
> — *Rollo May*

17
Aproveite o momento histórico
A Lei da Miopia Geracional

O leitor nasceu numa geração que define quem você é mais do que imagina. A sua geração quer se separar da anterior e estabelecer um novo tom para o mundo. No processo, forma certos gostos, valores e maneiras de pensar que você, como indivíduo, internaliza. Ao envelhecer, esses valores e ideias geracionais tendem a fechar a sua mente para outros pontos de vista, restringindo-a. A sua tarefa é entender da maneira mais profunda possível essa influência poderosa sobre quem você é e como vê o mundo. Conhecendo em profundidade o espírito da sua geração e dos tempos em que vive, você será mais capaz de explorar o zeitgeist. Você será aquele a prever e estabelecer as tendências pelas quais a sua geração anseia. Você libertará a sua mente das restrições mentais colocadas sobre si pela sua geração, e se aproximará mais do indivíduo que se imagina ser, com todo o poder que a liberdade lhe oferecerá.

A MARÉ CRESCENTE

Em 10 de maio de 1774, o rei Luís XV da França morreu aos 64 anos, e, embora o país vivesse o luto compulsório pelo monarca, muitos franceses sentiam uma sensação de alívio. Ele havia governado a França por mais de cinquenta anos. Deixou a nação num estado de prosperidade, como a potência predominante da Europa, mas a situação estava mudando – a classe média, em expansão, ansiava pelo poder, os camponeses estavam inquietos e o povo em geral desejava algo novo. Por essa razão, foi com grande esperança e afeição que o povo francês se voltou para o novo governante, o rei Luís XVI, neto do rei falecido, então com apenas 20 anos. Ele e a jovem esposa, Maria Antonieta, representavam uma nova geração que decerto revitalizaria o país e a própria monarquia.

O jovem rei, porém, não compartilhava do otimismo dos súditos. Na realidade, havia momentos em que beirava o pânico. Desde menino, o prospecto de se tornar rei o apavorava. Comparado ao afável avô, Luís era bem tímido quando se via cercado por pessoas; era um rapaz desajeitado, sempre incerto e com medo de cometer erros. Sentia que o papel augusto de rei da França estava além das suas capacidades. Agora, tendo ascendido ao trono, não conseguia mais disfarçar as suas inseguranças da corte e do povo francês. Contudo, ao se preparar para a coroação, marcada para a primavera de 1775, Luís começou a se sentir diferente. Havia decidido estudar o ritual da coroação em si, a fim de estar preparado e não cometer erros, e o que aprendeu lhe deu de fato a confiança de que tanto precisava.

Segundo a lenda, o Espírito Santo enviara, por meio de uma pomba, um óleo sagrado que era mantido numa igreja na cidade de Reims e que fora utilizado para ungir todos os reis da França a partir do século 9. Uma vez ungido com esse óleo, o rei era subitamente elevado além da posição de mero mortal e imbuído de uma natureza divina, tornando-se o representante de Deus na Terra. O ritual simbolizava o casamento do novo rei com a igreja e o povo francês. Em seu corpo e espírito, então, agora encarnaria toda a população, entrelaçando o destino de ambos e, santificado por Deus, contaria com o direcionamento e a proteção do Senhor.

Na década de 1770, muitos franceses e sacerdotes progressistas haviam passado a ver esse ritual como a relíquia de uma superstição do passado. No entanto, Luís sentia o contrário. Para ele, a antiguidade do rito era reconfortante. Acreditar no seu significado seria o meio de superar seus medos e dúvidas. Ele seria amparado por um senso profundo de ter uma missão, com a sua natureza divina sendo garantida pela unção.

Luís decidiu encenar esse ritual sagrado na sua forma mais original. E iria ainda mais longe. No Palácio de Versalhes, ele notou que muitas das pinturas e estátuas de Luís XIV o associavam a deuses romanos, uma maneira de fortalecer simbolicamente a imagem da monarquia francesa como algo antigo e inabalável. O novo rei decidiu que se cercaria com imagens semelhantes para a parte pública da coroação, impressionando os súditos com o espetáculo e os símbolos que escolhera.

A coroação de Luís XVI ocorreu em 11 de junho de 1775, e entre a multidão do lado de fora da catedral, naquele dia quente, estava um turista bem improvável – um rapaz de 15 anos chamado Georges-Jacques Danton, aluno de um internato na cidade de Troyes e cuja família vinha da classe camponesa, porém o pai conseguira se tornar advogado, alçando-os à classe média em expansão na França. Este havia morrido quando Danton tinha 3 anos, e a mãe o criou na esperança de que o filho seguisse os passos do marido, assegurando uma carreira sólida.

Danton tinha uma aparência bem estranha – alguns diriam que era feio, pura e simplesmente. Tinha um físico bem grande para a idade dele, com uma cabeça enorme e um rosto monstruoso. Tendo crescido na fazenda da família, fora atacado duas vezes por touros, e os chifres lhe haviam quebrado o nariz e fissurado o lábio superior. Algumas pessoas o consideravam assustador, mas muitos se encantavam com a sua exuberância juvenil e conseguiam lhe ignorar o rosto. O rapaz era simplesmente destemido, sempre em busca de aventuras, e era esse espírito ousado que atraía os demais a ele, em especial seus colegas.

Na escola que frequentava, os sacerdotes liberais que a dirigiam haviam decidido dar um prêmio ao estudante que escrevesse o ensaio que melhor descrevesse a coroação iminente, a sua necessidade e significado numa época em que a França tentava se modernizar. Danton não era do tipo intelectual. Preferia nadar no rio mais próximo e realizar qualquer outro tipo de atividade física. A única matéria que o entusiasmava era História, em especial a da Roma antiga. A sua figura histórica favorita era o grande advogado e orador romano Cícero, com o qual se identificava, pois este também teve as suas origens na classe média. Danton memorizou os discursos de Cícero e desenvolveu o amor pela oratória. Com a sua voz potente, era natural na arte, mas não muito bom em escrita.

Ele queria desesperadamente vencer o concurso de ensaios – isso lhe elevaria de imediato o *status* entre os colegas. Chegou à conclusão, porém, de que a única maneira de compensar suas habilidades literárias medíocres era assistir à coroação em primeira mão e oferecer uma descrição vívida dos acontecimentos. Ele também sentia uma estranha afinidade com o jovem rei: a diferença de idade entre os dois não era grande, e ambos tinham um porte físico grandalhão e não eram considerados bonitos de forma alguma.

Cabular a aula para ir até Reims, a apenas 13 quilômetros de distância, era bem o tipo de aventura que sempre o entusiasmara. Ele disse aos amigos: "Quero ver como se faz um rei". Assim, partiu de forma sorrateira para Reims na véspera da coroação e chegou lá bem na hora. Ele se moveu pela multidão de franceses que se congregava fora da catedral. Soldados brandindo lanças compridas barravam o caminho. Apenas a nobreza tinha a permissão de entrar. Danton forçou o caminho o máximo que pôde, e avistou o rei, que vestia a mais espetacular túnica cerimonial incrustada com diamantes e ouro, subindo os degraus. A bela rainha o seguia num vestido esplêndido, os cabelos empilhados a uma altura impossível, seguida por outros membros da sua comitiva. De longe, pareciam todos figuras de uma outra era, tão diferentes de qualquer um que Danton tivesse visto antes.

Ele aguardou com paciência do lado de fora pelo fim do ritual, quando o rei reapareceu, agora ostentando uma coroa. Por um breve momento, Danton viu o rosto de Luís mais de perto quando este passou, e se surpreendeu ao notar que o rei lhe parecia bem comum, a despeito das roupas e joias. Este então entrou na carruagem mais ornamentada imaginável, chamada *Sacre*. Parecendo algo saído de um conto de fadas, fora construída para a coroação e projetada para representar a carruagem de Apolo, reluzindo como o sol (que era o símbolo do rei francês), e era gigantesca. Em todos os lados havia estatuetas de ouro de deuses romanos. No painel da porta diante de Danton, este observou uma pintura detalhada de Luís XVI como um imperador romano sobre uma nuvem, chamando o povo francês abaixo. O mais estranho de tudo era que a carruagem em si ostentava uma enorme coroa de bronze.

A *Sacre* foi concebida para servir como o próprio símbolo da monarquia, mítica e estonteante. Era uma visão e tanto, mas, por algum motivo, parecia estranhamente deslocada – grande demais, radiante demais, e, quando o rei embarcou, deu a impressão de engoli-lo. Era magnífica ou grotesca? Danton não conseguiu se decidir.

O garoto retornou à escola mais tarde no mesmo dia, a cabeça girando com todas aquelas imagens estranhas. Inspirado pelo que testemunhou, compôs o melhor ensaio que já havia escrito e ganhou o concurso.

Nos anos após se formar pela escola em Troyes, Danton deixaria a mãe orgulhosa. Em 1780, ele se mudou para Paris a fim de trabalhar como secretário nos tribunais. Em poucos anos, foi aprovado no exame da Ordem e passou a praticar a advocacia. No tribunal, com a sua voz ressoante e dons de oratória, comandava a atenção de maneira natural e logo foi promovido. E, ao se socializar com os colegas advogados e ler os jornais, detectou algo estranho acontecendo na França: um descontentamento crescente com o rei, com a rainha esbanjadora e com as arrogantes classes mais altas, a quem os grandes pensadores da época ridicularizavam em peças e livros.

O problema principal eram as finanças do país – a França parecia estar sempre à beira de ficar sem dinheiro. Na raiz disso, estava a estrutura financeira vastamente antiquada do país. O povo francês estava sujeito a todo tipo de impostos onerosos que datavam dos tempos feudais, mas o clero e a nobreza eram, na maior parte, isentos desse fardo. Os impostos sobre as classes média e baixa da França nunca conseguiam gerar renda suficiente, em especial ao se considerarem os gastos luxuosos da corte francesa, que só haviam piorado graças às festas requintadas de Maria Antonieta e ao amor desta por coisas finas.

À medida que o suprimento de dinheiro acabava e o preço do pão continuava a aumentar, e com milhões de pessoas passando fome, protestos começaram a irromper por toda a zona rural e até em Paris. E em meio a todo esse tumulto, o jovem rei se revelava indeciso demais para lidar com a pressão.

Em 1787, quando a situação financeira se agravou, foi concedida a Danton uma oportunidade única: uma posição como advogado no Conselho do Rei, com um belo aumento de salário. Querendo se casar com uma moça chamada Gabrielle, cujo pai se opunha ao casamento porque Danton não recebia o suficiente, este aceitou a posição no conselho, apesar dos seus temores de que estava embarcando num navio afundando. Dois dias mais tarde, aquela união foi celebrada.

Danton fazia bem o seu trabalho, mas se viu cada vez mais absorvido pelo tumulto em Paris. Juntou-se a um clube chamado Cordeliers, cujos membros eram uma mescla de artistas boêmios e agitadores políticos. Como se situava perto de seu apartamento, ele começou a passar boa parte do dia lá, e logo estava participando dos debates estridentes sobre o futuro da França, que se davam no clube. Sentia um novo espírito estranho no ar, uma ousadia que fazia as pessoas repentinamente dizerem coisas sobre a monarquia que nunca teriam dito alguns anos antes. Danton considerava aquilo excitante e irresistível. Começou a fazer os seus próprios discursos inflamados, concentrando-se na brutalidade das classes mais altas, e se deleitava com a atenção que recebia.

Em 1788, foi-lhe oferecida uma posição superior no Conselho do Rei, mas ele recusou. Disse ao ministro do rei que lhe apresentou a oferta que a monarquia estava condenada: "Não se trata mais de reformas modestas", afirmou ele. "Estamos, mais do que nunca, à beira da revolução [...]. Você não vê a avalanche se aproximando?".

Na primavera de 1789, Luís foi forçado a convocar uma assembleia nacional para lidar com a falência que se avultava. A assembleia era conhecida como os Estados Gerais, uma instituição criada para lidar com a crise nacional, mas sempre como uma medida de último recurso, sendo que a mais recente havia sido realizada em 1614, depois da morte do rei Henrique IV. Ela reuniria representantes dos três Estados da França: a nobreza, o clero e os plebeus pagadores de impostos. Embora a vasta maioria do povo francês devesse ser representada pelos membros do Terceiro Estado, o poder da assembleia pendia pesadamente em favor da nobreza e do clero. Mesmo assim, os franceses tinham grandes esperanças em relação aos Estados Gerais, e Luís relutara muito antes de convocar a assembleia.

Apenas um mês antes da reunião dos Estados Gerais, protestos em Paris haviam irrompido pelo preço do pão, e as tropas reais atiraram contra as multidões, matando dezenas. Danton testemunhara o banho de sangue e sentia que aquele era um momento de transformação nos ânimos das pessoas, em especial das classes mais baixas, e nele mesmo. Ele compartilhava a raiva e o desespero delas; não era mais possível apaziguá-las com a retórica atual. Começou a discursar para multidões furiosas em esquinas, atraindo seguidores e criando um nome para si mesmo. Para um amigo que se surpreendeu com essa nova direção na vida de Danton, este respondeu que era como ver uma maré forte no rio, mergulhar e deixar que ela o carregasse para onde quer que fosse.

Ao se preparar para a congregação dos Estados Gerais, o rei Luís mal conseguia conter a raiva e o ressentimento. Nos anos desde que chegara ao poder, vários ministros das finanças o haviam avisado da crise iminente se a França não reformasse o sistema tributário. Ele entendia isso e tentara iniciar reformas, mas a nobreza e o clero, temendo aonde isso poderia levar, haviam sido tão hostis a essas ideias que ele fora forçado a recuar. E agora, com o tesouro do país quase vazio, a nobreza e o Terceiro Estado o mantinham refém, obrigando-o a convocar os Estados Gerais e colocando-o na posição de implorar por fundos para o seu povo.

Os Estados Gerais não eram uma parte tradicional do governo francês, mas uma anomalia, um desafio ao direito divino do rei, uma receita para a anarquia. Quem sabia o que era melhor para a França? Os súditos, que tinham um milhão de opiniões diferentes? A nobreza, com os seus interesses limitados e sede de poder? Não, apenas o rei seria capaz de conduzir a nação por essa crise. Ele tentou recuperar o controle sobre essas crianças arruaceiras.

O rei se decidiu pelo seguinte plano: ele lhes enfatizaria toda a majestade da monarquia e da sua necessidade absoluta como o poder supremo da França. Para fazer isso, organizaria os Estados Gerais em Versalhes, algo que os seus conselheiros lhe avisaram para que não fizesse, considerando a proximidade daquela cidade a Paris e todos os agitadores. Luís argumentou que a maioria dos delegados do Terceiro Estado era da classe média e relativamente moderada. Em meio à grandeza e a todos os símbolos da monarquia francesa, os membros do Terceiro Estado não poderiam deixar de pensar no que Luís XIV, o construtor de Versalhes, criara e o quanto eles deviam à monarquia por ter transformado a França numa grande potência. Luís organizaria uma cerimônia de abertura que rivalizaria com a sua coroação e lembraria todos os Estados da origem divina do seu reinado.

Tendo impressionado a todos com o peso do passado, ele então concordaria em promover algumas reformas no sistema tributário, pelo que o Terceiro Estado com certeza se mostraria grato. Ao mesmo tempo, porém, deixaria claro que, sob nenhuma circunstância, a monarquia ou os primeiros dois Estados abririam mão de quaisquer poderes ou privilégios. Desse modo, o governo arrecadaria os fundos necessários por meio dos impostos, e as tradições que ele deveria manter permaneceriam inalteradas.

As cerimônias de abertura transcorreram bem como ele havia planejado, mas, para o seu horror, os representantes do Terceiro Estado não se mostraram nada interessados nos esplendores do palácio e em toda a pompa. A atitude deles beirou o desrespeito durante as cerimônias religiosas. Não aplaudiram com muito ardor o discurso de abertura do rei, cujas reformas tributárias propostas não eram o suficiente aos olhos deles. E, com o passar das semanas, os membros do Terceiro Estado se tornaram cada vez mais exigentes, insistindo agora que os três Estados tivessem poder igualitário.

Quando o rei se recusou a lhes aceitar as exigências, eles fizeram o impensável – declararam-se os verdadeiros representantes do povo francês, iguais ao rei, e deram à sua congregação o título de Assembleia Nacional. Propuseram a formação de uma monarquia constitucional, e alegaram ter o amplo apoio do país. Se não conseguissem o que queriam, garantiriam que o governo seria incapaz de arrecadar os impostos necessários. A certa altura, quando o rei se enfureceu com essa forma de chantagem, lhes deu ordens para que o Terceiro Estado debandasse do seu local de encontro, e eles se recusaram, desobedecendo a um decreto real. Jamais um rei francês testemunhara tamanha insubordinação das classes inferiores.

Ao encarar um levante crescente em todo o país, Luís sentiu a urgência de eliminar o problema pela raiz. Decidiu esquecer quaisquer tentativas de conciliação e, em vez disso, recorrer à força, convocando o

Exército para que este estabelecesse a ordem em Paris e além. Contudo, em 13 de julho, mensageiros lhes reportaram notícias perturbadoras: a população, prevendo que Luís empregaria as Forças Armadas, estava se armando rapidamente, saqueando prisões militares. Os soldados franceses que haviam se deslocado para sufocar a rebelião não eram confiáveis, muitos deles se recusando a atirar contra os seus compatriotas. No dia seguinte, um vasto contingente de parisienses invadiu a Bastilha, a prisão real da cidade e símbolo das práticas mais opressivas da monarquia, e tomou o controle.

Paris estava nas mãos do povo agora, e não havia nada que Luís pudesse fazer. Ele viu com horror a Assembleia Nacional, ainda reunida em Versalhes, votar com rapidez em favor de eliminar os vários privilégios da nobreza e do clero. Em nome do povo, votaram a favor de assumir o controle da Igreja Católica e leiloar ao público as vastas terras que ela possuía. Foram ainda além, proclamando que, a partir de então, todos os cidadãos franceses eram iguais. Permitiriam que a monarquia sobrevivesse, mas o povo e o rei compartilhariam o poder.

Nas semanas que se seguiram, à medida que os cortesãos, chocados e apavorados com esses acontecimentos, fugiam rapidamente de Versalhes para regiões mais seguras ou a outros países, o rei percebeu agora o impacto total do que ocorrera nos últimos meses. Ele vagava pelos corredores do palácio, praticamente sozinho. As pinturas e os augustos símbolos de Luís XIV o fitavam com zombaria por tudo que o neto havia permitido sob o seu governo.

De algum modo, ele tinha que retomar o controle sobre a França, e a única forma de fazer isso era se apoiar ainda mais no Exército, encontrando aqueles regimentos que permaneciam fiéis a ele. No meio de setembro, ordenou que o Regimento de Flandres – contendo alguns dos melhores soldados do país, famosos pela lealdade à monarquia – fosse para Versalhes. Na noite de 1º de outubro, a guarda pessoal do rei decidiu oferecer um banquete em honra do Regimento de Flandres, a que todos os cortesãos que haviam permanecido no palácio, junto com o rei e a rainha, compareceram.

Os soldados se embebedaram. Gritaram saudações ao rei e juramentos de lealdade à monarquia. Cantaram baladas ridicularizando o povo francês nos termos mais obscenos. Agarraram punhados dos distintivos e fitas que simbolizavam a revolução, pisoteando-os com as suas botas. O rei e a rainha, tão desolados nos últimos tempos, viram tudo isso com um deleite descarado – era um gostinho dos anos passados, quando a própria imagem do casal real inspirava essas manifestações de afeição. Entretanto, histórias sobre o que ocorrera nesse banquete logo se espalharam em Paris, causando indignação e pânico. Parisienses de todas as classes suspeitavam que o rei estivesse planejando algum tipo de contragolpe. Imaginaram a nobreza retornando sob o comando de Luís e se vingando do povo francês.

Em poucos dias, o rei descobriu que milhares de parisienses agora marchavam em direção a Versalhes. Estavam armados e arrastavam canhões. Pensou em escapar com a família, mas hesitou. Logo se tornou tarde demais, quando as multidões chegaram. Na manhã de 6 de outubro, um grupo de cidadãos penetrou no palácio, matando todos no caminho. Exigiram que Luís e a família fossem escoltados de volta a Paris, para que os cidadãos franceses pudessem vigiá-lo e lhe garantir a lealdade à nova ordem.

Luís não teve escolha: ele e a família traumatizada se apinharam numa única carruagem. Ao seguirem para Paris, rodeados pelo povo, Luís viu as cabeças dos soldados da guarda pessoal do rei sendo carregadas nas pontas de longas lanças. O que o chocou ainda mais foi a visão de tantos homens e mulheres cercando a carruagem, vestidos em trapos, emaciados pela fome, pressionando os rostos contra a janela e praguejando contra ele e a rainha com a linguagem mais vil. Não conseguia reconhecer os próprios súditos. Aquele não era o povo francês que conhecera. Deveriam ser agitadores estrangeiros, trazidos pelos inimigos para destruir a monarquia. De algum modo, o mundo enlouquecera.

Em Paris, o rei, a família real e os poucos cortesãos que permaneceram com eles foram hospedados no Palácio das Tulherias, uma residência real que não era habitada havia centenas de anos.

Uma semana após a sua chegada a Paris, Luís recebeu a visita de um homem estranho cujo rosto e maneiras o assustaram. Era Georges-Jacques Danton, agora um dos líderes da Revolução Francesa. Em nome do povo francês, deu as boas-vindas ao rei a Paris. Explicou que ele havia sido membro do Conselho do Rei, e garantiu que a população era grata pelo rei ter se submetido à vontade de todos, afirmando que existia ainda um papel importante para Luís desempenhar como monarca caso este jurasse a sua obediência à nova constituição.

Luís mal conseguia ouvir. Sentia-se petrificado diante da cabeça enorme daquele homem, da roupa estranha que vestia (calças de cetim preto sobre meias brancas de seda, e sapatos com fivelas, uma mescla de estilos de moda que Luís nunca vira antes), e das maneiras dele, a fala rápida, a falta de reverência e respeito ante a presença do rei. Ele se curvou com graciosidade diante de Luís, mas se recusou a lhe beijar a mão, uma quebra séria de protocolo. Quer dizer que aquele era um dos revolucionários, um homem do povo? Luís nunca vira alguém assim, e considerou a experiência bastante desagradável.

Durante os meses do verão de 1789, Danton havia, na maior parte, apoiado as decisões da Assembleia Nacional, mas permanecera cauteloso em relação à aristocracia, e queria garantir que eles perderiam permanentemente os seus privilégios. A nobreza era a fonte da miséria do país, e os franceses nunca deveriam se esquecer disso. Ele se tornara um dos principais instigadores contra as classes superiores e, como tal, angariara a desconfiança dos líderes burgueses e mais moderados da revolução, que queriam ir mais devagar. Para eles, Danton era como um ogro monstruoso e desvairado, e o haviam excluído dos seus círculos sociais e de qualquer posição oficial no novo governo em formação.

Sentindo-se alienado e talvez se lembrando das suas próprias raízes, Danton passou a se identificar cada vez mais com os *sans-culottes* ("sem calças"), membros das classes mais baixas da França e os de espírito mais revolucionário. Quando as notícias sobre o comportamento escandaloso do Regimento de Flandres em 1º de outubro alcançaram Paris, Danton fora um dos principais agitadores a marchar para Versalhes e, com aquele sucesso, se tornou o líder dos Cordeliers. E foi nessa capacidade que ele visitou Tulherias, tanto para discernir o grau de apoio do rei à nova constituição como para lhe dar as boas-vindas.

Danton não podia deixar de se lembrar da coroação a que havia assistido quatorze anos antes, com toda a sua pompa, pois, apesar de tudo que acontecera nos últimos meses, o rei parecia inclinado a recriar o protocolo e cerimônias de Versalhes. Vestia a túnica real, com a faixa e várias medalhas presas ao casaco. Insistiu em antigas formalidades, e mantinha os servos em uniformes ornamentados. Era tudo tão vazio, tão desconectado do que estava acontecendo. Danton foi polido. Ainda sentia uma estranha simpatia pelo rei, mas, agora, ao examiná-lo de perto, tudo o que via era uma relíquia do passado. Duvidava que o rei seria leal à nova ordem. Deixou aquele encontro mais convicto do que nunca de que a monarquia francesa se tornara obsoleta.

Nos meses que se seguiram, o Luís professou a sua lealdade à nova constituição, mas Danton suspeitava que estivesse fazendo um jogo duplo, planejando ainda levar a monarquia e a nobreza de volta ao poder. Uma coalizão de exércitos de outros países na Europa travava agora uma guerra franca contra a revolução, com o objetivo de resgatar o rei e restaurar a antiga ordem. E Danton tinha certeza de que o rei estava em comunicação com eles.

Então, em junho de 1791, veio a notícia mais surpreendente de todas: de algum modo, Luís escapara de Paris com a família numa carruagem. Alguns dias mais tarde, foram capturados. Teria sido bem cômico, se não tivesse sido tão preocupante. Todos haviam se vestido como membros comuns da burguesia partindo para um passeio, mas tinham utilizado uma carruagem esplêndida que não combinava com os trajes e que chamava a atenção. Eles foram reconhecidos, capturados e levados de volta à capital.

Agora Danton sentia que o seu momento chegara. Os liberais e moderados da revolução defendiam a ideia de que o rei era inocente, que havia sido enganado para que escapasse, ou mesmo sequestrado. Eles temiam o que ocorreria à França se a monarquia fosse abolida e como os exércitos estrangeiros, agora fora das fronteiras do país, reagiriam se algo acontecesse ao rei. Entretanto, para Danton, isso era absurdo. Estavam apenas adiando o inevitável. A monarquia perdera o seu significado e propósito; o rei havia se revelado um traidor, e eles não deveriam ter medo de dizer isso. Era hora, proclamou ele, de a França se declarar uma república e se livrar da monarquia de uma vez por todas.

A sua invocação por uma república começou a ressoar, em especial entre os *sans-culottes*. Como sinal da sua influência crescente, Danton foi eleito para o seu primeiro cargo oficial – promotor assistente da comuna responsável por Paris – e começou a preencher a comuna com simpatizantes, preparando-se para algo grande.

No verão seguinte, um amplo contingente de *sans-culottes* de Marselha estava em Paris para celebrar o terceiro aniversário da revolução. Os homens daquela cidade, entusiasmados com os brados de Danton em defesa de uma república, se colocaram sob o seu comando e, durante os meses inteiros de junho e julho, marcharam por Paris cantando hinos à revolução e espalhando a exigência de Danton para a formação de uma república. A cada dia, mais e mais pessoas se juntavam aos homens de Marselha. Planejando em silêncio o seu golpe, Danton conquistou o controle da comuna. Os seus membros agora votaram a favor de cessar o bloqueio das várias pontes de Paris que levavam a Tulherias a partir da margem esquerda, dando, na prática, fim a qualquer proteção para a família real, já que as multidões poderiam marchar para dentro do palácio.

Na manhã de 10 de agosto, sinos de alarme soaram por toda a cidade e, acompanhado de batidas constantes de tambor, um contingente gigantesco de parisienses cruzou as muitas pontes para invadir Tulherias. A maior parte dos guardas que protegiam o palácio debandou, e logo a família real foi forçada a fugir para se salvar, refugiando-se na câmara próxima em que a Assembleia Nacional se reunia. A multidão massacrou rapidamente os soldados remanescentes que guardavam o palácio e assumiu o controle.

A tática de Danton havia funcionado – o povo se pronunciara e a Assembleia Nacional votou em favor do fim da monarquia, removendo do rei e da sua família quaisquer poderes e proteções que houvessem restado. Num único golpe, Danton pôs fim à monarquia mais duradoura e poderosa da Europa. Luís e a família foram transportados à Torre do Templo, um mosteiro medieval que serviria como a sua prisão particular enquanto o novo governo decidia o futuro deles. Danton foi então nomeado ministro da justiça, e era, na prática, o líder da nova República da França.

Na Torre do Templo, Luís se viu separado da família, aguardando o julgamento por traição em dezembro. Era agora chamado de Luís Capeto (o sobrenome daquele que, no século 10, fundou o reinado francês que terminaria com Luís XVI), um plebeu sem nenhum privilégio. Sozinho na maior parte do tempo, pôde refletir sobre os traumas dos últimos três anos e meio. Se pelo menos o povo francês tivesse continuado fiel a ele, teria encontrado uma maneira de resolver todos os problemas. Ainda tinha convicção de que demagogos hereges e agitadores estrangeiros haviam arruinado o amor natural da população por ele.

Os revolucionários haviam descoberto recentemente uma coleção de papéis que Luís escondera num cofre numa parede em Tulherias, entre os quais estavam cartas que revelavam a gravidade com que ele havia conspirado com potências estrangeiras para derrotar a revolução. Ele tinha certeza agora de que seria sentenciado à morte, e se preparou para isso.

Para o seu julgamento diante da assembleia, Luís Capeto vestiu um casaco simples, o tipo que qualquer cidadão de classe média trajava. Ostentava agora uma barba. Mostrou-se triste e exausto, nem um pouco como um rei. Contudo, qualquer simpatia que os juízes sentissem por ele logo desapareceu quando os promotores leram as muitas acusações contra o ex-rei, inclusive a de como ele conspirara para reverter a revolução. Um mês mais tarde, o cidadão comum Capeto foi sentenciado a morrer na guilhotina, com o próprio Danton emitindo um dos votos decisivos.

Luís estava determinado a demonstrar a sua coragem. Na manhã de 21 de janeiro, um dia frio e em que ventava, ele foi transportado à Praça da Revolução, onde uma multidão imensa havia se reunido para testemunhar a execução. Ela assistiu com assombro estupefato quando o homem teve as mãos atadas e os cabelos cortados como um criminoso comum. Ele subiu os degraus para a guilhotina e, antes de se ajoelhar sobre o bloco, gritou: "Povo, eu morro inocente! Eu perdoo aqueles que me sentenciaram. Rezo a Deus para que o meu sangue não escorra de novo sobre a França". Quando a lâmina caiu, ele emitiu um grito horrível. O carrasco ergueu a cabeça do rei para que todos a pudessem ver. Depois de alguns brados de "Viva a nação", um silêncio sepulcral tombou sobre a multidão. Minutos mais tarde, as pessoas correram para o cadafalso para mergulhar as mãos no sangue de Luís e comprar mechas dos cabelos dele.

Como líder da Revolução Francesa, Danton agora enfrentava duas forças bem intimidadoras: os exércitos invasores que continuavam a forçar o caminho até Paris e o nervosismo dos cidadãos franceses, muitos dos quais exigiam vingança contra a aristocracia e todos os contrarrevolucionários. Para ir de encontro aos exércitos inimigos, Danton lançou um enorme exército que criara com milhões de cidadãos, e, nos primeiros meses da batalha, essas novas forças francesas inverteram a maré da guerra.

Para canalizar o gosto do povo por vingança, ele estabeleceu um tribunal revolucionário para impor a justiça de forma rápida aos suspeitos de tentar restaurar a monarquia. O tribunal iniciou o que seria conhecido como o Terror, ao mandar milhares à guilhotina, muitas vezes sob as acusações mais superficiais.

Logo após a execução do rei, Danton viajou à Bélgica para ajudar a supervisionar o esforço de guerra naquela frente. Enquanto estava lá, recebeu a notícia de que a sua amada esposa, Gabrielle, havia falecido durante um parto prematuro. Ele se sentiu horrivelmente culpado por não estar ao lado dela naquele momento, e a ideia de que não tivera nenhuma oportunidade de lhe dizer adeus e que jamais lhe veria o rosto de novo era insuportável. Sem pensar nas consequências, abandonou a missão na Bélgica e voltou às pressas para a França.

Quando chegou, a esposa já estava morta havia uma semana e jazia no cemitério público. Dominado pelo sofrimento e pelo desejo de vê-la mais uma vez, ele correu até onde ela estava enterrada, levando consigo um amigo e algumas pás. Numa noite chuvosa e sem lua, conseguiram encontrar o túmulo. Danton cavou e cavou e, com ajuda, ergueu o caixão do solo, abrindo a tampa após muito esforço. Ele engasgou ao lhe ver o rosto pálido. Tirou-a do caixão, abraçando-a com força contra o corpo, implorando-lhe que o perdoasse. Beijou-a repetidas vezes nos lábios gelados. Depois de algumas horas, finalmente a devolveu ao solo.

Nos meses que se seguiram, algo pareceu estar diferente em Danton. Teria sido a perda da esposa, ou era a culpa que sentia agora por ter desencadeado o Terror na França? Ele havia galgado a onda da revolução até o pináculo do poder, mas agora queria seguir numa direção diferente. Tornou-se menos envolvido nos assuntos de Estado e não era mais a favor do Terror. Maximilien Robespierre, o seu principal rival pelo poder, notou essa mudança e começou a espalhar o boato de que Danton perdera o fervor revolucionário e não era mais de confiança. E essa campanha teve efeito: quando chegou a hora de eleger os membros do corpo mais elevado do governo, o Comitê de Segurança Pública, Danton não recebeu votos suficientes e Robespierre o preencheu com os seus simpatizantes.

Danton agora trabalhava abertamente para dar fim ao Terror, por meio de discursos e panfletos, mas isso só facilitou a situação do seu rival. Em 30 de março de 1794, Danton foi preso por traição e colocado diante do tribunal revolucionário. Parecia irônico que o tribunal que ele havia formado agora tinha em mãos o seu destino. As acusações contra si eram baseadas puramente em insinuações, mas Robespierre garantiu que ele fosse declarado culpado e sentenciado à morte. Danton gritou aos juízes: "O meu nome está gravado em cada instituição da revolução – no Exército, nos comitês, no tribunal. Eu me matei!".

Naquela mesma tarde, ele e os outros homens condenados foram colocados em carroças e levados para a Praça da Revolução. No caminho, Danton passou pela residência onde Robespierre morava. "Você é o próximo", berrou com sua voz retumbante, apontando o dedo para o apartamento de Robespierre. "Você me seguirá!"

Danton foi o último a ser executado naquele dia. Uma enorme multidão seguira a carroça, e agora estava quieta enquanto ele subia os degraus. Ele não podia deixar de pensar em Luís, a quem havia, com relutância, mandado à guilhotina, e os muitos antigos amigos que morreram durante o Terror. Levara alguns meses, mas tinha enjoado de todo aquele banho de sangue, e sentia que a multidão diante dele se sentia da mesma forma. Ao deitar o pescoço sobre o bloco, gritou para o carrasco: "Não se esqueça de mostrar a minha cabeça para o povo. Vale a pena olhar!".

Depois da execução de Danton, Robespierre lançou o que se tornaria conhecido como o Grande Terror. Durante quatro meses turbulentos, o tribunal enviou cerca de 20 mil franceses – homens e mulheres – à guilhotina. No entanto, Danton havia previsto a mudança nos ânimos: o público francês estava farto das execuções, e se voltou contra Robespierre numa velocidade impressionante. No fim de julho, numa reunião acalorada da assembleia, os membros votaram em favor da prisão de Robespierre. Ele tentou se defender, mas as palavras lhe saíam com hesitação. Um dos membros gritou: "É no sangue de Danton que está engasgando!". Na manhã seguinte, sem nenhum julgamento, Robespierre foi decapitado na guilhotina e, dias mais tarde, a assembleia aboliu o tribunal revolucionário.

Na época da execução de Robespierre, os novos líderes da revolução procuravam por maneiras de angariar fundos para as várias emergências que a França estava enfrentando, e alguém mencionou a redescoberta recente da magnífica carruagem da coroação, *Sacre*. Talvez eles pudessem vendê-la. Alguns deles foram inspecioná-la e se horrorizaram diante do que percebiam como uma monstruosidade pura. Um representante a descreveu como "uma montagem hedionda construída a partir do ouro do povo e um excesso de bajulação". Todos concordaram que ninguém compraria algo tão grotesco. Removeram o ouro da carruagem e o derreteram, enviando-o para o tesouro. Despacharam o bronze que resgataram às casas de fundição da república para ajudar a forjar alguns canhões, tão necessários. Quanto aos painéis pintados nas portas, com todos os símbolos mitológicos, eles os consideraram esquisitos demais para o gosto de qualquer um, e mandaram que fossem queimados imediatamente.

Interpretação: Examinemos por um momento o mundo pré-revolucionário na França pelos olhos do rei Luís XVI. Muito do que ele viu parecia ser a mesma realidade que os reis anteriores haviam observado. O rei ainda era considerado o governante absoluto da França, escolhido por Deus para liderar a nação. As várias classes e Estados na França se mantinham bem estáveis; as distinções entre a nobreza, o clero e o resto do povo francês eram ainda majoritariamente respeitadas. Os plebeus gozavam da relativa prosperidade que o próprio Luís herdara do avô.

Sim, existiam problemas financeiros, mas mesmo o grande Luís XIV enfrentara essas crises, e elas haviam passado. Versalhes ainda era a joia cintilante da Europa, o centro do mundo civilizado. A amada rainha de Luís, Maria Antonieta, dava as festas mais espetaculares, que eram a inveja de todos os aristocratas europeus. O próprio Luís não possuía interesse nesses divertimentos, mas tinha as suas festas de caça e outros passatempos bem corriqueiros pelos quais era obcecado.

A vida no palácio era bastante doce e relativamente tranquila. O mais importante para Luís era que a glória e majestade da França, encarnadas nas cerimônias e símbolos visuais, ainda carregassem o mesmo peso que tinham no passado. Quem não se impressionava com os esplendores de Versalhes, ou com os rituais da Igreja Católica? Ele era o governante de uma grande nação, e não existia nenhum motivo para crer que a monarquia não continuaria por muitos séculos, como já durara.

Sob a superfície do que ele enxergava, porém, havia sinais preocupantes de descontentamento. Começando durante o reino de Luís XV, escritores como Voltaire e Diderot começaram a ridicularizar a igreja e a monarquia por todas as suas crenças retrógradas e supersticiosas. Eles refletiam um novo espírito científico que se espalhava por toda a Europa, e era difícil reconciliar isso com muitas das práticas da igreja e da nobreza. Suas ideias se tornaram conhecidas como o Iluminismo, e eles começaram a ganhar influência sobre a classe média em expansão, que se sentia excluída do poder e pouco arrebatada por todo o simbolismo da monarquia.

Por trás da fachada aparentemente tranquila da nobreza, escondia-se um número considerável de rachaduras. Muitos aristocratas haviam passado a detestar o poder absolutista do rei, a quem viam como fraco e indigno do respeito deles. Ansiavam por mais poder para eles mesmos.

Sociedades secretas brotavam por todos os cantos, promovendo uma nova maneira de sociabilizar, bem longe do ambiente pomposo da corte. Supremos entre elas estavam os maçons e as suas lojas, com os seus próprios rituais secretos, das quais o próprio Danton era membro. As lojas maçônicas eram viveiros de descontentamento em relação à monarquia, sendo os membros bastante simpáticos às ideias do Iluminismo. Queriam uma nova ordem na França. Em Paris, o teatro havia de repente se tornado o local mais popular para se frequentar e no qual ser visto, muito mais popular do que a igreja. E as peças encenadas agora ridicularizavam a monarquia da maneira mais insolente.

E todos aqueles símbolos e cerimônias majestosos da monarquia, que permaneceram relativamente inalterados, começavam a parecer bem vazios, máscaras sem nada por trás. Os cortesãos não entendiam mais o que estavam fazendo, ou por que o faziam, ao participarem dos complexos rituais na companhia do rei. As pinturas, estátuas e fontes ornamentadas com figuras mitológicas eram tão bonitas quanto antes, mas vistas apenas como peças superficiais de arte, não como indicação de uma conexão profunda com o passado glorioso da França.

Todos esses sinais eram sutis e díspares. Era difícil conectar todos eles a qualquer tipo de tendência, muito menos com uma revolução. Poderiam passar como curiosidades, novos passatempos para uma nação entediada, sem qualquer significado subjacente. Entretanto, a crise se agravou no fim da década de 1780, e, de súbito, esses exemplos isolados de desencantamento começaram a se combinar numa força inegável. O preço do pão havia subido, assim como o custo de vida, para todos os súditos franceses. À medida que o descontentamento se alastrava, a nobreza e a burguesia farejavam a fraqueza no rei e exigiam mais poder.

Agora o rei não tinha como ignorar o que estava acontecendo e, nos Estados Gerais, a perda de respeito e o desencantamento lhes eram visíveis demais no comportamento do Terceiro Estado. Luís, porém, só conseguia ver aqueles acontecimentos pela lente da monarquia divina que ele havia herdado e à qual se agarrava com tanto desespero. Esses súditos franceses que o desrespeitavam e desobedeciam ao seu governo absoluto só poderiam ser indivíduos hereges, e apenas uma minoria barulhenta. Desobedecer ao seu comando era equivalente a um sacrilégio.

Como essas pessoas não eram persuadidas pelos símbolos do passado glorioso, ele empregaria a força para fazer o passado e as tradições prevalecerem. Contudo, uma vez que algo tenha perdido o seu encanto e não cative mais, nenhuma quantidade de força o trará de volta à vida. E, em outubro de 1789, na carruagem que o levou para sempre para longe de Versalhes e do passado, tudo o que enxergava eram pessoas que não eram seus súditos, mas estranhos de algum tipo. Ele teve que incluir Danton nesse grupo. Na sua execução, dirigiu-se à multidão como se ainda fosse o rei, perdoando-lhes os pecados. O povo, de sua parte, via só um ser humano, despido de toda a sua glória pregressa, nada melhor do que eles.

Quando Georges-Jacques Danton olhou para o mesmo mundo do rei, viu algo bem diferente. Ao contrário deste, não era tímido ou inseguro. Não tinha nenhuma necessidade interior de confiar no passado para apoiá-lo. Fora educado por sacerdotes liberais que lhe incutiram as ideias do Iluminismo, e aos 15 anos, na coroação, teve um vislumbre fugaz do futuro, intuindo por um momento como a monarquia e os seus símbolos haviam se tornado vazios, e que o rei era só um homem comum.

Na década de 1780, ele começou a captar os sinais discrepantes da mudança – desde o Conselho do Rei e o desrespeito crescente entre a classe dos advogados, aos clubes e a vida nas ruas, onde um novo espírito era detectável. Percebia o sofrimento das classes mais baixas e sentia uma empatia com o seu senso de exclusão. E esse novo espírito não era apenas político, mas também cultural. A juventude da geração de Danton se cansara de toda aquela formalidade vazia da cultura francesa. Ansiava por algo mais livre e espontâneo. Queria expressar as suas emoções aberta e naturalmente. Almejava se livrar de todas as vestimentas e penteados ornamentados e trajar roupas mais soltas com menos ostentação. Visava a uma socialização mais aberta, à fraternização desimpedida de todas as classes, como ocorria nos clubes de Paris.

Poderíamos chamar esse movimento cultural de a primeira explosão real do Romantismo, valorizando emoções e sensações acima do intelecto e das formalidades. Danton tanto exemplificava esse espírito romântico como o entendia. Era um homem franco quanto aos seus sentimentos e cujos discursos davam a sensação de uma efusão espontânea de ideias e emoções. O desenterramento da esposa foi como algo tirado da literatura romântica, uma expressão de emoção que teria sido inimaginável uns dez anos antes. Esse seu lado era o que permitia ao público se identificar e se comover com ele.

De uma maneira que o tornou bem único, Danton foi capaz de conectar antes de todos o significado por trás daqueles sinais e prever a revolução em massa que se aproximava. Um ávido nadador, ele comparava tudo isso à maré num rio. Nada na vida humana é estático. Há sempre descontentamento sob a superfície, e sede de mudanças. Às vezes isso é bem sutil, e o rio parece plácido, mas ainda se move. Outras vezes, é como uma onda, uma maré crescente que ninguém, nem mesmo um rei com poder absoluto, é capaz de conter.

Para onde essa maré estava carregando os franceses? Aquela era a pergunta crucial. Para Danton, logo se tornou evidente que ela seguia em direção à formação de uma república. A monarquia era agora só uma fachada. O seu espetáculo de majestade não impressionava mais as massas. Estas agora sabiam que as ações do rei só cuidavam de deter o poder; viam a aristocracia como um bando de ladrões, trabalhando pouco e sugando a riqueza da França. Com tamanho desencantamento, não havia como voltar atrás, nenhum meio-termo, nenhuma monarquia constitucional.

Como parte da sua perspicácia e sensibilidade, incomuns ao espírito dos tempos, Danton entendeu, antes de qualquer um dos outros líderes revolucionários, que o Terror que ele desencadeara fora um erro e que era hora de encerrá-lo. Esse é o único exemplo em que o seu senso de momento foi inexato, considerando que ele apostou nessa instituição pelo menos muitos meses antes do público, dando aos inimigos e rivais uma abertura para que se livrassem dele.

Entenda: o leitor talvez veja o rei Luís XVI como um exemplo extremado de alguém fora de sintonia com os tempos, não particularmente relevante à sua própria vida, mas, na verdade, ele está mais próximo de você do que imagina. Como ele, é provável que você olhe para o presente através da lente do passado. Quando examina o mundo em redor, ele parece, em geral, igual ao do dia ou à semana, ou ao mês ou até ao ano anterior. As pessoas agem mais ou menos do mesmo jeito. As instituições que detêm o poder permanecem estáticas e não irão a lugar nenhum. A maneira como os indivíduos pensam não mudou muito; as convenções que governam o comportamento no seu campo são seguidas fielmente. Sim, talvez existam alguns estilos e tendências novos na cultura, mas não são fatores fundamentais ou sinais de uma mudança profunda. Apaziguado por essas aparências, você imagina que a vida apenas prossegue como sempre o fez.

Abaixo da superfície, porém, a maré se move; nada na cultura humana permanece estático. Aqueles que são mais jovens do que você não têm mais o mesmo nível de respeito por alguns dos seus valores ou instituições. As dinâmicas de poder – entre classes, regiões, indústrias – estão num estado de fluxo. As pessoas começam a se socializar e interagir de formas diferentes. Novos símbolos e mitos são formados, e os velhos vão desaparecendo. Todas essas coisas podem parecer bem desconectadas até que haja uma crise ou conflito, e o ser humano precise confrontar o que antes parecia invisível ou isolado, na forma de algum tipo de revolução ou demanda por mudanças.

Quando isso ocorre, alguns se sentirão, como o rei, bastante desconfortáveis e se apegarão com ainda mais fervor ao passado. Vão se unir para tentar conter a maré que avança, uma tarefa fútil. Os líderes se sentirão ameaçados e se prenderão ainda mais às suas ideias convencionais. Outros serão levados pela correnteza sem entender bem para onde ela leva ou por que tudo está mudando.

O que você precisa é do poder que Danton possuía para fazer sentido de tudo aquilo e agir da forma apropriada. E esse poder é uma função da visão, de examinar os acontecimentos a partir de um ângulo diferente, emoldurados de maneira nova. Ignore as interpretações convencionais que os outros sem dúvida oferecerão ao enfrentar as mudanças. Deixe de lado os hábitos mentais e as formas antigas de observar o mundo, pois podem lhe turvar a visão. Contenha a tendência a moralizar e a julgar o que está acontecendo. Apenas veja como as coisas são. Examine as subcorrentes de descontentamento e desarmonia em relação ao *status quo*, que estão sempre sob a superfície. Observe as conexões e os pontos em comum entre todos esses sinais. Aos poucos, o fluxo, a maré em si, entra em foco, indicando um curso, uma direção que está oculta para tantos outros.

Não pense nisso como algum exercício intelectual. Os intelectuais são muitas vezes os últimos a discernirem de fato o espírito dos tempos, pois estão ancorados demais em teorias e estruturas convencionais. Antes de tudo, você deve ser capaz de *sentir* a mudança no ânimo coletivo, *perceber* o modo como os outros estão divergindo do passado. Uma vez que tenha sentido esse espírito, poderá começar a analisar o que está por trás dele. Por que as pessoas estão insatisfeitas, e o que desejam de fato? Por que estão gravitando em direção a esses novos estilos? Examine esses ídolos do passado que já não exercem um encantamento, que parecem ridículos, que são o alvo de zombaria, em especial entre os jovens. Eles são como a carruagem de Luís. Quando detectar o suficiente dessa desilusão, você terá certeza de que algo forte chegou à crista da onda.

Uma vez que tiver uma noção suficiente do que está acontecendo de fato, seja ousado na maneira de reagir, dando voz ao que as pessoas estão sentindo, mas que não entendem. Tenha cuidado para não avançar demais e ser malcompreendido. Sempre alerta, sempre deixando de lado as suas interpretações anteriores, você será capaz de aproveitar as oportunidades num momento em que outros ainda nem começaram a detectá-las. Pense em si mesmo como um inimigo do *status quo*, cujos proponentes, por sua vez, o veem como alguém perigoso. Encare essa tarefa como absolutamente necessária para a revitalização do espírito humano e da cultura geral, e aprenda tudo que puder.

> A nossa era é um momento de nascimento, e um período de transição. O espírito do homem foi quebrado com a antiga ordem das coisas [...] e com as antigas maneiras de se pensar, e cabe à mente deixar que tudo isso afunde para as profundezas do passado e iniciar a sua própria transformação [...]. A frivolidade e o tédio que perturbam a ordem estabelecida, o pressentimento vago de algo desconhecido, esses são os arautos da mudança que se aproxima.
>
> — *G. W. F. Hegel*

Chaves para a natureza humana

Na cultura humana, vemos um fenômeno – mudanças de costumes e estilos – que, à primeira vista, poderia parecer trivial, mas que, na verdade, é bem profundo, revelando uma parte entranhada e fascinante da nossa natureza. Considere os estilos de roupas, por exemplo. Nas lojas ou nos desfiles de moda, talvez detectemos algumas tendências e mudanças que já haviam começado sutilmente alguns meses antes. Volte para os estilos de dez anos antes e, comparados com o presente, as diferenças são mais aparentes. Volte vinte anos, e isso será ainda mais claro. Com essa distância no tempo, conseguimos notar até um estilo em particular de vinte anos atrás que agora provavelmente parece um pouco engraçado e ultrapassado.

Essas mudanças nos estilos de moda, que são tão detectáveis em incrementos de décadas, podem ser caracterizadas como criações mais soltas e mais românticas do que o estilo anterior, ou mais francamente sexuais e conscientes do corpo, ou mais clássicas e elegantes, ou mais berrantes e com mais ornamentos. Seria possível nomear várias outras categorias de mudanças de estilo, mas, no fim, elas são limitadas em número, e parecem surgir em ondas ou padrões detectáveis no decorrer de várias décadas ou séculos. Por exemplo, o interesse em roupas mais simples e clássicas retorna em diversos intervalos de tempo, não exatamente com os mesmos intervalos, mas com certo grau de regularidade.

Esse fenômeno levanta algumas questões interessantes: essas mudanças se relacionam com mais do que apenas o desejo por algo que seja novo e diferente? Refletem mudanças mais profundas na psicologia e nos ânimos das pessoas? E como essas mudanças ocorrem, para que possamos detectá-las depois de certo tempo? Elas partem de uma dinâmica de cima para baixo em que certos indivíduos e criadores de tendências iniciam uma mudança, que é então captada aos poucos pelas massas e espalhada de forma viral? Ou será que os próprios criadores de tendências estão respondendo a sinais de alterações emitidas pela sociedade como um todo, por aquela força social descrita no Capítulo 14, numa dinâmica de baixo para cima?

É possível fazer essas perguntas sobre estilos de música ou qualquer outra manifestação cultural. Entretanto, também podemos indagar estilos de pensar e teorizar, em como os argumentos de livros são construídos. Cinquenta anos atrás, muitas ideias eram enraizadas em psicanálise e sociologia, com escritores por diversas vezes vendo o ambiente como a influência primordial do comportamento humano. O estilo era solto, literário e tendendo a muitas especulações.

Agora, porém, tendem a girar em torno da genética e do cérebro humano, com tudo tendo que ser apoiado por estudos e estatísticas. A mera aparição de números numa página empresta certo ar de credibilidade ao argumento. A especulação é malvista. As frases são mais curtas, com o intuito de comunicar informações. No entanto, essa mudança no estilo de teorizar não é nada novo. Notamos um vaivém similar – do literário e especulativo ao sóbrio e ancorado em dados – a partir do século 18 até o presente.

O que é fascinante nessas alterações de estilo é a gama limitada de mudanças, a sua recorrência e a velocidade crescente com que as vemos agora, como se testemunhássemos uma aceleração da inquietude e energia nervosa dos seres humanos. Se examinarmos esse fenômeno bem de perto, notaremos com bastante clareza que essas mudanças aparentemente superficiais refletem de fato alterações mais profundas no ânimo e nos valores das pessoas, emergindo de baixo para cima. Algo tão simples quanto um desejo por estilos mais soltos de roupas, como aconteceu na década de 1780, reflete uma alteração psicológica geral. Nada é inocente nesse campo. Um interesse em cores mais vívidas, ou num som mais pesado de música, tem algo a mais a dizer sobre o que está se agitando na mente coletiva dos indivíduos dessa época.

E ao examinarmos esse fenômeno com ainda mais atenção, fazemos também a seguinte descoberta: o que conduz essas mudanças é o sucesso contínuo de novas gerações de jovens, que tentam criar algo mais relevante à sua própria experiência do mundo e que reflita mais os seus valores e espírito, seguindo numa direção diferente daquela da geração anterior. (Podemos, em geral, descrever uma geração como um período englobando em torno de 22 anos, com aqueles nascidos nas partes iniciais e finais dele muitas vezes se identificando mais com a geração anterior ou com a posterior.)

E esse padrão de mudança de uma geração para a outra é, em si, parte de um padrão mais amplo na história, datando de milhares de anos atrás, em que determinadas reações e alterações de valores ressurgem com regularidade, o que sugere algo sobre a natureza humana que nos transcende como indivíduos, e que nos programou para repetir esses padrões por algum motivo.

Muitos de nós intuem a verdade sobre as gerações – como elas tendem a ter um tipo de personalidade e como a geração mais jovem inicia tantas mudanças. Alguns vivem em negação sobre o fenômeno, porque gostam de imaginar que, como indivíduos, moldam o que pensam e aquilo em que acreditam, ou que outras forças como classe, gênero e raça desempenham um papel maior. Com certeza o estudo das gerações é impreciso; trata-se de um tema sutil e elusivo. E outros fatores desempenham um papel também. Contudo, uma análise profunda do fenômeno revela que este é, de fato, muito mais influente do que costumamos imaginar e, de muitas maneiras, o maior gerador de muito do que acontece na história.

E entender esse fenômeno geracional traz vários outros benefícios: vemos quais forças moldaram a atitude dos nossos pais e, por sua vez, a nossa, quando tentamos partir numa direção diferente. Temos uma noção melhor das mudanças subjacentes ocorrendo em todas as áreas da sociedade e começamos a conjeturar para onde o mundo está se encaminhando, prever tendências futuras, e entender o papel que desempenhamos na moldagem dos acontecimentos. Isso pode não apenas nos trazer grande poder social, mas ter um efeito terapêutico e apaziguador sobre nós à medida que, elevados sobre as mudanças caóticas do momento, vemos os acontecimentos com algum distanciamento e equanimidade.

Chamaremos esse conhecimento de *percepção geracional*. Para obtê-la, precisamos primeiro entender o efeito profundo que a nossa geração tem de verdade sobre a maneira como vemos o mundo, e, em seguida, devemos compreender os padrões geracionais mais amplos que moldam a história e reconhecer onde o nosso período de tempo se encaixa no esquema geral.

O fenômeno geracional

Nos nossos primeiros anos de vida, somos esponjas, absorvendo a fundo a energia, o estilo e as ideias dos nossos pais e professores. Aprendemos a linguagem, certos valores essenciais, maneiras de pensar e de agir entre as pessoas. A cultura da época aos poucos é inculcada em nós. A nossa mente inteira está aberta nesse momento e, por causa disso, as nossas experiências são mais intensas e ligadas a emoções fortes. Ao nos tornarmos alguns anos mais velhos, tomamos consciência dos nossos colegas, aqueles que têm mais ou menos a mesma idade, que passam pelo mesmo processo de assimilação desse estranho mundo novo em que fomos lançados ao nascermos.

Embora estejamos diante da mesma realidade vivenciada por todos os que vivem no momento, nós a encaramos a partir de um ângulo peculiar – o de uma criança, fisicamente menor, mais vulnerável, e dependente dos adultos. Visto por esse ponto de vista, o mundo dos adultos se mostra bem estranho, pois não entendemos muito bem o que os motiva ou preocupa, ou com o que se importam. O que nossos pais tomam como uma questão séria nós vemos, com frequência, como algo cômico ou esquisito. Podemos assistir às mesmas formas de entretenimento a que eles assistem, mas nós as vemos a partir da perspectiva de uma criança, que conta com pouca experiência de vida. Não possuímos ainda o poder para afetar este mundo, mas começamos a interpretá-lo a nosso próprio modo, e compartilhamos essa interpretação com nossos colegas.

Então, quando chegamos à adolescência ou talvez mais tarde, percebemos que somos parte de uma geração de jovens (concentrando-nos mais naqueles com a nossa idade) com quem nos identificamos. Criamos afinidades ligadas ao nosso modo específico de ver o mundo e ao senso de humor similar que desenvolvemos; também tendemos a formar ideais comuns sobre sucesso e atratividade, entre outros valores. Nesses anos, é inevitável que passemos por um período de rebelião, lutando para encontrar a nossa identidade, distinta da dos nossos pais. Isso nos torna muito sintonizados com as aparências – a estilos e modas. Queremos mostrar que pertencemos à nossa tribo geracional, com o seu próprio visual e maneirismos.

Muitas vezes, um acontecimento ou uma tendência decisiva ocorre durante esses anos da juventude – como uma guerra importante, um escândalo político, uma crise financeira ou uma expansão econômica. Também poderia ser a invenção de uma nova forma de tecnologia que tenha um impacto marcante nos relacionamentos sociais. Como somos jovens e impressionáveis, esses fatos têm uma influência decisiva na nossa personalidade geracional em formação, deixando-nos cautelosos (se for uma guerra ou uma crise econômica) ou ávidos por aventuras (se for algo que incita a prosperidade ou a estabilidade). Naturalmente, nós os vemos de maneira bem diferente dos nossos pais, e somos afetados de modo mais intenso.

Ao nos tornarmos mais conscientes do que está acontecendo no mundo, muitas vezes passamos a considerar as ideias e valores dos nossos pais como um pouco inadequados à nossa própria experiência da realidade. O que eles nos disseram ou nos ensinaram não soa tão relevante, e ansiamos por ideias que tenham maior relação com a nossa experiência juvenil.

Nessa primeira fase da vida, moldamos uma perspectiva geracional. É um tipo de atitude coletiva, à medida que absorvemos a cultura prevalecente ao mesmo tempo que os nossos colegas, do ponto de vista da infância e da juventude. Mas como somos novos demais para entender ou analisar essa perspectiva, costumamos ser ignorantes sobre a sua formação e sobre como ela influencia o que vemos e como interpretamos os acontecimentos.

Então, ao chegarmos aos 20 anos e, depois, aos 30, entramos numa nova fase da vida e passamos por uma mudança. Agora estamos na posição de assumir algum poder, de alterar de fato esse mundo segundo os nossos próprios valores e ideais. À medida que progredimos no nosso trabalho, começamos a influenciar sua cultura e política. É inevitável que entremos em conflito com a geração mais velha, que tem retido o poder por um bom tempo, quando ela insistir no próprio jeito de agir e avaliar os eventos. Muitos deles nos veem como imaturos, não sofisticados, fracos, indisciplinados, mimados, não esclarecidos e, decerto, despreparados para assumir o poder.

Em alguns períodos, a cultura jovem que é gerada é tão forte que passa a dominar a cultura como um todo – nas décadas de 1920 e 1960, por exemplo. Em outros períodos, a geração mais velha em posições de liderança é bem mais dominante, e a influência dos adultos que emergem aos 20 anos de idade é bem menos notável. De todo jeito, em maior ou menor grau, uma luta e um contraste ocorrem entre essas duas gerações e as suas perspectivas.

Então, ao chegarmos aos 40 anos e à meia-idade, e assumirmos muitas das posições de liderança na sociedade, começamos a notar jovens que lutam pelo seu próprio poder e posição, e que nos julgam e consideram o nosso próprio estilo e ideias bem irrelevantes. Começamos a julgá-los de volta, descrevendo-os como imaturos, não sofisticados, fracos etc. Talvez comecemos a entreter a noção de que o mundo está degringolando rápido, que os valores que consideramos tão importantes não importam mais para essa geração.

Quando avaliamos dessa forma, não nos damos conta de que estamos reagindo de acordo com um padrão que existe por pelo menos três mil anos. (Há uma inscrição numa tábua de argila da Babilônia que data em torno de 1000 a.C. que diz: "A juventude de hoje é podre, maligna, herege e preguiçosa. Nunca será o que a juventude costumava ser, e jamais será capaz de preservar a nossa cultura". Há queixas similares em todas as culturas e em todos os períodos de tempo.) Pensamos que julgamos a geração mais jovem de forma objetiva, mas estamos apenas sucumbindo à ilusão da nossa perspectiva. Também é verdade que provavelmente sentimos alguma inveja oculta da juventude deles e lamentamos a perda da nossa.

No que diz respeito às mudanças geradas pelas tensões entre duas gerações, é possível dizer que a maioria delas parte dos jovens. Eles são mais inquietos, buscando a sua própria identidade, estão mais sintonizados ao grupo e em como se encaixam nele. Quando emergirem nos seus 30 e 40 anos, terão moldado o mundo com as suas mudanças e lhe dado uma aparência e comportamento distintos daqueles concebidos pelos pais.

Ao estudar uma geração, é natural que vejamos variações dentro dela. Encontramos indivíduos que são mais agressivos do que outros – eles tendem a ser líderes, os que percebem os estilos e tendências da época e os expressam primeiro – e que têm menos medo de romper com o passado e desafiar a geração mais velha. Danton exemplifica esse tipo. Também há um grupo muito maior de seguidores que não são tão agressivos, que consideram mais excitante estar atualizado com as tendências, ajudando a moldá-las e promovê-las. Por fim, também existem os rebeldes, aqueles que desafiam a sua própria geração e se definem por seguir contra a corrente. Isso poderia incluir os *beatniks* da década de 1950 ou aqueles jovens na década de 1960 que gravitaram em direção à política conservadora.

Desses tipos rebeldes, podemos dizer que são tão marcados pela sua geração quanto os demais, só que de maneira inversa. E, na realidade, muito do mesmo espírito da geração é detectável sob essa versão inversa – por exemplo, aqueles jovens que, na década de 1780, se uniram em apoio à aristocracia e em defesa da monarquia muitas vezes sentiam um amor bem *romantizado* pela antiga ordem; os jovens conservadores da década de 1960 eram tão dogmáticos, fanáticos e idealistas quanto os outros (a maioria dos jovens) que tinham os valores inversos. É inevitável que a atitude geracional domine a todos por dentro, não importando como tentem reagir pessoalmente a ela. Não conseguimos nos retirar do momento histórico em que nascemos.

Ao considerar essa atitude, devemos pensar em termos de uma personalidade coletiva, ou o que chamaremos de *espírito*. A nossa geração herdou dos nossos pais e do passado certos valores cruciais e maneiras de ver o mundo que permanecem não questionadas. No entanto, a qualquer momento, as pessoas de uma nova geração estão buscando algo mais vivo e relevante, que expresse o que é diferente, o que está mudando no presente. Essa noção do que está se movendo e evoluindo no presente, em oposição ao que é herdado do passado, é o *espírito coletivo* em si, com a sua natureza incansável e investigadora. Não é algo fácil de colocar em palavras. É mais um ânimo, um tom emocional, uma maneira de os indivíduos se relacionarem uns com os outros.

É por isso que costumamos associar mais facilmente o espírito geracional ao estilo musical dominante, ou à tendência artística a um determinado tipo de imagens, ou a um ânimo capturado pela literatura ou pelos filmes daquela geração. Por exemplo, nada captura melhor o espírito rebelde e o ritmo frenético da década de 1920 do que o *jazz* da época e o som atrevido do saxofone, que era a nova mania.

Esse espírito tenderá a se alterar à medida que a nossa geração passar pelas várias fases da vida. A maneira como nos relacionaremos coletivamente com o mundo quando tivermos 50 anos não será a mesma que foi quando tínhamos 20. As circunstâncias, os acontecimentos históricos e o processo de envelhecimento modificarão o nosso espírito. No entanto, como com qualquer indivíduo, há algo na personalidade geracional que permanece intacto e que transcende o passar dos anos.

A famosa geração perdida da década de 1920, com as suas melindrosas e o *jazz* rebelde, tinha obsessões e traços notáveis – festas de arromba, álcool, sexo, dinheiro e sucesso, assim como uma atitude cínica e embrutecida em relação à vida. Ao envelhecerem, os seus membros tenderam a deixar de lado a busca de alguns desses prazeres e manias, mas, nos últimos anos de vida, permaneceram bem severos, cínicos, materialistas e atrevidos ao expressar as suas opiniões. Os *baby boomers,* que chegaram à maioridade na década de 1960, demonstravam um idealismo intenso e uma propensão a julgar e moralizar. Eles tenderam a reter essas qualidades, mas os seus ideais e aquilo que pregavam se modificaram.

Se a nossa geração tem um espírito específico, poderíamos dizer o mesmo do período em que estamos vivendo, que, em geral, engloba quatro gerações vivas. A mescla destas, a tensão entre elas e os conflitos que costumam acontecer criam o que chamaremos de espírito geral dos tempos, ou o que é comumente conhecido como *zeitgeist.* Por exemplo, em se tratando da década de 1960, não podemos separar os ânimos da poderosa cultura jovem daquele período do antagonismo e horror que ela provocava em quem era mais velho. A dinâmica e o espírito daquela época resultavam da interação dramática de duas perspectivas conflitantes.

Para ver isso na sua própria experiência, considere os períodos no passado em que você já estava vivo e consciente, pelo menos uns vinte anos atrás, se você for velho o bastante. Com algum distanciamento, conseguirá refletir sobre como era tudo diferente, o que pairava no ar, como as pessoas interagiam, o grau de tensão da época. O espírito daquela fase não estava apenas nos estilos e roupas que eram diferentes daqueles do presente, mas também em algo social e coletivo, um ânimo geral ou uma sensação no ar. Até as diferenças na moda e na arquitetura, as cores que se tornaram populares e o visual dos carros denotam um espírito por trás de tudo isso, que animava essas mudanças e escolhas.

Esse espírito pode ser caracterizado como rebelde e franco, com as pessoas ávidas por todos os tipos de interação social; ou pode ser bem fechado e cauteloso, com os indivíduos predispostos a se conformarem e serem hipercorretos; pode ser cínico ou esperançoso, estático ou criativo. O que você precisa fazer é ser capaz de medir o espírito do momento presente, com um senso similar de distanciamento, e ver onde a sua geração se encaixa no esquema geral da história, dando-lhe uma noção de para onde tudo estaria se encaminhando.

Os padrões geracionais

Desde o início dos registros históricos, certos escritores e pensadores têm intuído um padrão da história humana. Foi talvez Ibn Khaldun, o grande acadêmico islâmico do século 14, que primeiro formulou essa ideia na teoria de que a história parece se mover em quatro atos, correspondendo a quatro gerações.

A primeira geração é a dos revolucionários que provocam uma ruptura radical com o passado, estabelecendo novos valores, mas promovendo também algum caos na luta para criar essa ruptura. É comum que nessa geração haja alguns grandes líderes ou profetas que influenciam a direção da revolução e deixem a sua marca. Então, vêm os membros da segunda geração, que anseiam por alguma ordem. Ainda sentem o calor da revolução em si, que testemunharam quando ainda bem jovens, mas querem estabilizar o mundo, ditar algumas convenções e dogmas.

Aqueles da terceira geração – tendo pouca conexão direta com os fundadores da revolução – se sentem menos apaixonados por ela. São pragmáticos. Querem solucionar os problemas e tornar a vida o mais confortável possível. Não estão tão interessados em ideias, mas em construir algo. No processo, tendem a drenar o espírito da revolução original. O que predomina são as preocupações materiais, e as pessoas se tornam bem individualistas.

A seguir vem a quarta geração, cujos membros sentem que a sociedade perdeu a vitalidade, mas não têm bem certeza do que deveria substituí-la. Começam a questionar os valores que herdaram, alguns se tornando bem cínicos. Ninguém sabe mais no que acreditar. Algum tipo de crise emerge. Então vem a geração revolucionária, que, unificada sob alguma crença nova, por fim derruba a antiga ordem, e o ciclo continua. Essa revolução pode ser extrema e violenta, ou talvez menos intensa, apenas com a emergência de valores novos e diferentes.

Embora esse padrão decerto tenha variações e não seja uma ciência, tendemos a ver muito dessa sequência geral na história. O que é mais notável em tudo isso é a emergência da quarta geração e a crise de valores que vem com ela. Esse período costuma ser o mais doloroso para se atravessar — sentimos, como seres humanos, uma necessidade profunda de acreditar em algo e, quando começamos a duvidar e questionar a velha ordem e notamos um vácuo nos nossos valores, começamos até a enlouquecer um pouco. Tendemos a nos agarrar aos sistemas de crença mais recentes promovidos por charlatões e demagogos, que prosperam nesses períodos. Procuramos por bodes expiatórios para todos os problemas que surgem agora e para a insatisfação que se alastra. Sem uma crença unificada para nos ancorar e acalmar, nós nos tornamos tribais, contando com alguma pequena afinidade de grupo para nos dar a sensação de fazer parte de algo.

Muitas vezes, num período de crise, teremos a consciência da formação de um subgrupo entre aqueles que se sentem especialmente nervosos e ressentidos quanto à ruptura da ordem. Costumam ser pessoas que se sentiam um pouco privilegiadas no passado, e o caos, assim como as mudanças que se aproximam, ameaça o que elas consideravam garantido. Elas querem se apegar ao passado, voltar a alguma era dourada de que se lembram vagamente, e impedir qualquer revolução iminente. Estão condenadas, pois é impossível deter o ciclo, ou trazer o passado de volta à vida num passe de mágica. Contudo, à medida que esse período de crise desaparecer e começar a se fundir com a época revolucionária, costumamos detectar níveis crescentes de excitação, pois os que são jovens e têm sede por algo novo sentem a aproximação das mudanças que colocaram em movimento.

Parece que estamos atravessando esse período de crise, com a geração que o está vivenciando em sua fase crucial da vida. Embora não tenhamos como ver o quão próximos estamos do fim desses tempos, eles nunca duram muito, pois o espírito humano não os tolera. Algum sistema de crenças unificador está em gestação, e um novo conjunto de valores que não enxergamos ainda está sendo gerado.

No coração desse padrão há um ritmo de vaivém contínuo que resulta da reação das gerações emergentes contra os desequilíbrios e erros da geração anterior. Se voltarmos quatro gerações em relação ao nosso próprio tempo, veremos isso com clareza. Comecemos com a geração silenciosa. Vivenciando a Grande Depressão quando crianças e chegando à maioridade durante a Segunda Guerra Mundial e o período pós-guerra, ela se tornou bem cautelosa e conservadora, valorizando a estabilidade, os confortos materiais, e se encaixando com firmeza no grupo. A geração seguinte, os *baby boomers*, considerava o conformismo dos pais bem sufocante. Emergiu na década de 1960 e, sem ser atormentada pela realidade financeira adversa que seus genitores enfrentaram, valorizava a expressão pessoal, se aventurar e ser idealista.

Ela foi seguida pela Geração X, marcada pelo caos da década de 1960 e pelos escândalos sociais e políticos subsequentes. Chegando à maioridade nas décadas de 1980 e 1990, era pragmática e confrontadora, valorizando o individualismo e a autossuficiência, e reagindo contra a hipocrisia e a impraticabilidade do idealismo dos pais. Isso foi seguido pela Geração Y (ou geração do milênio), traumatizada pelo terrorismo e por uma crise financeira, opondo-se ao individualismo da geração anterior, buscando segurança e trabalho em equipe, com um desgosto evidente pelo conflito e pela confrontação.

A partir disso, é possível deduzir duas lições importantes: em primeiro lugar, os nossos valores muitas vezes dependem de onde nos encaixamos nesse padrão e de como a nossa geração resiste aos desequilíbrios específicos da geração anterior. Simplesmente não seríamos a mesma pessoa que somos hoje, com as mesmas atitudes e ideais, se tivéssemos emergido durante as décadas de 1920 ou 1950 em vez de em períodos posteriores. Com certeza colocamos o nosso espírito individual em cena nesse drama e, na medida em que conseguirmos cultivar a nossa singularidade, ganharemos o poder e a habilidade de direcionar o *zeitgeist*. Entretanto, é fundamental que reconheçamos primeiro o papel dominante que a nossa geração desempenha na nossa formação, e onde ela se encaixa no padrão.

Em segundo lugar, notamos que as gerações parecem capazes apenas de reagir e se mover na direção oposta daquela surgida anteriormente. Talvez isso ocorra porque uma perspectiva geracional é formada na juventude, quando somos mais inseguros e propensos a pensar em termos absolutos. Um meio-termo, uma forma equilibrada de escolher o que seria bom ou mau nos valores e tendências da geração anterior, parece contrário à nossa natureza coletiva.

Por outro lado, esse padrão de vaivém tem um efeito salutar. Se uma geração apenas avançasse com as tendências da anterior, é provável que teríamos nos destruído há muito tempo. Imagine gerações que sucedessem a rebeldia das décadas de 1920 ou 1960 continuando com o mesmo espírito, e indo ainda mais além; ou uma que sucedesse a década de 1950 permanecendo tão conservadora e conformista quanto a anterior. Nós nos sufocaríamos com tanta autoexpressão ou estagnação. O padrão talvez leve a desequilíbrios, mas também garante a nossa revitalização.

Às vezes, as mudanças geradas num período revolucionário são bem triviais e não duram além do seu ciclo. Outras vezes, porém, a partir de uma crise intensa, uma revolução forja algo novo que dura por séculos e que representa um progresso em direção a valores que são mais racionais e empáticos. Ao ver esse padrão histórico, devemos reconhecer o que parece ser um espírito humano geral que transcende qualquer época específica e que nos mantém evoluindo. Se, por qualquer motivo, o ciclo se interromper, estaremos condenados.

A sua tarefa como estudante da natureza humana é tripla: em primeiro lugar, e acima de tudo, você deve alterar a sua atitude em relação à sua própria geração. Gostamos de imaginar que somos autônomos e que os nossos valores e ideias vêm de dentro, não de fora, mas esse, na verdade, não é o caso. O seu objetivo é entender da forma mais abrangente possível a profundidade com que o espírito da sua geração, e da época em que vive, influenciou a maneira como você percebe o mundo.

Costumamos ser hipersensíveis no que diz respeito à nossa geração. Essa perspectiva foi formada na nossa infância, quando éramos mais vulneráveis, e o nosso laço emocional com os nossos colegas foi estabelecido logo de início. Muitas vezes ouvimos uma geração mais velha ou mais jovem nos criticando, e é natural que tenhamos uma atitude defensiva. Quando se trata dos defeitos ou desequilíbrios da nossa geração, a nossa tendência é vê-los como virtudes. Por exemplo, se crescemos numa geração que era mais temerosa e cautelosa, é possível que hesitemos diante de grandes responsabilidades, como possuir uma casa ou um carro. Interpretaremos isso como um desejo por liberdade ou de ajudar o meio ambiente, indispostos a confrontar os temores que estão de fato por trás disso.

Não temos como entender a nossa geração da mesma maneira que compreendemos um fato científico, como as características de um organismo. É algo vivo dentro de nós, e nossa noção disso é maculada pelas nossas próprias emoções e preconceitos. O que você deve fazer é tentar atacar o problema sem julgamentos e moralismos, e ser o mais objetivo quanto for humanamente possível. A personalidade da sua geração não é nem positiva nem negativa; é apenas um florescimento do processo orgânico descrito anteriormente.

Considere-se como o tipo de arqueólogo escavando o próprio passado e o da sua geração, em busca de artefatos, de observações que você consiga juntar para formar uma imagem do espírito subjacente. Quando examinar as suas lembranças, tente fazê-lo com algum distanciamento, mesmo quando recordar as emoções que sentiu na época. Flagre-se no processo inevitável de emitir julgamentos de bem e mal sobre a sua geração ou a seguinte, e deixe-os de lado. Desenvolva essa habilidade por meio da prática. Construir essa atitude desempenhará um papel fundamental no seu desenvolvimento. Com algum distanciamento e consciência, você se tornará muito mais do que um seguidor da sua geração, ou do que um rebelde contra ela; poderá moldar o seu próprio relacionamento com o *zeitgeist* e se tornar um criador formidável de tendências.

A sua segunda tarefa é criar um tipo de perfil de personalidade da sua geração, de maneira que você consiga entender o seu espírito no presente e explorá-lo. Tenha em mente que há sempre nuances e exceções. Busque traços comuns que sinalizem um espírito geral.

Comece esse processo analisando os acontecimentos decisivos que ocorreram nos anos que antecederam a sua entrada no mercado de trabalho e que desempenharam um grande papel na modelagem dessa personalidade. Se esse período englobar mais ou menos 22 anos, costuma haver nele mais que um acontecimento decisivo. Por exemplo, para aqueles que chegaram à maioridade durante a década de 1930, houve a Depressão e depois o advento da Segunda Guerra Mundial; para os *baby boomers*, a Guerra do Vietnã e, mais tarde, o Watergate e os escândalos políticos do início da década de 1970.

Os membros da Geração X eram crianças durante a revolução sexual e adolescentes na era em que se tornou habitual que os pais deixassem os filhos sozinhos em casa durante a maior parte do dia, sem supervisão. Para a Geração Y, houve os atentados de 11 de setembro e, a seguir, a crise financeira de 2008. Dependendo de onde você se encaixa, ambos os eventos o influenciarão, mas um mais do que o outro, como ocorre mais perto dos anos de formação entre os 10 e 18 anos, quando passamos a adquirir consciência do mundo mais vasto e dos valores fundamentais em desenvolvimento.

Algumas épocas, como a década de 1950, podem ser de estabilidade relativa beirando a estagnação. Isso também terá um efeito poderoso, considerando a inquietude da mente humana, em especial entre os jovens, que passarão a ansiar por aventuras e oportunidades de agitar as coisas. Você também deve levar em consideração qualquer grande avanço tecnológico ou invenção que altere a forma como as pessoas interagem.

Tente mapear as ramificações desses acontecimentos decisivos. Preste atenção especial ao efeito que possam ter tido no padrão de socialização que caracterizará a sua geração. Se o acontecimento foi uma crise importante de algum tipo, isso tenderá a fazer os membros da sua geração se unirem em busca de conforto e segurança, valorizando o grupo e os sentimentos de amor, e se mostrando avessos a confrontos. Um período de estabilidade e ausência de acontecimentos fará você gravitar em direção a outras pessoas em busca de aventura, experimentos em grupo, às vezes quase imprudentes. Em geral, você tenderá a notar o estilo de se socializar dos seus colegas, mais evidente quando eles tiverem em torno de 20 anos. Procure pelas raízes disso.

Esses acontecimentos maiores terão um efeito na maneira como você encara o sucesso e o dinheiro e determinarão se valoriza o *status* e a fortuna ou valores menos materiais, como a criatividade e a expressão pessoal. Como aqueles da sua geração encaram o fracasso numa iniciativa ou na carreira será bem revelador – é um distintivo de vergonha, ou considerado parte do processo empresarial, até mesmo uma experiência positiva? Você poderá medir isso também pela época em que entrou no mercado de trabalho. Sentiu a pressão para começar a fazer dinheiro de imediato, ou era hora de explorar o mundo e ter aventuras, para se estabelecer em algo aos 30 anos?

Ao preencher esse perfil, analise a forma como você foi criado – com moldes permissivos, supercontroladores, negligentes ou empáticos. O famoso estilo permissivo daqueles que criaram os filhos na década de 1890 ajudou a desenvolver a atitude rebelde e despreocupada da geração perdida da década de 1920. Os pais que foram profundamente afetados pela década de 1960 acabaram se tornando bem absortos em si mesmos e um pouco negligentes em relação aos filhos, que não podiam deixar de se sentir um tanto alienados e até zangados por causa disso. Aqueles que são superprotetores moldarão uma geração que teme sair da sua zona de conforto. Esses estilos de criar suas crianças vêm em ondas. Quem foi superprotegido não costuma se tornar um "pai helicóptero", sempre pairando sobre os filhos. Os seus próprios pais talvez tenham sido uma exceção ao estilo prevalecente, mas você notará uma marca de personalidade nos seus colegas, que se torna bem evidente na adolescência e em torno dos 20 anos de idade.

Preste bastante atenção aos heróis e ícones de uma geração, aqueles que expressam as qualidades que outros, no fundo, gostariam de ter também. Eles costumam ser o tipo que conquista a celebridade na cultura jovem – os rebeldes, os empresários de sucesso, os gurus, os ativistas – e indicam os novos valores emergentes. De forma análoga, examine as tendências e modas que dominam de súbito uma geração, como a popularidade repentina das moedas digitais. Não encare essas tendências pelo seu valor nominal, mas procure pelo espírito subjacente, a atração inconsciente por certos valores ou ideais que elas revelam. Nada é trivial demais nessa análise.

Assim como um indivíduo, todas as gerações tenderão a ter um lado inconsciente da sua personalidade, uma Sombra. Um bom sinal disso é encontrado no estilo característico de humor que cada geração tende a forjar. No humor, as pessoas liberam as suas frustrações e expressam as suas inibições, e ele pode tender ao irracional ou a algo mais ousado ou até agressivo. Uma geração talvez pareça puritana e correta, mas o seu humor é vulgar e irreverente. É o lado da Sombra transparecendo.

Como parte disso, seria bom examinar o relacionamento entre os gêneros na sua geração. Nas décadas de 1920 e 1930, os homens e mulheres tentavam transpor as suas diferenças, se socializar o máximo possível em grupos mistos. Os ícones masculinos eram muitas vezes bem femininos, como Rudolph Valentino; e os ícones femininos tinham uma qualidade masculina ou andrógina proeminente, como Marlene Dietrich e Josephine Baker. Contraste isso com a década de 1950 e a divisão súbita e intensa entre os gêneros, revelando um desconforto inconsciente e uma ruptura em relação às tendências de inversão de gêneros que todos sentimos (veja o Capítulo 12).

Ao observar a Sombra da sua geração, tenha em mente que a sua tendência a um extremo – o materialismo, a espiritualidade, a aventura, a segurança – esconde uma atração oculta pelo oposto. Uma geração como a que chegou à maioridade na década de 1960 parecia desinteressada em relação a bens materiais. Os seus valores principais eram espirituais e interiores, sendo espontânea e interpretada como autêntica, tudo isso em reação aos pais materialistas. Contudo, por baixo desse espírito, era possível detectar uma atração secreta pelo lado material da vida, no desejo de sempre ter o melhor de tudo – o sistema de som mais recente, as drogas da melhor qualidade, as roupas mais bacanas. Essa atração se revelou em toda a sua verdade durante os anos *yuppie* do fim da década de 1970 e início da de 1980.

Com todo esse conhecimento acumulado, você conseguirá formar um perfil abrangente da sua geração, tão complexo e orgânico quanto o fenômeno em si.

A sua terceira tarefa, portanto, é expandir esse conhecimento para algo mais amplo, tentando primeiro juntar os pedaços do que poderia ser considerado o *zeitgeist*. Nesse sentido, estude especialmente o relacionamento entre as duas gerações dominantes: jovens adultos (entre 22 e 44 anos) e aqueles na meia-idade (45 a 66 anos). Não importa quão próximos os pais e filhos dessas gerações pareçam ser, há sempre uma tensão subjacente, junto com algum ressentimento e inveja. Há diferenças naturais entre os valores dessas gerações e entre os modos como elas veem o mundo. Examine essa tensão e determine qual geração tende a dominar e como essa dinâmica de poder está se modificando no presente. Também seria bom analisar em qual parte do padrão histórico mais amplo a sua geração se encaixaria.

Essa percepção geral renderá vários benefícios importantes. Por exemplo, a sua perspectiva geracional tende a criar um tipo específico de miopia. Cada geração tende a algum desequilíbrio à medida que reage contra a anterior. Ela vê e julga tudo segundo certos valores que defende em detrimento de outros e fecha a mente para outras possibilidades. Podemos ser tanto idealistas quanto pragmáticos, valorizar tanto o trabalho em equipe quanto o nosso espírito individual etc. Há muito a ser ganho ao se olhar para o mundo pela perspectiva dos seus pais ou dos seus filhos, e até ao se adotar alguns dos valores deles. Sentir que a sua geração é superior é apenas uma ilusão. A sua percepção o libertará desses bloqueios mentais, tornando a sua mente mais fluida e criativa. Você será capaz de moldar os seus próprios valores e ideias, e não ser somente um produto do seu tempo.

Com a sua percepção do *zeitgeist* geral, você também entenderá o contexto histórico. Terá uma noção de para onde o mundo está indo. Conseguirá prever o que vem a seguir. Com esse conhecimento, será capaz de colocar o seu próprio espírito individual em ação e ajudar a modelar esse futuro que está em gestação no presente.

Sentir uma conexão profunda com a corrente ininterrupta da história, e com o seu papel nesse grande drama histórico, o preencherá com uma calma que tornará tudo na vida mais suportável. Você não terá reações exageradas diante do ultraje do dia. Não ficará vidrado na última tendência. Terá consciência do padrão que tenderá a se voltar para uma direção diferente num certo período de tempo. Caso se sinta em desarmonia com os tempos, saberá que os dias ruins terão fim e poderá fazer a sua parte para que a próxima onda aconteça.

Tenha em mente que é mais crucial do que nunca possuir esse conhecimento, por dois motivos. Em primeiro lugar, apesar de quaisquer sentimentos antiglobalistas que existam no mundo, a tecnologia e as redes sociais nos unificaram de maneiras inalteráveis. Isso significa que as pessoas de uma geração muitas vezes têm mais em comum com aquelas em outras culturas, mas da mesma geração, do que com gerações mais velhas dentro do seu próprio país. Essa conjuntura sem precedentes significa que o *zeitgeist* está mais diretamente globalizado do que nunca, tornando o conhecimento disso muito mais essencial e poderoso.

E em segundo lugar, por causa dessas mudanças nítidas iniciadas pelas inovações tecnológicas, o ritmo se acelerou, criando uma dinâmica autorrealizada. Os jovens se sentem quase viciados a esse ritmo e desejam mais mudanças, mesmo que sejam de uma natureza trivial. Com o ritmo em aceleração, há mais crises, que apenas apressam o processo. Esse ritmo tenderá a deixá-lo tonto e fazê-lo perder a perspectiva. Você talvez imagine que alguma mudança trivial seja revolucionária, e assim ignorará a verdadeira mudança revolucionária que está ocorrendo. Você não conseguirá se manter atualizado, muito menos prever o que vem a seguir. Apenas a sua percepção geracional, a sua perspectiva histórica calma, lhe permitirá dominar esses tempos.

Estratégias para explorar o espírito dos tempos

Para tirar o máximo proveito do *zeitgeist*, comece com uma simples premissa: você é o produto dos tempos assim como qualquer um; a geração em que nasceu moldou os seus pensamentos e valores, esteja você consciente disso ou não. Desse modo, se notar por dentro alguma frustração com a situação do mundo ou com a geração mais velha, ou se observar que há algo faltando na cultura, é quase certo que a sua geração está se sentindo da mesma forma. E se você for aquele a expressar esse sentimento, o seu trabalho encontrará uma ressonância com a sua geração e ajudará a moldar o *zeitgeist*. Com isso em mente, ponha em prática algumas das seguintes estratégias, ou todas elas.

Resista ao passado. Você talvez sinta uma necessidade profunda de criar algo novo e mais relevante à sua geração, mas o passado quase sempre exercerá uma forte atração sobre você, na forma dos valores dos seus pais, valores que internalizou quando criança. É inevitável que você sinta um pouco de medo e um conflito interior e, por causa disso, talvez hesite quanto a partir na velocidade máxima com seja o que for que você faça ou expresse, e a sua oposição às formas antigas de fazer as coisas tenderá a ser bem tépida.

Em vez disso, force-se na direção contrária. Utilize o passado e os seus valores ou ideias como algo ao que resistir com grande força, empregando qualquer raiva que sinta para ajudá-lo nisso. Torne a sua ruptura com o passado o mais brusca e clara possível. Expresse o que é tabu; despedace as convenções que a geração mais velha segue. Tudo isso excitará e atrairá as pessoas da sua geração, muitas das quais vão querer seguir o seu exemplo.

Foi sendo audacioso e se opondo à geração mais velha que o conde de Essex simbolizou o espírito novo e confiante da Inglaterra pós--armada e se tornou o queridinho da sua geração (veja mais sobre isso no Capítulo 15). Danton conquistou o poder pelo esforço despendido ao desafiar a monarquia e fomentar a república. Na década de 1920, a dançarina afro-americana Josephine Baker passou a exemplificar o novo espírito de espontaneidade entre a geração perdida ao tornar as suas apresentações tão irrefreadas e chocantes quanto possível. Ao romper de forma tão profunda com as imagens passadas das recatadas primeiras-damas norte-americanas anteriores, Jacqueline Kennedy se tornou o ícone do novo espírito do início da década de 1960. Ao ir mais adiante nessa direção, você criará um impacto com o que há de novo, e incitará desejos entre aqueles que estão esperando para se manifestar.

Adapte o passado ao espírito do presente. Uma vez que você identificar a essência do *zeitgeist*, seria uma estratégia sábia encontrar algum momento ou período análogos na história. As frustrações e rebeliões da sua geração decerto foram sentidas em alguma medida por uma geração anterior e foram expressas de maneira dramática. Os líderes dessas gerações passadas ressoam pela história e adquirem um tipo de tonalidade mítica quanto mais se avança no tempo. Ao se associar com essas figuras ou épocas, você dá um peso maior a qualquer movimento ou inovação que estiver promovendo. Tome alguns dos símbolos e estilos emocionalmente carregados desse período histórico e os adapte, dando a impressão de que o que você está tentando fazer no presente é uma versão mais perfeita e progressista daquilo que aconteceu no passado.

Ao fazer isso, pense em termos míticos e grandiloquentes. Danton se associou a Cícero, cujos discursos e ações em favor da república romana e contra a tirania tinham uma ressonância natural para muitos franceses e davam à missão de Danton o grande peso do passado antigo. O cineasta Akira Kurosawa trouxe de volta à vida o mundo do guerreiro samurai, tão celebrado na cultura japonesa, mas recriado de forma a permitir que ele fizesse comentários criteriosos sobre as questões e os ânimos do Japão do período pós-guerra. Ao concorrer à presidência, John F. Kennedy queria anunciar um novo espírito norte-americano que se moveria para além da estagnação da década de 1950. Ele chamou os programas que iria iniciar de Nova Fronteira, associando as suas ideias ao espírito pioneiro entranhado de forma tão reverente na psique norte-americana. Essa imagem se tornou uma parte poderosa do que o tornava atraente.

Ressuscite o espírito da infância. Ao trazer de volta à vida o espírito dos seus primeiros anos de vida – o humor, os acontecimentos históricos decisivos, os estilos e produtos do período, a sensação no ar que o afetava –, você atingirá um público vasto, englobando todos que vivenciaram aqueles anos de maneira semelhante. Foi um tempo da vida de grande intensidade emocional e, ao recriá-lo de alguma forma, mas refletido pelos olhos de um adulto, o seu trabalho ressoará junto aos seus colegas de geração. Você deve empregar essa estratégia apenas se sentir uma conexão especialmente poderosa com a sua infância. Caso contrário, a sua tentativa de recriar o espírito parecerá forçada e sem vida.

Tenha em mente que o seu objetivo não é uma recriação literal do passado, mas a captura do seu espírito. Para ter poder real, o ideal seria se conectar a alguma questão ou problema no presente, e não apenas invocar uma dose inconsequente de nostalgia. Se estiver inventando algo, tente atualizar e incorporar sutilmente os estilos daquele período da infância, explorando a atração inconsciente que sentimos por essa fase inicial da vida.

Crie a nova configuração social. Faz parte da natureza humana que as pessoas anseiem por mais interações sociais com aqueles com quem sentem afinidade. Você sempre conquistará um grande poder ao construir uma nova forma de interagir que atraia a sua geração. Organize um grupo em torno de ideias e valores novos que estejam no ar, ou da tecnologia mais recente que lhe permita unir de uma maneira original aqueles que pensam de forma semelhante. Elimine os intermediários que costumavam estabelecer barreiras que impediriam as associações mais livres de indivíduos. Nessa nova forma de grupo, é sempre sábio introduzir alguns rituais que unam os membros e alguns símbolos com os quais eles se identifiquem.

Vemos muitos exemplos disso no passado – os *salons* da França do século 17, onde homens e mulheres conversavam abertamente e com liberdade; nas lojas maçônicas na Europa do século 18, com os seus rituais secretos e ar de subversão; nos *speakeasies* e clubes de *jazz* da década de 1920, em que reinava o espírito de "vale tudo"; ou, mais recentemente, nas plataformas e grupos on-line, ou *flash mobs*. Ao utilizar essa estratégia, pense nos elementos repressivos do passado de que o ser humano gostaria de se livrar. Esses poderiam ser um período de retidão embrutecida ou puritanismo, ou de conformismo extremo, ou da desvalorização do individualismo e de todo o egoísmo que isso gera. O grupo que você estabelecer permitirá o florescimento de um novo espírito e até oferecerá a excitação de romper com a retidão e quebrar tabus do passado.

Subverta o espírito. Você talvez se veja em conflito com alguma parte do espírito da sua geração ou do tempo em que vive. Talvez se identifique com alguma tradição do passado que tenha sido substituída, ou os seus valores sejam diferentes de alguma maneira por causa do seu próprio temperamento individual. Qualquer que seja a razão, nunca é sábio pregar ou moralizar ou condenar o espírito dos tempos. Você só acabará se alienando. Se o espírito dos tempos for como uma maré ou uma correnteza, é melhor encontrar uma maneira gentil de desviá-lo, em vez de lutar contra a sua direção. Você terá mais poder e exercerá um efeito maior ao agir dentro do *zeitgeist* e subvertê-lo.

Por exemplo, você pode criar algo – um livro, um filme, qualquer produto – que tenha um visual e uma atmosfera dos tempos atuais, até num nível exagerado. Entretanto, por meio do conteúdo que produz, você insere ideias e um espírito que é um pouco diferente, que aponta para o valor do passado que você prefere, ou retrata outra maneira possível de se relacionar com os acontecimentos ou interpretá-los, ajudando a soltar a moldura geracional apertada pela qual as pessoas veem o mundo delas.

Depois da Segunda Guerra Mundial, os famosos estilistas de moda europeus sentiam um grande desdém pelo mercado norte-americano que então dominava o mundo. Não gostavam da cultura popular que emergia e da sua vulgaridade. A estilista Coco Chanel sempre havia enfatizado a elegância em seus desenhos e decerto compartilhava em parte dessa antipatia. Contudo, ela seguiu na direção oposta de outros estilistas da época: aceitou o novo poder das mulheres norte-americanas e lhes satisfez o desejo por roupas que fossem menos complexas e mais atléticas. Conquistando-lhes a confiança e empregando a linguagem delas, Chanel agora tinha um grande poder para alterar sutilmente os gostos norte-americanos, introduzindo mais da sua verdadeira sensibilidade e transmitindo alguma elegância aos desenhos despojados que as norte-americanas adoravam. Desse modo, ajudou a redirecionar o *zeitgeist* na moda, antecipando as mudanças do início da década de 1960. Esse é o poder que vem de trabalhar com o espírito, em vez de contra ele.

Continue se adaptando. Foi na sua juventude que a sua geração construiu esse espírito específico, um período de intensidade emocional que costumamos recordar com carinho. O problema que você enfrenta é que, ao envelhecer, tende a permanecer preso aos valores, ideias e estilos que marcaram essa época. Você se torna um tipo de caricatura do passado para os que são mais jovens, parando de evoluir com o seu pensamento. O tempo o deixa para trás, o que o faz se apegar com ainda mais força ao passado como a sua única âncora. E, à medida que envelhece, e cada vez mais pessoas ocupam o palco público, você reduz a sua plateia.

Não é que você deva abandonar o espírito que o marcou, o que seria impossível de qualquer maneira. Tentar imitar os estilos da geração mais jovem só o fará parecer falso e ridículo. Modernize o seu espírito e adote, se possível, alguns dos valores e ideias da geração mais jovem que o interessam, ganhando um público novo e mais amplo ao mesclar a sua experiência e perspectiva com as mudanças em andamento, tornando-se um híbrido incomum e atraente.

Para o diretor cinematográfico Alfred Hitchcock, a década que moldou a sua identidade e obra foi a de 1920, quando ele entrou na indústria e se tornou diretor. O que importava mais naqueles filmes mudos era aperfeiçoar a linguagem visual para contar uma história. Hitchcock dominou a arte de utilizar ângulos e movimentos de câmera para fazer os espectadores se sentirem no meio da história.

Ele nunca abandonou essa obsessão com a linguagem visual por todas as seis décadas em que trabalhou como diretor, mas adaptou de forma contínua o seu estilo – para os espetáculos de cores tão em voga na década de 1950 e para os filmes populares de suspense e horror nas décadas de 1960 e 1970. Diferentemente de outros diretores que, ao envelhecerem, saíram completamente de moda ou apenas tentaram imitar o estilo contemporâneo, Hitchcock criou um híbrido do passado e do presente. Isso deu aos seus filmes posteriores uma tremenda profundidade, pois ele havia incorporado todas as adaptações de pontos anteriores da sua carreira. Os filmes dele atraíam um grande público, mas eram únicos por causa dessas camadas de inovações introduzidas na obra. Essa profundidade sempre terá um efeito incrível sobre qualquer público, pois o seu trabalho parecerá se estender além do tempo.

O SER HUMANO ALÉM DO TEMPO E DA MORTE

Nós, seres humanos, somos peritos em transformar tudo em que pomos as mãos. Mudamos por completo o ambiente do planeta Terra para que se adequasse aos nossos propósitos. Nós nos transformamos de uma espécie de físico fraco no animal social mais proeminente e poderoso, efetivamente aumentando e reprogramando o nosso cérebro no processo. Somos irrequietos e a nossa inventividade não tem fim. No entanto, há uma área que parece desafiar os nossos poderes de transformação – o próprio tempo. Nascemos e entramos no fluxo da vida, e cada dia ele nos carrega para mais perto da morte. O tempo é linear, sempre avançando, e não há nada que possamos fazer para lhe deter o curso.

Passamos por várias fases, que nos marcam de acordo com padrões além do nosso controle. O nosso corpo e mente desaceleram e perdem a elasticidade da juventude. Impotentes, vemos cada vez mais jovens encherem o palco da vida, empurrando-nos para os bastidores. Nascemos num período da história e numa geração que não são da nossa escolha e que parecem determinar tanto do que somos e do que nos acontece. A nossa natureza ativa é neutralizada e, embora não registremos isso de forma consciente, a nossa impotência aqui é a raiz de muito da nossa ansiedade e crises de depressão.

Se olharmos mais de perto, porém, para a nossa experiência pessoal do tempo, notamos algo peculiar: a passagem das horas e dos dias se altera dependendo do nosso ânimo e circunstâncias. Uma criança e um adulto vivenciam o tempo de maneiras bem diferentes. Para a primeira, ele se move bem devagar; para o segundo, é rápido demais. Quando estamos entediados, o tempo parece vazio, se arrastando; quando estamos entusiasmados e nos divertindo, gostaríamos que ele fosse mais devagar. Quando estamos calmos e contemplativos, ele talvez passe mais devagar, mas a sensação é plena e satisfatória.

O que isso significa, em geral, é que o tempo é uma criação humana, uma maneira de medirmos a sua passagem para os nossos próprios propósitos, e a nossa experiência dessa criação artificial é bem subjetiva e mutável. Temos o poder de atrasá-lo e acelerá-lo de forma consciente. O nosso relacionamento com o tempo é mais maleável do que pensamos. Embora não sejamos capazes de deter o processo de envelhecimento ou de desafiar a realidade derradeira da morte, temos como alterar a experiência desses fatores, transformando o que é doloroso e deprimente em algo bem diferente. Podemos fazer o tempo nos parecer mais cilíndrico do que linear; podemos até sair do fluxo e vivenciar formas de atemporalidade. Não temos de permanecer trancados no porão da nossa geração e da sua perspectiva.

Embora isso possa parecer uma ideia ilusória, é possível indicar várias figuras históricas – Leonardo da Vinci e Johann Wolfgang von Goethe, para mencionar dois casos – que transcenderam de forma consciente a própria era e descreveram a sua experiência transformada do tempo. É um ideal, um que a nossa natureza ativa permite, e que vale a pena tentar alcançar em alguma medida.

Aqui está como podemos aplicar essa abordagem ativa a quatro aspectos elementares do tempo.

As fases da vida. Ao passarmos pelas fases da vida – juventude, início da vida adulta, meia-idade, e velhice –, notamos em nós mesmos certas mudanças comuns. Na nossa juventude, sentimos a vida de maneira mais intensa. Somos mais emocionais e vulneráveis. A maioria de nós tende a ter um foco voltado para o lado exterior, uma preocupação com o que as pessoas pensam a nosso respeito e como nos encaixamos. Apesar de sermos mais gregários, somos também propensos a comportamentos tolos e à noção de termos uma superioridade moral.

Ao crescermos, a intensidade diminui, a nossa mente tende a se restringir em torno de certas ideias e crenças convencionais. Aos poucos, nos tornamos menos preocupados com o que dizem de nós, e assim nos direcionamos mais para dentro. O que ganhamos às vezes nessas fases posteriores é algum distanciamento da vida, algum autocontrole, e talvez a sabedoria que vem das experiências acumuladas.

Temos o poder, porém, de mitigar ou deixar de lado as qualidades negativas que costumam acompanhar certas fases da vida, desafiando, de certo modo, o próprio processo de envelhecimento. Por exemplo, quando somos jovens, podemos nos esforçar para diminuir a influência do grupo sobre nós e não nos fixarmos tanto no que os outros estão pensando ou fazendo. Podemos nos direcionar mais para dentro, buscar uma harmonia maior com a nossa singularidade (veja mais sobre isso no Capítulo 13). Podemos desenvolver de maneira consciente mais dessa distância interior que nos vem com naturalidade com o passar dos anos, pensar com mais profundidade sobre as nossas experiências, aprender lições a partir delas, e desenvolver uma sabedoria prematura.

Ao envelhecermos, devemos lutar para reter as qualidades positivas da juventude que costumam desaparecer com o passar dos anos.

Por exemplo, podemos reconquistar parte da curiosidade natural que tínhamos quando crianças ao deixar de lado um pouco da nossa presunção e atitude de que sabemos de tudo, algo que costuma nos dominar ao amadurecermos. Devemos continuar a observar o mundo por uma moldura nova, questionando os nossos próprios valores e preconceitos, tornando a nossa mente mais fluida e criativa no processo. Como parte disso, podemos aprender uma nova habilidade ou estudar uma nova matéria para que sejamos levados de volta à alegria que sentíamos no passado, ao aprender algo novo. Também podemos meditar sobre algumas das experiências mais intensas da nossa juventude, colocando-nos de volta naqueles momentos por meio da imaginação, nos conectando mais a fundo com quem éramos. Sentiremos essa intensidade juvenil retornar em alguma medida nas nossas experiências do presente.

Parte do motivo por que nos tornamos menos gregários com o passar dos anos é que nos tornamos mais críticos e intolerantes quanto às peculiaridades das pessoas, o que não amplia a nossa experiência de vida. É possível alterar isso também ao entendermos melhor a natureza humana e ao aceitarmos os outros como eles são.

Envelhecer tem um componente psicológico e pode ser uma profecia autorrealizada. Nós nos convencemos de que estamos diminuindo o ritmo e não conseguimos realizar ou tentar o mesmo que conseguíamos no passado, e, ao agir de acordo como esses pensamentos, intensificamos esse processo, que nos torna deprimidos e predispostos a desacelerar ainda mais. Vemos ícones do passado que seguiram na direção oposta, como foi o caso de Benjamin Franklin, que continuou desafiando seu corpo e sua mente enquanto envelhecia, e que, pelo que se sabe, reteve uma atitude jovial e encantadoramente infantil ainda aos 70 e 80 anos de idade.

Gerações atuais. A sua meta aqui é ser *menos* um produto da época em que vive e ganhar a habilidade de transformar o seu relacionamento com a sua geração. Uma maneira fundamental de fazer isso é por meio de associações ativas com pessoas de gerações diferentes. Se você for mais jovem, tente interagir mais com os mais velhos. Cultive um relacionamento com alguns deles, os que demonstrarem um espírito com o qual você se identifica, como mentores ou exemplos a serem seguidos.

Com outros você pode se relacionar como se fossem colegas – sem se sentir superior ou inferior, mas prestando muita atenção aos seus valores, ideias e perspectivas, ajudando a ampliar os seus próprios.

Se você for mais velho, inverta isso ao interagir de forma ativa com aqueles da geração mais nova, não como um pai ou figura de autoridade, mas como colega. Permita-se absorver o espírito, as maneiras diferentes de pensar e o entusiasmo dos mais jovens. Aborde-os com a ideia de que eles têm algo a lhe ensinar.

Ao interagir num nível mais autêntico com pessoas de gerações diferentes, você criará um laço único – o de indivíduos vivos na mesma época na história. Isso só expandirá a sua compreensão do *zeitgeist*.

Gerações passadas. Quando pensamos na história, tendemos a pintar o passado como um tipo de caricatura morta e sem espírito. Talvez nos sintamos presunçosos e superiores em relação às eras passadas, por isso nos concentramos naqueles aspectos que indicam ideias e valores retrógrados (sem percebermos que as gerações futuras farão o mesmo conosco), vendo o que queremos ver. Ou então projetamos no passado ideias e valores do presente, que têm pouca relação com o modo como as pessoas vivenciavam o mundo no passado. Removemos a perspectiva geracional deles, algo que vemos de maneira mais óbvia em filmes históricos, em que as pessoas falam e agem bem como nós, só que em trajes de época. Ou apenas ignoramos a história, imaginando que ela não tem nenhuma relevância com a nossa experiência atual.

Precisamos nos livrar dessas noções e hábitos absurdos. Não somos tão superiores àqueles no passado quanto gostaríamos de imaginar (veja as questões da irracionalidade, miopia, inveja, grandiosidade, conformismo e agressão nos capítulos anteriores). Houve momentos culturais na história que foram superiores ao nosso quanto à democracia participativa, ou ao pensamento criativo, ou à vitalidade cultural. Houve períodos no passado em que o ser humano tinha uma compreensão melhor da psicologia e um realismo revigorante que nos faria parecer bem iludidos em comparação. Embora a natureza humana permaneça constante, aqueles no passado enfrentaram circunstâncias diversas com níveis diferentes de tecnologia, e tinham valores e crenças bem diferentes dos nossos, e não necessariamente inferiores. Seus valores refletiam as suas circunstâncias diferentes, e nós os teríamos compartilhado também.

O que é mais importante, porém, é que precisamos entender que o passado não está, de jeito nenhum, morto. Não emergimos na vida como folhas em branco, independentes de milhões de anos de evolução. Tudo o que pensamos e vivenciamos, os nossos pensamentos e crenças mais íntimos, são moldados pelas lutas das gerações passadas. Tantas das maneiras com que nos relacionamos com o mundo hoje vêm de mudanças no pensamento de muito tempo atrás.

Sempre que vemos pessoas que sacrificam tudo por alguma causa, elas estão revivendo uma alteração de valores iniciada pelos primeiros cristãos do século 1, que revolucionaram a nossa maneira de pensar ao devotar todos os aspectos da vida a algum ideal. Sempre que nos apaixonamos e idealizamos o ser amado, estamos revivendo as emoções que os trovadores do século 12 introduziram no mundo ocidental, um sentimento que nunca havia existido antes.

Quando enaltecemos as emoções e a espontaneidade acima do intelecto e do esforço, estamos revivendo o que os movimentos do Romantismo do século 18 introduziram pela primeira vez na nossa psicologia. Não temos consciência disso tudo, mas nós, no presente, somos produtos mistos de todas as mudanças acumuladas na psicologia e pensamento humanos. Ao transformar o passado em algo morto, estamos apenas negando quem somos. Nós nos tornamos bárbaros, sem raízes, desconectados da nossa natureza.

Altere de modo radical a sua própria relação com a história, trazendo-a de volta à vida dentro de você. Comece com alguma era do passado, uma que o entusiasme em particular por qualquer motivo. Tente recriar o espírito desses tempos, entrar na experiência subjetiva dos personagens sobre quem está lendo, usando a sua imaginação ativa. Veja o mundo pelos olhos deles. Faça uso dos excelentes livros escritos nos últimos cem anos para obter uma noção da vida cotidiana nesses períodos específicos (por exemplo, *Everyday life in Ancient Rome*, de Lionel Casson, ou *O outono da Idade Média*, de Johan Huizinga). Na literatura da época, você detectará o espírito prevalecente. Os romances de

F. Scott Fitzgerald lhe darão uma conexão bem mais vívida à Era do *Jazz* do que qualquer trabalho acadêmico sobre o assunto. Deixe de lado qualquer tendência de julgar ou moralizar. As pessoas vivenciaram o momento presente delas dentro de um contexto que lhes fazia sentido. Você precisa entender isso de dentro para fora.

Dessa maneira, o leitor se sentirá diferente acerca de si mesmo. O seu conceito de tempo se expandirá e você perceberá que, se o passado vive dentro de você, o que faz hoje e o mundo em que vive sobreviverão e afetarão o futuro, conectando-o com o espírito humano maior que se move por meio de todos nós. Você, neste momento, é uma parte dessa corrente ininterrupta. E isso pode ser uma experiência inebriante, uma estranha insinuação de imortalidade.

O futuro. Entendemos o nosso efeito sobre o futuro de forma mais clara no nosso relacionamento com os nossos filhos, ou com os jovens que influenciamos, de algum modo, como professores ou mentores. Essa influência durará anos após termos partido. Entretanto, o nosso trabalho, aquilo que criamos e com que contribuímos à sociedade, exerce um poder ainda maior e pode se tornar parte de uma estratégia consciente para nos comunicarmos com aqueles no futuro e influenciá-los. Pensar dessa maneira altera de fato o que dizemos e fazemos.

Leonardo da Vinci decerto seguiu essa estratégia. Ele tentava sempre visualizar como o futuro seria, e viver nele por meio da sua imaginação. Vemos provas disso nos seus desenhos de possíveis invenções que poderiam existir, algumas das quais, como as máquinas voadoras, ele de fato tentou criar. Ele também pensava a fundo sobre os valores que as pessoas no futuro viriam a defender, valores que não existiam ainda nos tempos em que ele vivia. Por exemplo, sentia uma afinidade profunda por animais e os via como seres com almas, uma crença sem precedentes na época. Isso o impeliu a se tornar vegetariano e a sair libertando aves das gaiolas no mercado. Ele via toda a natureza como uma só, incluindo os seres humanos, e imaginava um futuro em que essa crença seria compartilhada.

A grande romancista, filósofa e feminista Mary Wollstonecraft (1759-1797) acreditava que nós, seres humanos, somos mesmo capazes de criar o futuro a partir de como o imaginamos no presente. Para ela, em sua curta vida, muito disso veio ao criar um futuro em que os direitos das mulheres e, o que é mais importante, os poderes de raciocínio delas receberiam o mesmo peso que o dos homens. O fato de ela pensar nesses termos realmente teve uma influência profunda no futuro.

Talvez um dos exemplos mais fantásticos disso seja o cientista, romancista e filósofo Johann Wolfgang von Goethe (1749-1832), que aspirava a um tipo de conhecimento universal, semelhante ao de Leonardo, pelo que tentou dominar todas as formas de inteligência humana, mergulhar em todos os períodos da história e, desse modo, ser capaz não apenas de ver o futuro, mas de se comunicar com os seus habitantes. Ele previu muitas das grandes tendências políticas dos séculos 19 e 20, inclusive a unificação da Europa após a Segunda Guerra Mundial. Imaginou muitos dos avanços tecnológicos e os efeitos que estes teriam no nosso espírito. Foi alguém que tentou de fato viver fora do seu tempo, e os seus poderes proféticos eram lendários entre os amigos.

Por fim, às vezes sentimos que nascemos no período errado da história, fora de sintonia. No entanto, estamos trancados nesta época e precisamos viver nela. Se esse for o caso, essa *estratégia de imortalidade* pode nos trazer algum alívio. Teremos consciência dos ciclos da humanidade e de como o pêndulo vai balançar e os tempos vão mudar, talvez depois que tenhamos partido. Dessa forma, olharemos para o futuro e sentiremos uma conexão com aqueles que viveram muito além deste momento terrível. Poderemos tentar alcançá-los, torná-los parte do nosso público. Algum dia, eles lerão sobre nós ou lerão as nossas palavras, e a conexão seguirá em ambas as direções, indicando essa suprema habilidade de as pessoas superarem a própria época e a finalidade da morte.

> As deficiências de um homem são tomadas da sua época; as suas virtudes e grandeza pertencem a ele mesmo.
>
> — *Johann Wolfgang von Goethe*

18
Medite sobre a nossa mortalidade comum
A Lei da Negação da Morte

A maioria de nós passa o tempo todo evitando pensar na morte. Em vez disso, deveríamos ter a inevitabilidade da morte sempre em mente. Entender a brevidade da vida nos enche com um senso de propósito e urgência para realizar os nossos objetivos. Ao nos treinarmos para confrontar e aceitar essa realidade, teremos mais facilidade para lidar com os obstáculos, separações e crises inevitáveis. Isso nos dará um senso de proporção, daquilo que importa de fato na nossa curta existência. O ser humano procura o tempo todo por maneiras de se separar dos outros e se sentir superior. Em vez disso, devemos ver a mortalidade em todos, e enxergar o modo como ela nos iguala e conecta. Ao nos tornarmos mais cientes da nossa mortalidade, intensificaremos a nossa experiência de cada aspecto da vida.

A BALA NO FLANCO

Quando criança, crescendo em Savannah, no estado norte-americano da Geórgia, Mary Flannery O'Connor (1925-1964) sentia uma conexão forte e poderosa com o pai, Edward. Parte disso vinha naturalmente da impressionante semelhança física entre os dois – os mesmos olhos grandes e penetrantes, as mesmas expressões faciais. No entanto, o que era mais importante para Mary era que toda a maneira de eles pensarem e sentirem parecia estar em sintonia perfeita. Ela percebia isso quando o pai participava dos jogos que ela inventava – Edward entrava de forma tão natural no espírito da coisa, e a imaginação dele se movia numa direção muito similar à dela. Ambos tinham meios de se comunicar sem dizer uma única palavra.

Mary, filha única, não sentia o mesmo em relação à mãe, Regina, que vinha de uma classe social superior à do marido e que tinha aspirações de ser uma figura importante na sociedade local. A mãe queria moldar a filha, bem estudiosa e reclusa, numa perfeita dama sulista, mas Mary, teimosa e voluntariosa, não cooperava. Considerava a mãe e os outros parentes um pouco formais e superficiais. Aos 10 anos, ela escreveu uma série de caricaturas deles, que ela chamou de "My Relitives" (grafia incorreta de *My Relatives*, ou "Meus parentes"). Com espírito travesso, deixou que todos lessem as vinhetas, e a reação deles foi, naturalmente, de choque – não apenas por como haviam sido retratados, mas também pelo humor afiado da menina de 10 anos.

Para o pai, porém, as caricaturas eram maravilhosas. Ele as colecionou num livrinho que mostrava aos visitantes, prevendo um grande futuro para a filha como escritora. Muitos reconheciam desde cedo que ela era diferente das outras crianças, até um pouco excêntrica, e Mary se deleitava com o orgulho que o pai expressava pelas qualidades incomuns dela.

Mary entendia-o tão bem que ela se assustou quando, no verão de 1937, percebeu uma mudança na energia e espírito dele. A princípio era algo sutil – erupções cutâneas no rosto, uma fadiga súbita que lhe acometia durante as tardes. Ele começou a tirar sonecas cada vez mais longas e sofria crises frequentes de gripe, com o corpo todo tremendo. De vez em quando, a garota escutava por trás das portas quando os pais conversavam sobre doenças, e o que ela conseguiu discernir era que havia algo de muito errado.

A firma imobiliária que o pai fundara alguns anos antes não estava indo muito bem, e ele teve de desistir dela. Alguns meses depois, conseguiu obter um emprego governamental em Atlanta, que não pagava muito bem. Para administrar o orçamento apertado da família, Mary e a mãe se mudaram para uma casa espaçosa que pertencia a parentes na cidade de Milledgeville, no centro da Geórgia, não muito longe de Atlanta.

Em 1940, Edward estava fraco demais para continuar no emprego e se mudou de volta para casa. Nos meses seguintes, Mary o viu se tornar mais magro e debilitado a cada dia, atormentado por dores lancinantes nas juntas, até falecer, afinal, em 1º de fevereiro de 1941, aos 45 anos. Meses mais tarde, ela descobriu que a doença dele era conhecida como lúpus eritematoso – uma enfermidade que faz o corpo produzir anticorpos que atacam e enfraquecem os próprios tecidos saudáveis. (Hoje é conhecida como lúpus eritematoso sistêmico, em sua versão mais grave.)

Após o falecimento do amado pai, Mary se sentiu abalada demais para falar com qualquer um sobre a perda, mas confiou a um caderno secreto o efeito que a morte teve sobre ela: "A realidade da morte desceu sobre nós e uma consciência do poder de Deus rompeu a nossa complacência, como uma bala no flanco. Um senso do dramático, do trágico, do infinito caiu sobre nós, enchendo-nos de tristeza, mas mais do que tristeza, assombro". Ela teve a sensação de que uma parte dela morrera, tão ligados haviam sido os dois na vida um do outro. No entanto, além da ferida súbita e violenta infligida a ela, Mary foi levada a se perguntar sobre o que tudo significava no esquema cósmico mais amplo. Intensamente devota à fé católica, imaginava que tudo acontecia por algum motivo e era parte do plano misterioso de Deus. Algo tão importante quanto a morte precoce do pai precisava ter um sentido.

Nos meses seguintes, Mary passou por uma mudança. Ela se tornou excepcionalmente séria e dedicada ao trabalho escolar, algo a que havia sido bem indiferente no passado. Começou a escrever histórias mais longas e ambiciosas. Frequentou a faculdade local para mulheres e impressionou os professores com as suas habilidades literárias e a profundidade do seu pensamento. Decidira que o pai lhe adivinhara corretamente o destino – ser escritora.

Cada vez mais confiante em seus poderes criativos, decidiu que o seu sucesso dependia de sair da Geórgia. Morar com a mãe em Milledgeville a fazia se sentir claustrofóbica. Ela se inscreveu na Universidade de Iowa e foi aceita com uma bolsa de estudos integral para o ano acadêmico que se iniciava em 1945. A mãe lhe implorou que reconsiderasse, pensando que a filha única era frágil demais para viver sozinha, mas Mary estava determinada. E, matriculada na famosa Oficina Literária da universidade, resolveu simplificar o nome para Flannery O'Connor, sinalizando a sua nova identidade.

Trabalhando com determinação feroz e disciplina, Flannery passou a atrair a atenção por seus contos e pelos personagens do sul que descrevia e que parecia conhecer tão bem, expondo as qualidades sombrias e grotescas ocultas sob a superfície da gentileza sulista. Ela recebeu convites de agentes e editoras, e as revistas mais respeitadas aceitaram as histórias dela.

Depois de Iowa, Flannery se mudou para a costa leste, se estabelecendo em Connecticut numa casa de campo dos amigos Sally e Robert Fitzgerald, que lhe alugaram um quarto. Lá, sem distrações, ela trabalhou com ardor no seu primeiro romance. O futuro parecia tão promissor, e tudo seguia de acordo com o plano que ela traçara para si depois da morte do pai.

No Natal de 1949, ela voltou a Milledgeville para uma visita e, ao chegar lá, sentiu-se bem doente; os médicos a diagnosticaram como tendo nefroptose, ou rim flutuante. Ela precisaria de uma cirurgia e de algum tempo para recuperação em casa. Tudo que queria era voltar para Connecticut, estar com os amigos e terminar o romance dela, que estava se tornando cada vez mais ambicioso.

Por fim, conseguiu retornar em março, mas no decorrer dos meses seguintes passou a ter crises estranhas de dor nos braços. Consultou médicos em Nova York, que diagnosticaram artrite reumatoide. Naquele mês de dezembro, ela retornou à Geórgia mais uma vez para o Natal e, na viagem de trem, sentiu-se terrivelmente mal. Quando foi recebida pelo tio, mal conseguia andar. Sentia-se como se houvesse de repente se transformado numa idosa frágil.

Atormentada pelas dores nas juntas e sofrendo com febres altas, foi internada de imediato num hospital. Informaram-lhe que era um caso grave de artrite reumatoide, e que levaria meses para que fosse estabilizada; ela teria de permanecer em Milledgeville por um período indefinido. Flannery não tinha muita fé nos médicos nem certeza do diagnóstico, mas estava fraca demais para discutir. As febres a faziam sentir como se estivesse morrendo.

Para tratá-la, os médicos lhe deram doses enormes de cortisona, a nova droga miraculosa, que aliviou bastante a dor e a inflamação nas juntas. Também lhe deu erupções de energia intensa que lhe perturbavam a mente, a qual esvoaçava com todo tipo de pensamentos estranhos. Como efeito colateral, seus cabelos caíram e o rosto inchou. Como parte da terapia, precisava de transfusões frequentes de sangue. A vida dela havia tomado um rumo sombrio.

Parecia-lhe uma coincidência bem estranha que, quando as febres eram mais altas, ela tinha a sensação de estar ficando cega e paralisada. Apenas alguns meses antes, quando ainda não estava doente, decidira fazer com que o protagonista do seu romance cegasse a si mesmo. Será que previra o próprio destino, ou a doença já estava lá, fazendo-a ter aqueles pensamentos?

Sentindo a morte em seu rastro e escrevendo num ritmo rápido, enquanto internada no hospital, ela terminou o romance, que batizou de *Sangue sábio*, inspirado por todas as transfusões de sangue por que havia passado. O romance tratava de um jovem, Hazel Motes, determinado a espalhar a doutrina do ateísmo para uma nova era científica. Ele acredita ter o "sangue sábio", que não tem necessidade de nenhum tipo de orientação espiritual. A narrativa conta o seu declínio até chegar ao assassinato e à loucura, e foi publicada em 1952.

Depois de meses de hospitalização e de ter se recuperado o suficiente em casa, Flannery voltou para Connecticut para uma visita aos Fitzgerald, na esperança de que, no futuro próximo, conseguisse talvez retomar a antiga vida na casa de campo deles. Um dia, enquanto ela e Sally passeavam de carro pelo campo, Flannery mencionou a artrite reumatoide, e a amiga decidiu afinal lhe contar a verdade, que a mãe superprotetora, em combinação com os médicos, escondera dela: "Flannery, você não tem artrite, você tem lúpus". Flannery começou a tremer. Depois de alguns momentos de silêncio, respondeu: "Bem, não é uma boa notícia. Porém, eu não tenho como lhe agradecer por me contar [...]. Eu pensei que tivesse lúpus, e imaginei que estivesse enlouquecendo. Prefiro mesmo estar doente a estar louca". Apesar da reação calma, a notícia a deixou desnorteada. Era como levar uma segunda bala no flanco, a sensação original retornando com o dobro do impacto. Agora tinha certeza de que herdara a doença do pai. De repente, tinha de encarar a realidade de que talvez ela não tivesse muito tempo para viver, dada a rapidez com que Edward deteriorara. Agora estava claro para ela que não haveria planos ou esperanças de ela viver em qualquer outro lugar que não Milledgeville. Ela abreviou a estada em Connecticut e voltou para casa, sentindo-se deprimida e confusa.

A mãe era agora a administradora da fazenda da família, chamada Andalusia, nos arredores de Milledgeville. Flannery teria que passar o resto dos dias por lá com a mãe, que cuidaria dela. Os médicos pareciam pensar que ela teria uma expectativa normal de vida, graças a essa nova droga milagrosa, mas Flannery não partilhava da confiança deles, vivenciando em primeira mão os muitos efeitos colaterais adversos e indagando-se por quanto tempo o corpo dela os suportaria.

Ela amava a mãe, mas eram muito diferentes. A mãe gostava de conversar, e era obcecada com o *status* e as aparências. Nas primeiras semanas em casa, Flannery teve uma sensação de pânico. Sempre havia sido voluntariosa, como o pai. Gostava de viver nos seus próprios termos, e a mãe era bem energética e intrometida. Além disso, Flannery associava a sua habilidade criativa com uma vida fora da Geórgia, conhecendo o vasto mundo, estando entre colegas com quem poderia conversar sobre assuntos sérios. Ela sentira a mente se expandir diante desses horizontes mais amplos.

Andalusia seria como uma prisão, e ela receava que a sua mente se enrijecesse nessas circunstâncias. Entretanto, ao contemplar a morte que a fitava no rosto, Flannery pensou a fundo no curso da sua vida. Estava claro que o que importava para ela mais do que amigos ou onde moraria, ou até mesmo a própria saúde, era a sua escrita, a expressão de todas as ideias e impressões que acumulara. Tinha tantas histórias a escrever, e mais um romance ou dois. Talvez, de algum modo estranho, esse retorno forçado ao lar fosse uma bênção disfarçada, parte de algum outro plano para ela.

No quarto dela em Andalusia, longe do mundo, ela não teria nenhuma distração possível. Deixaria claro à mãe que aquelas duas horas ou mais pela manhã em que escrevia eram sagradas e não toleraria nenhuma interrupção. Agora poderia concentrar toda a sua energia no trabalho, mergulhar ainda mais nos personagens e trazê-los à vida. No coração da Geórgia, escutando com atenção os visitantes e fazendeiros, seria capaz de ouvir as vozes dos personagens, os seus padrões de fala, reverberando em sua mente. Ela sentiria uma conexão ainda mais profunda com a terra, com o sul, que a obcecava.

Nos seus passeios naqueles primeiros meses em casa, começou a sentir a presença do pai – em fotografias, em objetos que ele apreciava, nos cadernos dele que ela encontrou. A presença dele a assombrava. Ele havia desejado que a filha se tornasse escritora; ela sabia disso. Talvez quisesse que obtivesse sucesso onde ele havia fracassado. Agora a doença fatal que compartilhavam os unia ainda mais; ela sentiria a mesma forma de sofrimento que havia afligido o corpo dele. No entanto, escreveria mais e mais, insensível à dor, de algum modo compreendendo o potencial que o pai vira nela quando esta era criança.

Pensando dessa forma, percebeu que não tinha tempo a perder. Por quantos anos mais viveria e teria a energia e claridade para escrever? Concentrar-se no trabalho também a ajudaria a se livrar de qualquer ansiedade sobre a doença. Quando estava escrevendo, conseguia esquecer-se por completo de si mesma, habitando seus personagens. Era como uma experiência religiosa em que perdia o ego. Como escreveu a um amigo, comunicando a notícia da doença: "Consigo, com um olhar enviesado, aceitar tudo isso como uma bênção". Havia outras bênçãos a se considerar também: sabendo tão cedo sobre a doença, ela teria tempo para se acostumar com a ideia de morrer jovem, e isso amorteceria o golpe; saborearia cada minuto, cada experiência, e aproveitaria ao máximo os encontros limitados com pessoas de fora. Não poderia esperar muito da vida, então tudo que obtivesse traria significado. Não havia necessidade de se queixar ou de sentir pena de si mesma – todos teriam que morrer algum dia. Agora seria mais fácil para ela não levar tão a sério as preocupações mesquinhas que pareciam enervar tanto os outros. Era até mesmo capaz de olhar para si mesma e rir das suas próprias pretensões como escritora, e zombar de como parecia ridícula com a cabeça careca, tropeçando por aí com uma bengala.

Ao voltar a escrever as suas histórias com um novo senso de compromisso, Flannery sentiu outra mudança interior: uma consciência e desgosto crescentes em relação ao curso da vida e da cultura nos Estados Unidos na década de 1950. Sentia que as pessoas se tornavam cada vez mais superficiais, obcecadas com bens materiais e assoladas pelo tédio, como crianças. Estavam à deriva, sem alma, desconectadas do passado e da religião, se debatendo sem qualquer senso mais elevado de propósito. E no âmago desses problemas havia a inabilidade delas de enfrentar a própria mortalidade e a seriedade disso.

Ela expressou parte disso numa história inspirada pela sua própria doença, chamada "O resistente frio". O personagem principal é um jovem que volta para casa na Geórgia, mortalmente doente. Ao desembarcar do trem, a mãe, lá para recebê-lo, "havia emitido um pequeno grito; ela se mostrou horrorizada. Ele se alegrou por ela ter visto de imediato a morte no rosto dele. A mãe, aos 60 anos, seria apresentada à realidade, e ele supunha que a experiência, se não a matasse, a ajudaria a crescer". Na opinião de Flannery, os indivíduos estavam perdendo a sua humanidade e eram capazes de todo tipo de crueldades. Não pareciam se importar muito uns com os outros, e se sentiam bem superiores a qualquer tipo de forasteiro. Se vissem o que ela havia visto – como o nosso tempo é tão curto, como todos precisam sofrer e morrer –, isso alteraria o modo de viver deles; faria que crescessem; derreteria toda aquela frieza. O que os leitores dela precisavam era levar a sua própria "bala no flanco" para que o choque os arrancasse da sua complacência. Ela conseguiria isso ao retratar, da maneira mais crua possível, o egoísmo e a brutalidade que espreitava sob a superfície dos personagens dela, que no exterior se mostravam tão agradáveis e banais.

O único problema que Flannery tinha que enfrentar com a sua nova vida era a solidão esmagadora. Ela necessitava da companhia de pessoas para apaziguá-la, e dependia do elenco de personagens com quem se encontrava para lhe suprir material infindável para a sua obra. À medida que a sua fama aumentou, com a publicação de *Sangue sábio* e das suas coleções de histórias, ela pôde contar com a visita ocasional de outros autores e de fãs da sua obra à fazenda, e vivia para esses momentos, aplicando toda a sua energia para observar os visitantes e lhes explorar as profundezas.

Para preencher as lacunas entre esses encontros sociais, começou uma longa correspondência com uma quantidade cada vez maior de amigos e fãs, respondendo a quase todos que lhe escreviam. Muitos deles levavam vidas bem complicadas. Havia um jovem na região meio-oeste do país que tinha pensamentos suicidas e que estava à beira da loucura. E uma moça brilhante da Geórgia, Betty Hester, sentia vergonha por ser lésbica e escrevia confidências a Flannery, e as duas passaram a se corresponder com regularidade. Flannery nunca julgava nenhum deles, sentindo que ela mesma era bem estranha e fora da cultura predominante. A esse elenco cada vez maior de personagens e desajustados, oferecia conselhos e compaixão, sempre os encorajando a devotar as suas energias a algo exterior a eles mesmos.

As cartas eram a mídia perfeita para Flannery, por lhe permitirem manter alguma distância física das pessoas; ela temia a intimidade em excesso, pois significaria apegar-se àqueles a quem logo teria que dizer adeus. Dessa maneira, construiu aos poucos o universo social perfeito para os seus propósitos.

Num dia de primavera em 1953, ela recebeu a visita de um dinamarquês alto e belo, de 26 anos, chamado Erik Langkjaier. Era um vendedor ambulante de livros escolares de uma grande editora, sendo que a região de vendas dele abrangia quase todo o sul. Ele havia conhecido um professor numa faculdade local que se ofereceu para apresentá-lo à grande celebridade literária da Geórgia, Flannery O'Connor. No momento em que entrou na casa, Flannery sentiu que eles tinham algum tipo de conexão mística. Ela considerou Erik muito engraçado e culto. Era mesmo raro conhecer alguém tão terreno naquela parte da Geórgia. A vida dele como vendedor itinerante a fascinou; ela viu graça no fato de ele carregar consigo uma "bíblia", que era o nome pelo qual as pessoas naquele negócio chamavam o catálogo de material promocional.

Algo naquela vida sem raízes a comoveu. Como Flannery, o pai de Erik morreu quando este era jovem. Ela se abriu para Erik sobre o próprio pai e o lúpus que havia herdado. Achava Erik atraente e se sentiu, de repente, envergonhada quanto à própria aparência, fazendo piadas constantes sobre si. Ela lhe deu uma cópia de *Sangue sábio*, com a inscrição: "Para Erik, que tem o sangue sábio também". Ele começou a programar as suas viagens de forma a passar com frequência por Milledgeville e continuar as discussões animadas entre os dois.

Flannery aguardava cada visita com empolgação, e sentia uma dor pelo vazio que ficava quando ele partia. Em maio de 1954, ele lhe contou que estava tirando uma licença de seis meses do emprego para voltar à Dinamarca, e sugeriu que eles fizessem um passeio de despedida pelo condado, a atividade favorita dos dois. Estava anoitecendo e, no meio do nada, ele estacionou o carro no acostamento da estrada e se inclinou para beijá-la, o que ela aceitou de bom grado. Foi um beijo curto, mas, para Flannery, bem memorável.

Ela lhe escreveu com regularidade e, claramente com saudades dele, fazia referências discretas aos passeios de carro deles e ao quanto haviam significado para ela. Em janeiro de 1955, ela iniciou uma história que pareceu jorrar dela em poucos dias. (Normalmente, era uma escritora meticulosa que passava as histórias por diversos rascunhos.) Deu-lhe o título de "Gente boa da roça". Um dos personagens era uma jovem cínica com uma perna de pau que é cortejada por um vendedor ambulante de Bíblias. Ela baixa a guarda de repente e permite que ele a seduza, fazendo o seu próprio jogo com ele. Quando estão prestes a fazer amor num celeiro, ele lhe implora para que a moça remova a perna de pau, como sinal de confiança. Isso soa para ela como algo íntimo demais e uma violação de todas as suas defesas, mas cede. Ele então foge correndo com a perna, para nunca mais voltar.

Num canto da mente, Flannery sabia que Erik estava, de algum modo, estendendo a estada dele na Europa. A história era a maneira dela de lidar com isso, criando uma caricatura dos dois como o vendedor e a aleijada cínica que havia baixado a guarda. Erik lhe roubara a perna de pau. Em abril, ela sentia a ausência dele de forma intensa e lhe escreveu: "Sinto que, se você estivesse aqui, poderíamos conversar sobre um milhão de assuntos sem parar". No entanto, no dia seguinte, recebeu uma carta dele anunciando o seu noivado com uma dinamarquesa, e lhe contando dos planos do casal de retornar aos Estados Unidos, onde ele retomaria o antigo emprego.

Ela havia intuído que algo parecido aconteceria, mas a notícia foi um choque mesmo assim. Respondeu com o máximo de polidez, dando-lhe os parabéns, e eles continuaram a se corresponder por vários anos, mas Flannery não conseguiu se recuperar tão fácil dessa perda.

Tentara se proteger de quaisquer sentimentos profundos de separação, pois estes lhe eram insuportáveis. Eram como pequenos lembretes da morte que a levaria a qualquer momento, enquanto outros continuariam vivendo e amando. E agora esses mesmos sentimentos de separação jorravam sobre ela.

Agora sabia como era a experiência do amor não correspondido, mas, para ela, era diferente – sabia que aquela tinha sido a sua última oportunidade e que sua vida seria, em essência, solitária, e isso tornava tudo duplamente angustiante. Treinara-se para encarar a morte, então por que deveria hesitar ao enfrentar essa forma mais recente de sofrimento? Entendia o que tinha que fazer: transmutar aquela experiência dolorosa em mais histórias e no seu segundo romance, e usá-la como um meio de enriquecer o próprio conhecimento das pessoas e das vulnerabilidades delas.

Nos anos seguintes, as drogas começaram a cobrar o seu preço no corpo da moça, à medida que a cortisona lhe amoleceu o quadril e o maxilar, e lhe tornou os braços por vezes fracos demais para datilografar. Ela logo passou a precisar de muletas para se locomover. A luz do sol era a sua nêmese, pois poderia reativar a erupção cutânea, por isso, para realizar caminhadas, Flannery precisava cobrir cada centímetro do corpo, mesmo no calor sufocante do verão. Os médicos tentaram suspender a cortisona para dar ao corpo dela algum alívio, e isso lhe baixou a energia e fez com que escrever fosse ainda mais difícil.

Sob toda a pressão dos últimos anos, ela havia conseguido publicar dois romances e várias coleções de contos; era considerada uma das grandes autoras norte-americanas da sua época, embora fosse ainda tão jovem. Contudo, começou de repente a se sentir esgotada e incapaz de se expressar. Mandou uma carta a um amigo, na primavera de 1962: "Venho escrevendo há 16 anos e tenho a sensação de ter esgotado o meu potencial original e de precisar agora do tipo de graça que aprofunda a percepção". Certo dia, pouco antes do Natal de 1963, ela desmaiou de súbito e foi levada para o hospital. Os médicos a diagnosticaram como tendo anemia e começaram uma série de transfusões de sangue para revivê-la. Flannery agora estava fraca demais até para se sentar diante da máquina de escrever. Então, alguns meses mais tarde, descobriram um tumor benigno que precisava ser removido. O único receio era de que o trauma da cirurgia reativasse o lúpus de alguma maneira, além dos poderosos episódios de febre por que passara dez anos antes.

Em cartas a amigos, ela deu pouca importância a tudo isso. Estranhamente, agora que estava em seu momento mais frágil, encontrou a inspiração para redigir mais histórias e preparar uma nova coleção delas para publicação no outono. No hospital, estudou as enfermeiras com atenção e encontrou material para alguns personagens novos. Quando os médicos lhe proibiram de trabalhar, ela concebeu histórias em sua cabeça e as memorizou. Escondia cadernos sob o travesseiro. Tinha que continuar escrevendo.

A cirurgia foi um sucesso, mas, no meio de março, se tornou claro que o lúpus havia retornado com toda a força. Ela comparou a doença a um lobo (*lúpus* é "lobo" em latim) enfurecido dentro de si, destruindo tudo. O período de internação se estendeu, mas, apesar de tudo, Flannery conseguiu, aqui e ali, cumprir as suas duas horas diárias de trabalho, escondendo o que escrevia das enfermeiras e dos médicos. Estava com pressa para arrancar de seu interior aquelas histórias antes que tudo terminasse.

Por fim, em 21 de julho, permitiram-lhe que voltasse para casa, e ela sentia, no fundo, que o fim estava próximo; a lembrança dos últimos dias do pai estava muito vívida dentro dela. Com ou sem dor, precisava trabalhar, terminar as histórias e revisões que havia começado. Se conseguisse trabalhar por apenas uma hora por dia, que fosse. Tinha que espremer até a última gota de consciência que lhe restava e fazer uso dela. Compreendia o seu destino como escritora e levara uma vida de riquezas incomparáveis. Não havia nada agora do que se queixar ou se arrepender, a não ser as histórias inacabadas.

Em 31 de julho, enquanto observava a chuva de verão de sua janela, perdeu a consciência subitamente e foi levada às pressas ao hospital. Morreu nas primeiras horas de 3 de agosto, aos 39 anos. Segundo os seus desejos, Flannery foi enterrada ao lado do pai.

Interpretação: Nos anos após o surgimento do lúpus, Flannery O'Connor percebeu um fenômeno peculiar: nas suas interações com amigos, visitantes e correspondentes, ela muitas vezes se via fazendo o papel de conselheira, dando aos outros instruções sobre como viver, onde investir as energias, como manter a calma em meio às dificuldades e ter um senso de propósito. Ao mesmo tempo, era ela que estava morrendo e lidando com restrições físicas graves.

Sentia que cada vez mais pessoas nesse mundo haviam perdido seu caminho. Não conseguiam se comprometer de coração com o próprio trabalho ou com os seus relacionamentos. Estavam sempre desenvolvendo *hobbies* numa atividade ou em outra, procurando por novos prazeres e distrações, mas se sentindo bem vazias por dentro. Tendiam a desmoronar diante das adversidades ou da solidão, e se voltavam para ela como alguém sólido que seria capaz de lhes contar a verdade sobre elas mesmas e lhes passar algum direcionamento.

Na sua opinião, a diferença entre ela e esses indivíduos era simples: ela havia passado ano após anos encarando a morte sem pestanejar. Não se entregava a esperanças vagas de futuro, não colocava a sua confiança na Medicina nem afogava as mágoas no álcool ou no vício. Aceitou a sentença de morte precoce imposta a ela, utilizando-a para os seus próprios fins.

Para Flannery, a proximidade da morte foi um chamado para que passasse à ação, tivesse um senso de urgência, aprofundasse a sua fé religiosa e incitasse a sua contemplação de todos os mistérios e incertezas da vida. Ela empregou a proximidade da morte para aprender o que importava de fato e evitar brigas mesquinhas e preocupações que atormentavam os outros. E a usou para se ancorar no presente, e apreciar cada momento e cada encontro.

Sabendo que a doença tinha um propósito, não havia necessidade de ter pena de si mesma. Ao confrontá-la e lidar com ela com franqueza, Flannery se fortaleceria, administraria a dor que lhe torturava o corpo, e continuaria escrevendo. Quando foi atingida novamente, pela partida de Erik, conseguiu recuperar o equilíbrio após vários meses, sem se tornar amargurada ou mais reclusa.

Isso significa que estava bem confortável com a realidade derradeira representada pela morte. Em contraste, tantas outras pessoas, inclusive aquelas que ela conhecia, sofriam de um déficit de realidade, evitando o pensamento da própria mortalidade e de outros aspectos desagradáveis da vida.

Concentrar-se tão a fundo na sua mortalidade teve outra vantagem importante: intensificou sua empatia e o senso de conexão com as pessoas. Flannery tinha um relacionamento peculiar com a morte em geral: esta não representava um destino reservado só para ela, sendo algo atrelado intimamente com o pai. O sofrimento e morte dos dois estavam entrelaçados. Via a própria proximidade da morte como um chamado para levar isso mais adiante, para ver que todos nós estamos conectados por meio da nossa mortalidade comum e tornados iguais por causa disso. É o destino que todos compartilhamos e que deveria nos unir mais por esse motivo. É algo que deveria nos sacudir para que largássemos qualquer noção de superioridade ou isolamento.

A grande empatia e sentimento de unidade de Flannery com os outros, evidenciados pelo seu forte desejo de se comunicar com todos os tipos de pessoa, a levaram a, depois de algum tempo, abandonar uma das suas maiores limitações: os sentimentos racistas em relação a afro-americanos, algo que havia interiorizado a partir da atitude da mãe e de muitos outros no sul do país. Ela viu isso com clareza em si mesma, contra o que lutou, em especial em sua obra. No início da década de 1960, passou a apoiar o movimento dos direitos civis liderado por Martin Luther King Jr. e, em suas últimas histórias, expressou a visão de que todas as raças dos Estados Unidos convergiriam um dia como iguais, superando essa mancha sombria do passado do país.

Por mais de treze anos, Flannery O'Connor fitou o cano do rifle apontado contra ela, recusando-se a desviar o olhar. É certo que a sua fé religiosa a ajudou a manter o ânimo, mas, como a própria escritora sabia, tantas pessoas religiosas são cheias de ilusões e evasões a respeito da sua própria mortalidade, e tão capazes de complacência e mesquinhez quanto qualquer um. Utilizar a doença fatal como um meio de viver a vida da maneira mais intensa e satisfatória possível foi sua decisão particular.

Entenda: tendemos a ler histórias como as de Flannery O'Connor com o mesmo distanciamento. Não conseguimos deixar de sentir um pouco de alívio por nos encontrarmos numa posição muito mais confortável. Contudo, cometemos um erro grave ao fazer isso. O destino dela é o nosso — estamos todos no processo de morrer, todos encarando as mesmas incertezas. Na realidade, ao ter a sua mortalidade tão presente e palpável, ela tinha uma vantagem sobre nós: sentia-se compelida a enfrentar a morte e fazer uso da sua consciência sobre ela.

Nós, por outro lado, somos capazes de dançar em torno do pensamento, visualizar imensidões infinitas de tempo à nossa frente e levar a vida com pequenos *hobbies*. E então, quando a realidade nos atinge, quando levamos talvez a nossa própria bala no flanco na forma de uma crise inesperada na carreira, ou um rompimento doloroso num relacionamento, ou a morte de alguém próximo, ou mesmo a nossa própria doença letal, em geral, não estamos preparados para lidar com isso.

O fato de evitarmos o pensamento da morte estabeleceu o nosso padrão para lidar com outras realidades desagradáveis e adversidades. Facilmente nos tornamos histéricos e perdemos o equilíbrio, culpando outros pelo nosso destino e nos sentindo zangados e com pena de nós mesmos, ou optamos por distrações e formas rápidas de amortecer a dor. Isso se torna um hábito do qual não conseguimos nos livrar, e tendemos a sentir a ansiedade e o vazio generalizados que resultam dessa evasão.

Antes que isso se torne um padrão para a vida inteira, precisamos verdadeiramente sair desse estado de ilusão de maneira duradoura. Devemos observar a nossa própria mortalidade sem pestanejar, e sem nos enganar com alguma meditação fugaz e abstrata sobre isso. Precisamos nos concentrar bem na incerteza que a morte representa — ela talvez venha amanhã, assim como outras adversidades ou separações. Precisamos parar de atrasar a nossa consciência e de nos sentir superiores e especiais, já que a morte é o destino compartilhado por todos nós e algo que deveria nos unir de uma maneira profundamente empática. Somos todos parte da irmandade da morte.

Ao fazer isso, estabeleceremos um curso bem diferente para a nossa trajetória. Ao transformar a morte numa presença familiar, entenderemos como a vida é curta e o que deveria importar de verdade para nós. Sentiremos uma noção de urgência e um compromisso maior com o nosso trabalho e os nossos relacionamentos. Ao enfrentarmos uma crise, uma separação ou uma doença, não vamos nos sentir tão apavorados e devastados. Não sentiremos a necessidade de nos colocar em modo de evasão. Conseguiremos aceitar que a vida envolve dor e sofrimento, e utilizaremos esses momentos para nos fortalecer e aprender. E, como aconteceu com Flannery, a consciência da nossa mortalidade nos liberará de ilusões tolas e intensificará cada aspecto da nossa experiência.

> Quando olho para o passado e penso em todo o tempo que desperdicei em erros e ociosidade, sem o conhecimento necessário para viver, quando penso em quantas vezes pequei contra o meu coração e a minha alma, o meu coração sangra. A vida é um dom, a vida é alegria, cada minuto poderia ter sido uma eternidade de felicidade! Quem dera a juventude entendesse! Agora a minha vida vai mudar; agora vou renascer. Querido irmão, juro que não perderei a esperança. Manterei a minha alma pura e o meu coração aberto. Eu renascerei para me tornar melhor.
>
> — *Fiódor Dostoiévski*

CHAVES PARA A NATUREZA HUMANA

Se conseguíssemos recuar e, de algum modo, examinar o fluxo dos nossos pensamentos diários, perceberíamos que eles tendem a circular em torno das mesmas ansiedades, fantasias e ressentimentos, como um ciclo contínuo. Até quando saímos para uma caminhada ou quando conversamos com alguém, em geral permanecemos conectados a esse monólogo interior, escutando e prestando atenção de forma apenas parcial ao que vemos ou ouvimos.

De vez em quando, porém, certos acontecimentos desencadeiam uma qualidade diferente de pensar e sentir. Digamos que partimos numa viagem para uma terra estrangeira que nunca visitamos antes, fora da nossa zona de conforto normal. De repente, os nossos sentidos acordam para a vida, e tudo que vemos e ouvimos parece um pouco mais brilhante. Para evitar problemas ou situações perigosas nesse lugar não familiar, temos de prestar atenção.

De forma análoga, se estamos prestes a viajar e precisamos nos despedir daqueles que amamos, a quem não veremos por algum tempo, talvez os vejamos sob uma luz diferente. Em geral, não prestamos tanta atenção a essas pessoas, mas agora lhes observamos de fato as expressões no rosto e escutamos o que têm a dizer. A sensação de separação iminente nos deixa mais emocionais e atentos.

Uma versão mais intensa disso ocorrerá se um ente querido – um dos pais ou um parceiro ou um irmão – morrer. Esse indivíduo desempenhou um grande papel na nossa vida; nós o internalizamos, e agora perdemos de algum modo uma parte de nós mesmos. Ao lutar contra isso, a sombra da nossa mortalidade se projeta sobre nós por um instante. Tomamos consciência da permanência dessa perda e nos arrependemos por não termos apreciado mais a pessoa perdida. Talvez até sintamos um pouco de raiva pelo fato de a vida simplesmente seguir em frente para os outros, de eles não se darem da conta da realidade da morte que se abateu sobre nós de forma repentina.

Por vários dias, ou talvez semanas após essa perda, tenderemos a encarar a vida de maneira diferente. As nossas emoções estarão mais cruas e sensíveis. Estímulos específicos farão associações com aquele que faleceu. Essa intensidade das emoções vai sumir, mas uma pequena porção dela retornará cada vez que nos lembrarmos daquele que perdemos.

Se considerarmos a morte como a travessia de um limiar que geralmente nos aterroriza, as experiências enumeradas anteriormente serão insinuações da nossa própria morte, mas em doses menores. Separar-nos das pessoas que conhecemos, viajar para uma terra estranha, entrar nitidamente numa nova fase da vida, tudo isso envolve mudanças que nos fazem olhar para o passado como se uma parte de nós houvesse morrido. Nesses momentos, e durante as formas mais intensas de luto relacionado a mortes verdadeiras, notamos uma apuração dos sentidos e um aprofundamento das emoções. Pensamentos de uma ordem diferente nos ocorrem. Ficamos mais atentos. É possível dizer que a nossa experiência de vida é qualitativamente diferente e intensificada, como se por algum tempo nos tornássemos outra pessoa. É claro que essa alteração nos nossos pensamentos, sentimentos e sentidos será mais forte se nós mesmos sobrevivermos a um encontro com a morte. Nada parecerá o mesmo depois de uma experiência assim.

Chamemos isso de *efeito paradoxal da morte* – esses encontros têm o resultado paradoxal de fazer que nos sintamos mais alertas e vivos. É possível explicar o efeito paradoxal da seguinte maneira.

Para nós, seres humanos, a morte é uma fonte não apenas de medo, mas também de constrangimento. Somos o único animal com a consciência real da nossa mortalidade iminente. Em geral, devemos o nosso poder como espécie à nossa habilidade de pensar e refletir. Contudo, nesse caso em particular, o nosso raciocínio não nos oferece nada além de agonia. Tudo que vemos é a dor física envolvida na morte, a separação em relação aos entes queridos e a incerteza sobre o momento exato de sua chegada. Fazemos o possível para evitar esse pensamento, para nos distrair da realidade, mas a percepção da morte permanece num canto da mente e nunca conseguimos abandoná-la por completo.

Sentindo o impulso inconsciente para suavizar de algum modo o golpe dessa percepção, os nossos primeiros ancestrais criaram um mundo de espíritos, deuses e algum conceito de vida após a morte. A crença na vida após a morte ajudou a mitigar o medo desta e até mesmo a lhe dar alguns aspectos atraentes. Não eliminou a ansiedade da separação em relação aos entes queridos nem diminuiu a dor física envolvida, mas ofereceu uma compensação psicológica profunda para as ansiedades das quais, aparentemente, não conseguimos nos livrar. Esse efeito foi fortalecido por todos os rituais complexos e agradáveis que cercavam a passagem da morte.

No mundo de hoje, os nossos poderes crescentes de raciocínio e o nosso conhecimento da ciência só tornaram o nosso constrangimento pior. Muitos de nós já não têm nenhuma convicção no conceito de vida após a morte, mas isso nos deixa sem compensações, com apenas a dura realidade nos confrontando. Podemos tentar demonstrar coragem, fingir que aceitamos essa realidade como adultos, mas não conseguimos apagar os nossos medos elementares com tanta facilidade. No decorrer de algumas centenas de anos dessa mudança na nossa percepção, não transformamos de repente uma das partes mais profundas da nossa natureza, o nosso medo de morrer. Desse modo, o que fazemos, em vez de criar sistemas de crença, como o da pós-vida, é contar com a negação, reprimindo a percepção da morte o quanto for possível. Fazemos isso de várias maneiras.

No passado, a morte era uma presença cotidiana e visceral nas cidades grandes e pequenas, algo difícil de escapar. Chegada uma determinada idade, a maioria das pessoas havia testemunhado a morte de alguém. Hoje, em muitas partes do mundo, nós a tornamos invisível em larga medida, algo que ocorre apenas em hospitais. (Fizemos algo semelhante com os animais que comemos.) É possível passar pela maior parte da vida sem nunca testemunhar fisicamente o que acontece. Isso dá um aspecto bem irreal ao que é, de uma forma tão profunda, uma parte da vida. Essa irrealidade é ampliada no entretenimento que consumimos, em que a morte é retratada de forma bem caricaturesca, com dezenas de pessoas sofrendo mortes violentas sem nenhuma emoção que as acompanhe a não ser pela excitação em relação às imagens na tela. Isso revela o quão profunda é a necessidade de reprimir a percepção e nos dessensibilizar em relação ao medo.

Além disso, em tempos recentes, passamos a venerar a juventude, a criar um culto virtual em torno dela. Os objetos que envelheceram e os filmes do passado nos fazem lembrar, de modo inconsciente, da brevidade da vida e do destino que nos aguarda. Descobrimos maneiras de evitá-los, de nos cercar do que é novo, original e popular. Alguns passaram mesmo a supor que, por meio da tecnologia, seremos capazes de superar, de algum jeito, a própria morte – o ápice da negação humana. Em geral, a tecnologia nos dá a sensação de que temos poderes tão divinos que conseguiríamos prolongar a vida e ignorar a realidade por bastante tempo. Nesse sentido, não somos mais fortes do que os nossos ancestrais mais primitivos. Apenas encontramos novos meios de nos iludir.

Como resultado disso tudo, é difícil encontrar qualquer um que esteja disposto a conversar sobre o assunto como uma realidade pessoal que todos enfrentamos, e discutir maneiras como poderíamos lidar com ela de forma mais saudável. O tema é simplesmente tabu. E, pelas leis da natureza, quando mergulhamos tão fundo na negação, o *efeito paradoxal* se apodera de nós pelo aspecto negativo, tornando a nossa vida mais restrita e semelhante à morte.

Tomamos consciência da nossa mortalidade bem cedo na infância, e isso nos enche com uma ansiedade da qual não conseguimos recordar, mas que foi muito real e visceral. É impossível negar essa ansiedade ou fazê-la desaparecer por meio da força de vontade. Ela se estabelece dentro de nós quando adultos numa forma latente poderosa. Quando decidimos reprimir a ideia da morte, a nossa ansiedade só se torna mais forte pelo fato de não confrontarmos a fonte dela. O mais ínfimo incidente ou incerteza sobre o futuro tenderá a provocar essa ansiedade e até torná-la crônica. Para lutar contra isso, tenderemos a estreitar o escopo dos nossos pensamentos e atividades; se não deixarmos as nossas zonas de conforto em relação ao que pensamos e fazemos, tornaremos a vida previsível e nos sentiremos menos vulneráveis à ansiedade. Certas adições de comida ou estimulantes ou formas de entretenimento terão um efeito entorpecedor semelhante.

Se levarmos isso longe demais, nos tornaremos cada vez mais absortos em nós mesmos e menos dependentes das pessoas, que por vezes incitam as nossas ansiedades com o seu comportamento imprevisível.

É possível descrever o contraste entre a vida e a morte da seguinte maneira: a morte é a quietude absoluta, sem movimentos ou mudanças com exceção da decomposição; na morte, somos separados dos outros e deixados completamente sozinhos. A vida, por outro lado, é movimento, a conexão com outros seres vivos e a diversidade das formas de vida. Ao negar e reprimir a ideia da morte, alimentamos as nossas ansiedades e nos tornamos mais mortos por dentro – separados dos outros, com pensamentos habituais e repetitivos, com poucos movimentos ou mudanças em geral. Em contrapartida, a familiaridade e intimidade com a morte e a habilidade de confrontar a ideia dela têm o efeito paradoxal de fazer que nos sintamos vivos, como a história de Flannery O'Connor ilustra bem.

Ao nos ligarmos à realidade da morte, nós nos conectamos de maneira profunda à realidade e à plenitude da vida. Ao separarmos a vida da morte e ao reprimirmos a nossa percepção desta, fazemos o oposto.

O que é necessário no mundo moderno é uma maneira de criarmos para nós mesmos o efeito paradoxal positivo. O que se segue é uma tentativa de nos ajudar a realizar isso, construindo uma filosofia prática para transformar a consciência da nossa mortalidade em algo produtivo, que expanda a vida.

Uma filosofia de vida por meio da morte

O problema para nós, seres humanos, é que temos consciência da nossa mortalidade, mas sentimos medo de levar essa consciência adiante. É como se estivéssemos na praia de um vasto oceano e nos impedíssemos de explorá-lo, até mesmo dando as costas a ele. O propósito da nossa consciência é sempre levá-la o mais longe possível. Essa é a fonte do nosso poder como espécie, o que somos chamados a fazer. A filosofia que estamos adotando depende da nossa habilidade de partir na direção oposta à que costumamos seguir em relação à morte – de observá-la com mais atenção e profundidade, deixar a praia e explorar uma forma diferente de abordar a vida e a morte, levando isso o mais longe que conseguirmos.

A seguir estão cinco estratégias básicas, com os exercícios apropriados, para nos ajudar a fazer isso. É melhor colocar todas elas em prática, para que essa filosofia penetre na nossa consciência diária e altere a nossa experiência a partir de dentro.

Torne essa percepção visceral. Por medo, convertemos a morte numa abstração, um pensamento que consideramos apenas de vez em quando ou reprimimos. Contudo, a vida não é um pensamento; é uma realidade de carne e osso, algo que sentimos por dentro. Não existe vida sem morte. A nossa mortalidade é uma realidade tão palpável quanto a vida. Do momento em que nascemos, é uma presença dentro do nosso corpo, à medida que as nossas células morrem e nós envelhecemos. Precisamos vivenciar isso dessa maneira. Não deveríamos ver isso como algo mórbido ou aterrorizante. Superar esse nosso bloqueio, em que a morte é uma abstração, tem um imenso efeito libertador, nos conectando de maneira mais física ao mundo em redor e apurando os nossos sentidos.

Em dezembro de 1849, o escritor Fiódor Dostoiévski, então com 27 anos e preso por ter participado de uma suposta conspiração contra o czar russo, se viu sendo subitamente transportado, junto com os outros prisioneiros, a uma praça em São Petersburgo, onde foram informados de que estavam prestes a serem executados por seus crimes. A sentença de morte era totalmente inesperada. Dostoiévski só teve alguns minutos para se preparar antes de encarar o pelotão de fuzilamento. Naquele momento, foi acometido por emoções que nunca havia sentido antes. Notou os raios de luz batendo no domo de uma catedral e viu que toda vida era tão fugaz quanto àqueles raios. Tudo lhe pareceu mais vibrante. Notou as expressões no rosto dos outros prisioneiros, e como era possível perceber o terror por trás das expressões de coragem. Era como se os pensamentos e sentimentos deles houvessem se tornado transparentes.

No último instante, um representante do czar chegou à praça a cavalo, anunciando que as sentenças haviam sido comutadas por muitos anos de trabalhos forçados na Sibéria. Absolutamente devastado pelo roçar psicológico com a morte, Dostoiévski se sentiu renascer. E a experiência permaneceu entranhada nele pelo resto da vida, inspirando novas profundezas de empatia e intensificando os seus poderes de observação. Essa tem sido a experiência de outros que foram expostos à morte de uma forma profunda e pessoal.

O motivo para esse efeito pode ser explicado pelo seguinte: em geral, passamos pela vida num estado de distração, quase de sonho, com o nosso olhar voltado para dentro. Muito da nossa atividade mental gira em torno de fantasias e ressentimentos completamente internos e com pouca relação com a realidade. A proximidade da morte de repente nos desperta, com o nosso corpo inteiro respondendo à ameaça. Sentimos a descarga de adrenalina, o sangue bombeando mais rápido para o cérebro e pelo sistema nervoso. Isso concentra a mente num nível muito mais elevado, e notamos novos detalhes, vemos o rosto das pessoas sob uma nova luz e sentimos a transiência em tudo em redor, aprofundando as nossas respostas emocionais. Esse efeito pode durar por anos, até mesmo décadas.

Não conseguimos reproduzir essa experiência sem arriscar a nossa vida, mas somos capazes de obter parte do efeito por meio de doses menores. Precisamos começar meditando sobre a nossa morte e procurando convertê-la em algo mais real e físico. Para os guerreiros samurais japoneses, o centro dos nossos nervos mais sensíveis e da nossa conexão com a vida estava nos intestinos, nas vísceras; era também o centro da nossa conexão com a morte, e eles meditavam o máximo possível sobre essa sensação, a fim de criar uma percepção da morte física. No entanto, além dos intestinos, também sentimos algo similar nos ossos quando estamos cansados, e nos momentos antes de adormecermos – por alguns segundos, nos sentimos passando de uma forma de consciência para outra, e essa passagem tem uma sensação semelhante à morte. Não há nada a se temer nisso; na realidade, ao nos movermos nessa direção, fazemos avanços importantes para diminuir a nossa ansiedade crônica.

Podemos usar a nossa imaginação também, visualizando o dia que a nossa morte chegar, onde seria e como viria. Devemos imaginar isso da forma mais vívida possível. Poderia ser amanhã. Também podemos tentar olhar para o mundo como se estivéssemos vendo tudo pela última vez – as pessoas em redor, as vistas e sons do cotidiano, o ruído do tráfego, o canto dos pássaros, a vista da nossa janela. Imaginemos tudo isso continuando sem nós, e, de repente, nos sentiremos voltar à vida – esses mesmos detalhes agora nos surgirão sob uma nova luz, não mais ignorados ou percebidos apenas em parte. Deixe que a transiência de todas as formas de vida lhe penetre a mente. A estabilidade e a solidez de tudo que vemos são apenas ilusões.

Não devemos ter medo das pontadas de tristeza que resultarem dessa percepção. A rigidez das nossas emoções, geralmente tão atreladas às nossas necessidades e preocupações, agora relaxa diante do mundo e do pesar da vida em si, e deveríamos dar as boas-vindas a isso. Como observou Kenko, escritor japonês do século 14: "Se o homem nunca desaparecesse como o orvalho de Adashino, nunca se dissipasse como a fumaça sobre Toribeyama, mas permanecesse para sempre no mundo, como tudo perderia o poder de nos comover! O que é mais precioso na vida é a incerteza".

Desperte para a brevidade da vida. Quando nos desconectamos de forma inconsciente da percepção da morte, forjamos um relacionamento particular com o tempo – bem solto e distendido. Passamos a imaginar que sempre temos mais tempo do que é a realidade. A nossa mente vagueia para o futuro, onde todas as nossas esperanças e desejos se realizarão. Caso tenhamos um plano ou objetivo, sentimos dificuldade para lhes dedicar muita energia. Faremos isso amanhã, é o que dizemos. Talvez sejamos tentados a trabalhar no presente em outro plano ou objetivo. Todos parecem tão convidativos e diferentes, então como podemos nos comprometer de forma integral com um ou outro? Experimentamos uma ansiedade generalizada, ao sentir a necessidade de fazer realizações, mas estamos sempre adiando o trabalho e dispersando as nossas forças.

Então, se um prazo nos é intimado para um projeto específico, aquele relacionamento onírico com o tempo é despedaçado e, por algum motivo misterioso, encontramos o foco para realizar em dias o que teria levado semanas ou meses. A mudança imposta a nós pelo prazo tem um componente físico: a nossa adrenalina está pulsando, enchendo-nos de energia e concentrando a nossa mente, tornando-a mais criativa. É revigorante sentir o compromisso total da mente e do corpo a um propósito único, algo que vivenciamos raramente no mundo de hoje, no nosso estado distraído.

Devemos pensar na nossa mortalidade como um tipo de prazo contínuo, dando um efeito similar ao descrito anteriormente a todas as ações na vida. Devemos parar de nos enganar: poderíamos morrer amanhã e, mesmo que vivamos mais oitenta anos, é apenas uma gota no oceano da vastidão do tempo, e passa sempre mais rápido do que imaginamos. Temos de despertar para essa realidade e torná-la uma meditação contínua.

Essa meditação poderia levar algumas pessoas a pensar: *Por que me dar ao trabalho de tentar qualquer coisa? Para que fazer tanto esforço, quando no fim apenas morreremos? É melhor viver para os prazeres do momento.* Essa não é, porém, uma avaliação realista, mas apenas outra forma de evasão. A devoção aos prazeres e às distrações é uma forma de evitar pensar nos seus custos e imaginar que somos capazes de enganar a morte ao abafar os pensamentos sobre ela. Ao nos devotarmos aos prazeres, devemos sempre buscar novas diversões para afastar o tédio, e isso é exaustivo. Precisamos também ver as nossas necessidades e desejos como mais importantes do que tudo. Com o passar do tempo, isso começa a nos parecer maçante, e o nosso ego se torna bem irritável se não conseguimos o que queremos.

Com o passar dos anos, ficamos cada vez mais amargurados e ressentidos, assombrados pela noção de que não realizamos nada e desperdiçamos o nosso potencial. Como observou William Hazlitt: "A nossa repugnância à morte aumenta em proporção com a nossa consciência de termos vivido em vão".

Permita que a percepção da brevidade da vida esclareça as suas ações cotidianas. Temos metas a atingir, projetos a realizar, relacionamentos a aprimorar. Esse poderia ser o nosso último projeto desses, a nossa última batalha na Terra, considerando as incertezas da vida, e devemos nos comprometer por inteiro ao que fizermos. Com essa percepção contínua, veremos o que importa de fato, e como as brigas mesquinhas e atividades secundárias são distrações irritantes. Queremos aquela sensação de realização que vem de concluir tarefas. Queremos perder o ego no sentimento do fluxo, em que a nossa mente se une com aquilo em que estamos trabalhando. Quando nos afastarmos do nosso trabalho, os prazeres e as distrações que buscarmos terão mais significado e intensidade, pois saberemos da sua transitoriedade.

Veja a mortalidade em todos. Em 1665, uma praga terrível infestou Londres, matando cerca de 100 mil habitantes. O escritor Daniel Defoe tinha apenas 5 anos na época, mas testemunhou o surto em primeira mão, e este deixou uma impressão duradoura nele. Cerca de sessenta anos mais tarde, ele decidiu recriar os acontecimentos de Londres naquele ano através do olhar de um narrador mais velho, utilizando as suas próprias lembranças, muita pesquisa e o diário do tio, criando o livro *Um diário do ano da peste*.

À medida que a praga avança, o narrador do livro percebe um fenômeno peculiar: as pessoas tendem a sentir níveis bem mais elevados de empatia em relação aos outros londrinos; as diferenças normais entre eles, em especial a respeito de questões religiosas, desaparecem. "Aqui observamos", ele escreve, "[...] que a visão da morte próxima logo reconciliaria os homens de bons princípios uns aos outros, e que é em especial graças à nossa fácil situação na vida, e por colocarmos essas questões longe de nós, que as nossas rupturas são fomentadas, e o sangue ruim prolongado [...]. Outro ano da praga reconciliaria todas essas diferenças; uma conversação íntima com a morte, ou com as doenças que ameaçam matar, filtraria a escória do rancor do nosso temperamento, removeria as animosidades dentre nós e nos levaria a ver com olhos diferentes."

Há muitos exemplos do que parece ser o oposto – seres humanos massacrando milhares de outros, muitas vezes na guerra, sem que a visão dessas mortes em massa estimule qualquer empatia. Entretanto, nesses casos, os matadores se sentem separados daqueles a quem assassinam, a quem deixaram de ver como humanos, mas, sim, sob o seu poder. Com a praga, ninguém é poupado, não importa a riqueza ou posição na vida. Todos correm o mesmo risco. Sentindo-se pessoalmente vulneráveis e vendo a vulnerabilidade de todos os demais, o senso normal de distinção e privilégio das pessoas se desfaz, e uma empatia incomum e generalizada emerge. Esse poderia ser um estado natural da mente se conseguíssemos visualizar a vulnerabilidade e mortalidade de outros como não separadas das nossas.

Com a nossa filosofia, queremos criar o efeito purificador que a praga tem nas nossas tendências tribais e autoabsorção habitual. Queremos começar isso numa dimensão menor, examinando primeiro aqueles em redor, em casa e no ambiente de trabalho, vendo e imaginando a morte de cada um e notando como isso alteraria de súbito a nossa percepção deles. Como escreveu Schopenhauer: "A dor profunda que é sentida na morte de cada alma amigável vem do sentimento de que há em cada indivíduo algo que é inexpressível, específico a ele ou ela, e que está, portanto, perdido de forma absoluta e inextricável". Queremos ver essa singularidade da outra pessoa no presente, expondo essas qualidades que havíamos menosprezado. Queremos vivenciar a vulnerabilidade *dela* à dor e à morte, não apenas a nossa.

Podemos levar essa meditação mais além. Examine os pedestres de qualquer cidade populosa e note que, em noventa anos, é provável que nenhum deles estará vivo, inclusive nós. Pense nos milhões e bilhões que já nasceram e morreram, enterrados e esquecidos há muito tempo, tanto ricos quanto pobres. Esses pensamentos dificultam manter o nosso próprio senso de importância, a sensação de que somos especiais e de que a dor que sofremos não é a mesma que a dos outros.

Quanto mais criarmos essa conexão visceral com as pessoas, por meio da nossa mortalidade comum, melhor será a nossa capacidade de lidar com a natureza humana em todas as suas variedades com tolerância e graça. Isso não significa que deixaremos de estar alertas àqueles que são perigosos e difíceis. Na realidade, ver a mortalidade e a vulnerabilidade até nos indivíduos mais sórdidos nos ajudará a reduzi-los às suas devidas dimensões e lidar com eles a partir de um espaço mais neutro e estratégico, sem levar a sua sordidez para o lado pessoal.

Em geral, podemos dizer que o espectro da morte é o que nos impele em direção a outros seres humanos e nos torna ávidos pelo amor. A morte e o amor estão interconectados de maneira intrínseca. A separação derradeira e a desintegração representada pela morte nos levam a nos unir e a nos integrar com outros. A nossa consciência única da morte criou a nossa forma particular de amor. E, por meio de um aprofundamento da nossa percepção da morte, nós apenas fortaleceremos esse impulso, e nos livraremos das divisões e separações sem vida que afligem a humanidade.

Aceite toda a dor e adversidade. A vida naturalmente envolve dor e sofrimento. E a forma derradeira disso é a própria morte. Diante dessa realidade, nós, seres humanos, temos uma decisão simples a fazer: podemos tentar evitar os momentos dolorosos e lhes abafar os efeitos nos distraindo, tomando drogas ou nos envolvendo com comportamentos viciosos. Também podemos restringir o que fazemos – se não nos esforçarmos no trabalho, se diminuirmos as nossas ambições, não nos exporemos ao fracasso e ao ridículo. Se rompermos os nossos relacionamentos logo no princípio, escaparemos de quaisquer momentos de dor aguda causada pela separação.

Na raiz dessa abordagem está o medo da morte em si, que estabelece o nosso relacionamento elementar com a dor e a adversidade, e a evasão se torna o nosso padrão. Quando algo ruim acontece, a nossa reação natural é nos queixarmos do que a vida nos deu, ou do que outros não fazem por nós, e nos retirarmos ainda mais de situações desafiadoras. É quando ocorre o efeito paradoxal negativo da morte.

A outra opção disponível para nós é nos comprometermos ao que Friedrich Nietzsche chamou de *amor fati* ("amor do destino"): "A minha fórmula de grandeza no ser humano é o *amor fati*: não querer ser nada além do que é, não no futuro, não no passado, não em toda a eternidade. Não apenas tolerar o que acontece por necessidade [...], mas *amá-lo*". Isso significa o seguinte: há muito na vida que não temos como controlar, sendo a morte o maior exemplo disso. Vivenciaremos doenças e dor física. Seremos separados das pessoas. Enfrentaremos fracassos por causa dos nossos próprios erros e da malevolência asquerosa de outros seres humanos. E a nossa tarefa é aceitar essas situações e até acolhê-las, não pela dor, mas pelas oportunidades de aprender e nos fortalecer. Ao fazer isso, legitimamos a própria vida, aceitando todas as suas possibilidades. E no âmago disso está a nossa aceitação completa da morte.

Colocamos isso em prática ao ver sempre os acontecimentos como fatídicos – tudo acontece por algum motivo, e cabe a nós discernir a lição. Quando adoecermos, entenderemos esses momentos como a oportunidade perfeita para nos retirarmos do mundo e no afastarmos das suas distrações, desacelerar, reavaliar o que estamos fazendo e apreciar os períodos muito mais frequentes de boa saúde. Sermos capazes de nos acostumar a algum grau de dor física, sem apelar de imediato para algo que a atenue, é uma habilidade importante na vida.

Quando as pessoas resistirem à nossa vontade ou se voltarem contra nós, tentaremos ponderar o que deu errado, descobrir como utilizar isso para nos educar mais sobre a natureza humana e nos ensinar a lidar com os que são esquivos e desagradáveis. Quando assumirmos riscos e fracassarmos, receberemos bem a oportunidade de aprender com a experiência. Quando os relacionamentos fracassarem, tentaremos ver o que havia de errado na dinâmica, o que nos fazia falta e o que queremos do nosso próximo relacionamento. Não nos fecharemos em casulos para nos proteger de mais sofrimentos, evitando essas experiências.

Em todos esses casos, é claro que enfrentaremos a dor física e mental, e não devemos nos iludir de que essa filosofia vai de imediato transformar um negativo num positivo. Sabemos que é um processo e que temos de levar os golpes, mas que, com o passar do tempo, a nossa mente trabalhará para converter isso numa experiência de aprendizagem. Com a prática, se tornará mais fácil e rápido fazer essa conversão.

Esse amor do destino tem o poder de alterar tudo que vivenciamos e aliviar o fardo que carregamos. Por que se queixar disso ou daquilo, quando, na verdade, acreditamos que esses acontecimentos ocorrem por um motivo e que eles acabarão nos trazendo o esclarecimento? Por que sentir inveja do que outros têm, quando possuímos algo muito maior – a abordagem derradeira para as duras realidades da vida?

Abra a mente para o Sublime. Pense na morte como um tipo de limiar que todos devemos atravessar. Desse modo, ela representa o último mistério. Não é possível encontrar as palavras ou os conceitos para expressar o que é. Estamos confrontando algo que é de todo desconhecido. Nenhuma dose de ciência ou tecnologia ou conhecimento solucionará esse enigma ou o verbalizará. Nós, seres humanos, nos iludimos com a ideia de que sabemos de tudo, mas nesse limiar somos, afinal, deixados mudos e às cegas.

Esse confronto com algo que não temos como conhecer ou verbalizar é o que chamaremos de Sublime, cuja raiz latina significa "até o limiar". O Sublime é tudo que excede a nossa capacidade de conceber palavras ou conceitos por ser grande, vasto, sombrio e misterioso demais. E, quando enfrentamos essas coisas, sentimos um toque de medo, mas também de admiração e curiosidade. Somos lembrados da nossa pequenez, do que é mais vasto e mais poderoso do que a nossa vontade ínfima. Sentir o Sublime é o antídoto perfeito para a nossa complacência e para as preocupações mesquinhas acerca da vida cotidiana que nos consomem e nos deixam sentindo bem vazios.

O modelo para sentir o Sublime vem da nossa meditação sobre a mortalidade, mas é possível treinar a nossa mente para vivenciá-lo por meio de outros pensamentos e ações. Por exemplo, quando observamos o céu à noite, podemos deixar a mente sondar a infinidade do espaço e a pequenez avassaladora do nosso planeta, perdido em toda a escuridão. Encontramos o Sublime ao contemplar a origem da vida na Terra, há seja lá quantos bilhões de anos, talvez em algum momento específico, e quão improvável era que isso acontecesse, considerando os milhares de fatores que precisaram convergir para que o experimento da vida começasse neste planeta. Essas quantidades vastas de tempo e a verdadeira origem da vida excedem a nossa capacidade de conceituá-las, e somos deixados com a sensação do Sublime.

Podemos levar isso mais adiante: há milhões de anos, o experimento humano começou quando nos separamos dos nossos ancestrais primatas. Entretanto, por causa da nossa natureza física fraca e por estarmos em pequenos números, enfrentamos a ameaça contínua de extinção. Se esse acontecimento muito provável houvesse ocorrido – como ocorreu para tantas espécies, inclusive outras variedades de humanos –, o mundo teria tomado uma rota bem diferente. Na realidade, o encontro entre os nossos pais e o nosso nascimento contou com uma série de ocorrências aleatórias que era igualmente improvável. Isso nos leva a encarar a nossa existência atual como indivíduo, algo que tomamos como uma certeza, como uma ocorrência das mais improváveis, se considerarmos todos os elementos fortuitos que tiveram de se encaixar em seus devidos lugares.

Vivenciamos o Sublime ao contemplar outras formas de vida. Temos a nossa própria crença sobre o que é real com base nos nossos sistemas nervosos e de percepção, mas a realidade dos morcegos, que percebem o mundo via ecolocalização, é de uma ordem diferente. Eles notam coisas além do nosso sistema de percepção. Quais são os outros elementos que não conseguimos perceber, as outras realidades invisíveis para nós? (As descobertas mais recentes na maioria dos campos da ciência terão esse efeito de abrir os nossos olhos, e ler artigos em qualquer revista científica produzirá, em geral, alguns pensamentos sublimes.)

Também podemos nos expor a lugares no planeta em que todos os nossos pontos cardeais normais se embaralhem – uma cultura muito diferente ou certas paisagens onde o elemento humano pareça especialmente ínfimo, como o mar aberto, uma vasta expansão de neve, uma montanha extremamente alta. Ao nos confrontarmos de forma física com o que nos miniaturiza, seremos forçados a reverter a nossa percepção normal, em que somos o centro e a medida de tudo.

Diante do Sublime, sentimos um arrepio, um prenúncio da morte em si, algo grande demais para que a nossa mente conceba. E, por um momento, isso nos arrancará da nossa presunção e nos libertará do domínio mortal do hábito e da banalidade.

Por fim, pense nessa filosofia nos seguintes termos: desde o início da consciência humana, a nossa percepção da morte tem nos aterrorizado. Esse terror tem moldado as nossas crenças, religiões, instituições e muitos dos nossos comportamentos, de maneiras que não conseguimos ver ou entender. Nós, seres humanos, nos tornamos escravos dos nossos medos e das nossas evasões.

Quando invertemos isso, nos tornando mais conscientes da nossa mortalidade, sentimos o gosto da verdadeira liberdade. Não sentimos mais a necessidade de restringir o que pensamos e fazemos, a fim de tornar a vida previsível. Podemos ser mais audaciosos sem termos medo das consequências. Podemos nos livrar de todas as ilusões e vícios que empregamos para aliviar a nossa ansiedade. Podemos nos dedicar por completo ao nosso trabalho, aos nossos relacionamentos, a todas as nossas ações. E, uma vez que tenhamos sentido um pouco dessa liberdade, vamos querer explorar mais e expandir as nossas possibilidades enquanto o tempo nos permitir.

> Livremos a morte da sua estranheza, passemos a conhecê-la, nos acostumemos a ela. Não tenhamos nada em mente com maior frequência do que a morte. A cada momento, visualizemo-la em nossa imaginação em todos os seus aspectos [...]. É incerto onde a morte nos aguarda; esperemos por ela em todos os lugares. A premeditação da morte é a premeditação da liberdade [...]. Aquele que aprendeu a morrer desaprendeu a ser escravo. Saber como morrer nos liberta de todas as sujeições e restrições.
>
> — *Michel de Montaigne*

Agradecimentos

Antes de tudo, eu gostaria de agradecer à Anna Biller por sua ajuda em muitos aspectos deste livro – inclusive pela edição hábil, pelas incontáveis ideias perspicazes que ela me deu durante as nossas discussões, bem como por todo o amor e apoio ao longo do processo de escrita. Esta obra não seria possível sem as suas muitas contribuições, pelas quais sou eternamente grato.

Gostaria de agradecer ao meu agente Michael Carlisle, da Inkwell Management, mestre da natureza humana, por todos os seus conselhos valiosos e auxílio no projeto. Também da Inkwell, meus agradecimentos a Michael Mungiello e Alexis Hurley, por levarem estas páginas a um público global.

Tenho muitas pessoas a quem dizer obrigado na Penguin, sendo que a mais importante é Andrea Schulz, minha editora, por todo o trabalho (muito apreciado) sobre o texto e pelas nossas numerosas conversas, em que ela me auxiliou a aguçar o conceito de natureza humana e compartilhou comigo as próprias perspectivas a respeito do tema. Também devo agradecer à editora original do projeto, Carolyn Carlson, assim como à Melanie Tortoroli, por suas contribuições editoriais. E também à assistente de Andrea, Emily Neuberger; ao ilustrador da capa, Colin Webber; no Departamento de Marketing, à Kate Stark e Mary Stone, e à Carolyn Coleburn e Shannon Twomey pelo trabalho realizado na parte de publicidade.

Preciso agradecer ao Andrew Franklin, editor da Profile Books na Inglaterra, que me acompanhou no lançamento de todos os meus seis livros, e em cuja astúcia literária e editorial eu sempre posso confiar.

Como sempre, devo agradecer ao Ryan Holiday, meu ex-aprendiz e agora autor de *best-sellers* e mestre estrategista, por todas as suas sugestões de pesquisa, ajuda com marketing e sabedoria geral.

Não posso me esquecer de agradecer ao Brutus, meu gato, que supervisionou a produção dos meus últimos cinco livros e que me fez entender o animal humano a partir de uma perspectiva bem diferente.

Eu gostaria de agradecer à minha querida irmã, Leslie, por todo amor e apoio, e pelas muitas ideias que inspirou nesses anos. E é claro que preciso agradecer à minha mãe tão paciente, Laurette, por tudo o que fez em minha vida, em especial por incutir em mim um amor pelos livros e pela história.

E, por fim, gostaria de agradecer a todas aquelas pessoas inumeráveis que me mostraram, por toda a minha vida, o pior e o melhor da natureza humana, e que me forneceram material infindável para este trabalho.

Bibliografia selecionada

ADLER, Alfred. *Understanding human nature*: the psychology of personality. Trad. Colin Brett. Oxford: Oneworld Publications, 2011.
ALLPORT, Gordon W. *The nature of prejudice*. Reading, MA: Addison-Wesley, 1979.
AMMANITI, Massimo; GALLESE, Vittorio. *The birth of intersubjectivity*: psychodynamics, neurobiology, and the self. Nova York: W.W. Norton, 2014.
ARENDT, Hannah. *Between past and future*. Nova York: Penguin Books, 1993.
ARGYLE, Michael. *Bodily communication*. Nova York: Routledge, 2001.
BALEN, Malcolm. *A very English deceit*: the South Sea bubble and the world's first great financial scandal. Londres: Fourth Estate, 2003.
BARLETT, Donald L.; STEELE, James B. *Howard Hughes*: his life and madness. Nova York: W.W. Norton, 2004.
BARON-COHEN, Simon. *Mindblindness*: an essay on autism and theory of mind. Cambridge, MA: MIT Press, 1999.
BION, W. R. *Experiences in groups*: and other papers. Nova York: Routledge, 1989.
BLY, Robert. *A little book on the human shadow*. Nova York: HarperOne, 1988.
BRADFORD, Sarah. *America's queen*: the life of Jacqueline Kennedy Onassis. Nova York: Penguin Books, 2001.
CARO, Robert A. *Master of the Senate*: the years of Lyndon Johnson. Nova York: Vintage Books, 2003.
CHANCELLOR, Edward. *Devil take the hindmost*: a history of financial speculation. Nova York: Plume, 2000.
CHERNOW, Ron. *Titan*: the life of John D. Rockefeller, Sr. Nova York: Vintage Books, 1998.
COZOLINO, Louis. *The neuroscience of human relationships*: attachment and the developing social brain. Nova York: W.W. Norton, 2006.
CRAWSHAY-WILLIAMS, Rupert. *The comforts of unreason*: a study of the motives behind irrational thought. Westport, CT: Greenwood, 1970.
DAMASIO, Antonio. *The feeling of what happens*: body and emotion in the making of consciousness. Orlando, FL: Harcourt, 1999.
DE WAAL, Frans. *Chimpanzee politics*: power and sex among apes. Baltimore: Johns Hopkins University Press, 2007.
DIAMOND, Jared. *The third chimpanzee*: the evolution and future of the human animal. Nova York: Harper Perennial, 2006.
DOSTOIÉVSKI, Fiódor. *O idiota*. Trad. Paulo Bezerra. São Paulo: Editora 34, 2002.
DOUGLAS, Claire. *The woman in the mirror*: analytical psychology and the feminine. Lincoln, NE: Backinprint.com, 2000.
DURKHEIM, Émile. *As formas elementares da vida religiosa*. Trad. Paulo Neves. São Paulo: Martins Fontes, 1996.
EKMAN, Paul. *Emotions revealed*: recognizing faces and feelings to improve communication and emotional life. Nova York: St. Martin's Griffin, 2007.

ELIOT, George. *Middlemarch*: um estudo da vida provinciana. Trad. Leonardo Fróes. São Paulo: Record, 1998.
FAIRBAIRN, W. R. D. *Psychoanalytic studies of the personality*. Nova York: Routledge, 1994.
FROMM, Erich. *The anatomy of human destructiveness*. Nova York: Henry Holt, 1992.
GALBRAITH, John Kenneth. *A short history of financial euphoria*. Nova York: Penguin Books, 1994.
GALBRAITH, Stuart, IV. *The emperor and the wolf*: the lives and films of Akira Kurosawa and Toshiro Mifune. Nova York: Faber and Faber, 2002.
GAO YUAN. *Born red*: a chronicle of the cultural revolution. Stanford, CA: Stanford University Press, 1987.
GARELICK, Rhonda K. *Mademoiselle*: Coco Chanel and the pulse of history. Nova York: Random House, 2014.
GARROW, David J. *Bearing the cross*: Martin Luther King, Jr., and the Southern Christian Leadership Conference. Nova York: William Morrow, 2004.
GOFFMAN, Erving. *The presentation of self in everyday life*. Nova York: Doubleday, 1959.
GOOCH, Brad. *Flannery*: a life of Flannery O'Connor. Nova York: Back Bay Books, 2010.
GORDON, Charlotte. *Romantic outlaws*: the extraordinary lives of Mary Wollstonecraft & Mary Shelley. Nova York: Random House, 2015.
HAVENS, Ronald A. *The wisdom of Milton H. Erickson*: the complete volume. Carmarthen, Reino Unido: Crown House, 2003.
HUMPHREY, Nicholas. *The inner eye*: social intelligence in evolution. Oxford: Oxford University Press, 2008.
HUXLEY, Aldous. *Os demônios de Loudun*. Trad. Sylvia Taborda. São Paulo: Globo, 1982.
JOULE, Robert-Vincent; BEAUVOIS, Jean-Léon. *Petit traité de manipulation à l'usage deshonnêtes gens*. Grenoble, França: Presses universitaires de Grenoble, 2014.
JUNG, C. G. *Os arquétipos e o inconsciente coletivo*. Trad. Maria Muiza Appy. Petrópolis: Vozes, 2016.
KAGAN, Donald. *Pericles of Athens and the birth of democracy*. Nova York: Free Press, 1991.
KEELEY, Lawrence H. *War before civilization*: the myth of the peaceful savage. Nova York: Oxford University Press, 1996.
KINDLEBERGER, Charles P. *Manias, panics, and crashes*: a history of financial crises. Nova York: John Wiley & Sons, 2000.
KLEIN, Melanie. *Envy and gratitude*: and other works 1946-1963. Nova York: Free Press, 1975.
KOHUT, Heinz. *The analysis of the self*: a systematic approach to the psychoanalytic treatment of narcissistic personality disorders. Chicago: University of Chicago Press, 2009.
KONNER, Melvin. *The tangled wing*: biological constraints on the human spirit. Nova York: Henry Holt, 2002.
LAING, R. D.; PHILLIPSON, H.; LEE, A. R. *Interpersonal perception*: a theory and method of research. Nova York: Perennial Library, 1972.
LANSING, Alfred. *Endurance*: Shackleton's incredible voyage. Filadélfia: Basic Books, 2007.
LAWDAY, David. *The giant of the French Revolution*: Danton, a life. Nova York: Grove, 2009.
LEDOUX, Joseph. *The emotional brain*: the mysterious underpinnings of emotional life. Nova York: Simon & Schuster Paperbacks, 1996.
LEV, Elizabeth. *The tigress of Forlì*: Renaissance Italy's most courageous and notorious countess, Caterina Riario Sforza de' Medici. Boston: Mariner Books, 2011.
LEVER, Evelyne. *Louis XVI*. Paris: Pluriel, 2014.
LOWENSTEIN, Roger. *Buffett*: the making of an American capitalist. Nova York: Random House Trade Paperbacks, 2008.
MASLOW, Abraham H. *The farther reaches of human nature*. Nova York: Penguin Compass, 1993.
MCLEAN, Bethany; NOCERA, Joe. *All the devils are here*: the hidden history of the financial crisis. Nova York: Portfolio/Penguin, 2011.

Bibliografia selecionada

MILGRAM, Stanley. *Obedience to authority*: the experiment that challenged human nature. Nova York: Harper Perennial, 2009.

MONTEFIORE, Simon Sebag. *Stálin*: the court of the red tsar. Nova York: Vintage Books, 2003.

MOORE, Robert L. *Facing the dragon*: confronting personal and spiritual grandiosity. Wilmette, IL: Chiron, 2003.

NIETZSCHE, Friedrich. *Humano, demasiado humano*: um livro para espíritos livres. Trad. Paulo César de Souza. São Paulo: Companhia das Letras, 2005.

OATES, Stephen B. *With malice toward none*: a biography of Abraham Lincoln. Nova York: Harper Perennial, 2011.

ORTEGA Y GASSET, José. *O homem e os outros*. Barueri: Vide, 2017.

PAVESE, Cesare. *This business of living*: diaries 1935-1950. New Brunswick, NJ: Transaction, 2009.

PFEIFFER, John E. *The emergence of society*: a prehistory of the establishment. Nova York: McGraw-Hill, 1977.

PIAGET, Jean; INHELDER, Bärbel. *A psicologia da criança*. Trad. Octávio Mendes Cajado. Vila Congonhas: Asa, 1993.

RAMACHANDRAN, Vilayanur S. *A brief tour of human consciousness*. Nova York: PI Press, 2004.

ROSEN, Sidney. *My voice will go with you*: the teaching tales of Milton H. Erickson. Nova York: W.W. Norton, 1982.

RUSSELL, Bertrand. *The conquest of happiness*. Nova York: Horace Liveright, 1996.

SCHOPENHAUER, Arthur. *The wisdom of life and counsels and maxims*. Trad. T. Bailey Saunders. Amherst, Nova York: Prometheus Books, 1995.

SEYMOUR, Miranda. *Mary Shelley*. Nova York: Grove, 2000.

SHIRER, William L. *Love and hatred*: the stormy marriage of Leo and Sonya Tolstoy. Nova York: Simon & Schuster, 1994.

SMITH, David Livingstone. *The most dangerous animal*: human nature and the origins of war. Nova York: St. Martin's Griffin, 2007.

STEWART, James B. *Disney war*. Nova York: Simon Schuster Paperbacks, 2006.

STRAUSS, William; HOWE, Neil. *Generations*: the history of American's future, 1584 to 2069. Nova York: William Morrow, 1991.

TAVRIS, Carol; ARONSON, Elliot. *Mistakes were made (but not by me)*: why we justify foolish beliefs, bad decisions, and hurtful acts. Nova York: Harcourt, 2007.

THOMAS, Evan. *Being Nixon*: a man divided. Nova York: Random House, 2015.

THOULESS, R. H.; THOULESS, C. R. *Straight & crooked thinking*. Hachette, Reino Unido: Hodder Education, 2011.

TOMKINS, Silvan, *Shame and its sisters*: a Silvan Tomkins reader. Ed. Eve Kosofsky Sedgwick, Adam Frank. Durham, NC: Duke University Press, 1995.

TROYAT, Henri. *Chekhov*. Trad. Michael Henry Heim. Nova York: Fawcett Columbine, 1986.

TUCHMAN, Barbara. *The march of folly*. Nova York: Ballantine Books, 1984.

TUCKETT, David. *Minding the markets*: an emotional finance view of financial instability. Londres: Palgrave Macmillan, 2011.

WATZLAWICK, Paul; BAVELAS, Janet Beavin; JACKSON, Don D. *Pragmatics of human communication*: a study of interactional patterns, pathologies and paradoxes. Nova York: W.W. Norton, 2011.

WEIR, Alison. *The life of Elizabeth I*. Nova York: Ballantine Books, 2008.

WILSON, Colin. *A criminal history of mankind*. Nova York: Carroll & Graf, 1990.

WILSON, Edward O. *On human nature*. Cambridge, MA: Harvard University Press, 2004.

WINNICOTT, D. W. *Human nature*. Londres: Free Association Books, 1992.

Índice remissivo

A mundana, 252
ABC, 378, 383, 385, 387, 389
ABC News, 302
Abel e Caim, 353
Absalão, 66
Adaptabilidade, e autoridade, 603
Admiração, 375
Adolescente, O (Dostoiévski), 34
Adversidade, 139, 294
Agir, estilos masculinos e femininos de, 454-455
Agitador, 550
Agressão passiva/passivo-agressividade, 646-657
    encantador passivo-agressivo, 325
    estratégia da tirania passiva, 655
    estratégia da simpatia, 649
    estratégia da superioridade sutil, 648
    estratégia de insinuar dúvidas, 652
    estratégia de transferir a culpa, 653
    estratégica da dependência, 651
Agressão(or), 16, 524, 609-664
    agir contra a, 630
    ambição e, 659-660
    armadilha do agressor, 638
    aspectos positivos e negativos da, 633
    auto-opinião e, 631
    como vício, 638
    componente genético da, 151
    controlada, 640, 641, 657-659
    crônica, 636, 638
    destemor e, 661-662
    energia da, 625, 629, 633, 660
    espectro da, 633, 640
    examinar a sua própria, 640
    fonte da, 634-646
    gerações e, 692
    insegurança e, 631
    lutar sujo, 643
    narrativa da, 626-627
    negação da, 501
    obsessões e, 642
    persistência e, 660-661
    primitiva, 628, 629
    raiva e, 631, 640, 662-664
    raiz da palavras, 633
    sabotador interno e, 657, 658
    sofisticada, 628, 629, 630, 637, 643
    tecnologia e, 584
    tolerância da, 638
Agressividade passiva, *ver* agressão, passiva
Aislabie, John, 202
Alcibíades, 51, 66
Álcool, Lei Seca e, 215
Alexandre VI, papa, 424
Alexandre, o Grande, 295
Alma, 298
Ambição, 659-660
    amor do, 583
Amor fati, 746-747
Amor, do destino, 746
Amor-próprio, 62, 63, 68, 69
    narcisismo e, 67
    ver também narcisismo, narcisistas
Ana Bolena, 566, 568
Ana, rainha da Inglaterra, 202
Andrews, Samuel, 611, 612
Aníbal, 661 454
Anima e *animus*, 433, 435, 437-438, 441
Animais sociais, 12, 37, 45, 61, 110, 249, 363, 373, 529, 530, 631
Ânimos, 587
    influência e, 249
    parâmetros, 83
Anjos do inferno, 141, 144, 145
Ansiedade, 151, 482, 485, 486, 525, 749
    agressão e, 632
    grupos e força social e, 527
Antônio, Marco, 115, 136
Apaixonar-se, 242, 431-432, 440, 715
    hostilidade e, 636
    mudanças que ocorrem ao, 432
Aparência, e conformidade, 532
Aprendizagem, 485
    estilos masculino e feminino de, 456-457
Aproveitador, 595
Aquecimento global, 213
Arte
    autoridade na, 594
    raiva na, 664
Artista visionário, 596
Aśoka, 54, 589
Assistentes, 559
Associação para o Aprimoramento de Montgomery (MIA), 466
Ataque a Pearl Harbor, 215
Atena, 23, 26, 31, 33, 41, 58
Atenas, 23, 24, 26, 27, 29, 262, 483
Atenção
    busca de *status* por meio de, 16
    busca de, 502
    necessidade de, 12, 87-88
    repentina, 49-50
Ateus, 327
Atitude, 265-299
    alma e, 298
    autoridade e, 596-597
    definição de Jung de, 278
    indiferente, 296

ÍNDICE REMISSIVO

Atitude ansiosa, 285-286
Atitude defensiva, 227
Atitude do criador, 54
Atitude evitativa, 286
Atitude hostil, 283-284
Atitude realista, 392, 398, 401
Atitude reativa, 199, 214
Atitude ressentida, 290-292
Atitude, negativa (constritiva), 282-283
   ansiosa, 285-286
   depressiva, 288-290
   evitativa, 286-288
   hostil, 283-284
   ressentida, 290-292
Atitude, positiva (expansiva), 292
   adversidade e, 294
   como encarar o mundo com, 293
   energia e saúde e, 296-297
   outras pessoas e, 297
   ver a si mesmo com, 295
Atuação, 111, 112
   grupos e, 533
   método, 30
   ver também dramatização
Augusto (Otávio), 115, 215
Aura, 158, 601-602
Ausência, 131
   equilibrar presença e, 135, 602
   saber como e quando se retirar, 190
   silêncio, 602
Autenticidade, 301
   autoridade e, 596-597
   humildade e, 136
Autoabsorção, 67, 68, 69, 91, 110, 114, 325, 744
Autoavaliação e aprendizado, estilos masculino e feminino de, 456-457
Autoconfiança, 126, 129, 134, 135, 153, 293, 295, 316, 323, 563, 589-590
Autoconhecimento, 54-55
   de limitações, 401
   e superar traços negativos, 19
Autoconsciência, 153
   grandiosidade e, 401
   grupos e, 505
Autoestima, 63

Autoimagem, 62, 63, 64, 244, 245, 502
Autonomia, em auto-opinião, 243, 245, 246, 251
Auto-objetos, 65
Auto-opinião, 227-264
   a sua própria, 264
   agressão e, 631-632
   autonomia em, 251
   baixa, 246, 258
   bondade em, 255
   inteligência em, 253
   personalizada, 244
ver grandiosidade
Autoridade, 565-607
   adaptabilidade e, 603
   atitude e, 507
   aura e, 601
   autenticidade e, 596-697
   de grupo, 595
   desdém por, 595-596
   estratégias para estabelecer, 592, 596-604
   formas falsas de, 595
   interior, 604-605
   nas artes, 594
   pais como figuras de, 594, 595
   promessas exageradas e, 604
   tom e, 600-601
   tomar e dar e, 602-603
   ver também líderes, liderança
   visão e, 598-599
Autossabotagem e comportamento autodestrutivo, 213, 313

Babilônios, 692
Baby boomers, 695, 698, 701
Baía dos Porcos, 368
Baker, Josephine, 331, 337, 703, 706
Balsan, Etienne, 117, 182
Banalidade, 328
Bassui, 264
Batalhas, inferno tático e, 218
Beaumarchais, Pierre-Augustin Caron de, 184, 254
Behrs, Sofia, 88
Benson, Byron, 620-621, 628
Bergman, Ingmar, 336
Bergman, Ingrid, 490, 496
Bevel, James, 471

Birmingham, Alabama, 469-470, 476
Black Death, 623
Blunt, Charles, 206
Blunt, John, 199-200
Bly, Robert, 332
Bobo da corte, 553
Boccaccio, Giovanni, 416
Bodas de Fígaro, As (Beaumarchais), 254
Boicote aos ônibus de Montgomery, 490
Bolhas especulativas, 36, 50
   Ato da Bolha Financeira, 205, 208
   Companhia dos Mares do Sul, 36, 199-200
Bolhas financeiras, 205
Bondade, em auto-opinião, 243, 244, 255-256
Bórgia, César, 424-425, 428
Born Red (Gao), 519, 520
Botticelli, Sandro, 418, 446
Bouvier, Jack, 442
Bowie, David, 430
Bowlby, John, 14, 151
Brummell, Beau, 328
Buffett, Warren, 54, 162, 453, 589
Bülow, Hans von, 288-289
Buscador da verdade, 463-464
Byrd, Richard E., 528
Byrd, Robert, 236
Byron, George Gordon, Lord, 341, 344, 349

Caim e Abel, 353
Capacidade de concentração, 213
Capel, Arthur "Boy", 178, 494
Caráter, 17-18, 151
   cérebro e, 151
   componente genético do, 151
   consciência e encobrir defeitos do, 152
   etimologia da palavra, 151
   examinar e moldar o seu próprio, 154, 171, 172, 173
   força do, 139-174
   hábitos e, 139, 152, 153, 170-171
   indicadores do, 156-163

padrão de apego na infância e, 151-152
poder e, 158
superior, 170-174
tipos tóxicos de, *ver* tipos tóxicos
traços conflitantes, 153
traços positivos, 153
Carlos II, arquiduque da Áustria, 570
Carlos IX, rei, 570
Carreira, 479-480
Cartuxa de Parma, A (Stendhal), 121
Caso de identidade, Um (Conan Doyle), 137
Cássio Severo, 156
Causas, 396, 482, 499-500, 533
Cecil, William, 568
Cérebro, 12, 37, 503, 689
caráter e, 151, 152, 171
habilidades de observação e, 114-115
imaginação e, 188
indução e, 186-187
interação social e, 70
maleabilidade na primeira infância, 152
neurônios espelhos no, 73
porções do, 38
raciocínio de curto prazo e, 212
sucesso súbito e, 49
César, Júlio, 51, 115, 215, 295
Chanel Nº 5, 180
Chanel, Gabrielle "Coco", 175, 337, 369, 493, 709
Change (Watzlawick, Weakland, e Fisch), 259
Chaplin, Charlie, 331
Chekhov, Alexander, 267
Chekhov, Anton, 22, 54, 56, 265, 274, 275, 489
ilha Sacalina e, 272
Chekhov, Mikhail, 269
Chekhov, Nikolai, 267
Chekhov, Pavel Yegorovich, 269
Chekhov, Yegor Mikhailovich, 269
Chesterfield, Philip Stanhope, Lorde, 256
Chicago Bulls, 558
China, 305, 483

China comunista, 505
Revolução Cultural na, 53, 508, 512, 514, 519, 523
Chopin, Frédéric, 437
Churchill, Winston, 313, 331, 411
Cícero, 667, 707
Ciclo de notícias, 219
Cientistas, 453
Cimino, Michael, 405
Cinismo, 498
Cipião Africano, 589
Circunstâncias atuais, 188, 199
Clark, James, 611
Clark, Maurice B., 609, 614
Clinton, Bill, 51, 134
Cobiça, *ver* desejo
Cobras, na Índia, 215
Colson, Charles, 304, 552
Coltrane, John, 596
Columbo, 131
Companhia dos Mares do Sul, 36, 199, 200-203, 209
Comparações, 288
emulação, 374
negativas, 373-374
ver também inveja
Complacência, 187, 391, 562, 721
Comportamento compulsivo, 139-174
ver também caráter
Comportamento contraditório, 317, 323-338
Comunicação não verbal, 101-111
afinidade e, 250
diferenças culturais na, 117
domínio da, 134
e desenvolvimento das habilidades de observação, 110, 114-118
Erickson e, 101-111
evolução da, 112
interpretação da, 117
linguagem corporal, 114
observar a sua própria, 118
sinais ambíguos na, 116
sinais de dominância/submissão, 125-129
sinais de fraude, 129-132
sinais de desprezo/afeição, 119-125
validação e, 528

ver também expressões faciais
Conan Doyle, Arthur, 137
Conferência da Liderança Cristã do Sul (SCLC), 468
Confinamento solitário, 528
Conformismo, 14, 483, 498, 505
ver também grupos
Cônjuge, escolha de, 159
Connally, Tom, 227-228, 237
Connor, Bull, 470, 471
Consequências não intencionadas, 209, 215, 594, 639
Contrastes, 187
Conversação, 115, 241
escutar com atenção, 567
Corneille, Pierre, 257
Correção política, 170, 553
Cortes e cortesãos, 418, 423
Crawford, Joan, 172, 294
Criador de intrigas, 548
Crime e castigo (Dostoiévski), 392
Crise de meia-idade, 450
Crises financeiras, 335
de 1929, 36, 219
de 2008, 35, 701
Cristianismo, 245, 463, 464
Críticas, 662
agressão e, 638, 642
em vaivém, 358-359
senso de propósito e, 492
Cultos, 53, 185, 321, 405, 499
Cultura, 594
contribuição à, 488, 605
cultura jovem e, 693, 695
mudanças na, 685, 686, 687
jovem, 692, 695, 702
Cultura, grupo, 536, 545
Curandeiro, 597
Curie, Marie, 489, 660

D'Allegre, Yves, 426
D'Este, Isabella, 429
da Sombra, 320
Danton, Gabrielle, 5, 15
Danton, Georges-Jacques, 51, 652, 667, 668, 674, 675
Dario, 598
Darnley, Henry Stuart, Lorde, 572
Darwin, Charles, 54, 214
Davi, rei, 51, 353

ÍNDICE REMISSIVO

de Erikson, 104-108
De Gaulle, Charles, 303, 310
de gênero, 440-443
Dean, John, 304, 308
Decourcelle, Pierre, 176
Defoe, Daniel, 743
Democracia, 24, 25, 30, 31, 32, 714
Deng Zeng, 714
Departamento de Defesa dos Estados Unidos, 538
Depressão, 477, 486, 549, 605, 650
   atitude depressiva, 288-289
Depressão, Grande, 106, 698
   atitude depressiva, 288-289
Desejo, 175-197
   contagioso, 534
   e saber como e quando se retirar, 190
   estratégias para estimular, 189
   ilícito, 194
   indução e, 193
   possessão e, 195-197
   rivalidades do, 191
   síndrome da "grama mais verde", 185, 188, 195
   supremo, 195
Destemor, 661-662
Destino, 14, 23
   amor do, 583
Detalhes, perder-se em, 222
Diário do ano da peste, Um (Defoe), 743
Dick Tracy, 382
Diderot, Denis, 682
Dietrich, Marlene, 703
Diller, Barry, 378, 388
Ding Yi, 507, 511
Dinheiro, busca de, 500
Disney Company, 381
   Euro Disney, 381, 386, 388, 390
   Go, 386
Disney, Roy, 379, 383
Disney, Walt, 379, 380, 381
Disraeli, Benjamin, 253
Ditador, 26, 595
Do lado de Swann (Proust), 446
Dods, srta., 346
Doenças psicossomáticas, 287

Dostoiévski, Fiódor, 34, 131, 336, 392, 503, 734, 740
Drake, Francis, 573, 576, 582
Dramatização, 101-137
   autenticidade e, 132-134
   conotações negativas do termo, 132-134
   gerenciamento de impressões, 132-134
   ver também comunicação não verbal
DreamWorks, 389
Dreyfus, Alfred, 117
Dudley, Robert, 570, 571

Ecossistema cultural, 483
Ecossistemas, 483
Edison, Thomas, 492, 660
Eduardo VI, rei, 568
Educação de Ciro, A (Xenofonte), 413
Efeito camaleão, 73
Efeito cobra, 216
Efeito halo, 45
Efeitos dramáticos, 135
Egito, êxodo do, 185
Ego, 218, 242, 254, 293, 339, 604, 627
Ehrlichman, John, 304
Einstein, Albert, 331, 335, 453, 496, 661
Eisenhower, Dwight D., 194, 235, 302
Eisner, Michael, 366, 377, 378, 379, 383, 384, 386, 387-388, 390, 656
Ekman, Paul, 14, 123
Eliot, George, 15, 447
Elisabete I, rainha, 214, 222, 454, 565, 571, 603
   Cecil e, 568
   Essex e, 575
   Felipe II e, 573
   Maria da Escócia e, 571, 575, 577, 578, 706
Ellington, Duke, 430
Elogio
   inveja e, 356-357
   por esforço ou por talento, 257
Em busca do tempo perdido (Proust), 446

Embaixadores, Os (James), 116, 249
Emerson, Ralph Waldo, 225
Emoções, 9, 36, 586
   ambivalência das, 586
   dominar o seu lado emocional, 23-59
   em grupos, 526, 534-535, 558-559
   equilibrar pensamento e, 57-58
   evolução das, 7, 41
   examinar até as origens, 55
   fatores inflamatórios, 47-59
   fortes, 586
   influência e, 258
   redes sociais e, 15, 39
   Sombra e, 317
   tempo de reação e, 55
   ver também irracionalidade
Empatia, 14, 19, 20, 41, 61-99
   analítica, 74
   atitude na, 71
   em líderes, 589
   em meninos, 430, 433, 454-456
   grandiosidade e, 400
   habilidade em, 75-76
   ver também narcisismo, narcisistas
   visceral, 72
Empreendedor radical, 329-340
Emulação, transmutar a inveja em, 374-375
Endurance, 93, 95
Energia, propositada, 493
Envelhecimento, 223, 224, 695, 711-712
Erickson, Milton, 101, 259, 649
Erro de Otelo, 117
Escândalo Watergate, 701
Escola Secundária O-Leste-É--Vermelho, 518
Escola Secundária Yizhen (ESY), 505
Escolhas/opções de vida, 479
Esnobe, 328
Espanha, 201, 222, 381, 571, 575, 582
Esparta, 23, 28
Espelhar e imitar, 73
Espelho, 554

759

Ésquilo, 376
Essex, Robert Devereux, conde de, 575, 576-578, 583, 706
Estilos de roupas, 688
Estradas do inferno, 144-145
Estratégia da dependência, 651
Estratégia da simpatia, 649-650
Estratégia da superioridade sutil, 648
Estratégia de insinuar dúvidas, 652-653
Estruturas da mente (Gardner), 491
Euro Disney, 381, 386, 388, 390
Evolução, 412
　da natureza humana, 12
　das comunicações não verbais, 112
　das emoções, 12, 37
Excelência, 361, 606
Exércitos e, 486
Expectativas sobre os outros, 250
Experiências de pico, 296, 495
Explicações, buscar, 34
Expressões faciais, 73, 101
　microexpressões, 114, 120, 122, 125, 131, 355-357
　sorrisos, 123
Extrovertidos, 64, 151, 153, 159
　narcisismo e, 63

Facilitador da Sombra, 551
Fairbairn, Ronald, 657
Falta de propósito, *ver* propósito, senso de
Fanático, 326-327
Fantasia, 184, 189, 195
Fatores inflamatórios, 47-53
Favorito, 555-556
Fawcett, J. W., 616
Febre do papel do telégrafo, 219
Feedback, 75
Felipe II da Espanha, rei, 222, 571, 573
Feo, Giacomo, 423, 429
Feo, Tommaso, 421
Ferrovias, 615
　Pennsylvania Railroad, 619, 627
Filelfo, Francesco, 416
Fisch, Richard, 259

Fitzgerald, F. Scott, 716
Fitzgerald, Robert, 722
Fitzgerald, Sally, 722
Flaubert, Gustave, 645
Fluxo, 409, 495, 496
Foco, 606
Fofoca, 358, 371
Força social, 527
Força vital, 298
Ford, John, 558
França, 665-690
　Assembleia Nacional na, 672-673
　Estados Gerais na, 670, 671, 683
　Regimento de Flandres na, 673, 675
　Revolução na, 51, 86, 325, 396, 486, 652, 674, 679
　Terror na, 679
Frankenstein (Shelley), 339, 341, 345
Franklin, Benjamin, 713
Fraude, 119
　escala da, 132
　sinais de, 129
Frazer, James, 588
Freiras da ordem de Santa Úrsula, 83
Freud, Sigmund, 318, 412, 631
Fundador, 596

Gandhi, Indira, 403
Gandhi, Mahatma, 464
Ganhos, repentinos, 49
Gao Yuan (Gao Jianhua), 505, 519
Gardner, Howard, 491
Gay, John, 203
General Tire Company, 145
Geração, explorar espírito da, 705-710
　gênero, *ver* projeções de gênero
Genética, 689
　agressão e, 637
　caráter e, 161
Gente boa da roça (O'Connor), 728
Gerações, 665-717
　a sua própria, 693
　atuais, 713

　cultura jovem e, 693
　década de 1920, 692
　década de 1950, 695
　década de 1960, 692
　estilos de pais das, 701
　extensão das, 690
　Geração X, 698
　Geração Y (geração do milênio), 698
　heróis e ícones das, 702
　indivíduos agressivos em, 693-694
　futuro, 716
　lado da Sombra das, 703
　mais jovem, julgamento da, 693
　padrões nas, 696
　passadas, 714
　percepção geracional, 690
　personalidade ou espírito das, 692, 694, 700
　perspectiva das, 692
　rebeldes das, 694
　relacionamentos de gênero e, 704-705
　tensão entre, 704
　variações nas, 693-694
　zeitgeist e, 477, 665, 695, 598, 700, 705, 706, 713
Gerenciamento de impressões, 113, 132-134
Go, 386
Godwin, William, 340
Goethe, Johann Wolfgang von, 600, 712, 717
Goldman Sachs, 369, 370
Grades de proteção, 635, 636, 641, 643
Graham, Katherine, 306
Grande Depressão, 106, 698
Grande falastrão, 166-167
Grandier, Urbain, 83
Grandiosidade, 377-473, 457
　atitude realista e, 401, 402
　concentração de energia e, 409
　de baixo grau, 394,
　desafios calibrados e, 410-411
　empatia e, 400
　fantástica, 408
　formas negativas de, 398
　gerenciar a sua própria, 402

ÍNDICE REMISSIVO

grandes falastrões e, 399
humildade e, 399
invertida, 412
libere sua, 411
medir níveis de, 399
pragmática, 408
prevalência de, 398
raízes na infância da, 394-395, 411
religião e, 396
Grant, Ulysses S., 220
Greeley, Horace, 220
Grupos de realidade, 545, 547, 556-563
Grupos, II, III, 505-563
   agitador no, 550, 557
   assistentes nos, 559-560
   atuar em, 533
   autoridade do, 595
   bobo da corte nos, 553
   comunicação aberta nos, 560
   conformismo aos, 505-563
   corte e cortesãos nos, 539-541
   criador de intrigas nos, 548-550
   cultura dos, 536-537
   desconfiança em relação aos que não estão nos, 530
   diferenças e, 547
   dinâmica de, 536-543
   disfuncionais, 556, 557, 563
   efeito de grupo, 52
   efeitos individual nos, 531-536
   elites nos, 421
   emoções em, 52, 561-562
   energia de pertencer a, 524, 542, 557
   enormes, 546
   espelho nos, 554-555
   experiente em conflito, 436
   facções nos, 542-546
   facilitador da Sombra nos, 551-553
   falar diante dos, 526
   favorito nos, 555-556
   força social nos, 527, 528, 529
   hipercerteza nos, 535-536
   inimigos dos, 541-542
   inseguranças e, 543-544
   inteligências dos, 531
   lealdade aos, 525

metas dos, 526
necessidade de se encaixar nos, 525, 542
observar, 546
personalidade social e, 505
porteiro nos, 550-551
realidade e, 545, 547, 556-558
regras e códigos nos, 538-539
rituais nos, 529, 682
saco de pancadas nos, 555-556
senso de propósito nos, 558-550
separar-se dos, 525, 542
sucesso em, 539
tribalismo nos, 546
vacas sagradas nos, 539
viés de grupo, 45, 52
virtuais, 529
Guarda Vermelha, 512, 522
Guerra, 644
Guerra cibernética, 645
Guerra Civil Norte-Americana, 220, 231, 238, 572, 589, 612, 614
Guerra da Coreia, 231, 407
Guerra do Vietnã, 146, 306, 473, 474, 538, 701
Habilidades de observação, 114-118
   de Erikson, 104-108
   observar a si mesmo, 118
Hadamard, Jacques, 335
Haig, Alexander, 309, 548
Hakuin, 260, 493, 661
Haldeman, Bob, 157, 304
Haley, Alex, 73
Hanks, Tom, 379
Hazlitt, William, 743
Hegel, G. W. F., 687
Helicópteros, 145-146, 383
Henrique IV, rei da França, 670
Henrique VIII, rei da Inglaterra, 566, 568, 579
Heráclito, 149
Hesíodo, 367
Hess, E. H., 123
Hester, Betty, 727
Hewitt & Tuttle, 610
Hewitt, Isaac, 617
Hillary, Edmund, 97
Hipercerteza, 535

Hiperintensão, 501
Hiperperfeccionista, 163-164, 173
Hiss, Alger, 305
História, 715, 717
Hitchcock, Alfred, 604, 710
Hitler, Adolf, 79
Hoffer, Eric, 526
Hogg, Thomas, 344-345
Hollywood, 377, 378, 380, 384, 405, 538
Honestidade, 88, 135, 157, 184, 240, 247, 408, 523, 541, 664
Horácio, 317
Hostilidade, e amor, 636
Howard, Catarina, 568
Hudson, Huberht, 95
Hughes Aircraft, 142, 143
Hughes Tool Company, 140, 142
Hughes, Howard, Jr., 139, 140, 147, 171
Hughes, Howard, Sr., 140
Humano pacífico, mito do, 644
Humildade, 136, 634
   grandiosa, 399
Humphrey, Hubert, 233, 234, 236, 301
Hunt, E. Howard, 307, 308
Hunt, Leigh, 343, 344, 347, 350
Hurley, Frank, 94

IBM, 558
Ibn Khaldun, 696
Ibsen, Henrik, 314
Identidade, 136
   senso de, na infância, 450
   social, 450
   superior e inferior, 21-22
   ver com atitude expansiva, 292-293
Idiota, O (Dostoiévski), 131
Ilha Sacalina, 272
Iluminismo, 682, 684
Ímã de dramas, 166
Imagem por ressonância magnética funcional (fMRI), 187-188
Imaginação, 20, 104, 183, 184, 188, 275, 482
   cérebro e, 187

Imitação, repetição, e espelhamento, 73
Imortalidade, estratégia de, 717
Impotência, 635, 636, 711
Inclinações primordiais, 171, 484, 489
Inconsciente, 335
Indivíduos inflamatórios, 51, 56
Indução, 186
Indústria petrolífera, 612, 616, 619, 626, 627
   Standard Oil, 615-628, 645
Infância, 662, 699
   consciência da mortalidade na, 738
   destemor na, 661
   e ambivalência de emoções, 586
   espírito da, 707
   grandiosidade e, 394
   inclinações primordiais na, 484, 489-490
   inveja e, 359-360
   lembrar/recordar, 186, 586
   padrões de apego (conexão/ligações) na, 151-152, 159, 171
   papéis de gênero na, 429, 434
   poder dos pais na, 547
   pontos de estímulo da, 48-49
   senso de identidade na, 450
   traços de caráter da, 330, 332, 334
   ver também pais
Inferno tático, 218
Influência, 15, 227-241
   ânimo da, 249-251
   auto-opinião quanto a, 248-264
   estratégias de, 248-261
   inseguranças quanto a, 256-258
   ouvinte atento em, 248
   preconceito contra a ideia de, 246
   resistência e teimosia a, 258-261
Insegurança(s), 322, 324, 631
   agressão e, 633, 634-646
   de outros, tranquilizar, 256-258
   grupos e, 543

Instintos competitivos, apelar para, 252
Intelectuais, 686
Inteligência
   de grupo, 531
   em auto-opinião, 244, 245, 253-255
   formas de, 491
Internet, 44, 645
   ver também redes sociais
Introvertidos, 151, 159, 160
   narcisismo e, 63
Inveja, 9, 14, 37, 101, 272, 339-376
   admiração e, 375
   além da, 372-376
   aproximar-se do que se inveja, 373
   comparações negativas, 373
   disfarçar, 355
   elogios e, 356
   gatilhos da, 367-372
   lidar com um ataque de um invejoso, 371
   maledicência em, 357
   microexpressões e, 355
   Mitfreude e, 374
   origens na infância, 359
   passiva e ativa, 354
   prevalência de, 369
   raiva e, 38, 352
   redes sociais e, 371
   Schadenfreude e, 374
   sinais de, 352, 354, 355
   transmutar em emulação, 374
   vaivém e, 358
Invidia, 356
Invulnerabilidade, em líderes, 407
Iraque, 536
Iribe, Paul, 369
Irracionalidade, 23-34
   ciclos históricos de, 53
   de alto grau, 42
   de baixo grau, 42
   definição, 40
   fundamental, 36
   racionalista rígido e, 327-328
   ver também emoções; racionalidade
   vieses e, *ver* vieses
Isolamento, 528-529

Jackson, Michael, 190, 329
Jackson, Phil, 561
Jackson, Reggie, 324, 363
Jaime VI, rei, 572
James, Henry, 116, 249
James, William, 76, 277
Jeanne dos Anjos (Jeanne de Belciel), 85-86
Jobs, Steve, 489, 491, 496, 501, 589, 335, 386
Johnson, Lady Bird, 230
Johnson, Lyndon Baines, 158, 228-229, 474, 538
   Connally e, 227-228
   Humphrey e, 232-233
   Russell e, 230, 231, 232
Jorge I, rei, 201-202
José (personagem do Antigo Testamento), 214
Judeus, 117
   Nixon e, 306
   Wagner e, 320
Jung, Carl, 14, 278, 279, 315, 338, 433, 457

Katzenberg, Jeffrey, 366, 380, 382, 383, 389, 656
Kenko, 741
Kennedy, Jacqueline, 182, 331, 373, 706
Kennedy, John F., 194, 235, 301, 368, 430, 442, 707
   assassinato de, 472
   direitos civis e, 470
   Nova Fronteira de, 707
Kennedy, Robert F., 306
Khrushchov, Nikita, 80
King, A. D., 475
King, Coretta Scott, 464, 465, 468
King, Martin Luther, Jr., 461, 475, 490, 500, 589, 596
   assassinato de, 475
King, Martin Luther, Sr., 461-462, 465
Kirov, Serguei, 77
Kissinger, Henry, 304, 307, 310, 548
Klein, Melanie, 14, 151, 359, 636
Kohut, Heinz, 394
Kurosawa, Akira, 490, 707

Índice remissivo

La Bruyère, Jean de, 241
Lado sombrio, *ver* Sombra
Lagerfeld, Karl, 328
Langkjaier, Erik, 727
Law, John, 200,
Lee, Robert E., 220
Lei dos Direitos de Voto, 472
Lei Seca, 215
Lenin, Vladimir, 82
Leonardo da Vinci, 54, 606, 712, 716
Libertador, 596
Liddy, G. Gordon, 307
Líder amigável, 595
Líderes grandiosos, 402-403
   Estou predestinado, 403
   Eu os libertarei, 404
   Eu reescrevo as regras, 405
   Sou invulnerável, 407
   Sou o/a homem/mulher comum, 403
   Tenho o toque de Midas, 406
Líderes, liderança, 411, 416, 454, 455, 546, 558, 565
   ambivalência e inconsistência em relação a, 587
   autoridade de, *ver* autoridade
   carismáticos, 522, 524
   como figuras paternas, 587
   cortes e cortesãos de, 529-542, 547-556
   desdém por, 594
   empatia em, 590
   estilos masculino e feminino de, 457-459
   grandioso, 402-408
   grandiosos, *ver* líderes grandiosos
   inimigos e, 541
   lado sombrio e, 321
   narcisistas, 66
   visão de, 590, 598-600
Limites/limitação, aceitar, 401
   ver também grandiosidade
Lin Sheng, 511
Lincoln, Abraham, 54, 75, 214, 220-221, 329, 331, 333, 458, 589, 618
   Guerra Civil Norte--Americana e, 220, 231, 238

Linguagem corporal, 72, 94
   ver também Comunicação não verbal
Linguagem, em influência, 259
Lisonja, 68, 169, 256, 258
Liszt, Cosima, 288
Liszt, Franz, 288
Long-Term Capital Management, 35
Luís XIV, rei, 122, 667, 673
Luís XV, rei, 665
Luís XVI, rei, 254, 666, 667, 668, 681, 685
   carruagem da coroação de, 668
Lustig, Victor, 131
Lynch, David, 596

MacArthur, Douglas, 232, 406, 407
Maçons, 682
Madoff, Bernie, 131
Magruder, Jeb, 157
Mailer, Norman, 337
Malcolm X, 295, 664
Maledicência, 357
Mao Tsé-Tung, 396, 506, 542
Maquiavélico, 136, 257
Marco Aurélio, 54
Marguerite de Valois, 54
Maria Antonieta, 666, 669, 682
Maria da Escócia, 571, 573, 574, 580, 581
Maria I, rainha, 566, 568, 573
Martin, Billy, 324,
Marx, Karl, 464
Máscaras, 101, 136
   ver também dramatização
Maslow, Abraham, 296, 495
May, Rollo, 664
McCarthy, interrogatórios de, 53
McCord, James, 307
McFarland, Ernest, 235
McGovern, George, 307
McNeish, Harry, 96
Mead, Margaret, 54, 453
Meade, George, 220
Médici, Giovanni de, 424
Médico e o monstro, O (Stevenson), 322
Medo, 22, 37
   agressão e, 631-632

   grupos e, 534
Mente flexível, 261-264
Mercado de trabalho, 479, 701
Merkel, Angela, 126, 589
Merrill Lynch, 407
Mestre inseguro, 365
Metáfora do cavaleiro e do cavalo, 57
Metas(Objetivos) 392, 484, 606
   de grupo, 607
   de longo prazo, 150, 199, 209, 212, 218, 221, 223-225, 494
   escada de, 382-383
Método de Interpretação para o Ator, 134
Michelangelo, 367
Microexpressões, 355
Microtendências, 219
Middlemarch: um estudo da vida provinciana (Eliot), 447
Mignon, Canon, 84
Miopia, 199-225
   consequências não intencionadas, 215-217
   febre do papel do telégrafo, 219-221
   inferno tático, 218-219
   perdido em trivialidades, 222-223
   sinais de, e estratégias para superar,
Miramax, 383
Mississippi Company, 200-201
Mistério, 136, 175, 184, 190
Mitfreude, 374
Miyamoto Musashi, 455
Moda, 688-689, 709
Moisés, 185, 589, 596
Montaigne, Michel de, 749
Montgomery, Alabama, 464
Moralidade, 155, 169-170, 189
Moralizador simplista, 169, 70
Morcegos, 748
Mortalidade, *ver* morte
Morte, 224, 710-717, 719
   amor e, 746
   como assunto tabu, 737
   crença na vida após a morte e, 736
   da pessoa amada, 735
   despertar para a brevidade da vida e, 741

e aceitar a dor e adversidade, 745-747
efeito paradoxal da morte, 736
filosofia da vida por meio da, 739-749
invisibilidade da, no mundo moderno, 737
negação da, 737
no entretenimento, 738
percepção da criança da, 738
percepção visceral da, 739
Sublime e, 747-749
ver a mortalidade em todos, 743-745
vida contrastada com, 738
visualizar a sua própria, 740
Movimento dos direitos civis, 473, 732
Mulher caída, 445, 446
Mulher elusiva da perfeição, 443-444
Mulher para adorá-lo, 448
Mulheres
bondade e, 337
bem-sucedidas, inveja de, 368
ver também papéis de gênero e traços masculinos e femininos
Multiplicador de força, 487
Mundo, ver com atitude expansiva,

NAACP, 465
Napoleão, 396, 486, 558, 600
Narcisismo, narcisistas, 61-99
amor-próprio e, 67
casais, 88-93
controle completo, 77-83
escala de, 61-76
exemplos de tipos de, 77-99
extrovertidos, 64
funcionais, 67
introvertidos, 64
líderes, 66
preguiçoso arrogante, 362
profundos, 67, 70, 81, 87, 225, 393
saudáveis, 69
teatral, 83-88
ver também empatia
Natureza humana, 1-16
aceitação da, 56-57

evolução da, 12
leis da, 16-22
Negação, 318
Negras raízes (Haley), 73
Nehru, Jawaharlal, 403
Nero, 66
Nettles, Graig, 363
Newton, Isaac, 203, 206, 208, 209
Nícias, 29
Nietzsche, Friedrich, 14, 59, 263, 374, 479, 502, 563, 746
Nivelador, 361
Nixon, E. D., 466
Nixon, Hannah, 303
Nixon, Pat, 305
Nixon, Richard, 301, 302, 305
Colson e, 304, 306, 552
Eisenhower e, 302
gravações de, 303, 309
Guerra do Vietnã e, 306
Haig e, 548
Hiss e, 305
infância de, 311-312
Watergate e, 307, 308, 549
Nobre selvagem, 644
Notícias do campo de batalha, 513, 518
Nous, 31, 32

O'Brien, Larry, 306
O'Connor, Flannery, 719, 722, 727, 730, 732, 738
O'Neal, Stan, 407
observar a si mesmo, 118
Ódio, 320
Odlum, Floyd, 144
Olho maligno, 356
Onassis, Aristotle, 373, 442
Onassis, Jacqueline Kennedy, 331, 337, 442
Orsi, Ludovico, 421
Ortega y Gasset, José, 14, 607
Ostinato rigore, 606
Otávio, *ver* Augusto
Otelo (Shakespeare), 112
Ouvinte atento, 248
Ovitz, Michael, 384

Paciência, 221, 228
Padrão de apego livre/autônomo, 151

Padrão de apego protetor--ambivalente, 151-152
Padrão de conexão desorganizado, 151
Padrão de conexão evitativo, 151
Padrões de conexão entre mães e filhos, 151
Padrões de excelência, 606
Pais, 546, 601, 547, 691
como modelos de autoridade ou amigos, 594, 595
dependência das crianças em relação aos, 652
dominadores, 637
estilos de criar filhos dos, 702
líderes associados com, 587
ver também infância
Papa Alexandre, 424
Papéis de gênero e traços masculinos e femininos, 415-459
alterar papéis de gênero, 439-440
autoavaliação e aprendizagem de estilos e, 456
como *anima* e *animus*, 433-437, 441, 459
diferenças geracionais nos, 703
estilos de agir e, 454
estilos de pensar e, 452
homem hipermasculino, 438
igualdade e, 439
julgamentos de valores nos, 451
liderança e, 457-458
mulher hiperfeminina, 438
na infância, 430
Parâmetros das expressões e ânimos, 115-116
Paramount Pictures, 377, 378
Parceiro ou esposo, escolha de, 159
Parks, Rosa, 465-466
Pasteur, Louis, 335, 453
Pavese, Cesare, 174
Payne, Oliver H., 614
Pennsylvania Railroad, 618, 619, 627
Pennsylvania Railroad, 619, 627
Pensar, estilos masculino e feminino de, 452-454

ÍNDICE REMISSIVO

Perdas, repentinas, 49
Perelle, Charles, 143
Péricles, 24-28, 30-34, 41, 53, 589
Perkins, Frances, 554
Pérsia, 598
Persistência, 660
Personalidade, 136
Personalidade social, 505
Personalizador, 165
Perspectiva
  hipermetrope, 211
  ver também miopia
Perspectiva hipermetrope, 211, 213-214
Persuasão, *ver* influência
Pessoas
  como modelos de autoridade ou amigos, 594, 595
  dependência das crianças em relação aos, 652
  dominadores, 637
  estilos de criar filhos dos, 702
  líderes associados com, 587
  ver também infância
Picasso, Pablo, 596, 604
Pixar, 386
Poder, 137, 172, 635
  caráter e, 158
  pragmatismo, 402
Pontos de estímulo da primeira infância, 48
Pornografia, 187
portal do paraíso, O, 405
Porteiro, 550
Posse, e desejo, 185
Potencial, realizar, 21
Pragmático tranquilo, 597
Prazer, busca de, 498, 742
Prazos, 492, 742
Preguiçoso arrogante, 362
Prêmio Nobel da Paz, 472
Presença, 175
  equilibrar ausência e, 135, 602
Presentes e recompensas, 253
Price, Ray, 310
Primeiras impressões, 199, 323, 352, 600
Príncipe mimado, 167
Princípio do prazer, 43
Priorizar, 599, 605

Professor, 597
Projeção
  da Sombra, 320
  de gênero, 440-443
  gênero, *ver* projeções de gênero
Projeções de gênero, 34, 341, 342-450
  homem superior, 447
  mulher caída, 445
  mulher elusiva da perfeição, 443
  mulher para adorá-lo, 448
  rebelde adorável, 444
  romântico diabólico, 441
Projeto Hércules, 142
Promessas, 603, 651
Propósito, senso de, 461-503
  absorver energia propositada, 493-494
  criar uma escala de valores descendentes, 494-495
  descobrir a sua vocação na vida, 489-492
  em grupos, 558
  estratégias para desenvolver, 489-497
  falsos propósitos em oposição a, 497
  perder-se no trabalho, 495-497
  utilizar impulsos negativos e de resistência, 492-493
Propósitos, falsos, 497
  busca da atenção, 502
  busca de dinheiro e sucesso, 500-501
  busca do prazer, 498
  causas e cultos, 499-500
  cinismo, 502
  propósito real em oposição a, 497
Proust, Marcel, 431, 446
Psiquiatria, 104
Psicanálise, 688
Público, adaptar-se a seu, 134
Putin, Vladimir, 127

Qualidade teatral da vida social, 112
  ver também dramatização
Querefonte, 262

Racionalidade, 23, 31, 41, 42, 47, 53, 57, 58-59
  definição, 40
  estratégias em direção à, 54-59
  racionalista rígido e, 327-328
  ver também irracionalidade
Racionalista rígido, 327
Rafael, 367
Raiva, 10, 12, 32, 509
  agressão e, 21, 640, 662-664
  inveja e, 37, 352, 353
  tóxica, 663
  utilizar no trabalho, 664
Ramo de ouro, O (Frazer), 588
Reagan, Ronald, 549
Realidade, 130, 131, 159, 177, 188, 503, 748
Rebelde adorável, 444
Rebelde implacável, 164
Rebeldes Vermelhos, 513-518, 522
Recompensas e presentes, 253
Redes sociais, 15, 39, 52, 135, 193, 255, 321, 371, 397, 502, 529, 602, 705
  agressão e, 631-632
  grandiosidade e, 387
  inveja e, 370
Reed, Luther, 141
Regras de comportamento, 118
Regras, 482
  em grupos, 538-539
  grandiosidade e, 405-406
Rei leão, O, 382, 383, 389
Religião, 155, 260, 321, 396, 427
  grandiosidade e, 397
Repressão, 301-338
  ver também Sombra
Republic Oil, 622
Resistência, 227-264
Resistente frio, O (O'Connor), 726
  de outros, utilizar, 258
  em desenvolver um senso de propósito, 492
Retrato de Dorian Gray, O (Wilde), 264
Revolução Cultural, 53, 407, 508, 509, 512, 514, 519
Riario, Girolamo, 417
Rice, George, 623

Richelieu, cardeal, 85, 256
Rigidez, influência e, 260
RKO Pictures, 144
Robespierre, Maximilien, 325, 680
Robinson, Isabel, 346
Rockefeller, John D., 610, 615, 624
    Benson e, 620, 628
    Clark e, 610, 627
    Fawcett e, 616
    infância de, 625-626
    Payne e, 615-616
    Rice e, 623
    Scott e, 628
Rockefeller, William, 625
Romanos, 156, 418, 420, 589
Romântico diabólico, 441-442
Romantismo, 684, 715
Ronche, Giacomo del, 421
Roosevelt, Eleanor, 337
Roosevelt, Franklin Delano, 162, 234, 285, 554, 558
    e Perkins, 554
Roosevelt, Sara, 285
Rubin, Robert, 369
Russell, Richard, 230

Sabotador interno, 657, 658
Saco de pancadas, 555
Sacre, carruagem da coroação, 668
Saldivar, Yolanda, 365
Salons, 708
Salvador, 169
Sand, George, 437
Sangue sábio (O'Connor), 723, 726, 727
Sans-culottes, 675
Santidade/qualidades virtuosas, 135, 255, 287, 313
Santo, 324
Sarkozy, Nicolas, 128
Sartre, Jean-Paul, 490
Saúde, 282
    atitude expansiva e, 294
Saul, rei, 353
Schadenfreude, 356, 357, 371, 374
Schary, Dore, 144
Schopenhauer, Arthur, 9, 111, 197, 299, 356, 744
Schorr, Daniel, 306, 307

Scott, Tom, 618
Segunda Guerra Mundial, 141, 142, 231, 411, 538, 698, 701, 709, 717
    Chanel e, 180
    ataque a Pearl Harbor, 215
Selena, 365
Sentimento oceânico, 412
Sexualizador, 167
Sforza, Catarina, 415, 423, 427, 429
Sforza, Galeácio Maria, 415
Shackleton, Ernest Henry, 415
Shakespeare, William, 112, 117, 191
Sharp-Hughes Tool Company, 140
Shelley, Harriet, 340
Shelley, Mary, 339, 368
    Jane Williams e, 340
Shelley, Percy Bysshe, 339
Shelley, Percy Florence, 339
Sherman, William Tecumseh, 221
Shuttlesworth, Fred, 469
Silêncio, 602
Simpático, 168-169, 173, 286
Sinais de desprezo/afeição, 119-125
Sinais submissão/dominância, 119, 125-129
Síndrome da "grama mais verde", 185, 188, 195
Singularidade, 483, 484, 488, 500, 505, 532, 698, 744
Sintomas, psicossomáticos, 128, 286-287
Siracusa, 29
Sistema visual, 186
Sisto IV, Papa, 417
Sisto V, Papa, 575
Sobre as mulheres famosas (Boccaccio), 416
Sociologia, 463, 688
Sócrates, 214, 262, 598
Sófocles, 640
Sombra, 13, 18, 552, 607
    aceitação/acolher da, 333
    bondade e, 337
    comportamento "acidental" e, 318
    comportamento contraditório e, 313, 317, 323-330

    criação de, 315
    empreendedor radical e, 329
    encantador passivo-agressivo e, 325
    esnobe e, 328
    explorar, 334
    explosões emocionas e, 318
    exponha a, 336
    fanático e, 326
    gerações e, 702
    integração da, 330-338
    Jung sobre, 315
    líderes e, 321
    negação e, 318
    projeção e, 320
    racionalista rígido e, 327
    santo e, 324
    sonhos e, 333
    supervalorização, 318-319
    valentão e, 324
    ver, 331
Sonata a Kreutzer, A (Tolstói), 89
Sonhos, 312, 333
Sontag, Susan, 459
Sorrisos, 123
Southern Improvement Company (SIC), 615
Sozinho (Byrd), 528
Spruce Goose, 143
Stálin, Josef, 77, 80
Standard Oil, 615-624, 627, 645
Status
    busca de, por meio de atenção, 15-16
    necessidade de, 525
    viciado no *status*, 363
Steinbrenner, George, 364
Stendhal, 121
Stevenson, Robert Louis, 322
Stewart, Martha, 371
Stowe, Harriet Beecher, 221
Sublime, 412, 747
Sucesso
    busca de, 500-501
    inveja e, 283
    súbito, 49, 367
Suetônio, 291

Superidealização, 318
Superioridade
    estratégia da superioridade sutil, 648

ÍNDICE REMISSIVO

homem superior, 447-448
viés de, 46
Surin, Jean-Joseph, 84
Swift, Jonathan, 203

Tabus, 194, 320
Talman, William, 362
Tecnologia, 530, 584, 645, 591, 705
   agressão e, 645
   grandiosidade e, 397
   internet, 70, 645
   ver também redes sociais
Tédio, 481
Tempo, 155, 156, 162, 168, 600
Tensão, 482, 485-486
   pressão crescente, 50-51
   relacionamentos ao lidar com, 151-152
Terrorismo, 213, 470, 698
Thalberg, Irving, 294
Tibério, 291
Tidewater Pipeline Company, 620
Time, 302
Timidez, 120, 336
Tipos invejosos, 359-366, 368, 372
   mestre inseguro, 365
   nivelador, 361
   preguiçoso arrogante, 362
   viciado no *status*, 363
   vinculador, 364
Tipos tóxicos, 18, 68, 163, 286
   grande falastrão, 166
   hiperperfeccionista, 163
   ímã de dramas, 166
   moralizador simplista, 169
   personalizador, 165
   príncipe mimado, 167
   rebelde implacável, 164
   salvador, 169
   sexualizador, 167
   simpático, 168
Tolstói, Leon, 88, 90, 91, 92
Tolstói, Sofia Behrs, 88, 89
Tom Sawyer (Twain), 251
Tom, e autoridade, 600
Tomada de decisões, 214
   hipercerteza e, 535-536
Tribalismo, 546
Trivialidades, perdido em, 222

Tropa O-Leste-É-Vermelho, 513, 514, 515, 516, 522
Trovadores, 715
Truman, Harry, 231
Tydings, Millard, 231
Tyrone, Hugh O'Neill, conde de, 576

Ubiquidade, ilusão de, 184
União Soviética, 77, 79, 305
Utopia, 186, 396

Valentão, 324, 637
Valentino, Rudolph, 703
Validação, 65, 69, 81
   não verbal, 528
   ver também auto-opinião
Verdade, 184
Vício, 64, 150, 478, 481, 498, 528, 611, 731
Vida
   conexão com a, 411-412
   e despertar para a brevidade da, 741
   fases da, 712-717
   filosofia de, por meio da morte, 739-749
   morte contrastada com a, 737
Vidal, Gore, 352
Viés(es),
   ao interpretar sinais não verbais, 112
   de aparência, 44, 45
   de atribuição, 72
   de confirmação, 43, 44
   de convicção, 130
   de culpa, 46
   de grupo, 45, 52
   de superioridade, 46
   negativo, 187
Vigaristas, 272
Vinculador, 364-365
Visão, dos líderes, 589
Vítima grandiosa, 399
Voltaire, 682
Von Sternberg, Josef, 144
Voyeurismo, 194
Vozes do *animus*, 457
Wagner, Richard, 289, 320
Washington Post, 306, 307

Watson, Thomas, 558
Watzlawick, Paul, 259
Wayne, John, 144, 145
Weakland, John H., 259
Wells, Frank, 379, 382-384
Whitman, Walt, 99
Wilde, Oscar, 264
Wilder, Billy, 252
Williams, Edward, 340, 341
Williams, Jane, 341, 348, 358
Wilson, Woodrow, 304
Wollstonecraft, Mary, 340, 716
Wonderful World of Disney, The, 380
Woods, Tiger, 489
Wren, Christopher, 362
Wu-wei, 455

Xamãs, 451, 459
Xenofonte, 413, 585, 598, 599

Yahoo!, 385
Yamamoto, Kajirō, 490

Zao fan, 508
Zeitgeist, 477, 665, 695, 698, 700, 703-705, 706, 708, 714
Zeus, 31
Zhuge Liang, 214

Editora Planeta
Brasil | **20 ANOS**

Acreditamos nos livros

Este livro foi composto em Adobe Garamond Pro e impresso pela Geográfica para a Editora Planeta do Brasil em novembro de 2023.